战略定位三部曲 ○ 第三部

定位原理

创建认知优势的
根本出发点

苏力军　于雷　马子珺 ◎ 著

企业管理出版社
ENTERPRISE MANAGEMENT PUBLISHING HOUSE

图书在版编目（CIP）数据

定位原理：创建认知优势的根本出发点 / 苏力军，于雷，马子珺著 . -- 北京：企业管理出版社，2024.9.（战略定位三部曲）. -- ISBN 978-7-5164-3113-9

Ⅰ . F272

中国国家版本馆 CIP 数据核字第 2024W1W350 号

内容简介

战略定位三部曲第三部深刻地揭示了战略定位的本质——认知优势，它首次完成了"定位"与"战略"两者之间从内涵到应用的逻辑整理。自此，精准定位携带着外部认知优势的强大力量，与企业内部运营优势贯通一气，构成了企业从顾客端到供应链、从品牌广告到产品研发、从产品市场到资本市场等各个角度的整体"护城河"。认知优势是竞争战略最新前沿，是定位学派的新里程碑。

书　　名：	定位原理：创建认知优势的根本出发点
书　　号：	ISBN 978-7-5164-3113-9
作　　者：	苏力军　于　雷　马子珺
策　　划：	寇俊玲
责任编辑：	寇俊玲
出版发行：	企业管理出版社
经　　销：	新华书店
地　　址：	北京市海淀区紫竹院南路 17 号　　邮　　编：100048
网　　址：	http://www.emph.cn　　电子信箱：1142937578@qq.com
电　　话：	编辑部（010）68701408　　发行部（010）68701816
印　　刷：	北京联兴盛业印刷股份有限公司
版　　次：	2024 年 9 月 第 1 版
印　　次：	2024 年 9 月 第 1 次印刷
开　　本：	710 毫米 ×1000 毫米　　1/16
印　　张：	15.5 印张
字　　数：	220 千字
定　　价：	298.00 元（全三册）

版权所有　　翻印必究　　·　　印装有误　　负责调换

目 录

第一章　什么是定位 ……………………………………… 1
　一、定位的定义 ………………………………………… 1
　二、定位战略复利 ……………………………………… 3

第二章　重谈竞争优势 …………………………………… 6
　一、什么是外部视角 …………………………………… 6
　二、"五力模型"之顾客力量 ………………………… 7
　三、探测认知优势 ……………………………………… 9

第三章　顾客如何选择 …………………………………… 12
　一、谁都可以是顾客 …………………………………… 12
　二、顾客选择漏斗 ……………………………………… 17
　三、定位的技术含金量 ………………………………… 18

第四章　顾客的标准 ……………………………………… 20
　一、价值与价值观 ……………………………………… 20
　二、有价与无价 ………………………………………… 22
　三、值与不值 …………………………………………… 24
　四、有感与无感 ………………………………………… 28
　五、词语的推动力 ……………………………………… 30

第五章　战略理论演进 …………………………………… 36
　一、传统战略存疑 ……………………………………… 36

二、定位战略开端 ·· 39

第六章　认知优势ㅤㅤㅤㅤㅤㅤㅤㅤㅤㅤㅤㅤㅤㅤ45
一、价值计算 ·· 45
二、价值感差值 ·· 47
三、认知优势 ·· 48

第七章　调整认知何以可能ㅤㅤㅤㅤㅤㅤㅤㅤㅤㅤ50
一、充满谬误的经验世界 ································ 50
二、信息传播，进一步放大了认知偏差 ················ 52
三、"二分法"世界观是底层逻辑的陷阱 ················ 53
四、回归多元无穷值世界 ································ 55
五、大脑中装载着远古累积的长期记忆 ················ 57
六、以概念牵动潜藏记忆，创造无限可能 ·············· 59

第八章　定位理论的哲学基础ㅤㅤㅤㅤㅤㅤㅤㅤㅤ63

第九章　企业成长的基本形态ㅤㅤㅤㅤㅤㅤㅤㅤㅤ66
一、周期性运动 ·· 66
二、波浪式前进 ·· 68
三、螺旋形上升 ·· 69
四、无形的中轴线 ······································· 69

第十章　战略：塑造常识ㅤㅤㅤㅤㅤㅤㅤㅤㅤㅤㅤ71
一、常识为何物 ·· 71
二、常识的本质 ·· 72
三、常识的逻辑学基础 ·································· 74

第十一章　认知优势的特性 ………………………… 78
一、持续性 ………………………… 79
二、相对性 ………………………… 79
三、可变性 ………………………… 81

第十二章　认知优势的创建过程 ………………… 82
一、意识库 ………………………… 82
二、心智分类 ………………………… 88
三、下定义，贴标签 ………………………… 96
四、验证 ………………………… 104
五、常识化 ………………………… 111
六、效用转化 ………………………… 117
七、常态化 ………………………… 120
八、认知升维 ………………………… 125
九、概念分化 ………………………… 129
十、新常态 ………………………… 133

第十三章　战略定位三重风险 ………………… 140
一、人性风险 ………………………… 140
二、组织风险 ………………………… 146
三、创新风险 ………………………… 151

第十四章　战略定位六种护航 ………………… 157
一、时局 ………………………… 157
二、资源 ………………………… 160
三、能力 ………………………… 164
四、文化 ………………………… 166
五、时间 ………………………… 169
六、运气 ………………………… 173

第十五章　战略定位五要素 …… 180
一、周期 …… 180
二、机会 …… 191
三、路径 …… 202
四、节奏 …… 214
五、转折 …… 227

参考文献 …… 237

第一章

什么是定位

一、定位的定义

近半个世纪以来，由杰克·特劳特和艾·里斯发现并提出的"定位理论"，曾经深度影响营销、品牌、传播等领域；时至今日，它已经在解决竞争难题的道路上长驱直入，成为引领战略制定的重要原理之一。与此同时，定位与重新定位为人们应对竞争变化所带来的战略转向提供了理论指引。就全球及中国市场实践而言，定位理论受军事战争原则启发，并结合管理创新、组织变革、资本运营等关联体系。就研究方法而言，定位理论在探寻顾客如何选择方面扎根于认知心理学、语言学、逻辑学等底层知识。

然而，究竟何为"定位"？即定位的定义问题。我们发现：当作为名词使用时，"定位"一词是指存在于顾客心智中的一个差异化概念，是一种如何让你在潜在顾客心智中与众不同的方法和过程；而作为动词使用时，定位的目的是在潜在顾客心智中，针对竞争对手确立对自己有利的位置；当然，书中所说的定位，并不是围绕产品进行的，而是围绕潜在顾客的大脑心智进行的，因此是将产品定位于潜在顾客心智中；定位的工作任务和最终目的，就是在潜在顾客心智中创建差异化认知优势。

此前的诸多定义，主要是出于"外延"而非"内涵"角度的描述，有定义的句式而无其实质。本书将首先从内涵角度给出正式定义，并以此展开一系列阐述过程。

所谓"定位",是更高认知优势的概念及其创建过程。

第一,特劳特和里斯所创立定位理论中的品牌"定位"是一个概念,它与顾客大脑中的某一个概念相对应或类似等同,例如它可以代表某一商品的种属归类、一种或多种属性特征等,而其表达方式是以语词、短语的形式存在,并更接近一种事实性陈述或逻辑判断。与此同时,这一概念还应该在实际感官世界中给人们带来某种具象的感受、体验或验证。

第二,定位理论已经将研究对象主体从产业链及企业内部旗帜鲜明地转向了真正的外部世界——顾客,作为新出发点,重新反观审视一切内部运营动作的存在意义。对于这一点,学术界和企业界似乎没有反应。概念在顾客端始终无处不在、相似相续,并且难以形成公知共识,并且随语境迁移而悄无声息地发生变化,企业方常常未能做到准确定位或及时重新定位。

第三,在不同人的心智中,每个概念都意味着不同的认知内容和存在意义,对于笔者而言又有着不同的重要性排序,由此构成了这一概念的价值感差异,而这一差异将深度影响人们解决问题时的抉择方向,并最终形成文化积淀并反过来进一步影响决策。"更高"则意味着具备更高战略价值的定位概念所对应的商业机会将截然不同。

第四,人们对概念的认知并非一切与生俱来、坚固不变的,而其创建过程也绝非独立完成、一蹴而就、平顺和缓的。建立这一定位概念的过程,就是将人们大脑中的既有概念与新添加信息之间的链接过程。如果以上两者中的任何一个要素约定非真,或者无法随时代变迁和竞争格局保持更新,都将意味着创建过程的中途夭折,相对应的是企业的战略性损失。

第五,谈及认知优势必然牵涉心理学、语言学与竞争战略等范畴,它不同于人们对竞争优势的经典学术理解和基本定义。也正因如此,今后及未来,认知优势也必须与竞争优势并行不悖,相伴相生,相映成趣。

自古以来谈及竞争,难免总带着狡诈和诡异的底色,定位理论应该时刻保持警醒,定位的核心工作,是在顾客世界(需求者)和企业(供应者）世界中搭建一道桥梁，避免或消除其两者之间的种种错判，从而使交易过程中的认知成本大大降低。具体而言，企业需要将"为何做"的理由之船，放置并融入顾客"为何买"的汪洋大海之中，并以此最终检验企业的某一定位概念是否与其身在的顾客概念世界各美其美、相互融通、和谐共存。

二、定位战略复利

战略的目的是成就大事，包括如何成事，以及如何持续成事；定位理论则告诉人们如何成为顾客的心智首选，在选择困难时代，这不但是顾客首先面临的难题，也是企业最期待的经营成果。企业家之所以并非都具备战略素养，是因为没有把自己放到更深邃宏大的时空背景中思考现实和未来；企业或品牌之所以缺失定位，是因为还没学会把自己放到顾客认知的时空中找寻最恰当的心理位置，再用战略的力度、速度和强度去占据它。

战略是一套完整的行动方案，它包括在何处竞争、与谁竞争、如何竞争，以及何时竞争。战略不是一句口号，它牵涉一个系统，以及背后一连串的"为什么"。要想让员工上下同欲，少走弯路，企业必须有明确的战略目标。一旦失去了正确的方向和坐标系，组织难免"一将无能，累及三军"。与此同时，大处着眼，小处着手，是战略的手感。大处着眼，即时间和空间层面上的宏观尺度，看看过去 10 年、20 年，以及未来的 5 年、10 年，看看顾客、竞争、行业、区域、国家乃至全球范围等；小处着手，即是对关键细节的精准把握。高明的战略源于实际战场上的有效战术，而不是一厢情愿的空想规划与异想天开。

在军事战略中，集中兵力是首要原则。拿破仑之所以能够 20 年在欧洲所向无敌，关键在于在战略上善于动员最强大的力量，集中在根本性的目标上。克劳塞维茨在对拿破仑战争进行反思后曾说道："数量优势乃是战略战术中最普遍的制胜因素。""仅当数量优势大到足以抵消所有其他因素的影响时,它才是决定战斗胜利的最重要因素""每当不能获取绝对优势时,唯一的办法即为利用已有的兵力来做巧妙地运用,以求在决定点上产生一种相对优势""所谓相对优势,即在决定点上巧妙地集中优势兵力。"毛泽东同志将此称为"并力一向",即集中优势兵力于一个方向:我们的经验是,分兵几乎没有一次不失败,集中兵力以打击小于或等于我或稍大于我之敌,则往往胜利。在1946年总结中国革命胜利的经验时,毛泽东同志强调指出:集中优势兵力,各个歼灭敌人,是过去3个月歼敌25个旅时所采用的唯一正确的作战方法。我们集中兵力必须6倍、5倍,至少3倍于敌,方能有效歼敌。他曾感慨道:集中兵力看来容易,实行颇难,人人皆知以多胜少是最好的办法,然而很多人不能做到,相反地每每分散兵力,原因就在于指导者缺乏战略头脑,被复杂的环境所迷惑、所支配,失掉自立能力,采取应付主义。

那么,应该将有限的兵力集中到哪里?聚焦资源于何处?这是战略的一体两面,在企业经济活动中也称为"赛道选择"。正确的定位是真正重要的战略要地。杰克·特劳特和艾·里斯开创性地提出"定位理论"时强调,所谓战略要地,是存在于顾客心智认知中的心理位置。尽管同样属于定位学派,也同样源于军事战争原则,这显著区别于迈克尔·波特学术著作中所提及的产业和企业内部视角的"定位"。也正因如此,研究潜在顾客大脑心智认知的规律、结构和运行模式,理应成为定位学科的新着力点,这也显著区别于传统战略定位所定义的以产业和企业运营力量的研究基点。

剩下的事情应该交给时间来解决,让自己成为时间的朋友。古语云:积跬步以至千里,积怠惰以至深渊。我们应该从复利计算中得到启发:$1.01^{365} = 37.78$、$1.02^{365} = 1377.4$,以及$0.99^{365} = 0.0255$、$0.98^{365} = 0.0006$。在人的一生中,差别不大的0.01不可小觑,微小的勤奋只要坚持下去也会成就非凡,微小的惰性日积月累也会带来巨大的失败。对于类似"大风始于青萍之末""千里之堤溃于蚁穴"等名言,人们虽然都已耳熟能详,但不一定清楚其背后隐含的数理逻辑之一,即复利公式:$F = P \times (1+i)^n$。

其中，F 代表最终值，或未来值（future value），P 代表现值，或初始值（present value），i 代表增长率，n 代表时间期数。

复利公式的神奇之处在于：刚开始时，复利效应是很微小的、不易察觉的，但发展到一定阶段就会产生异常惊人的效果。这意味着，万事万物的增减、起落、沉浮，是以指数级形式进行的，而非一种简单的线性变化。这是一份执着和坚守，更是战略的定力，时间的力量是关键决定因素。也因此，爱因斯坦将复利效应描述为"世界第八大奇迹"，著名投资家查理·芒格在提到哪些是投资的普世智慧时，第一条即为"复利"。当然，我们不妨略微拓展一下"复利"这个词的外延范围，例如：除了金钱的复利，还有知识的复利、经验的复利、信息的复利等。

然而，是否一味地坚持就必定成事吗？哪里能体现"赛道选择"的重要价值呢？这意味着不同的战略选择，结果可能是天壤之别。于是在原有公式基础上，我们对其做出战略定位意义上类比升级：把原公式中的常量"1"调整为变量"p"，即 $F=P(p+i)^n$。也就是说，基于同样的初始值 P，当选择不同的赛道时，体现出不同的起点 p。只需假以时日，定位的乘数效应会更加显著。这是赛道选择的力量，也是"选择大于努力"的数理基础。其中，替代原有复利公式中的常数"1"的这个"p"，即为不同的战略选择，其核心即为定位（position），而选择和确定不同 p 的过程，即是转换赛道、定位与重新定位的过程。因此，"$F=P(p+i)^n$"可以称为"战略定位复利方程"。此中，既能体现战略定位"不变"的定力和坚持，又能体现重新定位"变"的因素。

事实上，极有可能，当选择不同的战略定位角度时，人们本身所拥有的资源和能力，以及对其不同的理解的初始值 P 也极有可能发生改变，即在原来假设下看来，某种资源和能力可能百无一用，或如同鸡肋，甚至是一种负担和累赘，但一旦转换成新的视角，原有资源和能力的真正价值极有可能得以浮现，原本的弱势反而成为均势，甚至变成强势。这恰好印证了苏轼的诗句：横看成岭侧成峰，远近高低各不同。

第二章

重谈竞争优势

一、什么是外部视角

在重谈竞争优势之前，我们有必要重新界定一个更为基础的概念：什么是内部，什么是外部。过去，大家普遍认为，所谓内部，即为企业（或公司）范畴，认为凡是不在这一范畴之内的均为外部，例如，供应商、供应商的供应商、客户、客户的客户、政府、消费个人等。为了拓展思维创造力空间，我们经常提倡启动外部思维。然而，就特劳特和里斯定位理论而言，这还不够外部。在定位理论所强调的"顾客视角"看来，除了顾客自身之外的一切，都是外部。显而易见，在转换思维角度之后，这是一种更为绝对的外部。如果一定要问，特劳特和里斯定位理论的基点是什么？那就是顾客视角的绝对的外部。我们之所以更愿意使用"绝对"一词，是因为《定位》一书这样写道：人们当然同情弱者，但还是会将钱包交给心智中的强势品牌。

由此，我们可以将竞争优势的概念重新分类了——产业及公司内部运营优势，这是迈克尔·波特竞争战略的基点，以及顾客大脑心智中的外部"认知优势"，这是特劳特和里斯定位理论的基点。理解起来颇费脑力的是，企业所拥有的品牌价值和认知优势，并不在企业内部，而是存在于企业外部——顾客大脑心智认知当中。这似乎印证了《道德经》所倡导的"无我"的境界：圣人无常心，以百姓心为心；后其身而身先，外其身而身存。

尽管波特在其《什么是战略》一文中反复强调：企业之所以效益不彰，是因为混淆了战略与运营效益这两个概念。现在，我们大胆揭示：波特确实意识到了这一点，但他被其严谨学术的出身限制了想象力，因此只能一直在产业及公司内部运营角度提出战略定位的努力方向。这也许是因为"不识庐山真面目，只缘身在此山中"。而被誉为"定位理论之父"的特劳特和里斯二人，并非来自纯粹的标准学术界，而是生长于美国通用电气（GE）等标杆企业且拥有咨询实践经验，因此可以不受经典产业组织理论、产业经济学等概念的困扰。当然，这并不意味着他们二人不懂学术。据我们研究，特劳特和里斯二人深受当时显学之一的通用语义学的影响，而这一学科被其创始人定义为"非亚里士多德体系"[①]，从而与以形式逻辑建立并发育、发展起来的庞大而根深蒂固的传统学院体系构成了显著不同的世界观和方法论。

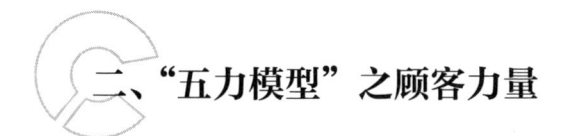

二、"五力模型"之顾客力量

如果我们从绝对的外部视角的顾客视角看问题，能够有什么新发现呢？在顾客购买行为的认知、体验、购买、使用、分享五大行动过程中，处于流程之先，并居首要影响地位的就是第一个环节——认知，即良好的认知牵挂着后续的一切协同机会。正是基于这一点，我们将顾客购买行为描述为并不是在购买商品，而是在选择商品。波特学术中顾客谈判的力量，其本质来自顾客选择的力量。为了更凸显绝对的外部角度，《定位》书系中称顾客购买行为为顾客选择的暴力。我们之所以学习定位原理，是

---

① 被誉为"西方三贤"之一的亚里士多德创立了逻辑学，并成为学术话语体系的基石，但通用语义学直接指出：传统逻辑学的三大假设同一律、排中律和不矛盾律在实际世界中并不成立，并以此颠覆了传统逻辑学，因此称为"非亚里士多德体系"。

期望将这样一种客观存在、源源不绝的力量，转换为企业发展的不竭动力。这也是定位理论为何有效的底层逻辑：借力打力，转化能量。至此，我们不难感受到，尽管同言"定位"一词，但特劳特和里斯的定位理论，与波特所言的定位，存在着显著的差异。通用语义学家提醒我们：词语并不等同于实物，正如地图并不等同于领土。

具体而言，波特教授五力模型（Michael Porter's Five Forces Model）是1979年创立的用于行业分析和商业战略研究的理论模型。权威资料这样描述：该模型在产业组织经济学基础上推导出决定行业竞争强度和市场吸引力的五种力量，"缺少吸引力"意味着前述五种力量的组合会降低行业整体利润水平。以下五力模型确定了竞争的五种主要来源：供应商和购买者的议价能力、潜在进入者的威胁、替代品的威胁，以及同一行业公司间的竞争等。

其中，购买者议价能力（buyer bargaining power）是指购买者主要通过其压价与要求提供较高的产品或服务质量的能力，来影响行业中现有企业的盈利能力。一般来说，满足如下条件的购买者可能具有较强的议价力量：

（1）购买者的总数较少，而每个购买者的购买量较大，占了卖方销售量的很大比例。

（2）卖方行业由大量相对来说规模较小的企业所组成。

（3）购买者所购买的基本上是一种标准化产品，同时向多个卖主购买产品在经济上也完全可行。

（4）购买者有能力实现后向一体化，而卖主不可能前向一体化。

相较而言，定位理论重点从顾客的认知和选择过程中的基本规律——心智规律入手，揭示出更加适应当今及未来顾客应对选择困难的简单要诀。其基本概念包括心智规律、心智阶梯、心智地图、品类及品类分化、特性、领导及领先地位、专家、新一代……综合比较之下，我们已经不难得出结论：谁更外部？真正的顾客视角是什么？

三、探测认知优势

进一步,我们应如何理解企业在顾客端的竞争优势?这本身就是一个隔靴搔痒的问题。换言之,企业在顾客端的竞争力通过什么来体现?答案是品牌在顾客心中所代表的位置与影响力,即定位及其背后的认知优势。

当下企业界对此显然还不够重视,不知道它和战略之间的关系,更不知道如何研究,以及如何应用。大部分教科书仅仅止步于品牌核心价值的专业研究,显然这仍然被限制于企业内部视角。只有向前一步探测到品牌在顾客心智中的认知优势时,才能准确地描述出品牌核心价值的真正内涵。本书正是基于学界和企业界对这一角度的转换不够鲜明和彻底而写成,其目的是提醒对认知优势的足够重视,因为它已经越来越成为一切优势的前提。

如果套用现有品牌价值研究的考量指标,可能最合适的莫过于"不提示第一提及率"了,即在不提示情况下,更多顾客第一提及的品牌是谁,以及所提及的关键词含义。有所不同的是,市场营销学的视角过于功利、现实和狭窄,应该将这一课题放到再下一个层级的认知心理学角度来研究才能有所突破。于是,此时指标的研究范围不再限定于企业方的品牌,而是关乎与顾客认知相关的一切:需求定义、品类归属、产品特性、顾客利益点、品牌形象、文化属性、社会价值等。

在研究方法上,不论是街头拦截访问,还是焦点小组座谈会,或是电话及网络调研,都不再十分适宜于认知调研,因为在顾客自己提及之后所回想起来的内容(例如还知道哪些品牌、对品牌的细致评价、产品的使用体验、媒体接触习惯等),绝大部分已经脱离了购买之前的认知范畴,而进入努力编造以应付考试题的状态。被访者不得不努力回想起一点什么,或者汇总编辑一点内容,以便不被人认为自己当初的决策如此盲目、不理智和缺乏科学依据。定位及其认知优势所要研究的,是深入探究在购买之前品牌在顾客心智认知中的分类方式和代表位置，以及它是如何在一堆竞争性角色中脱颖而出的。更加实用的可能是，请顾客回忆购买选择的过程细节、当时的考虑因素、还考察过哪些选择，以及是什么给其留下了最深刻的印象等。对于购买选择过程的了解，更有利于发现不同顾客群体和需求场景下的分类和决策逻辑，毕竟讲讲自己的购物故事还是轻松而富有乐趣的。在这一过程中，消除顾客作为被访者的防卫机制是非常微妙的关键。调研人员需要形成一种促使信息不经意间流露出来的氛围，而不是一直面无表情地对着问卷审问，或是让被访者警觉和担心"我这样说别人会怎么看我""会不会显得很无知""怎么说可以显得更高明"等，很多时候正是在与潜在顾客放下心理防卫的轻松聊天过程中不经意间流露出来的信息，才是认知调研最珍贵的参考依据。这需要访问员对于顾客有快速而深入的洞察，具备探测顾客心智地图的能力，适度引导谈话的内容和氛围，以及及时觉察沟通过程的有效性等，这些远非通过一份标准问卷，借助于培训更多访问员就能达成。

更加重要的是，从已经成为忠实顾客的深度参与者身上提炼出要素，并将其复制到其他潜在顾客身上是一回事，而将更多潜在顾客开发成为新顾客，则又是另外一回事。概率式的统计调研只能描述过去形成的结果，而定位及认知优势首要关注的是，顾客是如何从非顾客转变为新顾客的这一过程，以及其中的关键影响和考量因素。不太恰当地类比一下，我们是要研究富人是如何从穷人变成富人的，而不是研究成为富人之后是如何享受生活、分享成功荣耀的。从更专业角度而言，每个人的决策行为都受制于其认知范围和信息场域的限制，认知调研就是要探测潜在顾客的认知边界和判断逻辑，然后找到一个符合顾客认知和决策逻辑的角度和概念，再回过头来组织企业一切运营活动和资源配置。在"战略定位三部曲"之《战略定位精要》中，我们提炼出开创顾客的三个阶段：尝新与契合、带动与卷入、指代与裹挟，本书就以认知优势为课题，进一步阐述每个阶段背后发生作用的核心机制。

真正有效的研究，并非一定需要通过概率统计来完成。更具开创性的发现需要调研者具备三个方面的正确性：角色正确、方法正确和信息正确。所谓角色正确，是基于"立场决定观点"的基本常识，即你所在的岗位职责，决定了你思考的主要侧重点。只有企业家或企业的所有者才真正具备为企业整体成果负责的心态和天职，即使能力很强但任期有限的职业经理人，极容易迫于自身名利上的结构性压力而不惜放弃中长期思考。对于这一点，彼得·德鲁克所著《创新与企业家精神》一书如此畅销便是一种侧面佐证。所谓方法正确，是指企业家必须对"认知"具备足够的认知，即对认知心理学、认知神经学、消费心理学、战略管理学、定位原理等具备良好的基本素养。而信息正确，即需要同时具备角色正确、方法正确的人，深入潜在顾客身边去探究心智地图中的实际地形地貌，发现心智中的分类机会。这便是特劳特在《定位》系列著作中反复强调"CEO领导者为何如此重要"的根本原因。需要再次提醒的是，当聪明的决策者坐在活生生的顾客或潜在顾客面前，就能瞬间发现自己过去完全不曾关注真实顾客的心理世界，以及应该如何发问、如何深入，甚至立刻就对回去之后应该如何调整产生无限的灵感，任何假以他人"隔山打牛"的市场研究都雷同于"隔靴搔痒"，都会损失顾客场景下无限的有效信息。流行的说法是，企业开创顾客、创造需求的基本关注点，已经不在于统计意义上的大数据，而是关乎"非顾客"的"小数据"。不论是彼得·德鲁克，还是克莱顿·克里斯坦森，都已经旗帜鲜明地提出了这一点。就企业变革而言，领导者的认知局限就是公司的发展瓶颈，那么，如何拉近那些天天在商务车、豪华会议室里日理万机的决策者与市场和顾客之间的距离呢？非将他带到潜在顾客面前，拉近他们之间的物理空间距离不可，毕竟，转换思维的最有效途径就是转换场景和语境。正如古诗云：山重水尽疑无路，柳暗花明又一村；梦里寻他千百度，蓦然回首，那人却在灯火阑珊处。

第三章

顾客如何选择

一、谁都可以是顾客

现在，我们开始回顾一下自己的每次购物经历。首先，购买需求从生活和工作中的问题、难题开始，而问题之所以构成问题，更为基础的是以无穷尽的欲望为起点。举个例子，我们之所以买一部手机，是为了进行通信联系、娱乐、购物、学习、导航、支付，甚至炫耀以抵消自卑等方面遇到的诸多难题。从另外一个角度看，心理学家马斯洛提出从生理、安全需求，一直到自我成就等五种需求层次。与之相对应的是，定位理论提出，人们选择某种商品，需要规避五种风险：金钱风险、功能风险、生理风险、社会风险、自我认知风险等，一方面阐述"要什么"，另一方面说明"怕什么"。两者相结合，用今天的语言描述便是喜点与痛点。正是从这些"点"出发，使人们衍生出千姿百态的购买选择行为。

面临具体问题，人们首要思考的是"要什么"，它可以进一步分解为三个子问题："是什么（What）"——处于什么状态，出了什么问题；深入思考"为什么（Why）"，即造成眼前现象和问题的原因与条件；以及寻找解决方案"怎么办（How）"。对于大部分问题，可能只需凭借直觉或直观经验，瞬间就能完成这一过程，也并非任何人都需要时时事事进入这样的深度思考，人们往往不愿意，也没有条件，或者不知道如何深度思考，因而发展出借助其他人的思考，尤其是意见领袖、信任的熟人等认知势能更高者的决策来跟风决策"抄作业"。其背后是一种叫作"社会认同法则"的因素在起作用,即其他那么多比我更聪明的人都赞同的,我也应该赞同,因为他们已经先于我们经历了"小白鼠"的角色,这当然可以将自己的决策风险和决策难度降到最低。就大部分决策而言,这是更聪明、更经济的决策模式,也是人类不用耗费过多脑力的偷懒行为,从而腾出时间和精力放在更重要、更有价值的事情上。

也就是说,追问"是什么""为什么"和"怎么办"的过程,是指当我们作为买家角色(即顾客)存在时,在选择和购买之前,首先有一个对问题和难题进行界定的步骤,以弄清并确认自己究竟面临什么问题,如何才能解决这一问题,以及自己到底想要什么,此即定义需求。之所以有必要单独列出这一过程,是因为人们很可能并不知道自己面临什么难题,也并不一定十分清楚自己究竟需要什么,或者自己目前想要的解决方案与自己所面临的难题之间不一定存在显著的因果对应关系等事实现状。从企业角度而言,正如万艾可(Viagra)最初是心血管药、可乐(Cola)最初也只是一款提神醒脑及治疗头痛的药饮,以及特斯拉颠覆传统汽车、苹果iPhone手机颠覆按键手机、中国凉茶从药饮转型成为饮料等一样,类似现象的存在,为企业重新定义问题、界定品类与属性特征提供了颠覆性的可能,这是关于"怎么办"问题的重大成果,通常涉及企业底层逻辑的整体性重新定位。而真正解决问题的起点,是对顾客难题场景的充分理解,以及对解决方案技术突破可能性的全方位考察,并重塑此两者之间的因果对应关系。

随着产业越来越成熟,凭借在某一领域的长期积累和更丰富的试错经验,作为专业产品及服务提供商,企业理所应当比顾客更了解顾客。在任何新事物的诞生初期,都会存在不知如何定义其"是什么"的阶段,对于敢于尝新的顾客而言,该产品和服务的存在,本质上帮助自己找到了站立于时代潮头、勇于突破自我尝试新事物、领先于大多数人、最先享受到新产品技术的收益等优越感,并填补了避免落后于时代、被世界发展所抛弃、被人抢先知道而受到鄙视等安全感不足的心理空洞。当然,正是基于

定位原理
创建认知优势的根本出发点

在这一阶段时间窗口的努力,企业获得了没有被大多数参与者发现的商机。换句话说,当人们都知道这是一个机会时,那它就已经不再是真正的机会了。这一时期的领先优势,往往能够给企业和个人带来"第一桶金""一步领先,步步领先"的丰厚回报,但同时这是以高死亡率、极低成功率的风险为代价的。

在定位理论看来,认知领域的时间窗口期与机会大小同样重要,甚至更加重要。《定位》一书中反复强调时间上"第一",即率先抢占某一定位机会的重要性,其关键并不一定在于第一个进入市场,而是率先进入顾客心智。其基本的假设是,当顾客对此一无所知时,无论是否能够解决问题,或者能够解决到什么程度,心智空白时的大脑处于接纳状态,这意味着,总有一部分人可能正在寻找,或者由好奇心引发"这是什么新东西",因此暂时解除了心理防卫机制。对企业而言,这是切入顾客大脑记忆的低成本黄金时期。正确定位、及时发力,是积累未来竞争优势的重要动作。当然,这是以可能面临比预期时间更长,更高昂的市场培育成本为代价的。常言道,要做"先驱"而非"先烈"。因此,准确判断发力时间点、尽可能调集足够多的后续资源支持,是战略定位所要求的必要条件。不排除确实存在很多"富贵险中求"的传奇故事,但以我们的经验,这是一种名叫"幸存者偏差(Survivorship bias)"[①]的陷阱,实际上,大概率情况是企业管理者往往心存侥幸,这也是为什么创新的成功率始终不高、经常死在黎明前夜的根本原因。

总之,在顾客选择过程早期,准确定义需求的动作,意味着必须反复论证和矫正自己对问题和解决方案的界定。要做好这一步骤并不容易,对洞察完整的表象、分析原因及原因的背后,以及解决问题的重要程度排序、坚持与忍耐等,都有着很高的要求。不用太过焦虑,人类经过千万年

---

① 幸存者偏差,是指当取得资讯的渠道仅来自幸存者时,该资讯可能会与实际情况存在偏差。人们只看到经过某种筛选而产生的结果,而没有意识到筛选过程的存在,因此忽略了被筛选掉的关键信息。人们总是倾向于在幸存者身上寻找一些特质来说服自己,而结果事实并非如此。该原理由美国哥伦比亚大学统计学教授沃德于 1941 年发现并提出。

的进化和累世的经验积累，大脑中潜藏着的记忆和程序足够解决生存和发展中的绝大部分问题，甚至绝大多数解决方案已经成为一种潜意识，即常识。不过，环境在不断变化，新问题也层出不穷，这需要人们具备打破固有常识的勇气、智慧和决断力，这已经成为一项少数人的基本常识，而他们就是那些人类社会中的卓越创新者和探路人。

与难题相对应的是解决方案，与解决方案相对应的是各种以软件或硬件、有形或无形等方式存在的产品和服务，我们暂且称之为品类。就一般意义而言，我们更愿意将其定义为一种叫作分类的大脑模型。这是人类认知中的一项独特能力，它将万事万物较为相近或是相同的归为一类，而集体约定忽略那些太过于细枝末节的差异性，从而使我们比其他动物有富裕的脑力和时间处理更多、更复杂的事情。与行业内部技术性指标分类原则不同，顾客端的分类方式是以人们的常识系统进行分类的。它可能不像行业分类那么专业，但这种基于常识层面的显而易见，更适合贴近于绝大多数人的实际应用。我们之所以更愿意称之为分类，而不是品类，是人们对于品类有着更狭隘的理解。同时，这也使得更多具备不同特征的物品，尽管不一定适合成为某一种产品品类，但也可以显著区别于其他。正是这种差别，一旦被人们准确识别出来，就有可能与相应的需求和难题的万千属性完成耦合。例如，尽管我们不把宝马汽车（BMW）称为"动力汽车"的细分品类，但这并不妨碍我们将其定义为"终极驾驶机器"；同样道理，从技术角度，我们无法将汽车细分为"安全的"汽车和"不安全的"汽车，但这并不妨碍我们在心智认知中将沃尔沃（Volvo）归类为"更安全的"汽车；在可乐饮料行业，技术上不会有"年轻人的可乐"这样一个品类，但并不妨碍我们将百事可乐（Pepsi）定位为"年青一代的选择"，也不妨碍可口可乐（CacaCola）将自己定义为"正宗可乐"。在定位理论的实际应用中，我们将这种具备差异的分类表述为品类和特性，并指出：尽管科技创新使产品功能整体越来越强大，但顾客端的品类具有分化的趋势，即算在同一细分品类下，还存在着千百种不同特征的差异化属性机会。只要人类欲望不止，人们大脑中的可能性分类就始终不会停止。对于

定位原理
创建认知优势的根本出发点

企业而言，总有一种角度可以将你与竞争者在顾客心智中形成差异化认知，以规避全面同质化所带来的无节制价格战、促销战等无谓的能量消耗。更准确地说，与其说是企业给自己的产品进行分类，不如说是顾客考虑他/她自己识别和记忆的方便性，一定要将你的产品和服务归为一类，并与记忆中已经存在的分类进行比对，发现相近的叫作同一类，不相近者则另归一类，并为之重新命名或定义。正是这一浅显的原因，我们才提出：与其说企业给自己的品牌进行定位，不如说是顾客在他的大脑心智认知中对企业的产品和服务完成分类，即顾客对你进行定位，或是赋予你一种定位或定义的标签。

当顾客弄清楚了某个商品的分类之后，接下来就必须在同一类中寻找最契合自己的那一个。为了便于沟通和记忆，人们通常用"×××"品牌名字来表征和指代这一物品，即品牌选择。同前所述，根据马斯洛需求层次理论，越是追求自我实现与成就感的顾客，对品牌的重视程度越高，毕竟在他们心目中，选择什么品牌，直接代表着他本人内心想要表达的精神特质和价值观，包括品位、审美、修养、态度、档次等。与品牌选择几乎同样重要的，是具体产品（或称为解决方案）的选择，对于更加追求内在实效而非外在形象的消费者来说，产品选择是十分重要的表达自我的方式。因此，经典品相的打造是如此重要，以至于很多产品成为"一代人的记忆"。那么，依据什么来选择产品呢？细心而追求完美的人，会对产品的各项性能指标进行反复对比，甚至期待产品和服务盲测的可能，以确保自己能够花更少的钱买到性能最佳的那一款。性能指标可以由技术角度体现出来，也可以通过使用效用角度体现出来，具备真实性、场景化的性能公测的比较优势，是赢得顾客优先选择的"硬杠杠"，也是企业竞争力优势的集中体现之一。

基本没人会反对，价格因素是每次购物的重要考量，因为它与顾客为其心仪的品牌和产品所要支付的成本与代价直接相关。那些表示自己不看重价格的人，也是在具备足够的消费力，且对品牌、产品、性能有着充分信心的情况之下，才补充强调这一点的。总体而言，商品的价格，与顾客解决问题的长短期代价和收益之间的权衡保持着高度正相关。作为专业厂商，需要做的是将顾客未来可能遇到的成本和代价考虑在内，并及时恰如其分地提醒和告知顾客。创业时期"一锤子买卖""下辈子再见"的心态，并不适合基于中长期战略考虑的品牌。同样与价格高度相关的是优惠程度。与之不同的是，顾客并不一定真的需要最低价格，而是要得到一份赚到便宜、捡到宝贝的良好感受，以确认自己足够幸运和精明。

二、顾客选择漏斗

综上所述，顾客选择的关键节点可以归纳为以下七个：定义需求、类别选择、品牌选择、产品选择、性能选择、价格选择、优惠选择。针对具体每个过程的重要性程度、优先级次序等，是否可以进行更程序化、指标化的定义和归纳呢？与之相比，我们更愿意在不同品类、不同场景、不同客户群体、不同影响因素中保留其原本千变万化的可能。尽管依靠模型和公式做决策会使人轻松很多，但也许在进行过于确定的定义和规约的同时，也限制了人们解决战略级问题的想象力。从这个角度而言，确切的模型也许并非科学，而是一种短时间的愚昧和遮蔽。让大脑保持适度的开放性，可能是更严谨的思维方式。为此，我们找了一个合适的理由：具体问题具体分析。只要愿意了解某个具体个案上顾客的选择逻辑，只要稍加训练，就能将这一过程的重要细节复盘出来。不过特劳特先生提醒我们：不要把顾客当犯罪嫌疑人一样盘问，不要向顾客提出太过于专业的问题，否则顾客会像面临考试一样，竭尽全力交出一份免于让你觉得他不够聪明的答卷。一位前同事向我请教：为什么北冰洋汽水卖得那么贵还卖得那么好？我很负责任地回答他：这个问题本身提得就有问题，你应该去多问问那些顾客，这么贵你为什么还买呢？提出正确的问题，问题就解决了一半。

营销学中用"品牌金字塔""销售漏斗"等说法，描述营销过程中的品牌认知和销售成交的价值减损现象。之所以如此，根本上是因为顾客选择过程中的"筛分"行为，而每一次筛分都是该环节的重要性程度与对选择对象评估赋值两项指标相乘之后的加权平均累计，我们将它称为"顾客选择漏斗"。它包含了对于需要面对的难题和解决方向的筛分，以及对与之相对应的具体产品和品牌的筛分。正是在顾客层层筛分之下，绝大部分企业的品牌和产品被排除在选择范围之外。如果不能及时洞察到这一点，便是成交困难、品牌价值走低的开始。被顾客留下的品牌是那些能够契合需求、主导认知、顺利交易的幸运儿。如果套用达尔文进化论的丛林法则，它们便是那些"优胜劣汰，适者生存"中的"适者"。可想而知，这是以绝大多数参与顾客选择的竞争者阵亡为前提的商业游戏。之所以研究顾客如何选择，是为了在顾客端形成相对于其他入选者具有不可替代的竞争优势，从而成为具有自主性、主导力和创造双赢局面的那一个幸运儿。这正是定位原理带来的价值，也将战略决策从极其不确定的状态，转向为相对确定的局面，这无疑是企业有限资源的正确配置方向。

我们不得不承认，对于工业品或者企业级产品和服务的选择，顾客通常是由应用者、采购者、技术专家、成本专家和经济总决策人等组成的团队来进行多流程、多视角的集体决策，但是不要忘记"隔行如隔山"的道理，即使身处同一个大行业，要想让大家整体投出赞成票，就必须赢得那些非技术专家们的优先选择。更有甚者，即使是采购方的技术专家，由于侧重的角度倾向于应用场景和方案集成，难免在某些方面依然不如供应方人员那样专业，这就需要我们既能从应用角度找准定位，同时还要能在技术方案上响应和支撑这一定位，这是定位对于技术创新的引领作用。不论是作为商务标还是技术标，这都是供应商角色的最佳选择，也是作为商业社会成员之一的宿命与天职。

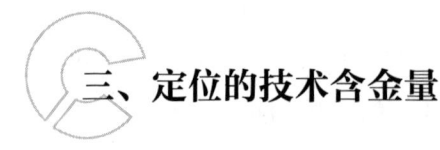

三、定位的技术含金量

也许有人会从伦理的角度质疑定位理论太过于功利与竞争导向，甚至认为只是一味讨好顾客、不够主导、没有硬科技含量等。我们不禁要反问，难道非要在顾客端碰得头破血流才愿意"反身为诚""三省吾身"吗？难道基于顾客的认知现状提供"排忧解难""经时济世"的产品和服务方案，不是商业社会中自利利他的正当精进吗？难道今天我们无视顾客心智认知中强大竞争者的存在，还有可能无缘无故地成为顾客的优先选择吗？

我们认为，早在特劳特和里斯之前，顾客对于供应者的标签化行为一直都客观存在，它们不会因为定位理论而诞生或消亡，只会因为更多企业家接纳定位知识、运用定位原理而大大避免盲目的、错误的、无效的标签化行为。关键的分歧点，不在于定位和认知等现象的合理与否，而在于对一门知识处于什么样的理解层次和抱持何种价值观来看待和使用。工具就是工具，即使是高级到思想、理论的层次，也是用来改善人类福祉的技术与工具，而将道德和价值观层面的困境归罪于工具或技术，显然本身就是对自我失去掌控，妄图将自己的命运交给外部其他事物去打理的一种体现。显然，这不是自省而内求、突破认知局限以创造更美好未来的正确方式。关于这一点，无论西方哲学与宗教，乃至奠定了东方主流价值观的儒释道思想，千百年来都在竭力劝导人们在底层思维方式上保持正知正见，这应该是一种同样重要但有别于硬科技的软技术、软实力。

第四章

顾客的标准

一、价值与价值观

通俗而言，什么是价值？价值就是实实在在的好处。一旦人们谈到它的时候，就立刻滑进经济学甚至精致利己主义的角度，这是对"价值"一词的巨大误解，其基本原因是对这一关键词的内涵定义过于精准化、具体化，从而将其应用的外延局限在一个更小的范围，其带来的结果是，即便就事论事，也极有可能陷入锱铢必较、相互算计的零和博弈中。显然，"实实在在的好处"够实在、很诱人，加上"经济学"解释够权威，两者"狼狈为奸"，互相推动，遂成热潮，直至让我们不由自主地轻视和忽略了其根本。当经济学意义上的价值概念占据了第一判断，当现实价值都量化为价格、物化为货币，价值便从此陷入了狭隘、错觉，甚至反动。

针对复杂问题，仅仅就事论事已经解决不了问题，因此应该升维思考才能察觉问题的本质。所谓升维思考，就是恢复"价值"一词本来的全部含义，甚至不给它非要下一个形式逻辑式的、非此即彼、非是即否的二维定义。由此，人们才开始真正触及决策行为背后的底层思维——价值观，即究竟什么才算有价值？如何定义价值多与少？如何使其更多或更少？不符合这些价值观的社会是公平、正义和越来越好吗？这样下去还有希望吗？等等。

第四章
顾客的标准

现代经济学的假设前提，是承认人的利己属性。在这一基石上建立起来的商业社会，精致利己成为普遍，好像只要个人富裕，所谓社会利益、公众利益会自然达成。人的社会行为受价值观的支配，怎样定义价值，就会有怎样的思想和行为。在狭隘的经济学价值观引导之下，人们开始竭尽所能追求个人满足，甚至是极端的、无谓的个性满足，这大有偏离"价值"一词本来含义之势。一旦将"以正合，以奇胜"中的"正合"彻底抛之脑后，随着时间的推移，欲速不达、否极泰来、天道好轮回的自然法则必然导致事与愿违。当唯利是图成为价值观，所谓的"正"，那些叫作"真""善""美"的侧面，就只能偶尔在仰望星空和反观自省时才能重新浮现出来，并在电光朝露之间遁于无形。

价值已经是当今人类孜孜以求的核心目标，已成为人生成功与否的关键判断标准，如果在基础定义和评价依据上是荒谬的，人生必然走向意义全无，社会必然充满荒诞。我们并非一定要推崇"自利利他"的佛系理念，但确实需要细细品味"论语"与"算盘"的有机融合。

举个简单例子，由于自然界的水、空气、土壤等自然秩序中的基础价值体，在短期经济价值为主导的社会秩序中总是最容易被忽略，基于当期自我效用最大化的角度，没时间思考它们是有可能的，但只需加入时间维度，略微放长一点周期审视，水、空气、土地一旦被损坏，人们必然付出更大的代价求取这些基本生活和生产资料，极端之处甚至带来整体覆灭的灾难性后果。试问，我们该如何以价格来代替价值，来看待世间一切而进行权衡取舍呢？人们利己为始，却可能以害人害己为终。完全可以说，类似水、油、金钱，乃至公平、正义等任何事物，在任何情况下都是一种相对价值的存在，从局部看和从整体看、从短期看和从长期看、从静止看和从动态看，实在是有着天壤之别的基本定义。

在受到西方经济价值观泛滥的熏陶浸淫、耳濡目染之后，人们被潜移默化地习惯了没有敬畏、没有共生意识、没有神圣感来看待一切，以至于"高尚"无价也无市，难以兑换为现值，"信用"珍贵却可以透支，"情义"无价却可以收买,"公平"无价却可以破坏,"正义"无价却可以扭曲①。总之,把无价当有价,是人类在创造"经济学"那一刻时就如影随形的缺陷。

商业社会的价值判断习惯,是以那些简单的数字标榜它们的行业地位,并倍增它们的价值和荣誉,使它们的规模、影响力、控制力更大,直至发展到进一步剥削上下游同行甚至其他行业劳动价值的权力。即使是所谓的自由市场,也只能实现有利于优势者的价值交换,而优势者可以更容易获得更大的优势,从而不断强化其在后续交换中的两极分化趋势。如今,过度的竞争从产业蔓延到绝大多数的社会系统和细胞中,如果没有良性价值观的支撑和筛分行为,剥削和欺骗也将随之污染到更广泛的时空里。站在宏观和长远的角度,站在人类根本利益和共同价值的角度,过度商业竞争对自然环境平衡和生态资源再生的破坏,对社会环境公平规范与和谐愿景的破坏,以及对人类的认知信仰与人性自信的破坏,都是源于对"价值"定义的狭窄和单向性、功利性。马克思认为,人的本质是"一切社会关系的总和",也即人的问题,本质上是人和社会的关系问题,因此显而易见,也就必须从人和社会的关系中去审视人的一切问题。

二、有价与无价

在科学主义影响下,西方经济学过于理性地将每件事物都给予一个相对应的价格,而传统市场营销学进一步细化出诸如成本定价法、目标收益法、收支平衡法、撇脂法、参考竞争等看似科学的具体方法,似乎只要推而广之到每件事物都赋予一个合理的价格,使这个世界便有了更为清晰、简单、直观的参考标准。

---

① 万钧. 价值:反说·正说·戏说[M]. 上海:上海人民出版社,2009. (以下不再重复标注)。

第四章 顾客的标准

我们不是主张不要有价格，而是应该将其看作人们为了方便交换和交易某种商品而贴上的临时标签之一，仅此而已。尽管定价的逻辑有很多种，但大多投射出绝对和相对、自我和相互、物理和认知等多种角度倾向性。

绝对的、自我的、物理的静态化定价方式，与价格刚性有着不同的理解，后者正是考虑到对于建立品牌认知而言，将价格视为有力符号与标签的思考方向。刚性的价格所蕴含的稳定性、明确性和合理性，给人们带来采购决策过程中的安全感、稳定感，同时也消除了购买之后老客户"越想越后悔"的可能。而与顾客其他选择的不同或相同，则显而易见地成为人们比对权衡过程中重要的有效参考信息。

例如，在一般人眼中，可能一件过万元的西服上衣、一套超过 10 万元的西服套装是一种奢侈品，而在另外某些群体或者场景之下，极可能成为基本配置。实际中，一些不知名的品牌，经常在价格标签上先写上一个高价格，然后在它上面打个叉，再写上当下实际成交价，也是在没有品牌认知情况下省时省力的替代方式。其中超出预期的高价格，是商家想要暗示出其原本内在的价值，而巨大的价差往往让人有"赚到便宜捡到宝"的错觉。正是这种瞬间建立起来的逻辑自洽，推动了人们冲动性决策的可能。

人类的思考存在天然的逻辑漏洞，最低消耗原则造就了跟风思考，还冠以"社会认同法则"的名字，堂而皇之地成为理所应当。于是，人们似乎全然忘记，也不用再去深究价格背后的基本机制：值与不值。尤其是对于一些低值易耗品，或仅仅临时紧急使用时更是如此，而相对于某些大金额或长期性的购买决策而言，这种情况则不容易出现。

中国古代并非没有经济学意识。例如，在体现了先秦时期哲学思想丰富内涵、包括易学与数术学思想的典籍《鹖冠子·学问》一书中这样描述：中河失船，一壶千金，贵贱无常，时使物然（注：壶，即瓠，体轻能浮，可系于腰间凫水）。可见，不同情境下，价值不同，甚至涉及生命，无法换算成价格。唐代诗人杜牧"一骑红尘妃子笑，无人知是荔枝来"，在岭南不值钱的荔枝，在翻越千山万水来到长安之后，就变得异常珍贵。

但问题是有关价值与价格的一切并不容易掌控，因为总是在捉摸不定的历史流变中。例如，在古罗马提比略时代，刚刚被罗马人从黏土中提炼出来的铝，是一种珍贵的金属。到了1863年，俄罗斯作家车尔尼雪夫斯基在小说《怎么办》中写道：终有一天，铝将代替木材，甚至可能代替石头。19世纪，铝制餐具曾经是法国皇帝拿破仑三世用来炫富的工具，因为当时它们比金银还要贵。直到1886年，两位青年化学家，美国的霍尔和法国的埃鲁特发明了"冰晶石—氧化铝熔盐电解法"生产铝，使铝得以大规模生产，于是其价格一落千丈，也就此奠定当今世界铝工业的基础。21世纪的今天，铝已经成为第二大被广泛运用的金属，仅次于钢铁。

有时候，某些事物的价值可以大到跟全世界每个人相关，比如和平、环境、正义、未来……，有时候又可以很小，可以只为一个人而存在，如亲人的关爱。德国哲学家康德说：在这个世界上，有两样东西值得我们仰望终身：一是我们头顶上璀璨的星空；二是人们心中高尚的道德律令。有人说，凡是能被火烧掉的东西都不重要，比如金钱、房子，或者其他物质财富，而烧不掉的东西才真正重要，例如：知识、能力和价值观。创造价值需要一个人的天才闪光，也需要一群人的共同努力。创造价值就像学习滑雪一样，看远方，不要只看脚下、从哪里摔倒就从哪里爬起来，最重要的不是速度而是平衡。领悟到这些，并且恰到好处地把资源分配到最需要的地方，让每个人都更好地创造价值，每个人都受益于价值创造，这是商业社会本身的存在价值。

三、值与不值

所谓"值"，一为数值；二为值得。将模糊的描述清楚、把大约的标识为精确，抑或将不方便描述的加以"数值""量化"，也是能够带来安全感、确定感、掌控感的方式之一。但一旦什么都可以数值化了，就自然而然地衍生出"比较"，通常包括投入和产出两方面，涉及产品、服务、人员、形象、时间等方方面面。围绕成本、投入量、产出额、毛利与净利润、投资回报率、时间成本和机会成本、边际效用等指标，在两个或更多备选方案之间比来比去之后，值得还是不值得的结论便可以清晰立现。算清楚经济账，甚至将心理感受、时间价值等也换算成金钱数字（例如精神损失费、青春损失费），已经成为经济社会的一种基础技能。做事先看经济价值，成为很多人不假思考的衡量标准。

人们大脑中第一次序一旦与金钱挂上钩，成为主观意识中效用的代名词，"价值"这一概念的内涵也就从此变得更精准，外延也变得更小。真正的灾难是，人们的意识世界被就此锁定为"井口"那么大，"一寸"见方而已。不仅如此，一些重要的是非判断瞬间黯然失色，事物真实效用直接缩减和简化为"有什么用""多少钱""值还是不值"等。这似乎把人一辈子带进"为数字而生"的尴尬境地，而彻底忘记了"为什么而活"这个更基础性的问题。

具体而言，某些商品带来的实际好处达到某一个数值就是值得的，很多情况是可以数字化、清晰对比实证的，例如：提速30%、节电15%、降低成本10%、投资回报增加5%等。但某些情况下，价值是一种心理感受，体现的是获得快乐、幸福、成就等方面的获得感，或是降低失去的痛苦，或在过后冷静下来之后，人们往往是"我觉得值就值"。极有可能，自己为什么会这么想？受到了哪些影响？是不是一种错觉？等等，也不一定有机会再反向思考。经济学家梁小民在其《微观经济学》一书中这样写道：效用是人的心理感受，即消费某种物品或劳务时对心理上的满足，是一种抽象的主观概念。因此，所谓效用的概念是任意选定的，边际效用理论也是主观的。这意味着，经济意义下的价值就只存在有无、大小、多少的利害判断标准，不存在是非判断的标准，所以我们不能说正确的价值或错误的价值。当然，这并不意味着事物的价值真的无所谓好坏、错对，这已经是一个超出狭义经济层面的话题，但最终又必然会影响狭义价值。

定位原理
创建认知优势的根本出发点

简单是真理的特质。在孩提时代，只有感性的喜恶是非观，没有经济的价值观。人们成年以后，见识了很多复杂的现象，学会了复杂的分析、比较和辩论，在无数次的买卖、交易中历练，并庆幸自己成熟（贬义词为"世故""功利"）了。从更广泛的意义上说，我们用实现人生价值激励人们勤勉奋斗，如果对其中的"价值"二字没有正确积极的定义和导向，人们在行恶时也一样可以被它激励、引导和煽动。没有正确认知的价值必然包含杂质和痛苦，并且会在获得世俗回报之后扑面而来，如影随形，并且彻入心扉。随着十亿、百亿美元的超级富翁越来越多，在人的价值不断被创造出新的数字高峰时，在人们被激励而高呼"一切皆有可能"的时候，越来越多的人在无休止的价值追求中迷失内心、丧失理性，无法安静思考，无法自省其身，以至于无法爱惜自己和对自己慈悲。与人类财富暴涨相对应的，是人类的自杀率、心理及精神疾病和暴力事件暴增。理性是人类强大的根本支柱之一，价值必须依靠理性才能长久存在和发生效用，过度追求数字上的价值将会使价值感反而降低，甚至走向反面。这是背离了人性本质而带来的深重痛苦。

市场经济、自由竞争在强烈释放人性自私潜能的同时，"为自己干"和"为社会干"成为利益价值相互冲突的矛盾双方。好在人并不全是或总是唯利是图的。越来越多的时候，人们会听到一些不"经济"的概念，例如，人格、尊严、理想、信仰、爱等。人生的价值似乎隐隐约约又在背弃狭义经济逻辑，违反人类"自私原则"。我们意识到，绝大多数人片面地误解了现代经济学鼻祖亚当·斯密的观点。知道他的《国富论》的人很多，但知道他一生多半时间都在写"反经济"著作的人并不太多——那就是他花费了31年时间修订的巨著《道德情操论》。这位思想者在晚年已经觉察到自己的经济学体系有一定的局限性，即其所言：对市民社会勃兴和交换正义规则普遍运用所带来的"严重道德伦理"问题的理论焦虑。最后，亚当·斯密在绝望的边缘郁郁而终，他说：可我本想做得更多。

《道德情操论》第四卷第二章的标题很长：论效用的表现赋予人的品质和行为的美，以及关于这种美的概念可能在何种程度上被看成一种原始的赞同原则。这里的效用就可以理解为价值，原来在这位现代经济学奠基者的原则中，美也有价值，但很难用他提供的经济尺度来衡量，因为那是人性中更本源的需求。显然，这是超越和升华了《国富论》中"价值"的概念内涵。

在对待公益与私利的权衡问题上，亚当·斯密指出，热心公益的精神所做出的更大努力也是这样。书中原文写道：如果一个年轻的军官牺牲自己的生命以使其君主的领土得到些微的扩大，那并不是因为在他看来获得的领土是一个比保护自己的生命更值得追求的目标。对他来说，自己生命的价值远远超过为他所效劳的国家征服整个王国的价值。但是，当他把这两个目标加以比较时，他不是用自己看待这两个目标时天然具有的眼光，而是用他为之战斗的整个民族的眼光来看待它们。对整个民族来说，战争的胜利是至关紧要的，而个人生命相对而言是无足轻重的。当他把自己摆到整个民族的位置上时，他立即感到，如果流血牺牲能够实现如此有价值的目标，他就无论怎么浪费自己的鲜血也不过分。出于责任感和合宜感这种最强烈的天性倾向，其行为所具有的英雄主义便体现在这种对自然感情的成功抑制中。

每一个社会人都同时具有两种价值：个人价值和社会价值。前者是社会对个人物质生活和精神生活两方面的满足程度，后者则是个人对满足社会的物质需要和精神需要所做的贡献。两者互为前提、相互作用，并互相转化和促进。我们认为，一个人的真正价值，首先决定于他在什么程度上和在什么意义上从自我中解放出来。也就是说，如果连最基本的物质和精神需要都不能得到满足，一个人就暂时谈不上为社会、为他人做贡献；同时，如果一个人的个人价值不表现为社会价值，就得不到社会的承认，个人生命也就无法获得真正的意义。从这个角度而言，个人不断为社会、为他人做贡献的过程，也就是个人价值得到不断充实、丰富和实现的过程。毕竟，处于善恶两极的人总是少数的，中性的、被动的应该是主流，正所谓"别人对我好，我也对人好""别人对我不好，那我也不对他好"。所以完全可以说，在商业社会中，在提供产品和服务的过程中，倡导和维护社会公平正义、自利利他、助人向善、引人向善，是社会人、组织团体的立身之本。

四、有感与无感

这一节将触及一个更为基础的问题：价值究竟是主观的还是客观的？人们的决策究竟是理性的还是感性的？特劳特在《新定位》一书中这样讲述：每当顾客做出采购决策，最终都不得不首先面临选择难题，那么人们如何解决选择决策难题呢？心理学家提出了人脑起作用的四个功能：直觉、思考、感觉和感知，不同的人往往使用其中一种主要功能特征引导决策。尽管每个人通常都是使用上述功能的混合体，但无论如何，他们都是要以这种或那种方式设法做出他们自己认为正确的采购决策。任何的差异化一旦进入认知，它总是会正好契合了某一时期、某一类群体的决策行为模式，因此都有可能成为品牌的认知优势。这是定位概念之所以有效起作用的运行基础。

1. 直觉者最关注可能

他们避开细节而倾向于全局，往往对出现新事物如新产品、新品类非常感兴趣。

2. 思考者最善于分析

他们要求精确，逻辑性强，在处理大量信息时，他们通常会忽略感受和情绪因素。

3. 感觉者最乐于从众

他们对别人的感觉最有兴趣，不喜欢复杂的理智分析，而是按自己的喜好行事。

4. 感知者更强调实效

他们能弱化大量细节，擅长把事物置于某种场景之中，更加看重事物的本身，并且非常尊重事实，因此他们很少出错。

我们应该意识到，价值同时具有客观和主观的双重属性，只能是一种相对的存在。因此，脱离当下所处的背景语境谈论价值是没有意义的。例如，出版于 1805 年前后的英国《里斯百科词典》注明：圆舞（华尔兹舞）是一种新创的放荡的德国舞曲，"圆舞"一词的动词原意之一就是翻腾、在烂污泥里打滚等。在 200 多年前 18 世纪的欧洲，跳华尔兹舞还被认为是伤风败俗的不道德行为，其刺激强度可能类似今天过于性感的钢管舞或肚皮舞。还有，曾被很多辞典、畅销书、影视节目定义为"伟大的航海家、探险家"、被评为"人类历史上最有影响 100 人"、被世界公认为第一个环球航行的人的葡萄牙人费迪南德·麦哲伦，死在万里之外的菲律宾麦克坦岛——1521 年 4 月 27 日，麦哲伦因为干涉岛内争斗，被土著所杀。值得深思的是，1866 年在殉难地为其竖立的黑底白字双面纪念碑上这样写道：一面内容是，Lapulapu 率领众人于此击溃西班牙侵略者，杀死了侵略者的首领费迪南德·麦哲伦；而另一面写的是，费迪南德·麦哲伦与麦克坦岛酋长 Lapulapu 所率部落交锋，身受重伤，牺牲于此。

由于不同的价值主体对于价值的定义不同，人们会有意或无意地站在不同角度判断价值，更由于客观时间和空间的制约与变化，客观而言只有相对的价值，而客观存在于不同的人认知中的差别，所造成的矛盾和差异性在经过主观处理之后则会进一步叠加放大。

狭义的经济价值观可以是一串数字与公式，而对于无法物化和量化的、非经济范畴的广义价值概念，因为其中暗藏人性的复杂和感性的差异，还是转向模糊一些比较好。就自然科学视角而言，模糊数学也是一门科学，而很多边缘科学就是模糊的。更重要的是，模糊中暗含着辩证关系、矛盾的对立和统一、动态变化的观察视角，这难道不是理解生命世界真相更加精确的方式吗？正是价值观这个东西，无时无刻不在支配着人们的态度、信仰、观察、沟通、行动等的脑力和体力劳动，支配着整个认知世界和判断外界事物的意义和效用，同时也在自我心灵活动中为"我"自认为正当的行为提供充足、自洽的根本理由。

作为解释事物的逻辑，经济学本身也在不断进化。2002 年心理学家 Daniel Kahneman（卡尼曼）和经济学家 Vernon L. Smith（史密斯）分享了该年诺贝尔经济学奖。这是该奖第一次颁给心理学家，也是第二次颁给没受过正统经济学训练的学者。从得奖那天开始，行为学（Behavioral science）正式走入大众视野，多年来被经济学家们讽刺、挖苦、嘲笑的行为学，以及相关的心理学和经济学相结合的内容，摇身一变成行为经济学。2000—2005 年，诺贝尔经济学奖的获奖者，至少有三位被视为行为经济学家：阿克劳夫、史密斯、谢林，以及至少有一位被视为"计量经济学家"的行为经济学家——麦克法顿。

狭义而言，行为经济学是心理学与经济分析相结合的产物。广义而言，行为经济学把五类要素引入经济分析框架：

（1）认知不协调。

（2）身份—社会地位。

（3）人格—情绪定式。

（4）个性—偏好演化。

（5）情境理性与局部知识等。

行为经济学将行为分析理论与经济运行规律、心理学与经济科学有机结合起来，以发现现今经济学模型中的错误或遗漏，进而修正主流经济学关于人的理性、自利、完全信息、效用最大化及偏好一致等"理性人"基本假设的不足。

需要补充提醒的是，既追求经济上的现实价值，同时也追求对他人、环境和社会积极有利，而且应该把后者贯穿价值创造的完成过程，而不是先不顾一切地追求经济价值，然后做一些有益于他人、社会、环境的事情用以做心理补偿，这种忏悔与救赎式的劳动模式，显然更像是掩耳盗铃式的自我安慰。

五、词语的推动力

人们大脑中有什么词语，就会依据这些词语来组织思考，进而形成观念、意识和态度，形成体系化判断标准——价值观，直至影响决策行为。相比价值的"价"字，"值"更多体现在顾客感性认知上。价值感从哪里来？从人们头脑里的心智认知中来。认知又从哪里来？从影响我们头脑的那些信息"刺激物"中来。那么，信息又从哪里来？从无数久远及当下的信息制造者、加工者、传播者那里来。

作为单纯经济学意义上的价值概念，交换显示出功利性。既然看到了太多经济意义上的价值取向及其可能导致的荒谬、欺骗和痛苦，我们更愿意用一个更为宽泛、中性的另一个词来表达——沟通①。沟通是人类的劳动形式之一，它在人与人之间传播事实信息和主观意识与感受。作为社会性动物，沟通是人们本性的体现和需求，信息的互动和交流可以消除人们认知的差异和误解带来的不确定性（信息论创始人、美国科学家香农的定义），从而促成人类协同合作，以更好地应对外界威胁，提高生存能力和概率。

说到底，人是价值主体，沟通创造超出生产劳动产品成本原值之外的感性附加价值。从这个角度而言，一切减少或背离初始价值初心与目标的沟通行为，都是一种减值。创造商品以及与之相关的沟通行为，是一种对自我价值的表达和坚守，它同时也改变了沟通对象的认知。如果沟通是长期持续进行的，在信息对等的前提下，为了实现长期价值和利益，沟通双方应该会选择相互适应、默契合作，从而真正实现双向价值的完善和发展。沟通本身就是一种学习和适应变化的过程，使我们主动适应变化，不再沉溺于纯粹主观自我的价值认知与判断世界之中。

从沟通中最重要的语言学角度而言，人类发明了同义词、近义词、反义词，然后用褒义和贬义来进行分类以示区别。于是，人类对于圣人君子和重病患者的要求基本上是一样的：约束自我，不能纵欲，不能过于激动，不能兴高采烈和怒发冲冠。而所谓单纯，也可以定义为幼稚与无知；

---

① 万钧. 价值：反说·正说·戏说［M］. 上海：上海人民出版社，2009.（以下不再重复标注）。

所谓执着，也可以定义为痴迷和顽固；所谓灵活，也可以定义为世故和奸诈；所谓引导，也可以定义为策划和忽悠；所谓深思熟虑，也可以被人为地定义为优柔寡断等，更遑论调和民族主义理念和全球化价值观之间的矛盾了。

"价值"二字中让人觉得"值"的方法，通常需要借助对于某种共同价值观的存在感、认同感，并以此进一步唤起消费者的情绪、强化顾客感觉体验来进行。在绝大多数情况下，所谓营销就是用于使顾客群被预设、被引导、被暗示的一系列动作组合。在极端情况下，营销者已经让顾客自己都意识不到，也说不清楚，究竟是发自内心的本性需求，还是被人夸张诱导，乃至于无法区分究竟是心底满足的那份"值"，还是被商家拿走金钱和时间之后不得不安慰自己的"值"。

在日常认知行为中，背景或语境与其主体事物和当事人，都是不可分割、不可重复的。特殊的背景，可能具备特别的分量和价值，这种分量和价值都被人们用好坏、利弊、大小、多少等划分，并最终体现在价格标签上。在商业世界中，对于同一事物和当事人来说，当被设定于不同语境和背景之下时，其与价格相关的身价感觉可能截然不同。从这个意义上来说，牵涉到用来"贴标签""下定义""分门别类"的词语，以及对于背景语境的符号设计（包括图形、文字、动作，及其时机、时长、频次等刺激信号），是一种可以用来提高价值感、塑造"高身价"或"低身价"的工具、道具。就广义的词语而言，我们称之为"词语是心智的等价物"，或者是一种"语言的力量"，甚至是"词语的暴力"。更为致命的是，在词语力量的价值感背后，是被使用词语的人的价值观所牢牢掌控着，也理所当然离不开信息接收者及社会大众对于这一词语的公知共识（即个人常识和社会常识）。

就其未来影响而言，可以从对内和对外两个互相推动和促进的角度来理解认知。对外而言，在大多数处于信息不对称因素影响的情况下，公众对当事人的认知可能被人操控，而是否被进一步推高，还是一落千丈地"坍缩"和人设"崩塌"，在于是否在人们加以验证的时间阶段内符合公

第四章
顾客的标准

众可以理解的事实判断标准，所以人们常说"时间是一块试金石""时间可以证明一切，也可以摧毁一切"。对内而言，即使当事者并不一定认为全部事实都能符合公众的评价标准，但当下的词语"标签"也会就此产生强大的心理暗示、认知强化、改善行为，并不断自我验证。在方法正确的情况下，只需假以时日，当事者更有可能成为自己当初想要成为的那个样子。这便是人们强调"意志的力量""梦想成真""吸引力法则"的根本缘由。这是否很像中国道家所说"有生于无"的"无中生有"观念呢？

人们使用甚至滥用词语以推动决策的例子无处不在。例如"含有特价柔取的阳光果肉，果香浓郁，口感醇厚……"，这句来自可口可乐公司产品"果粒橙"的曾用广告语中，无论从植物学、营养学、机械工程、食品工程等专业角度，都无法解释什么是"柔取"，它是动作吗？还是设备，抑或工序呢？另一个词"阳光果肉"也是如此，人们并不知道其真实含义，只不过"听起来还蛮好听的"，加之大品牌的掩护，以及"一瓶饮料总共不过几块钱"而已，就自然"懒得费力去搞清楚"了。就品牌方的推销方法而言，这种做法暗含着仅仅用词语就能操纵顾客感觉认知的嫌疑，如果是其他类别的产品，或是放到更讲究和较真的顾客身上，恐怕就不一定能如此含糊其词的幸运过关了。总之，需要特别留意的是，特定的场景一旦失去，或者对场景的公众认知一旦改变，事物的价值感便有可能判若云泥。

另一个被人们无形之中贴上各种标签的是"美女"二字。在中国古代，先秦诸子百家中最讲究实用的墨子说："譬如美女处而不出，人争求之。"今天，除了陌生场景下的招呼用语，还极容易被国人贴上人造非自然、东施效颦、有颜值无智慧等廉价标签，而且这种语义和贴标签行为还在进一步的变化演进中。是否有可能回到它历史本来的原状、原意呢？恐怕很难。特劳特《定位》一书中这样诙谐地暗示：词语本无含义，词语的含义存在于使用它的人的大脑里；词语就是一种糖罐，如果被污染了，那就换一个。

对于词语的廉价与值钱与否，不同场景语境是影响词语含义的主要因素。例如，同样是称呼别人，尤其是在公共场合，在其姓氏之后加上一个职务头衔，可能更能受到某些当事人的欢迎，因为这一类当事人可能更希望由你来让在场所有人都知道这一情况，而不是自己煞有介事的传递，哪怕那是他已经卸任多年之前的最高头衔，也可以理所当然、轻松自然、亲切习惯地喊出来。当然，针对某种场景或当事人是恰当且合时宜的，但针对另外场景或当事人则未必同样可行。例如，当行政头衔"××董事长"和学术头衔"××博士"同时存在时，在某些场景下，某些当事人也许更愿意称呼"××博士"，或者反过来。再如，在某些社交场合，已经有了女友的男士，在大家心目中可能可以身价更高一点，而反过来，在众多男士面前，一位已经有了男友的女生，可能会比单身女孩感觉"跌价"一些；而在另一些特定的场景下，女孩的"心有所属"可能具有更大的价值，因为这样可以将不合理的预期降到最低，并预防日后的心理落差带来的精神损伤。

就某一个人来说，把自己放在名人、著名机构、学识观点等背景之下，借助大家的讨论提升自己的身价已经大有泛滥之势，更不用说娱乐明星借助粉丝经济传播讨论他们来推高和证明自己的身份与身价了。非止于此，财富多少、社会关系、家族血统、学历、知名度、做公益、去青藏高原、撒哈拉、百慕大和亚马逊丛林探险等各种信息，都常被人们拿来作为"贴标签"的工具或武器在使用。多数人坚信，被人提及和谈论越多、越正面，自然意味着影响力越大，作为人的"价格"自然应该越高，尽管人们口头上总会补充说"这不是钱问题""我不是说钱，而是……"。这样的错觉极难推翻和证伪，以至于被某些专业人士写进了品牌营销和打造个人形象的教科书里。方法本无对错，其正确性和意义完全存在于使用者大脑的核心价值观里。中国传统文化强调：修合无人见，存心有天知[1]。

就总体及长期而言，要想实现高附加值的商品交换和信息交流，就必须引导顾客认识到，商品的内在价值和外在认知彼此相符，才不失为"文

---

[1] 万钧. 价值：反说·正说·戏说 [M]. 上海：上海人民出版社，2009.

质彬彬，而后君子"。这不仅需要具备聪明、精明、智慧，更需要正确的价值观导向作为幕后及底层支撑。在现实社会中，当人与人之间矛盾冲突趋向激化时，人类最传统、最直接地保护自己价值的方法就是"争"，甚至不惜发动战争，而当人们发现不论用计谋、强权和暴力都无法真正解决价值矛盾的时候，便开始安静下来越来越多地运用理性，回想起古圣先贤们的经验教训和思维成果以强化分析能力，并展开协调行动，从而找到人类价值矛盾的终极解决之道。终于，在个体角度价值观经历千百年此起彼伏的冲突起落中，越来越多的人开始重视人类的共同价值——只有共同价值才能最大限度地保护个体价值。

第五章

战略理论演进

一、传统战略存疑

以著名战略管理工具 BSC（平衡计分卡）为例，它着重在前人基于有形资产设计战略的基础上，创造性地将无形资产的战略杠杆作用正式提上专业学术层面。《战略地图》一书这样指出：知识和技术等无形资产很少能直接影响财务结果，其本身很少直接创造价值；它们的改善作用是通过因果关系链来影响财务成果的；其投资成本只能代表企业对无形资产的拙劣估计，而其价值大小取决于与战略的协同一致程度；无形资产必须与其他有形资源结合起来，价值才能得以体现，而一旦脱离战略，它们可能一文不值；财务成果和客户层面都只能是滞后指标，它们通过内部流程和学习成长的支撑才能得以兑现；等等。总之，财务、客户、流程和成长这四个指标，是以一种逻辑严密的因果关系为依赖的框架结构。显然，如果脱离因果关系这一基础，BSC（平衡计分卡）将必然散架为一堆空泛无用的概念。

既然财务结果来自客户指标，以及支撑客户指标的内部流程和组织成长，秉承"因前有因，果后有果"的基本理念，我们有必要进一步深究客户指标如何持续实现。BSC 将其具体分解为客户满意度、客户保持率、客户获得率、客户获利率、市场份额和客户购买份额等若干暗含因果关系的一系列指标。从老客户满意到保持和带动新客户，再到获得新客户以及复购与推荐、确保获利和市场份额，乃至最终占据客户同类购买中比较重要的权重，这的确是一条逻辑连续的因果链。类似美国西南航空、戴尔、沃尔玛、麦当劳、丰田、IBM、eBay、思科（CISCO）等著名企业，都是曾经成功缔造这条因果链的典型代表。但令人疑惑的是：这些企业是依靠什么才得以开发和保持客户的呢？顾客为何能够持续选择它们呢？影响顾客选择的核心关键是什么？仅仅是因为他们的产品优异、服务良好、价格适当吗？难道他们的竞争对手都不够优异、不够良好、不够适当吗？这些问题看似简单，却更为底层和基础，也无法回避，更不是以成败论英雄，或是只做"事后诸葛亮"那么简单。BSC（平衡计分卡）指出：战略的基础是差异化的价值主张。

真正值得质疑的，是《战略地图》一书在阐述客户层面，即差异化价值主张时，仍然沿袭迈克尔·波特教授所提出的"通用战略"思维方式，这不但继续将诡异而瑰丽、变化至无穷的战略答案进行了格式化规定，同时也始终没有跳出产业链内部、企业运营角度来推进战略方法论思考。我们总爱强调一句谚语：要想抓到鱼，就要学会像鱼一样思考。特劳特和里斯定位理论告诉我们，要想获得顾客青睐，就应该从顾客的认知和思考角度出发，回过头检验和调整企业战略和运营。这难道不是最常识性的底层逻辑吗？

在这里，让我们从BSC（平衡计分卡）中四种通用战略的基础设定做一次审视，它们分别如下：

（1）总成本最低，是指提供一致的、及时的和低成本的产品和服务。其要求主要是成本最低的供应商、一贯的高质量、快速的采购、适当的选择等；

（2）产品领先，是指突破现有业绩边界，提供令人高度满意的产品和服务。其要求主要是表现优异的产品，如速度、尺寸、精确性、重量等，以及首先进入市场、新细分市场渗透等；

（3）全面客户解决方案，是指为客户提供最优的全面解决方案。主要要求是已提供方案的质量、每位客户的产品和服务质量、客户保持率、客户生命周期营利性等；

（4）系统锁定，是指最终用户的高转换成本，以及为辅助厂商增加价值。前者要求提供多种选择和方便地接入、提供广泛使用的标准、平台稳定性方面的创新等；后者包括提供大量客户基础，以及提供易用的平台和标准两个方面等。

细细查看BSC（平衡计分卡）所提出的四种通用战略模式，即总成本最低、产品领先、全面解决方案和系统锁定等，我们不难发现，这样的定义和分类方式，显著侧重于商业模式设计角度，这是一种相对静态、自我中心、忽视竞争、绝对化而非相对性的产业思维模式。如果将战略中的基础——差异化价值主张在内容上仅仅等同于商业模式，已经显示出学术的老态龙钟、缺乏创见和面对实践的无力感。

再者，如果只问一个问题，那么真正深具价值的一定是与之相反的思维方式：顾客如何选择？人们为何厚此而薄彼？显而易见，任何产业的窗口期都只有短暂的时效性，所谓先发优势的确存在，但不论是从企业自身，还是后进入者，就更长期的经营常态而言，如何持续赢得顾客的优先选择，是一个始终绕不过去的核心命题。换个角度说，要想回答这个问题，难道只能用以上四种通用模式？或是只要符合四种模式，就必然大概率可以化解难题？不论从哪一端推理，答案显然都无法圆满。定位理论的解题基点，正是从一开始就着眼于此。一位哲人这样告诫：一旦问题错了，任何答案都难以正确。

定位理论的话语前提，并非要否定传统管理学中对战略方法的思考，而是前瞻性地指出：面对信息严重超载、商品严重过剩、快速同质化竞争的基本底色，第一个进入市场（传统战略所说的先发优势）的品牌不一定是最终的成功者，真正可以吹响成功号角的，是第一个进入顾客心智、成功建立高势能认知的品牌，这是定位理论核心理念基础——"不同胜过更好"在顾客端的本质区别体现。事实上，当某个企业率先开发出成本更低、更创新的产品、面对客户的全面解决方案或者平台型的锁定商业模式等，真正的难关不在于类似运营模式是否具备优势，而在于先于竞争对手、在更广泛的潜在顾客大脑心智认知中"安营扎寨",并通过一系列的运营动作不断巩固"营盘",直至在顾客心中成为首选——不提示情况下的指名购买率持续第一。相对而言,这样近乎横向的思考角度是基于顾客如何选择,而所谓的竞争对手,则是泛指顾客的另一种选择,而非传统战略意义上的竞争定义范畴下的对手。这无疑是一种终极结果性的逆向观察角度,因为针对企业来说,将不会有比顾客更为终极的目标话语对象了。这种以终为始的理解方式,就理论而言,不会遗漏任何一个竞争对手,而且始终在实时观察中保持对竞争物种的动态探询,因此在逻辑上更加体现出周延性。

具体而言,不论是低成本、领先产品、全面解决方案、平台锁定,还是其他运营模式,在顾客眼中,都是变着花样呈现的赚钱方式,他们并不反感,但时刻保持新鲜感和警惕性——毕竟是奔着自己口袋里的钱来的,而这些供应者都只不过是自己解决工作和生活中面临问题时可供选择的解决方案而已。不论如何复杂,人们总是想论证清楚"你是什么""有什么用""能解决什么问题""还有谁在用""凭什么相信你"等一系列存疑。而即便相信企业的推广和体验,最终也需要在实际使用的过程中体会产品的存在价值究竟在何处,以及与所付出的金钱、精力相比,是否值得。这种先建立假设,再通过使用过程中验证,并最终形成正面或负面口碑的过程,是定位理论最为关注的课题对象,也是确保任何一种形态的商业模式(在顾客角度则是广义的产品和服务)真正进入心智认知时的最关键一次"惊险的跳跃"。它真正解答了这样一个实质性难题:在不止一家企业能做到近乎同样的品质、价格、服务等前提下,如何成功地挤进"数一数二"?

二、定位战略开端

只有当我们进入顾客的选择决策模式,才能真正理解顾客选择的行为,这应该显而易见,不需要学术证明,但如果需要打开顾客决策模式的

"黑匣子",则离不开学术逻辑的助力。

尽管仍然只是一种机械的、物理的、生理的猜想,对于大脑的运作规律,脑神经科学家、心理学家已经有了初步的发现,并建立了初步的假说,让我们开始有方法脱离本能的束缚,进入更加理性的阶段。不仅如此,人工智能、大数据、芯片处理器及软件算法的进步,使得一部分对信息的预处理工作已经得到意义深远的尝试。不过,在我们随着社会整体进步而享受福报的同时,在为企业制定战略方面,并不能只重视运用先进技术,还应该回溯到技术的开端、用心的开端、难题的开端,才能不至于误读技术、滥用技术,以及盲目追求技术。

今日的难题,在于信息严重过载。此处的信息,代指借助眼、耳、鼻、舌、身、意等途径,进入大脑"容器"的一切实体、非实体的认知素材。在技术辅助认知的同时,更为长久而艰巨的任务,是人们对信息的接收"仪器"——大脑存在局限性,对信息的处理方法存在生理缺陷,而对"装机容量"提出了严峻的挑战。认知环境胁迫之下,一方面逼迫人脑继续进化(例如大脑皮层面积展开更大等);另一方面,外接式的替代性人工智能设备(例如机器人)也在飞速迭代,而最终人脑必须驾驭机器。认识到这样的存在事实,是以顾客为轴心展开战略设计的起点。

相比之下,传统营销、品牌、战略的学术方式,在纷纷叫嚷"以顾客为中心""客户第一"的同时,更像是一直处于类似半推半就、隔靴搔痒的漫长过渡期。定位战略语境下的"以顾客为中心",事实上是一套以顾客认知为中心的工作视角和技术语言。特劳特中国团队的灵魂人物邓德隆先生有一个非常形象的比喻:要像孙悟空一样,钻进铁扇公主的肚子里去。由此,才真正开始了战略方法的"顾客转向""认知转向"。在绝大多数情况下,顾客只会首选在其心智中显著存在的事物,如果企业一定要说通过营销获得了顾客,不如说我们通过一系列战略举措,进入顾客大脑心智认知,或者成为第一选择或备选方案,除此之外别无营销的安全之法。如果要说开创了市场、创造了需求,不如说企业实实在在地拓宽了顾客的认知边界。在这一艰难的过程中,顾客牢牢地记住了我们,因此,新领地理所应当首先属于开拓者。

在"定位之父"特劳特和里斯先生曾经合著《22条商规》一书中，本质上而言只有两条：第1条（第一法则）和第22条（资源法则），其他都是过渡状态、前提说明、实现方法、注意事项等。最为重要的是，两位著者将"定位"一词定性为"一词占领心智"，以及"钉子"（心智位置）和"锤子"（战略资源），其根本主旨来自通用语义学创立者科日布斯基及其他学者的经典原著——《词的暴政》《语词的威力》等。可惜的是，今天只是停留在词面理解的人们，错误地胡乱延伸造次成了"语言钉""视觉锤"等。这样的做法貌似专业，实则"以其昏昏，使人昭昭"，不值得尾随其谬误、效法其精神，甚至应该质疑其初心。

同时，应该重新审视的是"品类"一词。一方面，就字面意思而言，容易在行业定义和顾客定义两者之间造成混淆和替代。通常，行业划分品类侧重于技术化、实物化，而顾客的品类定义极为感性、直观、不一定符合技术原则，甚至未必十分精准，或者即使错误也会依照约定俗成；另一方面，顾客划分品类的根本目的是在日常事务中便于识别和区分（免得每次都要花费脑力重新认识，或是交流时难以准确表述清楚），因此有可能科学地、标准地规约为品类，但也有可能不一定能够，而实际上得到了一个只是看似科学的、标准化的分类。总之，赋予品类一个标准定义的目的和意图是更便于识别和区分，基于这一点，不论是特性，还是品类，都是在顾客认知中进行识别和区分的方式方法。除此两者，还有千百种可能性实现识别和区分，如此一来，进入顾客认知的途径和入口将无穷无尽，在此之上的创见完全可以绵绵不绝，以便最终可以从中选择最优解。因此展示出定位机会、战略战术的瑰丽诡异和变化多端。更准确地说，当我们尝试理解教科书级的专业词汇类似"品类""特性"时，应该透过其字面词义，探询其实际含义、目的与用途，追根溯源有助于人们展开无穷想象力。为此，我们更加愿意以"分类"这一更为基础的词语，以此作为目的来对应顾客的实际决策场景，使其两者的内涵和外延都能几近对等而周延。

接下来，我们应该知道，人类认知过程中存在三种基本学习模式：假设—验证模式、刺激—反应模式和抓取—感召模式。

所谓假设—验证模式，即人们不论接收什么信息、什么体验，认知初期存在一个先建立假设，然后验证假设（证实或证伪）的过程，这将贯穿认知、体验、购买、使用、分享的全过程，以至于随时随地都有可能激发起生存保护本能——心理逆反。从演化角度而言，这大致来自人类基因中带有的强大而敏感的不安全感，非此不足以在危机四伏的丛林中延续生命和繁育后代。而过多的选择、低廉的转换成本，也使得"东边不亮西边亮，张家不买卖李家"早已深入人心。

很多企业以为品牌知名度、认知度、满意度可以成为护城河，实际上，这些都只是今日参与竞争的基础门槛，而只有真正进入顾客心智、成为顾客首选之后，才能具备护城河效应。这是《定位》一书中强调"进入市场，不等于进入心智"的基础含义。由此，大部分企业家认为市场份额领先，就已经具备"套现"的机会，可以大肆"收割"之后安然离场，让顾客不得不生起"被欺骗"的羞辱感，殊不知同时无意间过早地亲手掐断了自己的大好前程。经验证明，急于求成、资源追击不足，是企业止步于成功半途的主要原因。就更长时间而言，弱水三千只取一瓢、培植福报积累资粮、"厚德"才能"载物"的长期主义战略思维，才是确保企业价值最大化、可持续经营的光明大道。

所谓刺激—反应模式，是行为主义心理学观点在学习领域的发展结论。主要观点如下：

（1）有机体的一切行为都是在刺激与反应之间形成的联结，心理学的任务就是在严密控制的情境下给予有机体一定的刺激，并观察它们的反应，从而预测和控制行为的变化。

（2）重视研究有机体的外部行为，反对研究意识和心理过程，用"刺激—反应"公式来解释一切行为。

（3）认为学习导致有机体行为的持久变化或可能变化，其实质就是在刺激与反应之间形成联结。

(4) 提出内驱力、线索、反应、强化等概念来解释刺激反应联结过程中的现象和规律。

在这一理论体系下，行为主义学习理论的代表人物对刺激反应之间形成联结的过程进行了深入的分析，并提出各自独特的见解和陈述，例如，格斯里强调刺激（S）与反应（R）同时出现，形成接近性条件反射，以 S-R 公式表示；赫尔重视有机体（O）在刺激和反应之间具有反应倾向，以 S-O-R 公式表示；斯金纳则认为，若一个反应发生以后，接着给予一个强化刺激，则可使反应发生的倾向增强，表示为 R-S 公式。刺激反应理论是建立在动物学习研究的基础之上的，所提出的一些概念和原理对教育心理学有重要的影响。

实际上，在人类潜意识库中，不论是先天遗传，还是后天养成，早已存在着一个无穷无尽的信息海洋，这是亟待我们开发的天资禀赋。这是抓取—感召模式的根本基础。基于此，主体（如信息发送方）呈现和提供什么信息符号的表象和含义，就实质上与客体对象（如信息接收方）脑库中的某些观念、字词、含义、形象、符号等形成相互暗合、自洽和感应，并表现出相互之间产生共鸣的感觉。那么，企业面临的正确命题可能是我们以什么角度和概念才能与顾客某种心智资源得以相应呢？

由此，我们有理由相信可以找到一条绿色通道，使其与顾客心智认知资源持续相通，因时、因地、因人而异开发出万千赢得顾客优先选择的理由，以此调动顾客选择的力量作为企业发展的不绝源泉。与之相反，一旦呈现信息被认为不恰当，则调动起顾客心智认知中的负面能量，前期辛辛苦苦建立起来的"人设""标签"便容易瞬间崩塌。这诠释了如何实现德鲁克赋予企业家的定义和使命——内外信息的联结者。这也是特劳特在其晚年著作《什么是战略》一书的副标题"capturing mindshare, conquering markets"中使用"capturing"一词的深意，因为其拉丁语词根"cap-"原意中有"用手抓""用手拿"的含义，并引申为"拥有""有能力""有容量"等意义。

就学术基础而言，特劳特和里斯定位理论不同于迈克尔·波特所言的

"定位",更加不同于卡普兰和诺顿,以及加里·哈默,甚至更早前的开山鼻祖(如钱德勒、安索夫、安德鲁斯)等一系列基于产业和组织内部的研究成果,直至德鲁克先生晚年这样告诫:真正的成果产生于组织外部。以此为基点,战略定位方法论主要依据以下七门主流基础学科而建立。它们分别是:

(1)定位理论及其基础原理。

(2)认知心理学、认知神经学。

(3)战略管理学、竞争战略三部曲。

(4)德鲁克现代管理学思想。

(5)孙子兵法、战争论、战略论等军事原则。

(6)逻辑学、语义学、修辞学、传播学。

(7)儒道释中国国学等主要经典。

以上学科有别于传统经济学、管理学界对战略这一课题的知识边界,也正因如此,尽管它在半个世纪之前,直至今日,仍然广为实践使用,但迄今为止,特劳特和里斯定位理论仍未得到主流学界的足够重视。另一个角度的启示是,以上学科知识并非小众冷门知识,或是不入流的旁门左道,抑或民间哲科,相反都是多个领域的主流基础学科智慧成果,因此就自然引起实践派和学术派的高度重视了。

第六章

认知优势

一、价值计算

西方科学及古典哲学认为：数学是世界的本质，今天的实业界只留下了计算这一单项功能了，民俗之间演化成为略含贬义的词汇——算计。抛开褒贬语义不同，人们确实每天都在进行计算和算计——关于价值和价值感，其中有着细微的差异：价值主要针对有形的得失多少和风险概率，即实物账，而价值感主要针对无形部分，即心理账。

我们很容易得出结论，人们以什么为标准做出最终选择判断呢？即价值和价值感。那么，人们是如何完成计算或算计的呢？过程中是否可以进一步细分化、具体化呢？有没有一个放之四海而皆准的方程式呢？一般而言，一定时空范围内的重要性和获得性是两大细分标准。尽管人们不一定做出被其他人认为正确的选择，却又经常参考别人的决策做出自己的选择，但最终人们总是做出自己认为正确的选择，即使一时拿不定主意，在短期之内，人们也总能为自己的错误决策找到一个合理的理由，以确保自己不陷入认知失调、自我谴责的状态中。

具体而言，重要性是指本身问题及解决方案的重要性，这直接与顾客难题、需求以及产品与服务解决方案所属品类有关。人们只会关注自己觉得重要的问题与品类，这意味着在脑中对其重要性进行排序（甚至精确地赋值打分），只有重要性靠前的问题与品类才有机会得到足够的关注和参与。不过，在人类大脑的处理能力限制之下，如果套用"货比三家"的原则，人们能够做到货比三类就已经太费脑筋了。更多人只是在同一类中做出品牌比较，而并不善于发现自己已经被认知边界局限，因而"默认"地将更有实际效用的解决方案前提性地排除在外了。这正是定位理论关注人类大脑心智认知时的用功着力处之一，即之所以可以获得更大的市场空间，是在企业品牌和产品推广的过程中，让更多顾客意识到"居然这样也可以！""这样也能解决问题！""我怎么没想到？"……这也是特劳特为什么要专门写作《显而易见》并隆重推荐《显而易见的亚当斯》[①] 一书的原因。对于企业的好处是谁帮顾客开启了解决难题的智慧，谁就更有可能先入为主地成为首选。当然，这也是定位理论之所以可以有效地吸引顾客、创造需求的根本起点。

顾客将万事万物用来解决生存与发展难题的第二个选择动作，就是对所知道的选择方案围绕价值和价值感进行获得性排序，并将之与具备典型代表性的品牌直接挂钩或画上等号。当然，由于人们先天基因遗传和后天际遇不同所带来的的价值观不同，每个人会做出只符合自身判断标准的正确（说恰当更准确）选择，至少每个人自己认为是这样。基于人类简化决策路径、降低思考能耗的基本特性，通过借助更高影响力的权威人士、媒体、机构等的赋值评分结果让顾客"抄作业"，可以帮助品牌更容易获得更多顾客的拥戴和优先选择。就此，也顺便弥合了传统学界需求视角与竞争视角之间的概念冲突。何为竞争？顾客的另一种选择就是竞争。这可以从更基础的底层逻辑上规避"我们没有做错什么，却被时代抛弃了"的思维缺陷。

[①] 罗伯特·厄普德格拉夫. 我怎么没想到？显而易见的商业智慧 [M]. 侯德夫，译. 北京：机械工业出版社，2010.

二、价值感差值

尽管可以超越世间一切时空局限，类似"齐物论""天人合一""众生不二"的无分别心等，但不可回避的是，商业世界的基石是价值及价值感计算。模糊地说，重要性和获得性两者相乘的结果，就是顾客选择理由的真实效度，它们在每个人心中的价值权衡结果所体现出的数值差额（即价值感差值），就是人们"分别心"的经济含义。之所以至少是乘数关系，是因为其变化曲线并非等斜率变化，而是更为剧烈的螺旋式微积分变化。在通俗意义上，一旦品类已然不再重要，品牌选择自然归零，直观表现为不在选择范围内；视而不见，听而不闻；瞪眼瞎；飘过；无感等，而其背后隐含战略决策的深意在于：城门失火，殃及池鱼；皮之不存，毛将焉附等。

于其之后，才是关于品牌及其代表性的产品、服务、形象、场景、文化等第二层次概念的价值与价值感计算。这是特性之所以成为定位战略机会的前提。与其被人套用要么"品类"要么"特性"的定位方法，不如将特性、品类等向下一层理解为"分类"或"属性"。任何事物的分类方式和属性特征都有千万种之多，而将其归于哪一类、定义为哪一个属性，完全只看我们的实际需要。从利益最大化的角度而言，企业当然选择在顾客心智认知中价值感更高的分类，对于那些心理尺度更大的企业来说，甚至可以完全无中生有、颠倒黑白、左右视听，只是这样做的代价有可能经不起时间的考验，其背后起作用的是信息对称、认知共识的速度和强度。就商业价值而言，越是具备公知共识潜力的"非常识"，或者越是具备颠覆"常识"可能性的分类和属性，就越是潜藏商业机会的宝藏富矿。

原则上，企业关于品类和品牌的创业及再创业机会多达无穷，完全视乎企业主是否意识到顾客心智认知的内涵与结构。因此，定位理论参考心理学中"认知地图"概念，提出"心智地图""心智快照""心智阶梯"

等一系列新概念。相比传统战略管理学中各学派从企业及产业内部视角考虑问题，将企业制定战略、寻找顾客差异性价值等总结出若干通用战略模型以供套用（至少实际上容易成这样），定位理论完全以顾客心智认知的地形、地貌作为出发点，大大克服了企业家内部视角的局限性，并开辟出一望无际、无拘无束的创意空间。与传统战略思想相对更为内部视角相融合的是，企业可以在更具开放性判断力的标准下运用战略管理工具，再度权衡是否根本改变内部运营逻辑以适应和颠覆外部，抑或是做出局部创新以做改良。这完全基于企业家审时度势以及对轻重缓急、行为风格等战略节奏的具体把握，也已经进入战略作为艺术、手艺、非技术的精微层面了。

三、认知优势

在物理学概念中，势能（potential energy）是一种能量的概念，它可以释放或者转化为其他形式的能量，是一种推动能量传递的作用力，其数值的大小直接决定能量传递作用的强度。它不为单独物体所具有，而是为相互作用的物体所共有。因此，这与维度差、高度差、温度差有着更直观的相似性。

由此，所谓"优势"，是一个基于两两比较的相对概念。这是否与价值感差值类似？是的。其两者的差异只在于话语者的角度不同，即如果站在顾客角度，是价值感差值；如果站在企业角度说话，就是认知势能差值。我们完全可以说，认知优势等于价值感差值。或者换言之，要想对自身的认知优势有所感知，我们无法在企业内部找到它，而只有在顾客心智认知中才能有所体认。一句话，体认在顾客心智中的价值感差值，是确认自身品牌认知优势的唯一通道。

我们之所以要建立起关于"认知优势"的正确概念，是因为这是一切战略、品牌、产品、营销、并购的前提，甚至是管理工作中前提的前提。

其根本原因是，顾客永远只能在自己的认知边界中做出选择，一切超出顾客认知边界的物品和品牌（其本质为信息），都要率先在心智内外世界之间搭建一道桥梁、一架阶梯、一块跳板——定位，才能在先顺应、再调整、再升维的"三步走"过程中通行无阻，否则，必将陷入此路不通、费力不讨好、事倍功半的不经济状态。是以技术、产品、内部运营角度，还是以顾客心智认知结构为决策依据，以及以何种知识、视角和眼光来裁决究竟应该死磕还是绕过、变通还是坚守、机会还是威胁等，是企业家可以完成自身认知升级的必然锚点。

第七章

调整认知何以可能

一、充满谬误的经验世界

人们习惯于更关注童年记事之后的成长经历,觉得正是在这几十年时间所累积的经验,帮助我们正常存活到现在,以及取得今天的成就。而另一个思考角度:也许我们有限的经验世界并没有想象中那么可靠,它在守护人们成长的同时,也给人们套上了诸多无形的枷锁,造成了巨大的认知偏差,最终导致了自我认知的局限性。

为了深入了解实际中的认知是如何形成的,让我们先略微简化外界和大脑中的图画。假设仅仅只有一个单纯的外界刺激,它来自我们的皮肤,或者眼睛,或者耳朵。我们将这一刺激记录到神经中枢上。此时,我们的大脑将得到一个单一的印象。很快,我们得到另一个印象,接着,我们得到下一个……以此类推。最后,我们的大脑将建立起一个模式,或是提供与某种模式的联系,并开始组织受到的外界刺激,最终给出对外界刺激的解释。于是产生了视觉、听觉、味觉、触觉等感知。在这些模式以一定的顺序排列之后,我们还能够识别出那些与我们过去的经验相似的模式。在此基础上,当大脑接收到外界的某种类似的刺激时,我们便会将大脑中出现的新图像与其中过去保留下来的图画相比较,然后得出结论:这个极为相似或是那个极为不同。

接踵而来甚至同时发生的事情是归类与命名——尽快为事物贴上标签

以便于高效率识别。人们正是通过把事物分门别类，并且为它们各个命名，才得以简化沟通中所指示的对象，以此提高彼此合作的效率。然而，我们是否注意到，那些人们正在准备命名的事物，其本身当然没有名字，而且在给它们成功分类之前，它们其实也不属于任何种类。这种分解动作其实并不准确，实际上，当人们替各种东西取名字的时候，本质上就是在给它们进行分类。

我们应该注意到，在实际应用中，人们把事物叫作什么名字、在外形上的哪一点或哪条线上将两种不同的东西区分开，完全是根据我们的利益和分类目的而定的。同时，也没有一种分类方法会比别的方法更加固定和永久，因为每一种分类方法都只是对其自身目的有用。名字与符号和它们所代表的事物之间一定要有必然联系才会有正确的名称。因此，"这究竟是什么？什么才是它正确的名字？"这其实是一个无法回答的问题。每一个事物并不只属于一个类别和拥有一个类别名字，而是可以同时拥有属于很多个类别，可以同时拥有很多个名字，而这完全看我们打算如何使用这些分类和名字[①]。

多数人忽略了自己是怎样通过命名和贴上各种标签来对事物进行分门别类的。例如，把一个人叫作广东人、中年大叔、交际男、有钱人、书呆子等，进而对其做出一个草率的判断，或者不如说是产生一种固定的标签反应，这是一件何等不公平的事情。而一个品牌一旦被贴上"康帅博"（注意，不是"康师傅"）价格便宜、山寨、尾货、不值得、不道德，抑或是高端、有品位、价格很高、要预订等标签之后，企业命运将随之判若云泥。你是否意识到，这一过程中，我们完全失去了自主意识，而被这一草率的判断标签彻底绑架了。

我们之所以说是草率的判断，其中包含着要是能慢慢地想想，这种错误就可以避免的意思，而事实上并非完全这样。有些人虽然也慢慢想了，

[①] 塞缪尔·早川，艾伦·早川. 语言学的邀请 [M]. 柳之元，译，北京：北京大学出版社，2015.

但仍然得不出更好的结果，反而在原来的定义上，不断地延伸、放大和再抽象化。真正值得关注的是，人们为什么会因为这种自动反应而变得头脑越发顽固呢？甚至很多人受到这种自动反应的影响，永远都无法从实际经验中获得任何改变，他们只会一味坚持他们原来的判断，而丝毫不顾现实情况。这就是人们常说的"跟风"行为的本质：人们忽略了分类过程中那些被省略的特征，当然这也就意味着忽略了更多差异性和独特性的可能。

二、信息传播，进一步放大了认知偏差

美国新闻评论家和作家沃尔特·李普曼（1889—1974）的《公众舆论》一书，是传播学领域的奠基之作。在书中，李普曼指出，传播方式的革命性变化，让以往主要由传统媒体来完成的单向信息传输，变成了公众参与的散点式传输。这让公众舆论与公众更加紧密地联系在一起，但人们与事实真相的距离并没有因此拉近。

每天，当人们打开计算机、浏览新闻或者通过社交网站看朋友关注的新闻和转帖，以及就这些新闻表达自己的观点时，人们都不但身处在一种公众舆论中，而且自己也在孜孜不倦地营造一种公众舆论。当对自己有直接经验的事件发表看法时，人们往往把握十足，而这种判断也不会有太大问题，但媒体技术的创新，使得世界在变得扁平的同时也变得过于辽阔了，新旧媒体一起瞬间把人们不可想象的世界拉近到眼前，并让其点评。

我们所看到的是，大部分自媒体要么只是呈现了自己某一个方面的事实和观点，要么只是在单调重复传统媒体、权威自媒体上的信息再加以点评。而且，由于传播本身的缺陷，自媒体加重了信息在传递过程中的扭曲和失真：每多经过一个传递环节，原始的信息总会失去若干或增加若干内容。"世界太大，我们面对的情况太复杂，而我们得到的真实信息又太少，因此，舆论的绝大部分就必定产生于想象。"显然，很有可能，"每个人的行为所依据的都不是直接而确凿的信息，而是他自己制作的或者别人给他的图像"。李普曼进一步说,"一个人对并未亲身经历的事情所能产生的唯一情感,就是被他内心对那个事情的想象所激发起来的情感。"正如悲观主义者总是善于用灰暗的眼镜看世界,乐观主义者总是戴上玫瑰色眼镜一样,成见系统可以保护我们免受复杂世界的伤害,帮助每个人井井有条地理解世界,但代价是你所理解的世界是被扭曲过的。李普曼提醒我们:"实际上,在真正看到世界之前,我们就已经被告知它是什么模样;在我们亲身经历之前,就已经对绝大多数事物进行了想象。"

也正因如此,"置身于庞杂喧闹的外部世界,我们一眼就能认出早已为我们定义好的自己的文化,而我们也倾向于按照我们的文化所给定的、我们所熟悉的方式去理解"。当我们真正看到事实时,成见帮助我们对事实进行判断和筛选,我们只钟爱那些符合我们已有的对世界的看法的事实,而主动抛弃其他的、被斥为谎言的事实,或者干脆视而不见。"如果我们相信某个事情是真实的,我们就总能发现一个来说明事情的确如此的例子,或者找到一个相信事情的确如此的人。"[1]

巴菲特的老搭档查理·芒格喜欢说:手中拿着锤子的人,看什么都像是钉子。当公众舆论最终形成时,事实最初的原本面目已经像被一个高明的整容医生动过手术刀一样。更何况,这时公众已经习惯于将"观点"当作"事实"来看待了。一句话总结:你所在世界不是你以为的世界。

三、"二分法"世界观是底层逻辑的陷阱

正如莎士比亚戏剧《哈姆雷特》中的名句:To be, or not to be, that is the question(生存还是毁灭,这是个问题)。当习惯了草率的"贴标签"模式之后,人们紧接着便会自然而然地被导入非黑即白,要么对,要么错

---

[1] 沃尔特·李普曼. 公众舆论[M]. 阎克文, 江红, 译. 上生活经验:上海人民出版社, 2011.

的狭隘世界。这是所谓不是/就是、非此即彼的"二分法"（或称为"二元论"）底层逻辑的陷阱。更加严重的问题是，不少学者认为，所有的问题最终都能够简化为两种不同的情况，就像是一个电子开关，只有开和关两种不同的状态一样。传统教育也在教导人们这样思考问题：事物之间的关系就是简单的非此即彼的关系。

我们不妨问问自己，我们所认识、所经历的这个世界，是否真的完全构筑在"不是/就是"的蓝图之上呢？你是否每分每秒都全身心地热爱着你的工作？或者，你是否总是万分地痛恨这份工作呢？又或者，你的答案并不那么绝对？或许总的来讲，你挺喜欢你的工作，只不过有时它也会惹你讨厌。你是否认为自己绝对地诚实，你从未在任何的小事情上说过或做过一件不全然诚实的事情？反之，你又是否能说自己绝对不诚实呢？你的一生中，真的没有说过或做过一件诚实的事情吗？答案似乎只能是一种中间的结果。[①]

在古典逻辑学（即亚里士多德学派）中，一个最基本的假设便是，A只能是A而不是B，这就是"二分法"的两种基本状态。而实际生活中，A并不完全地、绝对地、永远地等同于B；反之，A也并不是完全地、绝对地、永远地不等于B。如果我们否认灰色的存在，并把所有的颜色延伸为唯一一种白色，或是将其削减为唯一一种黑色，我们便再次在客观事实上贴了更为抽象意义的标签，显然已经不再接近或代表客观实际。我们又一次陷入不看事实，只重标签符号的主观陷阱之中。

如果一定要追根溯源，"非此即彼""非黑即白"的"二分法"源自古希腊哲学家亚里士多德的语言体系受到"同一性原理"支配。这种话语体系是遵循古典逻辑学三大基本规律——同一律、排中律和不矛盾律构建起来的。而事实上，只要调动我们的常识就能看清楚，这三大基本前提并不真的成立，而只是一种为了便于分析和理解事物而人为设定的前提

[①] 塞缪尔·早川，艾伦·早川. 语言学的邀请 [M]. 柳之元，译. 北京：北京大学出版社，2015.

假设。

在通用语义学①所倡导的"非亚里士多德"语言体系看来，事物的同一性是并不存在的，顶多只有相似性。而正是由于同一性原理作怪，人们往往把属于同一类的东西看成绝对一致的。同一性原理导致思想的绝对化和僵化，是一种类似精神病患者的思维方式。由于同一性原理而做出的错误判断也是屡见不鲜的，以至于大家反而习以为常，把本来不正常的东西当成正常了。人们很容易忘记，用词语给万事万物下定义、贴标签，是一种为了快速识别、大大简化而忽略了大量事实真相，是一种存在着严重缺陷的行为：语言的定义是静态的，而客观实际是动态的；语言概念的范围是有限的，而客观实际是无限的；语言是抽绎的，即经过选择和舍弃而从中引出头绪来，而实际事实是浑然完整的。

四、回归多元无穷值世界

我们的贴标签行为、媒体公众传播、形式逻辑的定义方法等，总是需要借助一个关键符号——词语来运行的。假如词语符号代表一幅幅地图，人们实际上同意了假定它们能够在很大程度上代表客观事实的"领土"。但是，由于这些词语本身就只是一种抽象概念，它们无论如何精妙也不可能像客观现实中的"领土"那样具体而详尽，它们遗漏了客观事物的大量细节，因此不能够完全指代它们所描述的客观实际。②

尤其是在处理那些来自远古或是来自另一个半球，以及那些来自不同

---

① 通用语义学，起始于 1921 年美国哲学家、逻辑学家、通用语义学创始人科日布斯基（Alfred Korzybski，1879—1950）将人定义为"时间连接者（time-binders）"的思想。科日布斯基出身于波兰贵族家庭，曾是伯爵。青年时期，在大学攻读过化学工程。1940 年加入美国籍。其核心著作《科学和健全精神：非亚里士多德体系和通用语义学入门》（1933）。

② 沃尔特·李普曼. 公众舆论 [M]. 阎克文，江红，译. 上海：上海人民出版社，2011.

> **定位原理**
> 创建认知优势的根本出发点

文化的文字信息的时候,必须注意到,那些在作者眼里的种种事物,或许与我们今天所赋予相同的词语的含义已经大相径庭。那些祖祖辈辈流传给我们的很多"历史地图",本身就是地图的地图,甚至是地图的地图的地图。而运动是客观事物永恒的真理,客观事实总是在不断地运动着。就像我们已经知道的那样,一幅地图所包含的一条最重要的数据,便是该地图所绘制的年代。在两幅同样详尽地描绘了相同地域特征的地图当中,我们必须选择离我们时间最近的那幅地图,因为它描述了那些最新的地域特征的变化。

尽管日常生活中存在不少类似这样的非此即彼的情况,但"不是/就是"二元判断的思考方式,很多时候也并不会出现太大的问题。而另一个事实是,也有大量情况处于两者之间的状态,并非"不是/就是"可以完全囊括和覆盖。实际上,我们所生活的世界充满着各种各样的多元选择的情形。许多时候,拥有多个参考的视角或思考的角度,而不是局限于一个、两个或三种简单极端的选择,这对我们来说具有十分重要的意义。也就是说,除了二元系统之外,存在着多元无穷值系统,而无穷值系统的本质就是,我们拥有大量的"可选择值"。

举例而言,在大量的科学调查研究过程中,确定某个物体的电阻值或其势能、测量某个器械部件的运转速度、读取蒸汽炉的气压值、光的强度以及声波的波长和频率等,我们都在面对和处理无穷值的系统。无穷值意味着,我们将不受整数值(或有限个离散值)的限制,而是可以根据我们所使用工具的精度,以及我们的具体需求来测量和读取我们所需要的数字。在短时间内,多元无穷值的事物真相可能不会发生太大变化,但用来比对、分类和贴标签的词语,则可以拥有无穷种可能性,而至于采纳谁不采纳谁,则完全取决于我们这些使用者的目的和意图。[①]

[①] 约翰·玛吉. 战胜华尔街:成功投资的心理学与哲学 [M]. 北京:机械工业出版社,2003.

五、大脑中装载着远古累积的长期记忆

现代认知神经科学认为，人类大脑记忆可以分为短期记忆区和长期记忆区。短期记忆区相当于计算机的内存，因此又称为工作记忆区，即意识和思考区，主要负责信息加工工作，在额前叶中进行。长期记忆区是信息累积和储藏的区域，是一座容量巨大的仓库，相当于计算机中的存储硬盘，其中存储着大量事实性知识（事物真实情况的知识）和过程性知识（与原有知识链接的知识）。在遇到具体问题的时候，大脑会自动调用长期记忆区的知识来做决策，这样做的思维效率最高，消耗能量最少，整体生存能力最优。当工作记忆完成之后，大脑会对记忆仓库保持添加和更新。

长期记忆也许只是一个个孤立的事件，但可能一生都记得非常清楚。例如，一些阿尔茨海默病患者，可能记不得当天早餐吃了什么，但仍然记得几十年前婚礼上的很多具体细节。心理学中用"内隐记忆[①]"的概念描述这种在不需要意识或有意回忆的条件下，个体的过去经验对当前任务自动产生影响的现象。某些记忆一旦形成便非常持久，可以在不自觉的情况下自动运行，比如学习骑自行车、打字、游泳等。只要条件和环境适合，人们甚至可以回忆起大量小时候和以前发生过的事情，而且细节清晰，印象深刻。另一种情况，当我们遇见某一件事物的时候，感觉好像很熟悉，但是就是想不起来，又或者遇见某个人，明明认识但忘了他叫什么名字，久久想不起来。那是因为我们在记忆的时候，事情在大脑中留下的印象痕迹不够深刻，主观意识很难搜索到这条线索的存在，但是一旦长时间观察

---

① 内隐记忆是指记忆的一种类别。按照是否意识到，可以将记忆分为外显记忆和内隐记忆。在不需要意识或有意回忆的条件下，个体的过去经验对当前任务自动产生影响的现象，又称自动的、无意识的记忆。

这个事物，我们就会联想起与这件事物相关的很多信息，因为主观意识锁定线索的区域忽然联通了线索，故而有时突然回忆起来某些事情，或者总会有灵光乍现时刻。有关潜意识的研究也表明，人们的各种经历和遭遇，一旦在潜意识大仓库里留下了线索和痕迹，大脑的主观意识将它们加工并形成记忆，长期沉淀在潜意识库中，按照时间或是情绪相互连接，它们被埋藏在深处，并在一定情况下加以调用。

以上这些内容，我们仍然只是紧盯着自己有着切身感受的这二三十年，而与人类千万年进化积淀相比，这二三十年又能算得上什么呢？让我们给自己的观察角度添加一个"远镜头"，也许会有另一番感受。实际上，早在人类还没能用文字进行表达以前，人们相互之间就通过同舟共济的合作关系，展开同类合作，甚至异类合作，成功对抗了无数次的灭顶之灾。相对于人类整体文明史而言，每个人出生后的几十年，顶多只是弹指一挥间，但真正重要的是，每个瞬间的长期记忆都在人类基因图谱上完成了一次次"刻录"。千百万年来的重复演练和经验记忆，让人类大脑的构造和机制变得如此强大而特别，并沉淀和造就了今天人类血脉遗传基因中所携带的文化信息。除了能够通过各种基本感觉器官与外界建立起沟通和交流之外，人类还能把通过感官接收到的信息加以储藏和更广泛地应用，例如，从现实中抽象和概括出其中的规律；从过去的经验中推理和构建对事物的看法，并预测和决定事物的发展走向等。

当然，最特别之处在于，人类懂得使用复杂的语言，甚至文字、图形等符号来展开生存竞争。我们的祖辈、社会权威人士，或是伟大的思想家们，之所以永远不会离我们而去，是因为他们的经验和智慧或多或少都深深地刻画在每个人的行为和思维习惯中。即使千年之后，在那些陈年的书卷中、古老的石碑上，或是山洞石壁上，当我们再度聆听他们的教诲，从那些深邃的思想中获得共鸣和启发，并将它们再度融入自己的逻辑实践，从本质上而言，都是因为我们从字里行间找回了自己基因中潜藏的心灵记忆。

总之，我们今天拥有的许多价值理念、行为习惯和超强学习能力，都源于过去千万年来的长远积累，源于我们的历代祖先，直至形成某种信息在基因中遗传了下来，成为每个个体的常识，而社会群体的公知共识，则是整体社会的常识记忆，并且今天的常识，基本来自过去的非常识。那些商业世界中所谓的强势品牌，就是跟更多群体心中的某些重要常识建立起链接的产品的名字代号。真正需要确定的是，不论来自千万年来的遗传累积，抑或由后天几十年体验习得，在接触任何一种产品和企业信息之前，顾客的大脑里早就已经装满了与之相关的诸多认知和记忆，而绝对不是一无所有或一片空白。今天顾客的大脑认知世界，也绝不是企业想要强加什么概念就能肆意妄为的，它有赖于找到与顾客心智中的既有常识不相背离或相一致的差异化认知角度。

六、以概念牵动潜藏记忆，创造无限可能

很多企业家的思维方式还停留在供不应求、供需平衡的年代，而对今天商品和信息双双严重过载视而不见。他们还依然天真地认为，每个顾客的大脑就像是一块白板，企业想在上面写什么就可以写什么——比如推出一个新产品，只要拼命做广告、拉流量，就能够在用户大脑这个白板上写下自己的产品和品牌。一旦发觉投入产出效果不达预期，要么责怪团队工作不力，要么自己陷入深深的焦虑和怀疑之中。在定位理论看来，这是企业藐视顾客心智选择力量所带来的必然结果。

把顾客大脑心智看作一片空白、想写什么就可以写什么，这种想法符合 17 世纪哲学家约翰·洛克的"白板说"——人类的心灵就像一块白板，上面没有任何记号，没有任何观念，我们的全部知识都是建立在经验上的，有过什么样的经验，我们就会形成什么样的知识[①]。正如"盲人摸象"一样，摸到象腿的经验，让他认为大象是柱子，摸到象尾的经验，使

[①] 整理自《定位理论的哲学原理》，2019 年 9 月 24 日，邓德隆在特劳特伙伴公司举办的"定位理论五十周年全球盛典"上的开幕致辞。

他建立了大象是蛇的认知……之所以形成各自不同的概念和认知，原因在于他们有着各自不同的经验或体验。而如果想要他们有新的认知，或者接受对方的认知，只有让他们换个位置摸大象，获得新的或者和对方相似的经验与体验之后，才能形成新的认知、新的知识。

"白板说"强调：人类的后天经验决定了人类的认知，因此也称为经验论。换言之，如果用到商业竞争上，则意味着只要体验良好，信息传递到位，企业就可以强迫顾客接受自己，以此获得青睐。真的可以如愿以偿吗？定位理论并不这么认为。非但如此，定位的工作方法，是要从人类大脑心智的潜藏记忆中找到一个与众不同的认知角度，并以此为起点构建起企业的差异化竞争战略。定位理论与约翰·洛克"白板说"反向而行，它认为任何与顾客心智中已经存在的强势对手展开正面竞争的努力，都是徒劳无功的。这从特劳特预测美国通用电气（GE）执意进入计算机行业霸主 IBM 的领地必然失败中，可以一窥端倪。也正是基于这种此路不通、不存在任意作为的自由、战略不由自己情况而定等经验归纳和总结，特劳特不乏幽默地说："400 磅的猩猩想在哪睡就在哪睡。"

特劳特一再提醒管理者，定位成功的关键在于首先意识到：

"顾客心智会主动选择和排斥绝大部分信息"

"心智只接受那些与已有的认知逻辑一致的信息"

"顾客心智中已有的认知，就是企业必须面对的客观事实，没有任何企业可以改变它，只能顺应它，并据此事实来设定战略"

"顾客只能看见他想看见的东西，也品尝他想品尝的味道"

……

与此同时，定位理论给出相应的解决办法——只要顺应顾客心智中的常识，则可以创造出无限可能的有效供给机会。其中可能存在三个方面的矛盾和内在冲突：

第一，顾客大脑容量有限，留给每个品牌的关注时间少之又少。

第二，一旦顾客心智中存在强势对手，与之同质化跟风的直接对抗行为必死无疑。

第三，顾客大脑中存在着开发不尽的心智资源。

定位的知识体系比较妥善地处理好了这三个矛盾，它包括顺应顾客心智中的既有认知、不要与显著强势对手直接对抗、找到合适的词语"一词占领心智"、定位是钉子而资源兵力是锤子、战略定位之后需要做一系列的关键运营配合等。

综上所述，人类的心智认知，是一个暗藏着无限信息资源的常识信息大海，但在非此即彼的"二分法"教育和思维习惯之下，世界万物被狭隘地定义成人们各自认知中的分类标签，再加上人们总是忙于维护自己正确而寻找了有利于自洽的证据，于是人们被牢固地困在自己的既有认知世界里。就顾客而言，人们既有经验、知识和思维方式在解决一部分现实问题的同时，带来了认知局限，一方面对自己所面临的真正难题和需求并不彻底自知；另一方面，人们对能够解决这些难题的产品信息也同样不能周全尽知。只有打破既有标签和定义，回归到多元无穷值真相世界之后，企业家才能在更广阔的认知天地里找到真正适合自己的顾客群及其需求点，以及自己产品和品类的价值点在顾客心智认知中相对应的生存位置。

因此，特劳特说，企业经营中最重要的决策，就是要在顾客心智认知中拥有一个什么特征概念、成为哪个类别的代名词。正是借助找到其独特的价值定位，创建起品牌的认知优势，企业才将组织内部常识与广普社会的公知共识完成连接和共建，这是成就任何品类中强势品牌的基本原理，也是将需求汇拢成为市场的实质根因。

值得注意的是，定位经营的思维方式和工作方法，是从顾客大脑中早已存在的某个独特概念认知出发，继而构建起产品、服务、组织、盈利模式、上下游独特的产业链等真实世界，但这并不意味着可以凭空捏造一些虚无缥缈的词语符号，更不是可以为自己或对手任意乱贴标签，或者只是停留在宣传口号上的空洞定义。人们会回溯顾客认知中的某些事实、产品和服务的客观真相，以及与竞争对手的相对优劣势等方面，综合建立起品牌及其代表的定位的合法性。如果违背了这一点，会从一开始就奠定了商业大厦的致命硬伤。尽管企业可以一时得益于资源优势飞得很高，但终究会因为在心智中缺乏合理性、不可验证或违背常识而跌得更惨。只需稍微开动脑筋就能知道，当电商已经等于淘宝、社交等于腾讯，搜索等于百度，二手车直卖等于瓜子，任何冒险再进来的企业大概率都会输得很惨。但事实上，阿里巴巴不止一次做社交的尝试，腾讯也有做电商的历史，百度也曾做过社交和电商，而阿里巴巴和腾讯也都做过搜索。进一步推测一下，即使一时爆火的 Chat GPT 技术再先进，是否可以改变这一世界真相呢？如果拥有这样资源等级的企业依然无功而返，试问你的企业能撑得了多久呢？

　　定位理论的真正创造力在于，当对多元无穷值真实世界进行审视之后，企业家便可以创造性地发现一个既能顺应顾客心智认知常识，又能帮助顾客突破自我认知局限的与众不同的词语概念，并以此为基点，对整体组织的产品、资源、人员、流程、制度等进行重构，这就是定位和重新定位工作等一连串战略决策的全部过程。

第八章

定位理论的哲学基础

定位理论的思考基点与洛克的"白板说"截然不同,而与康德"先验论"有异曲同工之妙[①]。

康德曾经提问:认知如何可能?其重要著作《纯粹理性批判》的核心思想:不是主体被动反映客体,而是主体主动构造客体。也就是说,人们先有概念认知(范畴),然后才能看见物体。康德通过吸纳以莱布尼兹为代表的客观唯心主义哲学及辩证思想,翻转了洛克的直观经验论,从而开创了理性先验论哲学。简言之,洛克经验论以感官经验为中心,直观经验决定认知,康德以人脑为中心,认为经验是被动地由人脑中的概念认知(范畴)所改造的对象。

定位理论与康德的先验论哲学的共通之处在于:大脑先有概念,才能看见物体——主体构造客体。也就是说,顾客头脑中的概念决定了企业哪些信息材料能被顾客组织起来,最终形成顾客主动为自己构造的真实世界。而对企业来说,没有定位概念的统领,企业组织内部的各项运营、产品与服务,顾客都将可能完全视而不见。

很多人认为,客观真理独立于我们的认识之外存在,不以个人意志为转移。这种观点的底层逻辑仍然是洛克的"白板说"哲学。而康德认为,客观真理不可知。这并不是说人就只能被动适应,而人类认知到的真实世

[①] 整理自《定位理论的哲学原理》,2019年9月24日,邓德隆在特劳特伙伴公司举办的"定位理论五十周年全球盛典"上的开幕致辞。

> **定位原理**
> **创建认知优势的根本出发点**

界,都是人主动的发明而不是发现,是人为主动运用知性范畴,从感性材料与经验中抽离创造出来的,而不是被动反映出来的。现代物理学也进一步证实,以人类目前的认知能力来看,可见的物质只有4%,剩余的96%都是暗物质。只有哲学家、科学家提出新的概念即新"范式(paradigm)"的构造下,暗物质才能被我们看见。认知能力决定了真实客观存在的世界,人类大脑中已有的概念与范畴是认识的主体,以此概念与范畴选取、重组、构造那些感性经验与材料,最终形成了我们所认定的客观真实世界。

康德的哲学观点对科学界影响巨大。比如量子力学、海森堡的测不准原理、波尔的互补性原理,都深受康德哲学的影响。爱因斯坦提出的"物理实在观",基本重复了康德的观点。霍金也曾说,宇宙是因为我的模型而存在——我们认为的宇宙,实际上是一些物理学家构筑的模型,人们只是认知到了这个认知模型构造出来的宇宙,我们还有很多未知的宇宙,所以,今后我们的宇宙观肯定还会不断被新的哲学、新的物理学所构造。不仅这些,人类经过上百万年的积累,已经形成了很多范式和常识,特别是在数学和逻辑学领域,已具备了独自发明原理与范畴并据此改造世界的无限可能。例如,人类先发明了质能方程式($E=mc^2$),然后据此选取材料,构造出原子弹。正如恩格斯所说,这200年来,"人的认知构造了世界"这一观念,不断在自然科学及社会科学中得到有效验证。

美国科学哲学家托马斯·库恩(Thomas Kuhn)写的科学哲学名著《科学革命的结构》一书,重新回顾了科学史。他发现:所谓科学,就是用范式创造真实世界,只要范式一改变,世界就随之改变了。这意味着,在新的范式之下,你生活的世界类似一个全新的星球,你原来熟悉的东西,变得陌生了,你原来看不见的东西,现在看得见了,暗物质变成了明物质。库恩的结论:整部科学史就是一部在新的范式下不断创造出新的真实世界的历史。正是依据康德先验论"主体构造客体"的观点,人们不难发现,人的大脑不是被动的,与此相反,人的大脑是主动的,是具有决定性的——人们头脑中的观念决定了什么样的信息被接收。再次强调一下,人们大脑中有什么样的范式，决定了人们能看见什么东西。

先有概念，再统筹构造外部材料形成知识。先验论比经验论"白板说"在科学上更正确，在哲学上更深刻。之所以更高明，在于康德是从作为整体人类的成果，即认识的形式和范畴出发，而经验论是从作为个体心理的感知与经验出发。而康德的缺点在于，他认为认知形式与范畴是先验存在，没有任何道理可讲。他虽然发现了人类心智中蕴藏着巨大的构造自然与社会的力量，但康德并不认为这是上帝赐予的，也不承认上帝的实体存在（难怪梵蒂冈教会把他们的看门狗取名为康德以表达愤怒）。实际上，这些概念与范畴并非无法解释地存在着，而是人类经过上百万年历史积淀在大脑中的产物，中国著名哲学家李泽厚先生将之命名为文化心理结构。

定位理论只是商业社会的方法论之一，更为本质的是认识论、本体论基础。不论是康德"先验论"，还是洛克"经验论"，更多都在认识论层面打圈圈，即便触摸到了本体论，但也囿于文字能力而不可言尽。关于更本质的本体论层面，中国儒释道传统文化中其实蕴藏着丰富养分，我们应该有足够的文化自信。黑格尔曾经批评中国哲学，认为中国哲学很浅薄，甚至根本谈不上哲学，中国人也没有概念、逻辑不清晰，甚至没有哲学思维能力。相对客观地说，如果企图把"道可道，非常道，名可名，非常名"套进西方逻辑概念体系的"模子"，西方人当然看不懂中国哲学。西方哲学家们只有以语言逻辑为中介才能理解一种思想，而中华民族的哲学思想，是在"本体"这一最高层次上进行讨论，它以一种"先验""超验"的方式展开，是人类后天经验和哲学语言体系所无法清晰化、逻辑化描述的。正如唐朝诗人李商隐所说：昨夜星辰昨夜风，画楼西畔桂堂东；身无彩凤双飞翼，心有灵犀一点通。

我们不得不承认，依靠概念逻辑构建体系的西方学术界，在将问题具象化、标准化、程序化方面更有优势。遗憾的是，大部分中国近代哲学家所做的工作，不过是企图用西方逻辑框架对中国哲学史进行梳理，但中国文化中很多概念根本无法进行西方哲学逻辑化框定，这是一个难以改变的事实。想要研究清楚，就必须回归到中国哲学自身的逻辑脉络和原生态语境中来。

第九章

企业成长的基本形态

一、周期性运动

任何事物都需要经历一个从无到有、循环往复的过程。在"飓风始于青萍之末""千里之堤溃于蚁穴"等名言之下,似乎隐含着某种数学逻辑,例如,斐波那契数列①、复利公式"$F = P \times (1 + i)^n$"等。大自然似乎处处都暗示着:事物的增减、起落,是以指数级、幂次方形式进行的,而非一种简单的线性变化。

总体概括起来,事物的发展主要呈现出三个方面的特征:周期性运动、波浪式前进、螺旋形上升。所谓周期性运动,是"反者道之动""周而复始"所蕴含的意思。中国自古便使用干支纪年,天干地支一甲子正好60年,这是中国文化中最早、最持久的周期概念。黑格尔把事物发展的这种特点比作圆圈。国际上,经济周期②理论按照周期长短可以划分为短周期(英国经济学家基钦提出为期3~4年的经济周期)、中周期(法国经济

---

① 斐波那契数列,又称黄金分割数列,在现代物理、准晶体结构、化学等领域都有直接的应用。它由意大利数学家列昂纳多·斐波那契(Leonardo Fibonacci,1170—1250)提出。1202年,他撰写了《算盘全书》(*Liber Abacci*)一书。
② 经济周期(Business cycle):也称商业周期、商业循环、景气循环,它是指经济运行中周期性出现的经济扩张与经济紧缩交替更迭、循环往复的一种现象,是国民总产出、总收入和总就业的波动现象。

第九章
企业成长的基本形态

学家朱格拉提出为期9~10年的经济周期)、长周期(康德拉季耶夫提出为期50~60年的经济周期)、建筑周期(美国经济学家库涅茨提出为期20年左右的经济周期)等。专家们形象地描述:世界在一个一个长周期"嵌套"中周期、再"嵌套"短周期的模式中运行。这意味着,在这个形似俄罗斯套娃的"嵌套式"结构模式中,找到与环境同频共振、踩准周期、规避周期性风险成为首要战略课题。

全球最大的对冲基金——桥水基金的创始人达里奥(Ray Dalio)发布了自己的最新研究"Changing World Order"(改变中的世界秩序)。他试图通过研究过去500年的包括中、美、英以及其他6个国家等全球主要经济力量交替兴衰的形式,来解释我们正处在一个50~100年长周期背景下的特殊时期,即变化的世界格局与力量的交替,以及即将到来的经济、地缘政治和价值观上的震荡和巨大改变。达里奥指出:我相信接下来很长的一段时间内,我们将会经历一个与过往完全不同(radically different)的特殊时期——这个时期将会颠覆我们过往对世界的认知,但类似的时期同时又在历史长河中反复发生过很多次。达里奥补充道:为了探寻这些普适性的原则,我针对这些事件进行了许多研究。在这个过程中渐渐了解到,大多数事情,例如,繁荣时期、萧条时期、战争、变革、牛市、熊市等,都会随着时间推移反复发生,这些现象出现的原因基本上是相通的,而且以周期的形式进行反复;更重要的是,它们通常以比我们的寿命更长的周期来进行。这帮助我将大多数经济事件视为上述事件中的"再一次发生",就像生物学家在野外遇到某种生物时,会识别出该生物属于什么物种(或其中之一),来思考一下如何使那种事物起作用,尝试探寻并使用普适性的进化原则来有效地处理它。以这种方式看待事件,有助于将我们的观点从嘈杂的事件噪声中转移出来,使人们能够以超越本次事件之外的角度,来观察其随时间推移的规律变化。借助这种方式,我们对相互关联的事件本身了解得越多,就越能发现它们之间的相互影响。例如,经济周期与政治周期如何相互作用,以及它们在更长的时间框架内如何相互作用。达里奥提醒:其中相当重要的是,当我注意细节时,我看不到全局;当我注意全局时，我看不到细节。然而，为了理解这些模式及其背后的因果关系，我们需要同时从更高层次、更广阔的视野、更基础的层次、更详细的视角来看待，并考察最重要的市场力量之间的相互关系。达里奥如此比喻："在我看来，似乎大多数事物都是随着周期向上发展（随着时间的推移而改善），就像是一个朝上的开瓶器。[①]"

这似乎也验证了西方谚语：太阳底下没有新鲜事。现象外表不断变化，而其内在本质从未改变。正基于此，人们从历史的重复和轮回中吸取经验和教训，并以此已知驾驭即将到来的未知，才变得有可能。这无疑给人类生存和发展带来了些许安全感。值得注意的是，历史周期性运动从来不是简单的重复，恰当把握其中的变与不变的部分，便成为今日管理学中被誉为艺术的部分。即便如此，我们仍然企图在变动不居、相似相续、不一不异中寻找规律和确定性，用以驾驭种种变化带来的不安定灾难。这是管理学中科学的部分。

二、波浪式前进

事物发展的第二个基本特征是波浪式前进，即尽管主体方向明确，但实际具体情况千差万别，甚至短时间、短距离看起来南辕北辙是常态，这需要人们根据具体情况灵活应对，于是管理学界在研究趋势的同时也强调权变。尽管方向既定，但落地路径曲折多变；尽管直线距离很短，但实际操作还需要团队一尺一寸地推进。当具体问题与长期方向出现偏离、矛盾和冲突，用什么护航我们不至于偏离太远以至于误入歧途，甚至无法回头呢？当没有足够的时间、足够的信息量、足够的处理能力，以及足够的资源来应对时，我们用什么作为丛林冒险的指南针呢？在商业丛林中要想活着走出来，企业需要正确的战略定位及其知识与原则，以及与之相呼应的

---

① 摘自"溯元育新"公众号（WeChat ID：EnvolveGroup）。作者：刘嘉培，曾任职于新风天域（前黑石亚洲创始团队），目前为溯元育新联合创始人。

使命、愿景和价值观牵引。借助正确的定位，企业把知识、经验、技能与资源进行重组，将可能的偏离重新拉回正确方向上，使其发挥出超乎寻常的效能，最终凝结成为企业自己的活法。

在毛泽东的革命生涯中，"波浪式前进"这一说法，最早见之于《中国的红色政权为什么能够存在》一文，"割据地区的扩大采取波浪式的推进政策"。在社会主义革命和社会主义建设时期，毛泽东又进一步提出波浪式前进是事物发展客观存在的普遍形式，他说：世界上的事物，因为都是矛盾着的，都是对立统一的，所以它们的运动、发展都是波浪式的。

三、螺旋形上升

接下来谈谈"螺旋形上升"。如果只是保持周期性运动和波浪式前进，事物的增减很可能只是一条直径不变、类似弹簧一样的圆周曲线，而之所以呈现螺旋式上升，必然内在有一股向外扩展或向内牵扯的力量，这是万事万物在对立统一的矛盾中发展的具体表现。

恩格斯在《自然辩证法》中说："由矛盾引起的发展或否定的否定——发展的螺旋形式"，其基本特点和特征是前进性、曲折性、周期性。也即是说，螺旋形上升运动是由事物内部矛盾引起的，矛盾双方经过反复斗争，引起对立面的两次否定、两次转化，从肯定到否定再到否定之否定，形成一个周期，每一周期的终点同时又是下一周期的开端。一个周期接着一个周期，每一周期完成时出现仿佛向出发点的复归，形成由无数圆圈衔接起来的无限链条，呈现出螺旋形上升的运动形态。

四、无形的中轴线

不论是波浪、圆周，还是螺旋，我们究竟是沿着怎样的轴心在运动和发

定位原理
创建认知优势的根本出发点

展呢？如果过度偏离轴心，组织就进入了杂乱无章的失序和熵增状态，组织内外部的能量容易在无知无畏中被耗散。对于企业及组织而言，发展曲线所赓续不绝的似乎有一条无形的"中轴线"——战略定位可作为阶段性的锚定。

不过，定位和重新定位，必须在战略的支撑、文化的滋养之下，才能发挥出长效作用，否则只能是一场短暂的午夜焰火。这令我们不得不进一步深度关注组织内部的基本粒子——人的意识。正如《孟子》所言"吾善养浩然之气"。《朱熹集注》中"集义，犹言积善，盖欲事事皆合于义也"，在组织文化中达到"君子坦荡荡，小人长戚戚"，以至于"正气存内，邪不可干"，人们常常用"精、气、神"来衡量一个人的状态，同样也可以以此来观察一个企业、一个民族、一个国家乃至社会的存在状态。"精、气、神"的起点，就是一个组织及个人对其使命、愿景、价值观、宗旨等方面的能量整顿。自然界能量体现出熵增的特点，这是一个自发的、由有序向无序发展的过程，当熵增加，系统的总能量不变，但其中可用部分减少。从某种角度来讲，生命的意义就在于具有抵抗自身熵增的能力，即熵减的能力。定位，一旦上升为战略，根植于文化，就是这样一种使能量有序化的工具，它的表象是产品及服务、品牌认知等，而其背后是千千万万顾客、员工等活生生的人。

在很多方面，西方哲学已经自然而然地跟我们形成了汇合之势，正如共同体主义[1]的兴起，就是对自由主义种种弊端的复盘和反思。个人乃至企业，只是整体社会社群中的一员。我们十分认同一种最高的战略与文化：社群应该是一种善，而且还是一种最高的善，在现实的社会生活中便是公共利益。只有通过社群，个人生命才有意义，其生活才有价值。社群是人类善良生活的基础。社群对其成员具有内在的吸引力，提供个人行为无法实现的权益。

---

[1] 共同体主义（communitarianism），即社群主义，20世纪80年代后产生的当代最有影响的西方政治思潮之一，其哲学基础是新集体主义。主要代表有桑德尔、麦金太尔和沃尔策等。共同体主义强调国家、家庭和社区的价值，倡导爱国主义。在价值观上，强调集体权利优先的原则，强调社群参与者的互动，人们为共同的目标而聚在一起，并同意那些支配着社群秩序的规则。

第十章

战略：塑造常识

一、常识为何物

所谓常识，是指那些长期存在于广谱人群意识与潜意识库中的知识与信息。任何信息要想成为一种常识，就必然在时间长度、地域及人数多少（即空间）、内容与形式（信息而非实物）等提出了非常高的要求，而在战略上，直接表现为运营动作是否正确、资源配置是否到位、时机节点是否恰当等多方面。我们认为，战略的成功要素通常包括以下五个方面的恰当把握：周期、机会、路径、节奏、转折点。只有在这五个方面都能正确把握的企业，才能得以持续生存与发展。结合前文所述，与其说企业家在经营企业，不如说企业真正经营的是顾客常识。

经营常识之所以难，难在信息不对称——你知道的我不知道，我的理解不同于你的理解。每个人由小到大，耳听目视，所思所想，输入大脑的信息与输出的判断和观念，如同人们各自的指纹、掌纹、虹膜一样，从来没有完全相同过，即使双胞胎在相同的环境中长大。如若再略微扩大一点范围，一切生物与非生物，全然没有完全相同的两件，更遑论人们大脑中的常识信息了。从这个角度来说，我们不应该仅仅将品牌看作一件华丽的外衣，而应将其看成企业一项艰苦卓绝的战略投资，甚至是企业组织生命的全部。德鲁克曾经告诫道，企业内部只有成本，一切成果都在企业外部。我们认为，德鲁克所言的外部成果即为品牌。

定位原理
创建认知优势的根本出发点

曾经相当长一段时间，业界对于打造品牌有着不同的理解，认为这样的长期投资不如产品创新更为快速成功。不得不承认的是，基于新一轮科学技术革命浪潮，人们的供应能力和创新程度相较过往都无疑令人大开眼界，随之而来的商业模式上的创新更是眼花缭乱。不过，这一轮颠覆式创新所带来的红利空间已悄然消退，以至于只有那些将产品创新、商业模式创新等在顾客心智认知中得以持续累积的企业，才成为时代浪潮中的幸存者。俱往矣，多少英雄豪杰！多少曾经的弄潮儿，当潮水退去，浑然不见了踪影。如果对比一下，那些成为时间的朋友的成功者，并不将产品与商业模式创新与持续打造品牌认知此两者看成相互背离、对立、排他的关系，而是不断寻找并保持在其两者的交集区域里。难怪德鲁克将企业家定义为"内外信息的联结者"，而孔子将为人处世的最高境界"君子"定义在"质胜文则野，文胜质则史，文质彬彬，而后君子"，更是将内外合一、名实相符的价值观，深深地烙进中华民族的血脉里。由此可知，要想成为时间的朋友，战略上重视长期积累顾客认知，战术上以定位引领创新、转化创新、护航创新，竟是如此重要。

二、常识的本质

建立认知常识的另一项前提更加值得关注：常识的基本形式是信息，基本内容是知识。也就是说，常识并非停留在实物体验层面，而是已经抽象成为思维语言，因此常识必然与语言、文字高度相关（因此定位理论强调"一词占领心智"）。如果一项信息不能成为人们生存结构中一项有用的知识，那么这些信息无非只是一种数据，也尚未开发成为可被利用的常识。调用和开发人们大脑中已经潜存的信息、数据和知识，使之成为一种赖以支持顾客选择的标准和依据（即选择理由），就自然而然地成为定位战略的根本任务。

就本质而言，存在于人们大脑中的常识，既来自亿万年生存累积下来的前提规定性，也形成于世间生活几十年的现象认知沉淀。不论是对于万物现象的界定，还是基于直观现象而做出的延伸感知和理解，甚至是对自我思考地再反思，都是以语言逻辑中判断的形式存在的。因此所谓常识，就是被人们认定的判断，而基于每个人感受现象和对现象加以解读的能力千差万别，于是形成了各自不同的理解和判断（实际上应该称为假设才更准确），个体常识得以形成。当某一项判断和理解成为公知共识，社会常识于是随之得以形成。在理解、判断及意念一致的情况下，社会大众倾向于赞同某种理解和常识，而否定和疏远某些常识，并形成交流、聚类和推动，这是商业竞争的本质，但同时也有可能是社会动荡的起源。

既然思考与交流表达都是通过语言逻辑的判断和推理进行的，那么进一步研究语言逻辑中内涵与外延、归纳与演绎等基本形式，就变得十分有必要了。在逻辑学范围内，概念的逻辑结构分为内涵与外延，内涵是指一个概念所概括的思维对象本质特有的属性的总和，它是概念所反映的事物的特有属性。外延是指一个概念所概括的思维对象的数量或范围，它包括概念所反映的特有属性的全部事物，通常称为概念的适用范围。一个概念的内涵越大越丰富，则其对应的外延就越小。例如，"人"这个概念的内涵，就是能制造和使用生产工具、有语言、有思维等不同于其他灵长类高等动物的特有属性，而广东人、上海人、男人、女人、老人、年轻人等这些相对内涵更精准的概念，其外延变得更小了。

需要加以说明的是，概念所反映的事物的特有属性，与客观存在的事物的特有属性是有分别的。也就是说，概念的内涵是属于人们思维主观认识内容，而客观事物的特有属性归属于事物方面的认识对象。一个概念的内涵，不一定能够正确反映事物的特有属性，例如，古代人对于风、雨、雷、电的概念，就没有正确反映风雨雷电本身的特有属性，反而抽象化地成为一种精神迷信和神主崇拜。

由于人类生存实践要求，人们可以从不同的方面去认识同一类事物，因而对于同一类事物，人们就可以形成若干个不同的概念。这些不同概念的内涵，就分别反映了不同大脑中对于同一类事物不同方面的特有属性。

例如，对于同一类植物，农民着重生长与栽培方面的特有属性，中医着重医治疾病方面的特有属性，而生物学家着重组织与生理方面的特有属性。于是乎，对于同一类植物，农民、中医、生物学家形成了不同的概念，这些概念的内涵分别反映了这类植物不同方面的特有属性。

总之，内涵是概念"质的方面"的特征，它回答概念"反映了什么对象（即是什么）"的问题。概念的内涵不等于事物对象本身固有的特有属性，因为概念的内涵是一种主观认识，而事物本身的特有属性是一种客观真相存在。主观认识与客观存在有时相符，有时则可能不相符；对象的特有属性有的已经被认识，有的可能尚未被认识。另外，事物的特有属性可能是多方面的，而一个概念往往只反映其中的一个或几个特有属性，而并不反映对象的所有特有属性。这就是人们对同一对象可能形成不同概念的原因。

外延是概念量的方面的特征，它回答概念反映了哪些对象（即有哪些）的问题。对于是什么和有哪些的问题，通常都有确定的答案，这说明某一概念的内涵和外延在一定时间、一定范围内是确定的。一个概念之所以区别于另一概念，正是由于两者在内涵和外延方面有着明确的界限。但是，概念的内涵和外延并不是固定不变的，随着历史条件的变化和人们对事物认识的深化，概念的内涵和外延也会发生一定的变化。了解概念的内涵和外延具有可变性是必要的，这样可以防止认识的僵化。

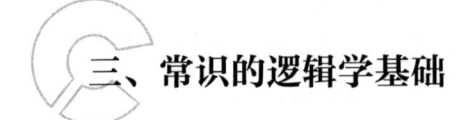

三、常识的逻辑学基础

当然，概念内涵和外延的变化原因和变化规律不是逻辑学关注的对象，逻辑学主要研究的是思维的形式结构，因此更加强调概念的内涵和外延在一定时期、一定领域中的确定性，即形式带来必然的导出。我们之所以深究这种确定性，并将之使用于商业战略，是因为它能在人们每天做出万千选择中给人带来安全感，使总体选择成本最低，决策风险最低，即达成最优解，因而更有利于成为顾客选择的必然导出。

进一步，归纳与演绎是人类认知活动中逻辑思维的两种基本方式。人类认识活动，总是先接触到个别事物，而后推及一般，又从一般推及个别，如此循环往复，使认识不断深化。归纳就是从个别推及一般的过程，演绎则是从一般推及个别的过程。归纳是演绎的基础。演绎是从归纳结束的地方开始的，演绎的一般知识源于经验归纳的结果。演绎是归纳的前导。归纳虽然是演绎的基础，但归纳本身也离不开演绎的指导，对实际材料进行归纳的指导思想往往是演绎的成果。

例如，达尔文的进化论是经过调查和实验，在积累了大量经验材料的基础上，归纳总结出来的结论。但他在做出进化论的结论之前，早就接受了拉马克、赖尔等人的进化论观点，特别是遵循了赖尔的地质演化学说。根据这个理论，当然可以推出地球上生物的物种也是历史地、逐渐地改变的，并非结论从来如此的。因此，达尔文以赖尔的理论作为自己在归纳研究时的指导，从而从大量的生物资料中，概括出生物进化的科学理论。可见，如果缺少了演绎证明的理论，归纳就缺乏明确的目的与指导。

归纳和演绎是互为条件、互相渗透的，并在一定条件下互相转化。归纳出来的结论，成为演绎的前提，归纳转化为演绎；以一般原理为指导，通过对大量材料的归纳得出一般结论，演绎又转化为归纳。归纳和演绎是相互补充，交替进行的。归纳后随之进行演绎，使归纳出的认识成果得到扩大和加深；演绎后随之进行归纳，用对实际材料的归纳来验证和丰富演绎出的结论。在这种交互作用的过程中，从个别到一般，又从一般到个别，循环往复，使人们的认识逐步深化。

其中，"三段论"是最典型的演绎推理逻辑，它由大前提、小前提、结论三部分组成。其中，大前提是已知的一般原理，小前提是研究的特殊场合，结论是将特殊场合归到一般原理之下得出的新知识、新判断。凡是一类事物所共有的属性，其中的每一个别事物都必然具备，所以从一般中能够推出个别。由此可见，演绎推理是一种必然性推理，它揭示了个别和一般的必然联系，只要推理的前提是真实的，推理过程是合乎逻辑形式的，推理的结论也必然是真实的，于是使人们所得到的新知识获得了规律性的意义。演绎法不仅可以使人们的原有知识得到扩展和深化，而且能够做出科学预见，为新的科学发现提供启示性的线索，使科学研究沿着正确的方向前进。

演绎法在科学认识中的作用很大，但并不是完美无缺的，它的局限性主要表现在两点：

第一，作为演绎出发点的公理、定律、假说等，都是运用其他认识方法的结果。仅仅依靠演绎推理的"三段论"是可以获得新知识的，但新知识未必正确。"三段论"要求必须有两个前提（大前提和小前提）且它们都是正确的，只要其中一个前提不真实或不完全真实，结论就会不正确。如果人们囿于传统的习惯，机械地套用"三段论"，而不去检视其大小前提的真实性，就很可能得出错误的结论。因此，孤立的演绎形式本身不能保证结论的正确。

第二，演绎方法的作用在于它是从一般到个别的思维运动，演绎推理的前提是对个别事物的共性和本质的判断，它本身只能揭示共性和个性的统一部分，不能进一步揭示共性和个性的对立部分。共性不能全部包括个性，个性并不全部进入共性。因此，从共性出发不能揭示个性的多方面的属性。只考察事物的共性，不考察事物的个性，只研究共性和个性的统一，不考察共性和个性的对立，就会导致人们认识上的片面性。所以，孤立的演绎本身不能正确地反映不断变化着的客观世界。

在商业实践中，如何看待品类？如何看待品牌与品类的关系？如何理解广告的使命和意义？类似这些问题，特劳特曾经在其《定位》系列著作中给出了全新的视角，并且直言不讳地指出"太多的广告严重缺乏逻辑，只为追求关注和娱乐"，指出未来的广告"应该像交通标识一样，简单明了，缺乏诗意"，使之回到真正将有价值的产品、广而告之给适合群体受众的底层终极意义，直至提出"一词占领心智"等具体工作指向。显然，定位理论深深地根植于认知心理学、通用语义学、普通逻辑学的土壤之上，因而才足以将传统战略、品牌、营销理论逐一颠覆，成为适应新时期商业竞争的主流知识。

  就本质而言，商业市场上的增长，其根本上源于顾客大脑中词语概念逻辑的变化、固化与强化，即归纳和演绎的动态变化。例如，当人们处于缺衣少穿物质稀缺的年代，"补血"成为重要的、高端的概念属性，而且显然适合女性、贫血等群体，而当社会物质极其丰富之后，比"补血"更为宽泛、但更不精准的概念——滋补，便为各种保健品打开了一个广阔无边的经营天地，不但作为自我食用，而且将其进一步泛化为具有社会社交属性的礼品来使用，这是过去 30 年中阿胶品类是如何从郊区农村的、女性的、年长者等群体，扩展为中心城市、高级精英、年轻女性、高端甚至奢侈礼品等商业前景的心智认知路线图。而由此带给阿胶品类中领先品牌的商业机会，正是起步于一次次在归纳和演绎的形式逻辑成立中所带来的必然判断。因此，那些具备宏图大略、人文情怀的企业家和组织团队，应该在前沿的知识指引下，下好一盘具有历史意义的战略大棋。

第十一章

认知优势的特性

在诸多应用实践中我们发现，人们将对于自己所理解的定位，堂而皇之地冠以特劳特和里斯"定位"一词作为修饰，殊不知实际上与两位创立者的定位理论背道而驰。不仅如此，人们不仅没有觉察，反而在遇到竞争挫败时，从定位理论的拥趸鼓吹者，极有可能瞬而转成打击诋毁者。古语有云：知易行难，也有同义者说"知难行易"，正反之间，凸显的是如果"不能正确地行"，究其根本原因在于"不是透彻地知"。显然，只是继续从"定位"一词展开论述，恐难填补"知""行"之间的沟壑，唯有深悉"定位"一词背后所真正的作用力，才能借此加深理解程度。定位理论之所以有效，是因为它揭示了顾客轴心时代的选择逻辑，因而显著提高了企业的竞争力和竞争优势。不过，与产业时代的实物资源和供应链能力不同的是，它是通过在顾客心智认知中赢得优先选择而得以实现的。我们将这种在心智中蕴含着无形价值的优势位置称为心智资源，而将其中所蕴含的感知价值势差称为认知优势，只不过在顾客端则表现为价值感差值。

自本章开始，我们将深入探讨认知优势的基本构成及演变规律，使其成为人们运用定位理论的基本锚点，以避免浅层曲解下的生搬硬套。这不但涉及定位理论的学习方法，更直接奠基了定位理论的未来发展走向。因为任何缺乏深厚根基的原理和方法，决然无法长久生机勃勃地扎根于商业世界的沃土。

一、持续性

要想取得连续数场战略级战役的胜利，必然需要相对较长的时间排兵布阵、筹备粮草弹药。仓皇发起或响应战争是兵家大忌。铁打的营盘流水的兵。当营盘出现动摇和恍惚，兵力、士气资源更加不能得以凝聚。

绝大多数定位理论书籍都会将"心智难以改变"作为最基本的话语前提，其潜台词意味着：心智是一处相对稳定、必须面对的战略要地。相对而言，技术的革新、产品的进化、供应链的组织和调整、营销形式与手法的日新月异，都呈现出越来越短的生命周期，甚至刚刚出现不久，就可以瞬间被抄袭、改良和覆盖。更快跟风、模仿、抄袭、优化，带来的是愈加激烈的竞争节奏，扰乱了企业家的内心，令其没有定力，更有不少以资本方为第一目标客户的商业模式革新带来了社会资源的严重错配，正是这些方面的加总，给顾客带来新供应的同时也大大增加了选择混乱程度。

那么，仅仅领先的市场份额是否可以构成坚固的护城河呢？无数营销案例证明，"城头变幻大王旗"，江山难得易失。只有乘胜追击，在顾客选择行为中更多出现带动与卷入，甚至指代与裹挟行为时，心智认知的护城河才真正宽阔而深邃。不过遗憾的是，太多的企业因为没有意识到心智认知的难改变、可持续的特征而过早地宣布胜利，裁撤进攻力度，以为就此从栽树进入乘凉阶段，并由此给原有对手、新品类对手、细分对手敞开了营盘大门。这一项关于程度、时机和转折点的战略节奏考量，是绝大多数战略、品牌、营销教科书中，都没有提出并详细交代的微妙要点。关于原材料、核心技术、知识产权、制程工艺、商业模式等创新优势方面，在怎样的定位方向引领下展开资源配置，越来越成为顾客中心时代穿越产业生命周期的核心枢纽。

二、相对性

人们认识事物的本质在于相对性。在实践中，人们容易理解技术创新、产品性能、材料特性、组织资源等比较优势，但很难真正理解认知优势同样时刻且相对地存在。对产业资源充满自信的企业家，认为市场成功是囊中之物，而对于自己的战略定位，则是"我想怎么定就怎么定"。定位理论指出：你的定位是根据顾客心智认知中强有力竞争对手所处的位置确定的。而"率先进入市场，不如抢先进入心智"的"先入为主"的战略优先性原则，更是基于顾客大脑空间有限、没有必要装下更多解决方案所导致的。

今天，任何一种商品的供应数量，都已经并继续在无限度地膨胀，而真正存留于顾客认知中的品牌以及品类，相比而言更是沧海一粟、九牛一毛。供应者的全部世界，竟然在接收者大脑里基本是空白。一旦拥有了牢固认知的选择方案，再要获取些微的记忆空间，都要找到与众不同的认知切入角度，并赋予数倍于既有成功者的资源投入。

非但如此，认知心理学家发现，首因效应、刻板印象所带来的先入为主，构成了对人们感知、筛选和理解后续信息的实质性干扰。也即是说，为了更高效率地生存，人们摒弃了每次回归空白、重新认识事物的"费力"模型，转而用类比、比对的方式认识新鲜事物，而拿来用于比较的参照系，便是已经存在于遗传基因或是后天形成的既有认知（包括概念模型、图像元素、声音特征，以及味觉、触觉、心理感受等）。这一简单粗暴、无理自成的"黑箱"操作系统，是人类亿万年来在自然选择下的进化结果。唯有察觉、体认、接纳并善用它，而不是以一己之力对抗亿万年的人类进化史，是今天成为顾客心智首选的基础模式。

究其根本原因，在于人类的认知时刻处于充满错觉的现象世界中。人们口中振振有词的所谓"真相"，其实仅仅是其本人认为的"现象""假设"。它们或者片面不完整，或者陈旧过时，或者远离真实，或者添加虚构……在每个人都只具有自我认知的情况下，将某个概念或观念打造为广谱常识，必然是一项艰苦卓绝的认知革命。难道我们永远无法抵达实在的真相？或许有可能，但显然道阻且长。哲学家强调，认知就是事实；定位理论指出，顾客心智中具备什么样的既有认知，是企业需要面对的首要事实。

三、可变性

万事万物时刻都在运动变化。定位理论的存在意义，就在于接纳、顺应难以改变的心智认知，寻找到调整、扭转、更新认知的方向路径、方式方法以及实施步骤。究其终极目的而言，是使其主体在顾客心智中的必要性、重要性、紧迫性显著增加，这包括品类和品牌两个方面。

认知的转向与实物的转向有一定共通性，都需要首先找到参考坐标系，并在时间层面上恰当地铺陈开来。认知的方位参照系不是指南针或者经纬线，调整认知所用到的参照系来自顾客心智中既已存在的首选品类及其代表性品牌。心智认知的可变性直接体现为认知升级与迭代，它起始于人们每天接收到的信息、知识、体验、难题及试错的经验积累。只有成为一段时间内被高度关注和深度参与对象，才有可能在既往认知常识基础上嫁接、叠加新的信息元素，从而异化为新知识、新常识，并在完成自我强化和固化下来之后，成为下一阶段应对生活工作难题以备不时之需的解决方案。这种信息更新能力，是人类与时俱进的生存之道。

心智建设的正确原则，不是光看自己的资源和能力，更不是以市场占有率为标准的盲目自大或自惭形秽，而是第一时间先检视顾客既有认知中针对同一个问题的其他选择方案的心理牢固程度。如果既有选择强大而坚固，就请朝着与其不同、相反的方向思考自己的出路。不论是细分品类，还是寻找其他特性，或者细分特性，机会都不在产品中，而在于顾客对于最优解决方案的期待里。换句话说，产品和服务、价格、外形、包装、渠道、推广方式、交易模式，甚至组织模式与管理制度等，正好应该是根据正确定位机会方向做出灵活改变的道具和素材。当然，一旦发现在认知层面存在空白，而所谓的市场领先极有可能只是一种短暂的假象，你应该庆幸，竞争对手还没有醒悟过来，或者难以转身；你也许应该窃喜，关于定位的知识和思维方式，还没有被竞争者所完全掌握。

第十二章

认知优势的创建过程

企业家们总在追问：竞争如此激烈，定位机会从哪里来？这个问题本身是供应者视角的产物，并非出自顾客视角；与此同时，机会只是正确选择的结果，而不是原因，直接回答这个问题存在两重谬误：一是出发点错误；二是因果倒置。因此才说它并不是一个正确的问题。什么才是正确的问题？首先调转方向反观顾客；其次在"因"上努力。

商业世界的游戏规则简单、粗暴、难以粉饰——必须赢得竞争，即在顾客选择中胜出，而定位理论就是在顾客心智中成为首选的工具和技术。

从当下开始，我们进一步深入细究顾客选择决策，并由此引申出从专业工作者角度理解如何创建认知优势。这是"猫儿学会像鱼儿一样思考"的过程，也是"孙悟空钻进铁扇公主肚子里"的过程。让我们一起就此化身为顾客"肚子里的蛔虫"吧！我们将围绕顾客价值感展开，从既有常识认知出发，结合不同场景和语境，观察顾客如何形成初步假设，在加以实际验证之后，如何形成新常识，进入新常态，继而在下一轮认知循环之前，遭遇认知升级机会，完成认知跃迁、迭代与升维，直至新概念、新分类、新事物诞生。本质上而言，这是一个意识能量不断膨胀与坍塌的过程。

一、意识库

正确问题的前提是先回归一个焦点：顾客如何选择，以及顾客选择的参考标准是什么。这个问题在之前内容里已经做了回答——价值感，而顾客的价值感在企业间竞争表达为认知优势。当然，顾客价值感依据众多备选供应商之间对于顾客需求的满足程度权衡计算而来。那么，接下来的一连串问题：在权衡比较中，如何赢得满足顾客需求之争？当然要找到契合顾客某方面需求的正确角度。紧接而来的是，正确的需求角度从何而来？从某方面的难题或痛苦中来。难题和痛苦从何而来？从欲望不被满足而来。欲望的不满足感，又从何来？从不断提高的欲求中来。最后，更高欲望从哪里来，从人性中无尽的好奇心、喜新、念旧等贪婪的思绪中来。或自我生发，或受人映射，绵绵不绝，生生不息。在以实物呈现之前，这一切首先都以理念和认知的更新与升级的形式存在并贯穿始终。具体表现出来的是顾客常说的口头禅："如果……就好了""如果能像……一样就好了"。这些时时刻刻发生在核心原点人群的变化中，包括群体结构的变化，以及同群体的理念和认知变化。正是理念和认知的颠覆呼唤出破坏性创新，继而衍生产品和服务的改良、升级与迭代。

过去的商业，只需承接和满足显性需求，就能赚取丰厚利润，今天及今后，商业更多依赖于创造需求，包括赢得新群体的关注和青睐，以及激发出新的更高层级欲求。不同于满足需求的时代，创造需求有必要进一步深入追问：人们不断更新的理念和认知从哪里来？以什么形式存在？如何变化？

一方面，要想解答以上这些问题，显然不能依从于我们每个人仅有的三五十年、充其量不足百年的此生经验，也无法按照家谱记录来回溯自身基因所蕴含的信息量，即算是人类文明数千余年的信息总量，也不过是进化积累中的沧海一粟；另一方面，我们脑海中诸如概念、判断、观念、思绪等，尽管满是逻辑谬误或自相矛盾，但只要能解决生存问题就足够了，绝大多数人并不会把它们无穷无尽地追问下去，免得耗费太多的时间和脑力。在物种求存过程中，各种威胁时常不期而至，不允许人们为某一件事情过多地占用资源。

今天的人类，最早源于生物学分类中的"智人"（Homo Sapiens），是

"人"的"属"下的唯一现存物种，分为早期智人和现代智人。早期智人生活在距今25万至4万年前，一般认为是由直立人进化来的（但也有人认为，直立人在后来崛起的现代智人走出非洲后灭绝或在此之前就灭绝了）。现代智人是解剖结构上的现代人，从距今5万至4万年前开始出现。追溯人类世界信息总量和源头，需要将观察的时空拉大到"现代智人"进化成形的数万年前，甚至更早期的基础：从南方古猿，到现代智人。是的，你没有听错，我们的大脑就是一个这样精密而缓慢的创建过程。

生物学家、进化论学者证实，人类无法真正看到或者听到这个真实的世界，例如，人类眼睛只有三种视觉细胞，只能看到部分光的颜色，只适宜感受光线中370~740nm的电磁波，而螳螂虾却有12种视觉细胞。光的颜色比人类想象的要多得多；人类耳朵的听力范围是20~20000Hz，蝙蝠听力范围是1000~120000Hz等。此外，人类皮肤只能短时间暴露于零上几十摄氏度到零下几十摄氏度的环境里，时间一长便会受伤，在其他方面，味觉敏感度不如普通的狗，地震和海啸来临之时，人的感知能力比动物迟钝多了……受限于这些落后的感知器官，人类直观感知的世界显然是不完整的，再加上人类大脑处理信息时为了减轻压力舍弃的部分信息，人类对世界的感知进一步出现显著的残缺化。

但是，人类脑容量总体上更大、智力水平不断提高，这体现在人类及哺乳动物所独有的大脑皮层、边缘系统等特殊结构上。唯有人类，为了应对物种信息极其丰富的现状，竟然发展出通过创造"概念""词汇"等这些不同于具体实物的抽象内容，对万物进行归纳简化之后加以演绎，以便在生存中辨识、交流和传承知识技能，从而具备应对世界变化的能力。还有印象吗？人类大脑皮层中那些像被揉成一团废纸一样的布满褶皱的沟回吗？那就是人类大脑结构适应环境的进化产物，而且褶皱仍然在加深过程中，甚至进而制造出了延伸足力、臂力、脑力、社交的车船、枪炮、计算机、脑机接口、虚拟网络、元宇宙、数字孪生等。更为显著的是，人类有别于其他高级灵长类哺乳动物，具备第四维度——时间的概念，这意味着人们不但需要记录当下眼前的实体事物，还要将昨天甚至千百年前，以及

第十二章
认知优势的创建过程

明天、后天甚至万年之后的事情给予备注与预测，这反过来更进一步强化了对大脑进化的环境胁迫效应。

现代脑科学和认知科学都一致证实，人所感觉到的任何外在刺激信息，最终都需要转化为大脑所能识别的生物电、化学等神经信号，而大脑对于客观存在的感知与判别，取决于它对神经信号的特定解读。也就是说，外部只是提供了各种可以接收的能量信息，大脑才是虚拟成像的制造者。说白了，人类的感知生理系统，是一台并不能完整感知世界本来面目的精密仪器，既完美，又残缺。人类的感知系统并不是像之前古希腊哲学家恩培多克勒所言"真空的孔道"，而是对外界刺激进行了无数实用性筛选、加工、重组之后的感知影像。

理解这一点并不难，想想我们打小时候起、自古而来，有多少曾经的概念被发现存在严重谬误，有多少自以为真的判断被后人反复推翻，又有多少理念能够经得住时间的考验，有多少方法能够在时事变迁中一直恒定好用呢？更遑论科学界关于世界运行真相的假设、推翻与证伪了——从"盖天说""天圆地方说"到"地心说"再到"日心说"，从"神的力量"到"万有引力"再到"相对论"等。只需稍加回忆，我们就能更加肯定，不论基因的刻录与遗传，还是历史长河的沉淀，抑或后天勤勉学习的知识更新，我们所拥有信息的总体质量，就生存而言可以满足需要，而就其真实性而言，则不能苛求，经不起推敲。因此，科学界常用"假设"（即虚拟的，不一定成立的，临时人为设定的）一词来替代一切看似牢不可破的真理判断，这样做能够在无形中随时保持警醒：我们所说的"一定"，其实并不一定，所说的"绝对"，其实并不绝对，所说的"是"，其实不一定就是。

西方哲学从纯粹理性和逻辑角度研究并解释世界。从最初的本体论阶段不果而终，到后来的认识论阶段以不可知论为里程碑，直到最近半个世纪以来的"语义转向"等，人类最高智慧的那一群人，都在调动非凡智慧储备尝试理解自己与外物，试图获得某种确定性答案：世界究竟如何运行？直至最近的数十年，人们似乎有了越来越接近的共识：言辞所能表达的世界,仅仅是一粒沙尘,但又不得不用言辞来表达。心理学以意识(显意识)只是潜意识的冰山一角,来说明人脑信息库的浩瀚无比。不仅如此,人们所能言说的世界,就像从树上摘下来的树叶,瞬间失去了其本来的生机,已然不再是其原本真实的存在。可见,我们不应只被自己的观察视野范围限制,被锁定在所能看见、听见、言说的内容之中了。苏格拉底发出惊叹:我唯一知道的是我一无所知。继而他的徒孙亚里士多德指出:真正的哲学追问从惊异开始。试问我们自己,我们有多少时间对自己头脑里忽隐忽现的众多概念有过真切的一一觉察呢?甚至,我们曾经对万事万物的定义,做出定义的固定格式本身,以及那些曾经做出确认的判断,乃至于形成判断的方式本身,都不知该有多少是值得重新反思的。

也许有人会问,这与定位有何关系?你我同是众多商品的顾客之一,如果我们自己如此,自己大脑中的概念和判断无穷无尽,应该且可以被改写,那么可想而知,广谱顾客大脑中所具备的概念和判断,是不是同样有着万千被改写、重新定义的必要和可能呢?这是定位原理带来心智认知中万千重新定位机会的基础起点。而其重新定义和改写方向,则受你我所拥有的世界观所操控。这也是我们之所以提出定位应该"上升为战略,根植于文化"的原因。

在定位实践中,人们有时会对某些物品的品类名、品牌名做出必要的调整,例如,百香果(原名鸡蛋果)、牛油果(学名鳄梨)、奇异果(原名猕猴桃)、可口可乐(曾译蝌蝌啃蜡)、老乡鸡(原名肥西老母鸡)、大麦植发(原名科发源)等。这是因为原有名字可能价值感不足,或者该字词存在负面认知与联想。而更加重要的是,不论名字是什么,人类物质与精神活动中,关于衣、食、住、行、游、购、娱、学等方面的分类需求,在实物产品(包含服务等)发明并面市之前,关于其作用、功效甚至外形、构造,乃至使用后美好如意的场景等,早已或小众,或大众地存在于人们的头脑意识中。正如在飞机和"飞机"二字发明之前,人们早就想上天飞翔,在潜水艇及"潜水艇"名词发明用于战争之前,早就有人想看看海底是什么,也早已有人想要短暂离开熟悉的居家环境,来一场说走就走

第十二章
认知优势的创建过程

的旅行等,诸如此类的潜在愿望和希求,早在没有名词概念描述之前,在产生想法念头的人自己都还没有觉察、无法用言语描述之前,就已经深深地潜藏于人们的脑海意识库里。

人类对于物质世界与精神境界的美好向往,可以总结成一种势不可当、无坚不摧的趋向性。它锻造了人类永不满足的求存天性,也因此可以成为一种追求上进的力量。其根源来自整个自然界生物(乃至细胞)在求存过程中具备的一种行为反应,即对某一种指向性刺激会有趋进或远离刺激源的动作,人们称之为趋向性中的正趋向性和负趋向性,例如,眼虫属的鞭毛原生动物会趋向光源,以及大家熟知的飞蛾扑火等。非但如此,其他类型的趋向性,例如,趋风性、趋地性与负趋地性、趋水性、趋压性等,都早已被科学界研究确认。总之,人类对存在度、安全感、美感、成就感、幸福度等方面的趋向性,亿万年来就精密地刻画进了由低级生物延续而来的遗传与进化密码中。

在多数情况下,产品发明机会的早期阶段通常无以言表,只能以个人的一己猜测,不计投入产出、时间与机会成本、投资回报率等,甚至取代组织研发和科学发明而孤独逆行,其中的艰辛和坎坷,所需要的毅力与愿力,可想而知且值得尊敬。我们并不只是生搬硬造某种定位概念以示特立独行,而是要善于发现深深潜藏于人们心灵深处的愿望和希求,然后在若干实用功能、外形等属性方面与核心原点人群互相对应和契合,以词汇、图案等语言系统进行互动呈现。因此,定位的起点并不来自取一个好听的名字,而是来自对顾客期待和潜藏欲望的发现、提炼和再创造。

任何物品在其属性的不断专业化过程中,属性类别随之进化和分化是一个必然的过程。它使得某方面特性变得更加适合某些极端条件,因而呈现出在这方面的专业性,当然也就在其他方面一定程度上丧失了普适性。在商业中,当广谱浅层基本需求已经被满足,在特殊场景、特殊人群、特殊时间下的专业化需求,就自然表达出更具有稀缺性和价值感。这是专业化成为竞争优势来源之一的基本情形。因此,我们认为,专业化就是品类进化和分化的过程,这对找到准确的概念用词以描述和表达这一新事物、新属性提出了更高的要求，也在实际层面倒逼语言、语法和逻辑等语义哲学必须得以进化和发展。

二、心智分类

相对过于丰富的外部世界，人类调动和使用意识库的能力和实际效果并不乐观。一方面，外界信息早已严重过载；另一方面，人类大脑同时能够处理的信息量却少之又少，这一组矛盾似乎永无缓解的迹象。

据 1976 年统计，美国超市平均拥有 9000 种不同的产品，20 年后这个数字早已超过 40000 种，而大多数人日常只需要购买其中 150 种，就能满足他们 80%~85% 的需求。这需要人们忽略其他 39850 种以上物品。除了超市之外，按照库存商品条形码统计，当今美国拥有多达超过 100 万种在售商品。回望人类存在的近 20 万年，早期 99% 的时间里的主要任务是生存与繁育。直到 1 万年前，气候稳定之后，人类开始了农耕、手工业和商业，城市、城邦得以形成。1550 年，世界上约有 500 种植物被定义，截至 1623 年，这个数字已经增加到 6000 种；现在已经知道 9000 种草类物种、2700 种棕榈树、50 万种不同的植物物种……，类似数字仍在增长。2011 年，美国人每天所接收的信息量为 1986 年的 5 倍——相当于 175 份报纸的总和。除去工作时间，即使人们闲暇时，每天都会处理 34 千兆字节或 10 万个单词。每个人的计算机中，存储着相当于 100 万本书的信息量。我们已经创造了一个 300 艾字节的信息（1 艾 = 10^{18}）。仅在 2012 年 1 月，人类就生产了 5 艾字节的信息，这是美国国会图书馆所有文字的 50000 倍。300 年前，获得科学学士学位的人就跟现在的专家一样博学。就拿了解鱿鱼的神经系统而言，单是谷歌学术报告的研究论文就有 30000 篇，并仍在成倍增加。过去 20 年，科学信息的数量超过了从语言诞生之初所获取的信息总量。广播、报纸、电视、计算机、iPod/iPad、电子邮件、推特（已改名 X）、脸书（已改名 Meta）、抖音和小红书等，每一项新发明，每一轮新应用，客观上都是一种注意力资源的严重离散。

如何应对如此丰富的实物和信息世界？在亿万年求得生存地位的演进过程中，人类在速度、力量、耐受、嗅觉、听觉、视觉等基础能力上发生了严重的退化，但在思考、语言、意识、推理等方面的高端精密思维能力上，却做出了极其强大的过度补偿。大多数情况下，人们早已适应并依然采用某种简化的策略维护生存，即人们不用做出最佳选择，而只需要做出比较好的适合选择即可。诺贝尔经济学奖得主、组织理论和信息处理领域的创始人之一赫伯特·西蒙提出"满意策略"：人们总是试图在付出与收获之间找到平衡，满足感的中心正是这种成本效益分析心理。而深藏于"满意策略"之下的，是人类大脑对有意识信息的处理能力仅约为每秒120比特，这一"带宽"或"窗口"就是我们每次有意识注意的最大信息量，例如，现实中我们很难理解三个人同时所说的话。其中一个原因就在于，我们的大脑只进化到适应狩猎的时代，即终生不太可能遇到1000个人的时代，而只需任何城市CBD散步，这一数量半小时之内就可能完成。

显然，多项任务是注意力集中系统的敌人，因为大脑实际上还没有进化到这个程度。因此，大多数时候，需要过滤什么、忽略什么，需要把脑力和时间关注什么，这是生物体注意力系统资源的首要任务。为此，数以百万计的神经元不断监测环境，以选择最重要的信息，以及我们需要重点关注的事情。这些神经元统称为主要位于大脑前额叶皮层的"注意力过滤器"，它们主要在后台工作，独立于我们的意识之外。这种无意识的过滤器在决定向自觉意识传递信息时都遵循着一定的原则。基于对事物的改变和重要性两者的高度敏感性，我们才可以将大脑能量专注于某一件事情。

将关注到的事物进行近似性的分类，是我们理解复杂世界的重要方式，因为它有助于大量简化信息流，减少脑力活动量。不仅如此，将事物分类有助于获得重大的科学突破，例如，俄国科学家德米特里·门捷列夫将当时已经发现的化学元素按照特定的秩序组织起来（如元素的相对原子质量、化学性质等），通过研究元素相似的性质，门捷列夫预言了尚未发现的物质的存在。实际上，早在数万年前，我们的祖先就已经将事物进行分类：可以吃的和不可以吃的、捕猎者和猎物、活着和死亡等，甚至将还不知道如何命名的蚂蚁、甲虫、蜘蛛、蚜虫、蝗虫、蜱虫等定义为"令人厌恶、需要避开的虫子"。尽管词汇并未产生，但并不意味着人们不了解这一概念。当人们做出分类界定之后，就可以将大量不属于此一类、目前不需要关注的信息转移到大脑之外，并将其临时或者永久性地释放到外部环境，从而帮助我们整合事物信息，避免做出足以把能量耗尽的成千上万的无关紧要的决定。由此，创造分类已经成为人类调配注意力心理资源的一种经济行为。就学理概念而言，所谓分类，是指人们把事物、事件以及有关世界的事实划分成"类"或"种"，使之各有归属，并确定它们的包含关系或排斥关系的过程。人们的知识决定了如何分类，以及大脑中分类定义下来的层次结构。在基础分类之上，随着专业知识的增加，我们总是倾向于把对话细分到下一个等级。尽管分类往往反映了存在某种共性，我们会将它们与其他事物看成一样，但是在有具体需要的时候，人们也可以放下这些共同点，而转向以另外的属性特征共同点进行归类，甚至完全放弃其中的共性，将其划分进入完全不同的类别。总之，从认知经济性角度而言，人们分类时不会被过于无关紧要的细节所束缚和干扰，即使我们总想了解更多细节。

分类的动机取决于人类大脑的史前构造，取决于构建并维持有意义的连贯事物组合（如事物、动物、工具、部落成员等）的特殊神经系统，也是人类在生物链位置中的独特性所在。当注意力由前额叶皮层神经元产生时，它对多巴胺高度敏感。这一神经递质的释放通常由两个因素触发：一是关乎生存、繁育及进化的刺激物；二是为主动让自己只关注于搜索和处理与环境相关的事物。关于第二点需要稍加说明，如果将需要寻找的物品输入大脑意识，视觉皮层、听觉皮层等都将帮助我们在大脑中建构物品的模样。如果物品中含有红色，红色敏感神经就会出现在构图中，神经元会自动调节自己，压制其他你不感兴趣的颜色的神经元，以帮助我们更快地发现物体。然而，始终无法回避的缺陷性在于，视觉系统也只是采用快捷方式拼凑对世界的感知，而且常常受到环境中其他刺激信号的干扰，因

第十二章
认知优势的创建过程

此,这种拼凑出来的世界,通常是充满谬误的,但这丝毫不影响人们"满意策略的基本生存原则"。

无论如何,分类可以帮助我们组织大脑以外的大千世界,也可以帮助我们组织大脑内部的心理世界。人类学家克劳德·莱维·斯特劳斯甚至认为,人的大脑对秩序拥有强烈的认知倾向,所以内在拥有对自然世界进行分类的需求,而这种渴望将混乱变得有序的倾向,可以追溯到几百万年前的生物进化。总之,有效分类之所以必需,有着深层次的简单原因——将大脑组织负担转移到外部世界,由于记忆处理很容易被其他类似事件干扰,那么有效分类就是利用外部世界组织我们头脑的快捷方式之一。

针对人们做出各种选择决策而言,分类是如何完成的?又将如何影响我们的决策行为?心智分类并不仅限于对实物的差异特征分类,而是在以下三个层面进行:直观感知、抽象化、归纳与演绎的逻辑判断。

就具体层面而言,人们习惯于根据实物之间某一条线、某一块颜色、某一种触感、气味等的直观知觉差异性比对来对世界万物进行简化,于是同样或相近颜色的物体可以归为一类,同样或相近形状的、同样触感的也可以归为一类。总之,带有某种最为显著、最为重要的共同属性特征的,即被人们认定为同一类,可以采取同样的辨识和处理方式,而其他暂处一旁另行分辨。从人脸识别直到 20 世纪末才被计算机模拟实现可知,人脑对某些基础感知属性识别的精细化能力异常发达,尤其在牵涉种族群体、躲避生命威胁、寻求增殖繁育资源等方面。为了实现主要生存目的,人类似乎也懂得抓大放小,挂一漏万,过程中自动忽略了其他很多迥然相异的次一级属性特征。

除了直观感知以外,人们也可以通过物品的功能和带给人们的利益进行分类,即认知相似性,例如,尽管我们知道钢笔、铅笔、蜡笔,甚至口红等是显然不同的,属于不同的种类,但当我们想要急于记录电话中的话语时,它们就都归属于"可以写字"这一类。除此之外,语言帮助我们完成的最重要的一件事是进行区分。当我们界定"可食用"时,也就自动将它们与不可食用的事物区分开来,当我们定义"水果"时,就自然而然将之与蔬菜、肉类、牛奶区分开来。当一个几岁小孩说要"一杯水"时，即使他的词汇量非常有限，但他仍然清楚"我不需要厕所里的水，而是想要厨房里能喝的水"。在词汇出现于人们意识活动之前，语义分类在大脑中已经提前展开并完成。

在经过处理、形成统一归类之后的事物，将被设定为已经处理过的信息，存储在短期记忆区或长期记忆区，直接加以调用应对实际危机，除非出现了重大的信息偏差或冲突，否则不再需要费力重新辨识一遍。人们将其定义为"已知的常识"。无论人类再如何进化，这种基于底层感知能力的思维处理都将是持续的、稳定的，甚至是决定性的。这使得人们就简单底层实物感知作为评判标准将永远奏效。因此，在顾客眼中的实体直观属性形式，可能一直都是最为显著而坚固的近似真理的常识认知。但需要注意的是，以实物直观感知为基础的分类方式始终容易受到变化的干扰。举例而言，当我们将一个杯子的直径不断加大，人们将越来越倾向于定义其为"碗"，而当我们将其高度逐渐增加，很容易就成了一个"瓶"。至于什么变化、到什么程度需要转换分类概念，这取决于变化的量的积累和人们普遍约定俗成的常识观念。

如果说找同类、找异性、避危险等方面的直观能力是人类残存的动物属性，那么对于抽象概念的提炼、假想、编制和升华能力，则是其他任何生物所无可比拟的，这是人类高级进化在分类机制上的体现。举例而言，当猴子还在把黑熊当作生存威胁的时候，中华祖先黄帝即称自己部落为"有熊氏"，在巫医不分的年代，人们把风雨火雷电等自然现象作为自然之神责罚或恩泽人类的灵验化现，中国人自古以来把龙这样一种并不存在的奇怪物象进行膜拜，并将自己定义为"龙的传人"……直到今天，人们依然在使用诸如：鸽派与鹰派、狼文化、梅兰竹菊"四君子"、红色历史等图腾式、形而上的概念，以表达和传递自己的思想观念。我们需要知道，伴随形式逻辑概念化的演进，人们在抽象化道路上走得异常深远，以至于人们经常对显而易见的事实斗争得不可开交。例如，那一头具体的腿上有一圈白毛的王大叔家的老黄牛，可以抽象为一般性意义的耕牛，还可以抽

第十二章
认知优势的创建过程

象升级为财产、生产资料乃至资源等。显然，抽象级别越高，抽象阶梯上端的概念所描述的，已经距离最早的实物形态存在的事实现象越来越远，因而其确定性、专属性、稳定性也越来越消遁于无形。更何况，越是抽象程度高的词汇，囿于知识和学习能力的局限，也只能在越小众的群体中被认知处理和产生共鸣感应。

基于物质和精神两大基础现象之上，人类凭借处理更大数量级信息分类方式之后，开始彻底飞越动物界的头顶上空，尤其突出表现在发育出以归纳与演绎、三段论等为代表的逻辑推理模型上。根据自认为眼见为实、耳听为真、触手可及、身体力行的仅有所感所知，人们开始妄下各种定义、假设、判断、命题、推理、形容……，以将人、事、物鲜明划分彼此，并分门别类之后区别对待。实际上，推理判断一旦形成（即假设），广义的分类工作即告完成，当人们停止了思考，非常识固化成为常识，极少被拿出来再做精密逻辑证明，更多只做简单直观验证。甚至，人们开始简化为以他人正确为正确，因他人使用而使用。总之，一旦进入意识与潜意识库，这样的分类从此再难更新，也因此成为执念和成见。

之所以说"妄下"，是因为我们竟然对同一个世界现象，每个人看到的是不同的事实重点，萌发着各自不同的结论，即使是同一个人，在不同时间甚至转眼之间，即对同一件事物的判断也能一天一地，甚至会不自觉地在认知模式上产生像雾里花、镜中月一般的诸多无根妄想。因而，人们都是在事实不一、世界迥异、观念相悖、行动混乱中，毫不怀疑地攀登上彼得·圣吉所言"推论的阶梯"（源自通用语义学），错上加错，乱上添乱，茫茫然虚度不足百年的一期短暂生命。即算是最严谨的科学界，原来其实并不一定是永远正确的、科学的。这是由于人类以定义的内涵和外延、归纳与演绎，以及"三段论"式的推导逻辑所固定格律所导致的必然局限（是指同一律、排中律、矛盾律和充足理由律等基础约定）。因此，人类创造的分类方式从来都不是完美的，因此不固守这些规则也同样重要，创造力并不是井然有序的，无序有时也同样对解决问题有着无法预见的耦合，甚至很多时候可能是更具开创性的历史大发现。

从直观现象差异到抽象化信息提取,从归纳和演绎之后的逻辑判断形成命题假设,人们正是这样在不同思维层面对与自身相关联的万事万物在意识库中进行分门别类的。在将潜藏的需求与所面对事物的分类之间做出匹配权衡之后,人们在自我意识中得到了某种逻辑上的自洽,在认知中获得了应对外部激变的确定性满足。最终,人们形成是或非、要或不要、好或不好、善或不善、该或不该、可行或不可行等相对二元判断并加以区别对待。企业和产品的未来命运,在被潜在顾客心智划分进入哪一个类别那一刻就已经注定。人们不会直接说出理由,甚至根本说不出理由,但可能早已将你划入骗子、山寨、不适合现在的我等负面清单筐子里。

那么,顾客真的拥有绝对的选择自由吗?未必。对于深度浸淫于商业世界的购买者来说,只要生起一个念头"我要……",目光停留一微秒,顶多配合下意识地点头,便能通过相近关键词搜索和图形识别,找到那一件可能从未见过的对应物。即便短期内暂时没有,只要搜索人次多了,自然有人借助数据抓取敏锐捕捉到这一需求信息而研发、制造和营销出来。人们之所以选择某一类产品、某个品牌,不仅基于能够帮助其解决实际困难和问题,满足应有的价值,而是其价值感背后,真正存在于人们心灵需求中的价值观的感应与相交。更确切地说,顾客的选择是其找见、表达、彰显其自身价值观的物化形态。从这个意义上来说,与其说是顾客购买了某个产品,不如说是顾客购买了心灵自由意志的象征物,甚至即便是理解为顾客自己花钱、花时间证明了自我的存在也并不为过,而你的品牌和产品恰巧被感召进入顾客心智认知视野。这是顾客购买时空范围内的自由意志和自我成就的本质含义。

相比物资短缺、信息匮乏时期,今天我们似乎确实可以根据自己的意愿,决定我们自己选择什么、不选择什么。但本质而言,哲学家早已觉察到,所谓意识层面的自由,其实受到了生理结构缺陷、形式逻辑规定性和信息输出者等在器质、形式和内容等三个方面的先天控制。人类生理结构的缺陷,使得我们只能通过借助感觉器官将真实外物转化为可视光波、可听震动频率、可感温度等,再经过细胞膜跨膜电位和神经元生物电传导来启动各大神经系统产生感知反应来认识外界，而永远无法完全等同于真实外物。而形式逻辑的规定性，需要在语言表达之前，对被认识事物有着诸多内涵和外延范畴上的界定，否则将陷入驴唇不对马嘴一般的鸡同鸭讲、各说各话、误解不休。通用语义学家发现了这一点，因此，提出一系列不同于亚里士多德形式逻辑体系的"非亚里士多德"话语体系，而哲学界自身也在经历本体论（即存在论）、认识论之后，不得不回到最基础层面跨入语义论阶段，开始重新审视语言符号及其推动效用。

今天的信息获取范围，随着互联网、大数据、区块链、AI 人工智能、深度学习等方面技术的广谱运用，尽管千人一面的信息传导转换为"千人千面"，人找信息转换为信息找人、产品找人，但就本质而言，人们越来越毫无意识地被包裹在一个更加紧凑、致密、无缝隙的信息茧房中，像极了"作茧自缚"的形象描述。尽管每天都有大量新信息进入，但远远抵不过在固有认知中"看见自己想看见的，听见自己想听见的"力量之强大。过去所谓高明的知识植入、公关事件营销、饥饿营销、制造焦虑等培育消费的营销手段，正在通过以智能装备替代人工和传媒的方式故技重施。无怪乎这些年对认知升级、认知跃迁、突破认知局限等方面的提醒更加现实，但一切的前提，都离不开首先觉察到自我意识的被操控，即自由意志的有限性。

作为营销者、提供方，对企业管理层而言，制造和填补空白、前瞻、适销的产品并非获利的终极目的，如果不能回归于对实际顾客衣、食、住、行、游、购、娱、学等方面的短、中、长期利益，不能保证到由此末端而倒逼上游供应链的供需关系变化转向，那将无法从客户获益中赚取自身应得的那份利益。非但如此，如果企业在只是利用短期信息不对称，在做买卖、倒买倒卖钻空子的临时生意思维下苟活，那商业世界最终能够回报你的，也只是短期的利润、短暂的战场、短命的组织，以及短视的人生。这是真正的因果循环。真正的自由意志，来自对顾客乃至人类利益的觉察和认知，在算好现实经济账的同时，对此中潜藏的价值感、成就性、存在意义，甚至使命感，开启利己利他的观照和觉醒。当我们思考企业组织的战略方向和定位机会问题时，如果不能从中找到其深藏意义，那将不是自由意志观念的拥趸者和守门人，而只是一伙以操控信息、设置陷阱、荒野求生为习性的生意掮客，这与打家劫舍的鸡鸣狗盗之徒又有何异？

由此，产品、商业、定位、战略、运营所应该承载的任务、价值和使命，免不了应该是为世界贡献能够创造价值的商品，并将某种基于正念的价值观，用善巧的角度传递出去，在他人的价值贡献中回收一部分，作为自己延续组织生命的未来资粮。完全可以说，商业的本质应该是利己先利人、利人方利己。历史不会简单地重复，近日与未来的人类一切商业活动，将显著区别于过去半农业、半工商业文明发育出来的重商主义价值观。正是生活中随处可见但不易自知的不完美、不确定、不稳定，甚至正是依靠显著的谬误，才使得我们有机会重新审视与发现问题及方向，继而有机会通过调整内在实物和对外表达，建立新世界与新世界观。

三、下定义，贴标签

不论是自我思维活动，还是与人交流互动，人们心智中的分类行为都以语言学、逻辑学的基础元素为最终——用语词对内涵、外延、命题、推理等方面加以定义和调整。我们通俗地称之为"下定义""贴标签"行为。

基于同样的产品实物，我们为之贴上不同的话语标签，带来截然不同的认知结果和行为引导。这不是什么点石成金的神奇幻术，而是在深知人类大脑心智认知运行机理之后的运用与变化。不过，基于逻辑的存在意义是一种必然的推导，人类应对不确定性的基本模型——假设与证明机制，已经成为几十万年来生存实战刻录下来的基因沉淀。如果一个假设或命题判断经不住实际验证或一定时间的考验，那么，商业活动中的有形化产品和服务最终将无法走进人们的内心，继而使企业组织的全部努力瞬间成为泡影。

第十二章
认知优势的创建过程

所谓"下定义",是为事物和由此衍生的想法赋予正式含义或附加判断的意识活动过程,而"贴标签"是在此基础上更加侧重于将之以文字、图形、表情、音声、动作等符号进行表达展现出来,此两者都是心智分类的具象化表现。例如,上海人、烟鬼、土豪、滋补国宝、直卖、妖股、上升期……大千世界,人来物往,时间久了,定义和标签的作用早已"日用而不觉",正如鱼儿不知有水,人们忘记了空气。不过,在日常应用中,给事物、个人及团体组织、语言和行为等胡乱地下定义、不够审慎地做判断,甚至不负责任地贴标签行为大有人在,只不过其后果及危害或轻或重,或者短期有利、长期有害,或者无伤大雅,因此无须深究而已。

企业常常苦恼于增长未能达成,而企业高层决策者的思想和行为,大多只是自说自话、毫不相干地存在于对手和顾客面前,全然不顾顾客私下里已经为我们贴上了怎样的标签、给出了什么定义。我们急切地提醒:切不可认为这么简单而常见的问题没有什么值得深究的地方,免得非但不能利己利人,反而在一言一行中为自己、他人和世界增添烦恼、痛苦,以及不必要的折腾、冲突与动荡。

先举个例子,说说定义、理念、概念、假设、判断等这些看似不经意的内容是如何引领实践的。西北大学原副校长张伯声教授是留美的世界级地质学家,当他回忆起个人成就历程时,讲述了一个与牛顿自称是从砸到头上的苹果中受到启发发现万有引力相近的中国版故事。那时正值1926年前后,张伯声走海路坐船去美国经过太平洋需要20多天。他在船上看着海里浪花翻滚,一个浪下去,一个浪起来,再下去一个,再起来一个,于是产生疑问:基于自己物理学的基础,从力学角度推演发现,这种运动方式最省力,消耗的能量最少。张伯声先生于是由此得出推论和猜想:我们脚底下的看不见的地壳运动恐怕也是这样的。这一假设在美国通过实验得到证实,通过对褶皱山、断层山等各种实证考察,得出结论:地壳运动果然就是这样的。

归国后,张伯声教授进一步提出了"黄土线"概念及对黄河河道发育历史的新看法,发现并论述了大量的"一边翘起、一边俯倾"的块断运动。20世纪60年代初期，他创立了"镶嵌构造学说"，提出整个地壳是由一级套一级地壳块体同构造活动带镶嵌起来的构造原理。70年代中期，他又将镶嵌构造学说发展为地壳波浪状镶嵌构造学说。继而，他用波浪镶嵌观点，分析地震活动规律，发表《地震同地壳波浪状镶嵌构造关系初探——兼论陕西地震趋势》和《地壳的波浪状镶嵌构造同中国的矿产和地震的关系》等论著，划分了中国地震网络，指出地震活动基本上是在两组斜向构造带内，周期地、交互地做跳动式迁移的规律，为地震预报预测提供了科学的理论依据。在全国第二届构造地质学术会议上，张伯声先生"地壳波浪镶嵌构造学说"被公认为中国地质学界五大构造学派之一，世界地质学界将其称为"盛开在地质科学园地里的奇葩"。

从这一案例中，我们既可以感受到正确概念的重要性，也可以由此推理出战略观念中看清趋势大浪的重要性。一方面，当跳出问题看问题，我们应该可以看到概念、理念等基础功夫的重要性——具备什么样的理念基础，就能观察到什么样的事实。只有具备一定的理念基础，才能对世界万物进行向前推理、推导、演绎和预判，只需加以逻辑证明与实物证实，就能获得更高的确定性。由此，人们意识中存在和产生了什么样的概念、判断和理念系统，就能且只能看到与之相对应的实际事实。也就是说，今天存在于世的既有实物，及其相配套的概念、定义、判断等，都只是人们大脑意识中既存概念、理念和价值观的实物化集合呈现。这意味着，换一种观念，就能观察到不一样的实际真实，从而推导出与之前截然不同的行动对策，创造出不同的实物呈现表象。在我们看来，由于不同思维角度带来不同概念范畴的定义，并为之贴上相应的符号化标签，实际上就是不折不扣的定位和重新定位（逻辑学称之为"定义与重新定义"）过程。可见，真正的定位根本不发生于企业家的头脑中，它早已更为前提性地潜藏于目标群体的大脑主观思维意识中。更直接地说，并不是企业家给企业下定义，而是顾客给企业品牌和产品下定义、贴标签。企业家的战略责任，是敏锐洞察到自己在顾客心智中"被定义"的诸多可能性，选择其中最可行者加以呈现和做实。而所谓战略定位机会，就是既合乎顾客常识逻辑，又与企业意图导向相融合的战略选择。

需要说明的是，我们并不是着眼于教会大家如何正确下定义、贴标签，那是逻辑学、语言学的责任。我们倡导只有内求自身，回到定位理论最基本层面——顾客视角，即购买或采购方是如何给一件事、一个实物下定义、贴标签、展开推理的，以及其中的尴尬、冲突、可改善究竟在何处。唯有以此为基点，才能在顾客认知和企业事实之间架起一道畅通的桥梁，令双方获益最优均衡，且能承受住一定时间段的证实与证伪。尽管我们的表述免不了使用与下定义、贴标签高度相关的逻辑学、语言学基础概念，但我们的意图也绝不是企图仅仅一文就能教会人们如何下出一个标准的、正确的定义。

一次偶然的机会，在战略学方面的朋友关义先生有感而发，生动地道出了人们对于不同心智分类定义与背后潜藏的商业价值之间的对应关系：大部分体育项目，男性商业价值大于女性。例如，足球，男子踢得比女子踢得好看，排球、篮球、乒乓球、羽毛球、网球、曲棍球等各种球，男子打得都比女子打得好看；田径比的是更高、更快、更强，更是男性成绩比女性成绩好。如果说体育里女子打得比男子打得好看的项目，仅可能出现在跳水、体操、艺术体操、花样游泳等少数项目。

群友们进一步引导关先生继续表达他的高见：如果综合比较演艺、体育和科研，虽然都有赢家通吃——只认第一，不认第二，以及收入两极分化等特点，但有一点不同，演员基本是国内竞争，体育很多时候是国际竞争，科研更加是全球尖端之间的竞争。

关先生这样阐释他的观点：就体育而言，中国运动员获得全运会冠军，其影响力和关注度远不如世界冠军的获得者。但是，对于中国一些短板的运动项目，获得亚洲冠军，或者进入奥运会决赛，即能产生不小的影响力。例如，短跑运动员苏炳添能有这么大影响力，不是因为他是中国跑得最快的人，而是因为他在中国相对不大擅长的领域取得了突破，冲进了奥运会百米决赛，这就很稀缺了。只有足够稀缺才能有人关注，才能有可观的商业价值。而乒乓球运动员要想让人记住，必须多次拿到世界冠军，甚至拿到大满贯。如果只是偶尔拿过一次世界冠军，都不一定能让很多中国人记住，也难以产生特别大的商业价值。一般人能记住的都是刘国梁、孔令辉、邓亚萍、王楠、张怡宁等这些在相当长时期风头无两、长期居于世界之巅的选手，他（她）们才有机会代言广告。因为乒乓球是中国强项，自然人才济济，稀缺性难以凸显。总之，体育和股票价格有点类似，看重预期差。也就是说，光是好还不够，还要有预期差，就是比大家预期的更好。中国乒乓球打遍天下无敌手，拿奖拿到手软，但人们都习惯了；百米虽然拿不了奖，但超出预期了。有突破，就有关注度，就有更大商业价值。

再看看另一种全球竞争：科研。今天，很多学科已经充分国际化。例如，数学，要想让人们记住，成为名人，必须有较大的国际影响力。外行人能记住的数学家并不多，例如，陈省身、华罗庚、陈景润、苏步青等人，但他们都是世界级数学家，都有世界级的贡献，已经被写进世界数学史，并获得世界同行的尊敬。不仅内行人知道，就连我们这些外行人也能记住，这才有知名的价值。当然，这仍然仅仅从狭隘的商业角度来衡量。

而演艺界的逻辑有点不同。大部分演艺者最主要是国内市场，如果你是中国唱得最好的，就能家喻户晓，就能获得巨大的经济回报，甚至名垂青史。赵本山曾经是"小品王"，郭德纲是当今相声界代表人物，但在国外没什么影响力。演员拿过百花奖，就类似于体育界的全运会冠军，就足够红透中国了，如果能拿奥斯卡等国际大奖，则可以更红、红得发紫。演员有国际舞台，但又不那么重要，只要是在国内得奖就能通吃。

可见，体育、科学和演艺三种职业，虽然都要做到头部才能过上好日子，但背后的逻辑并不一样。可能的原因是，这三个行业的市场规模不一样——科研是相对最小众的市场，演艺是大众市场，体育仅次之。一个人可以不关注体育，不关心科研，但是会听歌，会看电影、电视剧和综艺节目。尽管都需要万里挑一的天赋，都需要长期艰苦卓绝的努力奋斗，但是对于成功的定义、概率和回报，有着迥然不同的差异。当然，以上仅从狭义价值而言，如果突破现实功利思维的商业价值标准，例如，上升到国家荣誉、人文精神等，其中的权衡逻辑又将有着更加天壤之别的价值排序。

无独有偶，行为经济学家、诺贝尔经济学奖获得者理查德·泰勒（Richard Thale）发现，除了钱包这种实际账户之外，在人们头脑中还存在着另一种心理层面的账户，即"心理账户（mental accouting）"。也就是说，人们会把现实中客观等价的支出或收益在心理上划分到不同的分类中计算其价值并在不同方案之间做出比较，并由此最终影响其决策行为。其本质特征是"非替代性"，即不同账户的价值不能完全彼此替代，这种定义或人为认定使得"此钱非彼钱"的认知错觉得以成形，并由此导致非理性经济决策行为。显然，这一词汇有助于更具体地描述人们在认知中进行心智分类之后权衡价值感的实际结果。这意味着，针对世间万事万物，每一次给出定义判断、贴上某个标签之后，人们的心智归类就已经阶段性完成，其相对应的商业价值空间也就成为一种确定性更高的商业机会而现实存在着。

综上所述，人们总是存在于一个充满着分类概念的世界中，从小概念到大概念，从具象到抽象，从子集到集合……，正因为这些概念的先期存在，甚至尽管未能言表，但依然将万事万物框定在一个个价值感鲜明区隔的密闭格子里。继而，人们对不同分类存在着或高或低、或重要或不重要的价值归类判断，随之而来的是，以这些判断为原材料、按照某种处理逻辑加以推理和演绎，从而产生更新一层的判断和决策。这意味着，如果想要调整人们的决策结果，引导顾客决策的走向，企业就必须回溯其原材料和处理逻辑，以便在遵循人类思维模式最基本的规定下符合我们的方向，达成预期效用。人们所能做的，就是觉察到它的深潜存在，然后开创性、前瞻性地提炼成可以传递认知、交流互动的文字符号，进而创造出实物产品和服务，以便将既已存在的定义空间兑换成货币成果和文化成果。这可能是对企业从定位概念出发，进而完成整个商业化过程的最简要描述。

当然，我们所言的"原材料"是某种广泛意义上的形象譬喻，主要包含信息数据和判断假设两方面内容。人们头脑里的假设判断：一方面，来自人类躯体及先祖基因中携带的既有模式；另一方面，也基于生活在世上

定位原理
创建认知优势的根本出发点

几十年来的信息收纳和处理之后得到的常识判断集合。可以这样说,信息加以处理得到判断,再获取信息,再加以判断处理,得到新的推论判断,层层叠叠,循环不息,如果是之前已经处理过的信息,将作为后续推进思考的假设前提和基础材料,而不再有必要进行处处追根溯源,事事回望核实。这是一种自然省力的"满意决策"模式,以空出时间和精力应对层出不穷的其他生存难题。

与此同时,头脑中既已形成的常识判断,会进一步影响对信息获取的倾向性,即只能获取自己想听到、想看到、能接受的信息,而对不符合既有认知观念标准的信息表现出"屏蔽式"的视而不见、充耳不闻、浑然不觉。这意味着,如果不加以反思、觉察或意外事件刺激,每个人将活在自我预设、自我强化、自我局限的认知世界中,这便是"信息茧房"概念的基本来源。

除此之外,信息原材料是否足够,也是一个悬而未决的疑问。在绝大部分人的绝大多数情况下,人们总以脑力与体力消耗最经济为求存标准,来判断信息量是否足够,并决定是否需要进一步求索、添加新信息。在这样的模式下,人们通常并没有充分的信息,以供足够理性的决策,毕竟获取足够信息的时间、范围、能力、有效性等都十分有限。这是导致人们的大部分决策都只限于能够应对眼前现实暂时成立,并就此停止思考的实际原因,即鼠目寸光、小富即安等。就定位认知角度而言,新信息的适时介入和传递至关重要,它将在微小渐变中将世界的更迭变迁传递给受众,拓宽人们的认知边界,更新固有认知模式,它应该成为人们突破信息茧房,得以进步与升华的求变求存方式。对于定位工作而言,人们思考中并不完整、并不充分、并不那么重要且核心,甚至是基于完全不真实的信息输入就自主地下了判断,而这些都是可以调整认知的重要切入口之一。

关于针对信息原材料的处理逻辑,同时涉及作为原材料状态下的判断的来源方式,主要基于以亚里士多德为发端的形式逻辑格律。其标准格律是需要首先界定所言对象的内涵和外延,再在"三段论"格式中加以归纳和演绎,即大前提、小前提和结论。在大小前提均为"真值"成立的情况下，结论将不证自明，自然成立。倘若人们都能按照如此精密的逻辑推理要求展开实务，世上的纷争可能真能消弭不少。实际情况是，如此严谨的理性调动太过于耗费脑力和时间，并非人人、事事、时时能够执行。更多情况下，人们在直观感知层面就已经得出经验式的判断结论，并在瞬间爬上推理阶梯的最高上层。即使在复杂情况下，人们也无法完全严谨遵循缜密逻辑思辨原则，只能在形式结构相近、信息原料未经核实真假，甚至大小前提颠倒，推理片段化、跳跃式的层叠思维中囫囵吞枣，其中的缺环可想而知。之所以类似的不完美可以成为一种常态，仍然是基于最经济、满意决策的生存法则：尽管不一定长期成立，但只需要能够应对眼下的威胁与机会，便已经获得了最为省力的生存方式。

话题转回来，也许有人会问：这些逻辑学、语言学的文字游戏与定位、战略何干？世间的麻烦、烦恼、问题、危机等，都来自未经核验甚至显著错误的信息、逻辑推理格律模式的天生漏洞，以及临时成立但长期不一定成立的判断堆积。而人类欲望的无休止升级，来自对真、善、美、私利、贪欲等的无穷尽追逐，一旦脱离具象实物和基本生存，抽象化的定义存在着千万种分类定义和表现形式。总之，人们从无到有，错上加错，多了还要更多，好了还要更好，甚至于错了以后还更错上加错。单就商业价值而言，妥善管理好这些对期望值及其实现方法的概念定义和假设判断，是最为重要而基础的开辟新顾客、开创新需求的底层力量和颠覆性机会。

最终，一切思维意识活动都将以语言、文字、图形、符号、实物等方式得以呈现和表达。实际上，但凡不能表达，以及虽能表达但不能被理解的概念定义和判断，都不曾真正存在过，或者至少存在度极低。正是基于此，西方纯粹哲学思辨才从本体论转向认识论，并最终回归语义论。哲学家海德格尔提出：语言是人类存在之家。正是从这一角度上说，定位就是要借助可以从"必然的推导"中获得确定性基础，在现实中基于顾客认知常识判断，朝着为客户实现短期有效、长期有利方向展开产品实物创造与推广逻辑表达。其中涉及：目标群体选择、类别归属、品类名及其定义、消费需求与商品价值洞察、产品定义、品牌选择依据要素、定位机会确立、定位信息陈述、关键运营配称等一系列具体工作，其中真义与烦琐的关键细节，绝不是改个品牌名、品类名、广告语、推销话术、自媒体内容，就能救活一家企业那么神奇而简单。总之，为品牌、产品、品类贴上怎样的标签，才能高效地将差异性、价值感、价值观得以精准传递，这是下定义、贴标签的真实意义所在。

那么，大家可以尝试着问问自己：如果你是郎酒董事长，你会把自己定义为什么呢？"天底下最好的酒"吗？还是"不上头""真实窖藏"，抑或是"第二大酱酒"？如果你是戴森，你的战略打法是什么？是"超级电机"，抑或是足以颠覆传统一切认知的"新一代"？如果你是方太，你会把自己定义为"四面八方不跑烟"以对抗其对手老板电器的"大吸力"，还是找出新的赛道，展开错峰竞争呢？在确定之前，那些已经存在，或者即将存在于潜在顾客心智中的概念、理念、判断究竟是什么，以及如何用言辞和实物表达呈现？在数十项产品创意成果中，我们究竟选择哪一个，才能更准确地对接、填充和兑换顾客对于你的心智认知分类空间呢？你希望被顾客和社会大众给自己贴上什么样的标签？"良心企业""血汗工厂"还是"最佳雇主"？企业可以成为自己的命运舵手，但前提是朝着人们心目中期待已久的那个方向。

毫无疑问，广告、推广乃至一切信息传达行为应该回归其"广而告之"的基本价值上，而承载价值感的应该是具备真实效用的产品和服务。反过来也自然成立，如果大力促进了一种价值非真、不可持续、与顾客期待不相符，甚至"对不起"顾客价值感的畅销物品，那么其广告、推广及其背后的逻辑思维和话语方式，都将陷入道德审判和金钱贬值的双重深渊。

四、验证

没有人会跟自己的钱包过不去，不假思索就着急付款。即使只需要付

第十二章
认知优势的创建过程

出时间，由于时间是生命的等价物，人们也会很慎重。他们或者看广告，或者尝尝味道，或者看包装和检测报告，或者看"大人物"用不用……，无论何种方式，商品总逃不过人们深层不安全感的严格审查。小到只有1~3元一瓶的饮用水，涉及普通大众生命必需，其商机也会被各大企业窥见，直到现在，如此激烈之下仍有巨头进入成为新玩家，使得顾客选择时更加无所适从；类似家电、汽车、软件、知识付费等，甚至到城市园区、国家间竞争等，供应的丰富随之带来的本质问题是信息的严重过载，以至于让购买者难以分辨真假优劣、无时无刻不得不在严重臃肿且仍在急速膨胀的信息世界做出最优决策。与此相悖的是，不知道如何验证假设判断是否成立、是否为真的人却大有人在。这是人们求存而非求真的实用生存模式之必然。

如果前文阐述人们如何在心智认知中形成分类、定义的假设，那么，本章要讨论的是，顾客如何验证自己的假设是否成立。这个环节为什么值得重视，是因为一旦顾客认定判断成立，将标志着价值感第一次真实的存在了。基于这一点，《定位》著作中强调：认知就是事实，或者至少可以说，此时的认知结果在顾客头脑里已经事实上存在着。如果想要看清楚顾客心智地图中的地形地貌，就应该首先知道地形地貌的普遍性、一般性、通用性的固化方式。虽然无法穷尽描述每个个案个体，但通过对通识的归纳，企业家可以对人们选择购买时个案上的变通有更高可靠性和确定性的猜测。

大体而言，人们验证自我假设的方式主要有三种方式：自我验证、他方验证、时间验证。略为详细的描述：自我验证又可以细分为两种形式，一是为广义常识逻辑推理证明；二是为现象直观感知证实；他方验证即通过借助他人的决策验证自我决策的正确性，尽可能降低决策风险；而时间验证是在一段时间内允许自我和外界的变化，通过再次审视来肯定或推翻采购决策的正确性。

我们先介绍广义常识逻辑推理证明，这是发生在每个人大脑中根深蒂固的活动方式。你是否曾经听说过很多这样的常识，例如，食物相克会造成不适、中毒，甚至死亡；过午不食、不吃晚饭可以健康减肥；碱性食物能够防癌、抗癌；聪明的人脑袋大，脑袋大的人聪明；玉能养人……，不胜枚举。尽管权威媒体、医生等专业人士一再解释、澄清、纠正，但揭露这些常识性错误的工作仍然成效甚微。这一现象是今天社会才独有的吗？非也，今日的常识源于昨日的非常识。回想一下，托勒密的"地心说"统治了人类1000多年，不但哥白尼没有推翻它，甚至布鲁诺为此献出了生命，而关于"日心说"的朴素理论假设，早在古希腊时的阿里斯塔克（Aristarchus，公元前315—公元前230）就已经提出了；我们都一直以为伽利略真的通过比萨斜塔实验，验证了轻重物体下落速度相同，而据科学史证实，这仅仅是个传言，真正的证明工作是通过归谬法（即如果假设下落速度不同，那么会得出自相矛盾的结论）就已经完成；牛顿真的被苹果砸中过吗？也只是根据他自己的描述；真的耳听为虚，眼见为实吗……常识逻辑的谬误实例举不胜举。那么，常识是否都是错误的呢？例如，价格高的可能更好；减肥的最好方法是管住嘴、迈开腿；重量重一点更加货真价实；知名品牌产品比不知名品牌产品更可靠；历史悠久可能更加可信……因此我们只能说：也未必。

　　如果众所周知的常识可能随时存在动摇，那么我们通过严谨的统计数据总能够准确看清实际情况了吧？例如，在一家酒吧吧台前坐着10个人，他们每年的平均收入都是3.5万美元，那么这组人的人均年收入是3.5万美元。这时候，比尔·盖茨走进来了，假如他在本案例中的年收入是10亿美元，当他在第11把凳子上坐下来，这组人的平均收入便迅速上升到了将近9100万美元。显然，如果我们说吧台前这群人的平均年收入是9100万美元，这在数据上是正确的，但同时也具有相当大的误导性。数据量化统计分析的目的，是建立事实（现实世界）与数字（数据世界）之间的映射关系，它通过平均值、中位数、四分位数、标准差、标准分、回归分析，以及包括对异常值的识别与处理等方法，展现了便于比较、相对客观、认知成本更低等优点，但不可回避的是，统计数据的误导仍然需要在更高层面才能得以尽可能消除，例如，样本偏差、中心值选择、忽略小数据、坐标系错觉、概念定义模糊化、因果倒置等。

那么，科学实验是否够"科学"呢？还记得那个关于"延迟满足"的理论吗？正是基于这一实验的启示，很多家长都因为孩子自控力差，不能把满足感延迟而批评过孩子。如果追本溯源，"棉花糖实验"的流毒更是"功不可没"。准确地说，这个实验整整误导了两代人。该实验的设计者是斯坦福大学著名心理学教授沃尔特·米歇尔，在2016年他出版的新书《棉花糖实验》中，他修正了首次论文的结果，重申了这个实验对人未来的发展并没有预测作用，并非常反对预测孩子的未来。如果仔细追究会发现，有三个很重要的变量影响了实验的结果：一是实验前孩子摄入的糖分不同；二是实验前孩子的情绪不同；三是实验者对时间概念的把握不同。这些都会直接或间接地影响实验的结果。2018年最新版的棉花糖实验，跟踪了900多名来自不同社会阶层的儿童，以更大、更全面的样本进行了实验。结果发现：等待时间与儿童的家庭背景有很大关系，母亲受过高等教育的孩子比其他孩子等待的时间足足多出了一分半钟，而来自单亲的低收入家庭的孩子成长在缺乏信任感、安全感的生长环境里，往往在第一时间里就吞下了棉花糖。如此看来，家长们终于可以松口气了，就算孩子拿起棉花糖吃了，也不会让他们输在起跑线上。棉花糖实验告诉我们：生活环境对孩子的影响是巨大的，在批评孩子以前，家长首先应该对自己进行反思，对孩子信守承诺了吗？是否给孩子提供了稳定幸福的生活环境？如果以上两点都不具备，孩子的自控力就可能降低，自控力的秘密在于家长，而不在于孩子。其实，这个实验最早并不是在斯坦福大学幼儿园做的，而是1966年在中美洲的特里尼达岛上做的。米歇尔选取了53个孩子，其中有35个非洲族裔，18个印第安族裔。非洲族裔的孩子通常没有父亲，多数是单亲家庭，而印第安族裔的孩子基本都有父亲的陪伴。很明显，来自完整家庭的孩子通常表现出更强的延迟满足能力，孩子家庭的完整性可以给实验结果带来极大的改变。但是，米歇尔教授为了推广延迟满足理论，或多或少地忽略了这一事实，而实际上2018年的实验诞生新结论的重要前提，正好是因为恢复了米歇尔教授所忽略的重要事实。

基于诸多日常现象，专业人士进一步整理出若干常见的逻辑错误，类似以偏概全、错误归因、人身攻击、非黑即白、歪曲捏造、情感操控、道德绑架、循环论证、谬误谬误……，实际上日常逻辑推理的谬误远不止专业人士发现的24种之多。

既然常识不一定可靠，数据统计和科学实验也并不一定可靠，而逻辑推理又存在着各种错误，那就让我们再来看看现象直观感知证实。从广泛意义而言，我们应该可以从中国古代寓言故事"杯弓蛇影"中管中窥豹，如果再结合前文已述的关于眼、耳、鼻、舌、身等，以及所对应产生的色、声、香、味、触等的人类先天生理结构来看，我们与实物之间都是经过光波、震动波、电磁波、电磁力等形式获得信息感知，然后经过神经元、神经中枢等系统进行生物电传导才形成对实物的感知。在经过多次转换、多次扭曲、多次解码之后，你还认为我们所观察到的现象、所感知的刺激，还是真实实物的完整呈现吗？

如果你觉得这些术语枯燥无味，这些推理抽象而难以捉摸，那么，请认真回想一下你每次购买决策之前去实地考察商品实物的全过程。无论是在网络搜索，还是在实体店中亲自观察、比对、体验，甚至看似专业地亲自评测和拆解，你真的足够了解你所需要购买的产品、它所包含的每一个零部件的来源以及设计理念是否最优吗？话又说回来，尽管都知道"货比三家"，尽管跑断了腿，看花了眼，你在多少次购物的过程中是以如此投入而专注的方式完成一次愉快的购物呢？归根结底，即便看尽企业官网、对手的攻击、导购的解读、专家的评测，甚至朋友的推荐或吐槽，都只不过是点滴信息的临时汇集，甚至只是自我感觉徜徉在一个看似非商业、客观公正的环境中，却全然无法代表实物的真实全貌，反而掉进了一个叫作"羊群效应""从众心理""社会认同法则"的陷阱中，即人们渐渐停止了独立思考，转而通过依靠别人决策正确来确保自己做出正确决策。

当然，如果只是满足日常需求，我们似乎有了这些就已经足够做出正确选择了，但实际上你当时认为具有确定性、前瞻性的充满信心的选择，在多久之后却又变成了过时的选择了呢？尽管我们可以通过再看多一点、等等再想想、再问问专家，甚至采取分步式购买等降低决策风险，但这一点点时间延迟的决策，有多少概率是对前期正确决策的强化，或是对前期错误决策的推翻呢？有多少情况不只是在强化原来的自我认知、维护决策正确性的自我"尊严"呢？真正的问题，并不在于顾客处于怎样的决策环境，而是每个人越来越处于一个信息严重过载，但有效信息严重不足的混沌悖论的状态中。

认知心理学发现，人们对外界信息在获得、编码、贮存、提取和使用等加工程序之后，客观现实就以形象、语义和命题等形式在大脑中反映出来。认知神经科学指出，人脑的信息加工能力是有限的，不可能在瞬间进行多种操作，为了顺利地加工大量的信息，人只能按照一定的策略在每一时刻选择特定的信息进行操作，并将整个认知过程的大量操作组织起来。而在每个人的成长过程中，每个个体都会形成习惯化的信息加工方式，这是一种认知偏好，它表现为对一定信息加工方式的偏好。每个人的认知偏好大多不一样，但个体常常又意识不到自己存在这种偏好，传统文化中将其定义为"我执"且对"我执"的"无知"，即"不觉"。因此我们说，每个人都在某些方面存在某种程度的认知局限。

回到顾客的采购过程，基于先有认知，后有行为，而顾客认知对于购买决策有着重要的开启意义，我们必须理解：顾客不选择的理由，首先来自认知局限，例如，不知道有这一类东西、不了解具体是什么、分不清有什么区别、不方便获得信息、没听说过的品牌、身边人用得少、担心有损失或被人看不起等。

1. 多数人存在的认知局限，有以下几个原因：

（1）获取信息途径有限。这导致信息量规模、角度和范围受到限制，或不够完整。例如，地域阻隔、媒体筛选、时间不够、身体机能限制等。

（2）信息筛选能力有限。尽管少数人确实比较聪明，可以在解决问题时学习更多的知识，掌握更多的方法，甚至能同时运行更多程序，从而在认知过程中更具优势，但更多人并不具备超人的能力。这导致对信息的获取和筛选并不完全，甚至无法从中获得真正有效的信息。

（3）信息加工方法有限。这意味着知识和信息的传承本身可能具有不准确性，例如，我们从语言中获取信息，但语言本身就具有欺骗性，同样的话语带着不同的语气、不同的表情，都可能会产生不同的意思。事物虽然是客观存在的，但人们在认知时，多多少少都要经过主观处理，因此，人们对世界的认知必然受到大脑主观判断的影响。对于同一个词语、同一段文字、同一个符号、同一个品相、同一个包装甚至同一个实物，每个人的理解都会千差万别，正如人们常说的：一千个人的心中，有一千个哈姆雷特。这意味着，即使同样的客观事实，在不同人的认知里，所呈现的景象却各有不同。究竟谁是正确的呢？谁的意见代表事实真相呢？追求绝对的唯一事实真相没有意义，站在不同的角度，拥有不同的信息源，结论自然不一样。

人们根据自己所接收到的信息，并集合环境状况，建立某种认知。这其实只是建立了一种认知假设，受到认知局限的影响，这种假设极有可能是不完整的、不正确的。于是，为了得到尽可能确定的判断，人们进一步通过实践去验证这一假设，这有助于突破认知局限。

2. 实践验证存在的不足

（1）心理预设在干扰。你越想看见什么，就越只能看见什么。无论对错，一旦建立假设，很多人往往就容易陷入"自我预设—自我强化—自我局限"的封闭加强与循环中。也许是为了弥补在尊严或利益上的安全感不足，所谓"验证"的过程，往往只是找出各种理由和证据来证明自己正确性的过程。正如人们常说的：你只能看到想看到的，听到自己想听到的。就算假设从客观角度来讲是错的，但人们通常会不承认，于是在这个错误的认知假设下，创造出一系列的特征、内涵，直到使之逻辑上达到自洽。

（2）机会成本导致无法验证。在更多情况下，人们无法也不愿意在同一时刻对多种决策假设做出无穷尽的验证，这需要花费巨大的决策成本和代价，于是只有借助过往仅有的经验，来降低决策风险，这将在很大程度上影响我们认知事物的结果。

由此，我们意识到，企业总免不了抱怨顾客不懂自己的产品，其实核心问题在于：双方对同一件事的接受、验证的逻辑和依据完全不同，要想信息完全对称，是一件几乎不可能完成的任务，而其两者之间的鸿沟天堑，正是定位理论在战略层面解决问题的核心标的。这就不难理解德鲁克竟然将企业家定义为"内外信息的连接者"了。

五、常识化

绝大多数人感觉不到"常识"在起作用，甚至因为它太过简单、太普通、太显而易见，人们经常看不起"常识"，就像人们很容易忽略生命的基础条件——阳光、空气和水。其中，值得关注的是，你的常识未必等于我的常识，更不同于社会大众的公知共识。推及企业、营销者的常识，不等于消费顾客的常识，也不等于研发者、制造者、供应商和基层员工的常识，也不等于高层决策者的常识，更不等于投资人、政府管理者的常识。弥合这些常识，正是管理者的重要职责；弥合顾客与管理层的常识，则是定位战略的重中之重。

特劳特曾说："常识"是天生的良好判断，不受感情和智力因素的影响，不依赖特殊的技术知识，它遵循严谨的逻辑，不掺杂任何感情和个人喜好。定位原理强调，常识是所有人共有的智慧，它帮助你看到事物的本来面貌，它是被社会认可的显而易见的真理。我们身处的世界，不可能用数学公式来精确表达，人类大脑通过眼睛、耳朵和其他感官收集资讯，并交由常识来集中处理。常识是一种驾驭其他感知的超感知。特劳特和里斯在《22条商规》一书中的"认知定律"这样强调：商业领域并不存在客观现实性，也不存在绝对的事实，更不存在绝对意义上的最好的产品。真正存在的，只是顾客或潜在顾客心智中对品牌和品类的认知。只有这种认知才是真正不得不面对的事实。

广义而言，所谓"常识"，是指人类社会心智健全的人所应该具备的基本知识。它可以包括普遍而共同的知识、心理、心态、期望、观念、行为习惯、道德与法律等诸多内容。常识是一些已经人人皆知,不需要再教育的知识和信息。它深深地储存在每个人的大脑心智当中,并随时可以调用。一旦你的企业、品牌、产品和服务与顾客的某一种常识发生高度关联,就具有了"人人皆知,不需要再教育,随时可以调用"的某种能量,这是心智资源力量的根本来源。反之,要想使之发生改变,也将是一件异常困难的事情。从这个意义上说,心智认知中的常识就是一项更加牢靠的资源和资产。正如原著中反复强调的:如果消费者已经认准了一个产品,不要去直接改变他们的心智。试图直接改变消费者心智的努力是徒劳无益的。心智不会接受新的、完全不同的事物,除非其与旧的事物有所关联。这些旧的事物是什么?就是既有心智认知中的常识。

任何人都有属于自己的常识和常识系统,这是长期常识化之后的结果。这类似于事物运动的基础速度,我们能做的只有两件事:一是,探测既有常识;二是给予获得加速度的力量——更新常识。定位理论强调,永远不要直接挑战既有常识,而其关键在于:顺应、借用、转化、延展这些常识。显然,这是新一轮常识化的过程。

举个大家普遍知晓的例子,来说明常识化是如何完成的。或者说:新常识是如何建立的。例如,对于凉茶产品早期阶段来说,人们心智中已经具有以下几项重要的认知基础常识:

(1) 中国人多少都有点中医知识,但凡口舌生疮、长痘痘、身体不舒服,就会归结为上火的常识。

(2) 在凉茶广为习惯的广东、广西、浙江等少数省份的本地人心智中,凉茶强大的下火功能是第二项常识。

(3) 王老吉品牌是广东、广西地区凉茶的鼻祖,这是第三项常识。

(4) 当南方消费者认为凉茶是一种预防上火的饮料,北方顾客认为凉茶是隔夜茶,这也是一种常识,但正是需要企业调整和更新的常识。

实际上,在定位理论诸多案例中,王老吉品牌早期的成功就是"焊接"了多个常识,同时提供了若干用来更新常识的新信息。具体如下:

(1) 凉茶可以真正下火(既有常识),而很多人都怕上火(既有常识），因此，人人都需要凉茶（既有常识）。

（2）"可乐是最流行的饮料"（既有常识），它只是表面清凉，而"王老吉是凉茶"（既有常识），现在"凉茶也可以是一种饮料"（新信息），所以"凉茶才能真正预防上火"，而且"王老吉比可乐贵近一倍"（新信息），因此，"王老吉凉茶是比可乐更好的饮料"（新常识）。

（3）"王老吉是凉茶"（既有常识）与"王老吉是一种很畅销的饮料"（新信息），因此，广东"流行喝凉茶饮料"（新常识）。

（4）"南方流行把王老吉凉茶当饮料喝"（既有常识）与"北京首都流行喝"（新信息）与"北方消费潮流看北京"（既有常识），因此，"王老吉凉茶是北方人也爱喝的饮料"（新常识），所以王老吉是"凉茶领导者"（新常识）。

如果仔细分析可以发现，帮助成功"焊接"这些既有常识和新信息的"原材料"如下：

（1）选择一款罐装作为核心品项。
（2）定价高于可乐75%。
（3）选择火锅、川湘菜等容易上火的餐饮渠道集中突破。
（4）媒体广告品牌故事及广告语："怕上火，喝王老吉。"
（5）先以广东及南方为区域初步建立地位，进而通过占领北京高势能市场，拓展整个北方市场。
（6）央视广告，以及餐饮、卖场、终端等整合传播的大额投资等。

王老吉凉茶案例，基础性地展示出顾客心智认知中的既有基础常识、新常识的形成，以及更新常识的诸多"原材料"和"添加剂"，这些都是某一事物常识化的必经过程和重要素材。而在企业或案例研究角度而言，这就是"凉茶"这一品类和王老吉品牌从局部小众到广谱，从功能药饮到日常饮料、从地方品牌发展到全国乃至世界品牌，甚至成为文化名片"新常识"的全过程。从更广谱意义上来看，它也是任何一条信息从某个人、某个小群体的常识，逐渐发展壮大为更多大众的常识，甚至成为整个社会公知共识的过程。实际上，从认知和定位的角度看，任何案例都可以从中进行类似的拆解。

进一步而言，在人们的认知中，常识化的过程近乎真理的形成过程，其本质是推理逻辑与直观经验之间所存在的冲突与裂隙，在潜在意识活动中给予弥补和合理化的过程，其中蕴含着对心理失调的平复和愈合过程。

首先，何为真理？真理，即最符合客观实际的道理，是指客观事物及其规律在人们意识中的正确反映。其实，真理也是一种认知——人们对于客观事物及其规律的正确认识。在总体人类发展过程中，真理是人们对于在各个发展阶段上的具体过程的正确认识，它是对客观世界近似的、不完全的反映。一旦某些信息因为率先进入顾客心智，它们就成为顾客头脑里的既有常识。一旦成为常识，顾客就如同掌握了真理一般，具有了无限的安全感，于是就会在心智里筑起高高的"堤坝"，直到跟原有常识不相冲突的新信息出现，顾客头脑才会愿意接纳并更新这些信息，从而形成新的常识堤坝（也即新的真理），这也是心智中"护城河"比喻的根本由来。就企业内部而言，管理大师迈克尔·哈默曾将人们对变化的内在抵制称为"企业再造过程中最复杂、最恼人、最痛苦、最费解的部分"。定位理论提出忠告，任何试图直接改变消费者思维定式的努力都是徒劳无功的。一旦消费者对某种产品形成思维定式，他们的想法就不会被轻易改变。在改变观念和证明无须改变观念的抉择面前，绝大多数人都忙于证明改变观念是不必要的。

在《定位》原著书系中，这部分被顾客列为常识，并接近真理一样保护的内容，被称为"信念体系"。原著中这样写道：人们对广泛领域中的问题都有各自的态度，他们看似知晓自己的好恶，即使是面对自己不甚了解的对象，或者与他们日常生活关联不大的事物，如外星生物等。信息理论学家认为，信念体系的性质和结构至关重要，因为信念为态度提供了认知基础。要想改变态度，就必须改变态度赖以维系的信息，因此，我们有必要先改变一个人的观念——剔除旧有观念，或者引入新的观念。任何直接改变态度的方案执行起来都会困难重重。即使采取了如精神疗法那样复杂、精细的程度，要想改变人们的基本信念也实属不易，而且一些对某些

第十二章
认知优势的创建过程

人改变态度有效的方法对其他人未必有效。

进一步深究,我们可以知道:真理,是某一时空的同一个客观的世界,在跨越时空不同的主观世界的同一认识,在客观条件满足的情况下表现为反复出现与必然出现。而实践的过程就是把主观世界与某一时空的客观世界接轨的过程。顾客对自己头脑中的常识进行固守、更新、再固守、再更新的过程,实质上和真理与谬误的转化过程非常相近。"真理"是动态、相对的,"常识"也可以增补、延展和转化。任何成功定位的过程,都是通过正确定位,将品牌名与顾客头脑里的常识,进行成功接轨的过程,而采取的方法有可能是:联结(旧观念)、增补(新信息)、延展(新范围)和转化(新角度)。认知时代的最难课题是顾客选择困难。而真正解决难题的方法就是给顾客足够的安全感。只有与顾客头脑中的常识相印证、相契合、相一致,才有可能开启联结(旧观念)、增补(新信息)、延展(新范围)和转化(新角度)等过程。这样一个发现常识,借助常识,调整常识的过程,就是发现和开发"心智资源"的过程。这是心智认知时代,针对认知效率低下的社会难题,提高认知效率最有效的战略方法。因此,我们完全可以这样说:定位的任务,就是借助常识开发心智资源,在定位过程中,企业所做的一切工作,目的就是"在顾客心智中针对对手建立优势位置",而站在顾客角度来看,就是获得一个强有力的选择理由。这种选择理由就是对产品、服务、企业、品牌的某种判断和认知。当这种强有力的选择理由被尽可能最多的客户甚至广泛接受、认可和验证并固化下来,一种常识就此形成。从此,它就成为人们生活、工作中的某种知识、信念、工具和参考标准,人们以此降低解决种种问题的决策难度。

开创顾客、创造需求的过程,就是推动顾客常识化并更新常识的过程。心智之所以难以改变,主要是难以推翻顾客经过若干年才好不容易建立起来的常识世界,而这些常识很可能是人们立足于社会的基本依靠。面对同一个事物,同一项产品、服务和企业,之所以会给出不同的看法和认知,是因为不同的群体和环境下成长起来的人,长年累月之后会形成不同的常识判断体系。但不论什么样的常识体系，都难以直接推翻，因为一旦推翻，人们的心智世界将充满着不安、错乱和自我否定，更严重的可能导致精神疾病。之所以企业拥有无穷的建立心智认知的机会，得益于还有另外的心智规律在同时起作用——心智容易丧失焦点，人们在弄清楚"是什么""可信吗""有什么用""谁在用"等问题的同时，也在思考"还有谁"和新的东西"是什么"。好奇心和人类的欲望时刻促使人们每天都在不断地更新自己对于这个世界周围万物的认知。人类大脑在已有的常识基础上，增加一些新的信息和知识，或者嫁接另一个常识，从而形成新的常识链，经过认真思考和实际验证之后，人们就用它来指导今后生活、工作中的选择和决策。

顾客总是基于自己的常识做出观察、推理、判断和选择，这样最为快速、简单，更有安全感。在这个极其隐秘的思考过程中，凡是跟顾客心智中已经具备的常识相违背、不一致或者毫无关联的信息，都会带来负担和不安全感，都将无法被顾客接受，顾客心智的大门就此关闭。除非通过将某种新的信息进行强烈的干预措施，使得人们觉得必须添加，心智之门才会再度打开。而这种强烈的干预措施，就是诸如强势媒体的大声量传播、直接有效的业务运营、充分说服力的信任支撑、权威人士的宣告等。心智之门一旦重新打开，顾客大脑就会进入认知更新程序，经过进一步的推动、扩散和持续固化之后，这些旧常识，加上新信息、新知识，或者另一种常识，集合起来就成为某种新常识，于是人们的认知更新过程就此大功告成。代表这项产品和服务的品牌的那个强有力的选择理由，以及与之相关的其他信息，就成为某种心智资源的核心组成部分。

当然，人们的心智规律在给予机会和动力的同时，也在不断增加阻力，但不论是动力还是阻力，都源于顾客心智中抗拒改变的既有认知和信念体系——既有常识和常识链。企业也许无法永远辉煌，而衰落的起点就是源于顾客心智中的既有常识链被新信息、新知识不断拆散、重组和替换，从而形成了对新对手更有利的常识和常识链。了解了这些，你就充分理解了"心智难以改变，但认知可以更新"这一点。

六、效用转化

当你感觉自己获得了真理,你会做些什么?对,就像查理·芒格所说的那样:当手里有了锤子,就会四处找那根钉子,而且看什么都是钉子。同理,当人们将某个品牌作为购买决策常识,会做些什么?对,买!买!买!买空货架!清空购物车!

尽管数量的累积还不足以令人惊异,但本质上的改变已经到来,这就是第一次效用转化时刻。就心理准备程度而言,成功与其说是企业的"推力",不如说是顾客祈求的"吸力",而企业一切营销和运营,都只不过是赢得这股吸力的前奏而已。不过,太多企业撑不到这个时候。因为没有足够知识驾驭未来,他们从一开始就注定必然被陷入投资不足的尴尬境地,被短视的财务投资规则扼杀在襁褓摇篮中。本节将涉及:对于消费顾客和企业而言,分别何为效用?转化如何发生?以及意义何在,为何要研究等问题。

效用,是经济学中最常用的概念之一,对购买方而言,是指消费顾客使自己的需求、欲望等得到满足时的好处或用处的程度,尽管决策过程中存在各种看似精确的比较、算计和权衡,它最终将归结于主观心理评价;对企业而言,效用包括了一切投入产出之后的有形绩效所得和无形资产收益,甚至还应包括长期组织能力的构建和强化等。

首先应该明确的是,顾客在购买一件商品之后究竟获得了什么。实际上,购买及支付行为只是前期辨识、比较、权衡过程的阶段性成果,它标志着深藏于意识库中的观念所引发的难题得到确立和消解,它意味着解决这一难题的方案和方法已经被找到,并暗示在寻求解决方案过程中对待外在客观世界时的问题界定、需求确认、心智分类、下定义及贴标签等逻辑推理的正确性,并经得起实际验证,它带来的不仅是付出的经济成本可能远小于难题不解决所带来的损失,而且更加重要的是自己、家庭、组织应

> **定位原理**
> 创建认知优势的根本出发点

对环境不测变化时的确定性、可信度，甚至前瞻性预见能力。还不只如此，顾客终于找到了在茫茫人海平凡众生中能够暂时代表自我价值观的有形实体，这将大大有利于向他人展示自己的存在。一句话，尽管不确定能在多长时间内有效，但顾客至少暂时获得了对自我存在感、控制欲、成就感的多重验证。要知道，这些才是价值感的底层构成，它脱离于实物经济价值的泡沫而坚定地存在着。有人质疑，定位理论会不会过时？当你看透了定位理论背后的认知规律，你还会觉得这些基于人身及人性本有的专有属性，未来某一天会逐渐消退或荡然无存吗？

当然，这一效用转化过程并非存在一个具体而唯一的转折点，即便是购买、支付的节点，也可能只是前后若干里程碑节点的浮现之一。而且，针对建立认知优势而言，还存在着各种不确定性。但无论如何，如果说之前是一场关于价值感的"沙盘推演"，那么购买及支付行为的发生，可能可以称得上是"实战演习"了，之所以还不能说是"战争现场"，是因为这仅仅是商业成果完成的其中众多环节之一，而且并不见得是根本原因分析中的关键点。

对于企业而言，顾客的效用转化意味着什么？定位的确立，即产品和品牌显著进入顾客心智，成为顾客意识世界中需求与解决方案的一部分。这仅仅是从单个顾客的角度而言，如果要探讨商业模式是否成立，还要看我们获得了多少这样的顾客，以及洞察在价格上的提升空间，并预测在网络效应下带来效用叠加的可能。大多数的企业在此时开始计算利润和投入产出效率，这是对前期所做一切工作缺乏确定信心的表现。如果确信找对了合适的客户和需求场景，同时，确定你的产品能够击中顾客的痛点和喜点，且对自己的定义与顾客对于你的定义和标签是一致的，也从中找到了为他人创造价值、贡献利益的使命感和源动力，商业模式上的财务计算就不应该成为阻碍创业伟大进程的问题。

如何验证以使企业家持续有信心？小数据：春江水暖鸭先知，飓风始于青萍之末。作为企业家应该做那只感知春意的鸭子，去洞察青萍之末所发生的真实变化。我们是否可以直接委托市场研究团队去了解这些呢？甚不可行。这主要始于三个方面的原因：一是只有身处为整体负责岗位的人，才能真正从整体做出战略思考，即俗话说的"立场决定观点"。当然如果你发现组织内外存在着先于自身岗位而做出整体思考的人，那就要小心了，要么是你的事业伙伴，要么是未来最强势的对手，这完全看你如何调动他的身心。二是只有有一定专业知识的管理者才能辨识方法论的有效性、前瞻性。用过时的旧船票，很难登上驶向未来的船。抑或太过于注重细节，忽视了潜在趋势的发生，也同样只能在潮流浪花中一闪即灭。三是信息输入的正确性通常与前两者是高度相关的：只有关注整体中长期价值的人才能看到影响中长期效益的事实真相，只有懂得与中长期价值相关的原理，才更有可能主动发现和抓取可供验证的信息。当你徜徉在行业分析和预测报告的大数据中时，你将大概率丧失对正在发生的趋势变化的直觉与验证能力。

那么，市场研究是否就全无用处呢？当然不是，这完全取决于企业家对市场研究的意图、目的、定义和原则的设定。定位学科发育出心智份额与认知调研的概念和工具，就是未来帮助企业家借助统计学获得对更大群体范围数据的确定性。

所谓心智份额，通常用来衡量品牌与品类在目标顾客心智认知中的存在度和重要性，其指标通常可以用"无提示第一提及率"加以呈现。认知调研与传统市场研究有着显著的区别，当然也可以看作一种更加专业化的细分。传统市场研究采用小组座谈、街头拦截访问、电话或网络问卷等方式，其研究的内容主要包括消费行为研究、满意度NPS研究以及品牌认知度研究等，它重在从营销者的角度观察哪些环节可以营销消费者的决策行为，而认知调研则单刀直入，直接从顾客角度入手，探测在其消费采购过程中，具体出于什么理由而选择。如果传统市场研究是沿着消费流程急于往前推进，而认知调研与之相反，它沿着与采购流程相反的方向向上追溯，究竟在顾客大脑心智认知中发生了什么。这基于认知心理学、神经学、行为学、语言学的研究成果：前序信息将显著影响人们对后续信息的接纳、解读和应用。我们应该关注，顾客购买之前的行为是选择，顾客选择行为之前是比较与权衡，比较与权衡之前是接纳与接受，接受之前是知道，知道之前是不知道或未必全知道。当根本原因分析进入深水区，认知调研也将派上大用场。

事实上，顾客效用转化的发生，同样意味着企业效用转化的发生，随着成功获客数量的上升，企业在现金流、利润与利润率、品牌无形资产、组织与管理团队的实战能力与运营模式等方面的成果，以及从愿景、使命、宗旨、产品及服务理念等向资本成果转化得到实际验证。这可能标志着最小生意模型的事实性成立，或者说，至少验证了马克思在《资本论》中所言：商品到货币是一次惊险的跳跃；但如果掉下去，那么摔碎的不仅是商品，而且还有商品的所有者。

七、常态化

尽管每天都有新鲜信息，但人们会不会都能接收到它们呢？未必。即便能收到，又是否会保持警觉、推翻过去的假设和判断，甚至检视过往信息的真实性、恒久性呢？也未必。不断变化、需要及时更新信息的世界观会给内心带来恐惧、焦虑和严重的不安全感，毕竟贪图省力、寻求安逸是绝大多数人的生活主旋律。尽管沉迷于过去的结论中是一种典型的认知局限，但客观而言，我们可以称之为"信念稳定期"。

当费尽心机和钱财才把前面那个"重要而紧急"的问题处理好，人们总算松了一口气，可以不再学习那些枯燥无味、规避陷阱的诸多购买常识了。非但如此，"独乐乐不如众乐乐"，每个人都想寻求更多人的认可，于是刷存在感的事情——分享经常发生，它包括把采购过程实录发到论坛里、朋友圈，自拍与心仪宝贝共处一室的甜蜜场景，直播使用过程中的心得体会及注意事项，甚至急于想要动员那些相识、不相识的面临同样苦恼的人们，尽早一点看到自己的满腔热忱和经验知识，从而早日从苦难中解脱，人们把这叫作"同理心"。这印证了一句话：真正的销售是从你离开客户那里和客户离开你那里开始的。企业整合传播的任务，就是要将这种自发的评价、展示和分享，通过媒体的放大器传递给更多潜在顾客，使新顾客与既有顾客心意相通。当然，过程中免不了抱怨的客户、投诉并退货的客户，这些负向反馈并不是一件坏事，它让我们有机会反思：是不是卖给了不合适的人？是不是理念正确但实物存在缺陷？是不是信息传递导致认知偏差？是不是存在更加适合匹配的潜在目标人群和需求应用场景？等等。由此可见，所谓的信念稳定期，其实并不那么稳定，不论是从顾客角度，还是企业角度，都是如此。

人们会对与之前采购决策高度相关的新信息视而不见、充耳不闻吗？一开始不会，但相当一段时间越来越会。一开始处于半信半疑、拿自己真金白银试错过程中的人们，非常期待，又十分害怕获得更多信息。之所以期待，是想确认自己的决策是正确的、英明的；之所以害怕，是害怕看到谈及自己刚做出的购买决策存在风险，甚至证实其为错误的信息。而两者之间的认知失调，最终会通过各种方式自动脑补消除，例如，权威人士的印证、自我使用的切身体验、更多第三方使用者的反馈、朋友们对自己分享的赞许、企业方更为畅销的消息、第三方权威机构的证言，甚至自欺欺人的证据收集、不听不问不接收的信息封闭等。

需要注意的是，每个顾客信念稳定期的到来，其实也是新信息的存在度和价值感的湮灭过程。毕竟新鲜感已经过去，关注热度将转化为一种常态化的认知常识并进一步固化。这使得前一次刺激与反馈，和下一期刺激与反馈之间存在着一定时间的平台形稳定阶段。如果没有特别意外的负面信息出现，人们会坚定不移地维护之前决策和认知的正确性。这似乎表明，品牌的成长，销量的增加，有时并非源于企业真正做对了什么，而是顾客此时此刻有着强烈的潜在需要，而企业并没做错什么事情。对早期的成功，很多企业家自己都感到惊讶，甚至莫名其妙，这并非没有道理，但千万不要从此骄傲地认为全是因为自己英明神武，从此可以预言未来了，一旦产生这样的想法，就为下一期更大的投资失误埋下了地雷。真正有效的成长无不依赖于外力。为此，特劳特专门写作了关于个人成就的定位观念——《赛马》一书，可惜国内民众并非马背上的民族，对于什么是"马感"感知微弱，自然无法体会他的一片苦心，直到后来将书名调整为《人生定位》，才使读者稍微明白书中含义。尽管如此，更多人还是秉持着对儒家思想中勤能补拙、学海无涯苦作舟、自力更生丰衣足食、自强不息等积极入世思想的简单化理解，始终看不到是有一股外力的"大浪"在推动着海面浪花的成败起伏。更何况，孔子也直言不讳：危邦不入，乱邦不居；天下有道则见，无道则隐；君子不立危墙之下。

企业与潜在顾客的能量流动来自时空关系的转换。当新信息能量的存在度因一天天自然耗散而减弱，能量的聚合就依赖于整齐划一、合并同类项。如果在此之前是顾客与企业、问题与解决方案、找寻信息与输出传递等为核心的试错（即试对）匹配过程，其中蕴含着诸多不确定、不精准，因而此时"快不得"，那么，在发现匹配关系成立的小数据中所蕴含的秘密之后，商业关系进入"慢不得"的阶段。此时，战略意图与目的已经显性化，方式与方法已经暴露，画卷一旦展开，在高明的对手面前展露无遗，如果不是侥幸的原因，商业机会已经全无秘密。此时的运营模式一旦经过验证，接下来的任务是从纵向扎根转向横向覆盖，也即在相同或近似的市场空间复制，俗称"跑马圈地"。此时，战略节奏中的速度、力度、强度、密集度等，都是一飞冲天的重要保障指标，甚至可以为此适当让出正确度的衡量指标，俗称"萝卜快了不洗泥"。

就纯粹信息层面，既有顾客需要热销、获奖、成功等信息作为再次佐证，对于潜在顾客来说，他们除了自我判断权衡之外，需要多一个角度——从已经购买者及其他角色中得到正确性支撑；从验证层面而言，一旦自己不足以完成，至少还存在第二个机会——通过其他人，甚至更高层级人群的亲身实验探测（即最好有别人先做"小白鼠"），以降低自我试错风险，提高心理安慰程度。仅仅从传播层面理解和套用热销、信任状等操作方法的有效性是不够的，而应该从实实在在地让人们在潜在顾客身边看到、听到、接触到产品的购买、体验、使用和分享，否则顾客的一切假设大厦都将建立于沙堆之上，只需一阵风吹雨打，就有可能从底层彻底溃散。更何况，企业内部小试、中试等测试流程仅仅暴露出一小部分瑕疵，关于产品和服务及其周边应用，以及初生事物背后的一切信息都未曾经历实际大批量、阳光化考验。信息快速迭代，出现问题并不可怕，所需要的是及时觉察、快速响应和良好的查漏补缺。此中一切，都需要在实际商战运营过程中得以浮现和消解。

关于成功的起跑速度，我们无法给出准确的界定，但可以略微加以明确的是，成功提速的基础条件主要由以下三个组成：绩效、模式和团队。

第一，一定范围内的战法与组织是否真正具备实战能力，最终的验证方法是成果——绩效。如果缺乏短期运营结果作为支撑，一切复盘皆有可能是纸上谈兵，这就是商业经营的现实性和残酷性。与看着什么都对，却总是打败仗相比，投资人、员工、管理者可能更加羡慕看起来没那么正确，但次次都能打胜仗。以因果关系推论，导致成功的因素千条万条，需要辨识并凑齐充分且必要条件并不容易，但胜出者一定比其他人更能用好人类共同的独门利器——直觉与经验。在深度复盘过程中，从结果中倒推发现关键成功因素（Key Success Factor，KFS），复盘效率远远高于从失败中发现问题。从这个意义上说，"失败是成功之母"的相对面一样成立——成功是成功之父。

第二，模式是带来成功的基本运营战法，它涉及对于成功要素的总结，以及对要素背后前提条件的深度复盘。要想复制一项运营并不难，但是要将若干项关键运营活动识别出来、移植到另一个组织和企业身上，都能达到80分以上，且还可以协同增效，近乎不可能。当然，只有亲历战场的人，才有资格对体验中的完整信息加以反观审视，所谓专司总结提炼的文职人员（包括外部咨询顾问），其实都只能作为复盘过程的导引者。因此准确地说，此处用"模式"这个词是由略微的讨巧而误导的，因为既然定义为"模式"，那就应该照搬套用就行。这意味着，如果出现意外失利，那就不是某个人的错了。绩效结果的获得取决于必然、偶然和或然的最优组合，世界历史中偶然因素、个人因素、运气因素等导致功败垂成的例子比比皆是，因此我们需要郑重提醒，模式只是一个主要因素逻辑自洽的结构，它不能直接导致成功，但这并不妨碍它有助于提高成功概率的确定性。这意味着，坚持与权变是永恒的话题，在哪些方向上需要坚定而明确，在哪些方法上需要灵活而变通，在看似狡诈多变的市场背景中，如何把握大方向，关键细节上灵机应变，甚至逆向而行，只有极其精明的投机者（非贬义）在经历风雨实证之后，才敢举重若轻地复归"轻舟已过万重山"。

第三，要点是团队。一群新人，拿着别人总结出来的成功秘籍，想要以同样的方式获得成功，几乎是痴人说梦，以人昏昏，令己昏昏。因此，成功复制和裂变最为宝贵的人才是商战中重要的亲身经历者。正是那些身经百战的中基层骨干，才有能力在坚持大方向指引下在关键细节做出灵活变通。当他们对战略意图、机会、路径，以及节奏具备一定程度的理解之后，回到真实战场上的细节画面自然浮现，将瞬间生成各种短期见利见效、长期具有未来意义的战略战术，即便所面对的问题一时找不到答案，他们也懂得到哪里，以及如何找寻恰当的正确答案，甚至精英分子经常先有直觉答案，后有逻辑推理。回看近现代中国革命史、改革开放政治经济史，毛泽东、刘伯承、邓小平等人，无不是战略战术上的典范人物。

回到本书最初，"常态化"的标题似乎意味着无事可为，然而实际上蕴含着风起云涌、烽烟四起的成功机会，此时的速度、力度、强度和饱和度，是更为具有艺术挑战的战略定位攻坚战。完全可以说，顾客的信念稳定期，意味着能量形式即将发生转换，恰恰意味着企业进入横向覆盖的复制裂变期。这一阶段，只有在知识边界、组织管理、运营模式、激励机制、文化理念等方面的软实力创新，让组织"在战争中学会战争"，才是让组织整体能量顺应市场需求得到自然生发膨胀的重中之重。

企业及时覆盖和收割市场，将产品及服务实体、品牌及企业信息及时放置到顾客面前，更加有利于完成顾客从初建假设到实际验证的逻辑自洽，同时也是推进常识化的深度和广度的过程，这是企业内部运营与顾客认知的又一次交集，并将顾客大脑的心智认知推向一个新的势能高度。

八、认知升维

尽管我们不能指望人们心智认知中的常识系统可以被随意更改动摇，但我们也无法阻止人们的思想意识浮想联翩。外界刺激的信息输入须臾不停，人类意识活动的念头随起随灭，方生方死。

就生物学基础而言，人体胃细胞约 7 天更新一次，味蕾舌表面细胞 10 天左右更新一次，表皮细胞 28 天左右更新一次，肺表面细胞 2~3 周更新一次，肝脏细胞更新一次的周期在 180 天左右，红细胞约 120 天更新一次，一年时间内，人体 98% 的细胞都会被更新一次，而骨细胞更新一次需要 7~10 年，心脏细胞更新一次需要 20 年或者更长时间……而诸如神经细胞、心肌细胞、卵细胞、干细胞、胰腺细胞、眼细胞等基本不更新，只减不增。

就神经系统结构而言，人类大脑大概有 800 亿个神经元，神经元与神经元之间借助突触结构将脑电波电信号转化为神经递质化学信号加以传递并链接在一起。神经递质作用于下一个神经元，激活下一个神经元的电信号，从而完成信息的有效传递过程。每个神经元细胞可以发出多达 8000 个突触以供链接，但只有当外界信息刺激之时，神经元才会形成突触链接。突触的动态增加和消减呈现出"用进废退"原理，即用得更多的突触会得以不断强化，而用得少的突触会被逐渐弱化、消除，甚至被其他信息占用。人类学习能力与机制的形成，一方面是在强化已经形成的突触，另一方面是形成新的突触。当我们某个行为或理念越来越成熟、高效、熟练时，就意味着在强化既有突触，而在接触新的信息、理念或者形成新的行为时，就意味着在形成新的突触链接结构。相对而言，在儿童或者青少年时期，大脑更多时间在形成大量新的突触，而在成年之后，每天也会形成新的突触，但会比儿童与青少年时期更少，更多的是在固化行为、强化突触。

总之，任何信息、知识、想法的熟练程度，所对应的是突触结构是否强大。某种意义上，记忆的形成就是突触的形成，信息、知识、想法越多，所形成的突触就会越有效率，记忆就越牢固，动作就越娴熟。而神经元细胞的生长和它们之间新的突触链接结构的形成，就是人类学习的过程，它所累积的结果就是认知更新、迭代与跃迁，即认知升维。

可以形象地理解为，在基于外界刺激信号产生新生神经元突触结构之后，类似在相似动作上的重复性"肌肉记忆"，使大脑神经元束从最初婴儿期的散乱分布变得成片化而更为粗壮有序，这意味着一方面处理相近实务已经进入更高效的直觉阶段；另一方面，也是思维方式和信念体系变得固化、陈旧、思维更新停止，并不再学习的表现。

认知是否更新的外部条件则取决于环境刺激，生物学上称之为环境胁迫。所谓环境胁迫，是指环境因素的量接近或者超过有机体、种群或者群落的一个或者多个忍耐极限的时候所造成的胁迫作用。生物对不良环境刺激因子自动会产生应答反应，并且最终形成对胁迫环境的抵抗力。换句话说，物种得以留存，人类得以进化，在某些方面也都是基于环境胁迫展开进化的结果。例如在植物身上，通常表现出三种形式：一是避开，意思是说知道夏天的雨水比较少，就提前变成种子，避开夏天这一段时间。二是防御，比如原来的阔叶变成了针叶，就可以保持水分。这是在外形上做了防御的变化。三是耐受，是从细胞结构，以及它新陈代谢基本功能上做出变化。达尔文提出物种起源以及生物进化的规律，其中重要的有两点：一是遗传；二是变异。而生命进化就是在遗传中完成变异的过程。如果把这个概念延展到我们的组织管理上，就是传承与创新。对于个体而言，基于不断变化的外界环境因素的压力胁迫，每个人不得不调整自我认知和生存方式，使得在同类中获得更具优势的生存位置与应变能力，这是一种典型的倒逼生长效应。

说到底，人们的认知更新与升级，直接来自生存环境的变迁与生活方式的变化。从小山村放羊种地，到求学考取大城市学校；从身边自己父母叔伯，再到乡村教师、大学教授；从与青梅竹马的朋友和泥摸虾，再到在

第十二章
认知优势的创建过程

上海、纽约、新加坡、东京之间日夜兼程的"空中飞人",抑或成为广为知名、众星捧月的成功者,人们每天面对的新人物、新故事、新信息、新挑战无一不是环境胁迫。众多意料之外出现的新鲜刺激,是人们心智计算模式信息输入的重要线索。真可谓读万卷书,行万里路,阅人无数,渡万千劫。

另一个重要的机制是人类心智计算方法(即思维方式)的变迁。从直观现象感知,到抽象化地归纳与演绎,再加以精密形式逻辑推理,一方面,人们对于实际现象的掌控力得以大大加强,不再容易出现常识性错误;另一方面,人们对于自我思考方式的反观觉察与升维思考,借助于阅读、交流、课堂、复盘等方式得以大大超越最初动物本能。由此,在收入分层、知识分层、职业与职位资历分层、文化分层等之后,人类社会形成了思维分层与生命品质不同的圈层。而这种分层的起因,正是来自环境胁迫与逻辑推理反思。每一圈层之间似乎就像小学、初中、高中、大学、硕士、博士及博士后等一样,清晰且肯定,甚至泾渭分明,一生不可逾越。

也许你会问,当每个人作为顾客角色存在时,他们是否果真也会如此智慧强大呢?答案可能并未出乎你的意料。对于参与度和关注度不同的产品和服务采购来说,尽管差别显著,但实际经验告诉我们,人类最终是感性动物,最小能量消耗原则,加上花钱时的快感、存在感与成就感,使得"买家不如卖家精"的俗语一直有效。最终而言,即便有了搜索工具、专业问答、专家评测、比对比价等实用工具,但每个人依然服从于自己的常识系统,依然重复着颗粒度粗糙、认知错觉如影随形的现象直观感受、"自欺欺人"式漏洞百出的理性逻辑推理,以及混沌模糊、自我安慰式的各种验证行为。我们应该理解人类,生存本已不易,能够解决问题就好,何必自己为难自己呢?

那么,会不会发生认知降维呢?面对同样的实务事情,人们会不会回到童年时期的认知方式呢?尽管难免偶尔出现临时"短路"甚至集体迷失的"返祖"现象,但人类意识活动演进的大趋势,就像双螺旋结构基因组和斐波那契序列曲线的结合,诞生了类似大海涡旋和龙卷风式的推进模式。即便面对同一个实物，人们成长之后看待它的方式也与当初可能判若云泥。正如苏轼诗云：横看成岭侧成峰，远近高低各不同。随着知识和阅历的丰富，人们会自然而然地萌生各种认识角度，并为之重新定义，贴上新的标签。尽管物可能还是原来的物，但人已远非原来的人。苏轼在《观潮》诗中如是说：庐山烟雨浙江潮，未至千般恨不消。到得还来别无事，庐山烟雨浙江潮。

认知升维之后带来的影响是什么？它与商业战略定位有何关系？这一部分的内容请读者自行脑补一下，看看你在出国留学工作之后所钟爱的物品，是否还与高中时一模一样？家庭结构的变化、新成员增加、小家模式、丁克、单身狗、爱猫一族等，无一不会带来选择倾向的转变。只要创新还在继续，只要供应还在丰富，只要人们追求美好，只要千人千面与信息过载相伴同行，统一认知就是一个更加困难的事情，选择困难症并不会因为有大数据、人工智能而得以痊愈。相反，请相信，人们脑容量的扩充与信息处理能力的提升，远远缓慢于我们自己创造出来的信息分化总量。

如果从贝币、刀币到纸币再到数字货币是一种典型的跨越千万年的升维，从青铜到火药枪炮，再到核战争，是一种科学技术上的认知迭代，那么，在工商业及知识经济时代的商业竞争中最常用的战略方式是降维兑换。在科幻小说《三体》中，歌者文明攻击地球文明时，用到一种叫作"二向箔"的武器投掷到太阳系，于是三维空间中的一维无限蜷缩，所有物质都塌缩到了二维中，就像一只猴子被压缩到了一张绝对平面的纸上，人类文明随之灭亡。"毁灭你，与你无关"，是因为我和你不在同一维度，甚至我都不知道有你这个对手的存在，你连做我对手的资格都没有。例如，阿里巴巴、拼多多、美团等打破了时间、空间和地理位置的限制，对传统百货、商场和超市形成了降维打击，微信对传统通信服务商的短信和电话业务形成了降维优势，字节系的今日头条的算法推荐分发机制和自媒体创作形式，对传统媒体部门和门户网站形成了降维优势，短视频直播的抖音和长视频爱奇艺、优酷等对传统电视台形成了巨大的降维压力……生活中，当你因为购买某些品牌的衣服而自我满足时，有人一出生就把一些奢侈品当作日常基准，当你还在加减乘除，人家早已使用微积分、概率论建模预测了，你可以轻易碾死蚂蚁，而蚂蚁只能通过扩大自己的种群繁殖能力保护自己的存在度……，其中的势能差值就意味着某种生存优势。将人们认知中更高一级的产品、服务、模式等，提供给略低层级的顾客群体时，就是认知优势兑换成商业利益的创新与收割过程。这一过程中，企业获得下一期发展的资源和地位，顾客获得认知的信息更新与境界提升，我们将两者之间的兑换关系称为降维兑换。这是定义自我时最重要、最有力的战略定位路径，也是重新定位时应该率先考虑的可能性。

九、概念分化

自小就听说：天下大势，分久必合，合久必分，后来才意识到，这是自然界能量的自然耗散与人类自我整顿交替展开和对冲的过程。与特劳特同为"定位之父"的艾·里斯在《品牌之源》一书中，将商品品类的分化与达尔文《物种起源》中物种分化相类比，诞生了"品类分化而非融合"的基本法则。当然，从每个人身边社会阶层的分化、族群的分化、常用词汇的分化与新增，乃至专业化知识分科等现象中，人们应该已经更加相信：分化趋势即为专业化趋势。但显然，这些现象级的归纳并没有回答：因何而分，因何而合；何时该分，何时当合？

分化，是对原有整体的一种背离性冲动，其根本来自个体在谋求生存过程中的危机感、成就感和占有欲，在趋向争夺生存资源的作用力之下，个体产生了背离原有主体的原始本能性内在冲动。最终，供应者角色的分化冲动，构成了技术与产品创新，接收者角色的分化冲动，则构成了需求意愿和市场，由于人们同时兼具供应者和接收者角色，因此每个人皆是世界物种的创造者，也同时是万物的拥有者。供需之间信息、实物、货币三者的匹配与兑换，便构成了营销的职能。

类别分化的概念，最初在人们的日常意识中发生，而危机感和成就感的即时回馈是好奇心的驱动因素。正是面对具体生存问题，人们急迫寻找到答案，加上人类超越于一般哺乳动物而具备了时间意识，具备了从过去事件的屡次出现中，预判及找寻未来即将可能再次重复出现的同类事件，以及意料之外的未知突变。非但如此，人类继续不懈努力，在看起来形似的事件之外，企图再进一步深入，在现象并不相似的变化中，排除差异性干扰，穿透现象的不真实，探索终极的确定性，并找寻到相续性中的共通之处。

整体而言，人们大脑世界的变化可以分为信息输入、认知处理和观念输出三个主要环节。应该说，人类更加能够整体性感知和接收宇宙信号，尽管对周边环境的具体现象感知能力局部落后于某些物种，但对高维信息的接收、感知和处理能力，远非他者可比。千万年发展之后的成果之一，就是人们将越来越多原本不可言说的万事万物通过概念、范畴、判断、符号、思想等得以形成表述与共识。最为基本的部分就是大概念、小概念、大前提、小前提，以及构成假设和结论的形式逻辑体系。正如生物学的界、门、纲、目、科、属、种等人为定义的分类原则。

在这一话语体系以及由此诞生的科学体系中，人们通过赋予事物现象以一个概念作为定义，便精准地限定了人们之后思考与交流的时空界限；反过来也成立，人们也可以通过调整这一定义的内涵和外延，重新限定这些事物现象的时空边界。一般而言，越是接近基础性概念、根本性前提，就越能接近事物的普遍性含义，而一旦新的细分概念共识形成，人们立刻将其作为既有常识不再费心验证，如无意外，将一直以之作为下一推论判断的基本前提。

第一，当一个概念定义的内涵越精准，其外延必然越狭窄。每当我们在一个广谱概念前加上越多的形容词、副词，那么所指之物便越接近现实感知中的某个具体实物。那么反过来，如果将限定一个概念的形容词、副词短语一条一条地去掉，则意味着越来越远离某个时间、地点的单一具体实物，从而可以囊括更广谱意义上的类别范围。事实上，要想将现实中已经成为广谱常识的概念定义予以重新改写，并没有像一切新建时那么容易。在定位工作中，如果我们想要进入顾客心智中更广阔的市场空间，就必须首先在概念层面与顾客达成一致共识。市场空间的大小，从根本上源于人们对大脑中对其概念定义的内涵和外延的确认、延展与转化，以及对这一概念前提如何得以成立的重新界定。如果想要获得更大的市场成就，首要任务就是重新调整自己在顾客认知中的定义（包括内涵和外延）及其相应的一系列推理逻辑模式。这是重新定位的过程，也是对顾客认知常识的重构过程。

触发重新定义的主要因素是外界新信息注入和对自我思维模式的反观觉察。首先，任何不同于原有认知的大脑神经意识活动信号，都将与事物万千属性中不同于原有链接角度的新属性展开感知反应。以解决问题为标准，其对应关系的紧密程度，直接导致了这一角度概念化的速度与强度。概念分化最显著的起源，来自潜在意识中外界新信息刺激的有效性。因此，在发现定位概念机会时，及时洞悉已经发生的新现象、新事实，以及深究其背后的信息刺激元素，是理解新难题、定义新需求的基本方法。不过，新概念是否能够得以留存，具有一定程度的偶然性，人们没有能力和时间对每个闪过脑海的念头都加以审视，而只有在个体生活和工作中反复出现的问题和解决线索，才有可能得到更多的重视并赋予深度追问。将定位上升为战略，便是对这一发生角度在事实现象层面的敏锐洞察，以及对其成因和边界的深刻追究与精准定义，使得企业可以集中资源将这种假设、判断、观念普及推动成为主流意识（即认知常识），并不断加以信息更新，使之与品牌在此过程中始终获得最大限度关联，直至指代效应发生。我们将这一过程称为在品牌与品类之间建立心智等式（画等号），例如，"年轻人爱喝的可乐"等于"百事可乐"，"中文搜索"等于"百度"，"全球高端新能源车"等于"特斯拉"等，一句话而言：一词占领心智。

第二，对自我思维模式的反观觉察，有助于在新鲜信息能量刺激帮助下，开启对全新假设前提下的彻底反思，从而将思考向纵深推进，直至无穷。最常见的形式如下：

（1）这一假设成立的前提是什么？

（2）这一前提之所以成立的前提又是什么？

（3）这一前提成立吗？还有其他可能性吗？

如果类比"科学"与"技术"这两个基本概念，对于某一判断与结论如何延展为应用，更接近技术、应用学科等，而人们对于一连串假设前提是否成立、是否为真的追问，更加接近"科学"一词的精神与核心原理，甚至更接近终极哲学追问。这是产生品类概念分化的另一重要基础。这一追问越是深入，就越能对早已存在为真理的常识系统开启颠覆性创新。正如人类历经数次的科学革命，都从基础定义、根本前提下对前存的知识进行了彻底颠覆、假设重建和实务验证。也许，人类在达尔文的"进化树"上只能单向度地勇往直前，而人类的意识活动，则可能不排除像"返祖"现象一样，一层一层地，或是直接一念之间，即可退回到万事万物定义的最初原点，对固有观念进行不断推倒重建和思维模式更新。每一次重大科学发现，都带来新一轮的认知升维，从而从基础层面颠覆原有一切认知常识，并展开新一轮常识视角的重建与实际应用。这无疑是在品类概念上出现重大"融合"与"分化"的关键时刻。就顾客实用求存逻辑而言，谁能为自己带来更大的"投入—产出"价值收益，以及包括安全、尊严、成就等价值感在内的综合效用，就会自然选择其中效用最大者。

我们大胆猜测，万千品类分化的模型，并不一定拘泥于类似达尔文生物"进化树"一样的二维三维结构，而是一幅从起点到高点，再重新回到原始起点，并向另一个高点进发的多维波动震荡结构图。当固有认知常识被彻底颠覆，原有认知优势必然瞬间坍缩，以往依靠日积月累式的跬步创新，被更具势能差异的概念和实物从头到脚、从内到外全面覆盖。人们在经历短暂的一片黑暗甚至怀疑人生之后，最终将再次鼓起勇气、撑起船帆，迎着新世界的那一束微光继续前行。

概念的分化，给定位带来了在进化中专业性分化，甚至以崭新类别颠覆并重建认知的机会。定位学习者简称为品类分化、特性分化，或新一代颠覆等。在公司整体战略上，则将会具备多定位协同、多品牌协同的诸多可能。但我们仍然不得不提醒，特劳特和里斯所谈到的在重大战略问题上的定位与重新定位概念，完全不同于一般意义上的"重新定义自我"中所透射出的自我中心观念，反而更接近：为了达到这一目的和效果，必须首先以自己在顾客心智认知中的客观存在为出发点，反观自我实际存在的可能性机会，并在时间和空间上完成对自我能量的重新有效排布，即对已有资源和能力得以使用，对未有的资源和能力进行跨界整合，唯有这样才有可能在它们之间建立绿色通道完成能量流动互换。这绝不是一种简单意义上"我能行"或"战略规划"思维可以直接完成的。我们十分认同李德·哈特的著作《战略论：间接路线》和明茨伯格著作《战略规划的兴衰》，正是在他们的深度反思中，我们很容易找到与定位理论之间那些早已存在的交汇点和心灵相通之处。

十、新常态

严格说来，任何常态都是永远的不稳定状态，因为其中时刻潜藏着可颠覆性。我们认为，战略型决策者应从关注意见领袖的狭隘营销思维中跳脱出来，转而对一个外延更广的概念展开深入探索——资深顾客（包括潜在目标顾客），甚至应该有能力回归原点思考：一个人可以企及的终极深度、高度与广度，非此不能彻底理解全部顾客。由此说来，还应该增加时间维度对"顾客终身价值"进行重新审视。随着年龄和生存结构的变迁，需求的迁移与跃级可能是大概率事件。一家企业毕竟很难独自照顾一群人的生、老、病、死、埋全过程，这也完全不符合现代文明社会专业分工与系统协同的基础机制。但就每个顾客的终身价值这一具体课题而言，企业家应该更加重视发生在心智认知层面那些强有力的事实：只需稍加回忆，我们每个人都可以想起小时候、年轻时熟知的品牌和产品——它们被称为"一代人的记忆""国人的记忆""文化名片""精神脊梁"……对于下一代际的潜在客群而言，这是一份无比安全的信任感，正是它穿透时间屏障，纵使千山远隔，依然抚慰人心。

一个简单的道理，人们购买决策的正确性，理所应当随着人生经验增加、知识境界提升而显著提高。实际上，也确实存在着少数群体养成了超越一般人的决策智慧，并因此形成了相对于低层级思维模式的认知格局落差。这主要表现在对信息的辨识能力、逻辑推理的严密性和对自我认知模式的深刻觉察等方面。这意味着，在感性、知性、理性三大层面，他们可能都具备了超乎寻常的生存能力和影响力潜质。

一名成熟的资深顾客，意味着对于产品特点、功能、利益的考察，以及对传播中所用言辞与形式，直至内在产品理念、企业文化价值观等，都有着深刻的理解力、判断力和验证力。这发源于对以寻求"必然的导出"的确定性为己任的形式逻辑推理有着近乎严密无漏的良好素养。它包括将一切呈现现象认定为假设，在概念定义和逻辑推理层面做出准确界定和精密推导，并在具体实务层面加以取证、佐证和反证等多重因素。显然，这些能力并非专为选择购买消费而建立，它对在世间一切生存实务中获取"确定性"这一重要稀缺物都有短、中、长期的实际效用。可想而知，排除极少数意外偶然因素，他们理所应当能够应对更复杂难题，从而获得更高的人生成就和价值回报，因此必然具有更好的支付能力，乃至他们所置身的圈层亦复如是。可想而知，要想抱着欺骗、侥幸、粗俗、不严肃的态度，为他们提供产品和服务，别说是长期大发其财，就连一锤子买卖，可能都难以成功。

非但如此，基于以上思维模式的反复实践，他们会经常做更底层的反思，以便从少数漏洞中进一步提升决策价值，预防重大决策风险。由此，一方面，他们对足以确定的事件越来越娴熟，而对不确定的小概率事件，甚至非人为意外应该如何提前预警和及早备案，都似乎有先见之明。从经受时间检验的成功者身上，我们可以看到这样的共性：他们尽可能对人性中的贪婪、侥幸、轻率、傲慢、愚昧、固执、短视等人性弱点予以警觉，并借助复盘、内观、入定、正念禅修等方式保持实时自我觉照，使任何外在扰动、内在恶习都得以关照与看护；在产品与服务创造伊始，他们就以利他共赢之心为出发起点，在精研专业技术的同时，基于中长期商业模型考量投资回报；他们维护组织与流程决策的科学性与长期主义价值观，对资本市场和金融投资决策中的纯粹投机行为保持必要的审慎……

最终，在对逻辑推理前后过程的反思中，他们对自我的难题、潜在的需求有明确的觉知，对概念的形成、内涵和外延的伸缩与扩展能够自由设立和解除，对于头脑中假设和判断的成立与推翻，以及对于具象与抽象的推论阶梯等，都能瞬间上下前后穿梭自如，甚至形成了对胡乱下定义、随意贴标签、操控媒体形式与内容、恶意操纵认知等非正义行为的基础免疫力。他们对纯粹理性的抽象思维更加重视，例如，文化三观、社会意义、宗教信仰，甚至时常仰望星空，以求宇宙之缘起与未来……相较于有限的个人名、利、权、情和荣辱得失，正是知识、智慧和美德让丑陋与糟粕无所遁形。对于远离俗世灾祸、利益万千大众的底层主题，他们则有着显著超越常人的思维深度、高度、宽广度和穿透力。而对于万物表观之美，他们也许并不排斥，更不拒绝，反而更有能力不惜代价、不拘小节地力争物尽其用，并将之视为"惜福"。

无论如何，他们更不容易被有形实物和标签表象所迷惑而心生执着，更能一眼看穿直观现象，直击背后的共同本质。当然，他们也更加善于接纳和包容世界的残缺、不完美，甚至丑恶与狰狞。难以避免的是，对有形万物的抽象价值、文化理念、精神以及灵魂的关注，也必然意味着更难与之心心相印、琴瑟和鸣，因为在他们的心智认知中，唯有灵魂实非有形生命所能承受之重。他们注定成为主宰自我并影响世界的人。不论他们是大人物，抑或仅仅一介平民，在人类精神世界的最高之处，人们只好以这样的句子来表达他们的存在价值：有的人死了，但他们还活着，有的人活着，但他们死了；人终有一死，或重于泰山，或轻于鸿毛；天不生仲尼，万古如长夜。我们将"天人合一""境随心转""恰当""和谐"等溢美之词学术化地称为"复杂系统中的自然耦合"。

总之，正念精进的长期累积，加上对偶然性机遇的良好把握，外添关键时候的运气成分，成功人士必有成功理由，而可怜之人必有可怜之处。这是商业世界中命运不可计算的精巧铺陈。人们不禁疑问，对于区区购买决策而言，以如此强大之算力，焉有不能泰然应对之理？

实际上，世事未必如上所说般理想而完美。随着现代社会专业化分工更加精准，那些驾驭更大规模组织的精英阶层，恰恰是因为基于以组织能力弥补了个人不足才得以有所成就。真正的难题在于，在通识和专才方面，人们大多情况下难以兼具，而其根本原因在于上天只赋予这个有机体均等而有限的时间、精力和智力。一个人做到全知全能实在希望渺茫，除了少数人经过多年学习在少数几个领域成为专家以外，面对需要采购物品时的万千类别，再能干的精英天才也难以应知尽知。尽管有了大数据、专业搜索、知识问答、专家评测等新技术工具，但信息量爆炸性增长的过载效应，加之无孔不入的商业之手鱼目混珠，精英最终依然难以时时事事去伪存真。更通俗而言，毕竟很少有人总是愿意把花钱搞成一件辛苦活。这就是传统俗话说"买家不如卖家精"的结构性理由。

在权衡利弊之后，人们最终选择以更简单的方式治愈选择困难症——优选第一品牌，才使得自己暂且摆脱采购决策严重干扰人生使命的烦琐纠缠。在过去的战略专业书籍中，专家对于由产业链上游的技术创新、制造效率，以及市场营销所带来的市场集中度趋势十分重视，而显然忽略了基于消费采购端简化选择所带来的巨大源动力，而这恰恰是定位之所以可以成为战略要事的基本命题。

不仅如此，在亿万年的生存竞争中，人类认知和决策模式中所固有的思维惯性基因，给任何人的任何决策行为埋下了难以规避的致命"陷阱"。认知心理学家、神经学家、行为经济学家在研究后将其整理成若干认知偏差（Cognitive bias）予以不完全列举：

（1）锚定效应（Anchring）。即人们决策时过于依赖其被提供的初始信息，哪怕该信息与该决策毫无关联。其结果是一叶障目，不见泰山，只见独木、不见丛林。

（2）可得性误导（Availability Heuristic）。即人们在考察、评估问题、方法或决策时，往往依赖于脑海中最容易想起来，或者身边最容易获取的信息，正如"在路灯下找钥匙"案例。因此，人们的决策很容易被近期发生的事情所左右。

（3）从众心理（Bandwagon Effect）。即羊群效应，是指影响大家决策的不是观点本身的正确与否，而是身边赞同此观点人数的多寡。决策将依赖于人们对他人行为或语言的观察结果，这容易导致集体非理性。神经学家发现，真正的痛苦和社会性的痛苦是由大脑同一部位感受到的。不随大流相当于寻找社会性痛苦，必然带来真正的痛苦，因此才仅有极少数人敢于寻找真理。

（4）证实性偏差（Confirmation Bias）。是指个人有选择性地回忆、搜集有利的细节，或忽略不利及矛盾的信息，以支持自己已有的决定。这将导致人们努力寻找所有能够证明观点成立的论据，而忽视那些证明结论不成立的证据事实。

（5）框架效应（Framing Effect）。即当信息呈现的方式不同时，人们对于某一特定选择做出的反应也将显著不同。最典型的包括消极性框架和积极性框架，选什么样的框架形式呈现能够极大地影响人们的反应。行为经济学家发现，当结论以获利的角度呈现时，人们更趋向于规避风险，当结果以损失的角度呈现时，人们更倾向于追求风险。

（6）赌徒错判（Gambler's Fallacy）。人们经常错误地认为如果某件事情在某段时间内比正常情况下发生得更频繁，那么他在未来发生的频率将会降低，反之亦然。例如，股票买家在经历连续几次亏损之后，就会错误地认为下一次交易挣钱的概率会更高。

（7）马后炮效应（Hindsight）。是指当某一事件发生之后，我们总倾向于回过头来认为该事件的结果是可以预测的，尽管可能根本没有客观依据表明该事件具有可预测性。

（8）样本量偏差（Insensitivity to Sample Size）。是指人们在不考虑样本量情况下计算样本统计量的概率时所产生的偏差。这提醒人们，当样本量非常少的时候，使用有限样本根本无法可靠地计算出某个变量的波动范围。

（9）结果误导（Outcome Bias）。是指人们偏向于简单地以结果论英雄，即以结果好坏判断当初决策的质量，而忽略了或不考虑决策中过程的重要性。可见，虽然好的过程不一定必然产生好的结果，但也不应该因为坏的结果就全盘否定过程。

（10）过度自信（Overconfidence）。即人们对于自己判断力的自信心，总是偏向高于其判断能力的客观准确性，包括过量丰富的信息能够导致过度自信。同时，在受到极端情绪影响时，人们则又容易走向反面。

（11）峰终效应（Peak-End Rule）。是指人们对于一个体验的评价，很大程度上仅仅取决于该体验过程中峰值时和终点结束时的直观感受，而非整个体验过程期内的平均感受。

（12）选择性感知（Selective Perception）。从人类进化求存角度而言，记住那些最愉快的时刻，能够指引我们未来更好地获得快乐，而记住最痛苦的事情可以帮助我们避免痛苦，但人们在记住快乐体验的同时，经常容易倾向于忽略或快速遗忘那些让我们感到不快或和我们观念相左的信息。

在实际情况中，人类认知模式中的偏差错判可能还远不止这些。尽管人们已经绞尽脑汁地竭力避免"踩坑"，但"求存而非求真"的先天规定性，给完美人类留下了结构性后门缺陷。

截至目前，我们仍然没能对顾客的认知世界有一个简洁而又正确的定义。一直以来，我们所做的只是逐渐接近并深入其中。不过可以确定的是，定位的工作起点就是顾客认知，其依据是人类普适的认知规律，因此解决问题的切入角度必须以顾客大脑心智认知为最初起点。在传统战略、品牌、营销教科书中，普遍将顾客作为独立于企业和竞争者之外的攻克对象来争夺与对待，而定位理论要求，企业必须将顾客作为自身世界中不可分割的一部分，即把自己置身于一个与顾客同呼吸、同心跳、同步伐、同愿景的命运共同体中，才能在理念用心上首先真正做到潜入顾客心智。这一基本含义，也显著区别于以自我规划为中心的利己主义战略思维。也即是说，我们只有观察顾客一如观察自己，洞悉顾客常识一如梳理自我常识，看待顾客难题一如自己的难题，才能彻底由内而外找寻到最为简洁的共鸣式出路，将竞争对手重新定义为另一种备选解决方案，并视之如心智常识的必需养分取其所用。这不是商业竞争中虚伪的仁慈，不是利益争夺的遮羞布，更不应是回避竞争的消极不作为，而是现在及未来顾客轴心时代商业世界最为关键的基点，也是构建企业品牌整体竞争力的根本基石。

第十三章

战略定位三重风险

我们有必要从通俗与专业的角度来分别理解"定位"一词,因为两者实在是基于截然相反的观念起点。这也是大多数学习者多年不得入其门的根本原因。

通俗而言,不论是个人还是组织,定位是指自己(即主体)赋予自己、自己对自己的主观定义。这可以理解为一种志向、愿望或理想;而特劳特和里斯的定位理论,本质上是顾客(即客体)赋予产品及服务提供者的认知和定义。从实现方法上看,当今及未来,当"我规划""我可以"时代的远去已经不可逆转,当供求平衡被过度竞争彻底打破,要想实现自我愿望的"定位",就要从理解、接纳和应对顾客对我们的"定位"开始。我们还应该把理解定位的作用机理与学习定位的方法区分开来,两者之间的本质区别来自前一点——理解作用机理要将自己放到顾客(即客体)场景下,而学习定位需要站在学习者(即主体)的角度。

一、人性风险

在深入研究之后,人们一定不难发现,特劳特和里斯所言的定位是一种与人性弱点逆向而行(即反人性,或者说是反人性弱点则更准确)的思维方式,它与任何战略理论追求中长期整体与终极成就对人的基本要求如出一辙,因此两者可以并肩同行。不过,在战略定位理念应用过程中,存在若干险要关隘，需要一一明察，并逐一应对。

首先，我们必须冷静地回到人类本身认知能力结构性缺陷的原点，才能真正理性地对待我们自己的认知局限——我们所了解的世界，并不是真正客观的，这是就人类进化至今的感官生理结构而言的，我们不可能了解已知世界之外的一些东西。当代物理学指出，即便把我们所能感受到的能量存在形式累计起来，也只不过仅仅是宇宙空间4%左右的存在形式。也就是说，仍有96%的能量实际客观存在，但我们既看不到，也感觉不到，其中绝大部分是暗物质（dark matter），而宇宙中暗物质占全部物质总质量的85%、占宇宙总质能的26.8%。事实上，随时都有成吨重的暗物质穿过我们的身体，但显然违背了我们已知的物理原理：两个物质不能在同一个空间存在。暗物质和我们人体没有强相互作用的电磁力。因此我们就失去了所有的感知，因为从现在到未来，我们对世界所有的感知都离不开电磁力。

人类之所以有视觉、听觉、嗅觉、味觉、触觉等知觉，从生物角度究竟是什么在起作用？对于这个感知的世界，我们所依靠的是什么？例如，嗅觉凭借不过区区400种蛋白，触觉依靠100多种离子通道蛋白[①]，而味觉的离子通道蛋白和受体更加不过几十种；我们的听觉需要空气振动产生声波，而宇宙的平均密度是仅为每4立方米1个氢原子，因此宇宙中的存在形式根本就是我们所听不到的，而我们在地球上可以感受到声波，靠的是中耳的一个小型结构，我们能听到的声音其实是微不足道的；我们太过于相信视觉可以眼见为实，但视觉其实是视网膜细胞对电磁波的感受，而

---

① 离子通道蛋白，即构成离子通道的整合膜蛋白。例如，人肌肉细胞的氯离子通道蛋白，由988个氨基酸残基组成，分子量为108.700，其电压闸门氯离子通道能调节细胞容积、稳定膜电位和进行Cl^-与Na^+、K^+跨越上皮细胞的转运。离子通道是由蛋白质复合物构成的。一种离子通道只允许一种离子通过，并且只有在对特定刺激发生时才瞬间开放。离子通道与神经信息的传递、神经系统和肌肉方面的疾病密切相关。直到1998年，美国科学家麦金农才测出钾离子通道的立体结构。这属于生物化学与分子生物学中的生物膜学科内容。

且仅限于390~700nm这样非常狭窄的波段,除此之外的电磁波波段,人类根本看不到。但蜜蜂之所以采蜜可以识别到鲜花,并不是它们看到了鲜花,而是接收了花蕊的紫外线,而金鱼可以看到远红外线等。可见,其他生物的感知世界和我们是完全不一样的。当然,我们也不能保证,两个人之间对世界的感知是完全一样的,都是符合世界真相的。确切地说,我们能感知的完全是一个主观的世界,而不是我们所一直标榜的客观世界。

在这样一种底色基调下,我们学习定位理论的关键诀窍,是需要有孙悟空钻进铁扇公主肚子里的本事。这是一种类似"自他相换""他心通"的转念一想的功夫。尽管我们永远不能等同于真实顾客,但只有"钻进"顾客的"肚子"(实际上是心里、脑袋里),才能知道目标顾客究竟是怎么做出选择决策的。正如俗话说,要想捕到鱼,就要像鱼一样思考。

然而,要想临时剥离定位学习者、企业营销者、领导者等角色,转而进入顾客认知角度,本身就是对人性最大的挑战。一直以来,人们早已因为习惯了"我是""我要""我不""我行"等以自我为中心的立场上才生存于世。虽无大富大贵,却也没有大灾大难,好在小富即安,甚至已经光宗耀祖。这意味着并非一定要有所改变,尤其是要否定自己之所以取得现实成功的原因,万一不顺利,既得利益化为泡影,"一夜回到解放前"。这种生存安全感的本能深深地刻画在人生石碑上。更准确地说,基于自然界动物生存本能的当下实效,其最显著的问题是对时间和事物的演化缺乏认知,以为既有的一切已经成为铁定、绝对的真实存在,并且必然永不败坏,却不知生存进化的长河,其本质在于未来无不是对过去的颠覆,唯有这一点,千百万年来从未更改。动物性本能无法具有时间、历史演进的思想观念,更不会对过去的历史加以复盘和总结。好在人类有"用思想反过来思想自己的思想""以认知重新认知自己的认知"的反观、复盘、反思的能力,至于这是一种智慧,还是一种摆设,全取决于我们对人类演进规律的理解,全在于每个人对自己未来命运的全面、动态、前瞻性的战略思维。那么,将自己与顾客临时自他相换是不是少数人的专利?好在我们每个人同时也必然是众多商品的采购决策者和使用者,我们天生具备这一角度，只是常常把这两者相互等同、混乱交错，以至于时间长了浑然不觉。

与人性弱点反向而行，但又并不违背人性的第二个方面，是战略观念的整体性全局、短中长期相结合的时空观，以及对于不确定性的掌控度预期。这种决策很有难度，它注定只有极少数学习者、极少数企业家，而且并非时时刻刻每次重大决定都能不偏不倚、切中要害。还记得那个著名的"延迟满足"幼儿教育实验吗？姑且抛开过程和结论不谈，至少人们已经有所发现，真正意义深远的战略性成就，绝非及时行乐、现实利益第一的观念所能达成，也非不加后天刻意练习就可以随时随地、自然而然地存在与生成。这也是我们感叹战略型企业家寥若晨星的根本原因。

可能是因为人类社会进步过程中所产生问题的复杂程度及增长速度，远远超过了人类大脑智力基因进化能力，绝大多数人其实处于"小马拉大车"不堪重负的亚健康状态。如果要想有所改观，非得将人类文明中经过千年沉淀的东西方智慧精华学以致用、融会贯通不可。只可惜，今日绝大部分人被"唯一不变的是变化"等流行哲理所蒙蔽，其中带来的极度不安使得人们不再相信"太阳底下没有新鲜事""唯精唯一，允执厥中""本体真存"等基础性前提。同时，人们应该重新理解东方思想中"舍得""无我""非宁静无以致远""一即一切，一切即一"，以及止、定、静、安、虑、得，践行"小不忍则乱大谋"、"不求全局者不谋一隅"、"己欲为人己愈有，己愈与人己愈多"、圣人当"外其身而身存，后其身而身先"等心本德行。现实中，生命如此无常，人们忘却了具备恒久不变的本质，正如空气、阳光和水的生命前提。就逻辑而言，当人们针对前提一层一层追问其成立与否时，这是一种广谱意义上的底层思维训练。

所谓战略定位，是指以定位观念统领战略制定，其中的风险出于其工作性质本身，即理论与实践很难统一。好在在中国传统正心诚意、格物致知，以至修齐治平的人生路径中，历来强调知行合一，人们常说知易行难，也说知难行易，正反用词，却心意相通，并行不悖。战略定位中的学问之难，既不同于财务会计、工程技术等存在标准计算公式和唯一答案，却又直接牵涉最大规模、真金白银的资源投入和能力专注；另外，战略定位不同于神学、哲学、文学艺术那样"武无第二，文无敌一"，它同时存在着对诸多概念的重新定义、底层逻辑的追根溯源，乃至世界观的重新梳理，其中不同角度下的知见差异，似在云泥之间，实又浑然统一。以短时间来看，战略的实际效果并不如商业模式、流量思维、爆品那样引人入胜和实实在在，而其中长期效用，需要通过坚定、坚决和坚持才能体现得淋漓尽致，甚至最终一骑绝尘。在工商学界，能够协同以上悖论的"狠人"并不多见。绝大多数人要么究于学理、囿于书本、止于文辞，要么只知道参照知名案例断章取义，最终照猫画虎反类于犬。也由于难以圆融通达的原因，人们最终无法执其牛耳，统领纲要，因此飘忽不定，时灵时不灵。最坏的影响是人们对真理本义失去信心，甚至反而反对它、攻击它，实在是十分可恶且可惜。

  最后一个风险之处，在于专业工作者的使命欠缺。尽管学习者难免从纸上谈兵开始，但专业工作者对构建学科知识体系并非全然无所作为。今天的通识教育，大多已经有分科教学体系与制度，尽管不很完美，但已经承担起基本功能。就定位理论而言，特劳特和里斯两位智者已经毕其一生完成了初创者的使命，对于后学而言，在受用其滋养之时，是否有必要对其原理本身的发展和演进负起些许责任呢？这完全不是能力问题，而是世界观、人生观、价值观的"三观"问题。其实，只需要按照理论提出者书系中的提醒和暗示，我们就能寻根问祖、追根溯源，甚至在钻进顾客大脑里的同时，也能如灵魂附体一般钻进两位创立者的大脑中，不论结果好坏，过程正确与否，这都是最实在的修学方法。中国拥有广阔的市场疆域、巨大的人口基数、丰富的生活层次，以及和平、昌明、完整的社会历史传承，我们理所应当能够建立起更为深入、可效法的知识体系，本应习得正确的学习方法，而不是任由无知无畏者自我操练，其试错与试对的机会成本、沉没成本和时间成本，都是不可估量的损失。

  倘若如此，我们甚至可以继承"疑古必先通古"的观念，并且反其道而行之，"通古"之后反过来再做"疑古"。当我们理解了理论创立者的职业背景、人生履历，甚至恢复到当时影响他们的重要知识、理论和观念,就能理解其所倡导理论的本质性、局限性和发展性。当我们具备整体的、发展的和未来前瞻性的思维能力,就能对其历史背景下必然存在的不足,进行正心诚意地发现、补充、深化和发展。这应该成为众多专业工作者在蒙荫福祉之余的基本情怀。唯有我们自己"铁肩担道义,妙手著文章",才有存在于世的终极价值,才是生而为人的基本道德,也只有这样的个体多了,才有现实世界的美好未来。

古人云:有容乃大,可法曰师。今天的战略管理学、认知心理学、行为经济学、竞争战略、军事战略等现成学科中,随处都有定位原理的根基和土壤。同时,一旦不能进入主流学理教育,或者仅仅停留在应用层面的个案解析上,抑或是传承人被眼前的商业利益所禁锢,那么即使是振聋发聩、造福万世的思想发端,都将永远停留在随着创立者而去的墓志铭中。如果有机会直击灵魂追问,这一定不是理论创立者的初心夙愿,反而应该是他们未竟之毕生使命。即便从我们自己的现世利益出发,也是我们身为中国知识分子"己欲立而立人,己欲达而达人"的精进入世观,更且不说"为天地立心,为生民立命,为往圣继绝学,为万世开太平"的傲然风骨了。

最后,我们还是要谈一谈学习定位理论的三大要诀:一是完整、准确而透彻的理解;二是遵循原则而灵动不倚的实践检验;三是发现其广泛而深远的意义。其中最为关键的基础环节,在于对知识和实践的真诚、认真、老实——真诚求知学艺以造福于自我和社会,认真对待知识要点原义,远离蜻蜓点水,老老实实一门深入,长时熏修,在追根溯源中触类旁通。在此基础上,学习的关键在于时时事事践行知行合一的基本步骤:理解、接受和运用,直至从观念、心态、决策品质的本质提升,而非止步于浅表知足。其中的张弛之道,犹如音乐中调琴弦,过紧过急容易绷断,过松则晦暗无声。不过,每学习深入一点,便有一点收获,就多一丝自信,在上下、左右、前后的思想突围中,最终获得量的积累、质的飞跃、度的恰当,在关键之处回归《礼记·中庸》所言"执其两端,用其中于民,其斯以为舜乎"的通达和圆融。因此,只有将定位上升为战略,扎根于文化,才能体会到何为不息之"自强":君子和而不流,强哉矫!中立而不倚,强哉矫!国有道,不变塞焉,强哉矫!国无道,至死不变,强哉矫!一句话而言:本于诚,用于中,致于和。

二、组织风险

正如细胞和人体、水滴与大海的关系一样,尽管组织由多个个体组成,单从存在的目的与使命来看,组织与个人有着显著的不同,例如,个人以追求平安、幸福、快乐为第一目的,而组织不能;尽管组织也可以有这一标准,但它必须以追求效率为第一要务。即便同样是追求效率,组织的实现方式以及可能遇见的问题,也绝非个人可比拟。如此,组织给战略定位带来的天然风险,影响更加广阔而深远。

自脱离家庭作坊模式之后,工业时代组织经历了福特汽车发明的流水线工作法、丰田汽车发明的即时制工作法、精益生产制等历程,直至当代互联网大数据时代的工业4.0以及更高效的制造方式。从更大范围看来,组织效率的关注点,也从单一工序上的点效率,扩展为上下游协同效率的提升,乃至关注价值网生态成员的整体系统效率。随着范围的延展、规模的扩大,组织管理的难度也呈几何级数增加,关于如何在追求规模的同时保持变革与创新的能力,涌现了无数思想引路人,其中不乏彼得·德鲁克、汤姆·彼得斯、约翰·科特、彼得·圣吉、克莱顿·M. 克里斯坦森等理论巨擘。

当然,组织与个体之间并非没有关联,而且其中的关联往往涉及底层逻辑。现代组织理论自亚当·斯密在其《国富论》中提出"分工"观念以来,管理学紧跟其后归纳总结出实践中各种不同的组织形态,例如,直线职能层级制、项目管理制、矩阵式组织、虚拟组织、平台型组织、社群组织等。然而我们发现,亚当·斯密分工理论背后的"硬币的一体两面"、自然而然形成的那个"协同",却成为人类的整体性难题。由于人性自利本能历来强大坚固,而《国富论》进一步印证了其合法性,推高了其重要

第十三章
战略定位三重风险

性排序，导致人们乐于分工明晰以眼前有利于自己，却无心于高效协同以中长期有利于整体，由此带来的问题不得不促使人们深入追问分工理论背后的缺陷，以至于不得不回过头重新审视。更多有识之士开始关注亚当·斯密语重心长却被严重忽略的另一部著作——《道德情操论》，而这两本著作的结合，才是这位现代经济学鼻祖对于世界美好未来的完整昭示。

自古兵法中"上下同欲者胜"的句子深入人心，但人们对其理解停留在有口无心的表面。句中"上下"二字，意味着组织总是存在层级差异，层级差异直接意味着"战略"和"战术"层面的分工侧重，其中蕴含的是对战略、战术二元对立关系的认知前提。在传统理解中，战略应该是上层领导们的事情，应该是坐在宽敞明亮的高层办公室、大班台前、青山绿水的封闭式务虚会上做出的，而战术是基层干部员工执行层面的问题。这与定位理论中"放下'我能行''我计划'的一意孤行""战略源于有效的战术""CEO是唯一责任人""战略资源配置的目的是占据一个强有力、价值独特的定位""自下而上发现有效定位的战略战术，自上而下推动战略战术落地执行"等一系列基本原则南辕北辙。接下来，其中的"同"字，蕴含深刻的中国文化含义——和而不同。如果战略只是上级制定，下级负责执行那么简单，战略就不可能被学术界认为既是技术活又是手艺活并成为一门学科了。中国文化中真正的上下之同，在于"君子和而不同，小人同而不和"。在定位中，战略战术之间、上下层级之间、制定与执行之间，并非简单的整体与个体、全部与局部的关系，其中蕴含着你中有我、我中有你，在相生相克矛盾中发展，在坚守原则和灵活权变中创造着前行。此中，"和"的基本态度才是"同"的关键，远非"上面说怎么干，我们就怎么干"那么简单，也不是"我们执行没问题，都是上面的错"，或者"我们战略很好，但是员工无能""铁路警察，各管一段"那样不关事、不自省、不觉知。真正的"同"在于"和"，在于和谐、同频、共振，在于不同表达中贯穿始终的通透理解，在于心领神会、心意相通，在于真正为自己和整体负责的基本心态。

企业组织管理中"上下同欲"中的"欲"，究竟是什么欲？应当有明确的善恶、美丑、真伪、值与不值、时间长短的综合考量。其中并非愿景、使命、价值观宗旨的企业文化所能概括，而是需要落实到战略性资源和能力配置的重心——战略定位上。如果套用《论语》中"君子谋道不谋食"的高标准，如果不能聚焦于具有文化意义和商业价值的定位机会，战略将是一场自然熵增的消耗战，一种未战先败、注定失势的不必要战争，一堆贴在墙上、说一套做一套的"两张皮"文化口号，一群"小人喻于利"的乌合之众在苟且偷生……试问，如此同"欲"，组织何曾真正有过生命？领导人何曾创造过什么价值？身在其中的员工何曾体会过真正的"存在之家"？同样，"胜"的概念也丰富多解。何为胜败？胜的结果应该是什么？何以常胜？小胜还是大胜？胜败是否开始便是终局？如何转败为胜？后来者如何胜？弱者如何胜强？等等。不论是德鲁克，还是特劳特，包括一切真正对商战感同身受和躬身入局的人们，都应该像"倒着活"一样，具备良好的战略素养，才能避免无谓的人生消耗，才能算得上符合了为社会创造价值的基本观念。

不论哪种组织形态，我们都可以通过战略、结构、流程、制度、文化等关键要素将其统一管理起来，并加以变化以获得最佳绩效。不少企业战略规划人员更多自然倾向于这种想法：我们只要沿着既定的方向做出"积跬步以至千里""苟日新，又日新，日日新"的改良累积，就必然能够越来越好。人们常常冠以鸡汤式哲理：我们没有对手，真正的敌人就是我们自己。然而，鸡汤终究只是鸡汤，之所以成为鸡汤，并非其本来就是，而是因为使用者对其本义缺乏深入理解。实际上，工商业竞争如此变幻无常，看似完美的自我世界常常被觊觎已久的内外品类或跨界对手颠覆，可以依靠自主规划心态就能赢得竞争的周期越来越短，以至于今日的战略制定，已经远非依靠"我规划""我能行"精神就能完成。

正确的应对方法是将战略规划与过程管理中的最大变数作为前提条件单列出来，加以深入分析与应对。对此，营销学鼻祖菲利普·科特勒做出了率先垂范：定位（Position）中的字母"P"，应该置于营销"4P"之前。德鲁克将其界定为"正确的事情"，迈克尔·波特将其与军事原则中

第十三章
战略定位三重风险

的战略结合起来，不少企业家也发现，在规划之前需要先做战略，而做战略之前则需要先搞清楚定位。动态竞争战略理论则对迈克尔·波特竞争战略做出了进一步修正，特劳特和里斯也提出需要及时调整定位与重新定位。于是，"定位引领战略"的基本观念逐渐形成，这意味着每一次重新审视战略，其首要动作在于首先重新回溯战略定位，而陆续紧跟其后的是，核心工作内容和任务的随之变化、核心资源和能力配置变化、部分组织结构变化、相关工作流程变化、管理制度与激励机制变化，甚至原定企业使命、愿景、价值观，也有必要做出迭代修订。假以时日，组织变革创新的"拐弯"得以完成，新一轮战略跃迁得以成功，企业发展进入新的战略阶段。而贯穿其中的，是组织成员尤其是领导者的知识结构、学习力、领导力和执行力等。在战略制定过程中，很多企业对以下四个概念混淆不清：战略、战略规划、广义的战略定位、狭义的定位理论。殊不知，这四个概念完全不能等同于一个概念，但又是不得不整理成一组融会贯通的战略观念。

更成问题的是真正影响组织领导人、管理者思维方式的主要角色——战略管理学界和战略咨询界，其理论存在一定程度的滞后。例如，哈佛商学院战略学教授迈克尔·波特，被明茨伯格界定为定位学派的代表人物，曾经对战略做过界定：什么是战略？就是要创建一个强有力的、价值独特的定位。可问题在于，这与定位理论提出者特劳特与里斯所讲的"定位"是一个含义吗？学术界和企业界普遍存在共识，波特的学问发源于纯粹学术，而并非产业实践，尽管他努力把自己变成学术界中的实践派。此外，他所提出的三种通用战略模型：低成本、专业化和差异化等，在实践应用中备受挑战。总之，波特所有的研究都侧重于产业的内部，对顾客端强调不足。波特所讲的是产业内部的价值链定位，其中必然包含顾客因素作为之一，波特更加强调内部运营，是产业内部的思考，必然容易迷失终极战场——顾客心智认知，而所有的利润及其他资源成果都是顺带的表现和产物。但特劳特和里斯的基准点完全从顾客的角度来为企业找寻战略机会，自此顾客不光只是五个因素之一，而且是以首要因素的引领作用展开战略探索。视角不同，出发点不同，研究重点也不同，研究的方法和解决的办法也都自然完全不同。换句话说，如果我们只是把学术大家波特的定位为我所用，以证明自己也有学理根源，这样的理解潜藏着被局限的狭隘心理。我们应该在波特所讲的产业链定位的基础上，再进一步去向特劳特和里斯所讲的顾客端，尤其是以心智认知为出发点的定位原理展开深究。

在某种程度上，关于思考方式的"内"和"外"界定，将整体组织由内部思维彻底带向外部视角，是定位学习中非常关键的一个要素，甚至是决定性的要素。如果波特把企业界定为"内"，把供应链或者顾客定位为"外"的情况下，特劳特和里斯则认为，除了顾客的大脑是"内"以外，其他统统都是"外"。显然，这是极致和彻底的外部视角、顾客中心视角。

同样的问题也出现在 BSC（平衡计分卡）和 BLM（战略业务领先模型）等工具上。BSC 中的四个指标（即财务、客户、内部流程、学习成长）之间，存在着非常强的因果循环逻辑关系：只有客户指标好了，财务指标才会好，内部流程由外而内捋顺、高效了，就会比较好地获得客户，并不断学习、成长、进化、迭代升级。其中最底层的是什么关系？客户是外部，流程是内部，客户是因，财务是果。那么学习成长与前面的流程和客户指标又是什么关系？这非要加上"时间""定力""坚守"的理解才能真正完整，时间越长，进化越快越有效，未来生存空间就越大。俗话说：因前有因，果后有果。如果不在因上努力，何来想要的结果回报？何来果上随缘的从容淡定呢？在战略层面，卡普兰和诺顿提出获得客户差异化价值主张的四种方法：总成本最低、产品领先、全面客户解决方案、系统锁定。提出这些方法的前提性问题与波特竞争战略理论中顾客前提的缺失极为接近。再来看看 BLM 模型，一端是关于业绩机会；另一端是市场结果表现，两者之间在差距中不断复盘和改进。究其过程中三个步骤（战略制定、战略解码、战略执行）而言，乃至战略制定时考虑"五看"，即看顾客、看竞争、看企业、看行业、看机会……，更为集中关注的仍然是企业自我的战略意图、内部业务设计和创新焦点等关键任务。其中的问题在于，这一举世瞩目的战略工具并没有回答，与核心资源配置具有因果前提的关键运营配称，究竟与组织要去往的地方——战略定位，以及商战的终极战场——顾客大脑心智认知此两者有何精确的对应关系，而一切内部管理的方式方法、指导思想是否真正能够支持、推动这一因果关系逻辑链接的事实发生，从而在VUCA时代洪流中获得更高的确定性，而不是仅仅停留在战术可能性上。

总之，当今成熟的诸多战略工具进一步延续了着重于内部思维、不够聚焦顾客前提的波特式思维局限，它限制了企业家的创造力源泉。因为真正的推动力量之一终究源于顾客，真正有效的解决方案极有可能只能在顾客端才得以发现，即必须回答定位理论最为关注的问题——顾客因何选择。核心问题在于，企业界和管理学界还没有首要性地将顾客作为真正的共同体核心加以对待，而只是其中一个必须且重要的角色而已。这显然需要类似布鲁诺、哥白尼、伽利略等人自地心说向日心说转换的智慧与勇气。更何况，我们要在以上理论模型中提到的若干个方向去套用吗？还是应该必取其一呢？最常见的是在咨询实践中，不少企业在寻找定位或者制定战略的时候会做如下套用：我们的定位是致力于为顾客提供全面解决方案。用这种套话格式做出的以自我为中心出发点的一厢情愿式的战略设计，在方法论上就已经与时代发展背道而驰了。依据特劳特和里斯定位理论，不论产品和服务是复杂还是简单，不论是专家采购还是凭感觉购买，顾客首先都会以自己仅有的常识将企业及其产品或服务归纳成某一种类别、赋予一个简单的定义，人们总是先要界定你是什么、有什么用、能给我带来什么价值、能帮我解决什么问题、还有谁在用、凭什么相信你说的话、我为什么要选择你而不是你的对手……这一系列前提性问题，直接注定着你是否有得到进一步关注的机会，因此理所应当应该成为传统战略思维工具中前提的前提。

三、创新风险

"破坏性创新"提出者、"创新经济学之父"约瑟夫·熊彼特说：企

定位原理
创建认知优势的根本出发点

业家要做的就是把现有的要素重新组合，创造出新的技术、产品和服务；创新不是去拿诺贝尔奖，而是创造性地组合现有要素。在时下流行创新之风时，提出创新对于战略定位的风险似乎不合时宜，但曾经明确做出提醒的并非仅仅笔者一人，华为总裁曾经这样说道：不要妄谈颠覆，谁要颠覆这个世界，最终自己先灭亡；不要盲目创新，发散了公司的投资与力量；当四面八方都高喊创新，就是我们华为的葬歌。与此同时，1997年，"颠覆性创新"理论提出者、哈佛商学院教授克莱顿·克里斯坦森在《创新者的窘境：当新技术使大公司破产》一书及其后续著作中，也从方法论角度做出了预警、原因及解决方案。这些都从另一个角度说明，创新与其他事物一样，并非天生等同于正确、精进、有未来等正向积极意义的代名词。从技术创新风险投资行业来看，创新成功率应该是由各个部分创新（横向链接）成功率乘积与各个环节创新（纵向深入）成功率乘积的再乘积。可想而知，其最终的成功概率不足5%也在情理之中，不过更多人被"死人不会说话"的"成功者陷阱"（也称为"幸存者偏差"）所误导。殊不知，更多的创新项目在其开始那一天就注定了其悲催的命运，即起点就是终点。其中，实际上包含了三个问题：创新是否必要且最重要？成功创新的先决条件是什么？以及创新何以成功？虽然不能一一阐述，但理解其要义就是正确的开始，更何况每一个问题都已有丰富而权威的研究成果。甚至海德格尔这样的著名哲学家都对科技创新给人类带来的影响提出深度忧虑。至于类似邓宁·克鲁格效应、高德纳新技术曲线、罗杰斯创新扩散定律等基础性原理，表达出对于创新成果如何被市场接受的重度关注，并从各自角度梳理出了解决要点。所谓被市场接受，即是从认知开始，途经实物体验与信息植入，最终以商业成果和认知常识为阶段性结束，而这正是"定位：创建认知优势"的核心话题。至于定位与创新之间的关系，笔者也已在"战略定位三部曲"前两部中表达为"定位引领创新、定位转化创新和定位护航创新"三个方面。

真正需要进一步深化的是以顾客角度看来，什么创新才是必需的（或者说是恰当的）？在追求安全、温饱与享乐的进程中，人类进化出高度发达的独特之处——意识，尽管基于动物本能的直觉反应仍然根深蒂固。创新中谈及的"新"和"旧"，都是人们的概念之物与实用之物的结合体，并且都只是相对而言。作为实物之用的创新，能够提供高于原有解决方案的功能和形象价值的即为新，反之即为旧。因此，人们很容易从各自的实际日常中做出创新特征、功能所带来的利益计算，用与不用，高下立判，更实用者就为新，反之就继续保持原来。创新者的成果也就此湮灭。这一过程中，真正的难题在于：以什么作为衡量有用与无用的标准尺度？实际上，人人心中有杆秤——每个人有其自己的经验、难题、需求，无关对错，但对于每个人都事关重大。解决的途径大约有以下几种，或者若干种的综合：一是自己亲自拆解、评测、追根溯源；二是深入探究他人的成功与失败案例；三是跟随最多购买人群的脚步；四是效仿自己心目中仰慕或更具影响力的人。从决策投入与风险而言，哪种更实际呢？亲自拆解需要时间、精力和能力，探究别人不一定能得到完整而可靠的信息，跟随更多人意味着把自己的钱包寄托在多数人手里，更何况无法判定这些人就等于多数人，心目中所谓的成功人士各有缘由，自己的场景并不等于他们的场景，那些自己认为最重要的问题对于他们而言却是轻如鸿毛……那么，就选择决策的回报而言又是如何呢？从不同方法入手、进行到不同阶段，总会出现似是而非、自己推翻自己的情况。最终计算、比较、权衡的结果，依其所要解决的实际问题的重要性而定，重要的事情多走几条试探之路，不重要的事情浅尝辄止，或者取其一条深入，其他仅做参考。如果归纳为感性与理性两种方式，最终无非所占权重不同，重要而巨大投入的可能难免理性更多，轻微而小型的花费则以直观感性"拍脑袋"为主。从概率角度而言，人们究竟是理性战胜感性的情况更多，还是相反？试着回想一下，过程中究竟有多少是理性的、科学的、可靠的、经得起时间考验的？更不用说购买前与使用体验之后的巨大落差了。

就作为概念之物的商品选购而言，其科学性还远不如实物那么确定。针对超级、时尚、好吃、完美、高级、绝世、伟大等类似永远很难明确标定的宣传词汇，人们无处索求其依据，只好在各自不同理解之下心照不宜。甚至对于本该确定无疑的品类归属，改一改文字就能体会到截然不同的价值感，更不用说修改品牌名、换一段故事广而告之、美化一下包装、换个代言人等就使其焕然一新的符号把戏了。毫不偏激地说，每一次购买选择，其实都是一场惊心动魄、漏洞百出、充满不确定性、仅限于自圆其说的冒险过程，这就也难怪选择困难症如此流行了。其中自然存在诸多不合理之处，但我们必须面对现实：这就是——人类。难怪捷克著名小说家米兰·昆德拉引用犹太格言提醒道：人类一思考，上帝就发笑。

那么，面对如此窘迫的人类选择决策场景，究竟何种创新方为必需呢？面对众说纷纭、自说自话的销售说辞，人们的第一反应就是保护自己不被过载的信息所困扰。人类虽然有着自动物界以来的学习能力，但一旦超过荷载阈值，便会大脑一片茫然空白，甚至封闭隔离自己。当企业界、科学界以后浪推翻前浪、摧枯拉朽地冲击过来，作为信号接收处理器存在的顾客大脑，绝大多数情况下旋即陷入停摆和崩溃（这一点在脑神经医学实验中已经得到了证实）。这一保护机制造就了人类固执与自我的基础本性。也即是说，人们只能依据自我认知范围之内的常识展开判断反应，即便是调动类似逻辑推理、辩证思考等高级能力，也因为受制于认知模式的天然缺陷和有效信息量不足而难以全盘消化，这正如一台硬件配置不高、软件不够先进，外加数据不太可靠的计算机服务器，"小马拉大车"，其结果可想而知。

前文已经阐述，人们的认知常识链之所以能够得以更新，主要是基于触发了两个关键要素：一是既有常识；二是有效新信息，以此两者评估问题的严重性、迫切性，以及评估被选择对象的必要性和重要性，并以此为原则分配精力与经济投入。这意味着，如果既不是过往常识中的存在，也不是有效的新信息，人们的既有常识系统将处于关闭状态而不会做出任何更新。如果大多数人以其共有常识无法接受某个新产品、新概念，企业的创新成果就被彻底埋没在众多"不值得关注和花费"的"尸体堆"中。创新成果转化成为泡影，长期而言，组织资源枯竭，成员信心陷入冰点。

因此，研究顾客心智中的既有常识系统，理应成为楔入其备选清单的

第十三章
战略定位三重风险

必由之路,而输出真正有效的新信息,是那颗可以长驱直入的过河工兵小卒棋子。绝大多数企业之所以不能将创新成果转化为现金流、利润和顾客口碑,就是因为没有摸准这条"一夫当关,万夫莫开"的战略要道,试图将自我大脑世界中的常识和真理,直接取代和覆盖顾客认知世界中的常识与真理,其结果自然是针尖对麦芒的两败俱伤。而媒体对企业家英雄的成功与血泪史的过度渲染,外加营销策划人将之神化成为点石成金的奇技淫巧,进而将原本人类的普适认知规律,认作不可言传的武功秘籍一般敬仰。定位理论的创立者,只是结合毕生实践案例,将其总结成若干基本原则昭告世人,并将其背后的基本原理做进一步深度阐释,以求普及正知、正念,令生正信。

企业家配置战略性资源的首要前提,是确保投放战场领域的正确性。如德鲁克认为管理者的首要任务在于"做正确的事",自古兵家将其凸显出"知战之地,知战之日,方可千里而会战",定位理论则将其锚定为顾客大脑心智认知分类中的首选位置。从顾客角度回望创新,整体上必然经历科学原理创新、技术方案创新、应用产品创新、商业模式创新和社会制度创新等若干段落,分别横跨从基础原点到普适应用的各个时期的诸多方面。其中,真正具有颠覆性的源头,或者来自学术界的逻辑推导,或者来自实践领域的归纳演绎。它们成为后续创新活动的话语体系支撑,往往改写历史短则半个世纪,长则上百年。当下,正值第三次科学革命和第四次工业技术革命之时,对整个社会的影响具有诸多颠覆性,也带来更多重新定位的机会,并直接演绎出诸多专业分化、跨界竞争、颠覆性创新等后来者居上的英雄故事。人们不禁感叹:所有生意都值得重做一次。企业高层决策者,不但需要从供应链上游源头的产业化进程、投资规模与成果转化程度深入观察创新浪潮的推进速度、力度与加速度,同时也需要从分销端、采购端、消费端等实际场景的理念普及化程度,去洞察供需互为推动的事实发生和未来延展性。飓风始于青萍之末。商业化的洋流趋势并不是单一角色、单个环节可以促成,尽管周期或长或短,甚至颠覆周期越来越短,但人们对于新事物的接受程度总是需要略微更长的时间。与实物环节比对上的快速变化相比，正是因为顾客认知的固执与自我（即认知难以改变但可以更新），为参与竞争的企业提供了一定的喘息周期。企业家们只有打通实物世界和认知世界的唯物分界，才能完整地预判商业投资价值的高低涨落节奏。在这一关键决策点上，绝大多数企业投资行为并非死在竞争者手上，而是被扼杀在企业家自己手中。是他们自己看不清风向标，感受不到趋势的脚步、呼吸与心跳，要么成为烈士，要么错过了风口，总是踩不准外界环境的变化节奏。根本而言，对于产业链两端——技术端与认知端缺乏足够的知识容量，是不合节拍的底层原因。

人们在科学原理、技术方案、产品应用和社会机制方面的创新，为企业提供了相较于"快速同质化"更为多样的定位机会。如果说品牌传播语是产品高度同质化时代认知更新的有力武器，那么产品及服务的差异化价值感，为品牌的定位与重新定位，为企业战略转型升级与迭代，为配置资源的正确方向，提供了更多的演绎空间。与浅层学习者单从字面意义理解"一词占领心智"有所不同，词语、实物、场景、体验、效用等综合因素所构建的完整逻辑链，是影响购买者认知世界的原始材料。从认知心理学、语义学、逻辑学、文化三观等基础理论角度看，必须将品牌与词语、定位与战略放置于等同的高度，才能赋予定位理论以丰厚的学理滋养。

真正的创新，应该发端于顾客难题，并复归于选择体验和认知更新。相对于定位理论提出者杰克·特劳特的开山之作《定位：同质化时代的竞争之道》，今日的定位工作者应该充分理解其话语前提——产品快速同质化。产品高度同质化是最为恶劣的竞争环境，极易走入劣币驱逐良币的过度竞争沼泽地。定位的贡献在于：当选择顺应顾客认知趋势的合理分类之后，参与者可以令竞争在整体上转向各美其美、相克相生。定位理论是特劳特和里斯两位智者带着对过度竞争导致整体性恶化的悲悯情怀，所提出的畅行半个世纪的警世恒言。

第十四章

战略定位六种护航

一、时局

"定位之父"特劳特先生曾经将一本讲述人生定位的书取名为"Horse sense",尽管日常英语中已经把这个词赋予了与"common sense"（即常识、常理）相近的含义①，但原书作者意图竭力引导大家回到这一词语的原始直译"马感"。只可惜国人对于马的实际使用和图腾崇拜远没有西方那么深入骨髓，因此自然不能体会到原书作者想要揭示人生定位中的"马感"意味着什么。倘若细细品味书中的具体内容，我们不难发现，所谓定位理论对人生成功的借鉴意义在于明确意识到：如何借助外力成长。如果回到企业战略定位上则可以表述为：如何借助时局大势取得成功。

中国自古儒家思想更多强调个人精进，例如《中庸》开篇就说：天命之谓性，率性之谓命，修道之谓教。从觉知天命开始发愤忘食，顺天道，应民心，不知老之将至，直到尽终人事，这是中国企业家的真实写照。其中，工商业世界里的"天命"，则更多体现在企业的使命、愿景、价值观，以及战略，乃至企业家对自我人生价值的定义之中。正如"世界""宇

---

① 据说，18世纪美国的西部地区，人们只能以马作为代步工具，发现马既不容易迷路，而且还会趋吉避凶，于是就把这种超强记忆力、能够辨识各种环境并做出正确的判断，引申表达为"常识"。

宙"的字义，人们总是无法回避地存在于某一种时空之中，身处某种局势之内，自古"识时务者为俊杰"。时势造英雄，英雄造时势，从认知世界，到改造世界，每一组对立概念中总能找到互为推动的关系，时局与战略定位之间的关系也是如此。因此，不论是顺势而为，或是借势而动，还是求之于势，不责于人，其实也处处表达出对时局的敬畏之心。难怪有企业家曾经感叹道：没有企业的时代，只有时代的企业。

企业界和学术界对于长期主义的倡导十分重要，然而仅仅基于"主义"的呼喊，在名利场上远远不够，只有加上好处、收益才能触及实质。这使得一个问题成为关键：随着时间推移至久远，那些奉行长期主义、更具战略能力和定位素养的企业是否得到了相对更可观的回报呢？而在那些已经消亡或者平庸的企业中，是否很难找到长期主义、更具战略能力的踪迹呢？在传统经典学院教育的战略管理案例中，以及在定位理论系列著作的诸多案例中，在类似《隐形冠军》《蓝海战略》《基业长青》等经典畅销书里，我们显而易见地得到了基本肯定的答案。

在此基础上，定位理论更加强调顺应民心，并将这一理念并不止步于满足顾客需求，而更多地放在创造需求上。这意味着，企业领导者不仅要精于计算财务实务账，还要学会精确计算心智资产（即心智资源）这本心理账。具体的计算方法，显著不同于财务会计、管理会计、金融资本与投资管理、战略管理、品牌传播等所熟知与擅长的知识领域，而是还应包括定位理论及其基础学科，如认知心理学、语义学、逻辑学、符号学等新领域学科。之所以说"新"，更多相对于大多数传统企业家来说，已经远远超出了他们的知识领域、认知范围，甚至学习能力，但并不意味着这些学科全都是新创立、不成熟的知识，反而很多都早已是成为全世界学院教育的基本通识。

更为显著的变化是，评估资产价值的观察点，已经悄然从企业组织内部运营，一步一步逐渐前移到组织外部、供应链与营销链、资本管理圈的外部——顾客大脑心智认知。这一本质性的转变和跨越，是绝大多数企业家不易察觉但猝不及防，甚至违背一直秉持的自我中心式"我能行"的常

第十四章
战略定位六种护航

识观念。这意味着，如果不具备放下我执的"无我"的外部思考能力，企业家将无法真正适应战略定位的思维方式。一个无法改变的事实和趋势是：真正的心智资源并不在企业内部，而在顾客大脑认知中；同理，真正的认知优势，显然也无法仅仅在组织与产业内部运营模式中找到。真正的时局及其变换，不仅存在于产业链供应端，还存在于以顾客大脑心智认知为中心的更广阔的时空中。这一时空的组成要素、趋势走向、生灭规律，以及战略依存等将显著不同于既有产业规律通识。这是定位理论提出"终极战场在顾客心智"的基本含义。这难道不是一次更为惊险的跳跃吗？当然，这也成为笔者创作"战略定位三部曲"的基本动因。

依据"定位是更高认知优势的概念及其创建过程"这一特有定义，顾客端所发生的战略跃迁通常在两个方向上展开：一是向前走，即基于原有科学技术基础上的产品及服务，实现在顾客认知中的创新、升级与迭代；二是向后走，即在科学、技术、商业模式等底层逻辑的颠覆性创新下，以新的原理重构原有世界。两者并不是绝对一前一后或截然相反，而是随着时间久远在心智中逐渐由"新"变"旧"，直至"一代新人换旧人"的无限不循环演进过程。不论在怎样的方向上，顾客心智中认知优势的高低差异主要通过两种方式独立或结合演化形成：种类的分化与颠覆，以及属性的分化与颠覆，并使用大脑中高度关联的分类语词进行标签化，最终以判断、陈述等语法句式适用于日常，或呈现于公众。

基于管理学的任务，是要重新界定"组织的成果究竟是什么"。基于德鲁克的基本前提，依照定位原理，组织的外部成果在于顾客（包括既有顾客与非顾客）大脑心智认知中的品牌及其所代表的定位概念和认知优势。认知优势可以通过某种商业模式兑换为合理的市场或财务投资回报。依据迈克尔·波特的竞争战略，内部成果是支撑企业内外产业链正常运转并取得效益的运营优势。以上内外两者的相互依存与融洽，接近孔子《论语》中呈现出来的文质相符、表里如一的"君子""圣人"境界了。

最后，我们姑且临时借助内和外的二元逻辑，看清楚内部认知能力与外部认知优势的贯通性问题。西方则以"认识你自己"作为哲学开端，以美德、财富等引导科学发展及制度创新的脚步，而日本承袭兼容中华文化与近代西方理念，以涩泽荣一、稻盛和夫一脉相承的"论语与算盘"指导经营。所谓内部认知能力，是指企业或价值链上下游组织内部人员基于处世三观、核心能力等资源禀赋方面的认知总和，这其中包括既有认知和学习更新的动态内涵。所谓外部认知优势，则是呈现于消费顾客面前的品牌及其定位的综合影响力。以一定战略周期反观，我们发现，此两者之间具有某种类似"虹吸效应"的对等关系。长期而言，内部组织的整体认知水平是外部品牌认知可以彰显到何种程度的最终限定。本质上，要想达成更高的外部认知优势，长期、艰巨而最重要的任务，就是提升个人和组织对于技术创新、产品及服务、品牌理念、战略定位、管理变革等方面认知水平。或改良，或改革，或主动，或被动，或在奔跑中变换身形，或在烈火中涅槃重生。

一句流行语说得好：你永远无法赚到你的认知以外的钱。关于如何觉察认知障碍、突破认知局限，真正有效的知识点和方法论来自更为底层的认知科学、科学与哲学、道德与宗教等基础系统。在千百年历史长河的流淌中，儒道释智慧文化引导我们在"向前走"和"回头看"的过程中不断发现自我、认识自我、改造自我、提升自我，并仍将继续引导人们走进一个崭新的世界。

二、资源

很多人读书只读了个开头，而书的精彩通常在于结尾。《22条商规》一书的精髓就在于第一条和最后一条，即"第一定律：率先胜过更好"和"资源定律：没有足够的资金，任何创意都不可能实现"。在营销层面，企业的策略是追求可能性，似乎只要有好的创意就能畅销天下，而定位理论的资源定律针对这种侥幸心理泼了一瓢冷水。因为作为战略角度存在的定位概念，所追求的是确定性。

第十四章
战略定位六种护航

研发人员、企业家居然认为，实现好创意、卖好产品所需要的只是专业市场营销策划的帮助。特劳特提醒道，再也没有比这种想法与实际偏离更远的了，因为要想进入人们的视线、被顾客纳入选择范围需要有钱，而且要在人们头脑中长留生根还需要更多钱。如果没有足够的启动资金，世界上再好的想法也起不了多大作用。特劳特忠告：有一个一般的想法加上100万美元，比仅有一个出色的想法会更加有所作为。不仅如此，特劳特还拿钉子和锤子的关系，形象地将之分别等同于定位和资源。总之，没有资金，好主意将一文不值，因为是金钱使营销世界得以运转，营销的作用次于资源。这让我们不禁想起《孙子兵法》一方面必须"知战之地，知战之日，方可千里会战"，但同时也重视和强调资源对于战略的护航作用：凡用兵之法，驰车千驷，革车千乘，带甲十万，千里馈粮。则内外之费，宾客之用，胶漆之材，车甲之奉，日费千金，然后十万之师举矣。

企业资源包括有形资源和无形资源，其中有形资源包括现金及股权证券、机器设备、厂房、土地、原材料、人才等，无形资源则包括企业拥有的客户及供应链关系、信息与数据、品牌、专利等。以上仅仅谈及实物资源（资产）的重要性，而定位理论的关注点绝不止于此，而是必须真正理解"心智资源（资产）"的重要性。我们进一步理解到：在顾客端，企业无形资产的本质及其构成——品牌及其所代表的定位概念背后的认知优势。企业需要有形资源驱动组织运转，同时更加需要无形资源调动顾客大脑心智认知朝着自己期望的方向运转，即便企业亏损甚至一时资不抵债，但只要无形资产足够丰厚，一夜之间便能翻过身来，东山再起。这是过去长青企业的砥柱基石，同时也是今日全球资本市场的基本共识之一。

与资源相生相伴的另一个概念是能力，两者经过有机地组织起来之后，可以用来衡量企业在工商活动环节中的投入产出能力即效率，并以此评估企业的潜在投资价值。那么，资源与能力之间可以实现随时随地随意转换吗？未必。其核心难处在于：人才，即人力资源。作为人力资源的标的物——能力、品德和时间，并不像有形资源一样可以瞬间列出数据化等式，而组织能力的构建更加需要精心打造和经历实战检验。因此，个人及组织能力中所包含的显性及隐性知识、经过验证与未经验证、主体的投入意愿强烈程度等，都将构成资源与能力之间非等价交换的天堑鸿沟。我们只能说，具备良好有形资源和无形资源护航的企业，更有达成"资源—能力"转换的可能性。正因如此，针对团队及其技术成果以及背后的潜在能力、品牌及其定位所蕴含的认知优势的收购与兼并，历来都是全球资本市场长盛不衰的热点话题之一。

探讨资源对于战略定位的护航作用的意义在于认知优势的未来价值，其中主要包括三个环节：价值创造、价值评估、价值分配。本书前文以及之前《定位》系列著作的意义都在于解决定位理论如何创造价值，接踵而来将必然涉及如何评估定位经营成果的价值，以及如何针对定位经营展开资源重新配置。

类似古代开战之前需要了解民心所向，认知调研是定位之前必不可少的工作方法，其目的是衡量心智资源（资产），其必然的副产品之一是购买者心智地图，这有利于找出品牌与品类之间的差异化定位机会。认知调研内容可能涉及顾客难题、解决方案备选、品类、品牌、产品及服务、竞争等多个方面。在潜在顾客心智中，品牌将占据一个独特而有价值的位置（例如，品类或特性的首选），并因此具有与众不同的认知优势。对于经营者而言，较为关心的是"心智份额"，用以衡量品牌与品类在预期目标顾客心智认知中的存在感及重要性程度，其指标通常包括但不限于"无提示第一提及率"及其可以表述出来的具体内容。

正如大家所知道的，展开顾客调研并不是一件容易的事情，难就难在如何从顾客那里获取到有效的信息。在无提示情况下，关于顾客选择决策过程的记忆，往往意味着潜意识的本能调动，稍不小心就做出了必然性答案的暗示或提醒，一旦被调研者有所察觉，这种潜意识的洞察将因为瞬间破溃为知识问答测试而功效扫地。与传统市场研究方法中的顾客街访或小组会谈一样，消费者往往不诚实或言行不一。这意味着，当你直接问顾客为什么买某类商品时，他们的回答常常不是很准确或有用信息甚少，又或者顾客其实自己并不真正了解自己的潜在购买动机。即使让他们事后回忆，也会因为缺乏安全感而只会表述为一些与实际情况大不相符的情况。因为各种隐晦的顾虑，在面对一个陌生人时，被访者也极有可能不愿意告知真相的全部。更何况，即使调研能够揭示消费者的真实想法，但这并不能被用来准确佐证和推算未来行为的概率。意料之外的事情总会发生，也根本无法调研。

总之，在对定位经营成果数据化的过程中，有效的认知调研应该是简单的，从顾客认知出发，研究顾客头脑中的常识判断，真正要获取的是顾客大脑中的"心智快照"，而不侧重于顾客的深入思考。相比而言，传统调研围绕消费者购买决策过程研究消费者决策行为的影响因素，而认知调研侧重于直接针对顾客的选择理由展开研究。可见，认知调研更加单刀直入，直接从顾客选择决策入手，探测具体出于什么理由而选择或不选择某个品类与品牌。因此，认知调研最忌过于复杂化，因为这会瞬间赶走人们的常识感受，让人无法洞察到那个显而易见的解决方案。相比大数据而言，认知调研更加侧重见微知著——对小数据的研究，而不是用大数据统计抹平源点用户潜在需求的凹凸感信号。如果说，传统市场研究中的消费行为研究是沿着消费流程急于往前推进，而认知调研与之相反，它沿着采购决策推进流程相反的方向展开回溯，先返回到用户决策时的信息场景、体验和使用场景去，看看究竟在顾客大脑心智认知中发生了什么事情。毕竟，前序信息显著影响人们对后续信息的接纳、解读和应用。顾客购买之前的行为是选择，顾客选择行为之前是比较与权衡，比较与权衡之前是接纳与接受，接受之前是首先要真实地知道，而知道之前是完全不知或未必全知。由此可见，一个侧重于从营销者角度出发研究顾客；一个更贴近于从顾客角度出发研究顾客。

价值分配环节的目的是借助事实绩效表现和数据化的心智资源成果，一方面，对内检验企业运营系统行为对顾客端影响的有效性究竟如何，从而达到内外有效的闭环反馈；另一方面，在于撬动广义产业链、金融资本及社会资源的重新合理配置。具体做法可能涉及但不止于认知优势指数、品牌定位价值排行榜、定位投资基金等形式。基于"定位引领战略"，企业家可以将关键资源向更具认知优势和社会意义的方向进行重新配置。

三、能力

能力的本质是人，其载体是组织。定位并不否认个人和组织的努力，但努力之前必然是无数个重要选择。一个熟知的金句：选择大于努力。正如德鲁克的忠告，始终不要忘记先做正确的事，然后把事情做正确。

人的价值贡献主要是由所处的工作价值链位置和承担岗位角色所决定的。处在不同行业性质、产业周期下，在专业分工之后，部门工作重要性迥异。随着社会总体供应量超级丰富，工作价值链位置的重要性有可能呈现出"微笑曲线"的整体趋势，即相比而言，研发和品牌的相对重要性，将显著高于其他环节。价值总原则是市场因需求而动，具体可分为两种情况：当底层科学技术原理处于稳定平台期时，研发工作更多属于"积跬步以致千里"的改良性创新，研发方向多数来自倾听营销端的需求，做细节性、非本质的渐变升级与迭代；而一旦面临底层科学原理革命，营销端的重要性将因为超出顾客认知常识的猜想范围而减弱，组织需要因科学技术原理而动，展开颠覆性创新。那么，营销工作的价值感何在？预见并处理好新产品及服务所带来的商业模式变化和顾客认知更新，以及为下一阶段放大流量出口做好前瞻性规划。

无论哪种情况，依据什么对组织赓续做出与时俱进的变化呢？定位与重新定位，要么强化既有定位，要么基于既有定位更新认知。不过，细节性复杂来自不同分工的主要特性差异：研发注重"新奇"厌恶一成不变，供应看好"成熟"厌恶东拼西凑，制造喜好"稳定"最怕忽高忽低，销售最好"不变"免得天天更新，服务但求"无事"以免尾大不掉。科学、技术、商业模式带来的产品价值感显著提升，威胁与机会同在，战略转型升级导致企业变革动荡在所难免。那么，针对大量威权组织中的知识工作者，依据什么将这些如此迥异的前后历史阶段中的个体有机地组织起来，

第十四章
战略定位六种护航

形成合力并避免过度内耗呢？其中不可忽视的是战略定位的牵引力量，它不但有效作用于顾客心智，同时也能帮助组织中的个人找到新的分工位置与存在价值。

定位理论强调高层决策者的重要性：尽管人格平等，但岗位分工的重要性确有高低。俗话说：一将无能，累死三军，因此"千军易得，一将难求"。细细品味，"屁股决定脑袋"是对决策者的整体责任提出了要求；"无知者无畏"是对决策者方法论水平提出了警示；"看到想看的，听到想听的"是对决策者信息输入更冷静和高觉察力的要求。此三者之间又同时存在着必然联系：正因为愿意为组织命运负全责，企业家不自觉中处于战战兢兢、如履薄冰的自省自觉状态中，更容易时刻对自身认知的结构性缺陷保持更清醒的觉察，因而对正确决策的方法论有着更为迫切的求知欲；在加强算力的同时，时刻熟练对宏观、中观趋势研判和对关键性细节的洞察，从而达到一叶知秋、见微知著、管中窥豹的决策效率和效果。这种人类特有的统觉能力，不应该被今天日益重要的大数据淹没，反而应该意识到，真正的战略机会就存在于尚未成为主流选择大数据的小数据小众事件痕迹中。正如民间所说，当大家都知道了，也就不是真正的机会了。究其本质而言，一条信息一旦成为公知共识和常言之物，其认知中的稀缺性同时也荡然无存，这预示着下一个未知信息的潜在商业机会。今日所呈现的主流商业世界，正是过去众多非主流意识的具象化汇集；而今日非主流意识的汇集与交融，必将令今日的主流认知日渐陈旧与湮没。

在个人与组织能力的内涵细分中，战略力、管理力和学习力成为领导力的三项必需。岗位层级越高，对此三项的依存度越高。随着岗位层级的下移，重复一次做对的执行力所带来的效率提升可以贡献更高价值。随着从直线职能制、矩阵式管理、项目管理制、虚拟组织，以及平台型网状组织等演进，无疑为展现个人能力创造了更好的环境。只有那些符合更高决策者思维方式的人，才更加容易洞察到战略问题的实质，并因此更有机会脱颖而出成为卓越领导者。即便在公司政治环境异常凶险的组织或阶段中，一个具备更高认知境界的下一层级员工，也更能发现如"皇帝的新装"一般显而易见的真相。俗话说得好,机会总是给有准备的人,预先在心态上、思想上、知识上做好准备,是后来大成就者的基本功底素养。即使遇到最坏的情况,他也可以有更多选择的余地:或者深谙政治之道,少年老成变革中兴,可以"凤凰择木而栖"抑或另立山头,反过来颠覆历史既得利益者。

纵观社会发展史、企业成长史,总是难免出现惊心动魄的命运转换场景,有的断崖式跌落,有的病入膏肓苟延残喘。是什么使得一期组织生命得以延续和重生?不可忽略的是,在各种资源陷入枯竭之时,个人与组织的能力有可能成为一道力挽狂澜的护城河。尽管战略"求之于势,不责于人",但世事无常变化,"死马当作活马医"有时也不免是"英雄造时势"的紧急状态模式。真正值得注意的是,我们不应掉进"幸存者偏差"的陷阱中,毕竟历史由成功者书写,而失败者少有机会讲述真相。倘若总是心存侥幸,肆无忌惮地消耗幸运福报,则必将难逃概率的算计。基于此,中国道德文化信仰中惜福、敬畏、谦卑之心,也许具备某种终极战略启示意义。

四、文化

文化如海洋,养育万千物种,承托勃勃生机,日常时平静如淑女,动荡时咆哮如巨浪。我们不禁要问,在空间和时间上,文化是否具有一定的规定性?就时间而言,曾经创业时的企业文化就是老板文化,后来企业成长为结构复杂的世界级行业领先企业,文化是否也已经迁流变化?就空间角度而言,过去曾经人人清楚可见,今日组织结构矩阵纵横交织,手脚并用也数不过来,在整体层面和各自业务单元之间,是否应该允许某种"亚文化"的存在?组织要想生生不息,企业文化需要在战略成就上展开长期累积和提纯,其发源、显现和化育也必然与时代环境变化不相背离。

定位所要解决的问题,是在一定战略周期内保持、强化或重建企业

第十四章
战略定位六种护航

"为何做"和顾客"为何买"之间的绿色通道,一端表现为企业的社会使命在产品经营活动中的缘起和显现,在营销过程中以品牌和经营者伙伴为载体,实现了对社会的反哺和化育;另一端是顾客在解决实际难题中获得收益,解放时间,增进知识,显现生活的价值和潜能。俗话说,富不过三代。财富本从社会中获得,要想使之保持长久,必然需要开发新顾客、创造新需求,这是定位与战略的核心要务。企业的任何一次定位与重新定位过程,都应该能够在顾客认知世界中找到"存在之家",随着顾客理念世界的迁流变化而变化,定位与其产品表现形式,以及潜藏的价值理念也自然而然随之革故鼎新。甚至,应该思考相反的问题:是否穷也不过三代?

儒家《论语》中有颇具影响力的文化指引是:君子固穷,小人穷斯滥矣。[①] 与此同时,"穷则思变"由一种被动本能提纯为一种主动重新认识和改变困局的普世原则。接着,新的三连式问题来了:究竟如何变?变向何方?新旧如何交替?定位理论的解决方案是重新找到自己在顾客心智认知世界中的存在位置,朝着新顾客、新需求的方向探索生长的可能性,在实际产品经营活动中重新找回使命和意义,并与之前的文化脉络相融排异。至于究竟是渐进式改良,还是暴风雨式彻底革命,抑或在传统主脉上的是禁闭还是宽容,那是具体操作的细节性复杂问题,需要倍加重视,但不应与前者大势相违。人类历史上的阵痛、休克、复活、复兴的演进过程波澜壮阔,从来都是围绕同族的生存问题周而复始地展开。文化的遮蔽性与开放性尺度,正是在过程中为时局主导者所用,为雄才大略、天赋使命者乘风驾驭。

[①] 孔子和他的学生自从离开鲁国之后,奔波于宋、卫诸国,受尽冷眼,多次遇险,后来被困于陈、蔡两国之间,忍饥挨饿,命悬一线。弟子子路不禁发出人生诘问:难道说仁德的君子也有走投无路的时候吗?孔子抬起头望着子路,以一种从未有过的神情严肃地说道:君子处处讲道德,事事讲原则,有所为,有所不为,绝不会为一点蝇头小利而同流合污,更不会为了追求成功降格以求,所以往往被社会所不容。然而小人就不同了,小人没有信仰和道德的约束,一旦处在对自己不利的位置,就会无所顾忌,什么样的事情都能干得出来。

抛开迫不得已的革命性动荡不谈，在大船"拐大弯"、小船"好掉头"的基本现象背后，保持了在历史沿革中文化主脉上的禁闭与观察，在分支上保持宽容和开放，在过程中展开转型疏导的一系列操作。从个体角度而言，人们的精神思维与灵魂感应在大多数情况下是自然耗散的，安全感不足、好奇心、自私贪利等导致良知尽失"人心不古"，势必将组织的整体走向引至平庸化深渊。为此，我们在明辨善恶之时，更应该始终相信，整体利益大于局部利益的简单相加，长期战略价值大于眼前短期效用的直接求和。在重新觅得具备未来潜力的定位机会之后，企业文化的创新便理所应当成为必然。

成为一个怎样的人，成就一种什么组织，选择权完全在自己，完全可以说"我命由我不由天"。多少顶天立地的平凡之人不忘初心，不移使命，无惧风霜，无愧天地，绝不仅仅只有"累累如丧家之犬"的孔子；"知道自己无知"的智者苏格拉底；"先天下之忧而忧"的范仲淹；"驱除鞑虏，恢复中华"的孙中山；"敬天爱人"的稻盛和夫……这是人类及中华文化血脉中的精神脊梁，足以支撑任何一家公司熬过财务死亡，令其起死回生，重向光明。面对商业竞争，缺少知识、资源定力支撑的无知无畏者，终将要么必须在风浪中学习御风术，要么像浮萍一样在名利大潮中平庸漂荡。

企业在定位与战略上重新选择的同时，原本赖以存续、牵引灵魂的企业文化，也需要做出必要的重新修正和纠偏。即使任何一个有利而有力的定位概念，如果不能向上上升为战略，向下根植于文化，那么其真正的生命周期也将昙花一现。甚至大多数情况下，还没来得及有足够时间完成资源和能力的布局，就已经被淹没在烦琐而非必要的细节性复杂之中了。于是，定位原理从对战略的引领、未来的前瞻、必然的确定性，在毫无知觉中主动堕落成可能性试探、成不成都行的侥幸，以及短期有效则用、无效则换的"狗熊掰玉米"。一个生活化的例子：当男生想追求一位女生时，在经历直觉反应与一番审慎思考之后，决定调动全身心能量，发起一系列无我利他、无问西东、持之以恒的求爱攻势，最终才能捕获芳心。这一过程完全无法通过一开始就获得"愿不愿意跟我在一起"的肯定答案，再决定是否全身心投入可以顺利过关。理念先于实体，定力先于成果，文化先于战略。不论是针对个人还是组织，最为古老的成功模式，直至今日都仍然有效。

五、时间

抛开生命的无常，人生唯一公平的事情，就是每个人都只能假设自己拥有 30000 天左右的时间。正如电光朝露，白驹过隙。人与人之间的差异点，在于生命品质——单位时间与空间内的能量密度。或许正是如此，大多数人总是急于求成，并担心夜长梦多；有人总感觉"病来如山倒，病去如抽丝"，殊不知，在暴发成病之前，自己并不曾在意早已积劳成疾；企业追求百年永续常青，却经常"富不过三代"。之所以享受不到时间的复利效应，是因为战略定力对人性弱点来说是一场巨大的考验。时间，究竟是人类的朋友还是敌人？又是由什么决定的？

在宏观世界中，时间是什么？它真的存在吗？一个出乎意料的真相是时间并不存在。我们人为地定义地球围绕太阳公转一圈为一年，地球自转一圈 24 小时为一天……，时间的本质是空间的运动。换句话说，时间只是空间运动的标尺，是一种用来衡量变化的工具。由此，我们思考时间的关键，不在于时间本身，而应该在于关注其真正的主体：空间的运动变化。至于时间到底是朋友还是敌人，完全依赖于事物变化的进展如何，一旦进展顺利就是朋友，如果与预期相违背，就自然而然成了敌人。

自古以来，在战略这一关乎生死大事的决策上，确定性从来都是重中之重。万事万物变动不居，人们必须"在战争中学会战争""失败是成功之母""从哪里跌倒，就从哪里爬起来"，本质上是在不断提高驾驭变化的确定性。定位理论提供了一套应对不确定性的方式。随着脑科学和认知心理学的发展，以及与经济学的交叉融合，在实际工作中，专家们敏锐地发现，技术进步使得任何产品都很容易通过"逆向解构"快速陷入高度同质化，而企业内部运营动作也很容易被人模仿和抄袭，但只有顾客大脑中的心智认知，不仅是容量有限、先入为主、唯一唯二的，而且难以改变、可以更新。因此，它成为任何企业兜售商品的"兵家必争之地"，更适合拿来作为"一夫当关，万夫莫开"的决战地点。显然，特劳特的战略思想受《孙子兵法》及军事理论对于战地重要性的影响颇为深厚，而迈克尔·波特作为定位学派学术代表人物也同样受此启发。更直白地说，一旦占领了潜在顾客的心智高地，就等于拥有了以逸待劳、制人而不制于人的战略主动权，就更有可能转危为机、化险为夷，拉开生存安全距离，更大概率地成功驾驭外部变化，从而让时间成为朋友。这是一个显著的创新方案，而非过去在固有思维路径上修修补补。由此，企业战略才真正走入顾客中心时代。

以战略角度思考定位，是要在顾客认知中植入并建立一个具有更高认知优势的概念，使之成为顾客选择决策的参考标准，甚至成为广谱大众的普世常识或价值观常态。因此，我们就可以说与竞争者划清了地盘界限，并成功压制了对手，占据了独特、强大、有利的战略生态位，真正实现"你打你的，我打我的"。这并非挣钱或持续挣钱那么简单，乃是具备更富远见卓识、更具人类使命关怀、更能整合社会资源为之服务的"大丈夫"之所为。不论是进攻，还是防守，认知战略高地同样重要，而想要占据它，需要有充足的心理准备和资源能力储备。从这个意义上来说，选择时间是朋友还是敌人，不但要具备正确的思维方式，更加重要的是确定自己究竟要成为什么样的人，即人为何而活。我们当然可以选择做千千万万的平凡市民之一，为柴米油盐、吃喝玩乐而活着，也可以选择舍生取义或为生民立命，为往圣继绝学，为万世开太平。有史以来的伟大人物，即使刚开始出于朦胧懵懂，但至少身在其位之后，大多能找到"此生为一件大事而来"的存在感、使命感和成就感。这是不同人对活着的意义的自我界定。战略因为追求确定性而不允许心存侥幸。不用太过努力就处处占着便宜的路是没有的，即便有，也会因为来得太快、太容易而失去得更彻底。

日常中，要使事情发生预期变化，需要满足产生变化的条件，即因缘生，因缘灭。遗憾的是，人们经常面临打牌"三缺一"甚至"一缺三"的尴尬中——各项条件未必充分，也未必时机同时成熟。这无疑需要一个提前布局、培植重要条件的战略筹备过程。古人用"呆若木鸡"的寓言故事来描绘战略时机的重要性，《孙子兵法》用应该具备什么兵马粮草条件方可会战，以及"上兵伐谋"的非战思想提醒人们战争的残酷性，战略管理学家在众多跌宕起伏的商战案例中总结复盘，都是为了看清这一点。

真正吊诡之处在于，很多企业家亲手毁掉了自己的既定战略，转而奔向追求惶然不知未来的眼前利益，他们共同的问题是战略定力不足。之所以如此，也许是企业家任由自己掉进烦琐、冗余、耗时的细节性复杂中，进而丧失了必要的战略前瞻性和创造力，因此不得不频繁妥协于现实的约束条件。正确的解决办法是既要埋头拉车，也要抬头看路。要想把命运的主动权掌握在自己手里，高层决策者首先应该具备战略定位的基本常识原则，并使之成为主导日常的基本思维方式；其次，是应该通过反复复盘、细微洞察、审慎推理变化的方向和进程，看看是否符合原则和方向预期。做到这两点，就有机会建立战略型企业家的声望，这是商业社会企业家信用的本质。前文不止一次提到，要时刻确保三大正确：角色正确、方法正确和信息正确。

剩余的事情有时变得很简单——让子弹飞一会儿。事实上，这并非仅仅是一句心理安慰式的调侃以故作镇定。很多事物变化的进程有其本身的基准速度和加速度，古人告诫道，其兴也勃焉，其亡也忽焉、其进锐者，其退速、欲速则不达。在一个相对确定的战略结构和某个时间节点上，可能最需要的，就是等待事态进一步发展，以令其达到某个关键条件的程度要求。西方哲学称为"质、量、度"，中国人则称为"火候""分寸"上的不偏不倚、恰如其分，即中庸。有时，耐心是必不可少的条件，尽管在其他人看来好像什么都没做，但只是做了一件事情：等待。

职业经理人的命运，类似某些国家四年一届重新选举的领导人任期，如果不在预期时间内达成目标，再能干也会被选民投票赶下台。与传统政治中保守派（俗称鸽派）和激进派（俗称鹰派）相类似，真正的战略变革与创新，本质上必将面临既得利益者与新生创造者各自为团体利益而战，缺乏政治敏锐性的变革创新，有可能产生过度的阵痛，将相互之间的作用与反作用，发展弥散成不可调和的矛盾，甚至陷入鱼死网破、剑拔弩张的恶性状态。政治幼稚病是导致战略变革险象环生的根本。管理者也需要具备由外而内的对方思维，才能对各方心理预期和底线做出准确预判，而动不动就"拿着鸡毛当令箭"，挥舞权力大棒耀武扬威，只能使得事态向着更难收拾的方向恶化。

真正的管理与被管理、领导与被领导、驾驭与被驾驭都是相对的、变化的和一体的。结合约翰·科特、汤姆·彼得斯等变革创新专家的忠告，我们提醒：如果假定想要在一定任期之内大获成功，并在卸任之后不至于落下不好的评价，就必须具备更强大的战略能力和更杰出的政治头脑。在时间与成果的管理方面可能涉及：如何理解外界对领导者的成果预期，例如，在半年之内取得一场战术小胜；最多18个月左右，必须打赢一场战略性战役；在1/2左右时间过半、任务过半的节点上，必须已经将既定经营策略推动至组织自运转轨道上，而领导者个人的主要关注点，应该及时转移至下一战略阶段的提前布局中……，这无疑是一场需要精心筹划的预期管理活动。领导人要想有所作为，在稳健地功成身退之后，组织还能继续保持战略活力，其难度远远不只是简单的大而化之。

无论如何，定位或重新定位所带来的战略转型必将触及不同群体的现实和未来利益。有所差别的是，究竟选择今日之财、短期之食，还是愿意兑换成远期更大的收益回报？更何况，在痛苦或快乐状态下，人们对时间的感知是不同的：痛苦时，总觉得时间过得太慢，并急于不惜代价也要尽快结束；而快乐时，总感觉光阴似箭，想尽一切可能延缓时间流逝的脚步。人们对规避痛苦的急迫性，远胜于对快乐舒适的追求，于是组织内耗、争斗就此产生，不可排除，剧变有时在所难免，但尽可能"快刀斩乱麻"，避免组织人心在寻求解除痛苦之路时陷入太长时间的纠结。"菩萨心肠，霹雳手段"是非常重要的方法。这些都离不开在动荡中做好缜密的战略预判和政治布局。当然，也正是在这样的关键时间节点上，才看出领导力艺术的高下之别。

在对时间的理解方面，人们常见的误区是缺乏对因果时空错位的理性校验。这是人类大脑经济生存原则的进化使然。在原始人类早期，人们没有足够的知识，无法解释自然世界的突变，只能求助于巫术和神灵崇拜。随着知识经验的积累，人们开始以"为什么"的因果思考逻辑作为理性的发端，但在因果时空的错位关联性上，仍然缺乏足够的感知能力，并依然停留在简单化推理的逻辑循环中。

完全可以说，人类大脑思维模式的进化速度，远远赶不上我们自己创造的文明社会问题日趋复杂化的速度。尽管时间的复利公式已经被人遗忘很久了，但它仍然残存在心灵鸡汤式的话语中：只管努力，莫问前程，剩下的交给时间……欲速则不达……慢就是快……所有的捷径都是最远的路……但要想真正找回人类智慧的源头活水，我们只能借助不断迭代认知模式，打破认知局限，上升认知维度，才能更成功地驾驭愈发缥缈动荡的未来。

六、运气

运气是一块很好的挡箭牌。人们很容易将自己的不成功归结于运气不佳，把成功更多归因于自己的聪明智慧，但也有少数人更愿意将自己的一生成就都归功于幸运。例如，日本经营之神、松下电器掌门人松下幸之助这样说：成功是运气，失败在于自己。更有甚者，世界石油大王约翰·戴维森·洛克菲勒曾指出：设计运气，就是设计人生……在等待好运到来的时候，要知道如何引导运气……不靠天赐的运气活着，要靠策划运气而发达……现实中，我们羡慕那些有如神助的企业，要风得风要雨得雨，一浪更比一浪高，抑或经常对那些诸事不顺的企业深表怜惜。

那么，公司的业务成长和组织发展是不是也与运气有关？定位的成败是否也有运气的成分？我们并不否认这一点，但也绝不主张侥幸心理，或者干脆归罪于外。美国著名认知心理学家、加利福尼亚大学教授韦纳（B. Weiner, 1935）在其"归因理论"中这样阐述成败要素：就内部自身而言，要考虑能力高低、努力程度的稳定性程度和可控性程度如何；从外部因素看，主要是考虑目标任务难易程度的稳定性和可控性是否会发生变化之外，当然也依赖于运气好坏。从控制论角度而言，运气是一种随机控制或试探控制，它完全建立在偶然机遇的基础上，尽管最为原始，但也是其他一切控制方式的基础。当人们对解决问题所必需的条件知之甚少、对控制对象的性质不够清楚的情况下，碰运气、试试看可能就是唯一有效的方法。

不过，我们应该进一步理解凭借幸运做决策的基本属性：一是，如果可能性空间太大，即成功概率太低，就像要从10000把钥匙中找出唯一正确的，那就大概率会落空。二是要关注选择决策的速度。如果事情简单，且允许多次选择，并很快就能见分晓，那就还有时间试探，反之则不然。三是要确保最终有效性，即正确答案必在其中，而不是更大概率存在于外部别处。毕竟，不论是内部自身还是外部世界，时刻都在变化中，总有一些事情是无法预见和掌控的。一旦不及预期，我们可以将之归因于运气不佳以获得暂时的心理安慰，但在具体事情上，还是应该理性复盘因果链条，寻找更高确定性的应对预案。由此可见，运气问题与概率直接相关，要想像洛克菲勒所说那样引导运气、策划运气，就意味着必须将自己放进成功概率较高的因果环境条件中。这是更具战略前瞻性和预见性的基本决策模式。

一切战略思考的基础作用，是将人们观察事件的时空拓展至可以囊括主要成功要素的范围，并通过若干战略原则与分析逻辑论证重要决策的可行性如何，因此它具有全面性、长远性、纲领性。正因为要将品类内外竞

第十四章
战略定位六种护航

争对手的行动可能性也纳入考虑之内，因此也必然离不开竞争性权衡。从内容角度，战略可以大致分为三层：第一层即最底层，也可称为最高层，是指企业使命、愿景和价值观等宗旨性思考，它更为长期，可能跨越一切产业周期和个人生命时段；第二层是指战略定位与商业模式设计，它涉及如何以外部机会为导向，以及以什么方式实现与产业链伙伴的利益联结，它需要现实见利见效、长期具有战略意义，并保持均衡迭代，以确保中长期方向正确；第三层要解决将内部有限的资源和能力转向分配至最富成效的关键岗位上，包括关键运营配称、年度战略要务，以及组织管理机制等。以上三层需要贯通一气、上下同欲、和而不同，并知行合一。之所以如此煞费苦心，目的是通过前瞻性的设计主案和预案，将属于运气范围的诸多意外因素尽可能控制在可以承受的范围之内，不至于威胁到企业组织的生存、发展和长治久安。俗话说，尽人事，听天命；天作孽，犹可违；自作孽，不可活。

仅仅做到这些仍然不够，因为经营环境的变化和动荡远远超乎我们的想象，类似"黑天鹅""灰犀牛"事件越来越频繁。当供应端管理成为企业基础共识，生产效率得到全面提升，紧随其后的是顾客心智资源的稀缺性——大脑容量有限，顾客需要简化选择以应对信息过载、产品供应过剩。商业社会已经在呼唤一种新型理论，以便完成对新时期主要矛盾的解释和解决，于是定位理论就此在20世纪70年代的美国应运而生。经过特劳特和里斯两位创始人笔耕不辍，多次远行万里来到中国，推动了中国工商业的思想进化。之所以可以诞生于美国，扎根于中国，除因为其学理思脉本就一气贯通之外，更重要的是中国企业家在理解和实践的同时，赋予了定位理论新的最佳实践。当运营效益进入学习曲线的中后期，关键成功要素已经由内部效率转移到外部顾客的认知效率，只有那些扎根于顾客心智认知中的品牌和产品，才更容易凸显于竞争者群林。在一次次购买与使用中，在持续使用与体验过程中，潜移默化地植入文化价值观内涵，从而使得尽管产品经历屡次创新，甚至产业转型升级，但品牌声望及其背后的定位认知代际成就了百年品牌的大概率可能性。顾客端源源不断的认知进化与分化，提供了无限生机勃勃的差异化定位机会，那些互为竞争关系的企业之间，才得以各归其位、各美其美。要想在商业中扼住命运的咽喉，以新的知识体系和实践理性代替传统教条，是提高成功概率、赢得命运青睐的主动积极应对行为。

最高决策者有时也会将成功过于谦逊地归功于运气，这有利于规避侥幸心理的人性弱点，但也容易就此忽略直觉（intuition）对于重大决策的真实价值。

直觉思考是一种潜意识决策过程，它所调动的是人脑意识库中先天遗传和后天积累下的丰富信息资源，包括决策者的文化价值观、历史经验沉淀、直观情绪感觉，以及熟能生巧的知识和技能等。直觉思维活动通常在决策初期和决策后期更加有效，决策初期可以从局部关键点引发创新思维，避免一开始就陷入过于繁杂的既有逻辑框架中，因此常常产生不同寻常的逆向思维可能性；在决策后期使用直觉，有利于退回基础原点确定判断标准及其权重排序。直觉思维是人类大脑超常规瞬间集合分析、反馈、判别、决断的灵光乍现过程，它不依赖于获取更多的信息和知识，甚至反而需要隔绝大部分信息冗余，参考最简单的底层基本常识。现代脑神经科学研究发现，与人脑潜意识活动相比，建立在眼、耳、鼻、舌、身等基础构件上的感性、知性、理性等意识思维系统，所能处理的仅仅是极其少量表层信息而已，并且固化的逻辑思维框架大大禁锢了大脑潜力发挥，而有史以来更丰富的信息，深藏在无边无际的潜意识系统中，与此同时，大脑处理能力冗余设计和神经元连接突触可塑性（LTP）也为我们预备了破除既有框架、重建认知系统的无穷空间。与直觉相伴而行的，通常还有灵感与想象，这些不同于形式逻辑的严谨推理，通常更加能够直击本质与真实，从而产生颠覆传统底层常识概念的创新机会。

直觉思考的显著优势在于更容易引发对事件的整体把握，而不至于过早地陷入细枝末节，也可以免受格式化逻辑思维的束缚，因此其成果必然更具创新感、颠覆性和突破力。产出直觉的能力并不完全依赖于天赋，它可以通过刻意练习逐渐得到增强，直觉决策次数越多，运行方法越得当，就越能直击本质，从而依此找到重大议题的根本解。

当然，在重大战略决策上，仅仅依靠直觉想法就立即付诸行动是十分危险的，需要辅以更为严谨的事实验证和逻辑论证。更为重要的是，首先需要产生至少一个具有建设性的解决方向，否则验证和推理极有可能要么落入"证明自己正确"的认知偏差陷阱，或者从一开始就被困在平庸的解决思路里兜兜转转。总之，直觉是成功决策的重要起点之一，它与侥幸心理有着本质不同。越是善用直觉，越能调动人类智慧潜能，越有机会取得非凡成就。

当然，在不明细节者看来，成功实乃命运之神的偏心眷顾，羡慕嫉妒之余，难免抱怨上天不公而心生怨恨。殊不知，冥冥之中也好，无知无觉也好，持续成功者大脑中的潜意识运行法则自然先知先觉地暗合了某些与时代大势不相违逆的总原则。在一大堆随波逐流、背离大道的错误观念中，他们当然能够鹤立鸡群，脱颖而出，在规避重大风险的同时，一不小心就成了时代局势变化的最大受益者。

无论是直觉思考，还是逻辑推理与事实验证，其根本意义并不在于解决当期结论的正确性如何，而是对既有思考保持怀疑、推翻和重建过程，即认知升级。正是因为保持了认知的灵动性，才将我们成功应对不确定性的概率得以提升，因此总能获得幸运之神的偏爱。这种类似开悟的智慧成长经历，加之实际事务中君子、圣人、善战者的高品质道德原则牵引，可能是提升幸运度、改善运气的重要方式之一。

在日常中，我们每个人头脑里都有一套观念体系，当我们发现一件和现在观念不相符的事件时，通常很难否定头脑中的观念然后立刻更新它。即使是一个非常开明的人，他最初能做的也只是保持警觉和观察，也要等到那些跟自己现有观念体系不相符的事实资料和客观经历累积到一定程度的时候，才会真正更新自己的观念。

定位原理
创建认知优势的根本出发点

西方科学实证主义哲学[①]将认知升级类似"开悟"的方式描述为新范式取代旧范式。例如,贝叶斯公式[②]描述了一个从先验概率不断纳入新的客观观察,得到后验概率并且不断迭代,让我们的结论越来越接近真相的过程。这个过程恰恰就是认知升级的过程。就具体操作而言,认知升级可以主要通过多做实事与多学原理两方面完成。首先,对于一个事物的理解和认知,如果在相当长时间(例如三年、五年、八年等)内都没有太大差别,人们就应该对自己的认知原则开始保持警惕了。其次,多做实事能不断得到新的反馈。当被现实教训得头破血流时,自然而然就知道自己的认知可能需要提升了。说到底,每个人都要为自己的认知模式承担风险与代价,一个人所有的幸运和不幸都跟认知水平高度相关。

在中国古人"天时、地利、人和"三位一体的成功系统模型中,作为企业高层领导者们个人而言,幸运之神通常与社会文化公认的各种美德长期相伴,例如,谦卑、敬畏、慎独、自律、利己利他、实事求是、自省而不迁怒、专注而不贪婪……正是因为具备这些任何人都想与之共事相处的

---

① 科学实证主义哲学,以20世纪最重要的三位哲学家为代表:卡尔纳普、波普尔和库恩。卡尔纳普是逻辑实证主义代表人物,主张科学的任务是通过逻辑和实验验证去证实一个又一个的科学假说,以发现真命题并构建科学大厦。波普尔则在此基础上加入了证伪主义,即所有科学定理都是错的,区别只是在何时被证伪而已。库恩通过对科学史的梳理,认为在已有科学体系中出现一个不相容证据时,大家不会因此立刻推翻现有体系,而是仍然"固执地"认为现有体系没有问题,只是推导出新实验现象的逻辑链条还没有正确建立而已,只有当与现实科学体系相悖的实验证据不断出现,并累计到一定数量的时候,大家才会开始产生体系性的怀疑,最终提出一个新的科学范式去取代旧的范式,而新的科学范式会有一套全新的科学语言定义和思维框架。

② 也称为贝叶斯法则,是概率统计中的应用所观察到的现象对有关概率分布的主观判断(即先验概率)进行修正的标准方法。即支持某项属性的事件发生得越多,则该属性成立的可能性就越大。也就是说,当不能准确知悉一个事物的本质时,人们可以依靠与事物特定本质相关的事件出现的多少去判断其本质属性的概率。行为经济学家进一步发现,人们在决策过程中往往并不遵循贝叶斯规律,而是给予最近发生的事件和最新的经验以更多的权值,在决策和做出判断时过分看重近期的事件。面对复杂而笼统的问题,人们往往更容易走捷径,依据某些可能性而非概率来决策。这种对经典模型的系统性偏离称为"偏差"。

广大德行，才能在内赢得员工和股东的信任，在外凭借个人信用与领导魅力作为重要支点撬动社会资源。正所谓"德不孤，必有邻"。倘若组织内部可以上行下效，见贤思齐，导人向善，就有可能超越利益和自尊心的犒赏与刑罚，营造一个虽"失道而后有德"但"有耻且格"的正能量场域。与之相反，成本杀手、"血汗工厂"、狼性文化、产业搅局者、野蛮人等口碑，所破坏的是"得道多助，失道寡助"的内外部生态链竞合关系。更何况，"天道好还""德不配位"最终必将反作用于自己。古语早有劝告：积善之家，必有余庆；积不善之家，必有余殃。

人们总希望找到对外部事物的可控性，但无论如何，我们都应该将运气看成一种不确定的概率性存在，并寻求安然接纳和与之长期相处的驾驭之道。竞争中的参与者，肩负着投资者、员工及供应链、社会文化等多重身份和职能，即使就事论事地在商言商，利润和增长的欲望也不应该成为追逐的主线。更为现实的问题是，企业领导人的价值理念直接奠定了组织究竟能走多远、做多大、能够多强大、能有多大意义。尽管顾客心智世界留给企业定位与重新定位的机会总无穷尽，但任何一种定位方向的时效性也是由每个战略决策的当下累积所决定的。我们应该牢牢把握每一次战略跃迁中的一致性原则，以此作为支撑企业组织成员筚路蓝缕、负笈远方的根本源动力。

第十五章

战略定位五要素

一、周期

比人类社会更加宏大的，是宇宙天体自然的周期性运行；比经济活动更为宏大的，是国家政权更迭以及由此带来的社会变迁。如果以中等颗粒度来看，历史学家们发现，人类社会竟然一致性地遵循着周而复始、反复震荡的某种规律性。

国际政经趋势预测专家、美国达拉斯市南方卫理公会大学经济学教授拉菲·巴特拉继承和发扬了其老师、历史学家兼哲学家萨卡尔（Sarkar）所提出的社会周期律。巴特拉将之与传统宏观经济周期理论相结合，早在1998年就预测到美国2000年的股市大崩盘，在2006年2月准确地预测到2007年的美国房地产泡沫，在2006年10月，预测到美国2008年新总统将是一位黑人。除此之外，对苏联解体、日本经济泡沫、西方与伊斯兰教激进主义的冲突，以及2009年全球金融大海啸等重大政治、社会、经济问题的准确预测，使他被《纽约时报》多次赞许为"一位代表西方最优良传统的国际经济理论家"。巴特拉所承续的是他老师萨卡尔提出来的"社会周期律"：任何一种社会形态存在四种政治权力来源——军事力量、人类才智、劳工组织、金钱财富，并提供了另一种社会阶层划分的角度——人们自己的天性和心智，天性引导人们从事特定职业，而不同职业又反过来决定了各自所属的不同阶层。在此基础上，萨卡尔将人类文明的演进划分为必经的四个截然不同的时代：军人时代、文人时代、商人时代，以及商人和劳工阶层联合主导社会政治秩序的时代。萨卡尔在悉数回顾全球历史上主要影响力国家之后指出，没有哪一个集团可以永远处于社会层次的顶端，无论是现代还是古代，东方还是西方，中世纪之前还是之后，一代又一代的社会运动遵从某种特定的模式进行，即劳工时代之后，接着是军人时代，然后是文人时代，紧接而来的是商人时代，社会革命随之达到高潮。萨卡尔描述社会演化进程的社会周期律，变成了一种不可避免的结构性自然现象，在这个进程中，社会统治权从一个阶层转移到另一个阶层[①]。

与此同时，世界上任何国家的经济发展史都是一部周期波动史。农耕社会周期性地受到因天文、气候变化而导致农作物产量波动的困扰。早在我国春秋战国之际，就有农业丰歉循环的思想：六岁穰、六岁旱、十二岁大饥。现代工商业社会周期性地受到国民收入总量波动困扰，各国经济发展实际都是在周期性波动中实现的，繁荣和不景气总是轮流惠顾。没有任何一国敢言：本国经济发展轨迹是永远直线上升的。例如，自从1825年英国发生第一次全面性经济危机以后，主要市场经济国家大体上每隔10年左右就发生一次经济危机。社会总体经济活动水平扩张和收缩有规律地交替，反映了收入、产量、就业、价格等变量波动大多在同一时期、按同一方向，但以不同速度变动，并以繁荣、衰退、萧条、复苏四个阶段循环出现。美国经济学家萨缪尔森（P. A. Samuelson）这样描述：没有两个经济周期是完全一样的，但它们有许多相似之处，即它们都包含扩张与收缩、波峰与波谷的相互交替运动，而它们的波动有着不同的幅度、高度、深度、位势及长度。正所谓，历史总是惊人相似，但不会简单地重复。

19世纪中叶以来，经济学家力图从经济发展变化中找出规律，第一批经济周期研究者之一克莱蒙·朱格拉在1889年宣布9~10年的中周期规律性存在，即"朱格拉周期"；1923年，美国经济学家约瑟夫·基钦在其

---

① 拉菲·巴特尔. 世界大趋势：影响全球进程的社会周期律[M]. 刘纯毅，译，北京：中信出版社，2010.

《经济因素中的周期与倾向》一文中提出大周期与小周期，小周期平均长度约为 40 个月，一个大周期包括两个或三个小周期，这被称为"短周期规律"，又称为"基钦周期"；1925 年，苏联经济学家康德拉季耶夫在《经济生活中的长波》一书中提出平均长度 50 年左右的长周期规律，被称为"康德拉季耶夫周期"（又简称康波周期）；1930 年，美国经济学家、统计学家、诺贝尔经济学奖获得者库兹涅兹出版《生产和价格的长期运动》一书，提出长度为 15~25 年不等、平均为 20 年的长波周期，被称为"库兹涅兹周期"；1939 年，美籍奥地利经济学家熊彼特在《经济周期》第一卷中对各种周期进行综合之后认为：每一个长周期嵌套着包括六个中周期，每一个中周期包括三个短周期；其中短周期约为 40 个月，中周期为 9~10 年，长周期为 48~60 年。他以各个时期的创新为标志，划分为三个长周期：第一个从 18 世纪 80 年代—1842 年为产业革命时期；第二个从 1842—1897 年为蒸汽和钢铁时期；第三个从 1897 年开始为电气、化学和汽车时期。熊彼特宣称，长、中、短几种周期并存并相互交织。第二次世界大战以后，西方国家奉行凯恩斯主义，对国民经济实行较大程度的政府宏观政策干预调节。几十年来，西方发达国家国民经济的主要变量很少出现绝对下降和同方向下降的情况。同传统经济周期相比，现代周期呈现出三大新特点：一是经济衰退的时间缩短，波动频率下降；二是经济衰退主要表现为增长衰退，即增长率滞缓而非绝对量下降；三是经济波动出现结构性裂变，即某些领域正处于萧条时段时（如纺织业、钢铁业、机器制造业等），另一些领域出现繁荣景象（如国防工业、汽车、计算机、生物医药、信息产业等）。顺着熊彼特的创新周期进一步延展，回望 20 世纪 90 年代—21 世纪头 10 年，信息技术的主流化带来了科技革命发生，移动通信、互联网、云计算、大数据、AI 人工智能、生物技术等，已经给人类启动了新一轮周期性颠覆。

时至今日，自然界一种典型的周期性存在"生物钟"的概念已经尽人皆知，有关生物时差的研究反映了万物的生长韵律。在 1998 年 1 月前后，美国康奈尔大学发表研究报告进一步揭示：阳光不仅像以前认为的那样通过眼睛进入血液，而且可以通过皮肤进入血液，它们可以用来重新调节身体内部时钟。这是不是继植物光合作用之后的人类机能新发现？几乎同期，耶鲁大学医学院精神病学副教授丹·奥伦同样研究发现：血液是光线的信使，人类可以通过眼睛和皮肤吸收阳光；在罹患季节性情绪失调的人中，大部分人是因为血液没有吸收到足够的阳光。医学界认为，在通常情况下，人类大脑左右两半压力差不多大，但在对月亮敏感的人当中，右半部分大脑的电磁压力大约在满月前两天会增加。其结果是，涉及者情绪不稳，容易激动。在原始民族中，妇女总是在满月时排卵，在新月出现时来月经。这种自然周期一直保持到今天。不同的是，在今日这个被人工照明和霓虹灯包围的世界里，人们的生理周期似乎不再统一受到自然的控制。尽管如此，许多妇女仍然会因为月光的变化而产生较大的情绪波动，她们一时喜欢安静，不思进取，之后却又感到充满力量。医生建议，对月光敏感的人在满月时不要工作太紧张。放眼我们所身处的广阔世界，周期性无处不在：潮汐与日升日落、一个星期有7天、一年有12个月、四季更替、地球温度变化、股市指数波动、美国民众大约每隔7年搬一次家和每隔4年一次总统选举、每次迈入中期选举股票市场进行一次较小的调整、每隔10年有一次剧烈震荡，并且往往发生在每10年的头两三年，每40年的人口周期和30年的商品价格周期……

从一般意义上说，所谓周期，是一种相对于趋势发生偏离与回归的现象，而理解和驾驭周期的基本出发点，是首先能够区分周期与趋势。而其中的关键难度是要理解，所谓趋势也许是另一种更长时间、更广袤空间下的周期。大多数普通人很容易陷入一种错误的简单化直观感觉：以直线形式进行线性规划，而现实进程是以无处不在的周期中以"指数—对数"形态呈立体螺旋形发生的。欧洲14—16世纪文艺复兴时期一位在数学领域的达·芬奇式中心人物、意大利比萨城的斐波那契（Filius Bonaacci），将阿拉伯数字和位值进位系统导入欧洲，并以兔子繁殖数目为问题，提出了斐波那契数列。其中两个最引人注目的性质：首先，每个斐波那契级数项都是相邻的前两项之和；其次，每个斐波那契级数项与它相邻前一项的比值，间隔地大于或者小于黄金比率。斐波那契序数列的几何学方面的空间特性，则展现出黄金螺旋线。这一黄金螺旋线广泛地出现在海螺、松球、动物角和植物种族排列形态中。举例而言，植物界存在着许多螺旋生长现象。例如，攀缘植物中的五味子，其藤蔓是左旋即按照顺时针方向缠绕向上生长；锦葵、蛇麻草、菟丝子也是左旋生长；就连一些高大的乔木树种，例如，我国贵州惠水县七里冲有一片多达万株的松林，竟然不论大小无一不是按顺时针方向螺旋状扭曲生长，因此被当地人称为"旋松"；与之相反，牵牛花花茎一律沿着逆时针方向盘旋而上；当然，也有极少数植物，如葡萄，却是靠卷须缠住树枝，方向可以忽左忽右。生理学家认为，植物螺旋结构是由于植物体内一种生长素遗传在控制其器官（如茎、叶等）的生长。这种遗传极有可能与地球两个半球有关：远在亿万年前，攀缘植物为了获得充足的阳光和良好的通风，紧紧跟踪东升西落的太阳，漫长的进化选择过程使它们形成了相反的旋转方向，而那些起源于赤道附近的攀缘植物没有固定的旋向，便形成了左旋和右旋兼而有之的植物种类。由此，科学家进一步推论：右旋植物起源于南半球，如牵牛花等植物的祖籍在阿根廷；而左旋植物起源于北半球，如五味子、松树等祖籍在中国。英国科学家科克曾经将植物生长的螺旋线称为"生命的曲线"[①]。回到斐波那契数列，它反映了生命繁衍和自然生长的规律性，其主要特征是呈对数增长，是自然界万千生长现象的某种数学描述特例。非但如此，斐波那契数列也同样出现在太阳系的排列中——行星中不止月球一个和其他行星之间的距离为斐波那契数列，并且与之相似的数字关系也存在于诸行星和太阳的距离之中。今天，这一规律也在用来研究商业循环周期——身为市场周期主体的"人"。人们自然而然推测，商业循环周期是否也与斐波那契序列有着某种特殊必然的联系。

我们每个人往往会根据自己的生命周期做出合乎逻辑的决定，以应对生命中即将到来的不同阶段，例如，教育、婚姻、抚育后代、职业生涯迈

---

① 侯本慧. 市场螺旋周期分析与应用 [M]. 北京：航空工业出版社，1998.

向顶峰、中年危机以及退休老年。然而，一个被人们忽视的不争的事实是你的生命周期和经济与社会的生命周期很可能步调并不一致。无论是个人还是企业组织，我们不得不面对由此带来的巨大影响：阶段转换时的剧烈震荡。美国著名乡村歌手吉米·迪恩歌中唱道："你不能改变风向，但是可以改变你的船帆并到达目的地。"在这一艰难的航行过程中，智者终归难能可贵，人们只有认识到周期巨大力量的客观性存在，才能真正从更广袤的时空角度预见即将到来的繁荣与萧条的涨落，并为之做好在心态、结构、资金流动性等各方面充分准备，以应对好、利用好每一次机会。其中最为荒谬而诡异的是，当下面临最大风险的人，极可能是这一轮泡沫中获得好处最多的人（即既得利益者）；而过去曾经最有效的思维方式，正是当下错误的最主要根源。一句话更透彻地揭露了人类的认知局限：历史给人们最大的教训是人们很少从历史中吸取教训。

不论是个人、企业，还是国家，人们普遍都不得不寻求深谙趋势并足以穿越周期的应对之道，例如，企业组织生命周期曲线、产品生命周期曲线、投资周期黄金分割曲线等基础概念。但就根本而言，我们可以从康德的哲学名言"密林高且直"中获得某种启发：在越来越趋向比拼生存资源和生长能力的时代，低矮灌木将大概率失去生存空间，高大粗猛的树木将更加挺拔垂直。其中隐含着对"什么是稀缺资源"的重新定义。特劳特定位理论认为：顾客将越来越掌握选择和购买的话语权，而顾客心智认知中的注意力，将会成为产业链组织最稀缺的资源，即心智资源。市场竞争正如康德所言自然界中的密林，在争夺阳光资源向上而生的过程中，只有又高又直、分枝不多才能抢先具备生存权优势。换句话说，正是阳光的牵引，才引导和胁迫企业成为高且直的参天大树，不至于因为横向开枝散叶而耗散资源，而那些被它的树叶遮住的乔木和灌木林，都将会因为缺乏阳光资源而枯萎，并变成沃土反而成为滋养。正是基于这一点，定位理论将抢先占据认知优势，成为心智首选的核心课题，并将之预设为战略定位的核心任务。真正解决这一核心难题的起点，正是看清楚人们大脑认知中心智资源的周期性变化属性。

定位原理
创建认知优势的根本出发点

不论从邓宁—克鲁格效应、罗杰斯创新扩散理论、嘉德纳技术—市场曲线等理论模型，抑或行为经济学以颠覆传统经济学"理性人"假设而提出"有限理性"前提，人们将认知心理学、认知神经学基础学术成果越来越多地应用于工商业和社会治理活动。其中，在既有周期性波动、螺旋式发展、波浪式推进的四维时空曲线叠加演化进程中，深藏于结果现象之下的，正是心智认知曲线的周期性推动力，即认知周期。它所带来的从初认知到常识化，再到更新与迭代认知，就是认知曲线的不同演进阶段。其中的基础依据，是人们将数据信息变化注入大脑算法，从而不断建立假设、验证假设的周期性循环往复过程。那么，作为新定义下的稀缺资源——心智资源究竟是如何发生作用的？定位与重新定位。正是借助定位的方向性、战略性调整，企业朝着顾客心智认知趋势演进的方向调整资源配置。尽管战略定位并非企业运营本身，但作为战略前瞻的引领作用，在企业组织由业务运营和管理支持组成的两条双螺旋互动结构化运动的中轴线上，无时无刻不产生由内而外的内生影响和巨大推动力。

以罗杰斯创新扩散理论为例，作为一种被个人或其他采纳单位视为新颖的观念、实践或事物，要想进入对象的大脑心智认知，应具备便利性、兼容性、复杂性、可靠性、可感知性和相似熟悉度等要素，在革新者、早期采用者、早期追随者、晚期追随者和落后者五种群体先后顺序排布过程中，都将经历被人们了解、兴趣、评估、验证，直至被采纳五个阶段。从第一印象、印刻原理、首因效应等心智运行基础特性出发，任何代表心智认知成果的新观念、概念、判断、假设或结论等的形成，都将无法逃避每个阶段的显著挑战。例如，初认知期第一印象错觉放大化、怀疑期的假设与验证、常识期的相对客观理性、认知疲劳期的过于平淡、变换期的信息更新与认知迭代等重重挑战。

其中，初认知阶段以初步了解为目的，它意味着人们刚开始接触到新技术和新事物，因此知之甚少，而发生兴趣之后，倾向于渴望并寻求更多的信息，并形成自己的初步认知假设。在这一时期，认知呈现极致化的好与坏、真与假、喜欢与厌恶、适合与不适合等，清晰而强烈的二分法判断将大概率偏离真实。不可避免地，被认知对象在初认知阶段可能非但没有被接纳和喜爱，反而陷入被厌恶和否定的负面低谷。随后，评估及验证阶段的任务主要是联系自身需求，考虑是否信以为真并采纳前期假设，审慎考量是否适合自己的情况。以上过程可能往复多次，人们充满忐忑地穿越初认知阶段的波峰或波谷，直至最终决定采纳或者不采纳，并从此形成认知常识，甚至终生难以更新。不论是对认知主体方，还是作为信息提供方而言，无时无刻不在面临生与死的焦灼炼狱，这一点在某种程度上并非简单的买方市场或卖方市场局势可以大而化之。

总之，随着时间的延长，新信息在社会系统的各种成员间传播扩散，这一过程可以用一条 S 形曲线，以及延续推动一条新 S 形曲线来描述。每一条发展曲线都隐含着起始点、临界点、驻点、顶点、拐点等里程碑式的关键节点。创新扩散理论进一步指出，创新事物在一个社会系统中要能继续扩散下去，首先必须有一定数量（通常为目标人口数的 10%~20%）的人有兴趣了解并采纳。当扩散比例一旦达到临界数量，扩散过程便就此起飞，随之进入快速扩散阶段。当系统中的采纳者再也没有增加，采纳者（绝对数量）或采纳者比例（相对数量），就意味着该创新成果扩散到达某个饱和点（saturate point）。信息扩散过程总是借助一定的社会网络进行，而大众传播和信息技术能够有效地提供相关的知识和信息，在说服人们接受和使用方面，实物现场体验与人际交流则显得更为直接而有效，当然最佳途径是将两者结合起来加以应用。

在众多产业实践中，除了人们对身处周期世界不够重视，甚至以自我一以贯之"我能行"对抗外界环境周期轮转力量之外，另一个显著的谬误是对第二曲线、开创新品类等战略思维工具的字面化狭隘理解和简单化应用。这一谬误首先发生在内外部认知上，其次表现在外部认知力量对内部认知与关键运营行为的引领性、连续性方面，此两者直接导致因果关系倒置的现象经常性发生，以及对伴随因果转化中的时间滞延和空间位移两方面缺乏必要的洞察。

所谓连续性，意味着基于现有状态下进行改良的渐进式创新，以及基于完全抛开现有约束条件的突破性创新——颠覆。一方面，同时考虑到改良和颠覆两种方向的可能性才是在逻辑上完整而周延的；另一方面，不论是针对意识与认知层面，还是实物与运营层面，保持能力、资源、文化、信息、组织的相对连续性、协调性和可预期性，甚至对出乎意料的意外事件中的成功与失败、如意与不如意、阻力与推动等关键但又具体细微的现象变化，都是领导者需要反复多维权衡的。在这过程中，理论的传播者往往出于自身利益更加侧重于引向极端，而理论学习者又容易被炫目一新的未来光环所吸引。只有那些变革经验丰富、为中长期整体利益负责、观念与习性温良中正的领导者，才能时刻保持清醒。否则，只有在进入执行阶段猛然回头时，才被发现从一开始便给自己埋下了难以回避的陷阱。

所谓引领性，是人们并未意识到信息社会、信息技术、知识经济等的本质在于"信息"二字，而非技术或其他。美国数学家、信息论的创始人克劳德·艾尔伍德·香农（Claude Elwood Shannon，1916—2001）首次证明：熵（entropy）与信息内容的不确定程度有等价关系。"熵"曾经是玻尔兹曼在热力学第二定律引入的概念，我们可以把它理解为分子运动的混乱度。香农将统计物理中"熵"的概念，引申到信道通信的过程中，从而开创了"信息论"这门学科。香农指出：人们只有在两种情况下有通信的需要。一是自己有某种形式的消息要告知对方，而估计对方不知道这个消息；二是自己有某种疑问要询问对方，而估计对方能做出一定的解答。这里的"不知道"和"疑问"，在一般情况下归结为存在某种知识上的不确定。对于第一种情况，是希望消除对方的不确定性，而对于第二种情况，则是请求对方消除不确定性，所以通信的作用是通过消息的传递，使接收者从收到的消息中获取一样东西，因而消除了通信前存在的不确定性。这种东西就是信息。因此我们有理由给信息下一个明确的定义："信息就是用来消除不确定的东西。"进而我们合理地推断：通信后接收者获取的信息，在数量上等于通信前后不确定性的消除量。

从词汇量的增长可以看出，人类对信息的处理呈现出不断专业化、细分化的裂变趋势，其结果是推动了认知构建与更新的过程更快速生发和湮

第十五章
战略定位五要素

灭。一切内部运营行为的转向与革新，首先必然发生在认知和观念层面，而且随着企业未来价值对顾客选择力量的依存度不断提高，外部牵引内部的基本作用力关系，势必成为更广谱的基本事实。无论如何，这些过程都是伴随对信息的加工而进行的，这种加工又在质料和形式两个方面形成有机结合。其中，质料即是数据与信息，而形式即为算法与逻辑。信息社会中人们的行为方向，总是受到信息所带来的价值所牵引。显著有别于实物价值的是，信息价值经济学模型的基本特点在于：研制（即创意和创造等创新）和生产（即描述、传递和更新等）成本很高，但复制成本极低。换言之，信息作为某种价值产品的前期固定投入要素的成本很高，但追加生产和分享消费的边际成本很低。这意味着信息生产的固定成本绝大部分是沉没成本。这种成本结构有着非同寻常的意义。例如，它可以让"以边际成本为依据"的定价原则不再继续起作用，并直接引导出"价格等于边际成本"的传统供给曲线已经不再适用。互联网世界在"网络效应"（即一种产品对于用户的价值取决于该产品所拥有的用户总量）机制之下，导致用户数越多，拥有该产品的某个用户所能获得的效用越大。这显著加重了建立认知对不同阶段节奏感的要求——有时"急不得"而有时又"慢不得"；有时"停不得"而有时又"动不得"。

如果回到信息的价值，这是一种对信息的公知共识程度，即是否成为"常识"给出的价值计算，也是对初认知阶段的"首因效应"，以及认知难以改变刻板印象的经济学解释。如果换成更为通俗的定位语言描述：一方面，信息一旦被人接收和理解，即认知一旦形成，其价值便立刻坍缩，也即俗话所说的"当大家都知道是个机会，就已经不再是机会了"；另一方面，信息的功用是帮助某种具有更高优势的认知在尽可能广泛的范围内形成共识，即常识化，公众的常识化程度越高，这一认知的战略价值就相对越高。回到战略定位的基本定义"更高认知优势的概念及其创建过程"而言，心智资源的价值创造过程，就是通过定位与重新定位（即信息数据更新和逻辑算法更新）对认知优势（即顾客价值感）不断提升的过程。到现在为止，你还怀疑信息对于构建与更新内外部认知，以及外部认知对于

> 定位原理
> 创建认知优势的根本出发点

内部认知和关键运营活动的引领性吗？

一言以蔽之，对于周围世界的周期性力量产生深刻感知，以及信息社会中认知周期对运营行为的引领性作用，我们需要保持足够的敬畏和深刻理解。只有在意识和观念上彻底理解信息社会，才能在方法上随之真正得以落实。也只有在更为底层的奠基性、稳定性和可靠性上找到洞察的依据，企业战略的前瞻性才不至于流于无端猜测、主观臆断或一厢情愿。定位理论之于战略制定的作用机制，正是在这样的前提背景下展开的：在趋势性力量整体上由资源端向生产端再向消费端周期性传导的过程中，人类在生产端以技术与工具创新最为凸显的知识和认知能力显著区别于万千物种并意图主导生态链，其中理性部分对于制定实际政策、平抑波动带来的生存威胁起着重要作用，而心智认知运行中的感性部分（例如情绪化），则进一步加大了周期性变动振幅的波峰波谷之间的落差。

随着一切资源的供求关系从供不应求发展到在越来越多领域已经供过于求（更准确的说法是"供应过度的同时有效供应不足"），竞争甚至过度竞争成为核心难题。相应而生的是经典学院体系以迈克尔·波特为代表的早期定位学派，在关注竞争优势中的内部及产业链运营优势上成为里程碑。随着核心命题从资源端向消费端传导，消费端成为越来越重要而持久的外部因素，由此以杰克·特劳特和艾·里斯提出定位理论开始从竞争优势中进一步细分为内部运营优势和外部认知优势，并专心以存在于顾客大脑心智中的外部认知优势这一未来主导力量为切入口，深入揭示其中的底层逻辑和运行法则。实际上，早在资源相对充足，以及后期的供不应求，认知行为要素以及认知优势关系从来都不曾缺失，但因为并非主要生存矛盾而不那么凸显。

今日与未来，当我们将关注重心从内部运营效率与优势，转向外部认知效率与优势，并以此为轴心整合与统领企业及产业内部一切资源与能力时，关于心智认知的底层逻辑与运行原理，其重要性、迫切性和确定性已经成为必然趋势。

二、机会

什么是机会？就其目的而言，机会中潜藏着经济价值和社会意义。人们在创造财富利益的同时，也在以言行表达自我、影响他人、反哺社会。追求机会并不等同于机会主义，相反，战略性机会是以克制为前提，而不是以贪婪为常态，而机会主义者通常较少顾及一己私利、短期收益之外的其他价值和意义。

就功绩大小而言，战术级成功与战略级成就天差地别。后者可以在利益自我个人的同时惠及整体全局与人类灵魂深处，而前者只能功利一时一事、一人一面。从时间角度看，不论是三年、五年，还是八年、十年，行业周期和业务性质不同，变化节律可能不同，但其中的本质寓意相同：十年磨一剑——越是战略级成就，越需要时间复利效应的加持。就概率角度而言，可以分为营销机会和战略机会。相比而言，营销机会寻求可能性，战略机会寻求确定性，毕竟战略直接牵涉将身家性命和时间精力配置在哪个战场或什么赛道上。

为了清楚回答战略机会难题，企业战略规划者通常困惑于以下问题：

（1）顾客需求是不是一个明确市场、空间是否足够大，是否应该细分顾客群体。

（2）市场份额上的最大竞争者是谁？如何与之形成差异化运营优势。

（3）应该在当前赛道走规模化模式，还是个性化、整体解决方案模式，或者转换其他赛道。

（4）从产品和服务的档次和价格区间看，究竟是做高端、中高端，还是平价或者奢侈。

（5）究竟是以生产制造为主，还是以服务为主，是否按照相同商业模式比较容易资源共享。

（6）赛道对能力和资源要求及其发展变化，是否在企业可以承受的范围之内？

（7）企业战略如何有序推进和安全转型，等等。

解决问题的关键往往在问题本身——大竞争时代，战略定位已经成为以上问题之前的问题，并且是前提的前提。战略定位的方法论主要基于定位学派近现代三大重要人物的两大理论：杰克·特劳特、艾·里斯的定位理论和迈克尔·波特的竞争战略理论。相对而言，由特劳特和里斯开创的定位理论之所以有其先进性、前瞻性，是因为在波特经典竞争战略理论基础上，向前叠加了顾客心智认知视角，而不再过于侧重产业链、企业运营角度考虑战略问题，从而推动了战略重心进一步向顾客端前移。未来竞争越发激烈，外部顾客选择的力量必将更大限度地牵引公司内部运营。因此，战略研究将必然以外部顾客心智中的认知优势为出发点来设计和规划战略定位机会，而不是仍然主要以公司和产业内部力量为重心。这更加符合"机会源于外部"的基本原则。尤其是针对C端消费品牌业务，顾客认知的引导力量与产业链内部力量相比，具有更为关键的推动力和决定性，因此企业发展对顾客端心智认知的战略依存度将更高。

自此，传统广义的战略及定位概念与本书所言的狭义定位原理——特劳特和里斯开创的定位理论相比，已经出现显著区别。原有生产工厂、营销渠道、网络信息与购买平台等退为基础背景，真正终极战场和竞争赛道转向预期顾客的大脑心智认知中的万千分类。由此延伸开去，战略机会涵盖市场生意机会和心智认知机会。两者虽互为因果、彼此成就，但本质上的顺序：心智认知机会牵引市场生意机会。不论是宏观经济与社会周期，还是中观产业周期，抑或是微观企业生命周期，都应该在原有理解基础上添加心智认知的因素和视角——在人类时空观念中，心智认知天然具有前导性、先决性和两极化效应，它影响着周期变化的竞争强度、烈度、区间长度、变化斜率和拐点暗示。如果说，离开周期谈机会是无源之水，那么忽视心智认知周期对定位机会的意义，则是十足的南郭先生。

企业要想探询正确而合适的战略定位机会，通常需要在符合以下三大正确的基本原则前提下进行，三者缺一不可：

第十五章
战略定位五要素

（1）信息来源适度正确；

（2）责任主体角色正确；

（3）推理逻辑方法正确。

它包括五个要素需要同时考量：

（1）周期；

（2）机会；

（3）路径；

（4）节奏；

（5）转折。

人们主要围绕四个角度展开假设与论证过程：

（1）市场参与者在顾客心智认知中的分类，包括品类分类和品牌分类；

（2）顾客消费习惯中的功能需求与心理需求；

（3）竞争强度与烈度；

（4）资源和能力的储备与后援等。

并且基于以下概念角度做有机结合：

（1）把需求和竞争（即顾客的另一种选择）这一组"供需"角度相结合；

（2）把心智和生意这一组"虚实"角度相结合；

（3）把当下与周期这一组"长短"角度相结合；

（4）把内涵和外延这一组"词物"角度相结合。

（5）把资源与能力和预期战果这一组"真妄"角度相结合。

具备认知优势基础的战略定位机会，最终可以通过以下四层筛分机制进行逐级评估：

（1）第一层筛分，关于"规划"（即我们要什么？）；

（2）第二层筛分，关于"需求"（即顾客要什么？）；

（3）第三层筛分，关于"竞争"（即相比其他产品好在哪？）；

（4）第四层筛分，关于"心智"（即本产品是哪方面首选？）。

正是借助这一层层更符合心智规律、竞争趋势的筛选评估机制，企业可以找到真正具有护城河更宽更深、意义更重大、更具确定性的战略机会。最终，企业也可以从两个对立统一的角度反观检验定位结论是否成立。

第一，从顾客需求角度出发，正确的问题是"在顾客心中，我们的产品及服务等同于什么概念分类？"

第二，从企业运营角度而言，正确的问题是"五至八年后，我们可以在哪方面做到远超对手？"

战略定位的推理逻辑和所秉持的方法论，更多体现在建立假设和验证假设、证实与证伪的循环过程中，主要包括但不限于以下四种方法：

（1）数据与算法；

（2）市场事实验证；

（3）行业资深专业人士经验；

（4）基于战略和定位原理的逻辑推理和预判。

首先，数据与算法可以包括宏观、行业、企业、竞争者等各方面数据，依据若干经典战略分析工具展开验证与推理，这是传统战略规划者的基础长项。但就目前中国市场统计数据和算法的精确程度而言，并没有达到可以直接拿来应用的程度。更何况每一组数据的背后，都无法回避地存在统计学和认知模式上的诸多结构性缺陷，也充斥着不同分析专家难以解密的隐含意图和价值倾向性。

正因如此，需要增加后续其他方式加以正向或反向验证。例如，花费主要精力和时间去做市场事实验证、专业人士访谈、典型案例实证研究等。对于重要议题和疑惑，甚至还需要进行二次、三次的补充深访。传统战略咨询效果不彰通常受制于以下因素：数据统计并不周全也无法穷尽，加乘及加权算法本身也不够严谨周密，案例研究时过境迁、各有角度……定位研究中的市场调研主要针对目前还没有成为主流的潜在趋势性事件，因此必然暂时只是小概率、小数据。传统消费者研究的问题在于：对于尚未发生的事情，怎么可以通过概率式问卷统计出来呢？对于战略定位而言，相对于已成现实主流大数据，那些小数据统计、小概率事件，具有更为重要的参考价值。德鲁克称之为"正在发生的未来"。此外，资深专业人士的趋势预判，也会有助于感受未来发展趋势，但研究者的关注点仍然应该集中在导致专家认知形成的依据及其过程，而不是仅仅围绕结论人云亦云或简单平均化。不可忽视的是，影响大众认知的主流网络媒体、头部自媒体、热播生活剧、家庭剧、商战剧中的镜头场景和观念表达，都是引导潮流需求和认知走向的要点之一。虽然我们不能就此断言，一切真相都是由胜利者书写的，但企业必须意识到，真理总藏在人们心智认知的既有常识及其变化中。需要再次特别强调的是，战略定位是针对未来做出预判，为了预判尚未发生的事情，企业家应该更加关注"业已发生的未来"的小数据，并洞察当前正在发生的小概率事件，及其是否有成为未来主流的大概率、大数据的可能性和确定性。从这个角度而言，和错误的一致结论相比，过程中的严谨所带来的不同意见显得尤为重要。

对定位研究者而言，相对于既成事实的行为数据，潜藏于消费顾客心智认知中的观念集合，更适合作为前导性、决定性和建设性创新的有力依据，并最终可以以心智份额、心智地图、选择阶梯等模型图加以呈现出来。数据信息的具体获得方式是在街头拦截、小组座谈、入户深访等传统研究方法基础上，更进一步针对预期顾客展开心智洞察。可能涉及的基本指标及要点如下：

（1）不提示第一提及率。即顾客在较短时间内第一反应说出口的分类名及品牌名。考虑到心口先后次序不同步、不一致的实际情况，可能需要忽略个体差异，只需寻求概率层面的总体排序。

（2）提及品牌联想关键词。即当提及主要竞争参与者的品类及品牌名时，只需略做思考就能脱口而出的主要信息、感受、理解和判断，不涉及答案的对错与否，也不直接涉及最终购买与否。

（3）品类属性关键词。即当提及具体品类时，基于产品及服务本身的主要诉求和期望做好的若干方面。这意味着就其个体而言，日常中某一方面显得更为重要或更加急迫，但并不代表整体顾客群心智认知中的重要性和急迫性。

（4）品类关键属性第一品牌联想。即在若干重要品类属性诉求之中，每一特性所对应的最符合期望的品牌分别是什么。不需要涉及全部属性，也不需要每个属性都能找到相对应的品牌。

（5）品牌定位信息到达率。即在无提示信息反馈基础上，进一步深入追问主要竞争参与品牌的联想关键词。从提问顺序而言，不宜与之前不提示状态下的问题合并或放在一起，主要作为反证的依据使用。

（6）新品类、新品牌、新特性提及率。即不论是潜在客户还是既有客户，曾经购买过哪些同类替代产品、性能或功能互补产品，以及其他相近、相关产品，及其具体品牌和特性的第一联想关键词。

需要特别加以说明的是，在心智地图上所标注的每个品牌及其特征信息，并不是在阐述各公司的业务是什么，而是呈现主要竞争品牌在顾客心智中已经成为哪方面的首选。举例而言，如果用文字或公式大致可以描述：在顾客心智中，欧派＝中档价位＋知名品牌＋橱柜首选＋现在主推全屋定制……这意味着，某些品牌已经做到显著代表某个品类的程度，或者代表某方面特性（即同一类别中某方面属性）做到了公认的最好。在极致情况下，品牌可以与品类或特性画上等号，甚至用品牌名指代品类，或者将品牌名作为动词使用，甚至主动为品牌或核心品项善意地取一个外号或小名等。这本身就是品牌在顾客心智认知中强大程度的具体体现。总之，在定位话语体系中，心智地图并不是指业务地图，只是它不是用文字写得更具体，而选择以图示更为直观地呈现出来。

市场生意机会和心智认知机会，并不是决然二分的关系，而是一体统一的——认知机会处于前导位置，自然生意机会可以跟进。如果没有认知基础，并不一定毫无生意机会，但可能是小概率、不稳定或不必然事件。在战略意图上，定位要考虑的是：在顾客心智中成为某种分类（如类别与属性）的首选。如果在既有成熟品类中已经机会渺茫，那么可以转而通过在属性上建立差异，在专业化上打一场漂亮的游击战，甚至侧翼战奇袭。关键在于，先获得某方面的认知首选以此为根据地站稳脚跟，然后才能有向全品类反攻的机会,也有利于构筑起包括组织以及上下游供应链的总体运营效率门槛。在心智认知中的分类位置越强势,收割市场生意的机会的潜力就会越巨大。当然在过程中,不免会涌入各种订单生意机会,但企业要非常清楚,这并不一定是主场机会来临,而可能只是"搂草打兔子""顺手牵羊"的小惊喜。只有在某种特有属性上的专业化价值公认可信度之后,才有能顺带解决便利性或者一体化解决方案等交易效率问题的机会。那些不具确定性的偶发性订单"小确幸",并不足以支撑长期业务经营和企业发展。与此同时,一旦分散精力,极有可能在自己最擅长、暂时竞争强度和烈度不高的领域丧失构建内外优势的机会。俗语说得好:一头失手,两端尽失。总之,战略定位更多寻求的是不是短期市场生意机会,这是营销要考虑的内容,品牌和战略更应该考虑中长期心智认知机会,更应该关注购买者心智认知中的根据地和护城河。

参考自古战争经验及军事原则,定位理论形象化地提出四种典型战役形式,即防御战、进攻战、侧翼战和游击战。《商战》一书强调,市场上100家企业中,通常只有一家有资格打防御战,两家打进攻战,三家打侧翼战,其余绝大多数品牌只有资格打游击战,而且每一种战役形式都是有它必须具备的前提条件和相应具体打法。通常而言,只有顾客心智中的领导品牌有机会打防御战,只有强大的第二品牌、第三品牌才有机会和资格打进攻战,绝大部分企业只有选择侧翼战和游击战的资格和机会。侧翼战和游击战的首要都是找到自己在顾客心智中的根据地,无本之木的品牌即使能够获得短期生意增长,如果不能在顾客心智中成为某方面首选,品牌并不算真正构筑起了护城河壁垒,这是定位带来认知优势的核心关键。它与企业内部管理的运营优势、经销链与供应链上下游协同优势叠加在一起,由外而内地构建起在顾客若干选择者之间的差异化优势集合。

实际上,不论哪种战役形式,企业间竞争都需要遵循以下基本原则:

(1) 接纳并顺应顾客心智认知中强大的对手;

(2) 寻找小到足以占据的心智根据地;

(3) 集中有限资源才能打赢关键战役;

（4）寻找竞争强度和烈度相对较低的切入口；

（5）相对于战役形式，有足够资源储备作为支撑；

（6）利用对手在心智战场上的错误和失误乘胜追击等。

无论如何，选择何处作为终极战场（即在顾客心智中的分类机会），如何界定产品与服务的属性差异，包括在多大范围的实际区域展开竞争等，都是战略定位的先决性问题。领导者、领先者相对更有犯错的本钱，但如果身居后位仍然不自量力，高估自身能力和资源，低估竞争者的心智认知优势和运营能力与资源储备，直接贸然杀入红海战场，必然得不偿失。

侧翼战和游击战是绝大多数企业的最优选择。但是，无论侧翼战的奇袭，还是游击战的灵活机动，既是资源与能力优势相对薄弱情况下被迫的战略战术，也是应对当下及未来竞争局势的主动选择，更有可能必须针对别人没有做实、不愿意做、很难拿下的硬骨头领域。随着某个新细分赛道越来越成为需求痛点，当下的根据地自然随之变得越来越重要，于是乘着先发优势，品牌将更有机会从局部市场拓展到开阔海域，甚至通过重新定位之后，反向占据整个基础品类。请切记：企业只有在具备稳固的认知优势根据地情况下，才能在需求赛道随着竞争者加入渐成主流时，储备好内部运营优势和外部认知优势，只有在双重优势叠加之下，才有真正稳固的一番天地。

特劳特多次提醒，市场生意山头的成败得失、你来我往是兵家常事，最终能够构成护城河的，是存在于顾客心智分类位置中的认知，以及以此为中心的一整套差异化运营配称体系。想要复制心智位置已属不易，想要复制运营动作，每多一个项运营差异，概率相乘之后的成功概率必会骤然降低。这就是战略护城河的价值。反过来，定位也要求每一次生意机会的累积，都要尽可能围绕将要去构筑的心智认知机会进行，并需要假以时日的定力，以及相应的资源规划。唯此，有限的知识、能力、经验和金钱的时间复利效应会使护城河更确定、更坚固，因而时间自然成为朋友。

企业不能只考虑现实规模或未来潜力有多大，还要看竞争的强度和烈度。市场生意规模虽大，但最终能够拿到自己手上的机会，大概率将会如何？这需要足够冷静，才能看透事实真相。因此，定位机会对战略节奏提出了要求，企业要把资源配置、运营能力这些方面的时间长短、响应快慢和力度强度，基本统一在同一个时空范围内，否则就会变成空想和臆断。世界在随时变化，在战略制定阶段，最高限度也只能做到从一开始就选择前瞻性预判的胜出概率更高、更具确定性的道路，其他需要在实际落实推进过程中基于定位原则灵活应变，这也是为什么资源规划需要有充分的战略冗余以供追击成功或压制竞争的根本原因。

企业还应该注意到，心智认知的光环效应普遍存在，但毕竟只有光源才是光环效应的根本归因，而光晕只是人们视觉的幻象。光环效应与生意机会的关系是生意有可能源于处于顾客心智中首选认知的联想词云中更为边缘性的词语。也就是说，光环效应带来生意机会更容易在以下两种情况下发生：竞争强度和烈度相对比较弱，或者品牌认知优势相对于其他竞争者显著更强。例如，当下全屋定制市场增长领先的企业，都是前期在橱柜、衣柜、吊顶、软装等领域具备认知优势历史基础的情况下的类别延展和市场收割行为。在这种情况下，作为后来者或后位者，能够争夺的生意其实只是被领先品牌遗漏的生意。领先者一旦腾出手来，仅仅依靠微弱力量就能把订单和顾客重新夺回去，并从此难以撼动。定位理论明确指出，正是市场弱者为既有强者提供了源源不断的能量供给。真正的生意延展和市场收割机会，是基于产品和服务的专业化价值、品牌价值感、类别领导者等光源照射之下的光环覆盖范围。如果没有强大的光源（即定位背后的差异化认知优势），想要获得生意机会，显然是一种因果倒置，必然大概率不可能发生。因此，企业真正应该追逐的标的物，应该是"心智中成为顾客首选的理由是什么"，而非直接追求市场生意结果，那是财务核算人员的职责。其实，对于那些意外而来的溢出性生意机会，是因为品牌在顾客心智中建立了代表性专业化价值感，于是顾客倍感放心地把更多其他需求交给品牌来满足。这是一体化、一站式、整体解决方案等衍生机会带来交易成本更低的本质。

另一个难题是，当期战略定位机会如何与企业长期文化更好地融合呢？企业从事某项业务的初心，是企业家和高管们自始至终必须面对的终极灵魂拷问，也是企业文化的核心。其中，既有眼前考虑，也有未来畅想；既有实际利益，也有精神价值；既有个人计较，也有组织权衡。简言之，大致包括以下五个方面：

（1）现实而言，存在可观的市场生意机会。例如在卖厨电的同时存在连带销售的需求机会。从历史数据回看，与厨房高度相关的橱柜、厨电等，确实在房地产蓬勃发展下增长空间巨大，且速度惊人。

（2）中长期看，打造强势品牌。例如厨电企业方太集团具备打造高价值、高势能终端品牌的基因。品牌机会背后起作用的是定位机会，即在顾客心智分类中占据一个首选位置。

（3）做大企业总体规模。从某种角度而言，规模大也代表一种势能优势，各事业部或子公司应该为集团超百亿追千亿提供支撑。

（4）寻求理念下的整体协同。例如，方太旗下各事业板块都是集团业务组合中的一部分，共同表达"为了亿万家庭的幸福"这一终极使命。

（5）弘扬企业文化价值。例如，中国企业在开拓并传承中西融合管理之道的最佳实践。

在顾客认知视角下，企业现实经营、远景使命，与当下的定位和产品服务并不冲突，反而是相互验证、协同增强的叠加态。经营活动的本质，是企业以实际产品与服务为媒介，打通顾客心智和企业文化的内外融合。正是战略定位成功"焊接"了内外两个关键点：

第一，顾客为什么选你？即在他心智认知中，意味着你在哪方面的价值感做得最突出，是心智中的首选。

第二，企业为什么要做？即体现企业文化的价值观、使命、愿景、宗旨等理念信条。

定位要求不论是内部运营优势，还是外部认知优势，品牌的价值贡献都能显著超越对手。正确而恰当的定位同时解决了"顾客为何买"和"企业为何做"这两个一般意义上看起来既现实又长远的悖论问题。

第十五章
战略定位五要素

在以上要素中，因果关系顺序应该是这样的：只有成功占据了顾客某方面心智首选的定位机会，企业经营规模上的"大"才能真正"强"，其在所在行业中的份额和利润才更有利于引导行业各美其美的整体良性竞争，向内在工作过程中将产品和服务背后的文化价值观植入每个员工心中，向外传递共有文化精髓和正能量。由此，企业上下只需心向一处，力出一孔，其他皆为因果必成。如果从反面推理，是否还有其他更适合作为核心标靶呢？极有可能没有。换句话说，其他的要素都是暂时的、形式上而非本质的、结果而非原因的、虚化而非实体的，因此不应该成为可供掌握的抓手。再倒过来看，有了其他要素，却没有定位在顾客心智角度的首选位置，显然不行。回溯初衷问题帮助我们进一步在存在价值和意义上做出深度追问和夯实，唯有集中指向最核心的命题，才能够在各司其职分工的同时，为整体做出一致性贡献，而不至于相互逻辑紊乱，带来资源耗散甚至内卷。这事关公司整体及各事业板块的未来，也最终必将关乎身处其中的每位成员的未来。

随着竞争强度和烈度的提升，市场参与者简单复制运营动作，以至学习曲线达到边际效用为零，进而陷入同质化产品战、渠道战、广告战、价格补贴战等，相对更稳固、难以推翻的是顾客大脑心智认知中的分类划分。认知决定行为，心智机会最终牵引生意机会。心智认知既是手段，也是目的，既是竞争的起点，也是竞争的终极战场。生意山头易得易失，心智位置先入为主、难攻易守，当然值得预留更长的时间周期，也意味着最终获得更大、更稳固的战略级成就。显然，这种意义上的定位机会，与波特时代的战略和定位概念相比，是战略型企业家看待问题的终极视角。

总之，企业从开始战略布局之前就应该首先考虑：在潜在顾客心智认知中占领哪个第一位置？即在哪方面成为顾客首选？原则上而言，如果已经深度参与、心智排名靠前，资源和能力后备力量充足，且志在必得，可以重点考虑在现有成熟品类中寻找细分品类或差异化特性的第一位置机会；如果参与程度尚浅，而行业竞争强度和烈度已经基本成形，甚至自身资源和能力显著不足以覆盖品类主流市场，则应该首先考虑细分新品类赛道，其次看成熟领域的差异化特性中竞争烈度相对薄弱的边缘位置机会。结合进攻和防守，如果想在成熟赛道上意图抓住心智认知某方面特性第一的机会，必然需要满足短时间内配置资源和能力的条件和要求。否则，一旦有效，就会被对手看见和加倍资源快速抄袭跟进，只会进攻而守不住是没有意义的资源消耗，应该从一开始就尽量避免。

有时，过早地把战略定位概念进行简单的内部测试即得出合适或不合适的结论，其工作流程本身就是不合适的。在经过转述之后，与战略定位推理逻辑和理解原意相差很远，被测试的人不但无法准确理解，而且很多背景情况员工只看执行层面，无法在战略层面简单得出一个共同的正确结论。因此，宁愿在详细讲解、答疑之后再做测试，并且也只能作为战略决策的参考，它的意义更在于预先了解新战略在实施过程中可能会遇到哪些阻力，以便事先解除，或及时应对。

三、路径

定位发展路径将揭示企业是如何一步一步从无名小公司走向成功，并构筑一个举足轻重的商业帝国的。这涉及如何看清所处的战略周期，何时应该转换战略赛道，以便完成若干重大转折等多个相关方面。成为顾客指名购买的第一品牌，或者某方面的优先选择，是开发心智资源的重大成果，而定位理论就是指导、护航的工具和技术。

第一阶段　认知凸显

定位的工作是帮助品牌在若干竞争品类和品牌中如何赢得优先选择，而关键是要给顾客一个简单、有效、强而有利的选择理由：一方面，它应该有利于顾客做出对你的企业更有利的选择；另一方面，也一定是你的产品和服务能够承受顾客实际验证的某个方面。

当听说某个品牌好时，人们会因为言说者的权威性而心怀好感，但并

第十五章
战略定位五要素

不会认定其为最佳选择，紧随其后"货比三家"的体验是对自己之前认知假设进行验证的过程。就一般认知模式而言，人们大多倾向于在强化自己之前的判断，而一旦缺少积极正向的信息植入，可能立刻逆转并挑剔地审视到：总觉得哪有问题!？因此，企业应该事先植入积极的认知预设，同时也要照顾到实际体验环节的方方面面，顺应人们自我假设、自我验证、自我强化的心理循环。那些不正确、不真实、起到负向作用的运营配称动作，应该尽可能早日得到修正和剔除。企业通过有效配置资源，把这个强而有利的理由深深植入顾客的大脑心智认知当中，让顾客在购买行动之前就带上更倾向有利于企业方的理解和良好的心理预期，我们称为"心智预设"。做到这一点的前提，是企业需要把战略观察点前置，将关注点安放在顾客采购行为之前的一系列行动机制——心智认知上，这样才能看到"正在发生的未来"。

敏锐地抓取市场生意机会，是成功企业家的必备特质之一，而成为顾客心智首选，并未见得足够为人所重视。企业家不宜在成功赢得市场之后过早地宣布胜利，否则企业的成长将被他们头脑里"市场第一"的骄傲心理天花板遮蔽住。殊不知，市场份额并不牢靠，极容易因为某一场战役的成败而易主，只有将品牌植入顾客心智认知，成为顾客脱口而出的首选对象，才能具备相对更深厚、更坚固的护城河。因此及时乘胜追击、扩大战果、纵深推进才是上上之策。这是定位开创顾客、创造需求的重中之重。

除此之外，不少企业家始终对"少即是多"抱有怀疑，他们急于在品牌旗下加入更多产品品项、产品类别，甚至更多业务板块，但如果从顾客和竞争的角度去理解就能发现：自己所能把握的机会少之又少。任何领域机会再大，但并不代表那就是你的机会，还要看是否在心智认知中已经被人占据。正如特斯拉创始人伊隆·马斯克说：你可以把鸡蛋放在一个篮子里，前提是这个篮子是由你掌控的，如果你不能找到自己能掌控的篮子，那无论放在哪个篮子里，你都是个受欺负的软蛋。我们也看到，已经越来越多企业家推崇做成某个专业领域的第一品牌，他们深切地理解到：整体再大，那是别人的，局部再小，那是属于自己真正可以立足并把它做大的

定位原理
创建认知优势的根本出发点

机会。

从定位强调认知的角度看，即使是市场排名第二、第三的企业，最终必然分别是顾客心智认知中另外某方面的第一。正因为无法跟强势占据全品类王者地位的第一品牌采取同样的策略，它们采取的是一种退而求其次的差异化战略路线。在顾客心智中，如果不能找到独特的差异化角度，人们会自然地认为那不过是一个首选者的备胎。长此下去，出于生存和发展的逼迫，这种格局极有可能把整个行业最终拖向价格战。当然，一旦时机合适，领导者一旦出错，其后的第二名、第三名将最有机会转变策略，将它所代表的特性或细分品类的影响力、重要性更进一步强调和凸显出来，借助原有强大的认知基础，如果运营接盘能够顺势跟上，便可以快速蚕食和接管当今王者的市场疆土，接下来就最有希望宣告天下：谁才是新的品类领导者。

在传统的商业理论中，成功的套路是更好的产品、更优质的服务，而定位理论认为，成功的关键是更好的认知。行业领先地位本身就是业务的一项最强大动力。如果不出意外，销量最大的品牌往往更容易年复一年地保持市场和心智领导地位。因为在顾客看来，公认第一品牌的产品应该质量最好、公司团队更强、技术最先进。市场话语权的力量不来自那些大而全泛泛的大公司，而是来自拥有强大单一认知的领先品牌。随着社会分工越来越细致，产品创新和迭代加速了专业化时代的到来。最佳商业机会属于那些懂得如何利用这些变化的企业——数一数二的专业化公司，而不是通才型企业。顾客更容易相信，只有专业化才可以确保产品品质，而某个领域的第一品牌产品一定比通才产品更加可靠。

除了对自身资源和能力做客观盘点之外，定位理论强调，如果不是以顾客认知首选作为基础，战略规划和目标设定就是出自最高管理层的主观想象臆断，那无异于把战略的大厦建设在松土流沙之上。因此，相较于原理、工具和技术，定位更是一种让企业高层管理者时刻保持"自下而上""由外而内"思维方式的战略理论。

如果企业的实际资源和能力暂时无法获得全局领先性优势，那么与其在宽阔战场上打一场胜负难料的多点拉锯战，不如选择收窄主攻战线，采取"局部滚动第一"的根据地策略，即先在局部区域市场、某个细分行业领域、某个产品线、某种特有属性等方面成为名副其实的领导者——不但市场份额位居第一，甚至超过第二名一倍或以上，而且在该区域的广谱认知中达到和保持第一。借助累积起来的认知优势和市场地位，企业便更有机会向第二批更大范围的市场区域、产品线扩展。采用这种因粮于敌、以战养战的局部优先战术，只需步步为营、稳扎稳打，每一次成功都为下一次更大范围战役创造有利条件，不需要经过几个回合，就能在足够规模的范围内夺得头筹。于此基础上，我们推崇德鲁克先生所主张的成果要求，它包括以下三个方面：

（1）收获经营业绩；

（2）收获团队组织；

（3）收获方法沉淀。

第二阶段　代言品类

第一品牌最强大之处，是有可能成为品类的代名词，不仅代表企业的产品，还将为整个品类代言。这样一来，人们想要购买某类产品时，就直接想到最具代表性的品牌了。但大多数的企业不愿意局限于一项业务或一个领域，而是追求尽量多的机会成为一家更大的企业。他们不够重视的是，一旦失去焦点，专家认知、第一品牌地位就有可能让位于对手。真正的战略高地，并不在市场上，而是在顾客的头脑中，即心智认知中的第一品牌。只是市场份额上的领导地位，企业并非一定长期安稳。即使是一段时间在份额上的垄断，也不能就此断言已经全面获胜。因此，一旦品牌在大脑心智认知中占据有利的地位，成功地在竞争中凸显出来之后，企业需要及时扩大认知成果，成为所在分类的代言人——在品牌与类别之间画上心智等号。

其中最直观的便是在顾客日常用语中，频繁地出现将品牌名指代品类名的现象，甚至将品牌名直接作为动词使用，专业上称之为"指代效应"。

例如，顾客在想喝凉茶时说"来罐王老吉"，但实际上他想要的品牌是加多宝或者王老吉，以及"百度"一下、"顺丰"一下、买台"吉普"等。这一类标志性的事件越是普遍，就预示着品牌的认知优势抵达了首选位置。当与品类和品牌相关的词语成为口头禅，或是一组信息成为认知常识，对心智首选品牌而言，意味着强势认知优势的护城河；而相对市场后进者而言，则标志着同一语义分类背后蕴含的商业机会已经彻底湮灭。

正因为心智难以改变，一旦成为心智中的指代品牌，将在较长时间内支撑企业的外部市场竞争力，这主要体现在两个方面：一是长期确保品牌处于优势地位，构筑防御对手进攻的"护城河"门槛；二是为企业各个方面的创新和转型赢得更多时间。如果把握得当，心智中具备指代效应的品牌，总是有更多的机会成为市场赢家，它们既可以通过自我攻击封杀对手，也可以通过复制对手的创新成果，或者兼并收购等形式彻底剿灭进攻者。

成为品类代言人随之而来将带来多项战利品，一方面是吸引更多潜在顾客始终关注品类和品牌，同时也进一步裹挟和蚕食其他可替代品类的市场份额。借助于突破原有品类的市场限制和认知边界，强势品牌可以成为满足同类需求的相近品类市场的临时托管人。除非某个专业领域的对手出现，会分走一部分具有专业要求的顾客，否则，托管现象将始终优先发生在具备指代能力的品牌身上。从这个角度上来说，并非顾客的需求决定了市场供应，而是恰恰相反，供应影响和决定了需求的被开发程度。至此，你还仍然认定一个品类的市场边界是固定不变的吗？

企业发展到这个阶段，如果具备恰当的运营接盘能力，只需稍微长一点时间，顾客的心智认知优势迟早可以兑换成市场业绩增长，而对企业伤害最深的莫过于多元化和品牌延伸了。我们不断重申，企业最好的战略就是不断深化自己的定位，以及拓宽市场应用领域，而不是过早地分散精力转向别的航道。强大的顾客认知具备一股不可阻挡的力量，它不但催生了更广阔的市场需求，还拉动企业向前滚动发展，给企业内部改善运营、组织变革、团队升级、产品研发等预留出足够宽的航道和更多时间。

第三阶段　引领升级

定位理论的显著功能之一是帮助企业家从顾客角度入手，不但拓宽自己的认知边界，与此同时，更重要的是借助于拓宽顾客的认知边界，获得一轮又一轮新的增长。为此，我们一方面强调：不要在不适合的时候过分追求增长速度，但同时也提醒，千万不要给自己的增长轻易设限。很多企业提前放弃了继续获取认知地位的努力，而企业也就因此止步于战略级成功的半坡中。领导品牌有资格通过一次次变革创新和自我迭代，带领其所在的品类不断提升在顾客生活、生产中成为重要主流，我们称为"引领类别认知升级"。

每当企业谈及自己品牌的时候，潜在顾客总是容易摆出防御的姿态，因为他们预先就知道，人人都说自己好，因此很少有人对企业宣传自己是"更好的产品"感兴趣，但当提到品类时，潜在顾客会保持开放的心态，转而对新产品、新技术、新趋势提起浓厚的兴趣。之所以如此，是因为强势品类所代表的是针对顾客难题的一种主流解决方案，而品牌只是企业为了自己赚钱而所做的自我推销。从本质上来说，顾客并不需要品牌，那为什么顾客最终还是选择某个品牌呢？因为这个品牌是那个能帮他解决问题的产品类别中最优选产品的代名词。

品类的变化一般诞生于三个基本环节：供应端、需求端和中间连接环节。来自供应端的变化源于底层原理和应用技术创新，这是社会发生巨变的主要动因，例如，蒸汽机、电和电信、互联网、人工智能、生物基因技术等。而基于需求端的创新机会主要源于社会文明与进步对消费需求和价值观的影响，例如，健康、环保、天然无添加、植物草本、素食、时尚美感等。来自中间环节的创新机会，则主要基于人们对降低流通成本、提高交易效率的追求，以及技术创新带来各种可能新商业模式对过去成熟交易方式的重构，例如，商业综合体、网购海淘、微商、知识付费、支付宝和微信支付、社交电商直播带货等。

品类升级通常表现为两种形态：进化和分化。当产品和品牌优化、升级到一定阶段，如果还在人们对这一品类的常识认知边界范围之内，可以称之为"进化"与"迭代"，当在某种细分属性上变得更加专业化，或者当创新程度远远超出人们常识认知范围，则可以称其为"品类分化"与"颠覆"。进化有利于提升品类活跃度，为强化应用广度和深度创造条件，而分化为创造新类别奠定基础。类别边界之所以能够扩展和升级，主要基于两方面：一是市场需求足够强烈或迫于应对竞争压力；二是其供应交付能力也同时成为可能。定位理论提醒，只有品类阵营里的领导者或领先品牌，才更有资格和能力引领类别发展的走向，而其他非主流品牌所能做的，是被迫通过不断利基创新，为品类扩展做各种边缘性尝试。一旦创新成功，加之营销策略得当，将极有可能挤进领先者阵营，成为影响品类认知结构的新晋力量，又或者被领先者直接收购，进入共同合力推动品类发展的快车道。商业的本质，就是通过把握趋势发现机会，成为潜在顾客心智认知中的品类代言人，并借助品类领先者地位主导品类下一期发展方向。

流行词汇"跨界"，像极了一直以来争论不休的品牌延伸，而过早的跨界、多元化和品牌延伸，正好是断送品牌认知优势机会的主要败笔。之所以这些观点一直存在，本质上是因为人们不相信商业发展的趋势是专业分化，而是大一统、全概念融合。其中，人们极容易将源于新技术应用的整体进步看作一种必然的机会。只要略微从中长期来看，这种进步很可能改变的更多是整体平均水平，它有可能会成就一批创新型企业以游击战和侧翼战完成逆袭，但并不一定能归属于某一品牌所独有，因此不一定能成为支撑全部品牌中长期发展的独特竞争优势。

"市场在哪里，我们就去哪里"，这种论断听起来有道理，但实际上是个陷阱。市场从来不会自己去任何地方。正确的观念是，领导者、领先者走到哪里，市场就在哪里。如果你跟随市场，你就是跟随一个或多个市场龙头，到自己想成为市场龙头的时候为时已晚，你已经失去了获得巨大成功的机会。事实上，如果行业领导者未能推出年轻顾客需要的新品牌，顾客就会更容易从一家公司转向另一家公司，甚至从一个品类转向另一个品类。同时，领导者也不可能用一个品牌占据一半以上的市场份额，唯一的办法就是适时推出第二品牌，但前提必须是发现了新的定位机会。我们一再强调，精准聚焦需要用不同的名称配合不同的定位机会，否则会使顾客感到迷惑，并削弱自己的商业潜力。成功的关键在于识别出最主流的竞争类别，并界定该类别对顾客的核心感知价值，然后从反面出击，建立与之相对立的新品类、新特性。这样做的好处，是使消费者在考虑主流品类时，同时也想到它的弱点和对立品类的好处，促使新品类逐渐变成另一种主流选择。

第四阶段　多元聚焦

在战略规划过程中，类似扩充产品线、品牌延伸、多元化等，在企业角度看来固然成立，但以顾客角度看来，未必是最好的战略。由内而外的思维方式是通往成功的最大障碍，而转换视角、由外而内地思考大有裨益。

正是糟糕的短期财务观念时刻作祟，使品牌延伸成为一种潮流。当管理层憧憬着新产品、新业务时，他们很难拒绝品牌延伸的省钱优势。管理者觉得自己能搭现有知名品牌的"顺风车"，可以不劳而获。当业务多元化叠加上品牌延伸之后，品牌不再代表单一产品、单一业务、单一定位，想要跟顾客说清楚自己与对手的差异就更不容易了。把一个知名产品的品牌用在一个新产品上，这种延伸行为通常会出现"跷跷板现象"：一个上升，另一个就会下降。名字就像橡皮筋，它可以拉长，但不能超出某个极限，把品牌名延伸得越长，它就会变得越脆弱。品牌延伸使品牌在人们心智里的清晰印象变得模糊，使顾客想要某类产品的时候不能再用领导品牌来替代。

很多管理者天然地认为顾客总是需要更多口味、更多品种和更多选择。这意味着，这些领导人的观念还停留在供应短缺、选择多是一种福利的年代。也就是说，他们还依然没有真正意识到顾客正时刻身处信息过载和选择困难之中。他们依然秉持这样的逻辑：因为销售量不够，所以需要更多产品线支撑，才能满足更多顾客的需要，以保持或增加销量。这种逻辑的问题是，在各个分类和品牌供应越来越丰富的当下，同一个品牌推出更多的产品，就是他们真正的选择理由吗？品牌是顾客心里对产品及公司的认知，如果一个品牌主要集中于一种产品，品牌的力量就不容易被削弱，而如果有两种或更多产品，力量就会被一分为二。从潜在顾客的角度来看，真正广为人知的名字，应该处在一个定义清晰的心智阶梯最高处。你可以任由自己延展企业的产品及业务范围，但无法让一个名字同时清晰指代两个或更多的不同事物。多元与聚焦，这一组看似矛盾的概念，只有在顾客心智定位视角下才能取得市场生意机会和心智认知机会的和谐统一：业务产品可以多元生长，独立品牌各自聚焦单一定位。

更复杂、风险更大的是跨行业、跨品类的多元化扩张。企业可能有两方面意图：一方面，为了把握更多、更大的市场机会，实现更大的远景；另一方面，可能试图分散风险，以化解对未来不确定性的担忧。人们总觉得"鸡蛋不要放在一个篮子里""东方不亮西方亮"。同时这种思维方式也屡遭质疑，连一个篮子都不一定能保住，怎么有能力保护多个篮子呢？今天企业界的多元化行为，其实更多的是为了保持高增长，而非规避风险。新组织、新领导，进入新领域，新公司增长快，且高度聚焦，而一旦平稳发展，难以持续扩张之后，太多的现金流使他们无所适从，于是自然走向多元化经营。这意味着，企业在一个方面取得成功的同时，也创造了向许多不同方向拓展业务的机会可能。这是心智认知的光环效应使然，然而准确区分光源、光环、光晕，是战略型企业家应该具备的基本理性能力。

如今，多元化发展、协同效应、融合效应，这些观念还在继续祸害着企业界，而大量的并购业务之所以持续发生，很大一部分是在处理前期那些受害者的遗留问题。特劳特和里斯明确警告，多元化并购存在着"七年之痒"，只需经历6~7时间，就足以让收购方相信原来的收购是一个错误选择，当然也足以让大众投资者忘掉在宣布收购时所承诺的不可思议的"协同效应"。企业真正应该做的是，通过竞争和并购加强自己在已有领域的市场占有和认知优势,并强化经营焦点,而不应该实施盲目扩张。竞争越激烈,盲目多元化的劣势越凸显。因为精力和资源过于分散,没有哪个产品能做到极致,也没有哪个业务能创造绝对的竞争优势。原有主业停滞不前,新业务又迟迟实现不了预期。为了寻求增长,企业又不断推出新产品,进入新业务领域。这进一步稀释了企业的资源,并因此陷入恶性循环。

应该说,品牌延伸还是有一定意义的,但是必须满足一个重要的前提:没有强劲的竞争对手来抢走你的生意。也就是说,品牌延伸本身不是问题,问题的关键是竞争者的强势加入。这样说来,如果永远不出现专家型竞争对手,品牌延伸就是个好战略;如果对手强烈反击,品牌延伸则是个糟糕的战略。商战基本每次都是这样,当凭借聚焦胜出的专家品牌延伸成为通才型品牌之后,又会输给新的专家型品牌。

当拥有了品类领导者的认知地位之后,企业才真正具备了横向扩充业务单元的实力和资格。有别于拓宽产品应用领域的是,业务多元化最好能够使用新产品、新品牌,甚至全新的组织。这时,企业可以考虑沿着同一个产品的不同顾客群体、不同需求、不同场景横向扩展,以最大限度地占据该类产品的市场和心智份额,例如,宝洁(P&G)公司在洗发水品类中的多元聚焦;或者也可以优先考虑关联度高、互补性强的新产品类别,例如,东阿阿胶在阿胶块、口服液、阿胶零食等相关业务上的多元聚焦;企业还可以考虑沿着供应链向上下游纵向整合,以提高你在产业内部的谈判地位和可持续竞争力,例如,阿里巴巴、美的、华为等更为宏大的生态化多元聚焦。

只有在理解了真正的问题之后,企业才能着手转型缩小焦点。这一过程需要客观和诚实的回答:企业真正的任务是什么?是什么让企业在市场中停滞不前?真正的问题总是埋藏在顾客或是潜在顾客的心智中:为何选择你,而不是其他?太多企业因为最高管理层过于自负,或者为了维护企业的原有决策而选择了逃避核心问题。他们要么无法找出最重要的问题,要么无法就什么是最重要的问题达成一致。具体的转型方式根据情况有所不同。如果时机恰当，直接砍掉不具备未来认知优势潜力的产业板块，是企业走向聚焦经营的重要风向标，也是企业内外建立新认知的大好机会。当初早年的王老吉凉茶、方太油烟机、东阿阿胶、万科地产等都有这方面的成功经历。当然，有时也不得不让企业经营上更加平顺，不至于因为短期失血过多而陷入崩溃，不过这只是缓解痛苦的变通方式而已。变革和转型的过程最好符合"增量原则"，即锁定一个自己有相对优势并且具备未来潜力的产品和业务，开始实施资源聚焦，在取得认知上的显著成效之后，然后顺势将聚焦的减法和资源的加法进行到底。

第五阶段　生态整合

对于"商业生态圈"概念，定位理论有着不同的理解角度：多数人对"商业生态系统"的理解忽略了该概念提出者的前提条件——如果缺乏强势品牌企业阵营的整体引领，生态圈将只是一片滩涂和沼泽，而不是物种丰富、生命力旺盛的亚马孙森林。

所谓商业生态系统，就是由组织和个人所组成的经济联合体，其成员包括核心企业、消费者、市场中介、供应商、风险承担者等，在一定程度上还包括竞争者，这些成员之间构成了价值链，不同的链条之间相互交织形成价值网。物质、能量和信息等通过价值网在联合体成员间流动和循环。今天的商业世界，竞争果真从此衰亡了吗？穆尔《竞争的衰亡》一书中曾经重点提及的企业，它们分别都是芯片之王、电脑之王、软件之王、超市之王……，而这正是正确定位、战略聚焦的结果，也正是因为具备了清晰的定位，共生关系才得以长期持续成立，呈现出"仰观宇宙之大，俯察品类之胜""万类霜天竞自由"的宏阔场景。如果没有这些品牌在其预期顾客心智中成为首选，在此基础上建立起来的所谓商业生态系统，将会是盐碱沼泽地，还是原始森林呢？

商业世界更高规格的较量在于为竞争赋能。经典战略原理与定位理论相结合，成为新一代战略思想，有利于把顾客的心智资源和产业资源、金融资本进行多效合一，将整个产业链从供应链到需求链的运营效率彻底整体打通。这样，不但短期巩固了企业的领导地位，成为整个产业链的组织者角色，从而更有机会从整体和全局的角度构建持久良性的商业生态环境。整合的本质，是对分离状态的现状进行调整、组合和一体化，是一次对产业链进行重组和协同的过程。主导企业通过内部变革不断优化与相关企业的协同，提高整个产业链的运作效能，在释放产业价值潜力的同时，提升自身在产业链上的主导地位和竞争优势。

值得注意的是，产业资源与金融资本的互动逻辑在公司扩张版图中表现得淋漓尽致。上市公司的战略发展过程，实质上是产业发展曲线与市值增长曲线两者相生互动的过程。企业成长过程中会经历一波又一波的产业演进，构成一条又一条持续相接的产业发展曲线。每次都是从零起步，随着企业的一步步发展壮大，曲线越来越平缓，直到最后走向衰落。持续成功的企业，是在前一轮增长走向衰退之前，就开始着手布局下一轮的增长基础（新产业选择、产品与服务、商业模式及其对应的资源与能力），待到前一轮增长乏力或衰退之时，新一轮增长接力或蓄势待发，或步步为营。后一轮增长站在前一轮增长积累的资源和能力基础上，将变得更高、更强，如此形成增长周期的美妙接力。与产业发展曲线相对应，市值增长曲线起初平缓，随着企业业绩不断得到验证，市值增长曲线开始逐渐斜向上升，而且越来越陡峭，直至估值过度。而市值的陡升和高估，往往成为产业走出下一波制空力量和核心打击能力（资本并购、平台能力、品牌与人才士气等资源整合能力、风险承受能力等）的不二神器。

从本质上来说，产融结合、产融互动的过程，是一个货币流动性转换的过程。站在融资方角度看，是通过放弃部分收益，获得流动性或者某种稀缺的能力；站在投资方来说，是通过放弃流动性，获得未来收益、控制权和定价权。并购和整合只是手段和方法，真正决定是否应该实施并购与被并购、以多少溢价来完成并购交易，还要综合考量你的技术是否在某个领域中最先进、是否有机会开创全新类别、在顾客心目中的品牌认知是否强大、企业组织的运营能力是否具备战略大赢家的潜质……不论并购交易哪一方，正是因为占据了强大的产业链地位和认知优势，才能在并购交易中具备主导权,且在并购之后更好地整合系统运营。

在投融资市场看来,投后管理是当资本进入企业之后,还可以使企业得到资金之外帮助的一种服务。如果说投资是发现"璞玉"的"赌石"过程,而投后管理如同雕刻大师经过切磋琢磨之后终成大器的过程。与短期财务投资的套利思维不同,长期价值投资理念认为:相比今天的成就,企业最具投资价值的仍是未来的无限潜力,其中之一便是品牌在顾客心智中的认知优势生长空间。因此,随着投资理念和资本市场的成熟,投资者的真正盈利机会,必将从重视投前,开始转向对投前和投后的均衡关注。

任何战略性的投资决策,大多是企业在某个方向上的奋力一搏,如果从概率角度说,这无异于赌博式的押宝游戏。以定位理论指导投资的首要任务,并不在于类似教科书式的"股东利益最大化""成为五百强"等那样空洞无物的口号,而是应该更多考虑"如何把握最佳商业机会"——顾客心智认知中的定位机会。而战略定位所能解决的,正是将赌博式投资的不可预测性变得可以感知正在发生的未来——洞察在顾客心智认知中已经发生、必然发生的事实,并作为重大战略决策的主要先导性参考依据之一。简单而言,战略定位的知识体系为投资提供了望远镜、放大镜、显微镜和导航仪,哪里有冰山,哪里拥堵,都能提前预知发现,从而或者设法避开,抑或加以利用。这是赋能式投资的核心含义——知识雇用资本。

四、节奏

万事万物无时无刻不存在于一个周期性、螺旋形、大小嵌套、相似相续变化的局势之中。这使得要能借助环境条件的物理势能,并与之形成和谐共振,并不是如钟摆一样的简单性重复。其中的难点主要在于:是否具有战略节奏感,即在一定时空范围内,当变量在相对稳定的阈值范围之内时,如何在时间节点和能量输出上保持同频共振的排布关系,也即时间上的一致性,以及力度上的准确性。以通俗的说法是恰当或适合,其中包括

第十五章
战略定位五要素

人们常说的"在合适的时间,与合适的对手,打合适的战役",其本质是内外部条件的匹配状态良好。这符合内修文德,行有不得,反求诸己;外治武备,因粮于敌,以战养战的中国式战略思想,更与"中庸"之"不偏不倚,中正适度"深度契合①。关于中国文化中"度""火候"等混沌算法中的神奇成分,便集中表现为战略节奏这一关键而精微的话题上。尽管我们暂且表述为战略定位五要素之一,但其中必然杂糅了对周期、方向、路径、转折其他四项内容的审时度势。

为了便于理解和描述,管理学界根据内部环境和外部运营的可预测稳定性程度和可塑性程度两个维度,尝试着粗略界定若干种战略决策情形。实际上,各种要素可能是连续缓进的,也可能是骤然突变的,既包含本质性转换,也可能只是表象性变化。总之,演化是复杂的,非言语可以全数表达。

第一,相对容易应对的一种情况:基于准入壁垒、科技创新、政策监管、需求特征等变化不大,在行业相对稳定、竞争基础相对稳固、可以预测的环境情况下,发展和变化是在不可塑、非突发、非颠覆性的环境中循序渐进的,单独一家企业无法轻易改变竞争基础,企业适合借助战略规划并彻底贯彻执行,有条不紊地在擅长领域做到极致,在原有规模基础上巩固优势,并把规模和运营优势与识别具有吸引力、高成长性的市场做出最佳匹配结合。

战略优势源于行业稳定性,以及企业规模与差异性,或是强大的运营能力,最佳战略方法取决于精准地判断所处环境,并合理评估自我优劣势,即对内对外的理性认识。显然,企业家既不能因为过去有效的战略就认为未来一定必然有效,但也不能因为过于强调变化带来战略定力全然消

---

① 《论语》:中庸之为德也,其至矣乎!民鲜久矣。《中庸》仲尼曰:君子中庸,小人反中庸。孔子将"中庸"视为公正合理的最高道德准则。北宋程颐:不偏之谓中,不易之谓庸。中者,天下之正道,庸者,天下之定理。南宋朱熹:中者,不偏不倚、无过无不及之名;庸,平常也。"中庸"应该理解为"不偏不倚、无过无不及、可以持恒坚守的平常之理。

失。需要提醒的是，战略规划可能存在制定与执行的脱节，也可能陷入机械化惯例程序，或是过于复杂化。总之，按部就班和投机取巧都是战略制定者需要清醒远离的状态，因为它们会显著忽略意外、冲突、不一致、偏差等所带来的战略转折预警。[①]

此时的战略定位涉及产业端定位与顾客端定位，并且它们遵循截然不同的原理。产业端取决于资源、生产和交易效率最优，而顾客端取决于消费效率最优，其中首要问题即为对认知效率的研究，这是过往战略原理中的空白。当然，不同行业和企业个案存在着对两者在战略上的依存度有所不同，因此两者的结合与匹配所带来的整体最优，是构成战略方法论的阶段性基础理论指导。

值得关注的是，认知优势所及之处，与实际市场领域覆盖之间，存在着天然的模糊地带，而两者互动成为高效利用有限资源的关键细节。一般而言，认知优势制空，运营能力搭桥，市场拓展开道，可以成为扩展战略地盘的"海陆空"绝佳组合拳。与此同时，在执行战略规划过程中，可能涉及方向、目标、思想、行动、文化、组织、领导力等要素，应该成为管理控制中的重要考量。

第二，与前者相反的另一种极端情形：公司面临企业战略和环境长期不匹配或遭受严重冲击导致内外交困的严酷环境，此时的最优战略选择是重整与重塑，也可称为战略转型。当然这通常也意味着，战略转折时机到来。在重整阶段，公司应该厉行节约，而在短暂的"壮士断腕"之后，必须尽快开启重塑阶段，即创新与发展。波士顿咨询公司综合统计长期和短期相关股东总回报（TSR）[②]增长情况数据表明，仅有24%的转型企业同时在短期和长期规划中取得成效。因此，在全力求生时，对即时绩效最大

[①] 马丁·里维斯、纳特·汉拿斯、詹美贾亚·辛哈. 战略的本质：复杂商业环境中的最优竞争战略. 王喆、韩阳. 译，北京：中信出版社，2016.（本节多处援引综合，不再重复标注。）

[②] 短期是指转型一年企业，长期相关是指转型已经五年或至今仍在继续企业，股东总回报（TSR）由标准普尔500股价指数或者相关全球行业指数增长调节。

化有着严苛要求，而在复活重启之后，需要提前预知航向、航道、航标，并必然持续一段时间存在适度拉扯的内外部张力。此时对节奏感的要求犹如"调弦"——过于紧绷容易断裂崩溃，过于松弛则一口气上不来陷入窒息。传统误读"中庸"思想为简单化的"折中"和"妥协"，所伤害的是降耗和投资决策过程中的去平均化，这显著违背了"不偏不倚，中正适度"的文化内核。起点上差之毫厘，便是方向上的南辕北辙，瞬间将谬以千里。

第三，处于中间灰度状态的是某些核心要素存在单一条件假设的相对确定性。根据在节奏上时间点、速度与加速度、起始条件与标的物等之间的匹配关系等，可以进一步略微细分为三种情形如下：

第一种情形是可以"抢先"。成功企业足以影响未来，意识到并坚信这一点至关重要。其成功的诀窍在于洞察与抢占先机，并由此形成一贯性的战略引领。特劳特与里斯定位理论直言：与其更好，不如抢先，甚至最为强调指出：市场领先不如心智领先。其背后深藏着对自人类文明开智以来，究竟是事实真相本质的"本体论"，还是心智认知结果的"认识论"所展开的深刻追问，并由此牵引出先验规定性与直观经验论的两大派系之争，即分别以康德和约翰·洛克为代表人物的先验论和经验论"白板说"。

在某些环境条件下，一家企业确实有机会创造一个行业，甚至由此生发出庞大的产业系统。正如"一步领先，步步领先"的说法，战略演进是一个"叠拳头"的接力游戏，成功者总是通过几次重大战略节点的正确决策，奠定其开山鼻祖的江湖地位，尽管确有后发制人的战略机会，但具备优先级的战略起点必然是先发制人。尤其是在协同起技术、资源、运营等方面的阶段性垄断优势，继而在潜在顾客心智认知中的空白地带如入无人之境，长驱直入地形成"一叶障目，不见森林"的光环效应认知偏差，由此带来的商业成功和综合效益数不胜数。人类历史上以偏概全的认知遍及任意角落，即使是所谓的正确，也只是在某一时空条件下的最佳生存匹配关系。尽管随着时间推进，人们不断刷新认知，纠正认知错误，但接近真相与本质的努力依然道阻且长。

定位原理
创建认知优势的根本出发点

定位理论倡导的战略箴言：预测未来的最好方法是创造未来。甚至还应该补充一句：开创顾客心智认知，其本质是以定位概念创建认知优势。率先成为某一品类或细分类别的代言人、领导者，意味着从此获得了领先于对手进而成长壮大的先发优势，接下来的很多事情都可以顺势而为：制定行业标准、影响客户偏好、决定技术走向、开发优越的成本方案、重组价值链上下游的游戏规则、创新商业模式等。在商业历史甚至社会演进史上，频繁出现在新领域或细分领域开创性进入，进而颠覆传统解决方案老牌领导者的神奇事例，我们既可以将其归因于品类战略抢先，也可以在更大时间尺度上定义其为后来者居上，两者出于不同角度但并不相悖。

由此可见，时机至关重要。大机会必然因为大转折引发，但洞察"洋流"而非流行时尚是首要战略前瞻分界点，洋流是潜藏于海面之下的巨大能量体流动，等到已经成为流行时尚的潮流浪花，则昭示潜藏成为显像，其中供不应求甚至奇货可居的商业机会已近尾声。其中，比洋流更为深藏不露的珍贵矿藏是人们的观念，可以形象地理解为洋流之下的地壳运动、大气之上的星辰运行。改变观念，刷新一代人的记忆，任务艰巨，风险重重，但也因此价值无限。这是定位理论作为一种商业技术的意义所在，但如果放置于更加宏阔的社会与自然视界中，需要具备"上升为战略，根植于文化"的内涵纵深和外延伸展。在观念更新的"软性"创新之下，必然存在"形而下"的科学原理、技术方案、应用产品、商业模式等硬核力量推动。因此，战略定位不应仅限于广告、营销、品牌方面的权宜之计，而应借助领袖型高管团队之手将其融会贯通于商业与社会发展实践中，非此不能物尽其用，理穷其义，非此不能驾驭事理，启迪未来。

略言之，抢先者的机会必然属于在正确的时间、实践大胆的想法、以一己之力开创一个领域的战略型企业家，这通常更加集中发生在一个远未定型、极具可塑性的市场中的技术领先者和商业模式颠覆者身上。不论是技术应用，还是商业模式，在顾客视野形态上，不过都是新兴的产品供应。技术上开创者与跟进者之间的时间间隔可能很短，但是顾客观念认知、产业链认知和交易设计上的接纳时间呈现出一个相对更长的时间段，这给领先型企业的提前布局提供了可能，也在战略型企业家与投机型生意人之间有力地划分出第一道无形鸿沟。对于创新者而言，机会的出现、上下游认知并共同接受以及成熟公司采取实际行动，三者之间的时间差是真正的无争地带，深藏其下的是市场参与者的质疑和结构性惰性拖延。其中的风险在于，稍有不慎，要么因为花费太长时间用于教育和接受而成为先烈；要么不知道、看不清、不敢动而导致成为模仿跟随者。化解此两者风险的根本有效途径是寻求更适宜的资本及资源支持。从这一角度上说，脱离资源配置上的"兵力法则"战略必定成为空谈，不以资源为护航的定位机会大概率"百无一用是书生"。

如果略微深入追究，之所以可以界定为可预测且可塑的环境主要来自三种战略机会信号。一是逐渐明朗的重大结构性趋势，例如人口老龄化、低出生率、城市化与逆城市化、全球化与逆全球化、国运大势以及监管政策等；二是科学与技术新发现，例如航天与星球拓展、生物信息技术、脑机互动等；三是顾客不满以及现有解决方案无法满足的新需求等，尤其更多是已经出现但就连顾客和客户自己也并没有清晰意识到自己要的是什么的时候。在真正的机会临近，既有成熟大公司尤其脆弱，因为它们很难在完全正确的时间段集合起来力量，原因有三：一是固执地安于现状舒适区；二是规模体量带来的内外部管理惯性；三是稳定文化过滤变革和挑战信号所蕴藏的必然趋势涌动。三者合一之处在于企业家和高管团队难以长期真正恪守"知其雄，守其雌"的圣人之道。这无疑给那些暂时还处于行业边缘的小公司、颠覆性创新者预留出众多空白地带。传统战略学主张，不论何者，汇总起来，存在三种战略方法：新技术应用颠覆、商业模式创新、核心能力迁移。定位理论在此基础上强调：基于认知基础，贯彻首创精神。

不过，由于开创型战略家都各自宣称"改变世界"，于是很容易被人视为"狂人""画饼""骗子"等，从实际历史统计概率而言，也确实最终取得大成就者寥寥。当人们被他们一腔热血和宏大愿景所激发，光是听其言、观其行、识其心已经不足以确保最终成功，还需要在一连串事实上证明有将最终目标设想转化为商业市场机遇，以及设计出能抓住机遇的价值主张。不论是有形的产品及服务，还是可感知的产品与消费体验，抑或是可接触的传播攻势，都是一场实实在在的资源消耗战。本书此前提及的"有效的定位信息"，可以理解为一种将硬核技术及商业模式创新等产品及服务信息，在资源掩护下成为顾客受众常识认知的符号道具。正确的战略定位，帮助企业实现内部运营效率与外部认知效率贯通一气的总成本最优。其中的最难之处在于：在显得一厢情愿之下，还要保持适度灵活性，在资源未及之时还要快速行动，要化解其中的天然悖论，实非易事。

第二种情形是必须"最快"。在动荡起伏、难以预测，且可塑性低、难以定型的环境或阶段中，既有优势瞬间消逝，企业不得不重复性地通过寻找新选择、不断变化经营方式以求存续，只有比竞争对手更快速、更有效率才能化解危机。一般认为，可持续的竞争优势不得不被一连串不可持续的暂时性优势代替。这意味着战略不再是提前规划好的，只需要按部就班贯彻执行就足够了，甚至这种思维和管理方式不可能有立锥之地，由此，"快鱼吃慢鱼"一度成为基本生存法则，甚至"摸不着石头也得过河""先开枪，再瞄准"，此时应该"慢不得"。企业家因此也只能确定重点关注领域、把握大致方向，时刻保持强烈的创新意愿、挑战精神和抗挫折能力。

管理者需要面对的首要难题是缩短信息传递路径，保持前后端信息对称，由恐龙型组织变成章鱼型组织。高管群体需要时刻有自知之明，避免自以为是和固执己见，即知道自己知道还是不知道。人们也称之为保持"觉照"。高管们最为潜在的特质是，对转换认知视角应该习以为常，甚至引以为傲并驾轻就熟。唯此，企业才有可能在针对需求的试错成本管控、预判及提升成功概率、维护员工创造力及首创精神等关键细节构成具体业务能力之上的运营优势。

除了认清行业特性的命运后克己修身之外，定位理论反复强调的顾客心智战场，为极度动荡中的战略选择提供了些许锚定力。这要求企业始终保持围绕目标群体某种需求展开持续创新，并将每一次创新投入都作为在顾客大脑中夯实一贯性认知的方砖块石，即便那些不够成功的创新，只要能及时止损纠偏，也能再一次在顾客心智中得到认知上的强化。坦诚法则告诉我们，诚实揭示失败也有助于强化认知优势，人们更愿意看到成功者的偶尔失利，普通人也想要关怀和怜悯弱者，甚至偶尔"卖惨"更能获得关注。也许有人质疑，快速流变的环境条件下，真的存在建立一贯性认知优势的可能吗？我们应该转念想想：如果每次都在颠覆旧有认知、开辟新认知，企业的存活概率是否会提高呢？越是在不得不全力快跑的竞争世界里，信息爆炸过载程度越发严重，单一信息的作用力轻若鸿毛，聚焦一个观念持续力出一孔，也许是唯一值得奔赴的山头阵地。

第三种情形是只能"缓进"。在产业早期或者出现重新定义机会时，如果企业想要取得成功，必然需要让诸多利益相关方参与其中、共同推动，在合适的时机达成一致的共识和目标，那么，必然需要更长的时间、精力与资源消耗，谋大事必然急不来。其关键可能在于需要搭建一个能够发挥影响力的交易结构关系、保持灵活性、不断同步升级的平台或同盟，其之所以强大，是基于一定存在某种锁定力量和网络效应。人们参照自然界形象地将其称为"生态"。通常，整个市场类别可能最终只能容纳一家如此具备协调能力的企业和一套联盟合作系统。

我们将这种环境归纳为不可预测，但可以塑造的基本特点，例如，预测总难准确、收入时高时低、地位变动不稳等即为不可预测，而规模效益有限或减小、增长率趋高、领导企业缺乏、规则不明等即为可以塑造。在年轻的产业或经济体中，通常还没有一家占据主导地位的企业能够独自提供资源、占领市场并应对危机，或者因为需求不明确，抑或变化太快、难以准确预测，只有价值网络中的利益相关方充分交流、利益共享、风险分担，才更加有利于长期塑造规则和教育客户。其中，发力时机和协调能力是两项关键要素，所谓时机，是指应该踏准现行格局即将瓦解崩溃的转折前夜，过早容易成为先烈，过迟则必然只能跟风吃灰；所谓协调，是企业需要拥有足够的影响力吸引其他实力型利益相关方加入，以补足、丰满整个生态利益链条。当然，一旦企业获得足够的影响力，最终将有机会跻身生态系统的中心位置，从而从平等甚至弱势地位，彻底转换为"链主"并从此奠定江湖地位。如此丰厚的战略回报来自自身与上下游两端持续多年的最佳匹配：与上游供应者之间的技术和商业创新驱动，以及在下游客户及终端用户心智中成为认知常识，且两者之间的紧密互动关系从一开始就呈现螺旋形交叠上升状态，非此不可能获得超越简单加减法的指数级能量增益。以学理角度看来，这是基于产业链的定位运营与基于顾客端定位认知的高度交集与完美融合。

尽管一开始难免基于短线需要苟合于一起，但成功的生态系统需要有志于成为"链主"的战略家具备将利益勾连提升为使命联盟的愿景与能力，否则会在磨合过程中或者不能共患难，或者不能共富贵，或者只能共眼前蝇头小利，不可共长久天下，以至于中途"下车"并改弦更张，导致价值网络出现断裂、缺环和空洞。如此情形，对于后来者而言，尽管总是呈现为机会，但整体生态效率有可能短期受阻，从而延长运营改善和培育认知的时间，直接带来的是整体战线资源消耗升级。

在应对未来时保持开放性与灵活性，是生态系统边缘得以不断延展的基础要求。因此，往往难以从一开始即设定产品终极形态、交易规则和创新走向。参与者必须反复检视自己的创新最终是否有利于自己攫取短期利益的同时，也有利于强化整体共同价值定位。我们甚至完全有理由认为，参与或主导一个生态系统经营壮大的关键，在于催化出有效的市场新机制，而非运营某种固有模式。其核心在于不要让价值从生态系统中外泄，并确保主要参与者退出代价高昂或无法轻易将建立起来的内在能力、知识资源外流至另一个竞争性系统。这要求主要支柱型参与者超越企业边界、建立尊重生态的"平等""齐物"而非管控文化。

综上所述，基于罗杰斯"创新扩散定律"，为了便于观察和理解，《战略节奏》[①] 一书将市场演进划分为小众市场、大众市场、分众市场、杂合市场四个阶段，与之相对应的是顾客购买心理，即用户也可大致分为发烧

---

① 朱恒源、杨斌. 战略节奏. 北京：机械工业出版社，2018.

友、时尚派、实用者、挑剔客和保守派五大类，书中逐一指出了各个阶段、各类用户的基本特征，以及可能最有效的应对方法。与此同时，还将运营主体形象化地描述为农耕者、狩猎者和圈地者三种生存形态。更进一步，著者将人们的关注视野从产品市场拖拽、提升到另外两个角度：资源市场和股权市场，以及其中代表核心机会效用概念——结构洞，意图将细致入微的产品经营与狡黠逐利的资本市场贯通一气。据此，人们可以较为直观地理解战略节奏的基本相貌。总之，真正富有洞见的战略思考，帮助领导者从日常经营的休眠中"苏醒"过来，摆脱思维舒适区，跳出"熟视无睹"，克服机器理性、工具理性、经济理性带来的某种笼罩，超越单纯的计算思维和后果逻辑所带来的狭隘视野，在习以为常的地方重新发问，熟练达至"跳出画面看画"的超然境界。

那么，究竟如何给战略节奏一个明确的定义？通常而言，"节奏"（rhythm）是指"在特定时间周期中频繁调整的时机"。《战略节奏》一书的著者提出：它是企业的一种节律性活动，即企业通过追踪市场需求的变化，在产品市场中动态调整自己的战略行为，在资源市场中改变自己的资源能力组合，借助股权市场收获价值，并以此进一步更新资源基础，应对产品市场的未来挑战。因此，企业应根据市场环境的变化动态地调整自己的行为，并通过有效的运作对环境施加影响，以获得竞争优势。进一步而言，战略节奏具备三个层面的内涵：

第一，企业同时在产品市场、资源要素市场和股权市场上竞争。具体而言，企业在产品市场上竞争客户，在资源市场上竞争资源，在股权市场上竞争股东。

第二，产品市场、资源要素市场与股权市场相互联系、相互影响。产品市场需求的演进是一个渐变与突变交替的过程，产品市场的结构性变化会传导到资源市场，资源市场随之会出现结构洞，并随着价值链的展开渐次地出现并被填满，进而股权市场中会出现持有资源企业的价值估值起伏。

第三，市场需求的变化虽然有章可循，但是仍存在不确定性。企业通过在股权市场上布局可在一定程度上规避需求变化的不确定性。除了借助股权市场获利，企业还可以通过在股权市场上选取具有某种特质的股东，进一步改变自身的资源能力基础，从而在产品市场上获得竞争优势。

战略节奏理论认为，企业同时在产品市场、资源市场和股权市场竞争，企业需要全视域地考察三者的联系与互动过程。产品市场的发展过程不是线性的，而是随时间呈现为 S 形曲线，可以分为四个阶段：小众市场、大众市场、分众市场和杂合市场。这些阶段的转换就是结构性变化的节点。产品市场的结构性变化会使得某一要素短时间供不应求，形成结构洞，吸引资源人才和企业加入竞争，结构洞随着产业链发展而逐渐变慢。这一过程在股权市场表现为对该要素估值的涨落起伏。小众市场成长缓慢，找到用户最为重要，市场开拓的能力成为要素市场的结构洞，相应的股权市场中对相关要素的估值出现上升趋势；大众市场规模大、发展快，面对急剧增加的需求，大量的新进入者投资建设新产能，产能是新的结构洞，小众市场需要的营销能力不再是竞争焦点，估值回落，而制造能力的估值上升；到了分众市场，需求分化，高效的产品开发能力是企业成功的关键，股权市场上估值回落，设计和产品开发成为追逐对象；杂合市场阶段需求碎片化，产业链的结构会变得更加复杂，市场上出现平台企业和依附其上的应用商，相应的股权市场上平台企业受到追捧，表面繁荣，增长乏力的杂合市场孕育着新的变革，当创新创造了新的价值维度，开启需求新轨道，这就是一个新的 S 形曲线的开始。新周期、大背景、产业链将会围绕新的关键要素重组。这便是战略节奏 PRE-M 市场三角模型。①

具备以上基础概念，是否足够应对战略节奏这一难题，或者就一定能具备了节奏感呢？未必。身处越来越动荡的非预测性时代，企业家需要具备对随机性的偏好能力。复杂系统在适度的环境胁迫压力下，会呈现出基

---

① PRE-M 市场三角模型，由清华大学朱恒源、杨斌两位教授提出，认为企业家不应该把视线局限在产品市场，而是要全视域地考察产品市场（product market，PM）、资源市场（resource market，RM）、股权市场（equity market，EM）这三个市场的联系与互动。

第十五章
战略定位五要素

于直觉思考和洞察原则的自然底层活力,而正是人们过于短视、急迫、贪欲、自大等心理作祟,导致违背"人心""天理"的错误逻辑归因,从而做出一系列"治标不治本",甚至"治标""伤本"的战略"多动症"行为。最频繁发生的情况是,人们将产品市场与资源市场、股权市场的决策链条割裂开来运作,进而设计出"赚股东的钱""压榨上下游""击鼓传花""接盘侠"等一系列盈利模式畸形怪胎,从而在整体商业市场上呈现出格外繁荣的假象,大大掩盖了运营过程中的交易成本。《反脆弱》一书作者这样形容:人们成了一种新型疾病的受害者,即新事物狂热征,它使我们建立起面对"黑天鹅"事件时会表现得极其脆弱的系统,却自以为实现了所谓的进步[1]。毫不夸张地说,商业市场上的大部分并购行为是在收拾以前战斗留下的尸体。因此,我们需要由将三大市场视为平面轮动板块关系,转向视之为一个完整无缺、浑然一体的圆融世界来看待,以一以贯之的逻辑体系重组因果设定,以便在抽丝剥茧之后提纲挈领、纲举目张地洞见新未来。

在对战略节奏这一精微至极而广泛牵扯勾连的课题做出理性归因过程中,我们有必要将其视为一个整体复杂系统来看待。尽管我们实在不必要凡事人为复杂化,且解决之道最终确实需要化繁为简,但在此之前,仍然需要经历一个实事求是地将复杂系统当作复杂系统来看待的洞察过程,而非凡事简单粗暴地化繁为简、大而化之。也即人们所期待的简单,必须经历一个从简单到复杂才能再复归简单的过程。其中的精微之处在于:把开放性当作开放性,不要试图把一切开放系统简化为封闭系统;把非平衡态当作非平衡态,不要试图把一切非平衡系统都简化为平衡态;把不可逆性当作不可逆性,不要试图把一切不可逆性简化为可逆性;把非线性当作非线性,不要试图把一切非线性都简化为线性;把模糊性当作模糊性,不要试图把一切模糊性都简化为精确性;把软系统当作软系统,不要试图把一切软系统都简化为硬系统;把混沌当作混沌,不要试图把一切非周期性都

---

[1] 纳西姆·尼古拉斯·塔勒布. 反脆弱[M]. 雨珂. 译,北京:中信出版社,2020.

简化为周期性；把分形当作分形①，不要试图把一切复杂图形都简化为规整图形……②这不得不让我们重新复归自古希腊时期以来对人类理性思维是不是一个"真空的孔道"，是否具有作为人的先验感知规定性，以及高尔吉亚③提出的无物存在，即使有某物存在，我们也无法认识它，以及即使我们可以认识某物，我们也无法把它告知他人（因为我们告诉别人时使用的信号是语言，而语言同存在物并不是一个东西，我们告诉别人的就只能是语言而不是存在物，因此一切不可言说）等一系列最基础性的反思。今天，我们从西式教育体系中学习到的，显然掉进了邯郸学步、喝"酸奶"式的知识点记忆套路里，而真正的战略思考必须挣脱这一窠臼，回归对事物本质底层逻辑的第一性原理深究，既而才能重建元认知模式，抵达"觉知"的通透境界。

诚如在人们的印象中，节奏感训练来自音乐律动，其中包括时间长短、速度快慢缓急、力度轻重、强弱分配、频率与频次、柔韧与干脆、顿与渐……的微细把握。对于企业战略课题而言，在关键时刻把握好节奏也同样总能体现出某种艺术与神奇的成分；与音乐艺术不同的是，管理必然重点涉及人的因素，其中更加难以辨析的是以下几组心理活动之间的截然不同，例如，是评判还是真相、是期待还是要求、是事实还是假设、是付出还是索取、是美善还是伪善、是正义还是正确、是坚持还是固执、是服从还是抗拒、是建议还是指责、是赞美还是讨好、是关爱还是控制……如果放宽至世界观范畴，管理者在内与外、敌与我、大与小、必然与偶然、长期与短期、深度与广度、收敛与发散、单体与整体、利己与利他、有形

---

① "分形"一词，通常被定义为一个粗糙或零碎的几何形状，可以分成数个部分，且每一部分都（至少近似地）是整体缩小后的形状，即具有自相似的性质。它由芒德勃罗教授于1973年在法兰西学院讲课时首次提出。分形作为一种数学工具，现已应用于各个领域，如应用于计算机辅助使用的各种分析软件中。
② 苗东升. 复杂性管窥. 北京：中国书籍出版社，2020.
③ 高尔吉亚公元前5世纪古希腊哲学家和修辞学家，著名智者。他是西西里岛雷昂底恩城人，早年随恩培多克勒学习修辞、论辩、自然哲学和医学。其思想受到过芝诺的影响，但主要源于普罗泰戈拉。

与无形、时间与空间等多组相互对立概念的理解上，也存在着视野与知见的高下之分。

通用电气（GE）前总裁杰克·韦尔奇曾经亲自编写教材、亲自授课、亲自收集问题、提炼问题，用以提供给高管们思考解决方案，然后将其中的内容萃取出来，作为下一步深化经理人对管理内涵理解的素材，如此周而复始地扩充经理人的思维空间，也让全体管理者感觉到，企业所面临的问题都是系统性的，而不是点对点线性的、机械式的，需要有很深的人文底蕴与理论素养，才有可能做出高质量的思考和辨析，从而成功把握其中核心关键。反过来说，企业家及高管团队的思维习惯与能力瓶颈就是企业的"天花板"，管理者必须提高自我的战略定位理论素养，从理论到实践，从工作到课堂，经过反复锻打，才有可能从经验主义、教条主义变成一个真正合格的战略型高层管理者。基于战略决策的创造性思维常常与日常管理背道而驰，即便是企业高管团队要想在战略节奏问题上达成共识，也需要将战略理论与战役实践相互验证的综合本领有效地提升起来，最终在基于现实和面向未来之间坚强地立足于"中道"。我们也还需要冷静地认识到，在以士、农、工、商为排序的主流农耕社会历史演变中，中国人确实很不习惯工商业的初始起点与核心本质，尚未养成利他而非利己、唯有利他方能最终利己的基本观念。

五、转折

回望历史，大自国家、战争，小到企业、个人，其发展过程往往只有为数不多的几个阶段最具代表性，而阶段与阶段之间的变换必然存在战略转折。就战略定位而言，一旦脚踏实地地走过以下五个阶段，企业及品牌理所当然成为业界翘楚，甚至国之栋梁，功在当代。

第一阶段　认知凸显

通过观察发生在顾客心智认知中的选择逻辑与竞争格局变化，可以清晰地感受到"业已发生的未来"。如果不是以顾客心智认知作为基础，战略规划和目标设定将出自最高管理层的主观想象和臆断，这无异于把战略大厦建在松土流沙之上。只有在顾客心智中成功跳脱出来，才能进一步得到更多的阳光雨露——顾客的关注与选择。市场上总是充斥着在潜在顾客大脑中毫无踪迹的产品和品牌，显然，它们的当家人选择了在认知中愿意被其他品牌超越与颠覆的生存道路。

早期企业尚未找到有效定位，需要根据当下竞争格局、资源能力禀赋、企业家使命与愿景等整体协调决定，包括找准高势能原点人群、培育意见领袖以带动其他群体，设计单一主打代表产品及服务品项，以及与之适配的中间渠道和清晰稳定的价格等。此时，试错（即试对）是难免且必需的，也是具有战略意义的，但毕竟不成熟的体系容易带来差评较多的第一印象，因此要么能够在尽可能小范围、尽可能短时间内完成（也称为"生存隔离"），要么保持快速迭代越来越好（也称为"代际隔离"）。当然，一个好的品牌名字、富含利润的价格，以及略带高端感新意的呈现方式，是必备的重要细节。

第二阶段　代言品类

一旦定位假设在潜在规模、增长率、获客方式、投入产出比等商业模式要素上获得验证，还需要谨慎地优先选择无争地带，急速收获原点市场成果。要想防备既有领导者在你立足不稳时的全力封杀，自身的成长速度是必不可少的生存战术，因此充足的粮草弹药、两军相遇勇者胜的团队、供应链盟友等，都是不可或缺的战略资源。一旦遭遇领导者的火力压制，你可以毫不犹豫地大举攻击领导者强势中的固有弱点，借此将你与潜在顾客心智中的领导者成功关联，并将产品事实层面上的技术合理性，转换成在顾客心智中的认知逻辑合法性。虚构不实或者逻辑根基不稳的产品概念，最终可能难以成功立足，因此，逻辑严密自洽是参与定位竞争的基础条件。无论如何，正面交锋迟早难以避免，默默无闻绝非胜者所为。不论是基于局部的游击战，还是成功的侧翼奇袭，与领导者"打擂台"是一种高效借势行为——借助顾客心中已知的参照物，清晰地树立自我坐标位置。而一旦资源补给乏力，认知中不安全感和抗拒心理立刻被重新触发，坐等你失败信号的口碑传播将引发"呼啦圈效应"，或者呈现半坡向下趋势不良。最简单有力的办法是扩大融资规模，以满足加速产品完善、投放市场推广、保持高度聚焦、把热销和高增长信息广告天下、基于事实的"造神"运动、抵抗价格战陷阱诱惑等饥渴需要。

仅有市场份额上的领导地位，企业无法长期安稳发展。真正的战略高地，并不在市场上，而是在顾客大脑中，即心智认知中的第一品牌。不少企业家受到传统观念中"枪打出头鸟"影响，觉得领导者怎么做，我就跟着怎么做。不客气地说，这是一种早期竞争不足时代的思想遗物。就算如西蒙教授所言的"隐形冠军"们，尽管不被普遍大众熟知，但它们都必然分别是其目标客户心智认知在某方面的"第一"。如果把握得当，心智中具备"指代效应"的品牌，总是有更多的机会成为市场赢家，它们既可以通过自我攻击封杀对手，也可以通过复制对手的创新成果而抵御攻击。从某种角度上说，并非顾客的需求决定了市场供应，恰恰相反，供应影响和决定了需求的被开发程度，即开创顾客、创造市场。

第三阶段　引领升级

一旦成功穿越重重封锁线，成功令顾客心智"山头易帜"，企业将进入战略防御阶段，客观上持续稳固的市场份额是基本战利品，而顾客心智中的指代效应才是真正的"硬通货"。认知地位可以通过"不提示第一提及率"来衡量，也可以在与核心目标人群紧密关联的非顾客群体中加以进一步严格佐证。在应对竞争的同时，成功者需要包容有序竞争，一旦封杀一切竞争，支撑品类热度的任务只能全靠领导者自身完成，这将会严重损失品类关注度，阻碍品类做大做强。

并非所有品类的事物都能够得到人们同等的对待，只有那些对于人们生活、生产更为重要的品类，才能成为主流品类。领导品牌对于品类有天然的影响力。正是领先者一次次变革创新和自我迭代，带领其所在的品类不断保持在顾客生活、生产中的重要位置。从本质上来说，顾客并不需要品牌，那为什么最终还是选择了某个品牌呢？因为这个品牌是那个能帮自己解决问题的品类中最优选产品的代名词。

品类升级通常表现为两种形态：进化和分化。进化有利于提升品类活跃度，强化应用广度和深度，而分化为打造新品类奠定基础。定位理论提醒：品类阵营里的领先者，才更有资格和能力引领品类的发展走向，而其他非主流品牌所能做的，是通过不断创新，为品类扩展做各种边缘性尝试，一旦创新成功，加之营销策略得当，将极有可能挤进领先者阵营，成为引领品类的新晋力量，或者被领先者收购，进入推动品类发展的快车道。领先企业也更有机会通过品牌延伸实现多元产品经营，这是"光环效应"的实际体现，它使部分顾客也愿意考虑选择领先品牌核心产品之外的其他边缘产品，或者出于便捷因素而选择让步，但其根源仍然是品牌在顾客心智中已经形成的强大"光源"——单一认知。光环就是光环，光晕更是假象，如果没有了光源，一切都将重回黑暗。

第四阶段　多元聚焦

品牌是顾客心里对产品及公司的认知。如果一个品牌只有一种产品，品牌的力量就不容易被削弱，而如果一个品牌有两种产品，品牌的力量就会被一分为二。新公司增长快，高度聚焦，而一旦平稳发展，难以持续扩张之后，太多的现金流入使他们无所适从，于是自然走向多元化经营。企业在一个方面取得成功的同时，也创造了向许多不同方向拓展业务的机会可能。相对而言，稳居领导地位的企业更加有机会以新品牌适时开辟第二战场。今天的关键成功要素并不是工厂、产品或人才，而是在潜在顾客心智里有机会占有牢固的一席之地。市场话语权的力量并不来自那些"大而全"的大公司，而是来自拥有强大单一认知的强势品牌。只有拥有了品类领导者的认知地位之后，企业才真正具备了横向扩充业务单元的实力和资格。有别于拓宽产品应用领域，业务多元化最好能够使用新产品、新品牌，甚至全新的组织。其中需要注意的是，企业内部资源和能力的共享不应该成为业务多元化的根本理由，仅仅出于共享的目的，很容易做成同质化企业，在顾客心智认知中是否存在数一数二的机会，才是最主要的参考标准。

第五阶段　生态整合

更高规格的商业较量是赋能于竞争。经典战略原理与定位理论集合成新一代战略思想，有利于把顾客的心智资源和产业资源、实业经营与金融资本等进行多效合一，将从供应链到需求链的整体效率彻底贯通。这不但短期巩固了企业的领导地位，成就产业链的组织者角色，也更有机会从整体和全局的角度构建持久良性的商业生态环境。

整合的本质，是对分离状态的现状进行调整、组合和一体化，是一次对产业链进行重组再协同的过程。主导企业通过不断优化与相关企业的协同，提高整个产业链的运作效能，在释放产业潜力的同时，进一步提升在产业链上的主导地位和竞争优势。在这一过程中，越来越多的上市公司利用其资本市场地位，以并购成长作为突破方向。产业资源与金融资本的互动逻辑表现得淋漓尽致。领先企业将更有优势甩开对手，率先登顶行业寡头和产业王者的位置。产业集中、结构优化、规模经济和范围经济的效率提升效应也日益彰显。

不论身处任何发展阶段，企业家都需要更新传统资源观念。认知优势之所以成为越来越重要的决定性成功要素，是基于这样一项追问：隐身于资本、人才、厂房装备、关系资源等背后的"指挥棒"是什么？顾客的决定性意义越来越毋庸置疑。顾客之所以成为资源配置的核心，不是因为他们账户里拥有多少钱，而是他们怎样花掉这些钱，或者消费，或者投资，本质上都是在选择和购买产品与服务，而其关键点首先在于他们如何选择，即遵循什么原则花钱。自然而然，企业战略定位的核心重点，应该转向研究顾客如何选择，以及如何影响顾客选择。企业家普遍最为关心增长机会在哪里，其要点首先就在于顾客认知扩展的走向；而如何实现增长，其要点在于阶段性引导认知走向的策略与举措。自此之后，才是战略地图、战略解码与目标分解、战略绩效评估与激励等。

无论是已经跌落神坛的诺基亚、柯达，还是当今如日中天的美团、特斯拉等，成功并非只可艳羡，失利也非只能叹息，成功的战略转折必然暗合某些自然大道可供揣度。要想取得转型成功，企业家团队需要具备三项基本前提：一是远见，即识别关键资源的眼光和能力，其根本基础是智慧与德行，并称"厚德载物"；二是资源，或者自己拥有资源，或者具备调动资源的能力与方法；三是机遇，它具有偶然性，因此战略也可能是涌现的，但人们容易简单归因于运气或天意。在一次次认知升级、迭代的"出圈"过程中，人们往往高估了自己对战略转折点（或称之为"拐点"）的预判能力，而真正值得关注的，应该是早已深藏其下的"洋流"性趋势、类似"灰犀牛"与"黑天鹅"等大事件，以及如何将未达预期转换成"正确的错误"。其中，前面两者是对事关未来走向的必然推动力的感知，后者则是因战略的非精确性所导致而做出的反应机制。

对自己和身处环境的不同定义，决定了不同的战略可能性，再叠加上自身当下在产业端、连接端和顾客端的认知地位影响力，则有可能找到下一阶段的恰当角色。接下来，我们可以依照机会和把握机会的方式这两个方面展开对战略转折这头"大象"的摸索过程。

由此，我们将内外部因素分别从自身创新变化程度、所处环境机会性质做出二分：对内看是颠覆性创新，还是战术性改良；对外看是增量市场（更倾向于种间竞争跨界），还是存量市场（更倾向于种内竞争内卷）。

例如，倘若在存量市场中做出了颠覆性创新，既有领导者最有可能改变行业发展走向，而缺乏生存定位的企业，更大概率将被动面临竞争压制或兼并整合；倘若在颠覆性技术革新发生在增量市场上，即便当下地位不彰，企业也有可能通过在新兴无人之地成功侧翼进攻，挟持新兴品类的自然成长性，进而积累起颠覆存量市场整体品类代言人的历史性机遇。即便只有战术性改良，在存量市场和增量市场也存在短线机会，例如，缩小客户市场、专注聚焦领域、改变营销模式等，借此积累资源、重构能力禀赋，积跬步以至千里，为下一期真正意义上战略机遇期的到来积蓄能量。并非只有振奋人心的宏图大略才是战略机会，战略为生存而生，定位为存在而在，只要是契合当下的周期与节奏，将自身资源与能力与所属环境良好适配的方向和方法，就是正确的战略选择。

在每个性命攸关的战略拐点，都是在正确的战略定位之后以新的经营方式、战略图景打破僵局、取代旧有模式的重要时刻。具体而言，创新可能源于产品端、客户端，以及两者之间的连接端。例如，产品端包括源自产品多级供应链、产品组合形态变化等，客户端包括客户群组合、消费需求行为链中已经发生的变迁等，连接端包括信息与媒介方式、实物流动方式、交易支付方式、商业模式等方面的变化等。企业最高决策者可以依照迈克尔·波特教授经典的竞争战略"五力模型"所提及的竞争对手、供应商、客户、潜在进入者、替代者五力模型加以审视（也有专家建议补充"互补者"），通过对竞争伙伴、技术革新、用户消费观念、供应链运营规则等方面加以深入探测，最终以认知优势为统领角度，为重大决策提供参考依据。当供应端、需求端与连接端之间出现逻辑冲突，则需要返回下一层级逻辑思考——权衡它们的重要性，即战略依存度。特劳特和里斯定位理论所提供的，是以顾客心智认知为最高依存度的整顿逻辑，帮助品牌企业赢得顾客，以认知优势重组运营和供应链资源配置结构。当越来越多的行业进入顾客轴心时代，当可供选择的品牌因为过于同质化而丧失了谈判位势，定位理论将是至今更有效的新一代战略方式。

与此同时，战略转折点通常无法通过事先预测精准把握。历史经验表明，其发生有可能来自偶发性小事件，其中不乏被历史整理者严重忽略的随机性小错误。作为实际操盘手，战略型企业家需要关注大趋势已经毋庸置疑，然而对于关键细节的颗粒度感知，常常被严重忽略，因此更容易掉进"幸存者偏差"陷阱。我们可以从关键性细节中所收获的：一方面，是见微知著、一叶知秋的趋势假设验证与再确认，这有赖于将偶发或误判等细节错误仅仅看作战略假设测试的一种结果反馈，而不是决然定义为错误。另一方面，是在不可预测、意料之外涌现出的偶然小事件中，可供发掘对于未来方向的战略级意义，从而让其为成就战略意图服务，即成为"正确的错误"。特劳特和里斯不惜笔墨提醒，战略定位如此高级的决策，并非最高管理层坐在豪华办公室或商务车里可以完成。用现代语言描述，是应该将自己置身于正确的信息环境的大数据中、通过运用正确的知识算法，结合决策组织的超级算力，才能在远航途中不至于迷失航向或葬身礁石险滩。

企业的战略跃迁，乃至国家变法图强、个人命运转机等，历史上成功案例众多且异彩纷呈，它们莫不基于对内外部认知状态的高度敏感与密切关注，与之相反，众多惨痛的教训要么源于匹夫之勇无法平滑"软着陆"，要么在决策之前看不透真相，因而在执行时当断不断，反受其乱。正确的战略定位方案总是基于"顾客为何买"和"企业为何做"的内外贯通，但仅仅如此，战略转折并不足以成功并善终，还需要妥善对待转型过程中的认知更新、见利见效的执行落地和持续性管理赋能等若干方面。尽管战略转型不排除针对人事与财物资源的霹雳手段，使得组织不得不面临摆脱舒适区、破茧重生的短期阵痛，但将不必要的动作、无谓折腾的损失降到最低，尽可能和平转变，实现战略阶段之间的无缝切换等，是企业家最高战略艺术与变革手感的集中展现。

其中，最容易被人们忽略的是转型前后的认知更新，而其责任首当其冲在于最高领导组织。一个不可回避的重要现实是，无论是内部成员还是外部顾客与客户，并非所有人对待重大变化都能自然接纳，并保持不怀疑，恰恰相反，绝大多数人将至少经历短期认知失调。所谓"认知失调"，即一个人的行为与自己先前一贯的对自我的认知（而且通常是正面的、积极的自我）产生分歧，从一个认知推断出另一个对立的认知时而产生的不舒适感、不愉快的情绪。其中包含两方面内容：一是深层认知，即所谓人们的思维、态度和信念等；二是正确推断，即所谓逻辑推理是否正确。如果以用眼睛看世界的日常行为作为比拟，大致通过以下四个步骤方可完成认知更新，其重要性与实施难度不容小觑：

（1）昭示转型的重要性、新方向与变革内容，包括但不限于：更新背景信息输入、重新界定问题、追根溯源原因、阐释变革重要性以及新方向，并预判转型难度、成功超越之后的成果景象等。此时，大多数成员的状态是"不知道，且不知道自己不知道"，变革主导者重在向全体成员揭示大家已经戴上了"有色眼镜"（如红色眼镜）看世界并习以为常，以至于并不觉察的基本真相。

（2）借助冲突机会厘清信息：在理解执行或边执行边理解的过程中，不回避关键矛盾冲突背后的初始背景信息，有理有据讲述事实，以及之所以能够取得下一期成功的具体依据。变革主导者重在帮助成员尝试戴上与之前截然不同的"有色眼镜"（如绿色眼镜），引导其中一部分骨干成员自主发觉存在另一种理解真相角度的可能。组织成员开始从"不知道自己不知道"进入开始意识到"自己不知道"的阶段。

（3）创造建设性认知失调：帮助成员觉察到，原来自己之前的理解之所以总是"有颜色的"，是因为戴上了某种"有色眼镜"（红色眼镜、绿色眼镜等），即固化的思维模式。变革者应该令成员意识到自己存在于诸多认知错觉、认知偏差中，由此惊觉并未知晓真相的可能，借此机会提升对新世界的探索精神。由此，人们逐渐进入"知道自己知道"状态。

（4）更新认知模式并解除失调：借助已经觉察到戴着有色眼镜看世界的认知模式的存在，进而激发人们完全摘除眼镜，或者至少换上"无色透明眼镜"，复归五颜六色的世界原本面目，完成洞见真实的认知升级，时刻警觉并保持安住于正视认知偏差的事实，借此鼓励探求真理、真相，令核心成员进入并保持"知道自己不知道"的新阶段。大多数人并未真正意识到，盲目跟风或者任意批判，都将最终把自己导向迷茫，只有保持对所处世界真相的觉知，才能无悔于一切战略选择。

总之，一切转折都蕴含着一次观念的冲洗与刷新机会。只有在价值观和认知模式上保持在大尺度空间与时间上经得住推敲，并有能力与时俱进地保持认知更新，才有可能最终体现为产品上自信和组织灵魂存续。对于身处供应端的企业而言，认知与事实上兼容的合理与合法性，是确保穿越周期、判别方向、把准节奏、绳愆纠谬的定海神针，对于处于需求端的消费者而言，则是在维系万千采购选择决策中获得自我认同的心灵基石。对内洞察自身，对外洞察环境，重组认识世界的方式，是组织决策者整体跃迁的必由之路。

综上，究其本质而言，战略是一种选择，它追求中长期经营效益最优，意图确保组织重大决策的正确性。据此，战略确有对错之分，其正确与否主要体现于以下五大要素：

（1）周期：确保在一定时空内与环境运动趋势协同适应；

（2）机会：要求主线产品及其相关规划设计的方向正确；

（3）路径：在目标实现过程中关键节点正确并相互链接；

（4）节奏：通过快慢轻重顿渐等完成证实、证伪与纠偏；

（5）转折：主动发起自身变革，正确应对环境迁流变化。

参考文献

[1] 艾·里斯，杰克·特劳特．定位：争夺用户心智的战争［M］．邓德隆，火华强，译．北京：机械工业出版社，2017．

[2] 艾·里斯，杰克·特劳特．商战［M］．李正栓，李腾，译．北京：机械工业出版社，2013．

[3] 艾·里斯，杰克·特劳特．22条商规［M］．寿雯，译．北京：机械工业出版社，2013．

[4] 杰克·特劳特．大品牌大问题［M］．耿一诚，许丽萍，译．北京：机械工业出版社，2011．

[5] 杰克·特劳特．什么是战略［M］．火华强，译．北京：机械工业出版社，2011．

[6] 杰克·特劳特．重新定位［M］．邓德隆，火华强，译．北京：机械工业出版社，2017．

[7] 艾·里斯．聚焦［M］．寿雯，译．北京：机械工业出版社，2003．

[8] 艾·里斯，劳拉·里斯．董事会的战争［M］．寿雯，译．北京：机械工业出版社，2013．

[9] 邓德隆．新定位时代［M］．上海：上海三联书店，2022．

[10] 迈克尔·波特．竞争战略［M］．陈丽芳，译．北京：中信出版社，2014．

[11] 迈克尔·波特．竞争优势［M］．陈丽芳，译．北京：中信出版

社，2014.

［12］迈克尔·波特. 国家竞争优势［M］. 陈丽芳，译. 北京：中信出版社，2014.

［13］迈克尔·希特，杜安·爱尔兰，罗伯特·霍斯基森. 战略管理：概念与案例［M］. 刘刚，译. 北京：中国人民大学出版社，2017.

［14］艾尔弗雷德·D. 钱德勒. 战略与结构［M］. 北京天则经济研究所，译. 昆明：云南人民出版社，2002.

［15］亨利·明茨伯格，布鲁斯·阿尔斯特兰德，约瑟夫·兰佩尔. 战略历程：穿越战略管理旷野的指南［M］. 魏江，译. 北京：机械工业出版社，2006.

［16］亨利·明茨伯格. 战略规划的兴衰［M］. 张猛，钟含春，译. 北京：中国市场出版社，2010.

［17］劳伦斯·弗里德曼. 战略：一部历史［M］. 王坚，马娟娟，译. 北京：社会科学文献出版社，2016.

［18］马丁·里维斯，纳特·汉拿斯，詹美贾亚·辛哈. 战略的本质：复杂商业环境中的最优战略［M］. 王喆，韩阳，译. 北京：中信出版社，2016.

［19］查尔斯·汉迪. 第二曲线：跨越"S型曲线"的二次增长［M］. 苗青，译. 北京：机械工业出版社，2017.

［20］朱恒源，杨斌. 战略节奏：在动荡的商业世界超越竞争［M］. 北京：机械工业出版社，2018.

［21］魏炜，李飞，朱武祥. 商业模式学原理［M］. 北京：北京大学出版社，2020.

［22］约翰·安德森. 认知心理学及其启示［M］. 秦裕林，译. 北京：人民邮电出版社，2012.

［23］凯瑟琳·加洛蒂. 认知心理学：认知科学与你的生活［M］. 吴国宏，译. 北京：机械工业出版社，2015.

［24］玛格丽特·马特林. 认知心理学：理论、研究和应用［M］. 李

永娜，译．北京：机械工业出版社，2016.

[25] 戈尔茨坦．认知心理学：心智、研究与你的生活［M］．张明，译．北京：中国轻工出版社，2017.

[26] 伯纳德·J. 巴斯，尼科尔·M. 盖奇．认知、大脑和意识—认知神经科学引论［M］．王兆新，库逸轩，李春霞，译．上海：上海人民出版社，2020.

[27] 丹尼尔·列维汀．有序——关于心智效率的认知科学［M］．北京：中信出版社，2018.

[28] 保罗·布尔吉纳，让·皮埃尔·纳达尔．认知经济学-跨学科观点［M］．贺京同，郑为夷，贺坤，译．北京：中国人民大学出版社，2014.

[29] 约翰·洛克．论人类的认识［M］．胡景钊，译．上海：上海人民出版社，2017.

[30] 卡斯·桑斯坦．选择的价值［M］．贺京同，等，译．北京：中信出版集团，2017.

[31] 巴里·施瓦茨．无从选择［M］．凌伟文，译．北京：中国商务出版社，2005.

[32] 席娜·伊加尔．选择的艺术［M］．林雅婷，译．北京：中信出版社，2011.

[33] 理查德·塞勒．"错误"的行为［M］．王晋，译．北京：中信出版社，2017.

[34] 丹尼尔·卡尼曼．思考，快与慢［M］．胡晓姣，李爱民，何梦莹，译．北京：中信出版社，2012.

[35] 马西莫 皮亚泰利·帕尔马里尼．不可避免的错觉［M］．欧阳绛，译．北京：中央编译出版社，2005.

[36] 史蒂文·诺韦拉．如何独立思考：跨越认知陷阱，建立科学思维［M］．文辉，译．汪冰，校译．北京：中信出版社，2020.

[37] 董志勇．行为经济学原理［M］．北京：北京大学出版社，2006.

[38] 迈克尔·舍默.当经济学遇上生物学和心理学[M].闾佳,译.北京:中国人民大学出版社,2009.

[39] 张五常.经济解释[M].北京:中信出版社,2015.

[40] 万钧.价值:反说·正说·戏说[M].上海:上海人民出版社,2009.

[41] 彼得·德鲁克.创新与企业家精神[M].蔡文燕,译.北京:机械工业出版社,2019.

[42] 彼得·德鲁克.巨变时代的管理[M].朱雁斌,译.北京:机械工业出版社,2018.

[43] 彼得·德鲁克.21世纪的管理挑战[M].朱雁斌,译.北京:机械工业出版社,2018.

[44] 爱德华·萨丕尔.语言论.陆卓元,译.北京:商务印书馆,2017.

[45] 爱德华·萨丕尔.萨丕尔论语言、文化与人格[M].北京:商务印书馆,2011.

[46] 皮尔斯.皮尔斯:论符号[M].赵星植,译.成都:四川大学出版社,2014.

[47] 塞缪尔·早川,艾伦·早川.语言学的邀请[M].柳之元,译.北京:北京大学出版社,2015.

[48] 林珊,李普曼[M].北京:人民日报出版社,2005.

[49] 沃尔特·李普曼.舆论[M].常江,肖寒,译.北京:北京大学出版社,2020.

[50] 爱德华·霍尔.无声的语言[M].何道宽,译.北京:北京大学出版社,2012.

[51] 王希杰.汉语修辞论[M].北京:当代世界出版社,2006.

[52] 李衍华.逻辑·语法·修辞[M].北京:北京大学出版社,2011.

[53] 李庆荣.现代实用汉语修辞[M].北京:北京大学出版

社，2002．

［54］何向东．逻辑学教程［M］．北京：高等教育出版社，2018．

［55］欧文·M. 柯匹，卡尔·科恩．逻辑学导论［M］．张建军，译．北京：中国人民大学出版社，2014．

［56］南希·凯文德，霍华德·卡亨．生活中的逻辑学［M］．杨红玉，译．北京：中国轻工业出版社，2016．

［57］吴宣文．思维的技巧：实用形式逻辑讲话［M］．上海：上海教育出版社，1987．

［58］理查德·保罗．，琳达·埃尔德．思考的力量 批判性思考成就卓越人生［M］．丁薇，译．上海：格致出版，2015．

［59］约翰·杜威．我们如何思维［M］．伍中友，译．北京：新华出版社，2018．

［60］西村克己．逻辑思考力［M］．邢舒睿，译．北京：中国人民大学出版社，2013．

［61］D. Q. 麦克伦尼．简单的逻辑学［M］．赵明燕，译．杭州：浙江人民出版社，2013．

［62］安东尼·韦斯顿．论证是一门学问［M］．卿松竹，译．北京：新华出版社，2019．

［63］竹内薰．假设的世界［M］．曹逸冰，译．海口：南海出版公司，2017．

［64］E. F. 舒马赫．解惑：心智模式决定你的一生［M］．江唐，译．北京：中信出版社，2022．

［65］邱昭良．如何系统思考［M］．北京：机械工业出版社，2019．

［66］赫克托·麦克唐纳．后真相时代［M］．刘清山，译．南昌：江西人民出版社，2019．

［67］泰德·法克纳．创造的智慧和自我超越［M］．吴啸雷，译．南京：凤凰出版社，2011．

［68］约翰·卡普斯．增加 19 倍销售的广告创意法［M］．孟庆姝，

武齐，译．呼和浩特：内蒙古人民出版社，2003.

[69] 罗瑟·瑞夫斯．实效的广告［M］．张冰梅，译．呼和浩特：内蒙古人民出版社，2002.

[70] 大卫·奥格威．奥格威谈广告［M］．曾晶，译．北京：机械工业出版社，2013.

[71] 大卫·奥格威．一个广告人的自白［M］．林桦，译．北京：中信出版社，2015.

[72] 克劳德·霍普金斯．我的广告生涯与科学的广告［M］．邱凯生，译．北京：华文出版社，2010.

[73] 苗东升．混沌学纵横论［M］．北京：中国书籍出版社，2020.

[74] 苗东升．复杂性管窥［M］．北京：中国书籍出版社，2020.

[75] 梅拉妮·米歇尔．复杂［M］．唐璐，译．长沙：湖南科学技术出版社，2018.

[76] 杰弗里·韦斯特．规模：复杂世界的简单法则［M］．张培，译．张江，校译．北京：中信出版社，2018.

[77] 纳西姆·尼古拉斯·塔勒布．反脆弱：从不确定性中获益［M］．雨珂，译．北京：中信出版社，2022.

[78] 侯本慧．市场螺旋周期分析与应用［M］．北京：航空工业出版社，1998.

[79] 哈瑞·丹特．下一轮经济周期［M］．刘念，熊祥，译．北京：中信出版社；2009.

[80] 拉菲·巴特拉．世界大趋势2：影响全球进程的社会周期律［M］．刘纯毅，译．北京：中信出版社，2010.

[81] 霍华德·马克斯．周期：投资机会、风险、态度与市场周期［M］．刘建位，译．北京：中信出版社，2019.

战略定位三部曲。第二部

定位
中国复盘

苏力军　于雷　马子珺◎著

企业管理出版社
ENTERPRISE MANAGEMENT PUBLISHING HOUSE

图书在版编目（CIP）数据

定位：中国复盘 / 苏力军，于雷，马子珺著．
北京：企业管理出版社，2024.9. -- （战略定位三部曲）．
-- ISBN 978-7-5164-3113-9

Ⅰ . F272

中国国家版本馆 CIP 数据核字第 20243YW892 号

内容简介

战略定位三部曲第二部对定位理论扎根中国市场做出深度复盘，全面揭示了定位理论与中国文化之间的渊源与共通之处。战略管理学中最具代表性的"定位学派"深受《孙子兵法》"先胜而后求战""不战而屈人之兵"的影响，而做好定位要求"以顾客心智认知为中心"，则与儒释道"圣人无恒心，以百姓心为心""无为而无不为"等理念高度契合。及时复盘定位理论进入中国20年来的实践成果，疏通了源自美国的定位理论与中国文化及战略选择之间的关系，对于学习和掌握这一先进的"生产工具"有着划时代的意义。

书　　名：	定位：中国复盘
书　　号：	ISBN 978-7-5164-3113-9
作　　者：	苏力军　于　雷　马子珺
策　　划：	寇俊玲
责任编辑：	寇俊玲
出版发行：	企业管理出版社
经　　销：	新华书店
地　　址：	北京市海淀区紫竹院南路 17 号　　邮　　编：100048
网　　址：	http://www.emph.cn　　电子信箱：1142937578@qq.com
电　　话：	编辑部（010）68701408　　发行部（010）68701816
印　　刷：	北京联兴盛业印刷股份有限公司
版　　次：	2024 年 9 月 第 1 版
印　　次：	2024 年 9 月 第 1 次印刷
开　　本：	710 毫米 ×1000 毫米　　1/16
印　　张：	10.25 印张
字　　数：	145 千字
定　　价：	298.00 元（全三册）

版权所有　翻印必究　·　印装有误　负责调换

目　录

第一章　开启定位理论的中国式复盘 … 1
　一、该复盘了 … 1
　二、借助现象看趋势 … 3
　三、重视理论探究，提升认知水平 … 10
　四、复盘是最高效的深度学习 … 11

第二章　战略定位商业哲学根基不牢 … 13
　一、妄自托大，战略战术不合时宜 … 16
　二、回避对立，错用"老二"哲学 … 18
　三、标杆学习，极易导向战略趋同 … 20
　四、局限于对抗，无视战略重心转移 … 21
　五、固执自我，拒绝由外而内的进化 … 26
　六、沉迷长期规划，轻视以史为鉴 … 31
　七、脱离战术，战略沦为无根之木 … 38

第三章　定位学派的中国渊源及发展历史 … 42
　一、战略之道源于军事原则 … 42
　二、《孙子兵法》早于西方超千年 … 43
　三、战略管理学之"定位学派" … 46
　四、定位学派的起源 … 47
　五、定位学派的新里程碑 … 49
　六、新旧理论的交替 … 53
　七、新时期战略的核心 … 62

第四章　中国文化与定位理论比较 …… 64
一、分合一体的中国 …… 64
二、我们误解了《孙子兵法》 …… 65
三、定位理论十个关键词 …… 68
四、极致的顾客中心视角 …… 72
五、智慧的交集 …… 73
六、重新认识竞争 …… 82
七、定位是一项客观功能 …… 85

第五章　战略定位原理 …… 90
一、开创顾客 …… 90
二、企业与顾客：活在两个不同的世界 …… 95
三、顾客为何买，企业为何做 …… 99
四、一词占领心智，打通两个世界 …… 103
五、境随心转，相由心生 …… 108
六、一把手的首要职能 …… 111
七、定位与创新 …… 115
八、定位与新经济 …… 123
九、战略决战 …… 131

第六章　定位战术落地手记 …… 141
一、以老乡鸡快餐为例，分析中式快餐市场需求及运营模式 …… 142
二、各类战术决策的思考 …… 145

参考文献 …… 156

第一章

开启定位理论的中国式复盘

所谓复盘，是一种反复提取信息、编码存入记忆的过程，是人类学习实践过程中的关键步骤之一，与规划、解码、落地执行同等重要。通常而言，回顾、反思、探究、提升，四个环节一个都不能少。

美国教育心理学家罗伯特·加涅（Robert Mills Gagne, 1916-2002）指出：学习是一个有始有终的过程，这一过程可分成若干阶段，每一阶段需进行不同的信息加工。信息加工越深入，它存入记忆的可能性就越大；信息加工的分析、理解、比较等精细处理越多，记忆效果就越好。反复编码、记忆、提取信息，会使我们对于数据信息（不限于包含数字的信息）的分析越来越趋向正确，判断事物的能力越来越趋向合理化。

一、该复盘了

自从由杰克·特劳特和艾·里斯共同创立的"定位理论"被邓德隆先生于2002年前后正式引入中国大陆以来，《定位》及其系列著作广受欢迎，一时洛阳纸贵，相关培训已经举办过近百场，接洽过的企业数量多达数千个，写作的文章案例也超过百万字，影响了不少企业家、专家学者、科研人员以及政府官员等，其中实际合作并成功付诸实践的案例近百个。

至今，在种种因缘之下，时间已经暗示并给定位理论留出了复盘的机会，如王老吉和加多宝因为过度竞争导致严重内耗，猿辅导等K12教培企业因为国家行业政策性调整而面临整体转型，企业难免命运跌宕，但其上下游供应链不可能不被主导企业所牵连，波及众多企业、员工及背后的家庭，其影响不可小觑。作为战略咨询专业工作者，有责任以前人之史鉴后世兴衰，有必要将企业得失放置于人类社会的工作和生活大背景中加以复盘。唯有如此，才能使"定位"这一普适性知识得以常用常新。假使因为我们自身不能保持应有的觉察，最终令这一常识性智慧穿身而过，不免是人类商业进化过程中的一大损失。

但凡一项新知识、新技术兴起，必定是因为针对并解决了某一类实际问题，其本身越接近真理，在多种形式推广和刻意练习之下，其兴起也必然越隆盛。然而，要想让一门知识和技术长久地为人类服务，并成为一股重要的"力量"，我们应该识别其应用的边界、反观成立的条件，甚至主动接纳环境变化胁迫，借助外力克服人性的贪婪、固执和傲慢，使之得以重新升级。总之，保持与时俱进，适者方能生存。就定位理论本身而言，其实际效用似乎已经得到验证，但其之所以有效的前提条件却仍未见得十分清晰而坚固。我们认为，定位理论只有上升至战略的高度，在宽度和深度上必须扎根于中国本土文化价值观（见下图），在起用时才能不失缰绳，并汲取丰沃养分，以至发扬光大。通俗而言，战略与文化二者，应该是"将欲望关进笼子"的那个笼子，这有点像孙悟空为师父画出来的那道圈，又或者更像是自己头上的那道"紧箍咒"。

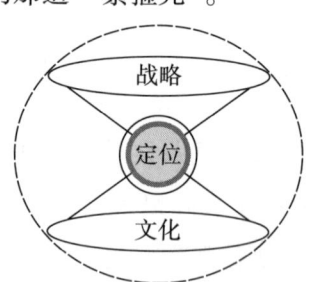

定位：上升为战略，扎根于文化

反之，如果只是从技法上简单模仿或是抄袭成功者，而不深究其背后的假设条件，恐怕极容易忽视它之所以在美国有效的基本前提，也必然无法吸吮中国热土的肥力，难免最终被人当作奇技淫巧，抑或是民间神迹。若果真至此，显然违背了特劳特和里斯面对无谓竞争的冷静观察，及其造福人类的悲悯初衷,也白白错过了诊疗人类商业顽疾的一道济世良方。

二、借助现象看趋势

我们尝试采用类似于"历史上的今天"的横向分析法①,选取 3~5 年作为一个整体历史横切面,将一组事实表相串联起来展开洞察,从中推断定位理论的核心作用机理,虽然归功或归罪于某一点均有失公平,但也能达到管中窥豹的效果。

首先,我们看看企业间的竞争:

(一)王老吉、加多宝及其他

王老吉和加多宝,曾经出身同门,时至今日,已经成为同病相怜的落难兄弟。只需回溯一下历史就不难发现:面对整体平淡的饮料市场,元气森林、奈雪的茶、茶颜悦色等新品类、新兴品牌纷至沓来,同样受冲击的还有曾经"绕地球很多圈"的杯装奶茶领导者香飘飘。除此之外,一直"有点甜"的农夫山泉,尽管做出了五花八门的品相外观创新,但其在上海、北京、深圳等一线城市的货架黄金位置,正在被百岁山和昆仑山大量覆盖。

(二)东阿阿胶

"人参、鹿茸与阿胶,滋补三大宝"的品牌故事曾经深入人心,以经典阿胶块、复方阿胶浆、即食阿胶糕三种品项、三个品牌展开多定位协同,共同支撑起各自品类的开创者和领导者地位。从 2001 年每千克 80 元,

---

① 横向分析法(Cross-Section Analysis),也称横断面分析、截面分析,是对同一时期数据资料进行横剖研究,探讨社会经济现象和自然状况在特定时期相关程度、关系与变化的方法。其特点是在横向联系基础上,撇开各种事物、现象和过程的具体特征,以抽象方式探讨对象目标变化的趋势与规律。

涨到接近每千克6000元，东阿阿胶的价格在19年间涨幅74倍，堪称"药中茅台"。这家三年内连续涨价14次、利润率曾经近30%的国有上市公司，2019年出现了24年来首次大额亏损，如今又是几年过去，仍然没有恢复元气。好在还有品牌认知作掩护，不然价值回归之路真不知道如何进行下去了。

究其原因，据查因为频繁提价，经销商超量囤货导致"消化不良"，灾难的前兆直接体现在账面大笔应收账款上。货物保质期一旦临期，打折套现离场便成了仓皇逃窜，于是坏账的增加和存货的减值，成为造成亏损的重要原因。2019年7月，东阿阿胶审计委员会委员李国辉辞职，11月，董事长、战略委员会主任委员王春成辞职，2020年1月19日，灵魂人物秦玉峰也退休离任。

（三）唯品会

"冰火两重天"用在唯品会身上再合适不过了。一边是好看的财报，截至2020年第四季度，唯品会实现了连续33个季度盈利，这在电商界实属罕见，同时全年营收迈过千亿门槛；另一边是下滑的市场份额，在网络零售B2C市场，从2017三季度3.8%缩减至2020年三季度2.5%，其GMV规模同比持平。从2015年到2019年，"商品销售"主营业务同比增速分别为73.7%、40.3%、28.7%、14.5%、8.8%。2020年，唯品会开启了霸屏模式，在《三十而已》《乘风破浪的姐姐》等19部电视剧、10档综艺节目中植入品牌。2021年二季度，毛利率、利润同比不及市场预期，而成本增长和营销投入双双超预期。这意味着，即算花大代价拉进来用户，似乎也很难转为销售增长。坊间评论：唯品会已经越来越成为一家没有增长力的公司。

唯品会成立于2008年。当年席卷全球的金融危机导致居民消费疲软，各大品牌库存暴增，唯品会左手帮品牌商清库存，右手用较低价"特卖"模式吸引消费者，上市后营收增速曾高达三位数。

在服务上，唯品会推出"电商+物流+消费金融"三驾马车，如今三驾马车已经翻车两驾：品骏物流 2019 年卖给了顺丰，消费金融业务大规模裁员。在流量上，通过接受腾讯入股，唯品会上线微信分销小程序"云品仓"，收效甚微。与此同时，唯品会进一步开拓线下店、唯品仓以及城市奥特莱斯等实体业务，能否吸引新客源和打通线上线下，尚需时日。自上市以来，大起大落之后重回巅峰，也只是在 200 亿美元市值附近横盘，而 2018 年才上市的拼多多市值已经突破了 2000 亿美元。毕竟，资本不青睐没有想象力的公司。虽然中国的下沉市场对于大品牌的青睐已经被国潮兴起所填补，而当钱包鼓起来以后，国人对特价逐渐失去了心理依赖。仅仅把"一个做特卖的网站"改成"品牌特卖，更加超值"，可能难以及时奏效。

紧接着，因为 GUCCI 假货事件而爆发的得物与唯品会之间的检验口水战，仅仅是多次负面风波的其中一例。据天眼查披露，唯品会名下拥有开庭公告 109 条、法律诉讼 223 条、法院公告 8 条等。有投资者这样形容唯品会：没有梦想，一心只想搞钱。我们不禁内心紧绷：在电商快速变异的节奏之下，唯品会将如何讲好特卖新故事呢？

（四）瓜子二手车

伴随着二手车电商品类的崛起，通过与人人车、优信等竞争品牌之间的四年商战，瓜子总体耗费了 30 亿上下的广告费，换来持续多年二手车第一品牌认知地位，继而在新车销售市场上又开创出毛豆新车网融资租赁的新零售模式。2021 年 6 月 10 日，母公司车好多集团完成新一轮 3 亿美元融资，至此，车好多已经累计获得融资近 40 亿美元。稍后的 22 日，优信二手车与蔚来资本、愉悦资本也融资了 3.15 亿美元。商业竞争本是血腥逐利的，更何况背后押宝的是 HCapital、红杉资本中国基金、IDG 资本等全球巨头。二手车行业的商业模式也在悄然进化：从原有线上线下并重、线上展示导流线下实际交易的半电商模式，向真正的标准化电商升级。

一直以来，瓜子二手车是激烈战场之外最受争议的企业。争议涉及的内容主要包括：

> ➢ 企业经营是否应该将大量费用投放在广告上？
> ➢ 成交量"遥遥领先"等广告内容为何一再被对手以虚假宣传告上法庭？
> ➢ 与"没有中间商赚差价"的高服务费相比，有中间商但费用低是不是更好？
> ➢ 靠资本续命，是否会沉沦至"ofo第二"？
> ➢ 自2018年开始的线下严选店频频关店，是仅仅因为疫情影响吗？
> ➢ 由线上转线下重资产模式能走得通吗？
> ➢ 2019年转型"全国购模式"，正式开放第三方入口，将二手车生意的其他商家拉到线上，这还是那个承诺"没有中间商赚差价"的C2C模式吗？
> ➢ 2019年人人车大裁员、优信亏损扩大九成，瓜子二手车独木难支能撑多久？
> ……

（五）老板电器

自2010年上市算起至2017年，老板电器连续多年实现高增长，总营收、净利润、公司市值增幅在国内同行业中遥遥领先，创造了A股市场中的增长神话。直至2016年，销量和毛利率首次出现同比下滑。

从产业角度看，厨电行业与宏观经济和房地产市场息息相关，周期滞后房地产约一年时间。自2014年9.30的房贷政策以来，房地产市场迎来长达两年的景气周期，量价齐升。2016年9月，又一轮房地产调控政策发布，寒冬来临。同时，随着供给侧改革的大力度推进以及下游复苏，2011年至2015年腰斩的大宗商品价格迎来上涨潮，老板电器单位营业成本随之大涨，利润被大幅侵蚀。加之渠道拓展大多在三四级下沉市场，第二品牌名气远不如预期成功等因素，导致资本市场对老板电器的长期盈利能力出现质疑。

随着国内一、二线城市房地产市场由增量市场转入存量市场，厨电行业在一、二线城市增速放缓。2018年是房地产企业资金压力最大的一年，信托、银行、债券和股权、理财和同业等渠道，都在对房地产贷款增速过快说"不"，房地产违规融资更是陷入全面整治和围剿。房地产行业链条从此出现大面积冷却，并随之影响到家电、建材、装修、橱柜、家具等上下游领域。2018年2月，老板电器两个跌停板，延宕至今，元气大伤。

（六）猿辅导等K12教育培训企业

早在2016年，新东方和好未来的股价在过去一年里均上涨超过100%，双寡头形成意味着K12课外辅导行业进入整合期，低价课开始吹动价格战的火苗，在线直播课、一对一课程、双师课堂等新模式层出不穷，整体市场向二、三级市场推进。

与此同时，人口红利已经消失，我国中小学阶段在校生数量几乎五年没有增长，甚至稍有下滑。面对中考升学率只有50%左右的现实，为了不让孩子输在起跑线上，每个家庭承受着极重的经济负担，大大降低了生活质量和幸福感。学生们除了应付学校功课作业外，下课时间还要应付辅导班作业，只有机械、疲惫地学习，缺乏思考、探索、拓展和创新的时间，也就没有了学习的乐趣。学校老师们经历了从一开始"课上不讲课下讲"到"学校老师没有辅导机构老师讲得好""学校老师没有教好孩子，所以学生才进入辅导机构"等舆论压力。多年来，教育部给中小学生"减负"的措施，并没有真正起效，择校热、唯升学率是瞻，正是教育资源难以均衡的表现。

因为牵涉到教育制度、教育资源公平化、教育负担影响生育成本等多重因素，教育培训并非一般意义上的服务行业。2018年，教育培训行业已经经历了一次大洗牌，对机构的消防、面积、资质等进行了全国性清理整顿。

如果说2014年可谓在线教育井喷年，那么2020年则是在线教育的爆发年，正是新冠疫情催化了线下课程辅导机构线上化。供需不平衡造成市场缺口，资本大量涌入。从融资角度看，猿辅导2020年完成共计22亿美元的两轮融资，公司估值达到155亿美元，成为全球教育科技独角兽公司中的佼佼者。从2013年一直到2021年，我国K12在线教育市场增速从未跌落20%，新冠疫情防控期间增速甚至接近50%。

资本热加大了管理乱象，虚构教师资质、预交学费、虚假广告、制造和贩卖焦虑、圈钱坑骗家长、机构倒闭跑路退款无门等现象，已经严重干扰社会稳定。更重要的是商业主体上市、盈利的终极目标与教育的本质背道而驰，并整体上绑架了家长，影响了正常教育，教培机构沦为"三不管"地带，在真空和夹缝中疯狂野蛮生长。民办教育和资本市场、房地产深入结合，破坏了学校、家长、学生之间的正常关系。"还教育一片净土，回归教育初心"已是刻不容缓。

2021年教育部专门成立教育培训监管司，中央下发重要文件，要求各地不再审批新的面向义务教育阶段学生的学科类校外培训机构，现有学科类培训机构统一登记为非营利机构，学科类培训机构一律不得上市融资，严禁资本化运作。

真正的深层次问题在于教育公平。据统计，全国高考平均本科录取率不超过45%，全国平均一本录取率不到20%，"985"大学录取率更是只有1.9%。而且，高考之前的中考50%分流率意味着，每年出生人口中有一半孩子要被分流到职业学校。有限的教育资源，让家长们走向极致内卷，陷入你追我赶的竞赛之中。时间一久，优秀教师被课外培训机构网罗，进一步形成教育资源畸形垄断。更为严重而普遍的是，广大农村的教育资源空心化。优秀教师和优秀生源流失严重，农村教育陷入城乡教育失衡的怪圈。而深藏其下的，是存在已久的城乡二元制结构，包括城乡土地二元制和城乡户籍二元制度等所导致的城乡经济不均衡。除了教育外，这种差距还体现在医疗、就业、消费、财政共同投入等诸多方面。

（七）社区团购 Vs 新能源高科技

每日优鲜（NASDAQ：MF）尽管抢到了"中概生鲜第一股"称号，新冠疫情的出现，让无接触购物、外卖、外送等生活服务类电商模式加速跑到了资本面前，但很快行业洗牌正式开始，老玩家同程生活宣布破产，食享会转型做社区零食便利店，京东旗下的京喜拼拼从各大城市退出，滴滴旗下的橙心优选开始缩减业务。

真正激起社会民众热议的，是针对社区团购涉嫌低价倾销以及是否会带来菜贩子失业等现实问题，毕竟实体店铺本来就已经被线上冲击得日渐凋零，本来只想守着自己一亩三分地的小店主们，面临更加严峻的生存环境。曾经，人民日报评社区团购称：掌握着海量数据、先进算法的互联网巨头，理应在科技创新上有更多担当、更多追求、更高作为，别只惦记着几捆白菜、几斤水果的流量，科技创新的星辰大海、未来的无限可能性，其实更令人心潮澎湃。实际上，商业模式的创新依靠快速烧钱为基础，其本身门槛主要在运营能力，然而太多资本进场，必然导致支撑高科技硬实力的资源相对减少，而类似半导体芯片、抗癌药物等高科技长期基础研发，才是一个国家的根本竞争力所在，尤其是"缺芯少药"的问题，已经令我们被发达国家屡屡欺压太久了。

在央媒及一系列国家政策的导向之下，新能源汽车及其上下游配套，如锂离子电池、钠离子电池、储能系统、氢燃料发动机，包括氢能的制、储、运、加，甚至光伏、风能等产业链被全球资本追逐。其真正的背景来源于我国对国际社会"碳达峰"和"碳中和"的"双碳"承诺，显示出一个华夏古国对于全球气候变暖、生态环境恶化、极端气候频发等命运共同体观念的责任担当。

三、重视理论探究，提升认知水平

爱因斯坦曾说：你无法在制造问题的同一思维层次上解决这个问题。也就是说，要想解决问题，需要思维上的升级，否则只能隔靴搔痒，做做粉饰文章。可见，人与人之间的差距，就在于思维与认知层次的差异。要想厘清头绪，自然需要抽丝剥茧、提升观察层次。

之所以不能直接"简单化"处理问题，是因为人们常说的"牵一发，动全身"。今天，我们只需要花费一些脑力和时间，就能从事物规律中吸取教训，规避风险，还能汲取营养，扎实成长，如此谋定而后动，想必应该是相当划算的。我们认为，但凡想要解决疑难杂症，抑或期望成为浩瀚星辰中的北斗七星，多半都需要经历一次次深至心灵的内求之旅。

从不同门类的学科实践中，我们同样能够一窥学习理论、深究原理之妙用。比如，物理学经典力学定律只能解决力学问题，对于其他类型的运动，如分子的热运动等，并无用武之地，更何况近代物理已经深入微观现象之中，发现了许多从宏观角度难以想象的新规律，如波粒二象性、不确定性原理、量子化等，但这并不妨碍我们追忆牛顿这位经典力学的奠基人。

让我们回到1781年，英国"恒星天文学之父"威廉·赫歇尔发现天王星的运行轨道与经典力学计算结果有明显差别，即使考虑了其他已知行星对它的影响，还是不符合实际观测。这一发现对牛顿经典力学提出了严峻的挑战。深信牛顿力学的英国天文学家约翰·库奇·亚当斯和法国天文学家勒威耶各自独立得出结论：必定还有一个未知的行星，它的位置应离太阳较远而离天王星较近。果不其然，根据牛顿力学定律，两人推算出了这个未知行星的具体位置和质量。1846年9月23日，天文学家加耳在勒维耶所指示的位置上果然发现了这颗新行星，后来命名为"海王星"。

我们之所以如此重视对一个理论的学习、理解、应用、复盘和提升，是因为对经验世界的归纳和演绎能力，是人类主动进化的重要支撑。中国古人言"知易行难"，阳明心学于是提出"知行合一"；而与之相反，孙中山先生提出"行易知难"，虽然词序相反，但深意相同。就严谨的角度而言，一旦实践出现问题和偏差，极有可能是因为误解了原理，亦即：之所以不能"行"，在于仍不够"知"。找到了病根，自然就能找到除病之法——足够"知"，即深究义理，学而时习之，反复锻打，如切如磋，如琢如磨。当代思想家、教育家陶行知先生①更是提出"行是知之始，知是行之成"，提出"教、学、做"三合一的教育理念。今日商界种种问题，本质上是学习太多而真知甚少，如是学习，实则多数为浮光掠影、浅尝辄止。生命时光短暂，既然长度不能拓展，如果还不能借此向深度探究，何以获得更高级的认知呢？

四、复盘是最高效的深度学习

通常而言，人们学习有三种途径：一是从书本上学前人的知识；二是从旁人身上学其先进之处；三是从自己过去的经验和教训中学习。

越是欲成大事者，其所作所为越是开天辟地，越无人可以学习，只能向自己学习。我们平时常说的"自省"，其实就是自我审查，即向自己学习。总之，一切带有回顾、总结并解决问题的思维活动和实际行为，都具有复盘性质。正是通过事后重现事件的整个过程，重新审视、思考事件中的行为和决策思维，才能发现问题，汲取经验，找到问题根源，总结规

---

① 陶行知（1891—1946），安徽歙县人，我国著名教育家、思想家。曾任南京高等师范学校教务主任，中华教育改进社总干事。先后创办晓庄学校、生活教育社、山海工团、育才学校和社会大学。提出了"生活即教育""社会即学校""教学做合一"三大主张，生活教育理论是陶行知教育思想的理论核心。其著作有《中国教育改造》《古庙敲钟录》《斋夫自由谈》《行知书信》《行知诗歌集》。

律，最终实现能力提升。

1976—1981年，美国心理学家 J. H. 弗拉维尔提出"元认知"概念：反映或调节认知活动的知识或活动，即对认知的认知。简单说，元认知就是"个人对认知领域的知识和控制"。这一理论也可称为"自我觉察意识"。人类之所以能够在思维方面超越动物，最重要的因素就是人类具有自我觉察的能力。例如，我在看书，这是一种"投入"的状态，同时我知道我在看书，这是一种"抽离"的状态；我心里感到愤怒，同时我知道我感到愤怒，这是一种"觉察"的状态，等等。人们常说"当局者迷"，就是暗指一个人完全"投入"而没有了"抽离"，只有同时具有这两种能力，同时又让这两种能力手牵手肩并肩为我们服务，才是真正意义上的深度学习。

总体而言，有关定位理论的发展和应用，继20世纪80年代在美国提出以来，又在中国市场经过了20余年的历练。庞大的市场红利和层出不穷的产品创新，为"定位"这一项知识创新提供了超越全球的海量实践机会，是时候对定位理论做一场阶段性的盘点了。如此大样本的商业应用试验，我们哪些理解是到位的、哪些是不到位的？我们在哪些方面发育出了自己独特的生存基因？在哪些方面规避了传统思维模式的陷阱？或者至少，我们应该可以先划出一条条红线，让后来者得到明确的预警信号。相对于未来而言，眼前的认知成果仅仅是冰山一角，而与之相关的学术研究也才刚刚开始。

第二章

战略定位商业哲学根基不牢

特劳特和里斯的"定位理论"蕴含着很强的竞争性对抗，这可能是少部分人不太愿意接受它的原因之一。更进一步，对这一点缺乏准确而透彻的理解，则是人们不能学好定位原理的重要缘由。在深受儒释道文化影响的中国商界，还没有真正建立起深入灵魂的工商业文化基因，不能很好地领会战略定位理论倡导的路线，甚至误解了其中的真实含义。

在中国商界，还没有成体系的商业哲学，也就是说，战略定位在中国商界根基还不牢。这种局面的形成，有其深刻的社会发展历史背景。早在西汉时期，司马迁就开始在《史记》中为工商业者专门开篇记事——《货殖列传》，其中涉及子贡、范蠡、白圭、程郑、孔氏、师氏、任氏等工商典范，介绍他们的言论、事迹、社会经济地位以及重要经济地区的特产商品、有名的商业城市和商业活动、各地的生产情况和社会经济发展的特点，叙述他们的致富之道，表述自己的经济思想。但中国是全世界最强大的农业国家，工商业在社会地位排序中明显靠后，依照士、农、工、商的排列顺序，商业被排在最后。

近现代以来，这点遗憾开始真正发生改观，但最先并非发生在中国本土，而是在日本。自从开启明治维新，日本在科技、经济、军事、社会制度、文化等方面全盘西化。至近现代日本，以涩泽荣一为标志性代表人物，儒家文化与西方工商经济相互融合和智慧杂交，其精髓在《论语与算盘》一书中展露无遗，也深深地影响了后来创立了两家世界500强企业、并成功拯救日本航空公司（JAL）的稻盛和夫。涩泽荣一在其《论语与算盘》一书中提出了"士魂商才"的概念，主张一个商人既要有"士"的操守、道德和理想，又要有"商"的才干和务实，所谓"商才"，本来就要以"道德"为根基，离开道德的商才，即不道德、欺瞒、浮华、轻佻的商才，绝不是真正的商才，但如果偏于"士魂"而没有"商才"，经济上也会招致毁灭①。

第二次世界大战之后，人们对恢复幸福生活的向往，为全球经济复苏带来巨大的市场红利，日本的核心竞争力在工厂车间的机器轰鸣声中快速形成。自从吸收了戴明全面质量管理（TQC）、美国 GE 六西格玛（6 Sigma）等先进制造业知识之后，日本将产品标准化精益制造能力发挥到炉火纯青。在二十五年内，日本就赶上了西方发达国家，成为当时亚洲的现代化强国。但由于在现代化道路上急速奔驰而产生的社会"离心力"逐渐凸显，面对工商业无序发展带来的利己主义、功利主义等弊端，涩泽荣一再次劝告人们捧起《论语》。比如商业竞争，其实并不需要什么与众不同的商业道德，只需要"入则孝，出则悌，谨而信，爱众而亲仁"（《论语·学而》）。商业竞争就是要从这些人人皆可遵守的道德准则出发，信守双方之间的协定，善意而诚实地经营。

总体而言，"把事情做得更好"是日本工商业进化的基本课题，后来迈克尔·波特在其《什么是战略》一文中总结为"运营效益"的成功。但遗憾的是，日本的传统集权统治制度以及其国家资源结构禀赋，将"大和""武士道"精神重点汇聚到了"集体主义""尚同"的方向上，甚至各行业领先企业之间的股权交叉捆绑，进一步在技术、资源、知识、制度上实现同质又同步，从而在"把事情做得更好"这一点上整齐划一，并推向极致。这样的后果，就是整体在"做不同的事情"这一问题上，日本工商业界出现了思维盲点。以至于当迈克尔·波特带团队研究日本成功原因之后，对日本未来发出了充满担忧的追问：日本还有竞争力吗？波特发出警示：日本很可能已经因此丧失了差异化竞争优势，即"做不同的事情"的文化基因。

这一观点，在专业人士对排名前列的日本和美国科技领先企业的业绩

---

① 钱文忠."士魂商才"才能造就强国［N］.第一财经日报，2011-07-05.

对比中得到了印证。2013年，在美、日两国科技企业的经营指标比较中发现，美国企业更倾向于聚焦各自的差异化，而日本企业几乎都趋向同质多元化。它们的总营业额相差无几，但净利润却相差甚远：9家日本企业的平均利润率仅有1.7%，而9家美国企业的平均利润率高达17%，是日本企业的10倍。值得注意的是，9家日本企业中唯一走聚焦经营路线的佳能（Canon），其利润率达6.2%，远高于其他日本企业。尽管少数企业走向了偏离主流的差异化，选择了"做不同的事情"的"与众不同"路线，但至少在相当长一段时间内，并未改变日本企业的主流思维导向——"做得更好"。

让我们回过头来再看中国。在清代启蒙思想家、政治家魏源"师夷长技以制夷"思想影响下，自洋务运动开始，官方将一部分西方技术成果引入中国。尽管近代出现了张謇、郑观应、荣宗敬和荣德生兄弟、穆藕初、范旭东、卢作孚和刘鸿生等民族资本家典范，但总体来说，国家机器运转的重心主要在于内部社会制度的冲突与重建以及抵御外敌入侵上。一直到中华人民共和国成立，并实行改革开放之后的20世纪80年代，才正式打开市场经济大门。最近半个世纪，也只是中国历史上工商业转向开放式市场竞争的真正开始，由此工商业文化才得以进入重建和确立的崭新历史阶段。

两百多年来，中国内外交困，命运多舛，使得国人对儒释道传统智慧的理解，着实出现了不少误读、误解和误用。例如日常生活中，人们对"和气生财""以和为贵""温良恭俭让""不争""无为""空""无欲则刚"等词汇的理解，似乎朝着"消极""不作为"的方向出现了明显的世俗化曲解。实际上，这些理解都已经和传统文化的本来含义相距甚远，基本不得要领，甚至完全背离。这难免在国人文化心田里种下了错误的逻辑基因。而类似"为富不仁""无商不奸""见利忘义"等价值观，在商业社会活动中还带来了不少负面认知。

文化血脉的形成，不是十年、二十年为时间单位来计算的。中国近现代没有产生类似《论语与算盘》的商业逻辑，关于"与众不同"的差异化竞争战略也出自欧美，这暗示着国人对于发端于西方市场经济的商业哲学仍然处于启蒙阶段。尽管言必谈"商场如战场",但人们对于战略定位与儒释道传统文化精神之间的深刻关系,仍然亟须恶补一堂文化大课。

一、妄自托大,战略战术不合时宜

定位理论最为基础的观点,首先是商业演进经历了三个时代(从工厂时代、市场时代,转向顾客时代),竞争地点和核心任务也就不可避免地发生了转移(从高效率生产、拓展市场渠道,转向占领顾客大脑心智认知)。其次,定位是要根据在顾客心智中的强势对手来找到最有利的角度,以及设计关键运营配称,并配置相应的战略性资源。

尽管似乎明白了这一道理,但是在实践中,人们还是习惯用过去那张地图,企图登上明天的新大陆。这种刻舟求剑的老生常谈,像极了中国千年前的一场战役。

公元前638年,我国处于东周春秋时期。宋国与楚国为了争夺霸权在泓水(今河南柘城县北30里)发生了一次战争,最后以宋国失败告终,史称"泓水之战"。大致情景如下:

> 周襄王十四年(公元前638年)十一月初一,宋军与楚军战于泓水。宋军已经摆好阵势,楚军还没有全部渡河。司马子鱼说:"敌众我寡,趁他们没有完全渡河,请下令攻击他们。"宋襄公说:"不行。"当楚军已经全部渡河,但尚未摆好阵势,子鱼又请求攻击。宋襄公说:"不。"等楚军摆好了阵势,宋军才开始攻击。结果,宋军大败,宋襄公大腿受伤,卫队也被歼灭了。宋国人都埋怨宋襄公,宋襄公却说:"君子不伤害已经受伤的人,不捉拿头发花白的人。古人作战,不在隘口处阻击敌人。虽然是已然亡国的商朝的后代,但也不会攻击没有摆好阵势的敌人。"

泓水之战规模虽然不大，但是在我国古代战争发展史上却具有一定的意义。它标志着商周以来以"成列而鼓"为主要特色的"礼义之兵"寿终正寝，新型的以"诡诈奇谋"为主导的作战方式正在崛起。所谓的"礼义之兵"，就是作战方式上"重偏战而贱诈战""结日定地，各居一面，鸣鼓而战，不相诈"。它是陈旧的密集大方阵作战的必然要求，但是由于武器装备的日趋精良，车阵战法的不断发展，它已不适应战争实践的需要，逐渐走向没落。宋襄公无视这一情况的变化，拘泥于"不鼓不成列""不以阻隘"等旧兵法教条，招致悲惨的失败，实在是不可避免的。正如《淮南子》所说的："古之伐国，不杀黄口，不获二毛，于古为义，于今为笑，古之所以为荣者，今之所以为辱也。"

春秋时期最为血腥激烈的，无疑是各国公子间的君位争夺，而在宋国，却变成了含情脉脉的兄弟礼让。宋襄公本想把国君位置让给庶兄子鱼，子鱼为此避而逃至卫国。后来，宋襄公用子鱼为相，掌管军政大权，史上赞誉其"让国之美"。宋襄公的仁义还表现在：尽管宋国曾因"北杏会盟"（公元前680年）背叛盟约而遭齐桓公讨伐，但面对齐桓公曝尸宫中六十七天，宋襄公还是帮了齐国一把，在几乎孤立无援的情况下保护齐国的公子昭回国。

真正的威胁是，中原大一统局面背后暗流涌动。才当了十多年国君的宋襄公十分稚嫩，但他充满野心，而这野心又被"仁义道德"所拖累。他只是看到了齐桓公的霸主风流，却没有看到这是以齐国的国力为保障的。而小小的宋国有何资本成为霸主呢？他亦步亦趋模仿齐桓公。齐桓公在"北杏会盟"结束后吞灭拒盟的遂国，而他也同样围攻拒盟的曹国，甚至把鄫国国君当作祭品。直到宋楚"泓水之战"，楚国以优势的兵力、旺盛的士气、有利的地理条件大败宋国，获得全胜，而宋国战败后沦为二流国家，从此再也没能在历史中发挥重要作用。

在泓水之战中，尽管就兵力对比来看，宋军处于相对的劣势，但如果宋军能凭恃占有泓水之险这一先机之利，采用"半渡而击"灵活巧妙的战法，先发制人，是有可能以少击众，打败楚军的。按照宋襄公的打法，作为劣势一方，却不利用自己的优势机会，放弃敌军的劣势机会，无论如何充满仁义道德的光环，都无法改变必败无疑的局面。

二、回避对立，错用"老二"哲学

在中国文化中，对"第一"的态度一般都比较回避。古语云：木秀于林，风必摧之。更多时候，人们都会"自谦"，而这种自谦，来源于孔子所倡导的人生态度。在《论语》中，我们经常看到孔子教导弟子为人处世不要锋芒毕露，在社会秩序中要礼让他人。俗语常言道，枪打出头鸟，出头的椽子先烂。人们相信，"老二"哲学是一门大学问。如果你成不了"老大"，那就踏踏实实做"老二"，一心一意钻研磨炼自己，总有一天，时间会向世人证明你的能力，做一个百折不挠的"老二"也很了不起。

而在商业上，人们却往往只会记住老大，更多的资源向老大倾斜。而老大因为掌握了最大的市场份额，有充分的话语权，价格的起落也由它说了算，其他人不服也得被迫跟进。面对一个强势对手，企业应该"高筑墙，广积粮，缓称王"，选择最适合发挥核心竞争力和比较优势的目标市场，这是基于自身实际做出的正确取舍。而这也是老子《道德经》"避其锋芒""强梁者不得其死"的忠告。

真正糟糕的不是"老二"哲学本身，而是人们对它简单化曲解以及消极化应用：跟风，跟着老大亦步亦趋，人家做什么我也做什么。这是供给不足时代的思维方式，是同质化竞争的逻辑根源。人们的假设是，领导者之所以成为领导者，一定是因为更好地规避了风险，找到了做事情的正确方法，那么我们只要看看老大做什么，我们也跟着做什么，就能规避风险，获得成功。最不济，只要领导品牌不死，我们也不至于太差。

有着两种不同选择经历、前后效果形成鲜明对比的典型案例有两个：

一是选择"对立"策略前后的百事可乐（PEPSI）；二是有着几乎同样经历的宝马汽车（BMW）。我们列举后者加以简要说明。

在早期相当长一段时间，宝马（BMW）总是跟随奔驰（BENZ）的脚步，亦步亦趋。然而，一味模仿并没能带来更大的成功。问题就出在：顾客确实有需求，但只认奔驰，不认宝马。宝马公司的经营曾经一度陷入低谷，以至在1959年全体股东大会上，提出了一个建议方案：由奔驰公司接管自己——宝马险些把自己拱手交给对手。

在此之后，宝马的经营方向发生重大改变：不再跟随奔驰跑。宝马领导人意识到，不能在顾客认知里永远只是对手的模仿品，否则毫无存在的价值，而应该向与奔驰相对立的方向发展。例如，除了富豪们坐车享受豪华与尊贵外，中产阶级骤然兴起，有不少人想要亲自开车，那能否为想要自己开车的富裕阶层设计车呢？如果车身更紧凑，驾驶性能、操控性更好，自然更加适合想要自己开车的群体。于是，与奔驰"乘坐"特性相反的"驾驶"特性就此诞生。此后，宝马产品的研发彻底转向，两年后推出新一代宝马1500（宝马3系原型）。紧接着，广告语也改成"终极驾驶机器"，并且一直没有改变。至此，宝马开始彻底起死回生，BMW3的畅销更是把"驾驶"定位推向高潮。

当找到"驾驶"这样一个与奔驰"乘坐"相对立的定位方向之后，宝马围绕这个战略方向展开研发、生产，并大力传播。自此，"驾驶"特性定位的价值感得以显现，因而被广泛认为是一个在顾客心智认知中真正具有存在价值的地盘，是真正属于宝马自己的战略方向。多年之后，人们大脑认知中买车的决定变得异常简单："乘坐"舒适就选奔驰，追求"驾驶"感觉就选宝马。最终的认知习惯中形成了这样的常识：开宝马，坐奔驰。非但如此，汽车行业以"特性"定位引领战略的案例再度开花：沃尔沃（VOLVO）汽车在竞争异常激烈的汽车市场中找到顾客心智认知的突破口——"安全"的"特性"，进而成就了另一个世界级豪华车品牌。还是原来的理论，还是熟悉的策略，就此不作赘述。

三、标杆学习，极易导向战略趋同

近二十年以来，在同行业跨国公司成功案例的感召下，中国企业花费巨额成本购买成熟的管理和制度模式，在企业内大力推广，取得了重大的运营效益提升。但人们花费太多的时间、金钱和精力做"同样的事情"，管理理论的核心也正在不断被标准化。就像用相同的原料、相同的工艺，在不同的家庭烤出同样的面包一样，战略趋同的可能性大大增加了。

真正的问题是，参与和影响战略制定的经理人的知识体系和思维模式也陷入同一化。最终的结果是，不同国家或地区、不同文化背景的企业，其组织形式和管理方式，特别是与战略和结构相关的管理惯例变得日益相似。这很容易让人忽视，以至于迈克尔·波特不得不专门论述警示：必须明确区分战略和运营效益。战略定位面临一系列最重要的选择，企业成果优异是因为你做出了跟竞争对手与众不同的选择——选择大于努力。

管理高层从众心态和追求"不出错"的心理非常致命。在公司治理日趋制度化、经理人市场化和资本证券化形势下，他们不得不寻求保守和折中，以便在成功时获得赞誉，在失败时方便推脱责任，一方面进退自由，另一方面更有利于获取股东的信任。这是一种"精致的利己主义"，也是对关联方的"媚俗"反应。那些有一定影响力的公司，为了寻求外界的认同，通常倾向于选择与自己"身份和地位"相匹配的"众望所归"的战略，这是面对不确定性经营环境的一种战略折中。作为上市公司，其战略取舍也会迎合投资者的意愿，但问题是大部分后者并不是经营管理的专业人士，而只是一群短期套利、规避风险的逐利人群。

战略趋同让企业成长存在上限。一个企业的成功，在丰厚利润的诱惑下，相同或不同行业的企业纷纷仿效，使行业飞速成长。行业越成长，所需要的资源就越接近上限"阈值"，利润就会逐步被压缩，直至最终没有利润。其次，战略趋同是恶性竞争的初始点。因为措施的滞后，恶性竞争受到拖延,从而导致盲目"军备竞赛"。曾经在中国家电行业、啤酒行业、IT 行业,战略趋同导致大多企业都长时间停留在低水平的价格竞争里。

根据经济学家熊彼特的创新理论,战略趋同是战略创新不断循环的一个暂时阶段,它必将由于丧失差异化而使行业竞争激化,从而削低行业平均利润率,随之而来的就是优胜劣汰,接下来产生新一轮的战略创新,如此反复循环。正确的方式是视之为常态,有利于主动应对;而视之为必然则是被动与消极的态度,容易限于等待和不作为。真正成功的企业,既能获得和保持领先地位,也能带领行业迭代升级,脱离同质化泥潭。正是因为有了正确的理论指导,他们才做出了与对手差异化的战略选择,以尽早避免不必要的资源耗散。

四、局限于对抗,无视战略重心转移

中国饮料市场的发展较为漫长,从单一的饮料产品汽水,逐步增加饮料品类可乐、矿泉水、奶产品等。随着中国经济的发展,简单的饮料难以满足消费者日益变化的需求,而国内凉茶饮料市场也同样需要开拓。

其中,以可口可乐和百事可乐为主,占有碳酸饮料和汽水的 90% 以上市场份额,国内饮料以康师傅、统一、娃哈哈和农夫山泉这四大品牌为主,品类多,品种全,占有饮料 80% 以上的市场份额。实际上,在康师傅、统一、娃哈哈等财报中,以及可口可乐和百事可乐的销售数据中都显示,近年来整个饮料市场业绩普遍下滑。而与之形成对比的是,饮用水逆势回归,增长强劲,苏打水、奶茶、咖啡等新品类层出不穷,凉茶的替代选择丰富,逐渐退出消费者的首选之列,生存空间一再被挤压。随着人们生活节奏的加快,生活压力的加剧,功能饮料抗疲劳的诉求点如乐虎、东鹏特饮这几年也在蓬勃发展中,进一步争夺饮料市场的份额。

至此,我们有必要稍微抽离一点重新思考:究竟何为竞争?从顾客角度而言,竞争就是顾客的另一种选择。人们每天不得不处理太多关于产品和服务的信息,而针对每个类别,他们都只能分配极少数的时间和精力来做出决策。当然，越是重要的问题，人们愿意分配的时间和精力自然相对越多。而关键是，在海量的嘈杂信息面前，真正有助于顾客做选择决策的信息竟然少之又少。这正是信息社会的最显著特征。如果进一步仔细观察：在每一项选择面前，顾客需要完成两类选择：

（1）品类选择：为什么选择这一类产品和服务，而不是其他？

（2）品牌选择：同类众多供应者，为什么选择这家，而不是另外一家？

受到顾客选择力量的影响，企业通常面临两类竞争：一是品类内竞争。二是品类外竞争。

企业的任务，一方面要提高产品和服务（即以品牌为代表）在顾客心智中的重要性，以防止顾客更加倾向选择竞争对手；另一方面，要提高自己的产品类别对于顾客生活、工作的重要程度，以应对顾客通过其他替代方法解决同一种需求问题。

中国市场在相当长的时间内，一部分旧有物种将被迅速淘汰，一部分继续存活并迅速升级、进化，加上新技术与需求的对接，带来更多的新生物种，再加上新旧物种"杂交"之后"跨界打劫"，有可能带来颠覆性的效率提升……充满活力的市场，也必然是更加混乱的市场。毋庸置疑的是，供应端已经异常拥挤，已经远远不是商品同质化那么简单。存续的物种，加上新生物种，再加上杂交物种，任何新事物刚出现不久，就一定有更多的跟进者蜂拥而入，同质化的同时完成迅速迭代。这从整个超市的商品SKU供应量就能看出来，从手机同类产品的APP数量也能看出来。再看看那些参与竞争游戏的玩家，任何后来者的资源当量都呈几何级、次方级倍数激增。当年摩拜单车和OFO进入市场的资源投放量，以及后来滴滴与快的之间、美团与饿了么之间的补贴大战，乃至生鲜电商、社交电商直播带货的快速崛起，资本的拼杀大大提升了参与竞争的整体门槛。不仅如此，竞争加剧推动了企业成长速度快到想不到，多数企业家根本反应不过来。当年，拼多多花了三年时间完成上市就已经很快了，结果后来还有更快的上市速度——18个月，就像一帮资本老手在重复杂技动作一样，令人瞠目结舌。让企业家倍感压迫的是，后来的竞争者，总是以更加年轻力壮的团队、更加深厚的知识背景、十倍于前人的资本当量甚至彻底颠覆的底层技术原理，从老一辈辛辛苦苦几十年建立的企业身上，毫不留情地碾压过去。技术创新创造更好的供应，而更好的供应体验，激发出更加强烈的占有欲望和创新动机，也因此带来更快的优胜劣汰，甚至过度竞争。

举例而言，大润发是被称为"19年不关一家店"的传奇商场。1997年，在台湾润泰集团工作的黄明端被授命负责公司新业务，进入零售业。"门外汉"黄明端愣是把大润发打造成中国零售业的传奇。2011年，大润发在战胜了沃尔玛、家乐福等劲敌后，与欧尚合并为高鑫零售在香港上市。2016年，营收破千亿元。与此同时，零售业迎来了电商的冲击，"新零售"大趋势不可逆转。在零售业立足并不能高枕无忧，据赢商网不完全统计，2021年在其所监测的13家超市企业中，全年闭店数量超过100家，其中人人乐37家、沃尔玛超过30家、家乐福20多家。家乐福在中国一年关店上百家。而大润发花20亿元打造的线上商城"飞牛网"只留下了叫阵马云和刘强东的传说。2017年末，阿里巴巴收购大润发母公司高鑫零售，第二年年初，高鑫零售董事、大润发创始人黄明端辞职，由阿里巴巴CEO张勇接任。短短数月，大润发6名高层先后离职，高层大换血。人们不免感叹道：大润发战胜了对手，却输给了时代，而且当时代抛弃你时，连一声再见都不会说。"我消灭你，但与你无关。"

方便面曾经被誉为"20世纪最伟大的发明"，现在每年销量以几十亿包的速度在减少，遭遇如此断崖式的危机，难道是产品出问题了吗？不是的，反而是越做越精致，越来越全面，大的小的，干拌的，开水泡的，各种口味层出不穷，还请了一些口碑极好的明星代言宣传，但仍旧挽回不了衰败的颓势。自从外卖行业横空出世，各种可口的美食半小时左右就能送到手上，这时候基本就没方便面什么事了。打败康师傅的不是统一，不是今麦郎，更不是白象，而是美团、饿了么这些新兴公司，是散布在城市里大大小小的外卖美食小作坊。

关于胶卷相机时代的记忆，大多数人脑海中第一个就会想到柯达（Kodak）。曾拥有8000多家冲印店、位列世界500强的柯达，技术创新领先同行 10 年，但在 2012 年 1 月申请破产保护。战胜胶卷相机的是数码相机时代的来临。颇为讽刺的是，推倒柯达的数码影像技术，最早的发明者就是柯达。世界第一款数码相机由柯达的相机工程师 Steve Sasson 在 1975 年发明，并投入 10 亿美元进行相关研发，但是在当时数码业务并没有得到柯达高管们的重视，出于担心核心业务胶卷的地位受到影响，他们选择了放弃这次机会。Steve Sasson 曾告诉《纽约时报》，他发明出数码相机之后，管理层的反应是："这很可爱，但千万别告诉任何人。"2000 年以后，数码技术促使了很多行业变革，数码相机也得到了普及，佳能、尼康等日本照相机品牌抓住了这一时机，大规模地开发一系列新机型。可是柯达依然一意孤行，执意投入在胶卷生产上，错过了数码技术这个风口。

2017 年 10 月 30 日，日本相机制造巨头尼康（Nikon）宣布关闭它在中国的工厂，给出的理由是：智能手机的崛起侵占了原本属于数码相机的市场。按照传统的商业逻辑，尼康最多被索尼、佳能等同行打败，没想到打败它的居然是另一个行业——智能手机。同样，当年索尼（Sony）还沉浸在数码领先的喜悦中时，突然发现相机卖得最好的不是自己，而是做手机的诺基亚（Nokia），因为每部手机都是一部照相机。尽管诺基亚最先推出智能手机，但最终却是苹果手机（iPhone）成为触屏智能手机的全球首选。

今日中国，商品供应不仅仅是"同质化"那么简单。对于人口超级大国，经济发展水平整体上仍然处于低位，又正处在市场开放、经济解锁的第一个 50 年。尽管经济增速下行，但不论日常消耗品、耐用消费品，还是工业品、生产装备等，民众购买意愿和能力还是很强大，消费升级和创新投资的动力源依然强劲。而当第四次工业革命——信息社会的到来，更是把全世界工商业的运行逻辑进行了一次全面、彻底的升级和重构。

管理大师迈克尔·克里斯坦森在《创新者的窘境》一书中指出："技术"一词是指一个组织将劳动力、资本、原材料和技术（科学技术），转化为价值更高的产品和服务的过程。所有的企业都拥有技术。这一技术概念已经从工程和制造业扩展到了包含市场营销、投资和管理流程在内的广泛领域。而"创新"是指其中某项技术发生的变化（通常以新技术或新商业模式的形式出现)。

彼得·德鲁克说过：组织的功能是创新，将知识用于工作中：用于工具、产品和生产过程，用于工作设计，用于知识本身。一个公司越是没有显著杰出的科技创新，整个组织僵化的可能性就越大，因此，对创新的重视也就越重要。

克里斯坦森指出，即使是最好的管理者，他们在主流市场遭到破坏性技术侵蚀时，也会遭遇惨痛的失败。他们希望知道，他们所在的企业是否已经成了破坏性技术冲击的目标以及如何才能帮助他们的企业及时、有效地抵御这样的冲击。其他希望从中寻找到创业机遇的人员，则希望了解他们怎样才能判断出，哪些是潜在的破坏性技术以及如何基于这些技术创立新企业和新市场。新技术刚出现时，常常像是披着羊皮的狼，它们从不符合你现有客户的需求，也不支持投资者要求的利润预算，它们看起来不那么重要，但是一旦立足，就会很快改进并成为主流技术支柱，从而真正成为新一代。没有一种模式是长存的，没有一种竞争力是永恒的。科技一直在创新，尤其在资本和效益的催促之下，各种发明创造会一个个来袭，各种传统会被不断颠覆，进而导致社会秩序的不断重组①。

在1969年的美国，特劳特在《工业营销》杂志首发专业文章《定位：同质化时代的竞争之道》，揭示出定位理论产生的基本背景和当时的语境，以及他认为的解决方案，即定位理论。特劳特同时做出警示：跟未来相比，今天的竞争就像茶话会一样轻松。而对付颠覆性技术的唯一方法，就是创建或者收购一个独立的组织，让它来应用这项新技术。这种组织可以是一家独立的公司，也可以是一个新品牌。然而，企业经常犯错误，要么试图全力维护旧技术，要么把新技术混入一个只懂得旧技术的企业里。正如达尔文所讲，在丛林里，最终能存活下来的，往往不是最高大、最强壮的，而是对变化能做出最快正确反应的物种。

---

① 克莱顿·克里斯坦森. 创新者的窘境：大公司面对突破性技术时引发的失败 [M]. 胡建桥，译. 北京：中信出版社：2010.

五、固执自我，拒绝由外而内的进化

不少人坚定地认为：人类可以征服一切。14—16世纪，随着生产力的发展，欧洲新兴的资产阶级不满教会对精神世界的控制，在复兴希腊罗马古典文化的名义之下，发起了弘扬资产阶级思想文化的反封建新文化运动，史称"文艺复兴"（Renaissance）。然而时至今日，我们是否还能如此自信？

在闻名世界的英国国家名片威斯敏斯特教堂（Westminster Abbey，意译为西敏寺）的地下室中，一块墓碑上这样写着：

> 当我年轻的时候，我的想象力从没有受到限制，我梦想改变这个世界。
>
> 当我成熟以后，我发现我不能够改变这个世界，我将目光缩短了些，决定只改变我的国家。
>
> 当我进入暮年以后，我发现我不能够改变我的国家，我的最后愿望仅仅是改变一下我的家庭。
>
> 但是，这也不可能。
>
> 当我躺在床上行将就木时，我突然意识到，如果一开始我仅仅去改变我自己，然后作为一个榜样，我可能改变我的家庭；在家人的帮助和鼓励下，我可能能为国家做一些事情。
>
> 然后，谁知道呢？我可能甚至改变这个世界。

被誉为欧洲哲学源头的苏格拉底（Socrates，公元前469—公元前399年）曾说，"未经审查的人生，是不值得过的"（The unexamined life is not worth living）。关于他的故事广为流传：一群年轻人到处寻找快乐，可是却到处碰壁，反而遇到了许多忧愁、烦恼和痛苦。他们向苏格拉底寻觅关于快乐的答案。

"老师，您是希腊最聪明的人，请您告诉我们，快乐到底在哪里？"

"我并不是最聪明的人,因为我不是智者,我只是一个哲学家。如果说我聪明的话,那就是我明白自己是一个无知的人。因为我只知道一件事:我一无所知。"

"认识你自己"是刻在希腊圣城德尔斐神殿上的一句著名箴言,它用一种直截了当的方式告诫世人,人们并未真正认清自己。

我们真的认识和了解人类自己吗?《定位》一书中有这样一段描述:大多数人都是不太理智的,他们不是完全理智的,也不是完全精神失常的,而是介于二者之间。理智的人和精神失常的人之间有什么区别?精神失常的人会有什么举动呢?通用语义学创始人阿尔弗雷德·科日布斯基(Alfred Korzybski)解释道,精神失常的人试图让现实世界顺应他们头脑中的认知。理智的人则不断分析现实世界,然后改变自己的想法以符合事实。对大多数人来说,这实在太麻烦了。此外,有多少人愿意不断改变自己的观点以符合事实呢?改变事实以符合自己的观点要容易得多,不太理智的人先是有了看法,然后再去寻找事实以"证实"自己的看法。甚至更常见的是,他们采纳身边的"专家"的看法,这样就完全省去了寻找事实的麻烦(这就是口碑的实质)。

人们总想着去改变外界来适应自己。其实,征服世界并不一定伟大,征服自己,才是世界上最伟大的人。一句话:自己才是自己最大的敌人。

在生物界的遗传和变异过程中,存在一种叫作"环境胁迫"的现象,所谓环境胁迫(Environmental stress),是指环境因素的量接近或超过有机体、种群或群落的一个或多个忍耐极限时造成的胁迫作用。生物对不良环境刺激因子自动产生应答反应,并最终形成对胁迫环境的抵抗力[1]。

在植物界,对于各种不同的逆境,会有各种不同的生理反应,采取不同的方法完成自我进化,最终物种得以留存,例如"避开""防御"和"耐受"等。具体解释一下:

(一)避开(escape)

即植物的整个生长发育过程不与逆境相遇、逃避逆境危害。例如:生

---

[1] 赵福庚. 植物逆境生理生态学 [M]. 北京:化学工业出版社,2004.

长在沙漠中的"短命植物"利用夏季降雨的有利条件迅速完成生存全过程，然后进入种子阶段，以便渡过严酷的干旱逆境。

（二）防御（avoidance）

即植物具有防御逆境的能力，以抵御逆境对植物的有害影响，使植物在逆境下仍维持正常生理状态。例如：植物御旱机理中的根系发达、叶片变小、蒸腾降低等都具有防御植物失水的作用。

（三）耐受（tolerance）

即植物可通过代谢反应阻止、降低或修复由逆境造成的损伤，使其在逆境下仍保持正常的生理活动。

自然界的物竞天择，在人类经济活动中也随处可见。事实上，人类活动本质上就是一场不折不扣的环境胁迫，无知地对抗，或者来不及战略进化，等待的只能是物种"消亡"。丘吉尔曾说，不要浪费一场危机（Never waste a good crisis）。每一次外部环境的危机变化，都是一次压力测试，都隐藏着机会，可能也正是脱颖而出的机会。例如近年来崛起的网约车创始公司 Uber。据 Uber 财报透露，受新冠肺炎疫情影响，2020 年 4 月公司用车业务收入同比剧减 80%，于是当即宣布裁员约 3700 人，随后又宣布继续裁员约 3000 人，并将关闭或整合全球约 45 个办公室，减少多个非核心业务的投资，工作重心重新聚焦到核心业务上，并逐步关闭产品孵化器和人工智能实验室，重新评估烧钱的业务：货运和自动驾驶。

然而，更多的企业在战略进化危机的背后，祸因早已种下。新冠疫情只是压垮他们的最后一根稻草。举例如下：

（一）许留山：停留在原地就是退步

据企查查显示，截至 2023 年与许留山相关的甜品店和公司，共有 187 家注销记录，存续的有 109 家，显示出其关店可能较为频繁。

"许留山"诞生于 20 世纪 60 年代的中国香港，创始人以自己的名字命名，以凉茶起家，后来推出了鲜果甜品，以"芒果西米捞"最受欢迎。2004年进入内地市场，2012年进军东南亚市场。在内地市场，许留山定位高端，客单价普遍在30元以上，具有较高知名度。但随着同类竞品增多，人们口味被"养得挑剔"，而许留山创新较少，独特性也难以凸显，战略上面临"失宠"危机。

（二）杰西·彭尼百货：不变等死，变错找死

创立于1902年、全球500强企业之一、美国本土曾经最大的百货公司、目录邮购和电子商务零售商——杰西·彭尼百货（J. C. Penney），宣布因债务压力沉重，不得不申请企业破产。

巅峰时期，彭尼百货的市值曾达到了200亿美元。在某一个阶段，彭尼百货以平均每3天开设一家新店的速度，一度开设了1250家门店。不过，在约翰逊担任CEO之后，很多举措都导致了销售量不断下滑。比如，取消了优惠券的发放，减少了那些习惯打折购物的老客户流量，品牌的商品比例也改变得太过度等。

业内人士这样评论，虽说倒台的最终原因是由于新冠疫情，不过要说起根本的原因，还是因为战略性的失误。

因此，企业的每一次重大决策，就是应对环境胁迫的作用过程，是企业家带领整个组织，整体完成自我进化的动作和过程。我们只能直面发展中外部产业、顾客的环境变化，只能积极应对企业内部运营过程中出现的各类问题，只能通过不断的学习新知识、创新技术和产品、开创新的客群和需求，从时间和空间两个维度，拓宽自己的认知边界。站得更高，看得更远。

近半个世纪的实践表明，特劳特和里斯"定位理论"之所以发生作用，其路径与正常的供应链路径正好相反，它是一个由以自我为中心转向他向思维，从顺应外部客户/顾客端的选择开始，确立相对于竞争对手的最有利位置的机会，并由此对整个企业的供、研、产、销、服等运营环节以及人、财、物、流程、制度等内部管理进行彻底胁迫、倒逼、重塑、重构的创新过程。

不少人类历史上的灾难性问题，都源于人类对外界环境变化的无知和盲目对抗，而其背后是人类心灵深处的贪婪、固执、傲慢和侥幸，其发展的结果必然导致更大的灾难。

如果仅仅让生意赚钱，可能根本用不着讨论"战略""定位"，战术上的聪明就足以搞定。但凡谈到战略和定位，通常都是追求大成就、大抱负、大愿景的企业家想要"打大仗"。正所谓：人生为一件大事而来。

人间正道是沧桑。要想取得战略级的经营成就，就只能走一条与"人性弱点"逆行的道路，而这种与自己内心人性弱点的对抗行为，正是对外部环境"天道"的一种顺应。要想将品牌深深烙印在顾客和客户的认知中，必然要经历针对自我人性贪婪、无知和傲慢的一场宣战。这样一条与人性弱点相反的路线是：敢于做减法的理性智慧，克制与聚焦地发展，学习拓宽认知边界、虚怀若谷、以退为进、少即是多、弱者胜强的哲学智慧。

定位理论创始人之一杰克·特劳特先生曾经这样告诫：华尔街是繁育问题的温床，资本被华尔街控制，而华尔街被贪婪控制。而定位理论指导下的战略节奏，既不主张在应该要有一定速度的时候追求利润，也不主张为了华尔街的要求而盲目加速，最终的参考准则是：品牌在顾客心智认知中的发育情况，当快则如脱兔，当慢则如龟行。

不少管理者意识到，让董事会保持适度参与决策制定过程会有很大的帮助，例如，邀请众多专家参与对重大决策的机会和风险管控，于是战略发展委员会、薪酬委员会等纷纷诞生。但同时困惑也随之而来，也许你的专家董事会首选名单如下：金融专家、技术专家、人力资源专家、管理专家。但关键问题在于：有谁能把他们的思维统一到同一频道上来呢？

缺乏统一的视角是各种无力感的根本原因，这代表着每个人各自都有深藏于内心的话语体系。定位提供了令董事会与管理层方向一致的顾客视角，让大家能够基于同样的事实信息侧面，来探讨对机会和风险的综合把控。不过，顾客视角与很多人从小养成的自我中心存在着一定的天然对抗。但总体来说，这是一位真正成熟的成年人需要具备的行事方式，它能在日常生活、工作、交际中时时显露出来。如果企业家团队不能完成从企业内部视角转向顾客外部视角的心智模式转换，那就始终只能站在自己的角度，一根筋地相信自己是正确的，别人都是错误的，还拿着"真理掌握在少数人手里"来自我安慰。

其实，不少企业的老板在潜在顾客和更贴近顾客的基层人员眼中，只是"皇帝的新装"寓言故事里的那个"皇帝"，而我们更应该做的，就是那个不受人待见的"小男孩"。遗憾的是，大部分企业内部人员相信自己"人微言轻"，更何况看得清真相又懂得沟通艺术的管理干部少之又少，还有很多人深深地相信"伴君如伴虎"，毕竟他们靠老板的仁慈获得一份报酬……

值得关注的是，在中国道家哲学中，儒家"中和"观念下的和谐，应该借由"无为"或"顺应"之道来实现。顺应并非消极待命，而是不断主动调整自己以适应外部环境的变化。从根本上讲，顺应就是重建基本关系的过程，在这个过程中，主体依据外部环境的变化不断重新定义、自我调整。因为外部环境的变化永不停止，且每次变化都需要主体系统做出相应的再调整，所以，灵活性与开放性被视作极其重要的美德[①]。

六、沉迷长期规划，轻视以史为鉴

（一）"长期规划"战略正变得越来越困难

长期规划的观念始于20世纪60年代早期。通用电气（GE）是长期战略规划的先驱，它创建了一支大型集中化的战略规划队伍以探索和预测未来。当时，麦肯锡咨询公司帮助通用电气从战略业务单位的角度评估它的产品，确定每个产品的竞争者以及相对于竞争者的位置。长期规划的蓬勃发展始于1963年，在创立者布鲁斯·D. 亨德森（Bruce D Henderson）带领下，波士顿咨询集团（BCG）成为诸多战略预测机构的先行者。作为先

---

① 陈明哲. 文化双融 [M]. 北京：机械工业出版社，2020.

驱，BCG 提出的一系列概念，让美国企业神魂颠倒，其中包括"经验曲线"和"增长与市场份额矩阵"。

现在，关于长期战略的开放式讨论包括"战略意图""空白机会""共同进化"等话题，例如："共同进化"是关于"商业生态系统"的概念，即在这一商业系统中，公司既相互合作，又相互竞争，为下一轮的创新创造环境（这听起来像世外桃源）。它出自一本名为《竞争的消亡》(The Death of competition) 的书。我们的疑问是：如果竞争不复存在了，那些想抢走你生意的人是谁呢？

一个简单的真理：未来无法预测。长期规划的核心在于，它认为竞争局势的走向可由自己单方面来决定，所以，只要做好自己的规划，就不需要考虑竞争对手的干扰因素了。这种思考方式，还停留在商品供不应求年代。

那些喜好长期规划的企业家，通常习惯让环境来适应自己，而不是主动拥抱外部环境的变化。一旦目标未能达成，便无法找回安全感。接下来，他们会更进一步调动资源，不惜一切代价以达成目标，于是短期有效、长期有害的策略就这样诞生了。因此再次强调，历史上总是充斥着许多没有结果的大胆预测，但你无法预测未来，除非你把竞争对手的计划考虑在内。正因为预测未来困难重重，于是便出现了它的一个变体：研究未来。不仅于此，基于对敌人下一步行动的"了解"来制订军事计划，实际上是在"预测敌人"，这是预测未来的又一表现。不管敌人采取何种行动，常胜将军制订的计划总会有效，这才是优秀战略的本质。

快速变化的经营环境，在不断侵蚀着战略效能的同时，对手的反应模式也在削弱战略的战斗力，所以战略的修正和变化周期不断缩短，这对战略柔性提出了很高的要求。过去所谓的"百年战略"，已经成为实力雄厚的企业才可以享受和炫耀的奢侈品，而预见趋势，制定"长期规划型"战略变得越来越困难，只有那些对市场有强大影响力和控制力，并有足够风险承受能力的公司才敢谨慎为之。

"创造未来"与"预测未来"有着显著的不同。预测未来是寄希望于在未来某一时刻人们的行为会发生变化，这实际上是在守株待兔；而创造未来则是推出一款新产品或服务,从此,就有可能成功地创造出一种新的趋势。实际上,创造未来是在开启众多新兴品类的潜能,所有成功的侧翼行动都会创造出自己的未来,它们的成功并不依赖自身领域之外的演变,而是主动推动未来趋势得以发生。你只能通过发现趋势,进而把握趋势,从而创造未来,这是你应对未来的最佳方法。

(二) 以史为鉴：通用电气（GE）破产危机

股神巴菲特曾评价通用电气为"美国商界的象征"。这家 20 世纪 90 年代最大的明星企业市值一度突破 6000 亿美元。缔造这一切的正是杰克·韦尔奇,"他不仅受美国企业尊敬,也受美国人民普遍尊敬"。杰克·韦尔奇担任 CEO 期间（1981—2001）一度令通用电气的市值从 130 亿美元跃升至 4800 亿美元,其中他视为重中之重的金融服务部门成为促进市值上涨的一把利剑。

从 19 世纪 70 年代,爱迪生擎白炽灯登上电力世界舞台,到 20 世纪 60 年代通用电气拓展至电力、军工、核能和航天航空等 5 大业务集团,在近百年间,通用电气形成了罕有匹敌的创新机制。企业家精神、创新传统、科技力量、研发能力与时俱进,推动和护佑企业成长。

韦尔奇曾掌舵通用电气 20 年。这位通用电气史上最年轻的董事长和 CEO 将一个充斥着官僚主义气息的公司,重新打造成为充满朝气,富有生机的超级巨头。他从群策群力、无边界组织、全球化、数字化、六西格玛等方面进行一系列改革,让通用电气进入一个高速发展的辉煌时期。

随着 GE 企业规模大型化,利用充足资本,GE 实施了多元化经营战略。不断扩大的业务范围带来了巨大的金融服务需求,GE 在金融业务中获取的收益也越来越多,杰克·韦尔奇将战略重点转向金融服务。GE 金融此时的服务对象不再局限于集团内部,而是扩大到集团外部产业链上下游,甚至各个国际市场。

金融扩张使 GE 在美国工业集体沦落的年代给出了漂亮的成绩单,以暴涨的金融收益弥补工业能力退化和退出决策带来的利润损失。在股东价值最大化指引下,公司压缩高难度的技术业务,转而开展周期短、但风险敏感的非相关金融业务,反正机构投资者只关心分红金额、不关心分红来源和资产负债表的变化。当2001年伊梅尔特上任时,GE已经从一个注重内部成长、技术革新者转变成关注短期利润的相对成熟、财务驱动的多元化企业。

伊梅尔特上任后虽然加大了对研发、技术的投入,但是没有扭转GE整体重金融、轻制造的倾向,让GE金融保持扩张。在韦尔奇和伊梅尔特执掌下的通用电气奉行股东价值理论,依靠强大的金融实力,通过不断并购来实现收益的持续增长,以此来取悦华尔街。据统计,在任职期间伊梅尔特进行了380起收购,花费1750亿美元,与此同时出售了370项资产,价值4000亿美元。换言之,在其16年任期内,平均每年46起收购,价值350亿美元。

尽管通过一系列的金融资产剥离、重组、成立新公司、减少投资等方式,GE实现了金融业务的瘦身,出售包括GE信用卡和零售金融、房地产金融等业务,强调"专注"。但恶果形成,并不是金融业务单方面的原因。互联网泡沫、9·11恐袭等事件,让伊梅尔特上任之后的十多年时间里,通用电气资本的规模大幅度缩水。在国际油价逐步走低、新能源产业突飞猛进之际,2015年误判形势的GE又花掉了100亿美元收购阿尔斯通的电力业务,140亿美元买下油气资产,后来被证明这是GE最大的败笔。可以说,多年来盲目收购及扩张是导致GE衰落的重要原因。

以股价为成绩单的短视行为让公司不再关心新产品,不以客户为中心,从而逐渐失去竞争力,为日后的沉沦埋下祸根。世界经济已从工业时代转化到了移动互联网时代,致力于金融扩张的20年里,GE忽视了云计算、电子商务、自动化设备、AI人工智能等工业4.0核心技术的嫁接和发展,在如今激烈的科技竞争之中失去了先机。

在2007—2014年的财务报表中可以看到,除2009年和2010年受次贷危机冲击较大之外的其他财年,通用电气接近一半的利润都来自金融服务。借助多元化经营、跨国并购、金融杠杆等手段,韦尔奇帮助通用电气成为美国乃至全球最大的电器和电子设备制造公司、全美第七大银行机构。在金融危机之前，通用金融的资产规模、负债比例和利润均超过产业板块，占据了集团内的最主要地位。这不免让人疑惑，通用电气到底是一家工业公司还是金融公司？在世界500强的分类里，通用电气被归为多元化金融（diversified financials），而不是工业。

（三）定位理论：由外而内的趋势预判

对于今天通用电气的困局，与杰克·特劳特共同开创"定位理论"的艾·里斯，在为《核心经营：基业长青的经营之道》一书写序时，就做出了斩钉截铁的前瞻预判。而令人出乎意料又在常理之中的，是隐藏于定位理论背后的独特思考方式——研究历史才能预测未来。

"我们尝试对未来进行预测，这项任务困难重重，因为研究未来显然是一件无法办到的事。要预测未来，就必须研究过去，此外别无选择。一些人也许对此嗤之以鼻，他们觉得这种研究绝不可能给未来几十年的漫漫黑夜倾洒太多的光芒。但有一个实例可以证明，这种预测未来的传统方法有着强大的威力。"

为了不破坏推论和判断的整体性，这里对中文原文进行完整刊载：

> 2000年，全球最有价值的公司是通用电气公司（GE）。那么，通用电气公司能否在2100年继续展现辉煌？答案是，机会比较渺茫。
>
> 1900年，全美最有价值的公司是万国收割机公司（International Harvester）。但万国收割机公司已经成为一家经营重点多元化的公司。多年来，万国收割机公司在三大经营领域中确立了自己的领导地位，这三大领域分别为：卡车制造、农业机械和建筑设备生产。要想使万国收割机公司如此规模的企业垮掉绝非一朝一夕的工夫，但这种厄运常常会光顾一家迷失重点经营方向的公司。
>
> 20世纪50年代，万国收割机公司在自己的专业竞争领域中依旧保持领先的地位。比如，《财富》杂志在1954年的排名榜中把万国收割机公司排在全美500家最大工业公司中的第22位。万国收割机公司

的销售收入约为10亿美元，超过其三大专业竞争对手销售收入的总和。这三大专业竞争对手分别是：

卡特皮勒公司（Caterpillar，建筑设备生产），排名第75位；

迪尔公司（Deere，农业机械生产），排名第296位；

太平洋汽车和铸造公司（Pacific Car and Foundry，卡车制造），排名第356位。

如今，哪儿能寻觅到万国收割机公司的踪迹？

是的，它就栖身在众人目光鄙夷的角落。

一家公司，无论气势多么强大，赚取的利润如何丰厚，也不可能在三大行业——卡车制造、农业机械和建筑设备生产中永远如日中天。

20世纪50年代期间，万国收割机公司开始把自己在农业机械生产的领导权拱手让给迪尔公司；20世纪60年代，卡特皮勒公司又拿走了它在建筑设备生产的领导权；太平洋汽车和铸造公司、福特汽车公司也以同样的方式，分别取代了万国收割机公司在重型卡车和中型卡车制造领域的龙头地位。

20世纪80年代，万国收割机公司已经滑落到濒临破产的边缘。无奈之下，它只好把建筑设备生产部门出售给德莱塞工业公司（Dresser Industries），把农业机械设备生产部门（连同万国收割机的公司名称一起）转卖给田纳科公司（Tenneco）。

此后，万国收割机公司改姓更名为航星公司（Navistar），成了一家潜心制造卡车和校车的公司。在《财富》杂志最新公布的500强排行榜中，航星公司排在第256位。而与这家昔日睥睨一时的综合型企业展开过竞争较量的三大专业公司，其排名则遥遥领先：

卡特皮勒公司排在第66位；

迪尔公司排在第119位；

太平洋汽车和铸造公司则排在第237位。

事实上，卡特皮勒公司、迪尔公司以及太平洋汽车和铸造公司三家公司的合计年销售额超过航星公司的5倍，合计利润是它的20倍。

现在，让我们把目光投向通用电气公司。通用电气公司主要经营那些能与其他综合性大企业角逐的成熟业务。

在航空发动机制造领域，通用电气的竞争对手是联合技术公司（United Technologies）；在柴油电力机车方面，它面对通用汽车公司（General Motors）的挑战；在电力设备行业中，与它叫板的是西屋公司（Westinghouse）；在医疗设备中，它的强劲对手是西门子公司（Siemens）；而在照明设备上，始终与之较劲的是飞利浦公司（Philips）。而通用电气公司得以幸存的原因在于：真正的专业竞争对手并没有披挂上阵与之争锋。

对这种竞争在今后岁月中的发展走势，谁也无法预料。你是否打算开办一家灯泡生产公司、一家电冰箱公司、一家电机生产公司，或是一家配电变压器生产公司？要是你能创办一家网络公司、一家电信公司、一家计算机公司、一家软件公司，或是一家致力于提供未来型产品或服务的公司，那你肯定会放弃原先的打算。人们所能预料的是，通用电气公司的销售额和利润将逐渐减少，因为从一只柠檬中能挤出的汁也就这么多。

通用电气公司所能预料的是，它将在一个领域内遭遇到更加激烈的专业竞争，这个领域就是它的最大摇钱树——金融服务业。因此，我们大胆断言，通用电气公司将成为21世纪的万国收割机公司。即使通用电气公司能庆祝2100年的到来，它的经理们也未必有胃口畅饮香槟美酒[①]。

太阳底下没有新鲜事。人们的新知识、新学问，往往是在过去所学知识的基础上发展而来的。《穷查理宝典——查理·芒格的智慧箴言录》一书中这样写道："我只想知道将来我会死在什么地方，这样我就永远不去那儿了。"中国《论语·为政篇》中孔子这样教诲：温故而知新，可以为

---

① 阿尔·里斯. 核心经营：基业长青的经营之道［M］. 叶凯，译. 北京：机械工业出版社，2004.

师矣。温习旧知识从而获得新的理解与体会，凭借这一点就可以成为老师了。而沃伦·巴菲特发出这样的感叹："我们从历史中学到的教训是，人们根本不会从历史中学到教训[①]。"

七、脱离战术，战略沦为无根之木

企业的传统信条是：组织应该首先确立大战略，随后才开发战术。这是要求外部环境按照企业的规划发生改变。换言之，自己无须改变，要改变的是市场。这是"自上而下"思维的致命弱点。

当管理者进入高层之后，开始希望享受"自由"，开始思考如何从琐碎的商业战术细节中抽身，自由地参与到最抽象的部分：制定规划。高管们更喜欢宏观而抽象的工作，似乎这才与"公司的使命和价值观"和高级职务相称。

企图尽量远离日常的战术决策，来做长远的战略规划是错误的。"自下而上"的战略原则很简单：由具体到整体，由短期到长期。让战术层面的工作顺利展开，让战术取得成果，是战略的最终目标和唯一目的。如果某个战略不能支持战术获得成果，那么无论这个战略构思如何巧妙，表达得多么动人，它都是错误的战略。

在阐述"战略是什么""战略与战术是什么关系"之前，我们需要先理解哪些不符合战略的思考方式，即战略不是什么。

（一）战略不是"目标"

"自上而下"的思维是以目标为导向的：先设定目标，然后设计达成

[①] 引申自黑格尔《历史哲学》一书，王造时译本，上海书店出版社，1997年，第44页。原文是："人们惯以历史上的经验和教训，特别介绍给各君主、各政治家、各民族国家，但经验和历史所昭示我们的，却是各民族和各政府并没有从历史方面学到什么，也没有依据历史上演绎出来的法则行事。"

目标的途径和方法。这是企业缺乏外部视角的表现。它导致大多数目标无法实现，而设定这个目标像是在做挫折练习。战略的目的是调动资源促使战术优势得以实现。将所有的资源投放到一个战略方向上，既能最大限度地利用战术优势，又能不受既定目标的限制。

战略不是目标，而是一致性的经营方向。首先，一致性是以选定的战术为核心。其次，战略包括了一致性的运营活动。研发、产品、定价、分销、广告、财务、人事、采购——所有活动必须围绕既定的战术展开。

当你把重点放在目标上时，至少犯了以下两个重大过错中的一个：或者拒绝接受既定市场的失利，或者不愿利用规划外的成功机会。这两种过错都是"自上而下"思维的结果。拒绝接受失利，是因为公司的管理者误认为如果要想将失利转化为成功，只需要在战术上做微小的调整。与此同时，拒绝接受失利，通常伴随着不愿利用其他可能成功的机会。人们往往只会看到自己想要看到的东西，它导致人们忽略与既定战略路径无关的其他机会。如果采用"自上而下"的工作方式，你最终会不可避免地采用很多战术，当然，大部分的战术是无效的。你之所以选择这些战术，不是因为它们有效，而是因为它们"支持"你的既定战略。

（二）战略不是"更努力"

很多企业秉持这样的信条：天道酬勤——更努力是成功的秘诀。他们认为，只要员工更优秀一些，并付出更多努力，产品更完善些，或是有更好的广告宣传，竞争对手终会被打倒。实际上，他们的战略是和品类中的领导者做相同的事情，并会努力做得更好些。想想，这有几成胜算呢？更加努力不是成功的关键。唯一的万全之策就是想办法第一个进入消费者心智。正因为你是第一个，所以你的产品和服务都没有现成的市场，你必须自己开创市场。

（三）战略不是"做规划"

巴顿将军曾说："人们不应该先制定计划，然后再让形势适应计划，应该让计划适应当前的形势。我认为，胜败取决于最高指挥官是否拥有这种能力。""自上而下"的战略规划总是需要外部市场做出相应的改变。这样的变化是不可能发生的，故而注定会失败。战略应该在同顾客和竞争对手的接触点上判断它们的有效性。只要在潜在顾客心智上失利，自上而下制定的战略规划就会落空。

正如稻盛和夫先生提出"方案在一线""现场有神灵"一样，定位理论给出忠告，战略的制定应该是"自下而上"，而非"自上而下"。战略应该建立在对企业本身实际战术的深入了解和参与的基础上。

站在顾客角度，战略就是一个购买你的产品而不是选择竞争对手的理由；对管理者而言，战略是一致性的经营方向，它决定产品规划；战略指导企业如何进行内外的沟通，引导组织工作的重心。总之，战略应该是一个简单、焦点明确的价值定位，它的目的就是让你的企业和产品与众不同，形成核心竞争力。

定位理论认为，商战的胜负最先发生在战术层面，而非战略层面。有效的战术是一个有竞争差异的心智切入角度。你无法通过仅仅取悦消费者而获益，因为如果一个战术只是为了激发消费者的购买动机，那它也会激发竞争对手复制的动机。相反，如果你的战术惹恼了竞争对手，那它就应该是个好战术。战术的首要特征就是差异性。而且这种差异性是对整个市场而言的，不仅仅是与一两个竞争对手的产品或服务相比有区别。战术时机和速度是两个重要的考量因素，如果竞争对手不能很快地复制你，那么你就有时间去抢占顾客心智。无论企业选择何种战略模型，战略应源自实际可行的战术，即源自成功的战术。看似有些矛盾的是，优秀的战略并不依赖最好的战术来实现。如果必须用最好的战术才能取胜，那么这种战略就不合理。

战略的目的是防止竞争对手破坏你的战术。战术是一个能产生成果的切入点，战略是对竞争对手施加最大战术压力的配置方式。战术决定战略，战略推动战术，两者之间的紧密关系是成功的关键。现实中，大部分战术的命运是来去反复，如潮涨潮落，而成功需要持续不断。当你将战术转化为战略时，你面临的挑战是长时间保持专一。尽管企业内部关于修改战略以吸纳更多产品或概念的声音压力总会长期存在，但你需要坚信，这会削弱一致性经营方向的力量。更重要的是，企业必须想办法将战术融于企业组织架构和运行机制中，并使其成为公司的关键性原则，甚至成为公司的存在理由——使命、宗旨和愿景。

在军事上，战略是针对敌人确立最有利的位置，然后规划、指挥大型军事行动的科学。它要求在和敌军正式交锋前做出部署、调动军队进入最具优势的位置。对战略的实质越了解，找对正确战略的能力就越强，同时更能避免在竞争激烈的环境中遇到大麻烦。在定位时代，战略就是在顾客和潜在顾客的心智中建立认知优势。定位理论是一种新的战略方法，它能更好地在顾客的心智中实施差异化，使品牌进入心智并占据一席之地，它涉及一系列心智认知形成过程中的运作原理。

接下来的重点是如何扩大战果，它的关键是将战术上升为全公司的战略。即使规模再大的广告宣传也代替不了一个简单有效的战术。但仅有战术是不够的。为了完成这个过程，你必须把这个战术转化成战略（如果战术是钉子，战略就是锤子）。要想在消费者心智中建立定位，二者缺一不可。将单一的战术转化成战略时，你应该将公司的资源和能力限制在相对单一的活动上，这一过程确定了一致性的经营方向。

… 第三章

定位学派的中国渊源及发展历史

一、战略之道源于军事原则

面对任何问题,小到衣食住行,大到治理天下,中国人一直有着自己独特的处世智慧,绵延上下五千年,并根深蒂固于灵魂和血脉中。中国智慧通常包括"道""法""术""器"四个层面:

(1)"道"是万事万物运行的规律,存在于自然界的一切事物中,即"天道"。在一切解决办法和工具中,都蕴含着贯穿其中的运行规律,即"以术载道";

(2)"法"是理法、原则和制度,它由人来设定,顺应天道为"善",违背天道为"恶"。一切运行需要通过制度、原则的保障,才能持之以恒地贯彻、落实和巩固,即"以法固道";

(3)"术"是技术层面的操作方法,"器"是指有形的物质和工具等,是"形而下"的部分。一切"道"和"法"要转化为"术"和"器",才能实际落实和应用,而"术"和"器"是有局限性和前提条件的,需要在"道"和"法"的指引和约束下才能发挥其正确的作用,即"以道驭术"。

简单而言,道是理念和原则,法是规章和制度,术是应用的方法,器是形成的软硬件工具。在管理研究中,首先要有一套成体系的理念和原则,在此基础上,要有能够支持这些原则和理念的规章和制度,另外还要有管理方法,最后还要形成一些简单的工具。《论语》中说"工欲善其事,必先利其器",做人做事要以"天道"为根本,要讲究方式方法,只有利用规律(道)、把握原则(法),正确使用技能(术)和工具(器),才能达成你想要的目标。

在现代管理学范畴内,可以够得上"道"这一层面的,"战略"这一课题必居其一,并已独立成科——《战略管理学》。汉语"战略"一词是指军事概念中的"战争"与"谋划";在西方,战略"strategy"一词源于希腊语"stratego",意为军事将领、地方行政长官。后来演变成军事术语,指军事将领指挥军队作战的谋略。现在"战略"早已被引申至政治、经济等领域,其含义演变为泛指统领性的、全局性的、左右胜败的谋略、方案和对策。在现代管理学中,战略如此重要,以至于形成了产品战略、品牌战略、创新战略、文化战略、财务战略、战略并购等专业细分领域。

企业管理过程中,一切制度和办法都承载着公司和领导人的经营理念,并在实际操作中完成知行合一。企业中很多失败源于过分追求"术"和"器"的学习,忽略了与企业总体经营理念、经营原则,即"道"是否一致。只有将"道""法""术""器"相融相通,才能驱动管理走向合理、简单、高效,为管理工具和方法注入灵魂,才能撬动社会资源和人心力量,实现共创、共享、共赢。

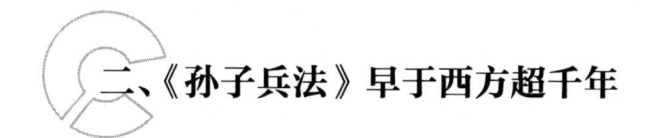

二、《孙子兵法》早于西方超千年

在世界范围内有据可查的历史中,揭示战争原理的最早著作出自公元前770年—公元前476年的中国春秋时期,最具代表性的是当时中国著名军事家、政治家孙武(约前545年—约前470年),由他创作的《孙子兵法》(The Art of War)是全世界公认的、影响最为深远地揭示全局筹划的战略书籍,被全世界誉为"兵学圣典"。《孙子兵法》在中国乃至世界军事史、军事学术史和哲学思想史上都占有极为重要的地位,并在政治、经济、军事、文化、哲学等领域被广泛运用,被译成30多种语言、100多个版本，成为国际间最著名的战略典范之书，并对后续现代东西方军事理论研究者们产生了深远的影响。

直至晚于中国孙武约1000年之后的公元579年，东罗马皇帝毛莱斯（Maurice）用拉丁文亲自撰书来训练高级将领，并定名为 *stratajicon*，译成英语是"strategy"，此为第一本以战略为名的西方军事教材。欧洲文艺复兴时期，意大利马基雅维利（NiccoloMachiavelle，1469—1527）著有《军事艺术》和《君王论》（分别关于军事战略和国家战略），被称为西方战略思想复兴的起点。1772年，法国人颉尔特写作《战术通论》，提出了"大战术"与"小战术"的概念，其中"大战术"即相当于今天所说的"战略"。至19世纪，瑞士人约卡尼著有《战争与艺术》，他认为："战略是在地图上进行战争的艺术，它所研究的对象是整个战场，而在地面上实际调动军队和作战的艺术就是战术。"1818—1830年，普鲁士军事理论家卡尔·冯·克劳塞维茨（1780—1831）写作《战争论》（The Theory on War），在军事思想史上运用辩证法总结战争经验，为近代西方军事思想体系的形成和发展奠定了理论基础。

与西方军事理论经典出现的时间相比较，《孙子兵法》早于《战争论》（克劳塞维兹）2300多年。仅在美国，《孙子兵法》的研究机构便达1000多个，有10所重点大学将其列为必修课。香港理工大学博士生导师卢明德教授总结说：全球约有25亿人直接或间接学习《孙子兵法》。国际汉学大师、美国夏威夷大学教授安乐哲指出，《孙子兵法》的影响力不亚于《圣经》。

率先汲取中国军事思想精髓的是日本。公元735年，日本遣唐使吉备真备将《孙子兵法》带回日本。日本战国时期著名将领武田信玄非常崇拜《孙子兵法》，到德川幕府时期，汉文本《孙子兵法》被传抄、传读，广泛流传于日本民间。就最早的翻译版本而言，1660年，第一部日译本《孙子兵法》问世，1772年，法国神父约瑟夫·阿米奥把《孙子兵法》译成法文出版，开创用西方文字传播《孙子兵法》的先河。英国战略思想家利德尔·哈特《战略论》放弃克劳塞维茨的暴力战略，受孙子"以迂为直"思想的启迪提出"间接路线"战略，对世界军事理论产生重大影响。

在孙武军事思想的实际应用方面,英国著名指挥官蒙哥马利元帅曾说:"世界上所有的军事学院,都应把《孙子兵法》列为必修课程。"1978年,美国斯坦福国际咨询研究机构向美国国防部及国务院提出"上兵伐谋"对苏新战略,日本京都产业大学教授三好修把它直称为"孙子的核战略"。美国前国家安全顾问布热津斯基在其《运筹帷幄:指导美苏争夺的地缘战略构想》中指出:随着核时代到来,美国应以"上兵伐谋""不战而屈人之兵"思想作为对苏总方针。美国前总统尼克松也曾提出"不战而胜"的战略构想。美军总指挥弗兰克斯这样评价:孙武,这位中国古代军事思想家的幽灵,似乎一直徘徊在伊拉克沙漠上向前推进的每架战争机器旁边。英国空军元帅约翰·斯莱瑟说:孙武的思想有惊人之处,把一些词句稍加变换,他的箴言就像是昨天刚写出来的。当代战略学者克里费德做出比较结论:所有战争研究著作中,《孙子兵法》最佳,克劳塞维茨的《战争论》只能屈居第二。日本学者村山孚也毫不讳言:第二次世界大战后日本企业的生存和发展有两个支柱,一个是美国的现代管理制度;另一个是《孙子兵法》的战略策略。

当现代企业的基本概念被西方提出之后,基于军事原则的"战略"被正式引入管理学科,即战略管理学。"战略"工作的任务是帮助最高管理层重构基础逻辑,厘清方向,发现机会,分清主次,明确节奏,确保企业从成功走向成功。制定"战略"一直被视为"高级"任务,高层管理者们像盲人摸象一般,试图找到企业长盛不衰的秘籍。

如果用简洁的语言梳理企业"战略"的含义,以下语句有助于获得概括性的了解:

(1) 战略:是压倒一切、领先、领头的行为实践。

(2) 战略:如何有效地使用资源和力量。

(3) 战略:以建立持久竞争优势为目的的一系列协调性行动。

(4) 战略:一致性的经营方向。

(5) 战略:使品牌成为顾客心智认知中的品类代名词。

(6) 战略:制定长期目标,并包括:目标、达到目标的措施、所需资源分配。

（7）战略：在合适的时机做合适的事情，涉及做什么、怎么做、何时做。

（8）战略：对企业未来发展的一种设计，它无法自然生成。

（9）战略：是符合逻辑的方向以及主动选择和取舍道路。

（10）战略：必须具备超出正常资源配置的强度和执行力度。

三、战略管理学之"定位学派"

谈及现代管理学中战略概念的"学派"划分，我们不能忽略亨利·明茨伯格（Honry Mintzberg）的贡献[①]。他是加拿大麦吉尔大学（McGill）管理学院教授，在欧洲工商管理学院（Insead）、伦敦商学院、埃克斯·马赛大学、卡内基·梅隆大学等学校担任访问学者。他所著《管理工作的本质》奠定了他的管理大师地位，而他所著《战略历程》一书，则是对一大批世界级著名战略管理学家几十年研究成果的归纳总结，是战略管理研究者必读书目。它给我们展示了横跨半个多世纪以来战略管理学术的发展历程图，引领我们去体味和感悟全方位、启人智慧、多姿多彩的战略管理思想精髓。

在《战略历程》一书中，为了帮助我们对战略这头"大象"有整体的把握，明茨伯格对战略管理思想的各方学说做了全方位的梳理和提炼，划分并定义为十大主要流派：

（1）设计学派——战略形成是一个孕育过程。

（2）计划学派——战略形成是一个程序化过程。

（3）定位学派——战略形成是一个分析过程。

（4）企业家学派——战略形成是一个构筑愿景的过程。

（5）认知学派——战略形成是一个认知过程。

（6）学习学派——战略形成是一个涌现过程。

（7）权力学派——战略形成是一个协商过程。

---

① 亨利·明茨伯格. 战略历程 [M]. 魏江, 译. 北京：机械工业出版社，2006.

（8）文化学派——战略形成是一个集体思维过程。

（9）环境学派——战略形成是一个适应性过程。

（10）结构学派——战略形成是一个变革过程。

明茨伯格指出，定位学派更注重战略的实际内容，而不是战略的形成过程。它之所以被称为定位学派，是因为它关注企业在市场中战略地位的选择。战略就是定位，即特定产品在特定市场中的定位。把战略看作定位，包括向下看和向外看，向下看是为了找到产品与客户需求的契合点，向外看是为了寻找外部市场。

《战略历程》第四章以"定位学派：战略形成是一个分析过程"为题，深度阐述了定位学派的起源和发展。明茨伯格认为，1980年是具有分水岭意义的一年，迈克尔·波特在这一年出版了《竞争战略》一书，这部书的出版带来了一系列学术活动，很快使得定位学派成为战略管理领域的主导学派。当然还包括一些早期的军事战略研究者，几百年来，他们一直在分析军队和地形在战争中的优势和战略部署。

迈克尔·波特认为：在一个既定行业中，只有少数的关键战略（如在存在利润的市场中的位置）是符合要求的，这些战略能够防御现存和未来的竞争对手。企业的有效防御，意味着占据这些市场位置的企业比行业中的其他企业能够获得更高的利润。这些利润反过来为企业提供了一个资源储存库，企业借此可以扩大经营规模，进而扩展和巩固市场地位。明茨伯格认为，定位学派保留了"战略必须超前于结构"这一观念，但在战略之上加入了另一种形式的"结构"，即整个产业的结构。于是，产业结构决定了企业的战略位置，而企业的战略位置又决定了企业的组织结构。

四、定位学派的起源

20世纪五六十年代，西方战略管理学发端于伊戈尔·安索夫"安索夫产品-市场匹配矩阵"、艾尔弗雷德·钱德勒"结构跟随战略"等。在共同的理论框架下，战略是企业根据内部形势和外部环境而构思起来的一套经营理念和宗旨，它将企业的一切经营活动结合起来，做出系统而全面的整体规划，用以确保通过正确的执行，达成企业的最终目标。

紧接着，从哈佛商学院教授迈克尔·波特提出"竞争三部曲"之后，有关战略的学术研究进入了"竞争"时代。在此基础上，波特继续将竞争战略的关键推向其核心中的核心——定位，即战略就是创建一个价值独特的定位，并据此定位设计出不同的运营活动。正是基于波特将"定位"一词作为学术概念正式提出，以及结合战略与定位的思想起源，管理学家明茨伯格将其划分为"定位学派"。

沿用明茨伯格在《战略历程》一书中的说法，如果从时间维度继续深入探究定位学派的思想起源，可以概括为三个重要的鼎盛时期，而第一个鼎盛时期来自军事战略格言。明茨伯格说：在竞争环境中，如果把战略当作企业一种实实在在的定位选择，而定位学派确实是研究具体战略选择的，那么定位学派的历史要比我们想象的长得多，甚至是到目前为止有关战略形成的历史最悠久的学派。

《战略历程》一书如此说：最早有记录的战略文献可以追溯到2000年前，这些文献讲述的是在军事战斗中部队如何选择正确位置的最优战略。文献收集整理了大量的常识和智慧，而这些常识都是有关攻击敌人和守卫自己阵地的理想条件。在这些著作中，人们通常认为最好的也是其中最古老的著作是中国军事家孙武的《孙子兵法》（The Art of War）。离我们更近一些的是德国军事理论家冯·克劳塞维茨（Von Clausewitz）写于19世纪的作品《战争论》（The Theory on War），它直到今天仍然具有很大的影响力。从某种意义上说，这些军事著作的作者们写出了今天定位学派的作者要写的东西：他们详细论述了战略的类型，并为这些战略找到了最适用的条件。但他们的著作很不系统，至少以当代信息统计的观点来看是这样的，所以他们的结论往往是以命令的口气来表达的，我们更多称之为"格言"。

将作战经验最巧妙地应用在企业管理中的人恐怕就是詹姆斯·布莱恩·奎因（James Brian Quinn, 1980）。他指出：有效的战略是围绕少数几个关键概念和观点发展形成的，而这些关键的概念和观点不仅给企业带来了凝聚力、平衡力和关键重点，还提供了与高智商对手进行对峙的感受。

克劳塞维茨的观点对通用电气（GE）前 CEO 杰克·韦尔奇的战略方法有直接影响。1981 年，他在上任后描绘其战略思想的演讲中，明确地引用克劳塞维茨的观点作为通用电气如何变革的思想启迪。杰克·韦尔奇绝不是第一个将战争战略和商业战略相提并论的人，只是他比许多人更明确地把这种对比运用到实践中。罗伯特·凯茨在其《公司战略》教材中曾这样写道："依靠优势来获得领先地位""所有公司的基本战略就是将资源集中到公司有着强大优势（或可以稳步发展）的领域"（Robert Katz, 1970）。

五、定位学派的新里程碑

就出生年龄而言，"定位理论之父"杰克·特劳特（Jack Trout，1935—2017）比迈克尔·波特（Michael E. Porter, 1947—　）年长十二岁。波特教授也毫不讳言，其学术思想受到特劳特和里斯"定位"概念的启发，但究其理论观点的前瞻性和对未来实践的指导意义而言，定位理论早已超越了波特时代。这不妨碍我们向波特"竞争战略"学术思想致以敬意，以及肯定他对"定位"观念在全球学术界弘扬所做的历史性突出贡献。但与此同时，我们也应看到，商业竞争正在按照特劳特和里斯所提出"定位理论"展开应用。这既是定位学派的一种回归，也是一种更新与进化。

1969 年，杰克·特劳特在美国《工业营销》杂志发表《定位——同质化时代的竞争之道》文章，讲述了心智原理与定位知识，这是他第一次提出"定位"观念，并在后来的实战中不断开创与完善了定位理论。1981 年，特劳特与合伙人里斯合著《定位》一书，详细阐述"定位"观念，剖析仅仅简单"满足需求"已经无法赢得顾客的原因，给出如何进入顾客心智以赢得选择的解决之道。

定位理论最先影响的是美国广告界，它在品牌消费需求崛起的年代，为企业营销中品牌传播工作指明了新的方向。回溯20世纪50年代初的美国广告界，先由罗瑟·瑞夫斯（Rosser Reeves）提出了USP理论，要求向消费者说一个"独特的销售主张"（Unique Sales Proposition），而且这个主张是竞争者所没有且无法做到的。20世纪50年代末60年代初，随着科技进步，各种替代品和仿制品不断涌现，寻找USP开始变得越发困难。紧接着，大卫·奥格威（David Ogilvy）提出"品牌形象理论"，认为在产品功能利益点越来越小的情况下，消费者购买时看重的是实质与心理利益之和，而形象化的品牌就能带来产品和服务的心理利益。在此理论指导下，奥格威成功缔造了劳斯莱斯汽车、哈撒韦衬衫等国际知名品牌，"品牌形象理论"旋风席卷全球。20世纪70年代，定位理论诞生，不仅以更大的创意提供了新的思路和方法，而且成为整个品牌营销活动的战略制高点，成为决定诸多策略的出发点和基本依据。

自"定位"概念诞生至2017年特劳特去世的48年间，"定位"理论及其实践已经影响全球，成为新时期商业成功的关键。"定位"及其相关书籍之所以能风靡全球，在于它改变了人类对于"满足需求"的旧有认识，开创了"胜出竞争"之道。2001年，"定位"理论压倒菲利普·科特勒、迈克尔·波特，被美国营销学会评为"有史以来对美国营销影响最大的观念"。作为一本商业史上的经典之作，《定位》一书获得诸多殊荣，2009年，《定位》被美国影响力最大的营销杂志《广告时代》评选为"十大专业读物之首"，同时也被《FORTUNE》评选为"史上百本最佳商业经典"第一名。

发展至今，定位理论不仅改变了企业的商业活动，甚至使得社会生产的价值观也正在被重新塑造。特劳特这样描述：未来最有价值的资源不再是土地与资本，甚至也不是人力资源和知识资源，这些资源虽然并没有消失，但是其决定性地位都要让位于以品牌为代表的心智资源。没有心智资源的牵引，其他所有资源都只是成本。因此，定位已经成为企业战略的核心。然而，定位并非源自企业内部，它只能在外部竞争中找到。一旦在外部找到了能被顾客优先选择的差异化定位，它将立即被引入企业内部，从而成为企业一致性的经营方向，决定了企业的组织结构、产品规划、运营设计，并引导企业进行内外沟通。

1996年11月18日，摩根士丹利在《美国投资研究》刊载文章《迈克尔·波特重申特劳特和里斯的战略思想》（Strategic Thoughts：Michael Porter Reinvents Trout and Ries；Steve Milunovich）。其中这样写道：我们认为，我们最早在1991年发现杰克·特劳特和阿尔·里斯时，是通过他们的著作《商战》一书。两位的核心观点指出，商业不是产品之战，而是心智之战。我们认为，这本250页的经营著作展现了一个相当值得关注的观点，其建设性价值远远超出了"物有所值"。不仅如此，该文还进一步指出：

第一，迈克尔·波特的观点再次被肯定，即战略应该是竞争导向，而不仅仅是顾客需求导向。

第二，进一步强调了特劳特和里斯的观点：打造品牌才是企业战略的首要任务。企业只有拥有了强势品牌，才能赢得顾客，也才能建立长远的竞争优势。相反，把战略关注重点只放在企业内部上，无法打造独具竞争定位的品牌，不能有效地赢得顾客，企业在对手品牌的挤兑下只能获得非常有限的成果。

并且，在永不重复的商场变幻中，产业界和企业通常无法形成完备的共性数据库。"定位"追求与众不同，而非最佳实践，它涉及如何把握机会，而非仅仅利用既有经验。"定位"明确提出：商业竞争中"第一胜过更好"，其实，并不存在"第二"的定位，许多真正在市场中占牢第二、第三地位的企业都有自己独特的定位，在该方面它是第一的。领导型企业甚至学习到，仔细地留意那些跟随者，有意识地留出它们的生存空间，利用后者的灵活和创新性，去测试一些新市场，一旦发现可行的机会，立即以更大的资源投入跟进和接手新地盘。

摩根史丹利文中继续指出：……很遗憾，迈克尔·波特和很多战略家一样，并未完全透彻阐述定位的要点——定位并不体现在市场上，而是指企业如何在顾客心智中建立位置。

依据特劳特和里斯所创立的"定位理论"，新时期商业成功的关键，是在顾客心智中变得与众不同。所谓"定位"，是指如何在顾客心智中实现差异化，最终占据最有利的位置。而定位成功的关键，是要给消费者提供一个选择你的产品或服务，而不选择竞争对手的理由。定位理论的核心，是揭示出这样的原理：企业必须在外部市场竞争中界定能被顾客心智接受的定位，回过头来以此引领内部运营，才能使企业产生的成果（品牌所代表的产品和服务）被顾客接受，从而转化为企业经营绩效。

而更常见的现实情况是，每个行业除了少数几家企业表现杰出外，绝大多数表现平平，收入仅够支出，还有相当一部分处于破产的边缘。这不禁让人发问：战略何在？企业存在的目的是创造顾客，如果不能有效地创造顾客，就不可能有很好的业绩。从这个意义上说，企业内部的运营只是个成本中心，绩效永远在外部产生。如果不能解决外部竞争问题，就不可能使企业内部的产出转化为销量和利润，从而也就不可能对企业、员工和社会作出更好的承诺。不论你身处行业的何种竞争地位，只要选择自己正确的战略定位，并能相应地发展这一定位，就能使企业表现更加杰出。①

在商业竞争新时期，传统经典理论也面临更新和推进的现实难题。这并不意味着可以忽略上一代思想者的历史功绩，恰恰相反，我们今日探讨相关专业问题的话语体系，大部分都是基于前辈学术大家所开创的学理语言。

用特劳特和里斯所创立的"定位理论"来指导制定企业战略，要做非常细致深入的竞争对手分析，根据公司所在行业的情形，采用防御战、进攻战、侧翼战和游击战等不同的作战方式，最终在顾客的心智中占据一个位置，直至成为一个品类的代名词。要理解定位理论的威力，要先从理解现代管理学之父彼得·德鲁克的一段话开始，他说："在组织的内部，不会有成果出现，一切成果都存在于组织之外。"企业机构的成果是通过顾客产生的，企业付出的成本和努力，必须通过顾客购买其产品或服务才能转变为收入和利润。很显然，顾客的购买行为都由大脑决定，每当做出购

---

① 引自《中国企业如何定战略》中附文"定位：摩根士丹利所推崇的商业战略思想"，机械工业出版社。原文标题：Strategic Thoughts：Michael Porter Reinvents Trout & Ries《迈克尔·波特重申特劳特和里斯的战略思想》，刊于摩根士丹利《美国投资研究》刊载文章，1996年11月18日。作者：Steve Milunovich。

买决定时，你的产品成为其首选，那么这种持续不断的购买活动自然就会变成公司源源不断的利润，积累为股东收益而惠及投资者。

企业要获得强大的定位需要长久的辛苦工作，但对于投资者来说，找到它们则容易得多。沃伦·巴菲特曾说，他喜欢垄断的生意，喜欢投资有强大护城河的公司。"强大护城河"确实是一个很有力量的概念，但这仅仅是一个比喻，含义太丰富，看起来很好，但无从着手。如果从定位理论的角度去看，所谓具有最强大护城河的公司，就是在顾客心智中具有强有力定位的公司，这是另一种形式的垄断地位，是一种顾客主动寻求和接纳的垄断。只要一个公司的产品或服务能在顾客心智中占有独特的位置，不论传统企业还是新兴技术的前沿企业，其产品的销量和利润都变得可以预期。

法国大文豪维克多·雨果曾在其临终遗言中说道："当一个观念的时机成熟时，全世界的军队都阻止不了它。"

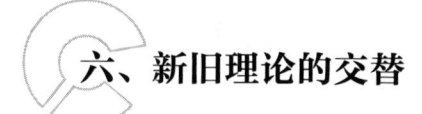

六、新旧理论的交替

（一）"竞争战略之父"迈克尔·波特的定位理论

回顾战略理论定位学派的发展历史，哈佛商学院教授"竞争战略之父"迈克尔·波特毫无疑问是里程碑式的人物，他在2005年世界管理思想家50强排行榜上位居第一。他先后出版"竞争三部曲"：《竞争战略：产业与竞争者分析技巧》《竞争优势：创造与保持优异业绩》《国家竞争优势》，这些经典学术著作奠定了作为全球竞争战略第一权威的大师地位。

直到1996年，波特继其"竞争三部曲"之后，于《哈佛商业评论》刊发对"战略"的总结性论作——《什么是战略》，文中指出：运营效益和战略是企业取得卓越绩效的两个关键因素，人们未能分清两者的区别，致使竞争力和利润不彰；真正的战略，应以竞争性定位为核心，对运营活动进行取舍，建立独特的配称。该论点破除了管理学界多年来对战略的认识误区，成为波特最新学术主题，并不断被引入企业界和政府的实践活动,被业界公评为"管理史上的经典之作"。

在这篇文章中,波特不但对"战略"的意义作了新的阐述,而且对"战略"含义作了新的注释。他说道:"战略"一是"创造一种独特、有利的定位";二是"在竞争中做出取舍,其实质就是选择不做哪些事情";三是"在企业的各项运营活动之间建立一种配称"。

文中指出,取得卓越业绩是所有企业的首要目标,而运营效益(operational effectiveness)和战略(strategy)是实现这一目标的两个关键因素,但人们往往混淆了这两个最基本的概念。运营效益意味着相似的运营活动能比竞争对手做得更好,而战略定位(strategic positioning)则意味着运营活动有别于竞争对手,或者虽然类似,但是其实施方式有别于竞争对手。波特强调,几乎没有企业能一直凭借运营效益方面的优势立于不败之地。运营效益代替战略的最终结果必然是零和竞争(zero-sum competition)、一成不变或不断下跌的价格以及不断上升的成本压力。

波特指出,竞争战略就是创造差异性,即有目的地选择一整套不同的运营活动,以创造一种独特的价值组合,而战略定位有三个不同的原点:

(1)基于种类的定位(variety-based positioning)。

(2)基于需求的定位(needs-based positioning)。

(3)基于接触途径的定位(access-based positioning)。

然而,选择一个独特的定位并不能保证获得持久优势。一个有价值的定位会引起他人的争相仿效。除非公司做出一定的取舍(trade-offs),否则,任何一种战略定位都不可能持久。定位选择不仅决定公司应该开展哪些运营活动、如何设计各项活动,还决定各项活动之间如何关联,即战略配称。战略配称是创造竞争优势最核心的因素,可以建立环环相扣、紧密连接的链条,将模仿者拒之门外。通常,战略配称可以分为三类:

(1)保持各运营活动或各职能部门与总体战略之间的简单一致性(simple consistency)。

(2)各项活动之间的相互加强。

(3)超越各项活动之间的相互加强,可以称为"投入最优化"(optimization of effort）。

在三种类型的配称中，整体作战比任何一项单独活动都来得重要与有效。竞争优势来自各项活动形成的整体系统（entire system）。将有竞争力的企业的成功归因于个别的优势、核心竞争力，或者某一种关键资源都是极其错误的。如果试图模仿竞争对手，仅仅复制某些活动而非整个系统，最后收效必然甚微。在影响战略的诸多因素中，强烈的增长欲望也许是最危险的。追求增长的努力往往会淡化企业的独特性，以致产生妥协、破坏配称，并最终削弱公司的竞争优势，增长的手段应该集中于对现有战略定位进行深化而不是拓宽和妥协。

波特在文中还强调，制定或重建一个清晰的战略，在很大程度上取决于组织的领导者。最高管理层不仅仅是每个职能部门的总指挥，其核心任务应该是制定战略：界定并宣传公司独特的定位，进行战略取舍，在各项运营活动之间建立配称关系。

（二）特劳特和里斯的定位理论

相比较而言，特劳特和里斯"定位理论"的贡献在于：

第一，将核心观察窗口由工厂时代、市场时代，向前推进了历史性的一步——顾客时代，正如其首次提出，企业的竞争是一场关乎顾客心智的竞争，其终极战场已经不在工厂，也不在市场，而在顾客的大脑心智。由此，定位理论正式宣告"以顾客为中心"的时代真正到来。这种新观察视角，帮助人们在思考自己的商业活动时，将整体商业活动的价值链描述得更加完整，因而更加具有前瞻性。

第二，定位理论与明茨伯格定义下的"定位学派"同源于军事战略格言，但与迈克尔·波特等学院体系重于精美逻辑分析不同，规避了因过度依靠数据而容易陷于僵化和限制的决策风险，并已经发展出了一整套适应"以顾客为中心"、进入顾客心智赢得首选的规律、原则、思考角度和方法，揭示出了企业战略的完整视野和精准入口。

从本质上说，管理是一种实践。定位理论从实战中产生，于青萍之末、秋毫之微处洞察商业世界变化，摒弃了在"战略"这一课题中存在的脱离实际、以单纯文字定义与"纸上谈兵"式的逻辑推理的研究方法和路径，开辟了战略家们对于战术与战略之间关系的全新理解角度，重新唤起了商业战略课题在理论与实践之间的活泼生机。

伴随着对特劳特和里斯"定位理论"研究的不断深入，当再次回望波特"竞争战略"时，我们对其在新形势下的盲区越来越清晰起来。

（三）波特"竞争战略"在新形势下的盲区

1. 发源于学术，而非实际应用

波特设计出一整套严谨、丰富、完整的竞争战略理论架构，企图在产业组织理论和企业实务之间架设跨越的桥梁。在经过严格的经济学体系学术训练之后，波特的志向侧重于厘清企业与产业的复杂性，并找出更先进的理论指导产业界。了解情况的人这样评述：波特已经是传统学术研究者中的异类，他竭力做一个追随问题的人，自己从来不会像其他教授那样从文献入手确定研究课题和研究方法，他认为这种在文献基础上作技术性研究，最后"只不过贡献更多文献罢了"。波特所重点关注的，往往并非技术性的具体问题，而是宏大的、"需要具备理解复杂性才能解决"的问题。他说，自己不是想建立模型，而是建立框架，二者的区别就在于，模型是非常严谨而精确的，具有局限性，而框架则能够让你跨越巨量的复杂性，切入一个问题，揭示解决问题的方法。

尽管如此，其个人成长的纯粹学院经历和教授角色，使得波特在构建思想体系时根本逃离不了对经典学院派学术概念逻辑的偏好。业界这样评价，波特教授非常学院派，极大地推动了管理学作为严谨学科的演进。他自己也曾经这样说，他是不能写出管理学畅销书的，因为他的书非常"沉重"，他甚至不允许他的书以平装的形式出版和发行。

与波特教授有所不同的是，定位理论创立者特劳特先生早年服役于军队，后来进入通用电气（GE）。对军事理论的学习和传承，使定位理论真正沿袭了克劳塞维茨《战争论》以及更早的孙武《孙子兵法》的核心思想，而起源于军事战略思想，正是明茨伯格将迈克尔·波特的竞争战略归入定位学派的基本原因。眼见通用电气（GE）以超乎寻常的自信投入企图战胜 IBM 的商战中，特劳特忧心忡忡，以独特的洞察力揭示出顾客心智时代的到来，并准确地预言了通用电气的必败。在连续多期发表于媒体的专业文章中，特劳特率先提出"定位理论"并被公众关注，从此一直致力于企业战略咨询和"定位"理念的传播。直至 2008 年，特劳特在其《什么是战略》（Trout on Strategic）一书中这样简洁地确认到：所谓战略，其核心是要做好两件事：一是让品牌占据顾客心智（Capturing Mindshare）；二是让产品占领市场份额（Conquering Markets）。

学院派理论和经验派理论的区别在于是否侧重于发明新概念，并为其所发明的新概念确立"标准定义"。经典学术体系习惯于发明新概念，并热衷于用文字解释这些自己发明的概念。这种侧重于"内涵法"定义的思考方式，最早源于古希腊"西方三贤"之一的亚里士多德及其门徒。而经验派理论则不注重发明太多新概念，自然也就不需要用更多文字解释新概念，他们更加注重"外延法"定义，即有什么功用、该如何使用、适应什么场合、有哪些注意事项等。

尽管波特教授想要解决实际问题，但最终还是因为其自身成长经历和学术话语方式的限制而注定远离实践。难怪《经济学人》杂志曾评价波特的文章过于学术范，并语带调侃地说："若是让迈克尔·波特发表一些妙语连珠、吸引眼球的东西，会比要求他穿着女式内衣公开演讲还让他感到难堪。"学者们则一致认为：这些经典著作绝不是可以躺在沙发上喝着咖啡就可以读懂的。

2. 三种通用战略模型倍受应用挑战

针对五种竞争力量的激烈抗争，波特提出三种通用战略模型：

（1）"总成本领先战略"（它要求企业必须建立起高效、规模化的生产设施，全力以赴地降低成本，严格控制生产成本、管理费用及研发、服务、推销、广告等方面的成本费用）。

（2）"差异化战略"（将公司的产品或服务差异化，树立一些在全产业范围中具有独特性的东西，如保持独有技术、性能特点、顾客服务、商业网络及其他方面的独特性等，但这一战略与提高市场份额目标不可兼顾，在建立公司的差异化战略的活动中总是伴随着很高的成本代价）。

（3）"专一化聚焦战略"（主攻某个特殊的顾客群、某产品线的一个细分区段或某一地区市场，公司业务的专一化能够以较高的效率、更好的效果为某一狭窄的战略对象服务，从而超过在较广阔范围内的竞争对手）。

波特认为，这三种战略是所有战略的核心，每个公司必须做出选择，决定希望在哪个范畴取得优势，在三个方面全面出击的想法既无战略特色，也会导致低于行业水准的表现，它意味着令企业毫无竞争优势可言。

三种通用战略模型看起来很完美，但屡屡受到学术界和实业界的诟病和攻击，众多领先企业在以上三个方面同时大获成功，自然就以实践证明其三种通用战略并非必然有效，因此被企业界旁置冷落。就连波特教授本人也不得不在其1996年《什么是战略》一文中自己为自己找个台阶，以借助"定位"概念落脚才算打了个圆场：在最简单和广泛的层面上，通用战略仍然能有效地代表战略定位，而定位的基点——品类、需求、接触途径——把对通用战略的理解提升到了更为深刻的水平；同时，通用战略框架也带出了选择的必要性，只有这样才能避免陷入我当时描述的不同战略之间的固有矛盾之中，互不兼容的定位之间需要做出运营活动的取舍，这就解释了那些矛盾。波特这样总结到：在为定位下完定义之后，我们现在可以回答"什么是战略"这个问题了。所谓战略，就是形成一套独具的运营活动，去创建一个价值独特的定位。

3. 侧重产业内部，对顾客端强调不足

波特认为，决定企业获利能力的首要因素是"产业吸引力"。企业在拟定竞争战略时，必须深入了解决定产业吸引力的竞争法则。竞争法则可以用五种竞争力来具体分析，分别是：新进入者的威胁、客户的议价能力、替代品或服务的威胁、供货商的议价能力以及既有竞争者。这五种竞争力会影响产品的价格、成本与必要的投资，也决定了产业结构。企业如果想拥有长期的获利能力，就必须塑造对企业有利的产业结构。

与之相反，特劳特从通用电气意欲战胜 IBM 的必败战争中，适时抓住了新时期战略问题的核心：顾客心智时代已经到来。

在《定位》一书中，特劳特重点强调了新时期所面临的产品严重同质化、产品供应超载以及各种信息的过度传播等若干问题。而顾客时代到来的最初起点，主要基于对媒体传播效率越来越低的洞察，以及即便传达到位的也并不一定是最重要的信息等现实难题。于此基础上，特劳特界定了打造品牌的三个时代进程：产品时代、品牌形象时代和顾客心智时代。定位理论所提出的解决之道是：选择最合适的角度切入并占领顾客心智。

现在，业界对顾客时代的到来已经有了深刻的理解，但仍然对顾客选择的困难程度未有足够的重视，乃至于很多人并不清楚给企业和品牌做"定位"究竟是要做什么。这可能多少还是受到菲利普·科特勒这一学院派思考方式的干扰，例如，在《市场营销》一书中所指出的产品定位、目标群体定位、价格定位、渠道定位等，加上就连波特教授在其《什么是战略》一文中也将定位的基点描述为：基于品类的定位、基于客户需求的定位和基于接触途径的定位。这些都进一步强化了学术概念的文字定义，而使得"定位"就是"针对竞争对手在顾客心智中确立优势位置"这一简单明了的课题变得更加飘忽不定，难以捉摸。

4. 研究顾客从未提及"心智认知"

波特早在 1980 年就将"定位"引入企业战略，并以其作为核心开创了竞争战略，但直到《什么是战略》一文发表之时，产业界、管理学界并没有在对"定位"的理解上有多少进展。基于此，波特在文中开篇即指出危急之处：一直以来定位（Positioning）是战略的核心，然而由于当今动荡的市场和不断变化的科技，很多人认为定位太过静态而抛弃了这一概念。根据新的教条，竞争对手可以很快复制任何一个市场定位，所以任何竞争优势至多是暂时性的。然而，上述信条都是危险而错误的，它们正在导致越来越多的企业走上互相摧毁式的竞争之路。

尽管波特五力模型中已经包括"客户的议价能力"，但除了把顾客力量在文字意义上描述出来外，其实际用处少之又少。波特教授并没有洞察到在顾客时代到来之后，顾客在竞争中拥有充分选择权时如同一股"选择的暴力"这一事实，也就自然无法将解决实际问题的焦点放在"如何成为顾客的心智首选"上，更别提将此课题提上学术议程了。

在这方面真正有所推进的是特劳特和里斯的"定位理论"，将顾客心智认知作为终极战场，指出："进入心智，成为首选"是将顾客"选择的暴力"化为企业发展巨大动力的成功之道。在此基础上，特劳特和里斯倾其一生著述20余本，发展出"定位——在顾客心智中建立认知优势"的一系列原理、路径、方法和要点，并最终以一句话统合全部：一词占领心智。

正是定位理论所提出的心智终极战场、心智规律、在心智中建立差异化的若干方法等一系列完整话语体系，从产业和企业实践的角度给出了"赢得顾客心智首选"的解决之道。在顾客时代到来之时，定位理论为企业界开辟出一条战略宏途：善用"客户议价能力"（即选择的暴力），成就行业强势品牌，进一步指导企业内外部重新高效整合产业资源配置，并最终引领整个行业走出困境。

5. 强调内部运营，迷失终极目标

看到企业界之所以成果不彰，波特将其归因于人们未能分清楚运营效益（Operational effectiveness）与战略（Strategy）之间的区别。同时又指出，竞争战略就是要做到与众不同，企业战略有赖于独特的运营活动，这意味着有目的的选择一整套不同于竞争者的运营活动以创造一种独特的价值组合，可持续的战略定位需要对运营配称做出取舍，以及如何通过运营配称推动竞争优势和可持续性。

不足之处是，波特除了提到基于品类的定位、基于顾客需求的定位和基于接触途径的定位等三个空泛"定位基点"概念外，并没有对这个最终要去创建的"价值独特的定位"做出更加深入细致的阐述，例如，这个需要去创建的"定位"究竟应该是怎样的？它如何产生？如何起作用？企业应该参照什么原则来做出调整和改变？而这些后续问题，直接牵涉一个企业的终极命题：品牌因何存在？企业存在的意义在哪里？而这些恰恰是"定位"所要解决的核心课题。

波特竞争战略核心所提及的"定位",仍然侧重于围绕企业内部运营考虑,并没有跳出对产业力量的过度依赖,仍然没有偏离其经典学院学术所一贯秉持的标准定义和概念描述的作业方式,这难免容易被后来学者和企业家实践人士认为有"因理费事"的嫌疑。

定位理论的基本原理和解决方法直接指向企业的终极目标:打造行业强势品牌。如果进一步追究,打造强势品牌最核心的关键是"在顾客心智中成为首选"。如何才能做到?解决方案很简单:根据对手确立优势位置,最终的目的是要"在顾客心智中创建认知优势"等。总之,定位的目的和结果,是实现在某个领域的主导权,在市场中成为顾客心智的首选。

定位理论还指出,建立了定位而在某个领域成为首选的公司,由于集中了某种顾客,往往比那些虽然身处多个领域却不能成为首选的供应商生意要大得多。而且因为成了首选,它能产生溢价,利润率也必然是行业最高的,抵抗降价的能力也必然最强。定位强势的企业,由于提供的产品及服务相对集中且有强势市场,不但会因原材料或设备的集中和规模效应而大大降低采购与维护成本(如美国西南航空只采用波音737机型),甚至在原材料涨价时,也能通过新品上市提价而将增加的成本部分与顾客和经销商分担。没有强势定位的企业则相反,一方面为了争取顾客和稳住经销商,需要不停地促销以及提供比强势定位企业更大的利差;另一方面,面对供应商的涨价也无力转嫁增长的成本,结果企业两头受挤压,利润率低下,吸引人才以及投资未来的能力也都趋向低下。[①]

建立了定位的企业往往会产生光环或从众效应,从而将定位外的其他顾客吸引过来,例如,百事可乐吸引自认为年轻的年长者,强生婴儿洗发露吸引大量想要保养头发和洗头比较勤的成年人。事情还不止如此,由于企业的鲜明定位,原本产业中的生态分布也往往随之产生结构性变化,定位所处的市场因为成功企业的努力而更加扩大了。比如:美国西南航空的

---

① 迈克尔·波特,杰克·特劳特. 中国企业如何定战略[M]. 邓德隆,陈奇峰,译. // 邓德隆,陈奇峰,火华强. 论麦肯锡战略之误. 北京:机械工业出版社,2005.

"单一经济舱飞行"定位成功以后，原本不属于航空旅行的顾客，也因为西南航空而改变了选择，大量以前乘坐巴士或自驾车辆旅行的人，转而成了经济舱飞行旅客。

对于企业的存在理由，即顾客的选择理由，这个问题的答案在产业内部基本无法找到，只有在顾客心智中才能发现定位机会，这通常代表着最重要的商业机会。除非一个定位还没有确立，竞争对手才有仿效甚至超出的机会，一旦企业在内部运营上围绕某个定位形成了战略配称，最佳地向顾客提供独具价值的产品及服务，进而在顾客心智中也建立了定位认知，第二、第三及后进公司的复制不但得不到好处，反而会因此将先行企业推向更大的成功。一方面，追随创造了更大的市场，而领导者自然获益最大；另一方面，因为众多追随者的跟进，使得领导者建立的标准更加重要，从而使其领导地位也更加牢靠。显而易见，基于这样的战略理念所设计的战略规划、组织结构、流程、KPI考核体系等，必然更能指引企业走向光明坦途。

七、新时期战略的核心

竞争由来已久，只不过在不同阶段表现形态大不相同。对于传统创业者、企业家而言，这是一场熟悉而陌生的战斗，获胜的原则并没有变化，但作战的地形地貌、武器装备、弹药粮草，已经由"冷兵器"时代，进化成"信息战"。

伴随商业世界的发展与成熟，商业竞争发生的关键地点已经从工厂时代的工厂、车间、生产线、制造基地，转向市场时代的市场、渠道通路、卖场、终端，而当顾客时代来临，竞争地点进一步转向顾客，即顾客的大脑，也就是心智认知。

如果没有竞争对手出现，任何人都很容易成为商业的大赢家。当今，横亘在企业面前最核心的难题是：由于竞争兴起，在满足顾客需求的过程中，顾客拥有了更多的选择机会，于是顾客不得不考虑"我该如何选择？"

从顾客角度看，在每一项选择决策面前，他总是需要不断回答自己：我为什么选择这一类产品和服务来解决问题，而不是其他？进而在同一类产品和服务的众多供应商及品牌面前，他还需要继续回答自己：我为什么选择这一家，而不是那一家？从企业角度来说，企业的核心要务，就是要给顾客一个强有力的选择理由，让顾客清晰地知道应该选择自己而不是对手。一旦给到顾客这个清晰的理由，企业就具备了"顾客优先选择你而不是对手"的机会，这就是进入心智、建立认知的过程，也是降低认知成本，提高认知效率的关键环节。在当下及未来的顾客时代，当"选择"成为一种"暴力"，当认知效率成为关键生产力，所谓企业"战略"的核心任务，就是在顾客心智认知中植入这个强而有力的选择理由，帮助顾客简化复杂的选择决策过程。

新时期企业取得商业成功的关键就是：找到一个强而有力的选择理由，并通过一系列的战略运营，在顾客认知、接受、购买、体验、分享产品和服务的全过程中，完整地传递和兑现这个理由。因此，定位理论创始人之一杰克·特劳特先生如此定义"定位"：在顾客心智中针对竞争对手建立差异化认知优势。当今的企业家，正在完成"一项不可完成的使命"——赢得竞争。若非具备九死一生的智慧与体能，企业家中的创业英雄恐怕一生都难以圆满收官。正是定位理论发现了解决竞争问题的关键："认知"难以改变，找到了竞争决战的终极战场，抢先进入"心智"；发明了解决竞争难题的核心武器：针对竞争确立"定位"。这无疑为新时期的企业家树立了航海明灯，尽管在实际应用中总有些若明若暗，却已然点燃了希望。

第四章

中国文化与定位理论比较

一、分合一体的中国

我们脚下这片华夏大地，是一个稳定的半包围式"摇篮"。西有喜马拉雅山脉、昆仑山脉、天山山脉，北有内蒙古高原，东以大兴安岭、西南以云贵高原等为陆地高峰屏障，东方及东南以太平洋广阔水域为开放胸襟，山海之间蕴含华北平原、东北平原、长江中下游平原、珠江三角洲、四川盆地等广沃原野。

五千年来，尽管历经分分合合，但中国一直是以统一为主旋律的大国治理模式，并且在语言、文字、度量衡、教育、经济等方面，从来没有因为内忧外患而停止整体一致的步伐。即便遭受外力冲击、全球一体化趋势推动，中国依然最大限度地保留了丰富多彩的民族、民俗、地域文化。正是在这样一个世界少有的庞大人类群居集合体中，华夏民族虽然命运多舛，跌宕起伏，但依然天下一统、绵延不绝，而且愈加生机勃勃。

总体而言，自从氏族部落进化为国家之后，中华文明经历了春秋战国诸子百家、罢黜百家独尊儒术、儒释道三家融合、中学为体西学为用等主要演进过程，其间充满着冲突与固守、延续与颠覆、平和与激进等多种迭代进化方式，形成了显著区别于西方世界的独特文化心理结构。同时，我们也注意到，近现代两百年来的社会动荡和内外冲突，一定程度给国人带来了文化血脉上的断层和异化。如今，中国重新以开放、自信、独立的姿态面向全球，也为我们重新梳理中国哲学，进行新一轮盘整、扬弃和回归创造了最佳时机。这些看似形而上的精神基因，无时无刻不在影响着我们对新知识、新技术、新事物的认识、接纳和转化。

二、我们误解了《孙子兵法》

社会文化的变迁，最显著的体现是语言文字的使用习惯。现代语言中最常见的话语含义，与其原始含义出现了曲解和背离。这种现象看似难以避免，只是出现在市井生活、常言俗语中，但折射出对中国文化核心关键词的世俗化、简单化、片面化理解，无形中正在吞噬着先贤近哲们的智慧结晶。紧跟时代、与时俱进是一回事，但不忘初心却是另外一回事，而且是更重要的大事。在此仅稍加举例，看看今天的含义，与原来是否相去甚远，例如：贫贱夫妻百事哀、相濡以沫、无商不奸、以德报怨、是可忍，孰不可忍、愚不可及、呆若木鸡、得意忘形、不求甚解、笨鸟先飞、道貌岸然、莫名其妙等耳熟能详的日常词组，其语义都发生了显著的流变，甚至与原义截然相反。

《孙子兵法》总结了春秋末期及其以前的战争经验，揭示了战争的一般性规律以及具有普遍意义的作战和治军原则，在世界军事史上占有突出的地位。人们把《孙子兵法》运用到企业战略与市场营销上，成为在实践中制胜的宝典秘籍。常言道"商场如战场"，随着法制健全和市场秩序成熟，商业战场既是名利场，也应该是人们拼搏、敬业、创新、奉献精神展现的场所，而不是恶性"拼杀"的战场。学会欣赏你的竞争对手，而不是在"朋友"或"敌人"的二元选择中思考竞争，这应该是企业家经营的最高境界。

人们总习惯于将"谋略"或者曹操所注解的"诈道"来诱引当今经济活动中的躁动人群，也为孙武的思想蒙上了一层贬义。然而，《孙子兵法》十三篇6000余字，之所以素有"兵典""武经""百代兵家之师"之称，并不是只讲"谋略"和"诡计"，而是对战争本质的深刻反思。历经千年之后，人们已无法回归当时的历史语境，因此应该特别注意，如果忽略了对当时社会背景和整体价值观的洞察，学习难免有失偏颇，甚至走火入魔。

春秋战国时代，频繁的抢掠兼并战争让生灵涂炭，所以孟子说"春秋无义战"。所谓"无义战"，是批评各诸侯国置周天子的权威不顾，破坏了尊卑秩序。如果说孟子是站在政治秩序与道义的角度谴责诸侯国间的征伐战争，其他先秦诸子更是针对战争造成的惨祸给予了深刻的批判。老子说："大军之后，必有凶年""夫乐杀人，不可以得志于天下矣"。老子主张"以道佐人主，不以兵强天下"。墨子的"非攻"思想中也痛斥战争给人民带来的沉重无尽的灾难：抢劫财富、残害无辜、贻误农时，所以他主张以"德义"服天下，以"兼爱"来消弭祸乱。总之，中国传统的战争观有着深厚的人文关怀与强烈的道德批判。

同样，《孙子兵法》十三篇，虽然篇篇都讨论谋略，但那些讨论政治和道德的语言，句句都颇有深意。如《计篇》里说："兵者，国之大事，死生之地，存亡之道，不可不察也。"战争兹事体大，关乎着国家、人民的生死存亡，所以"经之以五事"。"经"是量度、分析研究，"五事"则"一曰道，二曰天，三曰地，四曰将，五曰法"。"道"是"令民与同意也"，战争问题必须使百姓同意，得到百姓的支持。也是荀子所言"兵要在乎善附民而已"。"天"是指气候，"地"是指地形，"将"是将帅，"法"是制度法规。在孙子看来，"善用兵者，修道而保法，故能为胜败之政"。"修道"是修明政治，"保法"是实行道德法制，由此才能把握战争的决定权。战争可以解决问题，但战争造成的危害是极大的，不了解"危害"，就不知道"有利"，由此"非利不动，非得不用，非危不战"。慎重对待战争是《孙子兵法》里最核心的观点。因为战争的后果是"亡国不可以复存，死者不可以复生"。孙子如是告诫："明君慎之，良将警之，此安国全军之道也。"

以战争掠城攻地，在孙子看来不是战争的最终目的。孙子说："百战百胜，非善之善者也，不战而屈人之兵，善之善者也。"百战百胜，不是高明中的高明者，不用战争而屈服敌人，才是最高明的人。所以"善用兵者，屈人之兵而非战也，拔人之城而非攻也，毁人之国而非久也，必以全争于天下。"可见，在连年战争的惨烈祸害下，人们开始思考"兵以弭兵，战以止战"，以道德最终制约战争。孙子主张尽量不用战争的方式解决存亡问题，其思想显然受到中国文化中"人本""民本"观念的影响。

《孙子兵法》的内在逻辑是"屈人之兵而非战"，推崇"谋略之法"。谋略非常重要，善用谋略，不战而胜，因此孙子强调"上兵伐谋，其次伐交，其次伐兵，其下攻城"。在强调谋略重要性的同时，孙武更加重视"兵力"优势对比，如"胜者之战人，若决积水于千仞之溪者，形也；善战人之势，如转圆石于千仞之山者，势也"。为了强调战争所需要具备的物质条件，从一开始的《作战篇》中就说明清楚："凡用兵之法：驰车千驷，革车千乘，带甲十万，千里馈粮；则内外之费，宾客之用，胶漆之材，车甲之奉，日费千金，然后十万之师举矣。"为了防止大家存在侥幸心理而盲目开战，孙武说到，"不尽知用兵之害者，则不能尽知用兵之利也""胜兵若以镒称铢，败兵若以铢称镒"……这是"非战""慎战""以战止战"思想的警世恒言。

即便孙子重视谋略的重要性，他也告诫人们运用谋略的前提仍然是以道德为"体"，以谋略为"用"。即使在最后的第十三篇"用间篇"，虽然主要讲如何使用五类间谍窃取情报的方法，但是在"用间"上，孙子依然强调"非圣智不能用间，非仁义不能使间"。只有"明君贤将，能以上智为间者，必成大功，此兵之要，三军之所恃而动也"。作为兵书的《孙子兵法》非常强调道德伦理的重要性，所以唐代著名诗人杜牧注解《孙子兵法》说"古之兵柄，本出儒术"。

中国文化强调"道是本，术是末，道为体，术为用"。我们今天学习孙武所讲述的用兵之法，如"知彼知己""先胜而后战""以正合，以奇胜""我专而敌分""避实而击虚""施无法之赏，悬无政之令"等，对于一部"兵书"而言固然重要，但我们应该意识到，这些是战争之"术"，而不是战略之"道"。所以，借鉴学习《孙子兵法》只关注"谋略""诈道"，而全然不解孙武在兵法中所蕴含和反复强调的道德关怀和人本精神，显然是把《孙子兵法》片面化、庸俗化了。

三、定位理论十个关键词

（一）心智

心智既包括人们对实际有形物质的直观认知，也包含顾客大脑中的一切心理意识活动。顾客大脑的心智认知，是今天及未来商业竞争的终极战场，这是由商业发展到产品严重过剩并同质化以及信息过载所决定的——供应太多，接受太少。定位理论把战略观察点从工厂车间、市场流通前移到了顾客身上，把观察视角彻底从产品视角、企业内部视角、产业视角，转向了外部顾客视角。定位的核心任务，是先从顾客心智认知中找到一个最有利的位置，给顾客一个强有力的选择理由，并以此作为战略基点，重组企业各项资源和能力的配置重心，以此由外而内高效地将产品成果转化为经营绩效，最终从微观层面解决商业社会运行效率。定位理论背后的认知心理学、认知神经学都指出：人们（当然包括顾客）的认知是有局限性的、存在认知偏差和认知失调现象。而定位的作用机理，就是一个通过率先发现并解除顾客心智认知中的局限、偏差，从而达到消除认知失调的过程。

（二）选择

顾客掌握了对品类、品牌和产品的最终选择权，这是一股难以对抗的力量，但同时，顾客又面临太多的选择，从而造成竞争的存在。对于顾客来说，太多选择并非一种福利，反而导致了"选择困难症"。为了应对过多选择，人类大脑会自动启动防御机制，人们只能有选择地倾听、有选择性地记忆和有选择性地接收信息。作为企业而言，只有赢得顾客的优先选择，才能将企业的成本投入快速转化成经营绩效，并作为升级进化的资源投入。战略定位的任务，就是给顾客一个强有力的选择理由，以此将这股力量转化为推动企业变革与创新的动力。

（三）分类

顾客必须对庞杂的产品信息进行分类处理，以减少大脑重复辨认的工作量。其中最显著的分类方式是确定品类和特性。品类和特性存在的核心意义在于它总是与顾客在生活工作中的难题相对应，是难题解决方案的外在表现。人们真正关心的是，自己的难题用哪一种解决方案（品类和特性）可以得到最优解决，而这方面的代表性品牌分别又是谁。品牌之间的生存竞争，本质上是基于新旧品类和特性以及其他可替代品类和特性之间的更迭与进化。品类和特性分类的发展趋势，通常是由领先品牌的升级和进化所决定的。当品牌强大到一定程度，人们往往将品牌名称作为整个品类和特性的代名词，例如"豪华"就是"奔驰BENZ""驾驶"等于"宝马BMW"，"去屑"就是"海飞丝"等；极致情况下，人们将品牌作为动词使用，比如在中国，人们在提到"搜索"时会说"百度一下"等。

（四）品牌

品牌不只是一般意义上的传播、推广和媒介投入行为的代名词，而是顾客用时间、精力和金钱投票的真正标的物。正因如此，品牌不只是企业产品和服务解决方案的名字，也是商业竞争的核心当事人，它代表着企业经营的最终成果。企业的战略意图，是在产业分工价值链上寻找自己具备相对优势的产品和服务机会，并将其品牌打造成为顾客选择时的首选。在定位理论看来，品牌是顾客心智认知中简化选择之后的基本符号，因此也是商业竞争的基本单位，而公司或企业组织只是品牌背后的拥有者和操盘手。

（五）第一

顾客的心智运行规律决定了"第一"的重要性，中国文字中的"第一"，通常蕴含着"最快""最大""最强"等多重含义。人们对于最先进入认知、最具代表性品牌、最显著的功能及利益特性等最为关注，其根本原因在于它们可以降低顾客选择决策中的各种风险，提高安全感。因此，企业的任务就是率先进入顾客选择视野，并力争成为品类或者细分品类、某个特性的代名词，而这也是定位战略的基本抓手和关键入口。

（六）常识

顾客大脑心智中的常识系统，是由全部记忆信息所组成的坚固信念的集合，类似西方心理学所说的"意识"与"潜意识"，犹如东方智慧所说的"心性的大海"。常识的形成，一方面基于人类与生俱来的遗传基因所携带；另一方面来自出生后不同经历和观察下对信息与判断的加工处理和沉淀，它们综合起来成为既有认知。顾客心智中已经存在的某些认知，是企业打造品牌首先不得不面对的重要事实。要想赢得顾客的优先选择，在顾客认知中完成心智预设，就必须基于顾客的常识逻辑展开定位工作。一切与强大的常识系统直接对抗的信息，都将被顾客排斥在外，视而不见，充耳不闻。品牌重新定位的过程，就是对顾客常识系统进行发现、重组和扩展的调整过程。

（七）认知优势

正如地理高差、商铺位置等存在势能差异一样，顾客大脑心智中的不同认知也存在着相应的势能差异，它直接导致了顾客选择行为会朝着认知势能高的方向倾斜。人们认知中的优势位置，即为人们常识系统中的基础信息、核心观念和重大判断，它们通常成为逻辑推理的大逻辑和大前提等。要想在顾客心智中建立新认知，或是对顾客认知做出调整，首先要做的是顺应这些既已存在的大逻辑、大前提，并最终以此作为检视标准。显然，与迈克尔·波特不同，在特劳特的定位理论中，"认知优势"的重心在于从顾客端入手，这为企业在新时期制定战略提供重要的补充。

（八）词语

不论感性的还是理性的，心智的运转乃至认知的形成，一切都是以词语为基础的逻辑推理。词语具有类似货币作为"一般等价物"的功能，词语的转换直接导致思维模式的转变，并引导心智认知的转换。品牌在顾客认知中占据了什么词语，直接影响了品牌是否具有认知优势，显著引导人们选择行为的发展走向。强大认知优势的定位，是品牌持续商业成功的真正动力源泉和根本基石。基于此，定位理论将"创建认知优势"的任务、方法和结果表述为"一词占领心智"。

（九）兵力

自古战略上的胜利，都以兵力优势作为保障，而不是靠无知无畏的匹夫之勇。人性弱点中的侥幸心理是战略决策的最大天敌，其本质是基于内心的自大愚痴和过度贪婪所导致的不知舍得。在今天过度竞争的年代，不论产品还是信息，都已经极度碎片化，人们的时间、精力和关注度被严重分散，要想集中顾客的关注点，或是拉长关注时间，就必然需要在产品、传播、体验等方面投入更多资源。移动互联网技术和模式的创新，一方面缩短了顾客的认知路径；另一方面也次方级地制造出了更大的信息量，这本质上整体提高了竞争胜出的资源需求当量。

（十）自下而上

定位理论强调由外而内的顾客视角，是先从顾客心智认知大海中寻找最有利的存在机会，这决定了在企业组织层面，最高管理层必须带着整体大局观深入前线，直接感受和接收来自顾客端的信息，而不是坐在办公室和豪车里做出战略决定。进一步而言，只有最高决策层才具备整体思考的能力和格局，也是其应尽的职责和义务，定位理论为决策层提供了一套以外部顾客视角为前提的推理逻辑和话语体系——算法。从整体视角搜集、选择、辨识、清洗真实信息，也只有在一把手职责和能力下才能做到，正所谓"你只能看到自己想看到的"，真正贴近顾客、不过分失真的信息就是心智运算的基础材料——数据。战术导出战略，战略推动战术，这是定位时代的思维方式，也标志着仅靠长期预测和战略规划来经营企业方式的根本终结。

四、极致的顾客中心视角

中国文化中比"国家"更广大而深远的概念是"天下"。西汉戴圣著《礼记·礼运篇》中"大道之行也，天下为公"中的"公"，就是强调百姓所共有的天下。中国贤哲提醒国君的治国之道是以"民为贵，社稷次之，君为轻"，时时不忘"以百姓心为心""得民心者得天下""藏富于民"。直至现代中国提出"不忘初心""为人民服务"等，都蕴含着对百姓民众、天下苍生的根本关怀。

商业世界竞争无处不在，然而赢得竞争只是结果呈现，而真正的起点是对顾客心智认知和选择行为的透彻观察。竞争是顾客的另一种选择，它首先是在顾客心智中展开，竞争的目的是赢得顾客的心智首选，正确的方法是根据顾客认知中强大对手的心智地位来确立自己的相对位置，以此为切入口设计一系列战略举措，以确保占领这一位置。不止于此，领先企业具有引领品类和行业进化的优势和责任，进而在构建整体商业生态圈中发挥其应有的作用。

定位的缺失会导致恶性竞争和资源错配，不论从个体角度还是整体而言，都是一种能量耗散。一方面，在顾客心智中制造混乱，增加认知和选择成本，也令产业链上的各个企业因为缺乏足够的利润来支持产品创新而陷入同质化泥潭，更重要的是，最终彻底破坏了整体生态的良性可持续发展。产业集中化至"二元竞争"的过程，就是在自然混乱状态下定位发生作用、适者生存、优胜劣汰的过程。如果没有知识的指引，这样的时间周期可能无限期拉长，其中的不确定性无疑带来更多不必要的损耗。当人们知道了其中的核心规律之后，可以以此作为先知先觉，避免恶性竞争的短视和混乱，缩短无序竞争的时间。在顾客选择困难、产品快速同质化、信息量严重过载的商业世界，从优化顾客选择的角度入手，从优化产业结构的结果走出，无疑是整理社会资源配置秩序的一剂良方。

定位与聚焦，是一组同质异构的同义词，相互之间的体用关系可以体现为：聚焦于一个价值独特的定位。从管理学意义来说，看似有一个"先做减法，再做加法"的过程，但实际上二者是同时发生作用的——定位就是一种聚焦，聚焦就是定位的过程。从物理学角度来说，这是一个能量整理的过程。在物理世界中，没有聚焦的状态称为熵或混乱。鲁道夫·克劳修斯（Rudolf Clausius）的熵增理论指出，封闭系统中的熵值迟早会增加。太阳的能量很强大，但你可以享受几个小时的日光浴；激光的能量很微弱，却可以在钻石上钻孔或杀死癌细胞。定位和聚焦的过程，就是企业家带领组织进行能量有序化的整理和整顿的过程。如果让公司聚焦，你会创造出强大的、主导市场的能力，这就是聚焦的意义。如果公司失去聚焦，就会失去这种能力，它会变成在过多产品和市场上浪费能量的太阳。

五、智慧的交集

抛开思想的起源不谈，不论从核心含义或是话语体系，定位理论都与中国文化有着几分神似与形似。基于此，我们只要通过理解自己的文化，再将东西方文化做个对比就能发现，其中有着内在逻辑的一致性。显而易见，抑或潜移默化，它们正时时刻刻决定着人们的世界观、人生观和价值观。具体而言，集中体现在整体与全局、自省与内观、对立与统一三个主要方面。

（一）整体与全局

《孙子兵法》讲道：庸者谋事，智者谋局。庸者只会把目光定格在一件事上，在他们眼中世界是孤立的、片面的、静止的，而智者却能把单个事件加上时间、空间的维度，全面地、系统地、动态地思考问题。一个人想要成事，先看见识与格局。不谋一世者，不足谋一时；不谋全局者，不足谋一域。新手下棋，走一步，看一步；高手下棋，走一步，看三步。人生就像下棋，不要只在意眼前，凡事都往后多看两步。站得更高，才能走得更远。

之所以具备这样的全局思维，来自中华民族对于"天人合一"思想的深刻领悟。英国近代生物化学家、科学技术史专家李约瑟（Joseph Terence Montgomery Needham，1900—1995）认为：中国人把自然看作一种有机体（organism）而不是一件机器（machine）。这与西方哲学体系中不断分割、定义、细化的"分析"式研究方法有着显著的不同，也不是西方人理解的"人是人，我是我""人是人，天是天"一样互相割裂对待[1]。

在定位理论中，相互依赖，共存共荣的关系处处可见，如同"以百姓心为心"一样，企业只有先从顺应顾客心智结构入手，作为供应方的企业与作为接收方的顾客，二者才能同声相应，同气相求；企业一方与顾客心智中的强势对手，以差异化的认知角度展开利益争夺，一则共同繁荣需求，二则对立互补；品类与品牌之间"一荣俱荣，一损俱损"，品类"皮之不存"，品牌"毛将焉附"，品类认知的衰弱必将导致品类下的所有品牌遭遇寒冬。对于品类的整体繁荣和延续，领先品牌阵营的表现具有尤为重要的历史责任和使命，因此定位的工作重心，应该在整体全局中时刻保持冷静的觉察和观照。正是因为每个品牌的恰当差异化定位汇集在一起，才成就了整体商业生态的繁荣昌盛，从而在全局范围内完成了社会资源的最优配置。战略定位的研究对象不仅是顾客感知，更要由此引入内部，涉及

---

[1] 陈明哲. 文化双融 [M]. 北京：机械工业出版社，2020.

企业运营的供、研、产、销、服以及人、财、物、流程、制度等方面，以及全品类在顾客心智认知和选择行为中的整体生存状态。在整体与全局观之下，我们便更容易理解以普林斯顿大学数学家、诺贝尔奖获得者约翰·纳什为原型的电影《美丽心灵》中的那段台词：亚当·斯密古典经济学的观点是，在社会竞争中，各人在追求自己个人利益最大化的同时，也就实现了整个社会利益的最大化；这个观点没错但并不完整，最好的结果来自每一个参与者都只做对自己有利并且对整体也有利的事情。

（二）自省与内观

中国人对于自我的剖析形成了长远而深厚的传统：上自孔、孟、老、庄，中经禅宗，下迄宋明理学，都是以自我的认识和控制为主要目的。人们相信价值之源内在于一己之心，而外通于他人及天地万物，所以反复强调"自省""慎独"，这就是所谓的"修身"或"修养"[1]。早期，孔子就带头按照圣人的标准反观自己，"君子道者三，我无能焉：仁者不忧，知者不惑，勇者不惧。"《礼记·大学》提出"君子有诸己而后求诸人，无诸己而后非诸人"，要求人们自己先做到，才能要求别人做到，自己先不这样做，然后才要求别人不这样做。《增广贤文·上集》中言：道吾好者是吾贼，道吾恶者是吾师。南宋李邦献在其《省心杂言》中说：闻善言则拜，告有过则喜，非圣贤不能。

中国认为内在世界与外在世界是不即不离的，天与人合德，尽性即知天，所以要"求之于内"，《庄子》中说"六合之外"可以"存而不论"。孔子《论语》中"吾日三省吾身"，进而将"修身"安放于"齐家""治国""平天下"之前的首要位置，自此"自省"就成了君子圣人的显著人格特征之一，即所谓"内圣外王"。由明朝胡广等奉敕编辑、成于永乐十三年（1415）的《性理大全》七十卷，明成祖亲撰序言冠于卷首，颁行于两京、六部、国子监及国门府县学。此书为宋代理学著作与理学家言论的汇编，所采宋儒之说共一百二十家。其中提出了修身的正确方法：见人之

---

[1] 陈明哲. 文化双融 [M]. 北京：机械工业出版社，2020.

善而寻己之善，见人之恶而寻己之恶，如此方是有益。由此可见，中国人的修学和行事方式，不是划清界限、明确领地、追究责任的"推诿""责他"和"外求"，而是时刻反观自我日常行为的起心动念，并将最高智慧归于"承担""无我"和"内求"。而且，孔子直接将理念要求转化为实际行动，《论语·问政》中说：先行其言，而后从之。作为君子，不能只说不做，而应该先做而后说。只有先做后说，才能真正取信于人。

格物致知，修齐治平，中国人正是通过对外部世界进行观察和对照审视之后，反过来对自我心性进行修正。这是中国传统文化中的"顾客中心视角"。以这种角度来看，定位理论是冷静面对过度供应和同质化竞争之后的自我觉醒。它对"顾客选择暴力"秉持高度的敬畏心，要求企业首先突破根深蒂固的自我认知，以顾客当下眼中的认知面貌作为起点，找到存在于顾客心智认知分类中的需求机会，进而反观企业内部的一切经营活动，重新对运营配称进行调整，并以此作为重大资源配置的主要依归。正确定位的锚定效应，使得企业不再因竞争对手的短期行为而动摇整体战略，不再追逐时尚热点的浮萍状态中集体迷航。在看清楚顾客心智世界的基础上，将省文化和内观能力深植于企业，能够修正最高决策者"一言堂"式的自大、傲慢和武断，以及"皇帝的新装"式的虚荣心、好大喜功和自我陶醉[1]。

（三）对立与统一

中文中的许多词都由两个看似矛盾的字组成，例如内外、矛盾、多少、古今、生死。最著名的悖论应该是"危机"，这一词由"危险"与"机会"结合而成。我们经常不得不采取整合对立面的方法展开工作，如社会关怀与个人利益、以信任为基础的关系与以法律为基础的关系、团队合作与个人成就、冒险与审慎、商业与社会、关注本土需求与本土之外的需求等。

西方社会，人们几乎一直把悖论放到了"非此即彼"的框架下。分析

---

[1] 陈明哲. 文化双融［M］. 北京：机械工业出版社，2020.

哲学家大卫·刘易斯（David Kellogg Lewis，1941—2001）发现了这一局限和潜在的原因：为了试图"解释纷繁复杂、模糊不清和不断变化的世界"，常会导致用"两极非此即彼进行区分，以此来掩盖复杂的相互关联……基于亚里士多德、笛卡尔、牛顿等哲学体系，形式逻辑需要把现象解释为更小和更细分的组成部分。然而，形式逻辑是以非此即彼为思考基础，缺乏融合悖论的复杂性的能力"。

与基于将整体拆散成部分的西方分析思维相反，中国式思维方式则是采取整合性的观点。如果深入观察可以发现，中国哲学认为事物就是它的关系的体现，这种关系包括社会、经济或血缘。在对立面之内，各自包含其另一面的成因，并且共同形成了动态的整体。由此可见，东方思想包含了相异要素间的相互依存性和相互关联性，这是一种根植于长远、整合与平衡世界观的概念。

如果用"非此即彼"的分析模式看待对立概念，西方思维通常将对立面之间的张力简单地以两极化的方式来处理：要么你是朋友，要么你就是敌人。而东方思维更强调对立的双方并非孤立存在的，而是不可分割的，它们相互依赖并在彼此共存的框架中相互连接、互为一体。

中文里那些常常并列着看似相互矛盾的概念，是为了产生一种新的可能性，而不是为了消除某些概念存在的可能性。比如"内外"这个词，包含"内"和"外"这一组对立概念，把它们并列起来，表达的是"无处不在"。同样地，"矛"和"盾"这一组对立概念的组合，可以形成"矛盾"这个新的概念，用以表达对立双方的冲突。"多"和"少"这一组对立概念的组合，则形成"多少"这个描述数量的新概念。正是遵循这样的思维模式，中国将"社会主义"与"市场经济"拼接在一起，产生了"社会主义市场经济"。[①]

在东方语境中，"悖论"的含义不仅指要考虑冲突中的各个部分以及存在冲突的状态，还要考虑整体以及它与冲突各方间的关联。这是一种寻求容纳和融合的动态概念，是要平衡各种悖论的趋势，而整体论是其中一

[①] 陈明哲．文化双融［M］．北京：机械工业出版社，2020．

条主要原则,即要"人我合一"。"人"与"我"是相互依赖的对立面,但两者一起会形成一个真正意义上的整体。换句话说,"A"和"非A"合在一起构成一个新的整体,而不是一方抵消另一方。这种悖论性整合或两者并存(both/and)的思维根植于中华文化[①]。

中国文化与定位理论之中的对立与统一,主要在以下五个方面有所体现:

1. 心物合一

中国文化中对源于"自然"的"道"与"德"高度推崇,并时刻以"君子""圣人"为标准教化民众,直到王阳明以"格物致知""致良知"确定其"心学"的历史地位,中国哲人提炼出高于有形实物的人文思想,并以此力求对个人行为、社会治理赋予最高指导意义。日常生活中"杯弓蛇影""邻人偷斧""一招被蛇咬,十年怕井绳"等寓言故事和谚语,揭示了心理预设对实际行为的明确影响。

特劳特一再提醒管理者,定位的本质在于:"顾客心智会主动选择和排斥绝大部分信息,心智只接受与已有的认知逻辑一致的信息""顾客只能看见他能看见的东西,也只想品尝他想品尝的味道""顾客心智中已有的认知,就是企业必须面对的客观事实,没有任何企业可以直接改变它,只能首先顺应它,并据此事实来设定战略"。这已经显著超越了西方哲学"经验论"代表人物约翰·洛克的心智"白板论",并转向康德主张的"先验论"思想:人们先有概念,然后才能"看见"物体。顾客头脑中已经存在的常识观念系统,决定了企业的哪些信息能被顾客认知并组合起来。没有定位概念的统领,企业内部的运营、企业的产品与服务,顾客只会视而不见。这意味着主体可以主动构造客体,主观认知可以塑造客观事实,这为调动顾客心智中的认知常识改造世界提供了无限可能。

在实际应用中,定位理论强调在心智认知中发现和挖掘可以构成差异

[①] 大卫·刘易斯(David Kellogg Lewis,1941—2001),被认为是20世纪后半叶最为重要的分析哲学家之一。

化机会的定位概念，并将这些差异化概念体现在产品本身、包装、价格、服务、体验、应用场景等方面。人们的心智认知对选择行为具有主导作用，但同时产品和服务所提供的实际体验，也是对初期认知的进一步验证和核实。而且自始至终，定位传播要求使用具体化、可测量、无争议的"合法"方式和"新闻体"陈述句式，以便切实反映产品和服务的核心特点差异，力求顾客沟通时名实相符。

2. 长短合一

中国思想有非常浓厚的重实际倾向，而乌托邦式的理想在西方的经典中远较中国更为发达，中国哲学以"经时济世"为起点，现实色彩浓郁。在短中长期利益的权衡中，中国人很擅长"基于现实，面向未来"，短期见利见效，长期具备战略价值，即在现实中做具有未来意义的事情。反过来说也一样成立，企业不但要敢于对未来进行长期、大胆的投资，还要能审时度势、权衡利弊，甚至在必要时懂得妥协，以放弃眼前利益来获取长远效益[1]。

品牌及品牌背后所代表的定位，是为顾客创造价值和财富的根本归因。定位理论是一门实践的学科，其中蕴含着对过度竞争的商业世界的冷静观察。它提醒企业家认识到，品牌并非存在于真空中，你的定位并不是由你自己来确定的，而是由顾客心智中强大的竞争对手来决定的。它强调首先将当下顾客头脑中的认知当作事实来对待，从中看到"正在发生的未来"，以找到心智中差异化定位机会作为锐利的切入口，紧接着以此引入企业内部以便调整运营。结合长短期思考的战略定位，是要以终为始，份额和利润只是品牌认知优势在市场上价值兑换的结果。

面对竞争周期越来越短的现实，对于仍然主张通过未来长期预测和规划来应对变化的观点，定位理论给予了明确的反对和回击，其根本原因在于这样的思维导向是希望外部环境来适应自己企业的要求和目标，而这显然违背了自然界和社会的发展规律。当然，定位理论并不排斥定位牵引下的战略规划，这是一个从战术产生战略，以战略为战术保驾护航的互动过程。

---

[1] 陈明哲. 文化双融[M]. 北京：机械工业出版社，2020.

3. 人事合一

中国传统文化中"人治"重于"法治",即使引进了西方管理理念和流程制度,但在管理处事过程中,人情及人际关系依然占据十分重要的权重。《孙子兵法》中尽管指出"求之于势,不责于人",但同时也大大强调了"将"的重要作用,并且制定了"将"的岗位职责、能力要求,还对国君如何用好"将",提出了自己的期望,给出了"将在外,军令有所不受"等重要参考原则。总之,中国文化中将人与事的关系统一于"心"。《孟子·离娄下》中借告诫齐宣王的机会讲述君臣之间的关系:君之视臣如手足,则臣视君如腹心;君之视臣如犬马,则臣视君如国人;君之视臣如土芥,则臣视君如寇雠①。

在定位系列著作中,对企业最高领导人的重要性、职责所在和行为准则给出了十分具体的要求和指导意见。定位理论遵循德鲁克的建议:CEO首先应该是顶级的首席营销官,他应该时刻认识到自己是一线指挥官,对市场产生的结果负有最终责任,而成败完全取决于对消费者心智认知现状和趋势的敏锐洞察。特劳特要求CEO亲自深入市场前线,找到一个竞争性的心智切入点,然后回到总部做出必要的内部调整,以开发和利用这个切入点——这是"自下而上"战略的实质。CEO应该传达关于"我们在何处获胜"及"我们如何获胜"的信息,应该从找到定位概念这个战略战术开始,然后鼓励员工在营销、产品开发、工艺设计、资本筹划以及其他方面全力实现这个定位概念。

特劳特提出忠告:企业因为正确定位而获得成功,之后因偏离定位的战略护航而导致失败,其中的根本原因在于人性的弱点,如贪婪、无知、自我、傲慢、侥幸、焦虑、健忘等。因此很多时候,不是定位错了,而是人心出错了。

4. 义利合一

中国儒家对"利"经常避而不谈,而更愿意言必称"义"。但当我们把一切努力的关注点从一己私利的"小我""小家""小国",转向"为天

---

① 寇雠,[kòu chóu],亦作"寇仇",仇敌、敌人。

地立心，为生民立命，为往圣继绝学，为万世开太平"的"大我""大家""天下"时，义和利构成了完美的高度一致。

定位是从顾客心智认知出发，针对顾客难题痛点提出相应的解决角度和具体的产品服务方案，进而使顾客难题得到解决，企业获得利益回报。随着时代的变迁，企业在一次又一次的重新定位中，顺应顾客认知，拓宽和更新顾客认知边界，以此创造需求，开创市场。战略定位的作用并非停留于此，而是沿着顾客心智中的差异化概念机会，延伸引入并调整企业内部的一切运营配称，最终帮助人们充分认识到组织在社会功能分工中的独特价值和存在意义，为企业组织内部员工在外部顾客心智认知中找到了真正属于自己的使命、愿景，以及与之相匹配的世界观、价值观和人生观。

5. 知行合一

《论语》中孔子所言的道理都是实际可行的，而且是从一般行为中总结出来的。"君子欲讷于言而敏于行""听其言而观其行""其言之不怍，则为之也难"[1] 这一类话俯拾即是。在东西方文化背景的对照之下，中国的超越世界与现实世界却不是如此泾渭分明的。中国的两个世界是互相交涉、离中有合、合中有离的。而离或合的程度则又视个人而异。我们如果用"道"来代表理想的超越世界，把人伦日用来代表现实的人间世界，那么"道"即在"人伦日用"之中，人伦日用也不能须臾离"道"，即"平常心是道""担水砍柴无非妙道"。在中国思想的主流中，这两个世界一直都处在这种"不即不离"的状态之下。中国儒家相信"道之大原出于天"，这是价值的源头。"道"足以照明"人伦日用"，赋予后者以意义[2]。

总之，不论是阐述问题的方式还是这门知识的学习方法，定位理论与中国哲学都有着千丝万缕的共通之处。一方面，正如德鲁克所言，管理是一种实践，其本质不在于"知"而在于"行"；其验证不在于逻辑，而在于成

---

[1] 子曰："其言之不怍，则为之也难"出自《论语·宪问》，怍（zuò）：惭愧。意思是"说话大言不惭，实行这些话就很难"。孔子一直认为自知之明非常重要，好的品德的体现在于行动，说大话应该感到难堪。

[2] 陈明哲. 文化双融 [M]. 北京：机械工业出版社，2020.

果；其唯一权威就是成就。其中将"管理"二字替换为"定位"也完全适用。特劳特在其书中不止一次强调"熟读理论，忘记理论"。另一方面，自始至终，定位理论的两位作者也没有写成一部类似迈克尔·波特《竞争优势》、菲利普·科特勒《市场营销》等教科书式的标准教材，是因为在这二位的认知里，教科书式的标准定义虽然说明了某个事物的内涵，但同时也限制了人们在实际使用时"外延式"的完整理解和想象力。《定位》一书中提到"不要被《韦氏词典》①欺骗""词语本无含义""词语的含义在使用它的人的大脑里"等，定位理论潜藏知行合一这一价值判断可以一见端倪，也是人们评价其"一学就会，一用即错""运用之妙，存乎一心"的根本原因。

六、重新认识竞争

在定位理论的重要案例中，奔驰和宝马、可口可乐与百事可乐、肯德基与麦当劳等构成了在竞争中共同成长的 CP（Character Pairing，人物配对关系）典型标杆。苹果（iPhone）与其生态系统中的所有企业，也是在竞合交织的态势下建立了独特的平台，共创了难以模仿的竞争优势。正是在与对手的攻防中，不同企业共同营造了双赢甚至多赢的局面。一个有能力的企业会"以敌为师"，学习对手的优势，并创造出自己的优势与价值，做到"苟日新，日日新，又日新"。

以可乐为例，可口可乐与百事可乐的对峙已近百年，两家公司先前多采用相互诋毁的方式直接攻击对手。百事可乐曾经制作一则广告，一个小男孩从贩卖机买了两瓶可口可乐，不是要喝，而是垫在脚下，目的是购买放在高处的百事可乐。随后，可口可乐也推出类似广告。然而，20 世纪

---

① 韦氏词典，主要指 Merriam-Webster's 英语词典系列。其中最著名的是《韦氏国际英语词典》，深得美国人青睐，具有 150 年历史，是美国结构主义语言学的硕果，它收词 45 万条，是最大型的单卷本英语词典。

90年代末，可口可乐重新审视自身与百事可乐的关系，提出了"有对手才有自己"的竞争宣言，这种高度让它在碳酸饮料市场的霸主地位一直屹立不倒。因此，竞争者可以说是企业的另类合作伙伴，督促企业不仅要"养敌"（选择与培育自己的竞争对手）、"以敌为师"，更要自我超越、与自己竞争，甚至与竞争者共同成长。企业也需要从合作的角度，广泛地审视自身与所有利益相关企业的关系，从而提高自身在竞争中的发言权。

传统竞争分析大多仅考虑你死我活式的"零和"博弈模式，著名管理学教授陈明哲先生提出"动态竞争"观点，强调竞争者可以共赢，企业若能洞察客户隐而未现的需求，在全球市场与产业分工中确立独特的定位，具备动态整合的能力，将会成为该领域的中坚企业。在这种思维下，竞争者的角色就需要重新定位。它们不尽然是对立的分食者，而是企业创新求变的驱动者，彼此间有一种微妙的相互依赖（interdependent）甚至协同合作（collaborative）关系。这正是中国文化中注重"关系"哲学的核心要素。当我们带着全新的角度重新审视竞争时，会有三方面的启示[①]。

（一）关注一组相对关系

市场上的竞争与竞争者都是相对的，所以在分析竞争对手的时候应关注他们在市场上的相对关系。与传统的SWOT分析（Armstrong，1982）和五力分析（Porter，1980）不同，我们不是以自己企业为中心在特定产业内考虑竞争，而是在竞争各方的相对关系中思考竞争，并把竞争定义为特定环境下瞬时可变的现象。

诚然，每个企业都有独到之处，但是企业的优势和劣势在本质上是一个相对概念，而对一个企业优势和劣势的分析，也只有通过将其与所关注的竞争对手进行比较才有意义（定位理论则尤其强调在顾客心智认知中的相对关系）。因此，对竞争对手的分析应当更加注重竞争双方在特定战略维度上的相对关系，比如市场或资源。在关系哲学牵引下，在市场或资源层

---

① 陈明哲. 文化双融［M］. 北京：机械工业出版社，2020.

面一对一地分析竞争对手可以拓展我们的战略视野，让我们注意到竞争对手以外，甚至行业以外的竞争要素。这种以关系哲学为出发点的竞争分析可以使企业换位思考，使其从竞争对手或合作伙伴的双重角度来思考问题。

（二）竞争是一个动态的概念

具体来说，竞争可看作一个互动、因时而变的概念。我们可以对公司之间的进攻与防守行为进行配对研究。这种分析方法让我们能直接观察竞争是如何在市场上展开的。就像熊彼特描述的那样，公司会采取行动，而竞争对手会做出回应。因为公司战略行为带来的优势迟早都会因为对手的回应而消减，所以，竞争优势只是一时的，难以持久。因而，战略专家的一个关键任务是寻找对手的"应对壁垒"，让竞争对手难以觉察本公司的行为，消减其竞争意愿并削弱其竞争实力。

（三）竞争与合作的和谐并存

在东方关系哲学中，竞争与合作相互依存而非彼此独立，好比是一枚硬币的两面，"同出而异名"。"竞争方"与"合作方"仅仅是不同形式的"另一方"，只要进行换位思考，我们就有可能预测合作伙伴可能的响应，并尽可能将之考虑在自己的战略方案之内。在竞争与合作表面对立的背后，实际上可能是以互补的方式在运作。这种对竞争概念的扩张可以从英文单词"compete"（竞争）一词中找到依据。该单词的拉丁语前缀 com 的意思是"共同、一起"，而词根 petere 的意思是"寻求、努力追寻"，所以，"compete"在《牛津词典》词源学上合起来的原意是"与一群人共同努力追求某事物"。词源中"共同、一起"的含义揭示出了竞争的本质——即使在对立竞争的状态下，敌对双方也有着千丝万缕的联系并相互影响。事实上，我们不应认为竞争与双赢合作是泾渭分明的对立，而是应当尽可能地让竞争与双赢合作深入融合并保持动态平衡。《孙子兵法》中很好地总结了这种"非攻"战略："上兵伐谋，其次伐交，其次伐兵，其下攻城；攻城之法，为不得已。"引人注目的强势竞争不但会树敌，还有可能毁坏一个企业的声誉。公司要耗费很长的时间才能建立起可信赖感和良好的口碑，而急躁地草率行事，则会损害公司与利益相关者的关系。

陈明哲教授在对"动态竞争"观点进一步追根溯源时发现：竞争不一定都会导致"你死我活"的结果，反而经常是竞合相倚、共创价值的，而文化与人性是决定竞争结果的重要因素，其中同时潜藏着"对偶性"（duality）和"相对性"（relativity）。时刻关注企业和每个竞争者的相对位置，这种"对偶性"（duality）直接传承于儒家"人者，仁也"的精髓，中国人的分析单位，不论是人还是组织，向来都是"二"，而不只是独活的自己。而其中的"相对性"（relativity），除了可归根于《孙子兵法》的"知己知彼，百战不殆"外，孔子的"夫子之道，忠恕而已矣"更是个中关键。"忠"就是"尽己"，强调审视自身在竞争中的相对优势与位置；"如""心"上下结构组成"恕"，是"己所不欲，勿施于人"，是"将心比心"和"换位思考"，即从对手的角度来思考彼此的竞争关系与下一步的行动。竞争的主要目的是互利共赢，而非你输我赢、赢者通吃，最佳手段是师法儒家的"仁者无敌"、孙子的"不战而屈人之兵"与老子的"不争之争""无为而无不为"，而非只是以"武力""绞杀""消灭"对手。所以，竞争与合作乃是一体的两面，而非极端的对立，竞争的最终目的是透过双方各回合的应对来共创产业与社会价值。

七、定位是一项客观功能

找到解决问题的办法固然是一种智慧，而感知自己的存在状态，时刻保持认知更新，重新界定和确立问题的核心所在，则是人类保持觉知的底层智慧：知道自己知道还是不知道。在定位理论影响下，战略管理学正经历一次彻底的迭代，它不是从 1.0 版本到 2.0、3.0 版本的进化，而是一种从"地心说"到"日心说"的哥白尼式的翻转，是由原来的以组织及产业内部为中心、企业掌握权力的时代，转变成为以组织及产业外部为中心、用户掌握权力的时代。

特劳特和里斯都是先行者，他们在 50 年前的美国创造性地提出了"定位理论"，并前瞻性地预见了一个全新时代来临——顾客中心时代。在这个时代，消费者主权得到完全释放，消费者头脑中已有的观念系统开始成为整个社会经济动力的核心来源。现有各种管理理论主要解决的是大型组织的内部管理问题、技术问题，这也是工业社会以来，生产劳动主体由家庭变为大型组织过程中面临的主要挑战。但定位理论及时指出，用户已经被大量信息和竞争产品所包围，而且很难感知到组织内部效率的提升。因此，组织生存的前提是要在用户心智认知的"银河系"中找到自己"行星"的所在位置，因为如果不基于这个位置来配置资源，用户很可能会对企业视而不见。

这意味着，企业必须从顾客心智认知结构入手，让用户和自己形成同一个价值链，并与之构成一个真正意义上的整体。只有将顾客纳入与自己同一个阵营，才能让竞争对手的发力对自己不起作用，甚至有时反而能推动自己成长。总之，企业要找到自己在社会功能分工中存在的独特理由，即定位，再把企业方方面面的资源围绕这个核心理由展开配置并持续强化。

由此，战略定位的思维方式发生了方向性的变化，它由产业时代的"自我中心"模式，转变成一个由外而内"内观"自身，再由内而外"修正"自己的思维模式，并向外部社会解答"我是谁"的问题。在浩瀚宇宙中找到自己的位置，将之准确地定义出来，并对内外部同时传递，定位应该成为整个组织的最高纲领，并以此来配置一切资源，这就是"定位引领战略"的基本工作内容。没有任何一家公司能够独占包括知识、技术在内的全部资源，但只要把"我是谁"这个定位问题回答好了，就会对社会资源形成一种如同黑洞一般的巨大吸附力，吸引相关的知识、人才、资金向自己聚集，而企业的战略定位就是这股吸附力的核心源泉。

今天，全球企业面临的共同挑战，是用户把企业隔挡在心智的护城河之外。要想穿过用户的心智屏障，企业花费了大量成本，而效率却极其低下，成果甚微。借助顾客的心智力量重组既有思维和秩序，将大幅提升获取用户的决策效率，显著降低交易成本，从而让社会资源释放出更大的能量。正如青霉素没有被弗莱明发现之前，霉菌是有害的，但等到人类找到了利用青霉素的方法之后，这种原本有害的霉菌为人类创造了巨大的价值。定位专业工作者有责任去把心智中的"阻力"变成企业发展和成长的"动力"。我们毫不存疑地说，只要存在竞争，就会到涉及对顾客心智资源的争夺，定位理论就会发挥作用。

不管企业主观上有没有做定位，实际上在顾客心智中都有一个对企业的认知定位，这样的或者那样的，好或者坏，清晰或者模糊。定位是一种在顾客心智中的客观存在。但在企业中，"不识庐山真面目"的现象也是客观存在的，这是责任角色不对、观察视角不对、信息内容不对三重因素的结构性冲突。企业家是"内外信息的联结者"，他将人力资源、技术、财务等内部资源，与外部强大的获客能力联合起来，形成制度优势，对企业甚至行业进行再造和升级。差异化定位的独特性优势注定了它不同于具体运营动作，必须是别人很难、不愿意，甚至是无法抄袭的。

如果不是竞争环境的改变，或是技术、人口、政治、经济政策等重大变化，战略定位通常不必轻易变动，但它绝不是局部性的、静态的。通常有几种变化会带来定位和战略的跟进调整：一是企业自身的变化，特别是初创企业，刚开始时的定位比较窄，慢慢有更好的条件就可以覆盖更广一些。二是外部竞争发生了变化，企业的定位也需要调整。三是整个社会形势发生了变化，比如出现了新的颠覆性技术，企业必须考虑如何借助原有优势，必要时应该对自己做出重新定位。

在中国很多成功企业家心中，定位已经成为企业的一项不可或缺的重要功能，甚至是企业家的首要功能。定位理论"由外而内""洞察顾客心智结构"的思维方式，可以大幅增加获得顾客优先选择、赢得商战的确定性，但它仍然仅仅是重要的必要条件之一，并非充分条件。战略定位首先是组织客观存在的重要器官，它比财务、法务、人力资源、运营等基础功能更加优先，甚至在企业创立之前就要首先弄明白，应该在顾客心智认知中占据一个独特的价值定位。其次才是运用好大数据、人工智能、云计算等技术手段帮助创建定位、做强做大这个定位。当企业在顾客心智中足够强大，互联网技术的助力则能够将企业推动到巅峰状态。反过来，如果企业没有定位的功能，任何生产要素的生产力都将难以被调动，组织也会缺乏一致性的经营方向。[①]

定位理论为人们打开了新的视野，企业家除了考虑内部如何运营，搭建外部产业价值链外，还要考虑如何才能得到顾客的认知和接受，直至"一词占领心智"。近五十年来，定位学科的本质并没有变化，但在企业中发挥的功能确实发生了很大的变化：从一个指导如何提高传播效率的理论，成长为一种引导企业战略方向的理论，这是与时俱进的必然结果。定位观念在全世界范围影响了众多企业：AT&T、IBM、汉堡王、美林、施乐、默克、莲花、爱立信、Repsol、西南航空、惠普、宝洁、汉堡王、雀巢、百事可乐等世界五百强企业；在中国，则有王老吉、加多宝、唯品会、东阿阿胶、瓜子二手车、劲霸男装、香飘飘奶茶、方太厨电、老板电器、九阳豆浆机、长城汽车、波司登、飞鹤、君乐宝、猿辅导等各行业领先企业。

目前，中国在制造领域的成功虽然使国家有了很大的发展，但不断飙升的劳动力成本、环境问题、收入不平等以及对创新的需求，都意味着进行战略升级的必要性。"世界工厂"要想在价值链上攀升，必须学会创造需求与打造品牌。中国企业目前普遍面临"重新定位"的难题，即如何从"复制"产品，转向打造品牌。可以说，现在正是转变旧战略的最佳时机。

未来三四十年，中国存在着一波巨大的红利——调动14亿人心智中选择的力量。当用户自由选择权得到充分释放，整个经济秩序一定会根据用户的想法进行重构。技术创新浪潮带来巨变，这场变革的根本，是技术创新始终要回归到为用户创造价值，而对用户价值观进行重塑的能力，

[①] 引自《大决战》文"让定位成为企业的客观功能"，邓德隆等著。2018年1月31日是定位理论创始人杰克·特劳特先生去世之后的第一个诞辰纪念日。邓德隆特撰此文纪念。

就是这一次应对变化的硬核技术。定位理论所针对解决的，恰恰就是借助顾客头脑里已有的观念和认知来建立新的经济秩序①。

企业高层将定位的"外部视角"炼进血液灵魂里，当是企业之福，也是定位理论之福。需要注意的是，创业时，企业家往往有着清醒的头脑，能够保持该有的客观性，而在取得成功之后，便容易因为忙于事务而脱离一线信息，常常失去了客观性。这并非个人能力的不足，而是企业家角色的结构所导致的。

内部视角也同时会占领高管团队。即便经常走访市场，他们也因为关注点不同而难以得到定位战略所需要的信息。他们肩负工作目标、经营指标和管理事务，这些方面的成功容易掩盖在占领顾客心智资源上的失利。此时，外部人士反而更容易保持客观性，因为不涉及企业内部经营事务，相对更容易始终保持外部视角，可以更好地引领企业在"创造顾客"的大方向上不至于被运营细节所遮蔽和迷惑。

需要提醒的是，在咨询专家和企业团队之间，必须通过达成密切互补才能确保战略成功。外部顾问的最大责任和核心价值，是确保企业战略方向不产生偏差，而其中最为关键的是保持客观性，甚至可以说，这是企业之所以需要外部战略顾问的唯一理由。如果失去了战略方向上的客观性，战略顾问的存在价值将名存实亡。一旦在这方面出现重大失误，带给客户的就不再是价值，而是灾难，不论多少服务细节都无法弥补其损失。

企业运营团队通常对行业、地域、人员、文化等方面的情况掌握更全面、更细致，因此更加具备在可控风险范围内灵活变通和战术创新的条件。企业家不应抹杀运营团队在战略方向上的创新、学习和试错机会，否则组织能力将停滞或发育不良，以至于无法应对未来扩张所面临的竞争复杂性。这也是定位观念强调重新定义战术与战略的关系的根本原因。

---

① 邓德隆. 大决战［M］. 北京：机械工业出版社，2007.

第五章

战略定位原理

一、开创顾客

(一) 创新扩散定律

在"获客"成为流行词汇的当下,"开创"一词所蕴含的主动性、未来意义更值得大书特书。这就需要解决两大主要问题,才能符合中国人主流价值观所倡导的最高境界——文质彬彬,而后君子。这意味着:一方面就内在而言,开创顾客必然需要有创新性产品,另一方面,就外部而言,难度在于如何让创新成为主流。

针对前一个问题,哈佛商学院教授、麦肯锡奖得主克莱顿·克里斯坦森(Clayton M. Christensen)在其获奖作品《创新者的窘境》中做了深刻阐述。克里斯坦森提出的"颠覆性技术(disruptive technology,另译为"破坏性技术")的概念[1]指出,新一代技术创造出无穷力量,成功引导了顾客需求的主流走向,而相反,一些受人尊崇的企业因为没有把握住市场与破坏性技术的时机,最终丧失了行业中的领先地位,

---

[1] 克里斯坦森"颠覆性技术(破坏性技术)理念"首次发表于《哈佛商业评论》1995年1/2月号,这一理论给企业界带来了一轮强力冲击波,微软公司掌门人比尔·盖茨曾经说:"自从克里斯坦森提出破坏性理论之后,出现在我桌上的每一份提案都自称是破坏性的。"

本质上是因为破坏性技术的本质在于以更便宜、更简便的技术取代主流技术。

对于这一现象，克里斯坦森在2003年的后继之作《创新者的解答》(*The Innovator's Solution*: *Creating and Sustaining Successful Growth*) 中给出了一个看似悖谬、实则合理的结论：正是良好的管理导致了这些企业的颓败，往日的成绩成了创新的绊脚石。克氏进一步强调，真正的创新与改良完全不同，不仅极具挑战性，而且充满艰辛，很多大公司因为对原有的系统结构已有大笔的投入，因此更难彻底割舍，于是一边声称要创新，一边却极力回避对原有稳定性的任何威胁，这种心态使得很多公司对创新可能带来的机会和利润都视而不见。这些企业绝大部分利润来源于主流客户，因而被主流客户的意志所左右和误导，他们认真研究主流市场的趋势，系统地将资本投向那些可以保证最佳回报的创新上面。在这样的原则下，积极投资于破坏性创新不是这些企业的理智的财务决策，因此反而难以应对破坏性创新。

此外，一个重点问题是，创新成果是如何成为新主流的？在1962年出版的《创新的扩散》(*Diffusion of Innovations*) 一书中，作者埃弗雷特·M.罗杰斯（Everett M. Rogers）首次正式描述了创新是如何在社会中传播的，从而提出了创新扩散定律（Law of Diffusion of Innovations）。30年后，杰弗里·穆尔（GeOffrey Moore）在《跨越鸿沟》(*Crossing the Chasm*) 中延续了罗杰斯的理论，把这个原则应用到了高科技产品市场中。《纽约客》作者、怪才马尔科姆·格拉德威尔（Malcolm Gladwell）在其2006年出版的著作《引爆点》(*The Tipping Point*) 一书中继续引用了罗杰斯的创新扩散定律（见图5-1），阐明了在商界和社会中引爆点是如何发生的。格拉德威尔进一步指出了两种不可或缺的角色：联系人（connector）和影响者（influencer）。那么，影响者为什么要跟别人谈起某件事情呢？我们能不能有意识地制造引爆点现象的发生呢？是否可以将一种偶然现象加以利用，使之成为一种必然现象呢？如果可以实现，就意味着我们不仅有能力制造一个爆品，而且可以形成一个能够持续更长周期的方法论。

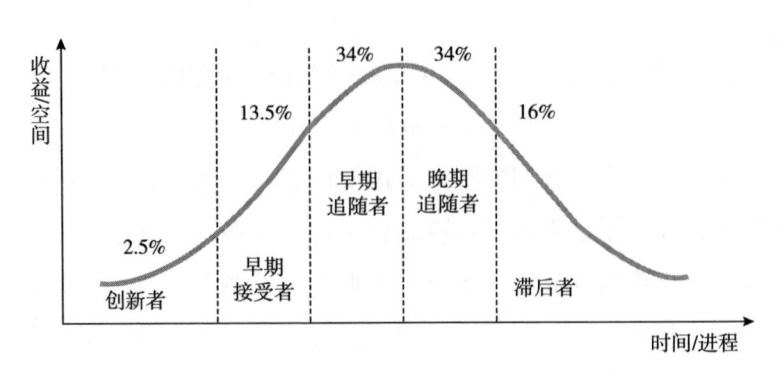

图 5-1　创新扩散定律

创新扩散定律指出：人群的分布呈现一条正态分布曲线，并且可以分为五种角色：创新者、早期接受者、早期追随者、晚期追随者以及滞后者。曲线最左边的 2.5% 的人口属于创新者，紧挨着的 13.5% 是早期接受者。创新者特别喜欢寻求新产品和新创意，任何基本的改进都能勾起他们的好奇心，成为第一个是他们人生中最重要的事情。这类人不断挑战其他的人，总是让人们带着点新鲜的视角来打量这个世界。早期接受者和创新者很像，因为他们也喜欢新想法、新技术、新产品、新品牌带来的好处。他们能率先认识到新生事物的价值，也更愿意忍受一些不完美，因为他们能看到潜力，只是不像创新者那样敢于挑战而成为新想法的创始人而已。相同之处在于，这两类人群都非常依赖直觉，也更相信直觉。也正是他们的存在，才会出现排上 6 小时队等门店开门，或者提前一个星期预定苹果公司的产品。

旁边的 34% 属于早期的大多数，然后是迟到的大多数，最后是曲线最右端的落后者。早期的大多数和迟到的大多数都是更为理智的人，对他们来说，理性因素更重要。当早期大多数接受新想法、新产品、新技术的时候，会稍微容易一点，而迟到的大多数就没那么容易。

在这条曲线上，越往左看就越容易遇到这种客户：他们或许需要你的产品，却未必相信你的理念。无论你工作多么努力，他们还是会觉得不够好。对他们来说，一切都可以拆解成价格。如果你能满足他们的实用需求，他们最终会跟你做生意，但不一定会对你忠诚。绝大多数人会对某种产品或概念忠心耿耿，于是表现出曲线左侧的行为。而对另一些产品，人们又会跑到曲线的右边。当人们待在某个区域里的时候，往往很难理解其他区域里人们的行为。对于产品的价值，各人有各人的看法，并且会表现出相应的行为。正因如此，只靠讲理和展示产品的具体好处，几乎不可能说服别人认同你的产品或想法。

绝大多数有东西要卖（无论是产品、服务，还是概念）的人或组织，都希望获得大众市场的接受，或是最大限度实现规模效应，即都希望把正态分布曲线上的所有人群都网罗到手，但实际上说来容易做来难。如果你把工作的重点和资源都配置在曲线的中段上，想要赢得中间这些人的认可，却不率先去吸引那些早期接受者，赢得大众市场几乎是不可能的，即使短期做到了，也会耗费巨量的资源，而且并不长久。根据创新扩散定律的观点，在别人还没有率先使用之前，早期大多数是不会去尝新的。早期的大多数（事实上是所有的大多数）需要试用者的推荐，知道有人已经用过了，才会认为是信得过的，才会相信他们的推荐。根据扩散定律，唯有拿下 15%~18% 的市场份额之后，才能在大众市场上取得成功[1]。

任何生意的目标，不应该只是把东西卖给那些想买你产品的人，而是找到那些认同你理念的人，即那些位于曲线左侧的人。他们能够理解你更深刻的价值观，心甘情愿地多花钱，或是忍受某种不便，成为你的理念的一分子。因此，从某种角度说，在不同的时间段、不同情况下，人人都是影响者。你真正需要的是那些认同你理念的人，唯有这样，他们才会积极主动地替你做宣传，用不着提醒，也不需要奖励。他们之所以这么做是因

---

[1] 西蒙·斯涅克. 从"为什么"开始：乔布斯让 Apple 红遍世界的黄金圈法则 [M]. 苏西, 译. 深圳：海天出版社, 2011.

为：自己愿意。

现代管理大师彼得·德鲁克特别强调，企业存在的目的有且只有一个——开创顾客。这意味着企业需要做一些工作，将非顾客、潜在顾客转化为成交顾客。而定位就是确立有利位置，创建优势认知，是成功开创顾客的关键方法。认知影响行动，行动进一步强化认知，由小壮大，周而复始，企业和品牌便如雪球一样滚动成长起来。

（二）企业开创顾客的三个波段

根据顾客认知的演变过程，企业开创顾客大致经过以下三个波段（见图5-2）：

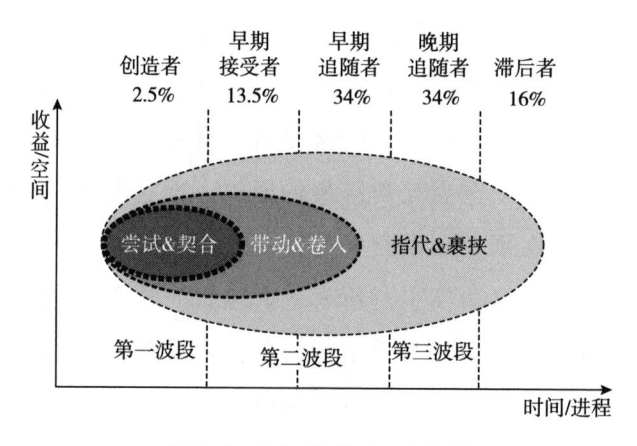

图5-2 开创顾客的三个波段

1. 尝新与契合

如果你的产品或服务确实能够解决顾客某方面的难题，总会有一部分人能够在"三分钟热度"和后期持续关注的过程中获得良好的体验，这是第一波顾客默默沉淀、累积和转化的过程。正因为契合需求的顾客群形成，一方面，是一种对于产品和服务的有效性、契合程度的实际测试；另一方面，是对企业最初提供的信息的一个接纳、学习和重新校正认知的过程。细致洞察、准确识别和精心筛选出高势能顾客群体，并以此为源点人群进行推动和扩散，是品牌的生命起跑线，将对后期品牌腾飞起到至关重要的作用。

2. 带动与卷入

当品牌度过初认知的新鲜期，就不可避免地进入漫长的爬坡路段。此时最应该借助的力量就是源点人群对品牌的基础认知，这也是企业在传播上需要真正加力推进的重要时期。体验造就口碑，口碑借助源点人群的公信力，带动和卷入更多人接收新信息，建立新常识，进一步强化主动体验的意愿度。移动互联网自媒体时代，高势能源点人群"大V"的公众影响力成为新势力，而其背后的推手已经形成了完整的推广产业链。企业有必要借助这股势能，结合持续的广告投放和场景体验，加速开创顾客。

3. 指代与裹挟

当建立定位取得初步成功之后，接踵而来的任务就是如何收割竞争，以巩固心智和市场地位。但如果只是市场份额上的领导地位，只能说是一段时间的优势，也不能就此断言已经全面获胜。真正的战略高地并不在市场上，而是在顾客大脑中，即心智认知中的第一品牌。当品牌成为顾客心智中某个品类的代名词，甚至人们将你的品牌名当作动词来使用，例如"GOOGLE、百度"一下关键词、把包裹"顺丰"过去、"滴滴"一个车等，我们把这一现象称为"指代效应"。我们不太可能回到产业实物资源垄断的年代，但心智认知中的"指代"现象，非常显著地创造了一种心智中的"认知垄断"。而只要从中长期的时间范围来观察，只需配置相应的高效运营管理系统，顾客认知中的心智份额最终将更有机会兑换为商业上的市场份额。

二、企业与顾客：活在两个不同的世界

企业人尤其是企业家和高管们，与真正的目标顾客群体活在两个完全不同的世界，一个活在"柴米油盐酱醋茶"里，另一个则在"琴棋书画诗酒花"中。活在奔驰车和豪华办公室里的企业家和高管们要想找到正确有

效的定位，就应该活进预期顾客的世界里，而不是只在自己的圈圈里打赚别人钱的如意算盘。

无论如何，为了面对生活、生产中的实际问题，顾客必须做出采购决策，最终都不得不面临"选择"的难题。那么，人们如何解决"选择"决策的难题呢？

换一个角度观察，我们每个人也都是某些企业的顾客。我们总是希望每次都能做出周全明智的决策，但其实无论收集多少信息，也不能保证每个决策都正确。我们依靠自己对这个世界的感知做决策，但这种感知很可能并不完全正确。有时候，错误决策的影响微乎其微，但有时候则是灾难性的。那么，该如何保证尽可能得到最好的结果呢？答案是：我们只能根据某些自以为了解的东西做出判断，我们的行为会受这些假设和判断的影响，尤其是那些我们自认为是真相和常识的东西。

从逻辑上而言，作为顾客时的我们要想做出正确的、有利于自己的选择决策，关键在于掌握更多的信息和数据。但要特别当心的，恰恰是那些自以为知道的东西。因为就算逻辑假设是建立在合情合理的研究之上，数据和信息也有可能误导我们。更何况，如果行动建立在一堆错误的假设和推理之上，数据再多也未必用得上。有些因素明摆着是必须考虑进去的，但往往理性的、擅长分析的、渴求信息的大脑却根本看不见它们。与之相反，有些时候，我们并没有详尽的信息和数据，干脆凭借直觉和仅有的少量信息，结果居然还超出了预期。总之，直觉和理性两种逻辑方式的交织和较量，合起来涵盖了我们所有的决策过程。

认知心理学家提出了人脑起作用的四个功能：直觉、思考、感觉和感知。专家发现，不同的人往往更多使用其中一种功能来引导自己做出选择：

（1）"直觉者"更关注"可能"

他们避开细节而倾向于全局。他们往往对新事物如新产品、新品类的出现比其他人更加感兴趣。

（2）"思考者"更善于"分析"

他们尽量要求精确，逻辑性强。在处理大量信息时，他们通常会忽略自己的感受和情绪因素。

（3）"感觉者"更乐于"从众"

相对其他人，他们对自己和别人的感觉更加有兴趣。他们不喜欢复杂的理智分析，而是随自己的感觉和喜欢行事。

（4）"感知者"更强调"实效"

他们能弱化大量不那么重要的细节，擅长把事物置于某种实际场景之中，更加看重事物的本身，并且非常尊重事实，因此他们很少出错。

尽管每个人通常都是上述功能的混合体，但无论如何，人们都要以这种或那种方式设法做出他们自己认为正确的采购决策。新时期企业成功之难，不仅限于产品开发、制造和营销，更大的难题是在产品和服务迅速同质化的当下，如何让你的产品和服务从激烈的竞争中凸显，只有这样才有可能在顾客头脑心智中建立认知优势。而针对定位的媒体传播，正是这一过程中不可或缺的重要环节，因此定位传播也成为新时期企业战略的关键重点。任何差异化一旦进入认知，它总是会正好契合了某一时期、某一类群体的决策行为模式，因此都有可能被顾客心智认知认定为事实。这是定位战略之所以有效的实际运行基础。

不论哪种功能，抑或以此特征为类别的人，在认知事物之时都存在着严重的认知偏差现象，即人们在认知自身、他人或外部环境时，常因自身或情境的原因使得认知结果出现失真的现象，如常见的刻板印象、首因效应、晕轮效应等均为某种形式的认知偏差。这是个人知觉具有选择性的特征所致。美国密歇根大学心理学教授大卫·邓宁（David Dunning）长期致力于研究人类思维中的缺陷，提出了邓宁·克鲁格效应（Dunning-Kruger effect）[①]（见图5-3）。此效应是指能力欠缺者在自己欠考虑的决定基础上得出错误结论，但是无法正确认识到自身的不足以及辨别错误行为，是一

---

① 邓宁·克鲁格效应，1999年由大卫·邓宁（David Dunning）和贾斯廷·克鲁格（Justin Kruger）共同提出，论文发表于《人格与社会心理学杂志》，1999年第77期。

种认知偏差现象。这些能力欠缺者沉浸在自我营造的虚幻优势之中，常常高估自己的能力水平，却无法客观评价他人的能力。邓宁将这种效应归纳为："如果你没有能力，你就不会知道自己没有能力。"简言之：庸人容易因欠缺自知之明而自我膨胀。人类思考存在着明显的认知局限，即只能看到自己想看到的、听到自己想听到的。关键在于，人们不知道自己不知道。因此，西方哲学提出，真正的智慧首先是"认识你自己"，东方哲学中则提出反身为诚、抽离并回观反照等修炼觉知能力的指导思想。

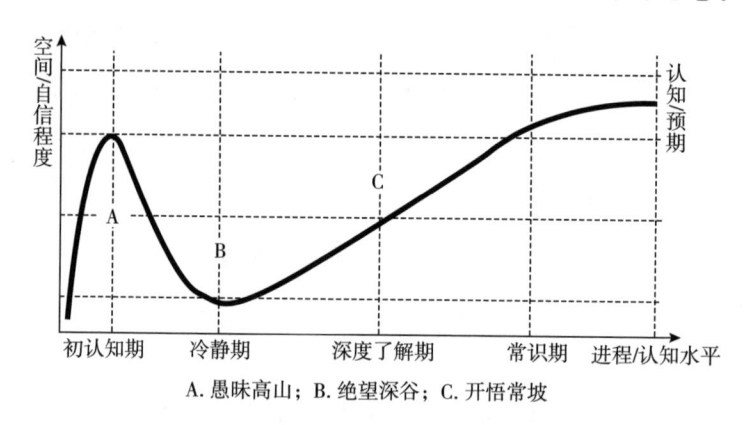

A. 愚昧高山；B. 绝望深谷；C. 开悟常坡

图 5-3　邓宁·克鲁格效应认知偏差曲线

认知偏差现象的普遍性存在，意味着要想将大众的认知统一于同一个真相和事实，几乎是一件不可完成的任务。我们能够做的，只是在部分有着相同或相近认知的群体中建立关系。而且，这还是在能够找到某一个既符合顾客常识认知，又能够真切兑现成为产品和服务的"合理合法"的认知角度前提之下。这个角度即定位。它帮助供需双方在认知偏差中找到值得在一段时期内相应、相知、相守的存在之家和适用之处。这是一切世间供需双方商业伙伴关系的本质。

在此基础上，Gartner Group 公司[①]创造性地将认知规律与技术发展动态结合，提出了 Gartner 技术成熟度曲线（Hype Cycle），又称技术循环曲

[①] Gartner Group 公司成立于 1979 年，是全球第一家信息技术研究和分析的咨询公司。它为有需要的技术用户来提供专门咨询服务。

线、光环曲线或者技术炒作周期曲线，为企业和 CIO 们评估新技术成熟度和演进周期、制定新技术战略提供重要工具。Gartner 技术成熟度曲线提供特定领域内技术的相对成熟度概况，如技术方面、横向或垂直业务市场、特定受众人群等，显示了达到生产力成熟期和主流采纳所需的时间，从而给出各种技术的发展速度。该曲线帮助大家建立这样的预期，即大多数技术都将不可避免地经历过热期、低谷期然后达到最终成熟期的发展模式，从而帮助技术规划人员确定技术的投资时间点。

三、顾客为何买，企业为何做

人们大多数选择决策的背后，都深藏着一组强大的推动力：选择的理由，即"为什么（why）"。一个正确有效的定位，发端于"顾客为何买"，落实于"企业为何做"，最终将二者聚焦为一点，"力出一孔"。尽管这两个"为什么"的答案可能并非同一个内容，或并非同一段文字，但二者需要和谐地统一在同一个符合顾客认知的底层逻辑之下（见图 5-4）。从这个角度说，所谓定位和重新定位，本质上就是围绕两个"为什么"重新定义一种商品、一家企业、一个组织，它涉及企业应该顺着顾客"为何买"的方向，厘清"做什么""怎么做"与"为何做"之间内在逻辑的一致性，是一个持续的整理、整顿的秩序重置过程。定位理论所强调的，是先搞清楚"顾客为何买"，然后再以此定义"企业为何做"，并最终达成内外认知统一。传统经营者与定位经营者的区别，往往在于是否能够先由外而内地顺应认知，再转而在合适的时机调整、影响认知，最终达到改变世界的效果。

一个有趣的问题是："为什么"这个问题的答案为什么如此重要？就作为接收方的顾客而言，除了可以勾起非理性欲望、恐惧风险的心理外，"为什么"的答案还可以产生一种跟人们如何看待自身紧密相关的、一种更为深刻的情感反应。也就是说，人们被产品和品牌所蕴含的理念所感召。在这个意义上完全可以说，跟做出决策更为相关的是顾客自身，而不是他们购买的产品，或提供产品和服务的厂商。例如，1963年8月28日，25万人从全美各地汇集到华盛顿广场，来听马丁·路德·金博士发表那场著名的"我有一个梦想"的演说。人们是为了金博士才来的吗？他们是为了自己而来的，因为这其中有着他们自身的信念。因为他们看到了一个机会，可以帮助国家变得更好，因为他们想要生活在一个能够体现自己价值观的国度。唤起他们心中激情的，正是他们自己心灵深处的理念信条。

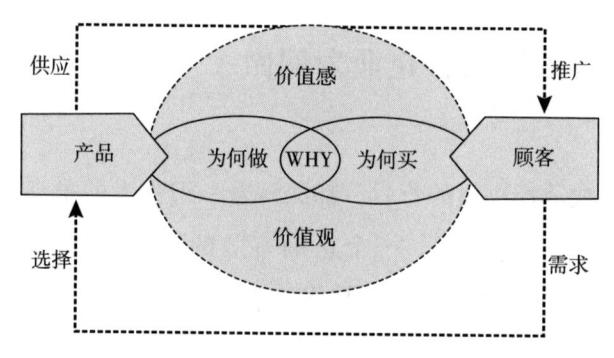

图5-4　定位=选择理由=顾客为何买+企业为何做

2004年，大众汽车公司推出一款7万美元的豪华车型——辉腾。"大众"的意思本是"大家的车子"，一代又一代，这家公司都一直为普通大众生产汽车。每个人都知道大众汽车的理念是什么：把力量赋予大众。它生产普通人买得起的汽车，以此证明自己的理念，但辉腾的诞生，完全偏离了自己在民众心目中的认知。丰田、本田和日产汽车公司在这方面比大众更英明。他们决定推出豪华车型的时候，就创造出了全新的品牌"雷克萨斯""讴歌""英菲尼迪"。如果公司想要抓住跟理念不符合的所谓的市场机会，那他们的"为什么"就会越来越模糊，他们的感召力、创造忠诚的能力就会随之减损。

因此，企业不应该和随便哪个想买你产品的人做生意，而应该专注于和那些认同你的理念的人做生意。当你有选择地、只跟认同你的"为什么"的人做生意时，彼此之间的信任也就随之产生了，而这正是品牌忠诚度的最初源头。让公司产生凝聚力的，不是它的产品或服务；让公司强大的，不是它的规模和力量，而是文化——那种牢固的价值观信念，上至CEO，下至前台接待的每一个人都认同的理念信条。

就企业方而言，真正吸引潜在顾客购买的，并不是"做什么"，抑或"怎么做"，而是"为什么做"。对于这一点，如果作为公司的最高管理层都不知道，那员工和顾客怎么会知道呢？如果组织的领导者无法在高于产品和服务的层面说清楚，那他们就无法感召员工们，带领他们克服生存发展过程中的千难万险。一旦组织明确了"顾客为何买，企业为何做"等"为什么"问题的答案之后，接下来的问题就变成了"做什么""怎么做"等。总之，"为什么"随处体现在组织的结构、流程、制度和文化里，并构成了一整套自圆其说的规矩。按照这些形式原则做工作，会增强组织的各项能力，从而把整个组织的集体天赋淋漓尽致地发挥出来。这便是卓越公司的根本源头。

单凭性能和好处来说服潜在客户，希望跟他们建立起值得信任的关系，是极为困难的。这些因素很重要，但它们只对单次销售有效，消费者只是把它们当作证据，证明自己的购买决定是正确的。而真正吸引人们的，不是你做的是什么，而是你为什么而做。你所做的事情只是你的理念的实体证据。除非你把"为什么"说出来，否则大家只能依赖那些理性的因素来判断你。这样一来，第二次重复购买的概率就很小了。

知道"为什么"是至关重要的，它会让你获得长久的成功，让你不会面目模糊地混同在芸芸众生之中。遗憾的是，绝大部分厂商并没有想清楚"为什么"，而是简单略过之后，直接一股脑扎进了"做什么"和"怎么做"之中。想清楚"为什么"，并不是取得成功的唯一途径，但如果想要取得长久可持续的成功并拥有更丰富的创新精神，它是唯一的途径。相反，一旦"为什么"的答案模糊了，要想维持公司的高成长、客户忠诚度和感召力，将会困难很多。如果能够借助回答"为什么"这个问题，回归业务的本质，厘清最初的理念和使命，就能将企业文化注入未来发展的每一次进步中。

举例而言，美国西南航空公司（Southwest Airlines，NYSE：LUV）当初之所以成立，并不是为了要做一家航空公司，它的成立是为了实现一个理念，只不过碰巧凭借航空公司实现了这个理念。廉价航班的概念也并非西南航空首创（第一个这么做的是太平洋西南航空公司），西南航空并没有先发优势，甚至照搬了别人的名字。关于进入得州市场，布兰尼夫国际航空、得州国际航空和大陆航空已经先行进入，并且都没有放弃退出的念头。在20世纪70年代早期，出门旅行的人中只有15%坐飞机，这个市场实在太小了，足以吓退大多数企图进入者。可是，西南航空根本无意于去跟谁竞争这个15%的市场，它看重的是那余下的85%——铁路和汽车大巴。西南航空的真实意图是：我们要为普通人服务。这就是他们的"为什么"，即理念、目的、存在的理由。接下来，便宜、有趣、简单，是一系列关于"做什么""怎么做"的关键运营配称。而所谓的"便宜"，只是西南航空用来帮助人们理解其理念的方式方法之一。

归根结底，无论哪种文化，无论什么人，都渴望归属感。当身边的人跟我们有着共同的价值观的时候，我们就会产生归属感，就能体会到人与人之间心手相牵的安全感。我们渴望这种情感，并时常主动寻找它。我们对归属感的渴望是如此强烈，以至于付出再大的努力、做出不理智的举动也在所不惜，最常见的现象之一就是愿意花更多钱来获得它。当一家公司仅仅讲述"做什么"以及产品如何先进时，未必能够唤起人们的归属感，但如果它能清楚地把"为什么"传达出来，也就是把背后支撑他们的价值观、信条和理念说清楚的时候，认同这些文化理念的顾客就会心甘情愿地把这些产品和品牌融入自己的生活。更准确地说，这些由顾客自发建立起来的粉丝群体，并不是借助公司本身的力量，也不是因为这些产品比其他公司的更好，而是因为它们是一种象征性符号，代表着人们至为珍爱的价值观信条。也就是说，是这些产品和品牌让顾客们找到了归属感，而对于买了同样产品的人，顾客会自然而然产生非常亲近的感觉。人们不只是跟别人分享对产品的感情，也是为了和跟自己相像的人待在一起。本质而言，人们的决定跟公司和产品无关，而是跟他们自己有关。有些领导人或品牌组织特别擅长跟人沟通自己的"为什么",顾客便很容易受到他们的吸引,这种能产生安全感、归属感、不孤独的能力,是一种真正的感召力,正是共同的价值观和信念体系让大家彼此心连心[1]。

四、一词占领心智,打通两个世界

事实上,顾客购买决定和忠诚度都是跟他们自己紧密相关的,他们实际上最在意的不是产品和品牌,而纯粹是他们自己。他们需要借助其他人、产品和品牌向外界证明,我是个什么样的人,愿意跟什么样的人相处。正因如此,对他们而言,选择购买和使用什么样的产品和品牌是很重要的。就像人们会这样称赞苹果(Apple)公司的产品:它们简单易用、设计漂亮、质量很好,它们是最好的。本质而言,他们心灵的潜台词是:我可是个很有创新追求的人。就连苹果公司的员工愿意在公司工作,也是因为他们的内心深处是希望成为某种更伟大的东西的一分子,他们也是那种热爱创新颠覆的人,不太会因为薪水和福利大增而跳槽到戴尔。显然,这已经超越了理智,成了一种信念,甚至一种信仰。在苹果公司的价值观角度上,惠普、戴尔等公司的产品和品牌无法展现出同样的特质,因而无法体现出更高层次的理念和主张,在苹果的狂热拥趸者眼里,它们不过是一台电脑而已。同理,惠普、戴尔也有着属于他们自己对于"为什么"问题的答案,因此也在一段时期、一定范围内拥有自己的铁杆粉丝。

企业的任务是把两个"为什么"讲得清清楚楚,然后让内外部都看到,你的产品和服务是如何体现这个理念的。一旦失去了"内外兼修"的两个"为什么",一切新概念、新技术、新产品很快就会发现自己只是在玩性能、价格的游戏,于是产品将"魂飞魄散"地沦落为无差别的商品。

---

[1] 西蒙·斯涅克. 从"为什么"开始:乔布斯让 Apple 红遍世界的黄金圈法则 [M]. 苏西,译. 深圳:海天出版社,2011.

因此，正确的逻辑是，当你知道某个决定很对的时候，你还可以找出根据，并且用语言把它表达出来。如果你能够用语言把那种促使你做出直觉决策的感觉说清楚，如果你能够明明白白地把"为什么"说清楚，你周围的人就会更加清楚地理解，你为什么做出这个决定。如果这个决定符合外部事实与依据，那么这些事实和依据就加强了决定的正确性，并借此实现了内外一致性均衡。如果这个决定与事实和依据不相符，那它就会提醒人们，肯定还有另外一些情况要考虑。

真正的障碍来自生理结构意义上的人类脑神经分区。控制情感的脑区和控制语言的脑区并不在同一个地方。负责类似"为什么"问题的，是负责情感和决策的脑区——边缘脑，但这个脑区并不负责语言。而负责处理"做什么""怎么做"问题的脑区——新皮层，则控制着理性想法和语言。当人们只凭理性因素做决定、只依赖具体数据的时候，从生物学角度而言，我们激活的是新皮层，即负责思考的那一部分大脑。在这个层面上，人们分析利弊、观察差异、寻找价值感，并说出自己的想法。当人们做出直觉决策时，哪怕这个决定跟事实和数据并不相符，他也会说：我觉得这个决定是对的。同样，从生物学角度看，直觉决策发生在负责情感的脑区，而这部分大脑不掌管语言，因此人们总有说不出什么理由、就觉得这个正确而其他不正确的感觉。难怪不少创业者和领袖在总结取得成功的原因时，常常会这样说：一开始我就知道是对的，我相信自己的直觉。

100年以来，人类对于自己大脑内部结构和运行机理的探索从未停止过。在更近的1952年，美国脑科学家保罗·麦克林提出了"三脑一体理论"（见图5-5），他把人类的大脑划分为主要的三大块，即爬行脑、哺乳动物类大脑（边缘系统）和人类大脑（新皮层）。也就是说，人类有三个脑区，而且每个脑区所负责的领域都不一样，其中我们的情绪以及所出现的表情与动作都是由边缘系统负责的；而作出判断、权衡决策的，则是人类专属脑区（新皮层）所为。新皮层是理性思维的源泉，而边缘系统则是感性意识的本能反应。脑干的作用主要是维持一些基本的生命特征和运动，如呼吸、心跳、血压等。对于动物而言，脑干是最先出现而且是必不可少的，边缘系统是热血动物特有的，而新皮层大脑系统则是人类独有的。

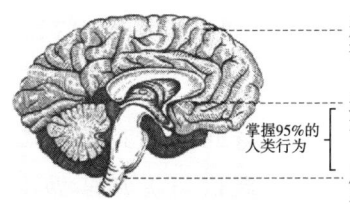

新皮层 理性思考
在人的大脑半球上方，占据成年人整个大脑皮层表面的94%

边缘系统 情绪
大脑中间的部分，包括下丘脑、海马状突起和杏仁核。

掌握95%的人类行为

爬行脑 欲望和本能
又称原始脑，包括脑干和小脑，是最先出现的脑成分。

图 5-5　保罗·麦考林：三脑一体理论

当人们阐述"是什么""做什么"时，人们的确能够理解大量复杂的信息，比如事实、特征、特性等，但这不会促使人们采取行动。而当人们阐述"为什么"时，就等于直接对着控制决策过程的脑区（即边缘系统，也称边缘脑）说话。负责语言的脑区（即新皮层）允许我们为这些决定找出理由，但控制情感的那部分大脑（边缘系统）却没有语言能力。正是这种生物学上的"缺陷"，让我们很难用语言来表达情感以及感性决策。也就是说，某些决策感觉对了的时候，我们通常很难说清楚为什么这样做。也正是因为负责决策的脑区不负责语言，所以我们总是会习惯性地给自己的行为找个理由。这种机制让市场调查变得复杂而不那么可信：你可以得到大量信息作为证据来认定"人们如何为自己的决策找理由"，但是这一类答案并不能准确揭示其背后的真正行为动机。不是因为人们不知道，而是因为他们找不到合适的语言说出来，因为"做决策"和"解释动机"发生在两个脑区。

这也正是"直觉"经常有效的来源。人类边缘系统的力量十分强大，以至于可以做出违背理性和逻辑的决定。人们常常会相信直觉，哪怕这个决定违背了眼前所有的事实和数据。著名神经科学家理查德·雷斯塔克（Richard Restak）在其著作《赤裸的大脑》（The Naked Brain）中指出，当你强迫人们只用大脑的理性部分来做决策的时候，他们大多会陷入"思考过度"的泥沼。雷斯塔克说，做出这种"理性决策"需要时间更长，但质量并不高。相反，边缘系统做出的直觉决策往往会更快、更好。也正是因为我们没有足够的能力用语言描述之所以这样做的真正原因，所以才导致我们也会怀疑自己的直觉。因此，那些没能准确传达"为什么"的公司，迫使我们只能靠经验来做判断，而这种决策更花时间、更困难，也让我们认为更不确定①。

  边缘系统的威力是惊人的，它不仅控制着我们的直觉，还能让我们做出看似不合逻辑、不够理智的事情来。我们每天都要做决定，其中很多都是受情感驱使的，我们极少会去把所有能得到的信息完整过一遍、确保自己掌握每条事实之后再做决定。"有30%的信息，我就能做决定了，"前任美国国务卿柯林·鲍威尔这样说，"但凡超过80%，那就太多了。"

  价值观的理念信条就像一个过滤器，身处组织顶端的领导人是感召力的源头，象征着我们做事的原因。他们代表着负责情感的边缘系统。因此与其说这些是商业问题，不如说是生物学问题。如果组织有了清晰的"为什么"，组织里的每一个人就都能像创始人一样，在各自的层面上做出清晰又正确的决策。

  如果你可以通过一言一行，把"为什么"的理念清楚地表达出来，信任就会出现，人们就会感受到你的价值，忠诚客户就会主动找理由证明他们多花的钱或忍受的不便是完全合理的。因为在他们看来，额外付出时间和金钱是值得的，而且会尽力解释说：这种产品有价值，是因为质量好、功能多，或是其他一切容易说得出来的因素，即使实际上并不一定真的是这样。这些都是外部因素，而他们得到的那种感受却完全是内在本身就具有的。当人们可以指着一个公司的名字，清楚地说出它的理念，而且用词中不涉及价格、质量、服务和功能，就说明这个公司已经成功地度过了断层阶段。

---

① 西蒙·斯涅克. 从"为什么"开始：乔布斯让 Apple 红遍世界的黄金圈法则 [M]. 苏西, 译. 深圳：海天出版社, 2011.

绝大多数公司在赢得逻辑思考方面做得不错，这只需要把"做什么""怎么做"等所有性能和好处比较一番就可以了，而真正卓越的公司是将"为什么"呈现出来，并阐述清楚。当顾客没有想清楚"为什么"，决策往往犹豫不决，这时企业往往通过阐述质量、服务、性能、价格等信息，以为这样就能符合"客户想要什么，我们就提供什么"这样完美无缺的原则。不幸的是，当公司一切按照客户的意愿行事的时候，销量并不一定得到显著的提升，而品牌忠诚度也并没有轻而易举地积累起来。从这个角度来说，在赢得顾客的科学逻辑之外，能够取得更大成果的，正是那些赢得顾客心灵的产品和品牌，亦即具有鲜明而强大定位的品牌。

不论外部顾客，还是内部员工，他们都生活在一个具体的世界里。如果一个企业提供的产品、服务、品牌体验与其"为什么"保持言行协调一致，那么顾客和员工将看到并从此相信企业的言行，而一旦言行不符合这些信念，人们会随之遗憾地拂袖而去。如果不能超越产品、服务的特性层面，顾客和员工的心智中也将不知道为了什么而聚合在一起，任何广告、新品推广、公关活动、优惠、公益等的功效都将被消磨殆尽，并最终沦落为虚伪。如果既能在"价值感"层面的外显因素上被顾客认为你的产品和服务在顾客生活、工作中很重要，又能够在"价值观"层面的内涵因素上与顾客产生共鸣，那么顾客就会把你的企业、产品和服务、品牌互动等看作实实在在的证据，也正是这些内容才体现出顾客自己的内涵理念。在这种情境下，真诚感将油然而生，顾客认为他们充分地表达了自我，员工认为找到了人生事业归宿。要知道，人类是社会性动物，我们很擅长觉察到别人行为中的微妙含义，并根据这些来判断一个人、一个组织。因此，组织必须清楚自己外在行动背后的内涵理念和本质目的，而且要确保一言一行都要真心实意地符合这个理念，这样才能将世界上所有认同这个理念的人感召过来，或者至少也能被这个组织或它的产品吸引过来[①]。

---

① 西蒙·斯涅克. 从"为什么"开始：乔布斯让 Apple 红遍世界的黄金圈法则［M］. 苏西，译. 海天出版社，2011.

最后，仍然需要加以补充说明的是，多数人错误理解了"语言是心智的等价物""一词占领心智"等定位理论经典语句的真实含义，他们片面地认为只要广告语和产品的说明文字写好了，广告做足了，线上线下的购买体验做好了，就等于品牌做好了，至于产品实物和后续服务其实并不那么重要。这是投机取巧的短期套利思维在作祟，既不符合特劳特和里斯的思想语境，也不符合"听其言，观其行""视其所以，观其所由，察其所安"的中国文化价值观①。定位理论中的"一词""语言"，是学理意义上的抽象概念化表达（并不仅仅特指文字、语句、图片、影像等），它包含企业一切经营活动总和的表现形式，是展现在顾客面前的一连串信息符号，是构成影响顾客认知的从表面到深层，甚至内核的一切真相。

五、境随心转，相由心生

企业家应该如何看待自己和这个世界？这决定了自己为什么而活以及以什么方式存在。企业应该从哪里来，又应该到哪里去？利润和规模的本质是什么？哪个更重要？这一系列问题直接牵涉从企业家到每个员工的生命意义。而对意义的追问是人的一种本能，也是一种境界，更是人类与其他物种的最显著区别。

如同自然界千姿百态的物种一样，企业及其产品和品牌，带领着它的组织和工作内容，成为整个商业世界的万千"物种"之一，最终构成了品类（顾客视角）或行业（产业视角）的表现形态。它们有的像亚马孙河流域一样物种丰富，为了食物和传代资源而掠杀和争夺，并因此生机勃勃，而另外的某地某时，却像广袤无垠的沙漠、盐碱地或沼泽，抑或地

---

① 孔子在经历了"以言取人，失之宰予；以貌取人，失之子羽"的教训后，逐渐总结出一套独特的知人方法。孔子的知人方法主要有两个：一是"听其言而观其行"（《论语·公冶长篇》）；二是"视其所以，观其所由，察其所安"（《论语·为政篇》）。

震、火山频发地区，令人类和动植物无法长期稳定生存。

本质而言，商业世界的生态环境是由企业及其品牌这些差异化物种背后所代表的"定位"所组成的，而没有定位机会就是缺乏足够差异化生存距离的物种，最终因为丧失生存地盘而将资源消耗殆尽。自然界的物种在环境胁迫下，通过遗传和变异延续生命，而商业物种通过定位和重新定位保持品牌生存权。

定位理论认为，定位是客观存在于外部市场的，存在于顾客心智对品牌和品类的定义之中，这是一种彻底的由外而内的观察角度。在供应能力已经极度丰富的今天乃至未来，企业及其品牌物种，连同其所代表的定位，都客观地存在于顾客的大脑心智认知中，产品创新、组织和个人、资本财力、渠道客户等，都只是这一"外在"定位的企业内部原料供应。定位理论所要提醒的是，今天绝大多数人还顽固地认为自己只是不相关地独立而自我的存在着。可以这样说，他们只活在自己的世界里，而没有真正活在世界上。正因为对顾客心智力量的强大缺乏认识和敬畏，人们在错误的地点、错误的时间，跟一个错误的对手打了很多年错误的战争。这不仅仅是参与竞争的个体的失败，也是人类社会资源无谓的内耗和损失。而很多过时的管理理论仍然停留在供应不足时代的生存方式中，无法做到与时俱进，因此依然在"以其昏昏，使人昭昭"。显然，人类的知见存在着障碍，只能"仁者见之谓之仁，知者见之谓之知"，难怪老子发出这样的感叹："百姓日用而不知，故君子之道鲜矣！"

亚当·斯密的《国富论》发现，经过社会分工以后，社会财富可以大量增加。北京大学教授周其仁这样评价：定位推动了社会分工，定位理论让我看到了分工的动力机制，它可以由一些人主动把过去历史上发生的经验进行提炼总结，然后选择一个最佳方向，并放弃别的方向，这就是真正专业化的开始，也是深度追问两个"为什么"之后的必然选择。无数的人向着无数的方向探索，就会形成越来越有意思的分工结构，就会让提高生产力的源泉更加踊跃。如果企业主动选择某个概念、某种方式去从事经济活动，就可以大幅提高生产力。

经济学家张五常的著作《经济解释》指出，社会主要的财富浪费在交易费用上。所以，任何一个企业家，第一责任就是大幅度降低社会交易费用。尤其在当前的碎片化时代，自媒体制造的信息越来越多，用户为了解决生活、工作中的实际问题所需要的有效信息反而越来越少；尽管平台通路越来越直接，但企业和顾客之间的沟通却因为资料、数据、时间的碎片化而越来越难。企业家的首要任务是要让用户能够用最小的成本、最低的代价识别、体验并认可自己产品和品牌的承诺，让他们在做选择的时候把交易费用降到最低，而不要让消费者为了了解产品、品牌和品类耗费太多精力。他们的精力应该用在创造更多社会财富和更高人类价值上，在适合自己的社会分工角色里为社会做贡献。

中国人口众多，而且市场相对统一。市场规模可以催生分工的程度，分工程度越细，需要越大的市场规模，而越大的市场规模、分工越细，创造的财富越多。这是中国企业家的重大战略资源和机会所在。周其仁教授乃至亚当·斯密等经济学家思想的背后潜藏着另一层含义：社会完成个体分工（即差异化定位）之后，形成了社会整体意义上的协同，正是分工与协同这一组"同出而异名"的概念，才带领企业个体和整体社会走向和谐与进步。

德鲁克最重要的贡献之一是早在 60 年前就认识到：管理已经成为组织社会的基本器官和功能。他指出："管理是一种器官，是赋予机构以生命的、能动的、动态的器官。没有机构（如工商企业），就不会有管理。但是，如果没有管理，那也就只会有一群乌合之众，而不会有一个机构。而机构本身又是社会的一个器官，它之所以存在，只是为了给社会、经济和个人提供所需的成果。可是，器官从来都不是由它们做些什么，更不用说由它们怎么做来确定的。它们是由其贡献来确定的。"

进一步而言，社会责任是国家责任的底层含义。每一位中国企业家都要思考，我们能为人类做点什么。历史上伟大的公司，为全人类的进步做出了卓越的贡献，例如电话、电灯、电脑、手机、半导体，都是美国企业在 20 世纪发明的。当今及未来，中国企业能为人类贡献什么？这要求中国企业家在观念和思想上走在世界前列。每个企业都应该有自己独一无二的成果，即定位。只要在这个领域取得进步，就代表着整个人类取得的最新进步成果。

也许有人会问，在企业家带领企业组织创造价值的过程中，定位究竟能起到什么样的作用呢？我们的体会是：定位引领战略，定位指导运营。企业家、组织团体内部对于顾客的理解，与顾客对于自己需求和认知预期的理解，存在着巨大的鸿沟需要弥合。或者说，要想将自己对顾客世界的认知与顾客对自己和企业的认知打通，简直是人类异常艰难的巨大工程。其中的落差，就是定位对于企业发展的价值（见图 5-6）。只有真正画上了等号，才能将内外世界的能量连通起来，从而将顾客选择的力量转化为企业发展的动力。企业家要想借助自身努力、组织可持续经营，实现影响和改变世界的梦想，除了养成心怀世界的心量外，还需要一把正确开启内外世界的钥匙。这把钥匙就是定位与随着竞争局势而变化的不断重新定位，以及定位牵引下的战略布局和经营行为的总和。

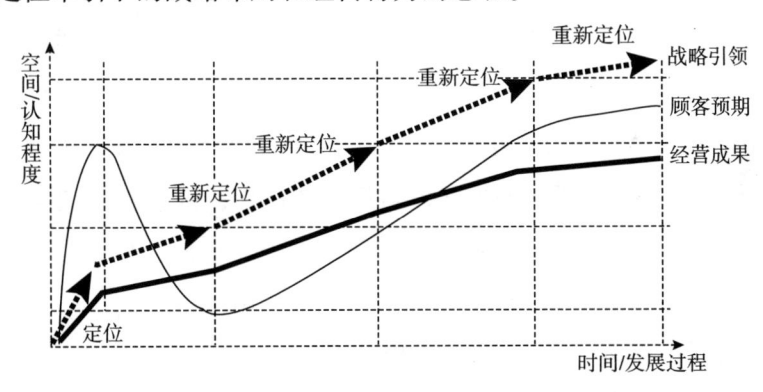

图 5-6 定位引领战略和经营

六、一把手的首要职能

在英语系国家里，"企业家"被定义为创办了自己全新小型企业的人；在德语中，它跟所有权联系在了一起，主要指那些同时拥有并自己经营企业的人。法语世界的"企业家"（entrepreneur）一词源自 entreprendre，意思是中间人或中介，带有"冒险家"的意思。到了中世纪，"企业家"指的是负责大规模生产项目的人。17世纪，它指与政府签订固定价格合同，并承担盈利与亏损的人。

最早论述"企业家"这一概念的是爱尔兰经济学家理查德·坎蒂隆（RichardCantillon，1680—1734）。在他的论述中，"企业家"就是在市场中充分利用未被他人认识的获利机会并成就一番事业的人，企业家的职能是冒险从事市场交换。紧随其后，另一位法国经济学家萨伊（Jean Baptiste Say，1767—1832）将"企业家"一词推广使用。他在1800年说，企业家是"将资源从生产力和产出较低的领域转移到生产力和产出较高的领域"。我们不难看出，萨伊把"企业家"与"所有权"分离开来，而且将生产力和产出的职责赋予了企业家。

最早将企业家作为独立的生产要素提出并进行研究的是英国经济学家马歇尔。他认为企业家是不同于一般职业阶层的特殊阶层，他们的特殊性是敢于冒险和承担风险。美籍奥地利经济学家熊彼特将企业家视为创新的主体，他把创新视为判断企业家的唯一标准。在德鲁克的《创新与企业家精神》一书中，德鲁克花了三十年时间进行研究和实践，用整整一章的篇幅来定义"企业家"：大幅度提高资源的产出；创造出新颖而与众不同的东西以改变价值；开创了新市场和新客户群；他们视变化为常态，总是寻找变化，并做出反应，将它视为机遇加以利用。

德国军事理论家和军事历史学家克劳塞维茨（Carl Von Clausewitz，1780—1831）在写《战争论》时，专门有一节讲什么是军事天才，他说军事天才就是能在茫茫黑夜中发现一束微光，并且具有紧紧追随微光不断前行的勇气。企业家就是那些能从谁都不看好的黑夜之中发现一束微光的人，并演绎出一个从发现微光、紧紧追随微光，并不断放大光亮的过程。如果没有企业家的想象力、创造力和改变世界的勇气，这是绝不可能实现的。商业世界的微光就是定位，它是一种战略选择。企业应该围绕自己的战略定位不断地去改进调整，想清楚做什么和不做什么，先做什么后做什么。

第五章
战略定位原理

定位理论的核心原理是认识到顾客体验是一种客观事实，但顾客在一个什么样的范畴、什么样的概念下去看待客观事实，它所代表的意义可能不一样。就拿二手车市场为例，现有的"有中间商"的交易过程对于顾客来说会带来一种很麻烦的负面体验。当用户知道有企业立志要为他们创造一个"没有中间商赚差价"的交易平台，把那些不透明的、加价的环节完全去掉时，即用户用新标准来看这些新的体验时，顾客便会开始理解并支持这个企业，给予更多的关注机会和时长。这是为用户创造另一种价值的合理化过程，"瓜子二手车"这个品牌也因此赢得了用户的心。所以，当企业有了一个明确而精准的定位之后，事实的意义和价值会随之改变，这种改变是企业创造出来的，是从顾客认知世界中主动发现的。

企业不仅要做好定位，还要处理定位之后大量的运营配称和战略性资源配置。随着企业外部环境的变化，首先要求企业的治理结构和核心功能做出相应的转变。其次，战略定位还需要跨界的知识积累，一个行业的革命性变化大多时候在行业之外。战略定位分工之后，专业团队可以超越单个企业，将触角伸向多个行业，这样才能真正及时捕捉企业外部环境的变化。

定位使你在某个领域的护城河越挖越深，这是一种不断叠加的、日积月累的"复利"力量。正如华为创始人任正非所说"以用户为中心，以奋斗者为本，坚持长期奋斗"。今天的企业要想基业长青，要把优先顺序排列为"找定位、找人、找钱"，真正兑现"客户第一，员工第二，股东第三"。在战略节奏设计上，企业家应该首先选择一个自己能迅速占据的高地，占领这个高地之后，再去快速发展更多的定位机会，构筑起一个多定位协同的生态系统。对创业者来说，由于现在科技与商业基础设施太发达了，可能受到四面八方的攻击，所以一定要用最短的时间集中资源，把主导性战役打完，然后快速投入下一场战争[1]。

我们完全可以带着定位的观念来重新理解德鲁克关于管理者的真知灼见。例如，管理者必须为组织指引方向，必须深入思考本组织的使命，为

---

[1] 邓德隆. 大决战[M]. 北京：机械工业出版社，2007.

之制定成果和目标，为达到成果而组织资源，并通过身体力行去树立组织的价值观和标准。

德鲁克提醒：CEO要承担"责任"，而不是拥有"权力"。领导人不能用工作所具有的权力来界定工作，而只能用自己对这项工作所产生的结果来界定，并对组织的使命和行动以及价值观和结果负责。组织内部只有成本，结果存在于组织的外部。整合组织内外的信息是CEO未来的主要工作之一。领导人需要做出平衡的决策，即在满足目前的需求和是否投资于高度不确定的未来之间取得平衡。这种决策是所有经济活动的精髓所在。如果组织涉及各个领域，分散精力和资源，最终将一事无成。

从20世纪60年代末开始，一种新的管理制度——战略管理开始出现，它标志着管理制度已经进入了发展新阶段。受到德鲁克"做正确的事情"和"把事情做正确"思考的指引，美国管理学家发现，一个企业、产业，甚至国家成功与否的决定性因素，是能不能拥有一个正确的战略定位。

正式从学理上提出这一概念的是哈佛大学教授迈克尔·波特。波特教授指出，企业获得效益提升的途径有两种：一是提高运营效率，即同样的事做得更好或者成本更低；二是"做不同的事情"，即创建一个价值独特而有利的定位。波特发现，日本在提升运营效率方面独步天下，但如果从战略定位的视角看日本，它的表现却非常糟糕，因为几乎每家日本企业都在做着一模一样的事，他们并没有在整个全球产业链中建立价值独特的定位。波特教授的定位思想深受特劳特和里斯定位理论的启发，但由于波特本人的产业经济学背景，并未将"顾客视角"引入其学术论著，因此依然只是从产业内部讨论如何定位。其实，建立"定位"这一概念，并从一开始即以"顾客中心视角"为起点进入思考的，正是特劳特和里斯于1969年所提出的"定位理论"。

战略管理的核心概念之一就是战略定位。每个企业都需要向社会证明：自己究竟在哪一件事情上能够实现全球资源利用的最优化配置。有战略定位的企业，可以将所有资源都配置到自己最擅长的社会任务中，而其他那些不适合从事这项社会任务的资源，则不会再进入这个行业或领域，而是会被逼到其他行业中去。如果说亚当·斯密的《国富论》讲述了社会分工的重要性——分工创造财富，社会分工越细，技术进步也就越快；那么，战略定位知识的意义，就是让充分竞争的市场实现合理化的分工，让企业依靠正确的战略定位成为某一领域内的世界第一，成为世界范围内的资源最优整合者。

七、定位与创新

很多人把"创新"等同于技术创新、科技创新。实际上，创新这个社会学术语的外延远不止于此。回顾历史会发现，很多社会制度创新的影响力比科技创新更大，如现代意义的"主权国家"、企业所有权与经营权的分离等。如果没有类似银行、保险、邮政、风险投资等这些社会创新，科技创新不可能真正快速发展起来。

明治维新后日本的崛起，说到底并不是依靠技术革新，而是依靠制度革新，其中一项核心制度是"所有权和管理权分离"。涩泽荣一用这项制度创新在日本创办了500多家企业，奠定了日本工商业的基础。中国的洋务运动在技术引进上其实没有落后，但最终输在制度创新上。

战略定位本身就是一次显著的现代社会制度创新。工业革命伊始的制度创新是泰勒的作业管理，这是人类社会从手工业时代升级为工业国家的知识基础。泰勒提出的生产方式，是把一个复杂的劳动过程分解成简单的流程，因而大大提升了生产效率，创造了巨大的财富。当工厂管理好了以后，企业要将管理延伸到顾客，要有渠道、研发、营销、品牌等，现代企业的组织管理复杂性远远超过了工厂，它甚至需要有一个庞大的组织，跨地域甚至跨国界。互联网时代则打破了一切时间和空间的局限，这时组织管理就成了人类面临的一个新的巨大挑战。德鲁克先生启动了第二次社会创新，在泰勒的作业管理之上创造了组织管理。

战略定位从组织管理跳跃到战略管理，是继作业管理、组织管理之后的又一次巨大社会创新。如果每一家企业都能有一个价值独特的定位，本身就是一项意义巨大的创新行动。科技创新仍然很重要，而定位为科技创新提供了确定的方向，科技创新为定位提供新的源动力。中国已经具有了"世界工厂"的美誉，接下来面临的挑战是，要同时加快引入两个先进的管理制度：一是通过组织管理制度提升中国企业的组织效率；二是需要引进战略管理制度——企业家不仅要关注组织管理，还要以存在于组织外部的战略定位来引领组织内部的建设。

也许人们不相信，正是成功的管理导致了现在的很多问题，甚至包括宏观经济治理困难。管理上运营效率的巨大成功，导致任何一个需求都有成千上万的供应者，而绝大多数都是同质化的供应商，于是开始形成巨量的拥堵现象。究其根本原因，是因为顾客头脑中一时根本容纳不了这么多的供应者。移动互联网、大数据的迅速发展极大地提高了企业运营效率，使这种情况更加恶化。全球一体化发展使得今天每制造出一个产品，明天就有几百个比你做得更好的产品出现；一个商业模式诞生，马上有几千家同样模式的企业涌现。这么多资源投入，难道都会成功吗？实际上，最后只有少数胜出，其余的资源投入都不会成功。根本原因还是：同一个类别里，顾客大脑中不能存放那么多供应者。如果没有在顾客头脑里发现一个定位机会，或者不能在顾客心智认知中创建一个定位，即针对竞争确立优势位置，企业再多的资源投入都是没有前途的。大量的社会资源正在拥挤着过独木桥，今天的商业乱象，更像是千军万马因为被堵在顾客心智之外而造成的大型踩踏现象。从这个角度看，我们可以发现企业、顾客和社会的损失都很惨重。

实际上，现在的顾客并不是在直接购买东西，而是先要完成漫长的选择过程。企业要做的最重要的工作，就是在顾客做出选择的时候，让顾客选择自己而不是竞争对手。很明显，竞争是在顾客心智中发生的，所谓竞争者，则是顾客的另外一种选择。因此，企业家的首要任务就是要想办法赢得顾客的选择，甚至在实际购买行为之前就实现"指名购买"。定位的关键工作，是首先要考虑对手在顾客心智分类中占有什么地位，然后根据这个地位确定一个自己具有相对比较优势的位置。"定位之父"特劳特先生提出"心智资源"这一概念，它对企业管理有着重大意义。"心智资源"是指用户对企业的看法、态度和既有认知，是现在和未来最稀缺的资源。特劳特指出，企业管理的重心应向用户的大脑心智认知转移，才能打破原有结构，实现全球资源的重新配置。

既然竞争是发生在顾客心智中，那么我们首先要明白，心智容量是很有限的，这导致了顾客选择困难。企业家对这一点一定要有高度自觉。供应能力的急剧增加，令顾客选择进一步困难，甚至在无知或者片面认知的状态下做出选择，这使我们要在顾客心智中拥有自己的一席之地变得越来越困难，而如果在顾客心智中没有立锥之地，整个企业的经营最终都将是无效的。在移动互联网时代，尽管顾客可以更快地获得信息，但同时又被海量的信息所淹没。面对碎片化的时间加上碎片化的信息，顾客要想做出最适合自己的选择实际上变得更难了。

当知道了企业最终的价值在于是否拥有定位之后，我们几乎可以立刻看清楚，大多数企业即便目前盈利也没有什么意义。在顾客心智时代来临之际，我们争夺的第一资源是心智资源，就是在顾客心智里的分类中拥有一个数一数二的地位。绝大多数企业家还没有意识到竞争地点已经发生了显著的转移和变迁。这种变迁带来了企业经营重心的剧变，包括竞争方式、资源观、价值观等都将彻底改变。中国前四十年经济改革的巨大成功，使我们成为世界上的制造大国、生产大国，未来中国需要从生产大国转型为品牌强国，从工厂制造产品，到在心智中打造品牌。如果不落实到这个具体的路径上，中国企业家很难把握新的浪潮，整个经济仍然可能以原始粗放的竞争方式继续维系着。从根本上说，中国经济的未来，取决于中国企业家能否尽快追上竞争地点的第三次转移。

定位理论的划时代意义在于，它让我们看到了未来商业世界的图景：任何领域都只有数一数二的企业能够长期生存并取得良好的经营业绩。因此，特劳特先生总结定位的第一法则是：企业要么成为第一，要么去创造一个能够成为第一的领域。"成为第一胜过做得更好"。如何成为第一？特劳特先生认为最重要的是在顾客心智认知中实现差异化，"要么差异化，要么消亡"。

基于定位理论，特劳特进一步提出了企业战略的整体描述，它们分别是：

(1) 战略就是生存之道。
(2) 战略就是与众不同。
(3) 战略就是选择焦点。
(4) 战略就是打败对手。
(5) 战略就是建立认知。
(6) 战略就是追求简单。
(7) 战略就是领导方向。
(8) 战略就是实事求是。

大多数企业家可能只是关注自己是不是这个行业市场份额最大的，市场份额最大固然是一个很好的位置，但是毕竟每个行业只可能有一家企业市场份额最大。我们看苹果手机，它的市场份额并不是最大，但为什么能够把行业的主要利润吸走？因为它在智能手机品类的最高端位置占据了一个强大的认知，正是这一定位让它无可替代。与此同时，企业在迅速崛起的过程之中还要有足够的警惕，要检视自己在财务上、营收上的成就到底根源于什么原因？如果只是因为社会整体进步或是临时"跨界打劫"进入某个行业，就算迅速把生意规模、交易额做得很大，崛起固然很快，但是垮掉的速度可能更快。孟子有云："其进锐者，其退速。"企业在崛起的时候就应该思考，哪一类用户应该要，哪一类用户不应该要，要甄别自己在什么样的轨道上运行。如果是偏离轨道的快速增长，可能就同时埋下了迅速衰败的种子。企业应该看自己在哪个领域具备相对的主导权，在占据定位的领域创造独特的技术积累、运营能力积累、知识积累，这些才构成企业抗风险能力和核心竞争力。

如今，越来越多的企业已经认识到，定位是商业世界的底层逻辑，你无法漠视它、绕过它，只能掌握它、用好它。企业家要尽快思考自己的企业在哪一个方面能够获得主导地位。企业的这种主导地位仍会是一种最可靠的甚至可说是唯一的抗风险保障。有了主导地位，企业就可以在这个领域搞最前沿的技术创新，这些技术创新可以使企业拥有定价权，以此获得对抗外部不确定性的唯一应对之道。只有掌握了定价权，企业才有可能长期保持自己的主导权和生命力。

如果每一个中国的企业家都能够反复追问："我们可以在哪个领域做到世界第一？"并以这样的出发点来配置资源的话，就会明白目前布局的一些产业可能并不适合自己，并且会慢慢退出这个产业。当无数企业在追求和创造各自的"第一"在哪里，就能实现亚当·斯密所说的合理分工，将粗放的经济结构调整为定位精准、分工明确的结构。这个过程不只是资源优化配置的过程，同时也是新技术、新工具、新知识的创造过程。相反，当行业内的龙头企业也跟着其他内外竞争者一起打价格战，整个行业的长期生存能力必然受到恶劣影响。

华为创始人任正非先生曾说：企业十几个人的时候，我们向一个城墙口冲击，现在有18万人的时候，还是冲击同一个城墙口，这样的企业就不怕贸易摩擦了。不管外部宏观环境如何变化，这就是一种抗风险能力，这是企业能控制的。说到底，企业可控的就是厘清自己存在的原因和在客户心目中的真正价值，看清楚自己的生意最终和用户达成的心理契约是什么？用户认为自己在哪方面是独一无二的？从理论上来讲，中国市场规模足够大，任何一个行业不是一个领导品牌就可以全面覆盖的，每一家企业都有潜力成为顾客头脑分类中的某个冠军，这就是自己的主攻城墙口。加之移动互联网、物联网、大数据、云计算、AI人工智能等底层技术创新，中国任何一个传统行业都有被"重做一遍"的各种可能。

著名管理大师赫尔曼·西蒙的《隐形冠军：谁是最优秀的公司》一书风靡全球，它首次明确指出："隐形冠军"企业是在国内或国际市场上占据绝大部分份额但社会知名度很低的中小企业。它们虽然"隐形"，但实际上在其客户群里都已经被知道并成为公知共识，因此才能称为"冠军"。在定位理论看来，关键是每个隐形冠军已经在其客户头脑里建立了一个相对应的定位。如果企业的市场规模很大，甚至可能是第一，但是如果在用户头脑里并没有一个清晰的定位，则被更高运营效率的对手掀翻的风险还是很大的。如果能够在客户心智中占据一个强而有利的定位，企业就能产生更高、更深的护城河，当外部环境恶化的时候，企业的用户黏性和定价权自然更强一些。

美国现代历史的供给侧改革或许可以给我们一些借鉴——官、产、学、研全面互动，最终重获世界主导地位，这段大国崛起的反转，很值得我们重视。在政府方面，美国20世纪80至90年代的供给侧改革，是由产业竞争委员会、定位学派的战略专家哈佛商学院迈克尔·波特教授主导，规划美国的产业如何形成国家竞争力，重新设计产业定位、国家定位和产业集群，开始走出和日本不一样的道路——做与众不同的事情。二十年发展下来，美国反败为胜，彻底压倒了日本。在企业微观层面，1981年《定位》一书风行全美，加之战略定位的学术观念成为管理思想主流，通用电气（GE）等巨头企业开始得以彻底转型。[1]

中国经济要彻底转型为一种创新型经济，它需要企业家能创造一种新的需求，或者说要创造一个全新行业才行。所有的创新都有不确定性，面临巨大的风险，企业几乎都要面临这三个问题：

（1）创新的方向在哪里？

（2）技术层面的创新如何能够转化为顾客价值创新？

（3）企业应该如何保护自己的创新？

战略定位给企业的贡献，就在于为企业的创新增加了确定性，它确保了从研发到把新产品导入市场，都在正确的方向上投入资源。

企业里很多的原创想法本身并没有错，但是如果它不是出于对外部客观社会任务的洞察，不思考潜在用户的边界在哪里，不考虑用户的认知如何，不选择集中焦点，不考量认知中的竞争对手，结果往往使企业战略方向不清晰，资源配置不合理，并最终导致失败。遵循定位规律的企业，它

---

[1] 引自《供给侧改革要重视用定位来规划国家竞争战略》，该文为2016年3月21日邓德隆做客《新华会客厅》，与新华网主持人的对话。

们首先确立一个定位——自己存在的唯一理由，这也就等于选择了企业决战的地点，然后集结所有资源兵力投入这个战场，而绝不把资源浪费在非决战地点。

企业积极拥抱大数据、人工智能等新科技，这些新的技术手段只有能够帮助企业强化自己的定位、解释自己的存在，才会更有力量。否则，即使精准推送、精准促销，消费者也真实购买，但都可能只是一次性的流量用户。一旦没了这些，顾客再也找不到下一次继续选择你的理由。没有哪个企业可以靠买流量和补贴用户支撑起一个健康的商业模式。如果企业所有的运营动作都是在反复地强化定位，在用户头脑中找到并夯实自己存在的理由，流量用户就转化成了能量用户。从道理上说，定位知识如果得以普及，整个社会资源的产出效率、社会财富的增长，还会有巨大的空间和潜力。定位应当是现代经济运行的一个核心枢纽所在，所有的经济行为必须是在客户心中首先找到自己的一个存在位置才来配置资源。可见，定位是一种新的社会资源配置方式，引领着一个经济新时代。供应越丰富，越是科技时代，越是竞争激烈，顾客大脑越拥挤，定位的知识也就越重要。

华为创始人任正非先生有段话非常精彩，他说："要防止盲目创新，当四面八方都喊响创新，就是我们的葬歌。"换言之，如果我们不是在战略定位的方向下展开创新，而是到处高喊创新，那只会使企业陷入四分五裂。产品和技术的持续创新，是为了让顾客的选择和使用过程保持更简单高效——决策及维护代价更低，这是领先企业应尽的责任。

综合起来，定位与创新之间有着以下三重关系：

（1）定位引领创新

创新并非越多越好，创新必须围绕着定位来展开。企业真正需要的一定是那些能够不断引领行业升级换代的创新。

（2）定位转化创新

科研成就之所以无法转化为市场绩效，真正缺乏的不是技术，而是缺乏将技术转化为成果的能力。核心问题是要学会运用定位这种工具，将技术进步转化为顾客一听就懂、一用就灵的信息和体验。

(3) 定位护航创新

企业的升级并不仅仅是推出一项技术、一款产品，更重要的是通过持续创新产品，建立、强化和巩固战略定位。竞争者也许能模仿技术，但是在顾客心智中的领先定位不容易撼动，而任何单一环节的技术突破，也无法对战略定位构成致命威胁。[①]

熊彼特倡导"破坏性创造"，但实际上太多企业的创新其实是在搞破坏。如果不符合定位，那就只有破坏，没有创造。当创新和定位一旦脱轨，就会把企业从内部耗散、分裂和肢解，反之如果通过创新加强定位，效率将大幅提升。

任何一个行业刚刚兴起的时候，企业凭借一些独有的科技就足以建立一个头部的位置，但是当行业进入成长期、成熟期时，只有那些拥有强大定位的公司才能留存下来。在新经济领域，这种头部效应会更加明显。定位的规律是客观存在的，无论行业里有多少巨头，只要找到属于自己的一席之地，就能为用户创造独一无二的价值。

在研究定位理论指导下的众多案例之后，我们发现，企业的生产资料并没有改变，但生产力却有了惊人的提升。为什么？因为企业配置资源的方式改变了，实现了熊彼特先生所说的"生产要素的新组合"，也就是他定义的"创新"：通过"建立新的生产函数，把各项生产要素引向新用途"，大幅提升企业生产力，对抗经济周期带来的风险，实现新一轮繁荣。这正是熊彼特眼中企业家这个群体存在的社会价值。

在经济基础解决好以后，定位还能超越经济层面，对人类生活方式有一定影响。大规模工业化生产的一个坏处是个性消失了，人类一半成了机器，另一半成为动物。如果这就是历史的终结，这个世界并不见得多美好，人类理应有更好的生活方式。当定位发展到极致，不断分工下的每一个定位都能精细服务于一个人群，形成一个个独立的生态，人类的个人禀

[①] 引自《定位与创新的三重关系》，该文为 2016 年 7 月 8 日邓德隆在诺贝尔集团首发全球新一代瓷砖"瓷抛砖"发布会上的演讲。

赋将得以进一步发挥。中国企业一旦具有商业竞争优势，就能把中国文化贡献给世界。为此，李泽厚先生提出并期待，中国哲学能够发起第二次文艺复兴，把人从高科技机器和各种社会机器的束缚下解放出来，重新确认和界定人是根本目的，并发掘和发展出每个人的个性才能潜力。①

归根结底，最具经营效率的创新，是围绕顾客认知的现状和发展所做的资源投入——以顾客认知为轴心，以定位作为统领和牵引，将战略性资源投入在不断升级与迭代的创新之中（见图5-7），如此相互增益，直至重新定位机会的到来，这是创新者窘境的真正突破之道。只有踏准了顾客认知的节奏，才能在重要的战略节点上保持适度超前的引领作用，既成为品类或某一领域的先行者，也可以避免因为无知无畏、盲目自大而沦为"先烈"。

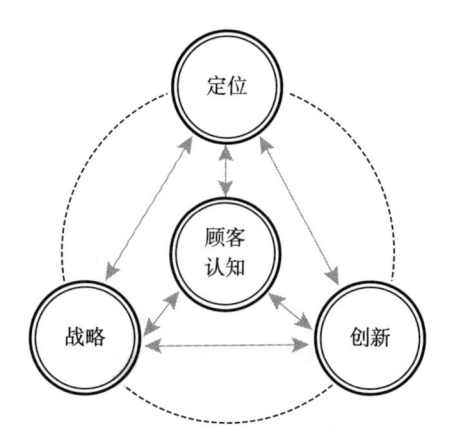

图 5-7 定位与战略和创新的关系

八、定位与新经济

今天的我们正处于技术、渠道、体验模式等多重创新、相互促进的新时代。在互联网、大数据、AI人工智能等综合作用之下，我们进入了"三

---

① 引自"超越定位：走出后现代的困境"，该文为2019年1月31日，邓德隆写作于2019年1月31日定位之父杰克·特劳特先生诞辰84周年纪念日。

无"环境：无边界、无时空、无障碍。整个商业社会的发展与转型、企业配置资源的方式、获得绩效的方式也都随之发生巨变。[①]

现在及未来，当互联网技术对传统行业完成基础设施的彻底改造以后，所有公司都将是互联网企业。这样一来，人们头脑里会形成一个观念，想买任何东西都可以通过手机或身边其他终端完成大部分的挑选、体验和购买过程。对于顾客来说，时间和空间对于购买决策的效率屏障消失了。这预示着，顾客头脑里的想法将会决定一切选择，于是争夺顾客心智就成了企业的首要任务。如果说，早年企业将经营重心从工厂、市场渠道转向网络是一次重大迁徙，那么，定位则有助于完成商业史上又一次伟大的迁徙——把产品和品牌装进顾客头脑中去，即在顾客心智中找到一席之地和存在之家。杰克·特劳特先生早在1969年就预言商业世界运作的规律：随着企业内部的管理越来越成熟，决定企业成败的关键，就是企业能否在顾客心智中建立起一个强大的定位。

人们可能以为，随着各种新技术越来越发达，我们可以掌握一切信息，信息时代的信息可以畅通无阻。实际上恰恰相反，自进入信息社会以来，信息拥堵的现象反而更严重了，每个人都面临着一片信息的汪洋大海。人们的选择决策面临一个巨大的挑战：供应能力越来越强、供应的效率越来越高，但顾客要对这么多信息进行甄别、了解和接收，早已变得无比困难。用户无法获取企业的关键信息，企业也不知道顾客在想什么。越是发达的信息时代，顾客了解产品和企业真实信息的成本总体更高了。科斯定理告诉我们，对于同样一件商品，人们的购买选择是由交易费用主导的。因此，真正的机会就在于，企业组织从外部顾客选择的角度出发，重新配置企业的战略性资源和能力。然而，大部分企业家的思维方式却仍然是从内部自我的角度去思考商业问题。他们更喜欢谈论增长黑客、转化漏斗、用户痛点和大数据获客等，但真正的企业家需要进一步理解清楚：定位

---

① 引自《大决战》文"让定位成为企业的客观功能"，邓德隆等著。于2018年1月31日定位理论创始人杰克·特劳特先生去世之后的第一个诞辰纪念日，邓德隆特撰此文纪念。

与技术红利和运营优势之间究竟是何种关系？实际上，它们之间是相互协同的：技术手段很容易被学习和复制，但独一无二的优势认知却相对难以改变，因此差异化定位才是战略的核心，一切方法与技术手段，都要能够强化企业在顾客心智中的独特位置才能事半功倍，而不是仅仅迷恋于技术手段本身。本质上说，互联网时代下半场的竞争是定位之战。

在企业信息与顾客大脑心智之间正隔着一片信息的海洋，没有任何一家公司可以轻松跨越。这片信息海洋是一种巨大的"心智屏障"，穿过这片海洋的唯一解决之道，是企业在顾客心智中建立一种类似"资质认证"的"心智产权"。最终，顾客只会倾向于选择他认为在某方面做得最好的企业和产品。一旦企业的信息和顾客心智中的资质认证相对应，就会产生不用再费脑筋思考的"直通车"效果。只有赢得了顾客的认同，才能把原本巨大的"心智屏障"转化为"心智资源"，拥有"心智资源"是品牌强大、拥有高势能的根本前提。对于新型企业来说，心智资源是一种比劳动力、土地、生产线、资本等更为重要的生产要素。目前及未来，企业一定要以外部顾客为核心，特别是以用户大脑心智认知为核心来配置企业内部资源。当你没有在顾客心智之中建立优势认知机会之前，任何大规模投入都是风险巨大的，缺乏这一功能的企业组织，就像航船进入大海却没有指南针那样命运莫测。[①]

对于创业者而言，人们应该对赛道选择极为重视。真正具有投资价值的赛道来源于两个方向及其叠加：

第一，产品及服务的创新；

第二，商业模式的创新。

商业模式的创新虽然不着眼于具体产品和服务的更迭，但它以崭新的方式重新整合了社会资源，当然最终也为社会大众和机构提供了划时代的

[①] 引自《大决战》文"消费升级时代，高势能从何而来"，邓德隆等著。该文为2017年11月29日邓德隆在《商业周刊》中文版主版的"The Year Ahead 展望2018"峰会上发表的演讲。

产品和服务。商业模式着力于联通供需双方之间的交易环节，其价值创造方式的空前迭代非常值得关注，也极大影响了供应方的战略决策。企业家不应混淆"定位"和"商业模式"二者的关系。商战的长期关键点是思考前者：如何建立定位。在定位之下，商业模式完全可以有多种选项。而对于商业模式创新型的创业者，其本身就是社会中的万千供应方之一，也同样面临着对这种创新服务需要定位和重新定位的问题。

对于已经具有一定规模的企业，可能需要展开"二次创业"，以获得自身发展的第二曲线。这时企业最重要的工作是：探寻你在顾客心智当中已经积累下来占据哪一个位置？这个位置将决定未来发展的一切资源配置，而且影响并决定了企业未来发展方向的一切可能，哪怕是全新的业务方向。如果没有厘清这个问题，极有可能会与公众认知直接对抗，甚至破坏好不容易已经占据的定位。

每个人的心智空间就像一间仓库，当我们完全无序地堆货时，堆不了多少货，仓库就满了，而经过仓库管理员——创业者有条不紊地整理，人们的大脑仓库还可以容纳相当多的类别和信息。当产品作为一种同质化的形态存在时，顾客为企业留出的头脑空间是极其有限的，但如果企业能够针对竞争创造出与众不同的优势位置时，顾客头脑的容纳量比我们想象的要大得多。因此可以说，整个社会的心智空间，犹如广袤无际的心智"大海"，存在着无穷无尽等待开发的定位机会，而精准定位和重新定位的过程，就是一系列整理仓库，即整理顾客心智资源的操作过程。

定位和创业者手中的资源之间，通常类似鸡和蛋之间的关系。总体而言，现在创业比以前幸福得多，创业者只要找到一个好的定位，生意方案和故事讲得很好，各种头部资源都会聚拢过来。相反，也有不少已经拥有很多资源的企业，因为没有找到自己在外部世界的定位机会，钱没有花在刀刃上，浪费了大好机会的同时，也消耗了大量社会资源。创业者只有在将手中有限的资源与顾客大脑里的潜在心智资源对应上以后，创业资源的利用效率才有可能事半功倍。

以定位的角度而言，创业过程通常可以分成四个阶段：

1. 确立和创建定位

开创一个新品类或者新的差异化特性通常有三个要点：

第一，瞄准更大市场潜力；

第二，为产品和品类重新定位，明确开创顾客的方向，即定位；

第三，成为新品类或者新特性的代名词。

定位的本质是回答"我是谁"。每个创业者都必须首先回答一个问题：自己独一无二的根本存在理由是什么？只有当这个问题的答案吸引了属于你的用户，你才能够持续生存下去。企业要在用户心智这片蔚蓝大海中占据一个坐标、拥有一席之地，这是企业出发的原点基础。如果没有这样一个位置，企业可能只是一支没有根据地、没有存在理由、毫无战斗力的生意队伍。再小的企业，对创业者本人来说，都是无穷大，而在用户心智中，再强大的企业，也只是银河系中的一束微光。企业和用户之间的距离之遥远，用光年都无法计算，如果没有通过正确定位搭起一座鹊桥，他们可能永远也见不了面。

另外，定位的一个作用或者功能，就是把太过于技术性的内容、企业内部认为很酷的东西，变成用户和客户能听懂、能接受、愿意去购买的东西。这不是把一个东西换个说法就行，而是要根据用户头脑里的定位机会，对企业内部进行方方面面的改造。为了占据顾客心智中的这个定位，在产品、价格、服务、渠道、传播、文化等各方面的体验都要进化和迭代，让用户认可企业产品占据这个定位的"合法性"，从而优先并持续选择你。

请注意，定位是指企业产品在用户心智中的一个优势位置，是企业战略的核心，而传播口号只是其中的一个环节而已，甚至并非不可或缺。企业经营一旦围绕着定位进行，从研发、品质、生产、定价都能环环相扣，最终成就名副其实、价值独特的品牌，这才是真正的"定位引领战略"，而不是仅停留在广告和口号上。当然，定位是企业对顾客的价值承诺，将这一价值说得很清楚本身也是一种价值，因为它帮助用户降低了选择成本和信息费用。

2. 高速开创顾客

高速快跑是甩开竞争、防御对手的最佳方式。然而，要确保企业高速、健康发展，就必须围绕定位去开创顾客，不能出现严重脱轨现象。也就是说，一方面，清晰的定位可以更好地开创需求，确保高速成长；另一方面，定位有利于抢占顾客心智，构建护城河，防御竞争，护航发展。

企业需要时刻思考：能不能针对竞争建立起优势位置？如果不能实现，企业的用户数、日活、营收、利润等有形成果，可能都将是虚假的、暂时的，从哪里来，最终还会回到哪里去，迟早被别人收割。企业要看清楚，用户是冲着补贴来的，还是冲着你的价值定位来的。如果不能用价值定位来留存用户，纯粹靠买流量生存必然不可持续，被补贴吸引而来，也会随着补贴停止而像潮水一样退去。

与此同时，企业需要看清楚以下三种类型的增长：

第一类，冲着你的定位来的用户，这是真正的战略性用户，可以称为肌肉型增长。

第二类，那些偏离你定位的客户，这种用户增长带来的生意增长，称为肥肉型增长，进来太多反而会带来麻烦，会拖住你使你负重前行。

第三类，是肿瘤型客户，会让你失去存在的理由，因而是一种恶性的增长。

总之，及时回到正确的定位上来，只有针对竞争对手确立优势位置，并围绕这个位置快速收割与开发市场，这样的成长才是企业真正需要的。

3. 应对竞争，主导行业

任何一种创新很快就会有同类竞争者跟进，甚至会遇到更大的企业、更大资源当量投入进来。这时，企业要界定好竞争的性质，才能正确地应对。通常而言，可以将竞争者分为两大类，分别采取不同的方式应对：

第一类，对自己无威胁的竞争。这是企业的盟友，应该容纳而不是扼杀它，可以吸引同类竞争者共同做大品类、提升品类热度，关键在于利用自己的主动权引导好对手。

第二类，是威胁自己的强势竞争者。当竞争者增长迅速并威胁到企业的地位，必须及时封杀，以确保领导地位、保持代言品类和特性的赛道。

4. 如果不幸落后，重新定位对手

如果在竞争当中不幸落后，就需要找到重新定位竞争对手的机会，才

有可能反超。如果找不到新的定位机会，或者无法重新定位对手，抑或资源相差非常悬殊，那么尽早放弃也是一种大智慧。太多的创业家"明知不可为而为之"，不是在追求经营成果，而是被敢于牺牲的勇气绑架了。人生何其短暂，再厉害也经不起在错误的方向上徘徊。如果没有定位机会，只是暂时还有钱赚，市场份额好像还在增长，未来似乎会变好，这些都可能是幻觉和假象，企业家不必做无谓的挣扎，对于整体社会资源来说，更是一种巨大的消耗。

在以创新、创业为主流的行业中，仅仅从产品和服务层面看经营，很难有护城河可言。企业的未来充满了不确定性，定位扮演的角色就是导航的功能，为极端混乱的不确定增加一些确定性。当产品的生命周期和时间窗口越来越短，产品和服务层面的蓝海越来越难以寻找时，定位理论所创造的战略无人区则会在用户的心智认知中具有独占性和稳定性。

那些含着金钥匙出生的企业，公司大、资源多，通过丰富的资源可以解决很多问题，他们犯了错也能付得起学费。相反，小公司资源少，价值链脆弱，如果定位不够精准，失败一次可能就再也没有机会了，因此需要更强的定位思考能力。归根结底，从定位的角度看，市场竞争实际上是一种参赛资格的竞争。针对竞争确立优势位置，这个位置是一种许可证，是一种合法性。当你没有这个合法许可证的时候，就无法进入顾客的心智，就算低价卖也不一定能卖得掉。判断自己有没有未来的唯一标志是，能不能针对竞争确立一个优势位置，以及能不能在这个优势位置上建立起主导的地位。没有定价权，没有垄断一个定位，公司是不会有前途和希望的。[1]

巴菲特提出"护城河"的说法，在我们看来，定位就是企业最深的护城河，战略定位能够为企业带来持续、不易被模仿的优势，为顾客创造独一无二的价值，因此更值得投资与被投资人青睐。定位理论经历了时间的洗礼和各个领域的检验，不但有助于人们找准自身定位并独占鳌头，而

---

[1] 引自《大决战》文"大竞争时代，创业成功的战略要点"，邓德隆等著。该文为2016年11月10日邓德隆在黑马创业实验室黑马学吧直播大课的首次直播。

且能为投资者提供另一个重要的参考维度，发掘价值洼地。

从定位理论角度看来，好公司通常有两个维度：

第一，始于竞争，即从一开始就要从市场竞争者中脱颖而出，做到与众不同，创造独属于自己的第一。

第二，终于价值创造，例如海底捞"服务"、瓜子"二手车直卖"等定位的建立就是最显著的价值创造。将差异化定位贯彻到底，十年如一日地践行下去，就能构筑起独一无二的护城河。

定位理论指出，公司应该创造与众不同的价值并贯彻到底，所有的技术和全部创新最终都是为了去创建一种差异化的顾客价值定位。当然，公司越成功，就越容易受到侧翼攻击，单一定位的竞争力是有限的。因此，我们主张企业家用最短的时间先建立起一个定位作为根据地，然后迅速围绕品类建立起多定位的协同，这才是护城河最深的战略模型。

对于投资人而言，活用定位理论，通过始于竞争、终于价值创造这两个维度来判断公司，会使投资的步伐更加从容。在任何一个行业中，最好不要选择定位趋同的公司，哪怕这家公司的财务状况暂时很好，甚至不应只是选择有技术创新的公司，因为技术及其产品被复制和超越的速度可能比想象的要快。[1]

竞争日益加剧，定位理论主张"数一数二"，企业甚至必须做到独一无二，即只有第一，没有第二。这依然遵循着"二元法则"，即任何市场最终将只剩两匹马在竞争，但第二匹马也要在自己的差异化定位上做到第一，才能在总体市场份额上位居第二。比如，宝马要在"驾驶"定位上做到第一，才能稳住第二的市场地位。百事可乐要在"年轻人的可乐"定位上做到第一，才能保住其市场第二的位置。因此，企业家要时刻反问自己：我们在哪个方面可以有机会做到第一呢？找到一个属于自己能够成为第一的领域，在顾客头脑当中占据这个位置，这个定位的位置才是企业的经营成果，它是企业最大的财富地盘。

---

[1] 引自《大决战》文"投资者如何挑选好公司"，邓德隆等著。该文为2019年3月16日邓德隆在第十届中欧私人财富投资论坛上的演讲。

组织管理的发展使得每个领域的专业分工愈发细密，企业高层必须面临的基本挑战是：如何用一个定位把这些"专家"串联起来？否则整个企业就成了一盘散沙，用德鲁克的词叫"一伙暴徒"——每个知识工作者都有自己的追求，如果一个搞科研的违背企业定位，穷尽极致去研究另一个方向的技术，不仅极大浪费企业资源，甚至会破坏企业的定位。其他的职能部门同样如此。企业一把手应尽的责任是必须要根据顾客头脑里对应可以属于自己的定位机会来引领企业内部所有的战略性资源。

中国著名哲学家李泽厚曾说，只有理解和解释了自己的存在，自己才真正存在。定位的终极意义，是企业要超越商业本身，才能找到自己存在的理由，真正找到一个社会任务的呼唤。企业家应该可以用一句话来解释自己企业是什么、为什么存在。这句话很可能是企业存在的唯一理由，也是一条不能逾越的红线。[①]

九、战略决战

人们常说"商场如战场"。在商战中，两个或更多的公司为争夺顾客而战，运用各自的战略和战术赢得市场竞争。和军事战争不同，商战永不停息，相同之处在于，胜利者总是在更多决定性的战役中拔得头筹，甚至一骑绝尘。在今日快速创新迭代的背景下，传统日拱一卒、渐进性的运营改善已经无法应对当前的市场环境，具有前瞻性的企业往往主动发动决定性战役，从根本上实现战略跃迁。

与军事战争类似，企业战略的核心在于选择决战的位置。定位理论之父杰克·特劳特先生在《什么是战略》一书中指出："韦氏新世界词典对战略的定义：规划、指挥大型军事行动的科学，在和敌军正式交锋前部

---

① 引自《大决战》文"超越定位：走出后现代的困境"，邓德隆等著。2019年1月31日，为纪念定位之父杰克·特劳特先生诞辰84周年，邓德隆特撰此文。

署、调动军队进入最具优势的位置。"他用毕生时间在全球帮助企业找到自己"最有优势的位置",以此为基础发动决定性战役,从而赢得商战的胜利。哈佛商学院教授迈克尔·波特也说,"战略就是创造一种独特而有利的定位""最高管理层的核心任务是制定战略:界定并传播公司独特的定位(position),进行战略取舍(trade-off),在各项运营活动之间建立配称(fit)",而"制定战略实际上就是针对竞争力量建立防御,或者发现行业内竞争力量最薄弱的位置,从而为企业找到定位"。

西方军事理论之父克劳塞维茨(Clausewitz)在不朽名著《战争论》中指出,"必须在决定性的地点把尽可能多的军队投入战斗,决定性地点上的兵力优势,无疑是最重要的条件"。现代军事思想奠基人之一,拿破仑的参谋长约米尼(Jomini)在军事史上最早确定了战略、战术和后勤之间的分野,他在代表作《战争的艺术》一书中定义道:"战略决定在哪里采取行动;后勤确保部队顺利抵达行动地点;战术决定行动的方式和军队的部署。"海权理论之父马汉(Mahan)在《海军战略》一书中说:"海军战略的精华,甚至于军事战略的精华,都是基于达到集中兵力于决定性地点之目的;威力的方程式是力量加位置。"古今中外军事史有过很多次决战,例如中国古代著名的长平之战、垓下之战、巨鹿之战、赤壁之战、淝水之战,国外的滑铁卢战役、中途岛之战、斯大林格勒保卫战、诺曼底登陆战等,这些决定性战役动用了全国的力量,战争的结果决定了军队甚至国家的命运[①]。

没有根据地,没有护城河,平庸、被动的企业无法掌握自己的命运,卓越的企业则主动出击,敏锐识别战略机会,构筑自己的根据地与护城河,把决战的硝烟引导到自己占据最佳优势的位置。克劳塞维茨在《战争论》中说:"那些看到战争无法避免却又犹豫不决而不主动进攻的政治家,都是国家的罪人。"这句惊心动魄的话同样适用于商战——看到企业面临巨大风险却依然随波逐流的企业家和战略工作者,也是严重失职。越是资源有限的企业,越要重兵囤积在一个小的冲锋口展开决战,才有机会积累自己的优势。

---

① 引自《大决战》文"大决战:商业只需重建的动力机制",邓德隆等著。

我们应该永远铭记晚清时期签订《马关条约》时的情景。李鸿章被慈禧太后派遣去日本跟伊藤博文谈判，到了日本之后，头部挨了一枪，差点丧命，在谈判桌上备受屈辱，只好节节让步，自此以后，当再次途经日本要换船时，李鸿章坚决不再踏入日本的土地，而是在两艘船之间搭上一块木板来换船。

仔细思考这段时间的历史，我们不难有以下观察：

（1）彼时清政府已经没有机会决定赔还是不赔，没有了主动权，就只能剩下请求。

（2）作为羸弱清政府的"职业经理人"，李鸿章完全没有谈判的资本。

（3）李鸿章并不笨也不想卖国，只是没有选择余地，否则损失更大。

（4）战略不是李鸿章定的，他在维护战略上还是尽心尽职的。

今天的商业竞争中，成功者与失利者的最大区别就是在商业谈判上的位势高低，企业家最需要具备的基本观念和认识是：

1. 弱国无外交

如果在整体产业中的地位比较低，就难以争取更多的谈判空间，只有持续强势的企业才有最终话语权，而这些通常能够体现在价格、规模、尊严和地位等方面。企业组织的主要作用和使命，就是让企业在产业价值链体系中拥有谈判的话语权，如果达不成这个目标，这个组织的存在就是失效的，而作为战略事务具体料理人，高层管理人员就都是多余的。

2. 耗散的能量是无力的

"熵"是热力学的第二定律，意思是在一定的时间和空间之内，如果你不对能量进行外界干预，能量的自然趋势就是"耗散"的，一直到均匀分布为止。这意味着，如果缺乏管理，公司和社会能量（如人、财、物、时间等）的自然趋势就是"耗散""平均化"的。普照四方的日光浴是没有杀伤力的，只有获得聚焦之后，太阳的能量才能切割最坚固的物体。企业的成功最早也许来自历史的机遇，之后来自对战略性资源和能力的正确管理，包括对时间、精力、智慧以及设备、技术、资金、资产等的配置。

3. 战术失误可以弥补，战略失败无药可救

即便世界上最好的守门员、前锋、后卫等凑到一起成为"明星队"，也不一定是最强大的球队。明智的战略允许平庸的战术，反之则不得法。一个战略决定对了，并不要求每个员工都是世界顶尖高手才行，也并不要求公司一定要把行业里最好的资源都聚集到一起，它可以接受相对比较平庸的战术和比较普通的资源。这意味着，借助正确的战略决策，一群跟对手一样平凡的人聚集在一起，完全可以创造出截然不同的历史奇迹。这就是孙武所言：善战者，求之于势，不择于人。英国著名战略理论家李德·哈特在《战略论》中提到："战争真正的目的与其说是寻求战斗，还不如说是在寻求一种相对有利的战略形势，也许战略形势是如此有利，以至于即便他本身没有胜利的效果，基于这种形势上打一仗肯定可以取得决定性的战果。"企业家不应仅仅为利润、规模、股东利益、员工而生，而是有责任让企业所做的每一件事情都有利于获得战略上的谈判"位势"，这是商业利益流动的背后总原则。

相对于工业社会来说，农业社会一切都是懒洋洋、慢悠悠的，而相对于信息社会来说，过去工业时代的变化节奏也只是慢镜头。杰克·特劳特统计过，1923年美国市场上的25个领导品牌，在77年之后的2000年，有23个仍然是领导品牌。然而，到了21世纪，VUCA（volatility 易变性、uncertainty 不确定性、complexity 复杂性、ambiguity 模糊性）这个军事术语几乎成了每一篇战略文章开场必定出现的字眼。于是，辉煌了近两个世纪的宝洁光环不再，在全球各地不断失去市场份额；艾默生这家持续增长了50年的老牌能源公司，两次石油危机都没能打断其增长，在21世纪却不断陷入衰退困局；连续十几年全球市场占有率遥遥领先的诺基亚公司突然倒下……"我们并没有做错什么，但是不知道为什么，我们输了"。

这一切变化的背后，是第二次世界大战之后七十多年的和平发展，技术和管理水平的不断提升，使得全球企业合力塑造了人类历史上前所未有的高效供应链，可以随时调动全球资源，满足消费者的任何需求。近几年移动互联网和人工智能等高科技的演进，使企业的经营效率更高、跨界

打劫变得更容易、市场竞争变得更加激烈。"日拱一卒"式的持续改善，"质量更好一点""成本更低一点""日日新，苟日新"，这些曾经行之有效的方法已经无法从根本上改变企业的战略处境。核心竞争力理论创始人加里·哈默（Gary Hamel）在《哈佛商业评论》撰文叹息到，现在的企业仍然采取渐进式的改善，如同"罗马着火时还在弹琴"，已经无济于事。唯有打好几场决定性关键战役，才能实现战略跃迁，离开四分五裂、岌岌可危的脚下位置，来到一个水草丰茂的新大陆。

新技术的发展、商业基础设施的完善，使得现在的每一家企业都处于"四战之地"，甚至根本无险可守。每一家企业都要集聚力量，通过决定性战役建立一个独一无二、具备主导地位的优势位置，使潜在对手无法攻入。绝不能在非战略地点上消耗战略力量，要在有限的地方集中优势兵力取得领先。战略定位的最高境界是企业能够独占一个词，比如"电商"之于淘宝，"社交"之于腾讯，"搜索"之于百度，"二手车直卖"之于瓜子，令竞争对手望而却步，任何冒险进来的企业都将输得很惨。正如克劳塞维茨在《战争论》中说："人们永远只有通过积极的措施，即以决战为目标，而不是只以单纯的等待为目标，才能取得巨大的积极成果。主要地点的决战将会同时也决定次要地点的命运。一切损失都会在主力决战中得到补偿。"

商战中的决战，通常需要比较长的时间，有时需要分成若干场关键战役。以下四条基本决战原则可以大幅度降低决定性战役的战略风险，增加成功的确定性。

（1）针对领导者的对立面或关键弱点

大多数企业家和管理者仍然习惯一切从自己出发思考问题。特劳特在《商战》中说："大多数企业遇到问题时的本能反应就是对企业内部进行研究，他们总喜欢先考虑自身的优势和弱点，只是研究自家产品的产品质量、销售队伍、产品价格和销售渠道，等等。"

管理层往往忽略了市场竞争的本质是一场"对着干"的差异化战争，误以为这只是"比着干"的标杆式学习竞赛。落后企业应该把注意力集中在领导者身上，研究领导者的优势和弱点。特劳特《22条商规》一书中的"对立定律"说：若想成为市场第二，那么你的战略应由第一决定。你必须发现领导者强大地位背后的本质，然后以与其本质相对立的定位角度出现在顾客面前，抑或把自己和领导者关联在一起，这样的决战位置赢面会更高。

（2）在无争地带发动侧翼战能有奇效

侧翼战和进攻战的区别在于：假如一个山头尚未设防或防守空虚，一个班的兵力就可以拿下来；如果对方已经设防，那么要进攻同样的山头，也许需要一个师。如何找到战略上的"无争地带"？答案是，要密切研究领导者，不要仅仅试图把自己变得"更好"，而要变得"不同"。

现实中，大多数跟随品牌都一窝蜂地仿效领导者。落后者常常这样想，"领导者之所以能做到最大，他们肯定知道怎么做最有效。让我们也这样吧，只是要做得更好"。实际上，"更好"的想法并不妙，这样做就把残酷的商战当成了"友谊第一"的比赛，而且以领导者倡导的标准来衡量胜负，完全失去了发展出自己战略的机会。

（3）最佳的防御是主动展开自我攻击

积极防御是最难做到的，也是最具威慑力的战略选择。自我否定，自我攻击，自己淘汰自己，等于"革自己的命"，是对人性的巨大考验，真正做到这一点的企业少之又少。领导者要打的是一场防御战，而最好的防御就是不断攻击自己，毕竟移动的目标总比静止的目标更难让对手击中。

（4）在测试成功的地方发动决定性战役

新时代的"二八定律"是，把80%的精力聚焦于主战场，用20%的精力探测未知。一旦找到一个新的突破口，后续大部队蜂拥而至。也有不少企业测试成功后，未能识别出这是一个展开决战的战略机会点，错失了商战良机。

综上所述，战争胜利的基本公式可以描述为：

战略=位置+兵力+节奏

如果转换成商业竞争语言，企业具有战略意义上的成功取决于以下三项要素：一是正确定位；二是资源和能力的配置；三是推进节奏。

当然，尽管定位理论总结出来的规律是通用的，但是具体到每家企业如何运用，仍然有赖于决策者的战略素养和实战积累。毕竟每家企业面对的战略形势都是独特的，所以每一家企业的战略也必须是独特的。在一个可能占据主导地位的位置发动决战，重兵打造自己独一无二的优势，以强大定位占领用户心智，这是企业最可靠的护城河。当企业为社会创造的是独一无二、与众不同的价值时，用户就会给你一个词来代表你独特的成就，在定位理论看来，这种日常中的语言指代行为是商战的最佳成果，即"一词占领心智"。

无论如何必须相信的是，"兵力原则"是所有战争原则中最基本的原则，"上帝总是站在队伍更庞大的一方"。以弱胜强战例取胜的共同点就是在总兵力不占优势的情况下，让自己的兵力在决战地点超过敌人。"战略节奏"应该是企业家设计战略时非常重视的环节。企业采取战略行动，有时必须疾风骤雨；有时必须静水流深；有时必须广积粮、缓称王；有时必须动若雷霆，全面昭告天下。很多企业制定了正确的战略，但是战略部署的时候把优先顺序搞错了，于是战略就全乱了。

当然，在决定性战役获得胜利之后，企业在战略追击的过程中需要进一步识别、锁定和扩大战果，应注意以下三点：

（1）正确认清关键战役的性质

不少商战赢家未能准确判断胜利的性质，失去扩大战果、锁定胜局的良机。这可以分为三种情况：

第一种，企业没有意识到自己有可能占据一个主导位置，未能乘胜追击发动大决战去锁定战果，于是"先驱"做成了"先烈"。

第二种，企业没有正确意识到自己成功的真正原因——由于"暗合"定位原理，企业无意中占据了一个独特有利的位置，但是企业并没有真正认清这一点，于是无意中得到的位置又在无意中失去。

第三种，企业高估了自己，低估了品类内外对手，过早地放弃了使自己成功的定位，失去了已经树立的根据地。好的位置一旦占领，要长期坚守住，才有更多走向未来的可能。

（2）以定位为基础，跨界收割

很多企业害怕被别人"跨界打劫"，但决战的胜利者确实可以享受跨界收割的特权。企业以倾国之力打赢一场决战，当然不应该只是守在城堡里故步自封。相反，一旦夺取要塞、占领制高点之后，就从原来的四面受敌、无险可守，变成了"会当凌绝顶，一览众山小"，带着势能从制高点奔驰而下，更有无人可挡的威力。正是成功定位的优势位置，才让企业有了"跨界打劫"的底气。当然，"跨界打劫"并不意味着一定可以向其他领域的领导者发动正面进攻。

（3）多定位协同更具战略优势

企业通过决定性战役占领一个定位之后，如果发现新的可能占据主导地位的有利位置，可以通过一场新的决战占领下一个定位机会，并获得整体协同效应。同样的商业环境，其实为决战成功之后的企业打开了征服世界的广阔空间。一旦你占据了一个强大的定位，最优质的资金、人才、渠道、土地、媒体关注、合作伙伴等资源都会主动靠拢过来。定位并不是把企业"定"在一个地方不动，而是给了企业一个可以据此"撬动地球"、重新构建商业秩序的支点[①]。

《定位》一书的作者之一、"定位之父"特劳特先生在接受中国权威媒体采访时这样说道："我之所以来到中国，目的是把定位理论告诉中国的企业家。这些理论是美国的企业家在美国的实验室里，付出了上千亿乃至上万亿的惨痛代价所总结出来的一些经验教训。我把这些经验告诉中国的企业家，希望中国的企业家不要再在同样的问题上付出同样大的代价。"

显然，我们已经无法回到"小国寡民""鸡犬之声相闻""路不拾遗，夜不闭户"等颇具原始之美的"理想国"。商业世界已经是资本在全球范

[①] 引自《大决战》文"大决战：商业只需重建的动力机制"，邓德隆等著。

围内的逐利场，正是"趋利"本性带来了和平时期的商业战争，这是我们无法回避的基本现实。无论是通过回避竞争，还是盲目同质化的跟风竞争，都无法获得真正的商业"和平"。商业竞争不可避免地带来一段时间的资源兵力对抗，也正是如此，使得行业脱离需求拉动不足、有品类无品牌、低质低价消耗战、同质化无创新等长期零和博弈，并迫使那些错误定位的企业因为前景不佳而转向以其他适合自己的方式生存。

人们之所以不能将战争原则与战略定位结合起来的根本原因，是把定位当作了一场可有可无的商业"游戏"，而不是劳师动众、生死两别的战略决策。这种和平社会里公平竞争下的经营哲学，淡化了商业战场上的残酷性，让那些未经军事战场洗礼的年青一代高管养成了轻敌、自我、草率的决策心态。套用《孙子兵法》"不尽知用兵之害者，则不能尽知用兵之利"的说法，如果不能了解战略决策错误的一系列恶果，就不可能真正体会到正确定位之后的丰硕成果[①]。

尽管怀抱《孙子兵法》两千余年，但绝大部分国人还并不具备成熟战略家的素养。一方面，孙武并非黩武好战之人，但他所倡导的"非战""慎战"思想，也并非一味回避战争、投降免战，"以战止战"也绝非"好战""尚武"那样简单和幼稚。回顾近代中国革命史，面对日本帝国主义对中国发起的侵略战争，毛泽东在《中国革命战争的战略问题》《矛盾论》《战争和战略问题》等一系列军事理论著作中，进一步深刻地阐述了"战争的目的在于消灭战争"的基本认识。毛泽东说：战争——这个人类互相残杀的怪物，人类社会的发展终究要把它消灭的，而且就在不远的将来会要把它消灭的。消灭它的方法只有一个，就是用战争反对战争。毛泽东提醒人们，共产党人研究革命战争的规律，是为了消灭战争，我们"不但求一国的和平，而且求世界的和平，不但求一时的和平，而且求永久的和平"。反对战争，不怕战争，是毛泽东一贯的思想取向。

---

① 意思是：不能透彻了解用兵的害处，也就不能真正懂得用兵的好处。指知利也知害才能用好兵。语出《孙子·作战篇》。

正如法国战略理论家、陆军上将安德烈·博福尔（Andre Beaufre，1902—1973）曾说，当历史的风吹起时，虽能压倒人类的意志，但预知风暴的来临、设法加以驾驭，并使其终能替人类服务，则还是在人力范围之内。战略研究的意义即在于此。包括博福尔在内，如李德·哈特、约翰·富勒等现代战略理论家对于战争的态度，都与中国孙武、吴起的"非战""慎战""以战止战"思想高度一致①。

---

① 安德烈·博福尔（Andre Beaufre，1902—1973），法国战略理论家，陆军上将。1956年在苏伊士战争中任法军司令，指挥法军对埃及作战。1958年任欧洲盟军最高司令部总参谋长。1960年晋升上将。著有《战略导论》《1940年法国的沦陷》《北大西洋公约组织与欧洲》等多种军事论著。
李德·哈特（Liddell Hart，1895—1970），英国军事理论家、战略家。毕业于剑桥大学。第一次世界大战爆发后参军。1927年以上尉衔退役。1937年任陆军大臣的顾问，致力于军事改革。《战略论》是他的军事理论代表作之一，此外还有《西方的防御》《第二次世界大战史》《德军将领内幕——来自希特勒高级指挥官令人震惊的发现》等。
约翰·弗雷德里克·查尔斯·富勒（John Frederick Charles Fuller 1878—1966），英国将军、军事理论家。第一次世界大战期间任坦克军参谋长。1929年起任旅长，次年晋升少将。他创造性地提出了以装甲部队纵深突破造成敌人战略瘫痪为核心的一整套"机械化战争理论"，深刻地影响和作用于第二次世界大战。其代表作品有《1919计划》《装甲战》《西洋世界军事史》《战争指导》等。

第六章

定位战术落地手记

定位产生作用建立在若干心智规律之上，如心智"先入为主"的基础特性注定了顾客将参照认知中已有领导者的标准看待后来者，心智"抗拒改变"注定这样的局面非常难以扭转，大脑"容量有限"使顾客只能记住少数品类中的少数领导品牌，其他多余信息将统统被忽略不计，一旦心智"缺乏安全感"的防御机制启动，心智窗口将瞬间关闭，除非与他头脑中已有的某种常识相连接，或者提供某些重要的新知识、新信息。

因此，如果企业还不是品类的领导者，将永远无法摆脱潜在顾客心智中领导者的影子；如果已经是所在品类数一数二的企业，可能将面临顾客心智中新一代产品或服务的逆袭；如果是后起之秀，将不得不面对品类和细分领域的代表品牌阵营。总之，一切不以心智认知为出发点的定位都是"伪定位"。基于顾客心智认知的战略要地来看待和应对竞争，是新时期战略定位的基本思考点。

心智是行动的前哨，很大程度上决定了顾客最终如何选择。新时期的企业战略，必须首要在潜在顾客心智战场上安营扎寨：先影响心智认知，才有可能最大程度影响购买选择。一旦前哨防线失守，在生意层面展开诸如产品战、价格战、促销战、服务战等，就已经是亡羊补牢的不得已之举，这样的思考方式彻底远离了《孙子兵法》中"先胜而后求战""不战而屈人之兵""拒敌于千里之外"的全胜方式，自然不是战略型企业家最明智的思维模式。

如果从顾客角度来下个定义，所谓竞争，就是顾客心智中的另一种选择。所谓心智中的对手，大多情况下已经包括了实际生意上的对手，当心智中的对手还没来得及覆盖到某个实地区域时，企业在生意上可能还存在复制跟风的机会，一旦强势对手的运营足以覆盖这个区域，竞争压力势必滚滚而来。

心智中的对手通常可能包括品类内和品类外的。品类内对手比较容易被发掘和研究；品类外对手包括历史中早已存在的其他替代性解决方案或未来的颠覆者，老企业被新物种跨界"打劫"的现象常有发生。因此，小心看护好企业的心智营盘，适时监控新近发生的市场得失，根据形势需要对你的业务和品牌进行重新定位，是战略护航工作的重点。正确的解决方法是企业足够重视顾客大脑心智认知的变化，至少能正视这些认知变化实际存在，而不是轻视它们。"识时务"的企业家懂得根据环境的变化做出相应的战略战术，而不是一意孤行，强迫环境条件适应自己的意愿。

为了便于理解定位如何落地执行，本章节将结合一个既是身边常见，又容易被理解的具体业务——中式快餐来加以说明。我们截取领先企业在发展历程中某一个发展阶段所面临的事件和经营问题，来深度复盘如何围绕战略定位就具体战术问题做出系统思考。（本章内容皆由本书作者的工作笔记整理而成）。

一、以老乡鸡快餐为例，分析中式快餐市场需求及运营模式

（一）背景概述

老乡鸡快餐，全国 600 多家直营店（截至 2016 年），中国中式快餐第一阵营品牌。2003 年，老乡鸡创立于安徽合肥，原名"肥西老母鸡"，早期聚焦安徽省内发展，在安徽省内的店数及品牌影响力超越麦当劳、肯德基，营收超过 10 亿元人民币，取得中式快餐品牌绝对第一地位。其业务形式主要在于围绕社区开店，坚持单点模式承接日常就餐消费，以区隔于

真功夫、老娘舅、满口意等对手。老乡鸡从 2016 年发力开拓南京、武汉等全国新市场，成效迅速，成果显著，2020 年全国开店突破 800 家。

（二）中式快餐市场的三类需求

仔细研究顾客的就餐需求之后得知，中式快餐市场主要存在三类需求：

1. 应急需求

很早以前，大部分中国人都是在自己家做饭，甚至出门时也自己带饭、带干粮等。随着跨地域活动越来越频繁，范围半径越来越大，人们被迫需要在外解决就餐问题。因为是基本生理所需，只求临时简单吃一点，自然对菜品的品种、口味、价格要求都不高，可能多在商贸城、业务工作附近，或者车站、地铁、机场等交通枢纽附近解决。

2. 工作需求

随着社会分工越来越追求专业化效率，人们在家附近工作变成了一种奢侈，远离住家外出上班成为常态。最早也有单位食堂、工作场所附近的盒饭、餐馆等满足工作餐需求。相比"应急"而言，"工作就餐"人员更加稳定，时间基本固定且更扎堆，重复消费的频次比较高，就餐地点最有可能在其公司附近的写字楼、商业中心等周边。由于长期、多频次、更正式的需求特点，人们不再满足于随便临时对付一顿，除了同样要"快"外，对是否合算、方便、菜品选择、口味、环境卫生等都有了更高的要求。由于对周边环境比较了解，所以也会经常有意换换口味，也可能与同事一道搞个小型聚餐等，于是"工作餐"成了比快餐略微高级一点的需求。

3. 日常需求

百姓居家一日三餐，到时间就要正常做饭。当工作越来越忙，人们即便有条件做饭，也不想太辛苦、太麻烦，开始追求舒适、省时间，或者把时间用在教育、娱乐、锻炼、交往等他们认为更重要的方面。一方面，整体社会节奏加快；另一方面，经济收入已经进入了可以随意安排就餐支出的程度，于是出现了外部餐饮行业的社会专业分工替代了自己在家做饭。人们开始认为，外出旅游、办事，工作餐已经够将就了，有时间有条件的时候自然要求更高了，例如，要确保卫生，环境要更舒适一点，最好还能兼顾营养和健康等。这部分需求虽然还不像工作餐、应急餐那么旺盛，但这一需求正在持续、稳健、快速地增长着。

（三）快餐行业演进出三种运营模式

在满足人们多样化需求的过程中，快餐行业逐渐创新性地积累出三种差异化的运营模式：

1. 套餐模式

代表品牌是肯德基、麦当劳、真功夫、老娘舅等。西式快餐早期显示出某种异国特色，后来成为一种休闲餐饮，或者满足应急和工作用餐需求。套餐模式的菜品可选择品种不多，仍然只是有得吃、填饱肚子，偶尔少频次还能接受。其选址通常在热门商圈、交通枢纽、旅游场所等。

2. 自选模式

代表品牌是满口意、旺顺阁、来必堡等，全国都有很多本地品牌。这种模式菜品丰富，自由选择，性价比高，能够满足长期换着花样吃。因为时间集中在午餐短时间爆发，所以要求门店面积更大，响应速度要快。它相当于小饭馆的一种升级形式，但仍然不能最切实地满足"日常餐"的要求。

3. 单点模式

主要代表品牌是老乡鸡、面点王等，主要针对就餐要求更高的顾客群体。他们可能时间更充裕、心情更放松、对口味和品质预期比较高，只要价格不偏离大众水平即可，而且对装修环境也要求更讲究。这一模式主要承接了由于社会节奏加速，不愿在家做饭、又有能力吃好一点的群体需求。由于可能会经常吃，因此不太适合强迫点套餐，自由组合可以丰俭由人，也可以按照自己的心情和胃口随意决定。其中干净、卫生、好吃，是快餐需求升级的重要表现。用餐时间并不如工作餐那么密集，每个时间点都可能有顾客光顾。

当然总体来说，以上三种模式各有特点，针对不同需求有一定的契合性，与三种需求归类也并非一一对应，企业往往都要能满足，只是可能更了解、更匹配某一类市场需求，最终慢慢演变成更有针对性、更具专业门槛。伴随商业成本整体增高，每种模式都需要能满足多样需求，"一专多能"才能更好地生存。

二、各类战术决策的思考

当企业家身处繁杂的具体经营细节中，是否能够看清楚自己大大小小事情的决策，对打造品牌、巩固定位具有怎样的影响呢？在定位实践中，经常涉及各方面的战术决策，都有可能成为品牌打造的关键分叉口，或将成为企业发展道路上的重要转折点。当然，经营过程千变万化，实在无法列举穷尽，更不可照搬套用，此处仅仅以点带面、管中窥豹，借以洞悉战略与战术之间的一致性逻辑关系。

（一）产品及服务的创新边界

正如德鲁克先生说："企业有且只有两项基本职能——创新和营销。"然而，是否但凡创新就一定好呢？企业的产品开发人员最希望能够广开创意之门，完全自由创造，但毕竟要有经营业绩才能长期支撑。那么，产品和服务创新的边界在哪里？

1. 事件

"老乡鸡"合肥百乐门新店 2015 年 8 月 25 日开业，约 250 平方米，属于第四代装修，客单价略超 30 元。企业提出探讨：日常快餐需求满足是否可以进一步深化，比如效仿必胜客模式，坐下来点餐？是否可以在装修、模式等方面上创新出"不像快餐的快餐"？

2. 专家思考

新店装修很有创意，令人耳目一新，档次明显上升，确实比较酷。现场顾客点赞、老顾客口碑、吸引新顾客加入，这对激活品牌、保持活跃度有很大的帮助。在产品、服务、后厨等相关方面，运营细节也有所创新，例如菜品调整（炖鸡汤放到前厅柜台，夜宵主推鸡公煲等）、增加新式花样饮料等，这对提高客单价也有明显帮助。总体而言，系列创新符合领导品牌引领升级进化的总体方向。

但与此同时，企业也应防止过犹不及。引领行业是开创性工作，没有既定标准参照。现阶段还是应该在快餐类别里进行升级，不应为追逐需求而延伸跨入他人的强势领域（如对正餐影响比较大的休闲餐厅，装修更时尚更酷，灯光较暗，小资情调足，更适合年轻人等）。

顾客一旦被引导，可能会激发出另外的需求，如桌椅舒适度、菜品更新、增加特色菜、要能喝酒等。刚开始，顾客因为是认知中的"大品牌"所做的创新而充满新鲜感，但在尝试过以后，与他们体验过的休闲餐厅相比（如绿茶、外婆家等），老乡鸡积累多年的"快餐"品牌认知和运营经验的竞争力都将不一定适应，反而容易形成"没有想象中那么好"的负面认知。

第一，企业应该在店面及运营升级的方向上适当回调，从装修设计上，需要摆脱外婆家的影子，回调到更加简洁、现代、明亮、适合经常吃的日常快餐上来。因为经营模式不一样，不可模仿和照搬外婆家、青年餐厅、西贝等的运营模式。可以适度保持运营经验创新，并继续强化出品、新菜、早餐、外卖、夜宵等，在快餐行业引领时代变化。日常快餐机会巨大，老乡鸡已经积累很多，并初步形成了独特的气质，整套运营经验已经有明显优势，一旦进入别人擅长的领域，这些优势很难再有效力和进一步得到积累。尤其在进入外省陌生市场时，早期缺乏强有力的品牌掩护，一旦做成特色餐厅、休闲餐厅，老乡鸡在快餐领域的竞争优势将荡然无存。

第二，无须特别强调鸡汤的特色创新。在安徽百姓心目中，老乡鸡是快餐代表，已经不再是一家以鸡汤为特色的餐厅。老乡鸡最有效的特性就是代表快餐品类的基本特性——干净、卫生、好吃。老乡鸡应该时刻不忘强调大品牌、领先地位，以确保"干净、卫生、好吃"植入顾客心智。过分突出鸡汤特色，会弱化领导地位信息，使快餐第一品牌认知变得模糊。更合适的做法是，将鸡汤作为招牌菜之一（并非唯一特色），持续改良鸡汤品质一致性，更好地满足更正式、更讲究、更看重营养的"高级"日常就餐需求。

此外，不宜考虑泔水回收利用。这样做存在认知风险，可能会被人传为"泔水鸡"，对品牌打造不利。品牌运营必须以确保心智"合法性"为前提，不能有明显漏洞，标杆企业更加担不起负面传闻风险。企业应该考虑采取其他方法达到降低成本的目的，并将注意力重点转向思考"如何适度提高价格拉出利润空间，实现企业良性循环"。

（二）如何应对竞争者兴起

企业在成功顺应大趋势并成为标杆之后，同时拉动了品类发展壮大，其副产品是竞争者开始跟进和凸显，领导品牌应当及时出手打压，还是应该包容竞争呢？

1. 事件

以满口意为代表的自选快餐在合肥蓬勃兴起，似乎更能满足从大排档升级来的顾客，也能侵蚀社区家常就餐，而家常就餐又有可能被休闲和特色餐厅切走。针对满口意，如果放任其成长，不加以压制，是否会贻误战机？抑或应该采取措施挫伤其元气、扼杀其发展势头呢（如部分菜品半价等）？

2. 专家思考

大众餐饮蒸蒸日上，自选快餐蓬勃兴起。应急餐、日常餐和工作餐三类需求中，应急用餐逐渐被休闲餐饮替代和切割，而自选快餐相对更加适合满足工作餐需求。老乡鸡针对日常餐做得很好，单点方式很有优势，甚至托管了部分工作、应急需求。过去成功托管很多市场，现在专业细分加剧，竞争压力当然更大。

老乡鸡应该看清楚自己为何成功，以及未来成功的关键是什么。综合全国各地餐饮业发展可知，日常餐越来越普遍，甚至越来越多人即使具备做饭条件也不愿在家做饭，日常餐已经成为大众"刚需"。老乡鸡单点模式与满口意自选快餐既是竞争关系，也是同盟关系，现阶段尤以同盟关系更加重要。老乡鸡经过长达12年的运营摸索（自2003年肥西老母鸡开店算起，至本案例产生的2015年），以"单点"为核心的日常快餐模式已经证明其行得通、可复制、很独特。相比自选模式（更契合工作需求）、套餐模式（更契合应急需求），单点模式更契合日常用餐需求。

同时，快餐的日常需求对各方面要求更高，更难以满足，具有更高的技术门槛，形成了对老乡鸡更有利的竞争壁垒。随着经验积累和效率提升，老乡鸡将具备"一专多能"优势，更多收割应急需求和工作需求。反过来则不行，自选和套餐模式品牌若想转向日常需求为主，则需要打破其本身模式的主体运营逻辑，难度非常大，而且很可能是灾难性结果。如果以单点模式满足和开创更多日常需求，持续夯实品牌，老乡鸡未来将更安全，也更游刃有余。只要把日常就餐做好了，就能够托管更多其他需求，而且日常家庭就餐更是未来整个品类中最大的一块蛋糕，使老乡鸡占据更为有利的位置。

自选快餐更多收割路边摊档、小餐馆生意，不断提醒顾客快餐品牌化消费趋势，创造了更多外出就餐的顾客和机会，调研中发现，其中不少已成为老乡鸡的新顾客。消费升级趋势下，自选快餐将为老乡鸡输送更多对快餐更讲究、有更高消费力的客源。老乡鸡需要密切关注自选快餐的兴起（尤其是店铺数量增长、并购及资本扩张等），但不必急于全面打压。从另一个角度理解，做大自身标准，以单点模式更好满足日常快餐需求，就是对自选快餐侵蚀的成功阻击，同时也最大程度借力竞争壮大自己。如果一味费力封杀，不但失去竞争盟友，也必将影响自身标准的创新方向，实际得不偿失。

（三）如何面对新模式冲击

互联网技术催生了很多具有一定影响力的新型企业，对传统模式构成了很大的观念冲击。如何拥抱新技术、新模式大潮？被动接受还是彻底颠覆？

1. 事件

黄太吉（当时的煎饼网红品牌）利用其公关推广能力，用3年时间开创了50个店3亿元营收，新业态、新方式的威力不可小视。后来，黄太吉又大胆改革，利用门店基础，进入CBD写字楼快餐市场，侵蚀类似丽华快餐等品牌的生意机会。

2. 专家意见

基于移动互联网技术的深入应用，新模式总会层出不穷，其中有老乡鸡可以学习的部分，如微信点餐、自动售卖、移动支付、外卖等。很多行业的实践经验已经证明，网络技术的应用与店铺实体运营之间并非替代关系，而且有着巨大的促进作用。老乡鸡如果善于叠加应用，适度创新，将大幅提升运营效率，有利于建立优势地位。

新模式企业仍有很大的不确定性，老乡鸡应该关注的是：在已经被证明的成功方式上进行快速复制。接下来，应乘胜追击，在安徽根据地发展，精练运营，积累创新经验，同时为拿下省外拓展——南京、武汉等市场提前布局各项准备工作，确保告捷，奠定进军全国的基础。

（四）如何看待业绩增长放缓

股东对增长的期望，其本质是资本的利益驱动，对企业保持高速增长提出了强烈的要求。究竟是满足股东利益，为股东创造价值，还是考虑品牌长期发展，遵循品牌成长的基本原则呢？如何保持战略决策和运营配称动作不变形呢？

1. 事件

当经济形势不见好转时，企业应该稳健还是提速快冲？如何重新实现突破性增长？企业家感觉但凡品牌成功定位3~5年之后，总是容易陷入缺乏快速增长动力的局面中。

2. 专家意见

参考行业统计数据，2008—2014年，中式快餐市场规模复合年增长率达17.5%，高于餐饮业平均数15%，快餐营业额已占全餐饮业五分之二。毋庸置疑，老乡鸡这些年也是非常成功的：营业收入2011年1.5亿元，2015年约10亿元，四年翻了超过5倍，门店数量在安徽省有超过400家，仅合肥就有超180家，几乎无处不在。只用了4年时间，老乡鸡已经成为安徽百姓心中的快餐绝对第一品牌。在运营模式上，紧紧围绕"日常快餐"需求不断打磨"单点"模式，奠定了向外省复制乃至全国扩张的坚实基础。如此速度，任何一家餐饮企业都难以望其项背。

老乡鸡所主攻的日常快餐需求是生活节奏加快、社会专业分工的必然趋势，其需求满足的门槛较高，被满足的程度较低，很多仍停留在大排档、小餐馆中，或者被自选快餐临时托管。具体而言，之所以呈现出老店营收下滑，与多方面运营不佳有直接关系，例如：品牌缺乏新信息刺激（如早餐传播有限、品牌可视度不足）、开店及运营策略亟待再提升（如位置、面积等不适合）、日常运营能力有待加强（如新菜品少变化、服务速度欠佳）等多个方面。

（五）如何把握跨地域发展机会

在一个区域市场，开到多少家算是足够？多少算是过于密集？在机场、高铁站等处开店，品牌势能更高，但如果往县乡镇拓展，向下开店是否会成为农村品牌？什么时候可以跨区域发展，一开始铺开全国先占领地盘好，还是盘踞一地，做成第一，再向全国复制更稳妥？是否会错过更多发展机会？

1. 事件

截至2015年，老乡鸡在合肥有超过180家店，几乎随处可见，安徽全省有超过400家，原来计划在安徽开到500家。从2016年开始，是否适合走出去？南京禄口机场是否可以再开1~2家？截至2023年上半年，老乡鸡已突破1200家店。

2. 专家意见

顾客的确更加倾向从高势能区域（如省会及中心城市）的表现来判断

品牌是否具有吸引力,因此核心根据地的品牌领导地位非常关键。老乡鸡在安徽一直以合肥为根据地,通过传播和运营筑高势能,已经被广泛认为是快餐第一品牌。有此基础,向地市县乡镇发展越好,越会持续强化无处不在的正向认知。一旦有了强势品牌的掩护,开店也将更容易获得经营上的成功。当走出外省时,同样需要从高势能区域开始逐个击破(如进江苏选择从南京突破),可以选择机场、高铁站等人流集中的码头开店,并首选徽籍人士相对聚集的中高端社区。一旦拿下省会,辐射全省将势如破竹。当走出省外时,可以对菜品选择、口味等做出适度调整,定价只需在同业竞争中确保价位适中即可。

有了强势品牌的掩护,开店策略是运营的重中之重。适当的位置、业态氛围、周边客群、辐射范围、交通路径、面积大小、内部格局等都是应该不断积累的开店运营技术。品牌发展的总体原则是:领导品牌尽可能无处不在,既能强化品牌传播,也能时刻提醒消费,构筑整体认知壁垒。

(六)如何把握运营的突破口

企业各项运营的创新,成败各有不同。应当"损其有余,补其不足",还是应该舍弃失利,追击成功?应该从人性角度考虑,还是应该从企业效率角度来权衡决断?

1. 事件

在安徽省内地级市亳州,除了一家店业绩不佳外,其他市区 3 店均盈利,下县市场蒙城店也不错;与之相反,芜湖市场潜力不亚于合肥,但除一家良性经营之外,其余 9 家均未盈利。接下来如何调配资源?追击亳州,还是补足芜湖?

2. 专家意见

调研发现,老乡鸡之所以在亳州市场品牌发展势头良好,其成功之道具有一定的普遍性。亳州团队的主要工作,除了加强店内服务以外,同时也对外大力拓展品牌,例如,主干道立柱灯箱、楼顶外墙灯箱广告、赠送交警太阳伞、与宾馆合作、做好老客户推荐、外卖实行外包管理等,但品牌知名度还需继续加强（例如涡河以南都知道老乡鸡，涡河以北就难说了），还需要总部支持公交车广告（例如5号线贯穿全城新老街道，现在空白无广告），而且市场督导员预计还能再开2家店（例如大唐国际城等集中社区和卖场的新商圈等）。

在芜湖，老乡鸡品牌具备一定认知基础，整体提升空间很大。需要改进的方面主要有：选址位置不是最适合，面积过大、客流少、更显生意冷清，店里光线昏暗，面积利用不足、成本压力大，步行街店周边品牌可视度不足，店员亲自送外卖影响店内服务及卫生，总部支持响应不足等诸多方面。专家建议：追击成功，调整不力。

（七）怎样调整产品价格

一般认为，价格最为敏感，而且变动空间很小，甚至只能降，不能涨。涨价与降价，对于企业的战略是否有如此大的影响？从企业角度看来，与从顾客角度看来，最终很可能得出相反的结论。企业该如何决策？

1. 事件

老乡鸡在快餐中已经处于高端价位，如果降价，生意一定会更好，应该降价，还是继续提价呢？企业增长不及从前，而且利润率下滑，提价似乎迫在眉睫，但如何实现呢？

2. 专家意见

目前的确存在一定提价空间，除百乐门店已经初步体现外（原客单价22~25元，现已略超30元），如亳州（类五级城市）督导和店长都表示部分菜品可提1~2元，从品牌发展和意识上均能接受提价。

首先，新竞争者加入之后，老乡鸡现有价格已经逐渐落后，影响顾客对品牌的认知；其次，保持高利润空间才能维持企业正常良性循环，缺乏利润支持，会陷入一味节省成本、产品质量下降的恶性循环，无法支撑更好的菜品开发、质量服务提升、店面改造、广告传播等；最后，从顾客角度看，价格是顾客购买选择的重要参考，失去了适合的价位，等于混乱了顾客选择高端快餐的决策信息，加大了决策难度。如果停留在过去的价格，顾客容易认为老乡鸡品牌已经低端、老化、陈旧、落伍，从而开始怀疑出品质量，顾客开始在认知里放弃这个品牌。总之，客观上存在提价空间，具体方法可以考虑：新菜品直接一步到位，老菜品可以小步快提。

（八）传播应该增量还是减量

很多企业家把广告投入看作成本花费，而非针对品牌的投资，更多情况是，即便知道是一种投资，也常常掏得心不甘情不愿。加上传播成本急剧增高，越来越想花也花不起。定位曾经提出"公关第一，广告第二"，是否从此广告费就可以大幅降低，转而投向公关了？

1. 事件

海底捞专注服务建立起品牌，广告费的投资较少。再加上行业不景气，广告费是否可以减一点？是否可以用提价和自选及洋快餐产品对比进行事件公关？

2. 专家意见

老乡鸡仅仅通过 4 年时间，以公关加硬广相结合的形式，便使其成长速度令同行难以望其项背，稳健达成最佳效果。不仅如此，老乡鸡已经通过集中打透安徽市场，初步具备了走向省外、扩展全国的经验和模式，现在拥有的品牌资产和运营技术，已经完全超越快餐同行乃至整个餐饮界。老乡鸡已经具备的潜在能力和自我价值不可小觑。

海底捞以"变态"服务闻名，通过 30 年的持续努力，现已成为火锅领导品牌（财报显示，截至 2023 年 12 月 31 日，集团共经营 1374 家海底捞餐厅，其中中国大陆经营 1351 家，港澳台地区经营 23 家）。在火锅品类发展早期，相比其对手，海底捞在产品、服务、管理等方面确有独特创新之处，这为更好地建立品牌形象提供了良好的素材。同时，海底捞的成功传播还得力于张勇董事长作为品牌形象代言人，以及在公关传播上不遗余力地投入，其整体资源投入不亚于硬广投放。但公关操作有很大程度的不可预见和不可控性，存在一定的偏轨风险，目标效果也难以稳定达成。

除了广告及传播以外，企业也要看到：以麦当劳、肯德基为代表的特色、应急快餐品牌,其增长潜力已被严重分流。老乡鸡已经成为安徽快餐领导品牌,最重要的是成功做大自己的标准——以"单点"模式更好地满足日常快餐需求。为此,不但需要创新升级"单点"模式,更应该在品牌上通过强化早餐、新菜上市等店内外传播,着重突出干净卫生,更适合日常用餐等信息,推出与社区生活紧密结合、引领社区时尚的公关活动,通过大品牌可信度不断强化领导品牌认知。

(九) 业务拓展应该谁挂帅

在企业发展道路上,业务拓展在即,"创一代"企业家是否需要继续战斗?CEO 是否应该且可以将定位工作委授他人?

1. 事件

走出安徽,备战南京,是"创一代"亲自挂帅,还是"创二代"更加适合"远征"?团队组织是一切新建,还是带上老班子?

2. 专家意见

老乡鸡走向省外,早期仍当以董事长"创一代"亲自主持工作为关键。一方面,外省拓展相当于二次创业,因各种变化不定因素较多,应对难度非同一般,需要在创业方面已获成功验证的领导人掌帅;同时,现任 CEO"创二代"已经具备在合肥根据地的运营经验和创新能力,客观上为董事长分身进军省外市场创造了可能。异地组织架构需要能够和总部正常对接,其他组织成员可以考虑先"老带新",然后再逐步实现本地化。

(十) 做实业好还是做投资好

当前经济大势对实业经营并不十分友好,而资本、投资、并购、上市、股权,动辄上亿元几十亿元,何其过瘾。看上去,需要事无巨细、辛苦运营的实业操盘似乎比不上资本运作更"牛"。企业家只需考虑资本问题就意味着进入更高境界了吗?

1. 事件

当下经营实业太难,是否可以通过转型投资控股多家企业,以确保更好收益？

2. 专家意见

金融与实业，各有难易且互为裨益，并无高下之分。所谓的高下差异，不过是相互之间谈判地位的势能高低。只有能够持续打造强势品牌的企业家，才能永远在资本面前挺起胸膛；资本逐利的血腥特性，应该有更高的价值观导向，才能被赋予更久远的生命价值。

从公司运营角度来看，在集团层面做好资产平衡和风险管控，毋庸置疑是必不可少的，但始终不要忘记，企业唯一要务是创造顾客，只有将资源投到能够创造顾客的运营活动中，才能成功夺取顾客心智中的资源领地，而这一心智资源领地才是企业实力和持续增长的真正源泉。

稳健的财务收益有利于企业持续经营，但分散的资源配置，极有可能令企业丧失把握品牌重大机会的能力。老乡鸡仍处于品牌创业早期，通过在安徽省内测试成功，正处在走向省外、全国扩张的重要关口。虽然已经具备冲击"中式快餐第一品牌"的基础条件，但打造品牌任务还十分艰巨，充足的资源保障正是品牌发展所必需，此时宜集中资源趁早追击投入，而非转移资本流向其他企业或行业。与未来能够取得的战略成就相比，绝非当前的财务收益可以相提并论。

参考文献

［1］艾·里斯，杰克·特劳特．定位：争夺用户心智的战争［M］．邓德隆，火华强，译．北京：机械工业出版社，2017．

［2］艾·里斯，杰克·特劳特．商战［M］．李正栓，李腾，译．北京：机械工业出版社，2013．

［3］艾·里斯，杰克·特劳特．营销革命［M］．邓德隆，火华强，译．北京：机械工业出版社，2017．

［4］艾·里斯，杰克·特劳特．22条商规［M］．寿雯，译．北京：机械工业出版社，2013．

［5］杰克·特劳特，史蒂夫·里夫金．新定位［M］．邓德隆，火华强，译．北京：机械工业出版社，2019．

［6］杰克·特劳特，史蒂夫·里夫金．与众不同［M］．火华强，译．北京：机械工业出版社，2011．

［7］杰克·特劳特 Jack Trout．大品牌大问题［M］．耿一诚，许丽萍，译．北京：机械工业出版社，2011．

［8］杰克·特劳特 Jack Trout．什么是战略［M］．火华强，译．北京：机械工业出版社，2011．

［9］杰克·特劳特．重新定位［M］．邓德隆，火华强，译．北京：机械工业出版社，2017．

［10］艾·里斯．聚焦［M］．寿雯，译．北京：机械工业出版社，2003．

［11］艾·里斯，劳拉·里斯．董事会的战争［M］．寿雯，译．北

京：机械工业出版社，2013.

［12］邓德隆. 2小时品牌素养［M］. 北京：机械工业出版社，2009.

［13］邓德隆. 新定位时代［M］. 上海：上海三联书店，2022.

［14］迈克尔·波特. 竞争战略［M］. 陈丽芳，译. 北京：中信出版社，2014.

［15］迈克尔·波特. 竞争优势［M］. 陈丽芳，译. 北京：中信出版社，2014.

［16］卡尔·冯·克劳塞维茨. 战争论［M］. 北京：解放军人民出版社，2005.

［17］李德尔·哈特. 战略论：间接路线［M］. 钮先钟，译. 上海：上海人民出版社，2015.

［18］迈克尔·希特，杜安·爱尔兰，罗伯特·霍斯基森. 战略管理：概念与案例［M］. 刘刚，译. 北京：中国人民大学出版社，2017.

［19］艾尔弗雷德·D. 钱德勒. 战略与结构［M］. 北京天则经济研究所，译. 昆明：云南人民出版社，2002.

［20］亨利·明茨伯格，布鲁斯·阿尔斯特兰德，约瑟夫·兰佩尔. 战略历程：穿越战略管理旷野的指南［M］. 魏江，译. 北京：机械工业出版社，2006.

［21］亨利·明茨伯格. 战略规划的兴衰［M］. 张猛，钟含春，译. 北京：中国市场出版社，2010.

［22］劳伦斯·弗里德曼. 战略：一部历史［M］. 王坚，马娟娟，译. 北京：社会科学文献出版社，2016.

［23］马丁·里维斯，纳特·汉拿斯，詹美贾亚·辛哈. 战略的本质：复杂商业环境中的最优战略［M］. 王喆，韩阳，译. 北京：中信出版社，2016.

［24］查尔斯·汉迪. 第二曲线：跨越"S型曲线"的二次增长［M］. 苗青，译. 北京：机械工业出版社，2017.

［25］朱恒源，杨斌. 战略节奏：在动荡的商业世界超越竞争［M］. 北京：机械工业出版社，2018.

[26] 魏炜，李飞，朱武祥. 商业模式学原理［M］. 北京：北京大学出版社，2020.

[27] 凯文·弗莱伯格，杰姬·弗莱伯格. 我为伊狂！美国西南航空为什么能成功［M］. 靳怡　扈大威，译. 北京：中国社会科学出版社，2005.

[28] 乔蒂·郝福·吉特尔. 美国西南航空案例——利用关系的力量实现优异业绩［M］. 熊念恩，译. 北京：中国财政经济出版社，2004.

[29] 约翰·安德森. 认知心理学及其启示［M］. 秦裕林，译. 北京：人民邮电出版社，2012.

[30] 玛格丽特·马特林. 认知心理学：理论、研究和应用［M］. 李永娜. 译. 北京：机械工业出版社，2016.

[31] 伯纳德·J. 巴斯，尼科尔·M. 盖奇. 认知、大脑和意识-认知神经科学引论［M］. 王兆新，库逸轩，李春霞，译. 上海：上海人民出版社，2020.

[32] 卡斯·桑斯坦. 选择的价值［M］. 贺京同，等，译. 北京：中信出版集团，2017.

[33] 巴里·施瓦茨. 无从选择［M］. 凌伟文，译. 北京：中国商务出版社，2005.

[34] 席娜·伊加尔. 选择的艺术［M］. 林雅婷，译. 北京：中信出版社，2011.

[35] 理查德·塞勒. "错误"的行为［M］. 王晋，译. 北京：中信出版社，2017.

[36] 丹尼尔·卡尼曼. 思考，快与慢［M］. 胡晓姣，李爱民，何梦莹，译. 北京：中信出版社，2012.

[37] 董志勇. 行为经济学原理［M］. 北京：北京大学出版社，2006.

[38] 张五常. 经济解释［M］. 北京：中信出版社，2015.

[39] 克莱顿·克里斯坦森 Clayton M. Christensen. 创新者的窘境：大公司面对突破性技术时引发的失败［M］. 胡建桥，译. 北京：中信出版社，2014.

［40］彼得·德鲁克. 成果管理（Managing for Results）［M］. 北京：机械工业出版社，2009.

［41］彼得·德鲁克. 管理的实践（The Practice of Management）［M］. 齐若兰，译. 北京：机械工业出版社，2018.

［42］彼得·德鲁克. 卓有成效的管理者［M］. 许是祥，译. 那国毅，校. 北京：机械工业出版社，2019.

［43］彼得·德鲁克. 创新与企业家精神［M］. 蔡文燕，译. 北京：机械工业出版社，2019.

［44］彼得·德鲁克. 巨变时代的管理［M］. 朱雁斌，译. 北京：机械工业出版社，2018.

［45］彼得·德鲁克. 21世纪的管理挑战［M］. 朱雁斌，译. 北京：机械工业出版社，2018.

［46］弗朗西斯科·S. 奥梅姆·德·梅洛. 赋能式投资［M］. 南春雨，译. 北京：华夏出版社，2017.

［47］赫尔曼·西蒙. 隐形冠军［M］. 邓地，译. 北京：经济日报出版社，2005.

［48］李衍华. 逻辑·语法·修辞［M］. 北京：北京大学出版社，2011.

［49］李庆荣. 现代实用汉语修辞［M］. 北京：北京大学出版社，2002.

［50］何向东. 逻辑学教程［M］. 北京：高等教育出版社，2018.

［51］爱德华·萨丕尔. 语言论. 陆卓元，译. 北京：商务印书馆，2017.

［52］爱德华·萨丕尔. 萨丕尔论语言、文化与人格［M］. 北京：商务印书馆，2011.

［53］查尔斯·桑德斯·皮尔斯，詹姆斯·雅各布·李斯卡，. 皮尔斯. 论符号［M］. 赵星植，译. 成都：四川大学出版社，2014.

［54］塞缪尔·早川、艾伦·早川. 语言学的邀请［M］. 柳之元，译. 北京：北京大学出版社，2015.

［55］徐道邻. 语意学概要［M］. 中国台湾：友联出版社，1977.

［56］林珊. 李普曼［M］. 北京：人民日报出版社，2005.

［57］沃尔特·李普曼．舆论［M］．常江，肖寒，译．北京：北京大学出版社，2020．

［58］爱德华·霍尔．无声的语言［M］．何道宽，译．北京：北京大学出版社，2012．

［59］谈云海．认知战［M］．北京：煤炭工业出版社，2017．

［60］赫克托·麦克唐纳．后真相时代［M］．刘清山，译．南昌：江西人民出版社，2019．

［61］约翰·卡普斯．增加19倍销售的广告创意法［M］．孟庆姝，武齐，译．呼和浩特：内蒙古人民出版社，2003．

［62］罗瑟·瑞夫斯．实效的广告［M］．张冰梅，译．呼和浩特：内蒙古人民出版社，2002．

［63］大卫·奥格威．奥格威谈广告［M］．曾晶，译．北京：机械工业出版社，2013．

［64］大卫·奥格威．一个广告人的自白［M］．林桦，译．北京：中信出版社，2015．

［65］克劳德·霍普金斯．我的广告生涯与科学的广告［M］．邱凯生，译．华文出版社，2010．

［66］麦克伦尼．简单的逻辑学［M］．赵明燕，译．杭州：浙江人民出版社，2013．

［67］安东尼·韦斯顿．论证是一门学问［M］．卿松竹，译．北京：新华出版社，2019．

［68］竹内薰．假设的世界［M］．曹逸冰，译．海口：南海出版公司，2017．

［69］林语堂．老子的智慧（The Wisdom of Laotse）［M］．黄嘉德，译．长沙：湖南文艺出版社，2016．

［70］孔子．论语［M］．孔祥林，译．北京：外文出版社，2009．

［71］王明夫．三度修炼（全集）［M］．北京：华夏出版社，2018．

战略定位三部曲 ○ 第一部

战略定位精要

苏力军　于雷　马子珺 ○ 著

企业管理出版社
ENTERPRISE MANAGEMENT PUBLISHING HOUSE

图书在版编目（CIP）数据

战略定位精要 / 苏力军，于雷，马子珺著 . —北京：
企业管理出版社，2024.9. —（战略定位三部曲）.
ISBN 978-7-5164-3113-9

Ⅰ . F272.1

中国国家版本馆 CIP 数据核字第 20245DA751 号

内容简介

特劳特和里斯两位智者共同开创了"定位理论"，一举打开了真正"由外而内"制定战略的大门。通过与特劳特先生及其伙伴们直接而深厚的工作渊源，经历超过 50 个中国战略定位实战案例的验证，作者揭开了战略定位的"基因图谱"，提出了认知优势、心智资源、常识与常识链、五种典型定位方向，以及战略定位的成功路径等一系列重要方法论。本书从"定位为体，战略为用"的高度，揭示了战略定位的运行机理，是将"定位理论"引向"新一代战略"的开山之作。

书　　名：	战略定位精要	
书　　号：	ISBN 978-7-5164-3113-9	
作　　者：	苏力军　于　雷　马子珺	
策　　划：	寇俊玲	
责任编辑：	寇俊玲	
出版发行：	企业管理出版社	
经　　销：	新华书店	
地　　址：	北京市海淀区紫竹院南路 17 号	邮　　编：100048
网　　址：	http://www.emph.cn	电子信箱：1142937578@qq.com
电　　话：	编辑部（010）68701408　发行部（010）68701816	
印　　刷：	北京联兴盛业印刷股份有限公司	
版　　次：	2024 年 9 月第 1 版	
印　　次：	2024 年 9 月第 1 次印刷	
开　　本：	710 毫米 ×1000 毫米　1/16	
印　　张：	11.5 印张	
字　　数：	150 千字	
定　　价：	298.00 元（全三册）	

版权所有　　翻印必究　·　印装有误　　负责调换

作者简介

苏力军 特劳特伙伴（中国）战略定位咨询公司原高级战略顾问、资深分析师，和君咨询集团前合伙人，现任厚德战略定位学院合伙人。早年曾任中国最大家电、通信及消费电子企业高管，之后成为职业战略咨询专家，为多个行业、众多企业提供战略定位咨询，致力于"新一代战略——定位理论"的学术整理、研究、咨询和实践。

于 雷 定位教育与中国式定位的领先倡导者，厚德战略定位研究院创始人，2008 年，携手定位之父杰克·特劳特先生开创"战略定位教育"，并率先成立了全球定位教育机构——厚德战略定位研究院。于 2011 年，出版《特劳特定位经典丛书》。结合多年的定位实践，将定位咨询升级为"内训式定位咨询"，并为几十家机构提供定位咨询服务，涉及通信业、家电家装业、轻工纺织业、农副食品加工业等。2014 年，在清华大学成立"华道人文交流中心"，致力于结合中华传统文化企业实践和稻盛和夫先生"以人心为本的管理"，探索中国式定位体系。

马子珺 厚德战略定位研究院管理合伙人。曾就职于博洛尼集团，拥有十多年的营销管理经验，参与品牌定位落地系统构建，并通过一线战略盘点为经营进行战略赋能，搭建人才管理梯队，而后加入爱空间家装，负责全国 24 个分公司整体运营，系统构建了"标准化家装"战略落地体系。咨询客户涉及家电家装行业、餐饮行业等数十家企业。

推荐序

以定位思想开创新未来

这是一套带有一定针对性的作品。它的针对性体现在：一名特劳特（中国）公司的前员工，"攻击"了包括特劳特（中国）公司在内的所有定位知识圈。

主笔作者苏力军是我近三十年的好友，他曾经在TCL工作多年，先后负责市场推广、产品管理和品牌战略，也因此与定位理论结下不解之缘。之后，他在中国知名的管理咨询公司接受产业战略咨询的熏陶，并成为合伙人。当他以基层员工身份加入特劳特（中国）公司的时候，我曾担心他到底能待多久。尽管是最早一批践行定位理论的企业方代表，但从最初提交的方案看来，他的定位素养依然是青涩的，并且带有非常浓厚的传统管理咨询知识逻辑与经验色彩。而这正是定位理论顾客外部视角的最大敌人。给我印象最深的是，在任何一次案例复盘现场，苏力军都会罗列出一大堆问题，并且将答案一一列出、投影，之后等着我们论证和指导。这是一种足够谦逊、足够认真的学习方法。该作品的另一位作者于雷，2008年开始与我们联手开创战略定位教育，是特劳特先生到访中国讲学的重要组织者之一，我们需要这些伙伴，以各自擅长的方式，对定位知识展开传扬和创新，也应该包容他们的瑕疵、纰漏、不羁。

有什么样的理念，就会有什么样的实践。

当下中国，不论中央文件，还是政策引导，其根本是鼓励技术创新。那么，企业是否全力以赴创新就能创造效益呢？任正非先生提醒：如果四面八方都在喊着创新，那将是我们公司的葬歌。在实际操作层面，正如大家看到和感受到的，华为正是那个历来研发投资比例、从基础研究到应用开发等方面不遗余力的中国企业。我们应该如何调和其中的"自相矛盾"呢？以我们的观点来看：没有定位方向引领的创新就是破坏，反之有了定位的引领，创新就能转化为成果。

特劳特伙伴公司（Trout and Partners Ltd.）

全球总裁　邓德隆

2024 年 5 月

推荐序

定位：发挥认知的资源优势！

近年来，"认知优势"一词开始频繁出现在企业高层会议上、券商研报中、政商语境下、日常话语里，这标志着它的重要性已经成为一种共识。

究竟何为定位？即更高认知优势的概念及其创建过程。如果定位是一个认知标签，那么你希望外界给你贴上怎样的标签？怎样才能让自己被贴上高价值、有意义的标签？在外界给我们贴标签的过程中，我们是否有自主性，以及如何获得自主性？为什么一旦被贴上标签就"越描越黑"？什么是调整认知的正确姿态？等等。这一连串的疑惑，你都能从"战略定位三部曲"中找到答案。

认知之所以成为一种优势资源，就在于它比土地、工厂装备、技术、资本等有形实物更难易主，因此也被称为品牌"护城河"。定位理论从实践中生机勃勃地走来，站在认知心理学、战略学、语言学、逻辑学以及德鲁克现代管理思想等巨人肩膀之上，汇集成"一词占领心智"的定位箴言，指引无数品牌成为"一代人的记忆""难以磨灭的印记"。遗憾的是，人们对于认知优势缺乏正确的理解、使用恰当的方法、怀着足够的敬畏之心，因此成败尽在须臾之间，差之毫厘，谬以千里。究其本质，认知优势是定位理论的核心机理，是竞争战略的最新前沿。

战略之道，如圣人所求之"大道"。大道之利，在于开辟震烁古今的成就；大道之难，难在与人性弱点反向逆行。要想获得正确的战略与定位，要求高层管理者远离豪华办公室和商务车，随时切换思维模式，放下自我的信息禁锢与认知偏见，尝试回归顾客认知视角，即"五秒钟变成顾客"。这一"首席顾客观察员"的角色有着任何他人无法取代的地位。只有企业家和高层管理者，才有机会以整体全局为使命（角色正确），运用先进知识"算法"（方法正确），辨识有效信息"大数据"（输入正确），强化组织学习"算力"（迭代正确），非此不足以看到正在发生的未来。

从学理角度而言，定位理论推动了"定位学派"代表人物迈克尔·波特所定义的竞争优势（侧重于产业链或企业运营），向前彻底延伸至被隐含在企业或产业之内的顾客端。它所要揭示的基本规律和方法原则都发自于真正的外部"终极战场"——顾客大脑心智认知。由此，竞争优势的基础概念得以一分为二：供应端内部运营优势，需求端外部顾客认知优势。正是这样一次基于顾客认知角度的重组，原有资源与能力在"心智资源"的牵引之下，企业经营变得更加具有战略一致性，使得耗散的企业熵增得以聚焦、熵减，令各项看似平常的事务性工作变得更具战略意义，并发挥出日新日高复利效应的深远影响。

与此同时，在人工智能技术迭代成熟的过程中，商业竞争早已不限于实物层面而是在信息层面展开，而信息场域直接影响受众的认知和行为。不论顾客是否觉察，不论企业家们是否意识到，认知已然成为一种强大的优势资源，无时无刻不在影响着万千选择。只有正确理解和应用定位理论，企业才能有意识地利用这一强大的优势资源，才能有针对性地赢得顾客，才能必然而非侥幸成功！

中国政法大学商学院副教授
慕凤丽
2024 年 5 月

总序

两小时战略素养

关于定位理论，要想从"是什么""为什么""怎么办"三方面做出深度解析，并精炼成一本只需两小时就能读完并理解到位的畅销书，绝非易事。反之，对于深度学习一种知识、一门学科而言，先把书读厚，再把书读薄，却是大多数学习者必不可少、必须亲自跨越的一道门槛。2009年，特劳特（中国）全球总裁邓德隆曾出版《2小时品牌素养》，堪称中国版《定位》，近20年来，定位理论在引领中国企业战略升级方面的最佳实践，在应该大书特书的同时，更值得反复琢磨、细细咀嚼。因此，这套"战略定位三部曲"才被我们越写越厚、越究越深。

在我国，早在《定位》成为红宝书之前，"定位"一词早已深植人心，从消费品到技术品、从C端大牌到B端隐形冠军、从商业到政治，从产业界到学术界，甚至从最高层级会议，到街头巷尾日常聊聊人生，也都无处不在，似乎处处可用，居然从不被诟病，甚至总是颇显智慧。然而，在"定位"已成口头禅的当下，我们不禁要问：您说的是哪个"定位"？也许有人马上要反问：难道还有两个不同甚至相反的"定位"吗？答案是确定的：真的有两种显著不同，甚至思维方式截然相反的"定位"——产品端定位与顾客端定位，其背后蕴含的是"我说了算"与"顺应顾客"的不同行为模式，实际上，我们内心早已埋藏着一种深深的隐忧——此"定位"，非彼"定位"。而中国文字神奇之处就在于，明明口里同样说着"滚"这个字，但其中包含的语义却完全成为爱恨两极，反之，类似"知易行难"和"知难行易"等，虽然字面语词正好相反，却恰似神交已久。

令人遗憾的是，当产业界忙于抓住机遇应对商战、无暇顾及之时，本应以深度研究见长的学术界，居然也对定位概念的两极化背离现象视而不见。自从迈克尔·波特提出竞争战略以来，除了拾遗补缺之外，定位学派鲜有本质性的里程碑式学术成果。而波特关于战略定位的产业内部思维，显然已经无法代表定位学派的前沿。随着商业竞争中的价值转移，顾客选择权带来的谈判地位在诸多领域陡然上升，甚至很多已经发展为一种决定性力量。正在产业端定位观念受到技术迭代引发的普遍性冲击时，顾客那双"上帝之手"竟然距离我们越来越近。而我们的理论界却依然停留在产业端定位观念时代，而"定位之父"杰克·特劳特和阿尔·里斯二位商业智者，在当时最大型企业间的惨烈竞争中做出深刻思索和反向创见，从而在顾客端定位方面提炼出定位理论，由此将心智认知嵌入商业竞争领域，为过度竞争的商业世界提供了顾客导向解决方案。他们不但将之践行于指导企业营销、品牌、战略、管理、投资，而且从一开始就深深启发了迈克尔·波特这样的战略学界大师。

我们坚信，在对"是什么""为什么""怎么办"的不懈底层追问下，在万物一系求存争夺战中，学理之光终究不会被埋没在经营实务的混乱迷雾里，并终将以仰望星空之后的鸟瞰视角，照亮企业家们的实践苦旅。

我们三位虽非专业作者，但是我们在商战中经历了成功的喜悦和失败带来的惨痛教训，这些已经成为一生难以磨灭的"印记"。在此，我们唯愿以实践者、研究者、辅导员的热情刨根问底。精于此道，以此为生；受益于斯，报答于斯。

苏力军　于　雷　马子珺
2024 年 5 月

自序

倒着读定位

如果想了解人生的真谛，我更愿意去请教一位80岁的老者，而不是询问40岁的中年人。为何？少壮工夫老始成。

有关定位理论的早期论述，恰好是杰克·特劳特和阿尔·里斯20世纪70至80年代在人生半途的新发现。迄今为止，随着时代变迁和经验的积累，两位大师用了近半个世纪的时间，将"定位"的思想和实践感悟毫无保留地写在累计超过20本的书里。直至21世纪第一个十年，有关定位理论的封笔之作《什么是战略》，都始终秉持一以贯之的醒世恒言，也最终构筑起从观念到思想、从理论到实践的基本原则框架。"定位"本体虽然从未改变，但只有在"战略"上启用才能真正显露出它的穿透力。

也许，您是从第一本书《定位》开始读起的，或者就此罢手，没再读定位体系的其他书籍，那么您是否考虑过：应该从两位作者的最后一本书开始读起，倒过来再重新读一遍？

我们崇尚"读书百遍，其义自见"，然而在今天信息爆炸、内容平庸之作比比皆是且新兴理论层出不穷的年代，能够恪守这一原则的人凤毛麟角。正因如此，对定位理论偏见、浅见、误解的言辞不绝于耳，甚至连某些名家也存在不客观的评论，难怪人们陷入"一读就懂，一用就错"的尴尬境地。

"倒着读定位"的方法，将带领您听取两位大师穷其一生的企业经营、咨询、著述的经验，完整而透彻地理解"定位"对于商业社会的真正价值。其实，您只需真正从头到尾、再从尾到头地听完两位大师的完整劝告，真理自然明现。这可能是"读书百遍，其义自见"的另一种方法。

谨以此书献给我们共同的同事和朋友：邓德隆、陈奇峰、火华强先生及其伙伴们。

苏力军
2024 年 5 月

目　录

第一章　什么是定位 ························· 1
　　一、真的懂了吗 ···························· 1
　　二、给"定位"下个定义 ···················· 2
　　三、定位不是"产品定位" ·················· 4
　　四、定位不是"广告语" ···················· 7
　　五、定位不是"新品类" ···················· 9
　　六、定位是彻底的"顾客视角" ············· 10
　　七、定位最关注"认知" ··················· 13
　　八、定位何以成为战略 ····················· 16

第二章　定位引领战略 ······················· 20
　　一、竞争之盛 ····························· 20
　　二、高层管理者的"认知偏差" ············· 22
　　三、进入心智，赢得首选 ··················· 25
　　四、定位决定营销 ························· 27
　　五、定位牵引运营 ························· 29
　　六、定位铸就文化 ························· 33
　　七、"定位学派"的新里程碑 ··············· 40
　　八、战略定位的工作任务 ··················· 43

第三章　定位原理（一）认知优势 ············· 46
　　一、经营环境的变迁 ······················· 46
　　二、新时期战略的核心 ····················· 53
　　三、问题越来越难解决 ····················· 55
　　四、认知优势 ····························· 57
　　五、认知局限 ····························· 59

第四章 定位原理（二）心智资源 ………………………… 64
    一、心智关闭与开启 …………………………………………… 64
    二、心智的基础特性：先入为主 ……………………………… 67
    三、六大心智规律 ……………………………………………… 68
    四、心智规律与战略机会的关系 ……………………………… 71
    五、认知如何形成 ……………………………………………… 73
    六、语言的预设作用 …………………………………………… 75
    七、品牌是顾客选择的"常识" ……………………………… 77
    八、常识——最坚固的心智资源 ……………………………… 78
    九、常识链——心智认知的基因图谱 ………………………… 80
    十、打造品牌就是更新常识链 ………………………………… 81
    十一、调整认知，激发需求，提高有效供给 ………………… 85

第五章 五种典型定位方向 ………………………………… 89
    一、开创顾客的三个阶段 ……………………………………… 89
    二、定位战略的三项研究 ……………………………………… 92
    三、五种典型定位方向 ………………………………………… 98

第六章 战略路径 …………………………………………… 122
    一、顾客认知的不同阶段 …………………………………… 122
    二、定位战略的发展路径 …………………………………… 123

第七章 定位传播 …………………………………………… 151
    一、重提认知效率难题 ……………………………………… 151
    二、词语是建立认知的重要工具 …………………………… 152
    三、传播是建立认知的投资 ………………………………… 153
    四、警惕滥用广告词语 ……………………………………… 154
    五、有效品牌故事的基本原则 ……………………………… 156
    六、最基础的定位信息：名字 ……………………………… 160
    七、善用"信任状" ………………………………………… 161

参考文献 …………………………………………………… 163

第一章

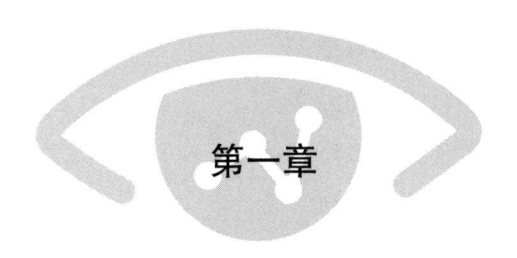

什么是定位

一、真的懂了吗

很多人最初对"定位"这个词的了解，基本上来源于菲利普·科特勒的市场营销学经典教材。以至于迄今为止，人们已经被"产品定位""渠道定位""顾客群定位""品牌定位"等标准词汇深深地局限了。这也使得人们距离"定位"的真实含义渐行渐远，甚至背离了"定位理论"创始人杰克·特劳特和阿尔·里斯的初衷。在实际应用中，定位理论也随着应用场景的变迁而不断进化和扩展。从最早指导广告传播，到后来贯彻营销4P[①]全过程，乃至成为一种前沿的战略原理和方式。尽管中国的专业工作者经过了20多年的努力，但大多数人仍然把"定位"当作自己"想怎么定，就怎么定"的事情，而对竞争对手视而不见，或者至少心存侥幸。更加遗憾的是，人们对于心理因素是如何影响终端顾客或中间客户做决策的，基本上还停留在消费心理学、消费行为学的阶段。

为了深入解剖背后的逻辑，寻找应用实战的心法秘籍，以致达到"运用之妙，存乎一心"融汇贯通的境界，我们逐渐梳理出来以下若干基础知识和学科：

---

① 营销4P是指产品（Product）、价格（Price）、渠道（Place）和推广（Promotion）。也可写作4Ps，加"s"表示复数。

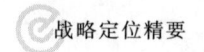

（1）定位理论及其基础原理。

（2）认知心理学、认知神经学。

（3）战略管理学、竞争战略三部曲。

（4）德鲁克现代管理学思想。

（5）孙子兵法、战争论、战略论等军事理论。

（6）逻辑学、语义学、修辞学、广告学、传播学。

（7）儒释道国学主要经典。

我们无意说一定要通读所有书本之后再行实践，只是期望大家认识到，理论学习对于打开人们认知天花板有着决定性的意义，这是人类有别于自然界其他生物的重要特征。大儒王阳明年轻时便有一个坚定的信念：圣人必可学而至也！这是老师娄一斋（娄谅）告诉他的，也为他后来彻底接通了"天线"，打开了"天窗"。

与此同时，我们也应该觉察到，凡付诸语言，皆非真理。无论语言组织得多么精确，把道理阐述得多么详尽，书面上的文字和想要表达的真意，总会有偏差，这是语言自身的局限性导致的。古代禅师曾手指月亮告诉弟子：你不要只看到我的手指和月光，你要看到我手指向的那个月亮。语言不过是月亮的光芒，而我们苦苦追寻的，却是更高处那一轮皎洁的明月。

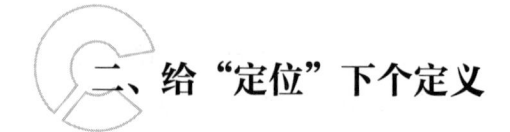

二、给"定位"下个定义

近现代以来，中国人受到西方学科概念逻辑思维的影响，每每遇到一个新事物，总是想要一个明确文字层面上的标准定义，认为只有这样，才能认识它、熟悉它、理解它，而但凡没有明确定义的事物都是不科学的。更进一步，如果把这段文字背下来，就更容易使我们觉得自己已经确实认识、理解、掌握它了。这是纸上谈兵的历史重复。还有人全然不顾真实情况，只要先让其他人觉得自己已经率先知道、理解和掌握了就好，以此他们可以获得一种基于文字知识落差的优越感、满足感。当然，一旦目标达成之后，也就再无心思去了解其真实意义了，这是人性弱点使然。

基于原著系列书籍和咨询实践中，我们整理出了若干与定位定义高度相关的金句，列举如下：

（1）是存在于顾客心智中，能够关联到品牌的一个差异化概念。

（2）在潜在顾客心智中，针对竞争对手确立自己有利的位置。

（3）如何让你在潜在顾客的心智中与众不同。

（4）定位不是围绕产品进行的，而是围绕潜在顾客的心智进行的，即将产品定位于潜在顾客心智中。

（5）定位就是创建认知优势。

……

不少学习者发现，在定位理论系列原著中，似乎给定位下过很多定义，但好像又始终没有一个标准定义。这种感觉是客观存在的，而因此带来的困惑和焦虑也是普遍存在的。传统西方学科体系，继承并发扬了"西方三贤"之一亚里士多德所提出的形式逻辑，尤其是下定义时的内涵法。只有深入探究了当时的写作背景才能知道，杰克·特劳特和阿尔·里斯在创立定位理论之前的十几年成长时期，就早已深受当时美国哲学及语言学显学——通用语义学[①]的影响，他们更加倡导"非亚里士多德"体系，更加主张使用外延法给事物或概念下定义。通用语义学家们认为，词义是不固定的，会随着语境的变化而发生显著变化，因此我们根本无法用一组固定词汇，为一个事物给出标准的、正确的、恒定的定

---

① 通用语义学，起始于1921年美国哲学家、逻辑学家、通用语义学创始人科日布斯基（Alfred Korzybski，1879—1950）将人定义为"时间连接者（time-binders）"的思想。科日布斯基出身于波兰贵族家庭，曾是伯爵。青年时期，在大学攻读过化学工程。1940年加入美国籍。主要著作有：《人类成年时期》（1921，第二版，1950），《科学和健全精神：非亚里士多德体系和通用语义学入门》（1933）。1938年，成立通用语义学研究所，任所长，出版《通用语义学通报》。1942年，成立国际普通语义学协会。

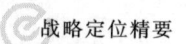

义，并且这样做，只会局限和误导人们的思维，僵化人们的理解。当然，这样的思考方式，对很多已经适应西方学科思维的人们来说，确实是个不小的挑战。

只需要略加改造，我们就能明确梳理出"定位"二字的外延法定义："定位理论"所特指的"定位"，当它作为一个名词使用时，是指存在于顾客心智中的一个差异化概念，是一种如何让你在潜在顾客心智中与众不同的方法和过程；而作为动词使用时，定位的目的，是要在潜在顾客心智中，针对竞争对手确立自己有利的位置；这里所说的定位，不是围绕产品进行的，而是围绕潜在顾客的心智进行的，因此是将产品定位于潜在顾客心智中；定位的工作任务和最终目的，就是要在潜在顾客心智中创建差异化认知优势……

我们认同和理解定位理论创始人的观念和原则，当然我们同样也担心，人们确实极容易脱离语境空谈定义，从而陷入死记硬背、纯粹以词语解释词语的无休止的谬误之中。果真若此，人们显然没有理解特劳特"熟读理论，忘记理论"的提醒。

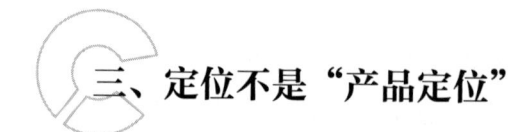

三、定位不是"产品定位"

借鉴盲人摸象的典故，我们可以从另外一个角度了解"定位"这头"大象"——多数人常说的"定位"，并不是本书及"定位理论之父"杰克·特劳特和阿尔·里斯想要说清楚的那个"定位"。

特劳特和里斯在《定位》一书中指出：定位是从一个产品开始，这个产品可能是一种商品、一项服务、一个机构，甚至是一个人，也许就是你自己。但是，定位不是你对产品要做的事情，而是要在预期顾客头脑里给产品定位。其中意思是，把定位称作"产品定位"是不正确的。定位不一定需要对产品本身作多大的改变，而可能只是名称、价格和包装等，它们旨在确保产品在潜在顾客头脑里占据一个真正有价值的位置。这似乎是对菲利普·科特勒《市场营销原理》中类似"产品定位""渠道定位""人群定位""价格定位"等泛化概念的一种提醒。

更确切地说，定位理论是要大家在顾客的头脑心智认知里找定位机会，而不只是在产品上。例如，宝马汽车（BMW）"驾驶乐趣"的定位机会并不是在产品中找到的，而是来自潜在顾客心智中的需求和认知。然后，企业通过以3系车原型为核心的一系列运营动作，将顾客潜在的心理需求兑换出来成为市场和经营成果。在汽车界，沃尔沃（VOLVO）超过50年的"安全"定位也来源于此——顾客对安全的潜在心理需求，而更安全的汽车本身只是这一概念找到之后的一系列运营动作。在日化行业，宝洁（P&G）公司旗下的飘柔、潘婷、海飞丝、伊卡璐、沙宣等，以及中国品牌霸王、采乐、康王等，都起源于一个潜藏在顾客心智认知中的基础概念，然后企业沿着这个概念机会，才开发出具备"柔顺""营养""去屑""植物""发型师专用"等不同特性的众多产品。

在定位理论看来，从产品上找定位机会和在顾客心智大脑中找定位机会有着明显的区别，某些定位机会根本无法仅仅从产品上获得。例如，百事（PEPSI）公司根本无法从可乐汽水中找到"年轻人的可乐"的定位机会；而七喜（SEVENUP）在顾客心智中只有"可乐"品类的时候，将自己定位成"非可乐"的定位机会，更加不是在七喜汽水里。各行各业类似的例子不胜枚举。

结合现代管理学之父彼得·德鲁克的观点：企业的使命是创造顾客，更多创造顾客的定位机会是在顾客潜在心智认知中，而不是在产品里。显然，这为企业决策层打开了一条创造顾客的新道路，也为如何创造顾客提供了方法和路径。正因为这样，企业决策层唯有从深入洞察顾客的潜在需求，乃至从顾客大脑心智认知入手，才能找到更广阔的商业机会。而传统营销学所讲的产品定位思维范式，极容易把真正的商业机会扼杀在"开创需求""创造顾客"等创造性思考开动之前。

定位理论主张为自己的产品在顾客头脑中率先找到一个存在位置，而最为有利的莫过于顾客认为你是一个品类的第一品牌、领导者或代言人，或者你的产品在某些价值特性上率先成为首选。中国人常说"第一",却没有特别留意"第一"这个概念通常蕴含着"最快、最早"的时间和时机的含义,也可以是品类"领导者、第一品牌",还可以是某方面特性"最强、最好"等。也就是"第一"的含义,包括了时间、空间层面,以及品牌、产品层面的差异性区隔机会。

总之,定位理论研究的出发点是潜在目标顾客的大脑心智认知,《定位》一书这样描述,"现在的公司太多,产品太多,市场上的噪声(信息)也太多",而人们的大脑却是"过分简单的大脑","普通人的大脑已经是一块满得滴水的海绵,而我们却还在往那块过分饱和的海绵里灌输更多的信息"。定位理论主张,打造品牌的关键在于使自己的产品和品牌在顾客心智认知中成为"第一",从而以此促进产品的实际销售。这一切的起点,是在顾客大脑心智认知中找到"活的"机会,而不是只是将眼光放在"死的"产品上。

难怪菲利普·科特勒在提出细分市场(STP)概念的时候这样说:我开始意识到,很多重要步骤应该走在4Ps之前,在决定任何一个"P"之前,所有优秀的营销策划必须开始于调研,调研显示出消费者在需求、认知、喜好上有千差万别,我们可以把他们归类成群,即细分市场(Segments)。大多数公司兼顾不了每个细分市场,所以他们必须选择一个自己能够占有优势的市场,即目标市场(Targeting)。现在,在确定4Ps之前,还有最重要的一步,那就是定位(Positioning),这也是杰克·特劳特和阿尔·里斯在经典著作《定位》中提出的革命性概念。科特勒继续指出,定位概念跳出了营销界一贯的思维方式,其被称为"革命性"实属当之无愧。它提醒每一个"P"都必须把一致性贯穿于4Ps全过程。1972年,两位作者在《广告时代》(Advertising Age)上发表系列文章,营销界从此改变。总之,营销并非一门静止的学科,相反,它一直在变化,定位就是最有革命性的变化之一。正因为有了定位,营销界才成为一个生动、有趣、令人兴奋和吸引人的竞技场。当你读《定位》这本集中了定位精华的书时,我想你会发现,定位在今天不仅生动有趣,而且还是一个强大的工具，能让你在竞技场上创造和保持无与伦比的竞争优势。

我们应该认识到，定位理论是对传统产品观念的一次彻底革新。在产品导向的组织里，管理者总是致力于生产更优质的产品，并不断教育员工们要爱上自己的产品。他们很少意识到，顾客对其产品的认知以及对这一类产品的认知，很可能完全不是按照企业所期望的方向在发展。我们常常提醒企业家，"你所在的世界，不是你以为的世界"，同样道理，你所看到的，只是你想看到的。

认知心理学研究发现，人类大脑不仅拒绝接受与其现有知识或经验不符的信息，人们也没有足够的知识和经验来处理这些信息。定位理论要求高层管理者应该从传统"由内而外"的思维方式，转向"由外而内"的方式。即在推出一项新产品之前，企业首先应该在预期顾客的大脑心智认知中找到最佳的位置，进而整合和组织企业内部资源和运营活动，占据这个战略性位置，而不是从企业和产品自身出发，只是填补企业生产的空当。当今时代，仅仅依靠产品实物上的差异已经很难构筑持久的核心竞争门槛，而真正的"护城河"是潜在顾客心智中关于事实的认知。

四、定位不是"广告语"

长期以来，广告及公关传播是人们接触品牌和产品的最大流量入口。很多人都是从广告语上建立起对品牌的第一印象。人们被迫听多了，不少广告语大人、小孩都耳熟能详。于是人们很容易直接推理，定位就是多做广告，而关键就是找到那一句——广告语。

同时，人们对"一词占领心智"的说法普遍存在表面理解，他们错误地以为，不用在产品实物层面做太多工作，只要打好广告、做好传播、营造好舆论就能树立强大的品牌。于是乎广告传播投资作为一种"必要条件"，被错误地上升成了"充分条件"。实际上，众多曾经的知名品牌短暂兴起，而后迅速跌落神坛，都向世人展示出了商业上的因果真实不虚。的确，定位理论强调词语的关键作用，但这并不意味着，定位就是一句广告语，而广告语仅仅是产品和品牌在文字层面上的体现而已。

从中长期看，信息对称的情况很有可能会最终发生，因此，我们更加推崇中国《论语》中的忠告："质胜文则野，文胜质则史；文质彬彬，然后君子。"文质相符，表里如一，是对打造长期品牌的最佳指引。而定位的工作，不是要你在广告上过于夸大其词、言过其实，而是要从众多的角度当中找出那个可以做到"文质彬彬"的最佳机会。通用语义学这样提醒：谨慎使用抽象词语。甚至认为人们之所以上当受骗、群体纷争，以及社会不稳定的根源，相当程度上都是对词语的滥用——过度抽象化。

从顾客接收和处理信息的角度来看，广告语、第三方口碑、实际体验三者一起，组成了在顾客大脑中不断重复"形成假设之后验证或推翻假设"的三大基本入口。一旦三个入口信息对称一致完成，这一"假设"将成为顾客心智认知中的一种有用的知识、一种决策依据。相反，一旦信息出现不对称，或者与顾客既有认知严重背离，顾客很可能简单粗暴地从此对你视而不见。

今天，产品异常丰富，信息极度过载，需要顾客关注和决策的信息实在太多了，而每个人的时间又都只有每天 24 小时，导致顾客只愿意将有限的关注时长安排分配给那些相关度、紧急度、重要性、获得感最高的信息上，而其他信息则都被人们视而不见，充耳不闻。这是原著中"选择的暴力"说法的根本来源。

真正的挑战来源于当下的自媒体时代，人人都是信息源，人人都是发声媒体，媒体本身又是销售渠道，传统强势媒体的覆盖面不但受到各种新兴媒体的瓜分，还面临各种功能强大的平台型流量入口与之争夺顾客关注时长的挑战。尽管大数据、人工智能、云计算等新技术具备了更强的精准性和处理能力，但同时也已然制造出了更多的信息数量。最终，信息的收发两端都被极度分散化，令信息成本呈指数级暴增。我们不禁要问：顾客的认知成本是越来越高了，还是认知效率越来越低了？企业的推广成本是越来越高还是越来越低了？而对于产品业务单元的聚焦程度，以及定位的精准程度、信息的简化程度，要求是否也越来越高了？答案需要人们花费一点脑力：多即是少，少即是多。

五、定位不是"新品类"

人类欲望的增长是企业商业机会的来源。财富越多，欲望也越多，品质要求越高越细化，人们对于现实世界就越发不满。于是消除不满、解决问题便成为一种必然渴求。在这个过程中，商品和解决方案提供者推动和培育了某些需求，进而集合为市场，企业因此获得商业利益的兑换机会。

商品品类总体上呈现不断分化的必然趋势，其根本来源于顾客欲望的深化、细分和高标准，并最终形成多样性。这从汽车、电脑、软件、洗发水等各行各业都能反映出来。需要区分清楚的是，分化的趋势当然产生更多机会，但并不意味着寻找定位机会就必然是开创新品类。这种思维方式的最大祸害，就是将开创新品类作为企业制定战略的唯一光明坦途。果真如此的话，站在企业家角度来看，现在的既有产业是否就注定没有机会了呢？这给一部分正处于瓶颈期的企业家带来无限的纠结，而真正的症结和要害可能并不是产品或者行业出了问题。

如果一定要追溯品类思维的来源，是人们从小认知周遭的世界，就是以分门别类为基本动作的。例如：按颜色分、按形状分、按大小分、按重量分、按时间分、按好坏分……认识、了解、掌握新事物需要耗费大脑能量，而最省心的办法就是基于既有的分类方式做比对，相同的归为一类，不相同的归为另外一类，实在无法归类的则归为新一类。

从达尔文"进化论"角度来看，由于自然界的食物资源和生殖资源有限，生物界呈现物种之间你死我活的残酷生存竞争——物竞天择，优胜劣汰。换句话说，当资源有限时，没有两个相同的物种能够在同一块领地上长期共存。只有找到独特的存在形式——新物种，才能与其他生物保持足够的生存距离，才有可能留存下来。

而商业世界里，顾客的稀缺资源可能是金钱和脑力，但本质上最为有限的还是"醒着的时间"。于是，人们为了让有限的时间过得更好，效率更高，不得不以金钱换效率，以至于"停留时长"成为商业角逐的根本。例如，抖音海外版 TikTok 之所以遭到海外国家的封杀，其根本原因是占据了这些国家的消费者的时间分配入口，不论从经济利益角度，还是政治文化角度，都构成了战略性的威胁。

归根结底，如果回到定位的基本任务，就是要在产品、广告、媒体、需求等严重过载、过度分散化的大情势下，找到让商品能够获得顾客优先选择的最佳方法。

我们可以从两个角度思考如何进入顾客分类认知的视野当中。一是从品牌的角度寻求独特性在哪里，例如，明确声明自己处于某一品类或者细分品类的领导者地位以区别于对手，或者为某一类人群、某一种场景下的最佳选择，以及塑造不同于其他人的品牌形象和文化特性等。二是从产品的角度寻求差异性，例如外观、功能、服务上的特点和价值感。与之相对应，就自然演变成了品类和特性两大类定位机会。

新品类可能是机会，也可能是陷阱。动辄放言"开创新品类"显然是有问题的。当我们真正要解决定位难题的时候，还应该结合行业周期、短中长期战略意图、旧有品类的发展前景、新品类成立的前提、新旧品类的推进节奏、新旧品类如何协同等综合因素，具体问题具体分析。

六、定位是彻底的"顾客视角"

宋代苏轼诗云："横看成岭侧成峰，远近高低各不同；不识庐山真面目，只缘身在此山中。"同样是看风景，在山下看和在山顶看，感受大不相同。在山下茫茫然找不到上山的路，等爬到山顶，再回过头看，上山的路线就一览无余。转念之间，问题的另一个侧面，也许正好就是解决之道。

商业发展史的转折点，是以供求关系的变化为分水岭的。供不应求时，人无我有即可；供过于求时，必须人有我优；而当今时代，已经不仅仅是产品极度丰富，更重要的是信息、广告、媒体、渠道等都全面信息爆炸，信息过载的严重程度呈指数级增长。顾客在享受科技进步带来新鲜感的同时，也不得不忍受由此而导致的"选择困难症"。究其根本原因，是顾客大脑容量有限，处理能力也同样有限，只有顺应认知规律的信息，才有可能进入顾客心智。

无论怎样，选择和决策的主动权已经转移到顾客手中。顾客只会购买自认为合适的东西，而且选择的暴力只会愈演愈烈。一旦竞争战场转移到顾客大脑心智，企业就必须尽快从生产导向、满足需求，转为竞争导向、认知导向，并创造需求。赢得更多顾客的优先选择，已经成了企业的终极任务。企业家应该暂且放下过往关于工厂和市场的经验和知识，从以企业为中心的内部视角，转换为以顾客为中心的外部视角（见图1-1）。

图1-1 完整的观察视角

从内部视角来看，企业家满脑子都是资本、并购、投资回报率、治理结构、新技术、制度设计、企业文化与使命感……不论哪件都是最重要的事情。企业家似乎真的没有时间理会顾客怎么想、认知如何形成、哪些因素影响选择决策等。

所谓内部视角即企业视角，而外部视角即顾客视角。顾客永远只会站在有利于自己的内部视角来思考，永远不要期待顾客用外部视角来为企业着想。真正关键的是，企业以内部视角所看到的、最关注的、能够感知到的，往往与顾客看待企业的外部视角所看到的、最关注的、能够感知到的截然不同。这代表着企业和顾客处于完全不一样的两个世界。正如流行歌里唱道：我的柔情，你永远不懂……

到底怎样才算真正的外部？相对于企业，上下游产业链已经属于外部，不过在顾客中心时代，仿佛还远远不够。企业真正的外部是那些被称为"上帝"的潜在顾客，他们也许会同情弱者，但最终还是会把钱交给印象中最强大的企业。一旦他们对你印象不佳，就只有一个简单而有效的动作——远离你，选择你的对手。

将来会有所改观吗？技术创新不断迭代，商品的供应只会越来越丰富，顾客选择余地只会越来越大，这种顾客选择的"暴力"，只会越来越强烈，并且永远不会消失。问题的关键是，极少有企业家真正具备以顾客为中心的外部视角，他们的大脑一天到晚都被内部信息霸占了，而这正是优秀企业和企业家寥若晨星的根本原因。

由此不难理解，德鲁克为什么要强调："企业家的角色，就是要做好内外信息的连接者。"企业要想真正拥有处于另一个世界的顾客，并在其心智中占据一席之地，就只能竭尽全力改变自己的思考方式，既能从企业内部视角思考，也能从顾客的外部视角来反观企业自身行为。德鲁克先生补充道："企业家首先要知道外部的成果在哪里，然后将这个信息传递回企业内部，思考怎样去匹配资源、做取舍、做激励、做培训、做评估，重新梳理和把握作业标准。"可见，唯有能够打通内部和外部两个视角，企业家才能算是拥有一个完整的、圆满的企业世界观。

一切大成就者，也不过是做出正确决策的普通人。当今成功企业家的标准，不但是公司眼前能够盈利，行业地位强势，更要事业有所传承，组织持续经营。与此同时，企业家还应该身心康泰，家庭和睦幸福，忠孝仁爱，圆融练达。如果企业家只能看见自己的世界，那么如何进入顾客的认知世界呢？圆满的世界观，才能造就圆满的世界，这不能不说是一项艰巨的社会责任。

七、定位最关注"认知"

在过去物资匮乏的年代，人们更看重商品的实用性，而基本生活得到解决之后，人们开始越来越关注商品的心理感知价值。因此，心理因素如何影响人们的购买决策，就成为当前必然的课题（见图1-2）。

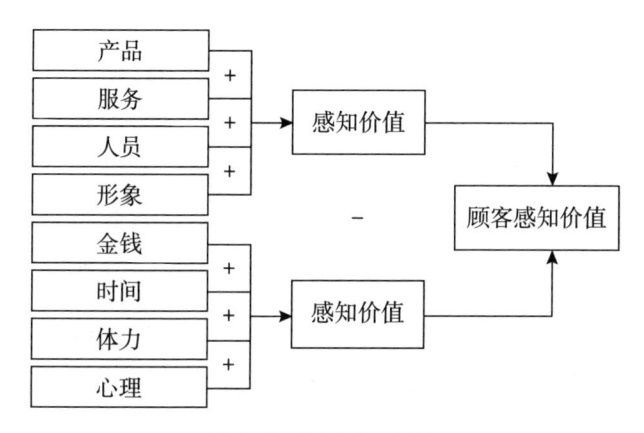

图1-2 顾客感知价值

认知是发生在顾客做出任何判断、决策和行动之前的大脑及心理活动。认知心理学是一门研究认知及行为背后的大脑如何处理的学科，它的研究内容涉及注意、感知、知觉、记忆、思维推理、创造力等，是心理学的分支之一，从20世纪50年代至60年代才发展起来，到20世纪70年代成为西方心理学的主要流派。同时，认知心理学也是人工智能的关键基础学科之一。

定位学习者经常被"认知大于事实""只有认知，没有事实""认知就是事实"等论断所困扰。真实的世界是否可以被认知？它是不是我们现在所感知到的世界？每个人感知到的世界千差万别，那么真实的世界只有一个，还是也有千万个？哲学家、心理学家争论很多年，最终也仅仅是每个人得到他们自己认为的真相。正如莎士比亚所说，一千个人心中有一千个哈姆雷特。

长期以来，传统经济学一直以"理性人"为基本前提，而行为经济学研究则从实证出发，从人自身的心理特质、行为特征出发，去揭示影响选择行为的非理性心理因素。2002年诺贝尔经济学奖获得者、心理学家卡尼曼（Kahneman）在其"前景理论"中提出：人的理性是有限的。他强调人们的行为不仅受到利益的驱使，还受到多种心理因素的影响。人们在做决策时，并不是去计算一个物品的真正价值，而是用某种比较容易评价的线索来判断。卡尼曼的理论为我们认识顾客需求以及分析其购买行为给予了极大的启示。

定位理论将顾客大脑心智中已经存在的认知当作既成事实和首要前提来积极面对，即顺应顾客既有认知，进而影响和调整顾客认知，最终达到重建认知的效果，并以此影响人们购买选择决策。

随着时间的推移和消费体验的深入，大部分信息将对称一致，人们会对之前的判断和决策进行重新调整，这将影响其下一次购买决策，并也将以口碑形式影响他人认知和购买决策。因此，从更广义的角度来说，认知不仅仅是购买决策的首要前提，也贯穿了人们消费步骤中的认知、体验、购买、使用、分享全过程（见图1-3）。也就是说，一方面，前序的信息影响和决定了人们对后续信息的理解，另一方面，后续信息对称会形成对前序信息的更新和调整。因此可见，定位理论对大脑心智认知的管理是全过程、全方位的。

认知 — 体验 — 购买 — 使用 — 分享

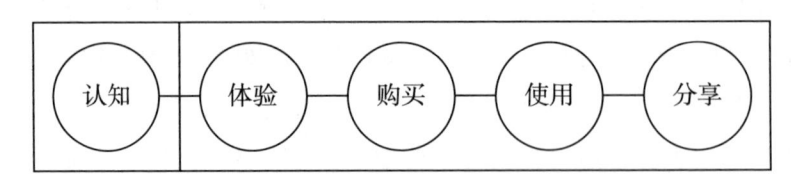

图1-3 顾客购买过程

传统营销学理论充分强调企业应当了解并满足顾客需求，却忽略了对顾客需求本身的产生及其各种影响因素的分析，把顾客需求看成不受交易对方影响的客观存在。然而，顾客需求具有不完全自主性与可变性，它是可以被营销者改变或塑造的。

消费者行为学也同时指出，在市场交换过程中，产品的客观情况并不重要，重要的是消费者对产品、品牌或卖方的感知，而感知具有三个决定性因素：

（1）刺激物特征（商品、品牌、营销者等）。

（2）背景特征（社会背景、文化背景、组织背景等）。

（3）消费者特征（专业知识、个人经验等）。

对产品、品牌或卖方的感知，决定了消费者将做出何种购买决策，而决定消费者感知的三个因素，又受到包括卖方在内的众多外部环境因素的影响。因此，当营销者具有足够的能力，如具有极强的刺激物特征，就能使消费者的产品知识处于相对弱势的状态。而正是基于"人的有限理性"假设前提，顾客需求才是可以被外部因素创造并改变的。

正如索尼公司（SONY）创始人盛田昭夫的名言："我们从不服务于市场，我们创造市场。"他说："我们的计划是用新产品来带领大众，而不是被动地去问他们要什么产品；消费者并不知道什么是可能的，但是我们知道，因此我们不去做一大堆市场调查，而是不断修正我们对每一种产品及其性能、用途的想法，设法依靠引导消费者、与消费者沟通来创造市场。"基于这种观念，索尼公司一度制造了一大批风靡世界的新产品，如半导体式收音机、随身听、高清晰度电视机等。

今日生活中，我们都可以体验到更新认知、创造需求的例子：如果不是有企业一改广东凉茶铺，创造性地推出罐装的凉茶饮料，今天也不会成就500亿元人民币的凉茶消费，以及相应的上下游完整的产业链；如果不是阿里巴巴将网上交易前瞻性地提供给企业商户和个人消费，再配合上社会分级物流、金融支付模式的创新，今天的中国市场很可能还处在现金和信用卡时代，恐怕难以发展到就连乡村街边小商贩都用微信、支付宝收付款的真正"无现金"社会，更别谈在互联网时代引领全球发展了。

八、定位何以成为战略

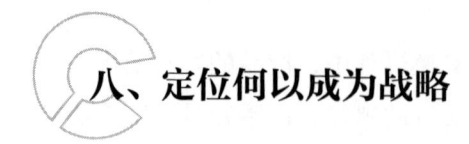

自从有了 GPS 导航仪以后，原来老司机们"活地图"的本领已经不太适用了，GPS 导航技术已经成为一种先进生产力，大大提高了交通出行效率。GPS 解决的是物理空间位置上的定位问题，它的基本原理是找到空间位置上的"地标"，然后用距离和时长来描述具体位置，例如，在上海东方明珠塔正东 500 米，在北京天安门向南步行 20 分钟等。管理学意义上的定位，是一种类似为企业导航的先进知识和生产力。它为企业一切重大的资源配置行动找到一致性的方向，为企业家的重要决策提供判断的标准和原则。

与 GPS 导航不同，定位理论的基本原理强调在顾客的大脑心智认知里找机会，而二者之间存在重要的相同之处，在于找到一个地标——认知中的参照物，例如，处于领导地位的竞争对手、顾客大脑中既有的认知常识、受众公认的信任对象及其评价等。

历史上各种谈及战略的理论学说，从伊戈尔·安索夫"产品——市场矩阵"，到艾尔弗雷德·D. 钱德勒"战略决定结构"，从《孙子兵法》《战争论》，再到迈克尔·波特"竞争战略三部曲"，犹如广袤的学术丛林。学习战略理论，已经成了一场不折不扣的丛林探险。

学院派关于战略的经典理论，亟需不断更新和迭代，特劳特和里斯以定位理论带领定位学派进化和升级，成为定位学派在实践领域的新里程碑。时至今日，几乎没有一个企业家不在为"定位与重新定位""赢得顾客的优先选择"而殚精竭虑。顾客的选择和拥戴，直接可以兑换成市场地位、金钱财富和更高级的话语权力。

正如 1998 年，现代管理学之父彼得·德鲁克在其《下一个社会的管理》一书中描绘的："我们刚刚踏入一条湍急的河流之中。在未来的岁月里，这种情形会更令人兴奋，也意味着更艰巨的挑战。我们必须开始注意收集来自外界的信息，因为真正的利润中心存在于外界；我们必须建立一个系统，可以迅速将这些外界信息传递给决策者……"德鲁克继续语重心长地告诫："对大部分首席执行官而言，最重要的信息不是关于现有顾客的，而是关于非顾客的，而后面这群人才是产生变化的力量。"

出于顾客的脑力、时间、精力、金钱等这些基础禀赋资源的有限性，正常人几乎不会不过脑子地用脚来投票，直接掏腰包。因此，顺应和调动顾客"选择的暴力"的那股力量，将更多非顾客开发成为顾客，已经成为企业开创需求、创造市场、获得长期持续发展的核心关键。

当在极度丰富、同质化的商品世界里无所适从时，顾客真正需要的是什么？"有效的信息"是可以简化大脑选择决策的依据。而每个产品及服务、品牌的核心差异点，正是当顾客面临选择困难时的重要决策依据。这就是定位对于帮助顾客简化选择的价值所在。

第二次世界大战之后的七十多年来，科学技术和管理水平迅速提升，人类具备了前所未有的供应能力，以至于随时可以调动全球资源，满足顾客任何需求。近年来的移动互联网、5G 移动通信技术、人工智能等底层高科技创新，使得企业的运营效率更高，跨界"打劫"[①]、模式创新带来无穷的想象空间，这无疑带来更丰富多彩的供应，以及更加复杂多变的竞争不确定性。对于顾客来说，丰富的选择是一种福利的时代已经改变，太多选择是一种高成本的时代已经到来，这令选择困难症丝毫没有停步和缓解的迹象。换言之，不知怎么选，但又不得不选，这是当今和未来商业世界带给顾客的真正难题。从这个角度上来说，定位理论是一门研究选择的学问，它涉及三方面的基本课题：

（1）顾客选择什么？

（2）顾客因何选择？

（3）如何影响顾客的选择？

企业家对定位在顾客端的作用机制不够重视，导致处处出现重要资源

---

① 跨界"打劫"指很多领域出现意想不到的竞争者。

的错误配置。认知端的堵塞，造成交易成本居高不下，大量的社会资源严重耗散。解决问题的基点，在于产业界和管理学界从领会顾客"心智规律""认知优势"等定位原理入手，进而厘清正确的定位对于企业战略的作用机理。

在顾客中心时代，定位为新时期商业资源的最佳配置提供方向指引。以定位的视角审视当今中国，很多行业不论是产品与技术创新、制造业升级、运营及商业模式创新、资本并购等，还是组织管理、营销传播等方面，都普遍存在资源错配现象。最终结果是企业效率低下，发展缓慢，效益不彰，甚至企业和产业逐步消亡。一个产业衰落或企业效益低下的背后，意味着产业链上的诸多企业面临转行、转产，员工面临转业或失业，顾客被迫转换选择，这是一种不可持续的被动局面。

热力学用"熵"来度量一个系统的失序现象。一个系统内的熵越多，能够做功的能力就会随之下降。在物理学上，一个孤立系统的熵值是持续增加的。这个基本的定律被称为熵增定律。在企业经营上，无序性越高，代表着企业处于投资混乱、资源耗散、互为内耗、效率低下的状态，而使得企业能量更高的方法就是使其内部有序化——聚焦于定位，聚焦于一致性的经营方向（见图1-4）。

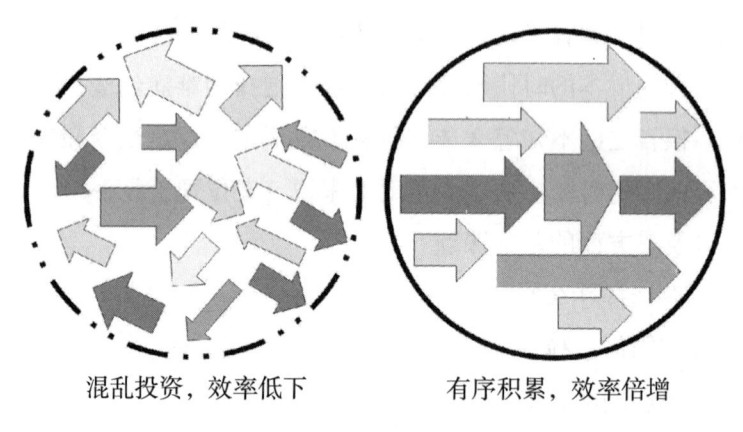

混乱投资，效率低下　　　　有序积累，效率倍增

图1-4　一致性经营方向

从定位理论的演进史来看，早前影响广告，后来影响营销和品牌，最

终影响企业核心战略资源配置。调配资源的权力，掌握在企业董事会、国家管理层等领导阶层的手中。定位理论的专业工作者意图让"定位"一词所包含的原理、工具、方法和经验，得到这一阶层的充分重视和正确使用。在这方面，诸多企业如苹果（Apple）、美国西南航空、IBM、BMW、阿里巴巴、腾讯、瓜子、加多宝与王老吉等，或者明确践行，或者自然暗合，已经做出了最典型的示范，而众多企业诸如诺基亚（NOKIA）手机、柯达（KODAK）胶卷等，在自己的发展道路上，因为违背了定位的基本原则，在某一阶段的战略机会、路径、节奏和转折点上做出了错误的决策，企业资源被严重错误配置，以至于昨日巨星轰然陨落。

现实中，通过各类品牌化的商品，顾客得以更加高效地了解有哪些选择，而强势品牌企业群的产业集聚，构成了区域经济实力和地方特色，例如，因为有了谷歌（GOOGLE）、脸书（FACEBOOK）、思科（CISCO）、甲骨文（ORACLE）、微软、斯坦福、硅谷等强大品牌群，才真正建立了美国是"高科技聚集地"的全球声望。倘若缺少强大认知优势的品牌群，中国如何从制造大国走向制造强国？中国企业如何将不断升级的广阔需求和市场动力，转化为企业和品牌的经营绩效呢？

今天，商业的主宰者已经越来越倾向于关注顾客。企业唯一能够有所作为的，就是引导顾客的选择方向，令其更多转向自己，而这样的结果发生的前提是要进入顾客心智，赢得顾客首选。企业家、CEO等高级经理人，都只不过是这一过程的操办人。将顾客选择的"暴力"转化为企业发展的动力和资源，是重要资源如何配置的核心关键。正确定位将使一切资源如资本、人才、技术、时间等，因为拥有了顾客选择的力量而集中过来。企业家个人即便最初没有强烈的使命与愿景驱动，但因为有了正确的定位，将大大有助于企业家走向以顾客为中心的谦卑和理性，从而带领企业组织走出独特的使命、愿景和未来。

第二章

定位引领战略

一、竞争之盛

在 1969 年的美国，杰克·特劳特先生在《工业营销》杂志首发专业文章《定位：同质化时代的竞争之道》，揭示了当时面临的基本背景，以及他认为的解决方案——定位理论。

今日之中国，商品供应的状况已经远远不止同质化那么简单。对于一个人口超级大国，经济发展水平整体上仍然处于中低位，又正处在市场开放、经济解锁的第一个 50 年。尽管经济增速下行，但不论日常消耗品、耐用消费品，还是工业品、生产装备等，民众购买意愿和购买能力还是很强的，消费升级和创新投资的动力源依然非常强劲。而当第四次工业革命——信息革命的到来，更是把全世界工商业的运行逻辑，进行了一次全面、彻底的升级和重构。

实际上，在相当长的时间内，一部分旧有老物种将被迅速淘汰，一部分继续存活并迅速升级、进化，加上新技术与需求相对接，带来更多的新生物种，再加上新旧物种"杂交"之后，更有可能带来颠覆性的效率提升……充满活力的市场，也必然是更加混乱的市场（见图 2-1）。毋庸置疑，供应端已经异常拥挤，存续的物种，加上新生物种，再加上杂交物种，任何新事物刚出现不久，就一定有更多的跟进者蜂拥而入，同质化的同时完成迅速迭代。这从整个超市的商品 SKU① 供应量就能看出来，从手机同类产品的 APP 数量也能看出来。

```
1.供应链异常拥挤
2.资源当量在激增
3.速度快到想不到
4.周期短到来不及
5.负担重到背不起
```

图 2-1　定位：极致混乱下的竞争之道

再看看那些参与竞争游戏的玩家，任何后来者的资源当量，都呈几何级、次方级倍数激增，当年摩拜单车和 OFO 进入市场的资源投放量，以及后来滴滴打车与快的打车之间、美团与饿了么之间的补贴大战，乃至生鲜电商、社交电商直播带货的快速崛起，资本的拼杀大幅提升了参与竞争的整体门槛。

不仅如此，竞争推动下的企业成长速度快到想不到，多数企业家根本反应不过来。当年，拼多多花了三年时间完成上市就已经很快了，后来还有更快的上市速度——18 个月，就像一帮资本老手在重复杂技动作一样，令人瞠目结舌。让企业家倍感压力的是，后来的竞争者，总是以更加年轻力壮的团队、更深厚的知识背景、十倍于前人的资本当量、彻底颠覆的底层技术原理，从老一辈辛辛苦苦几十年建立的企业身上，毫不留情地碾压过去。技术创新创造更好的供应，而更好的供应体验，激发出更加强烈的占有欲望和创新动机，也因此带来更快的优胜劣汰，甚至过度竞争。

如此情形之下，企业的生存或多或少、不可避免地面临着以下几个最

---

① SKU，Stock Keeping Unit，库存量单位。引申为产品统一编号的简称，每种产品都有唯一的 SKU 号。

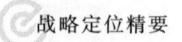

基础的命题：

（1）产品将被淘汰，企业如何转型？

（2）既有产品如何适应新群体、新需求？

（3）选择什么方向升级自己的产品，并保持持续迭代？

（4）新产品如何从嘈杂混乱的噪声中凸显？

（5）资源有限，如何对产品线和业务单元做出取舍？

总之，不管是想让更多人买，还是购买频次更高，抑或每次买得更多，如果不是在正确定位的指引下，聚焦有限的资源能量，以今天的商业运营成本，企业的辉煌无疑像电光朝露一般短暂。

二、高层管理者的"认知偏差"

在众多产业研究者眼中，迈克尔·波特的"竞争五力分析模型"被奉为圭臬，其中"五力"之一就是"购买者的议价能力"，影响因素主要有：购买者的数量、每一个订单的大小，竞争者之间的差异、价格敏感度、替换需要的能力、替换的成本等若干方面。与波特不同的是，定位理论从商战实践中看到了"顾客选择的力量"，并将其作为进一步深入研究的关键性入口。

既然以顾客端作为研究入口，我们应该首先看看影响顾客选择效率的方面主要是什么——顾客总成本，即顾客采购一项产品或服务时所耗费的时间、精力，以及为此付出的费用等货币与非货币成本的总和。事实上，今日的顾客想要认知、体验、购买、使用、分享任何一项产品和服务，需要花费的成本和代价都是相当高的。在顾客总成本中，最严重的问题发生在第一个环节，即"认知成本"过高。由于有太多的信息需要关注，太多事情需要处理，顾客只关心那些跟自己需要解决的问题密切相关的事物和信息，也只愿意接收跟自己过去经验领域相符合的信息，而对不确定能否解决问题，或距离自己既有经验领域太远的陌生信息，则容易视而不见，充耳不闻。更加严重的是,第一环节"认知"所形成的结论和判断,将直接影响对后续信息的评判和解读。

不但企业传播的信息太多,而且互联网状态下的每个人本身,也都成了自媒体信息源。众多的媒体形式叠加制造出过量的信息供应,造成了人们的处理机能陷入本能性屏蔽。这些因素都直接导致了顾客的认知效率低下,沟通成本高昂。

最常见且最严重的问题是:企业一把手的认知偏差。企业家对自己的产品、品牌的认知和外界顾客及业界对企业的认知,存在着非常多的不一致,甚至完全相反。定位理论努力将内部认知和外部认知统一起来,为企业家构建一个由外而内的完整视角。

在顾客心智中,不少企业家处于"皇帝的新装"的状态,真正稀缺的是那个敢说真话的"孩子"。对于企业家来说,放下自己的视角,达到无我的状态,转而从顾客的认知角度入手,重新认识自己和对手的整体格局,是一项异常艰难的工作,这需要养成一种新的认知能力、观察角度和思考习惯,需要长时间的持续刻意练习。一句话:你以为的世界,不是你所以为的世界。其实,大部分人都存在认知偏差,而这正是无用功的源头,解决了它,自然事半功倍。

企业家和整个管理层只有完成思考方式的重大转向——由自我中心的思考,转向他向思维,才能让企业与顾客时刻保持同频共振,才能找到在极度混乱竞争环境下进入顾客心智、成为顾客首选的最有效办法。但我们发现:企业最高管理层之所以容易出现认知偏差,主要因为下面三个原因:

(1)角色不对。只有企业的实际掌控人、最高决策层,才会为企业的中长期发展殚精竭虑。而要命的是,往往应该为整体成果和战略负全责的人,却不在讨论战略定位的会议桌上。

(2)信息不对。由于长期处于听内部汇报的状态,企业一把手和管理层距离一线太远,造成了严重的时间迟滞和信息不对称。

(3)方法不对。企业家关于如何制定战略、做好定位的知识不够,而真正有能力为定位决策负责的人,又往往不在讨论战略定位问题的会议室里。

角色不对、信息不对、方法不对这三个因素交叉混合在一起，就根本谈不上正确的定位，战略方向决策的大厦建立在沙滩之上，结果自然可想而知。因此企业高层必须意识到，战略定位是一把手工程，有着其他部门远远不能承受之重。

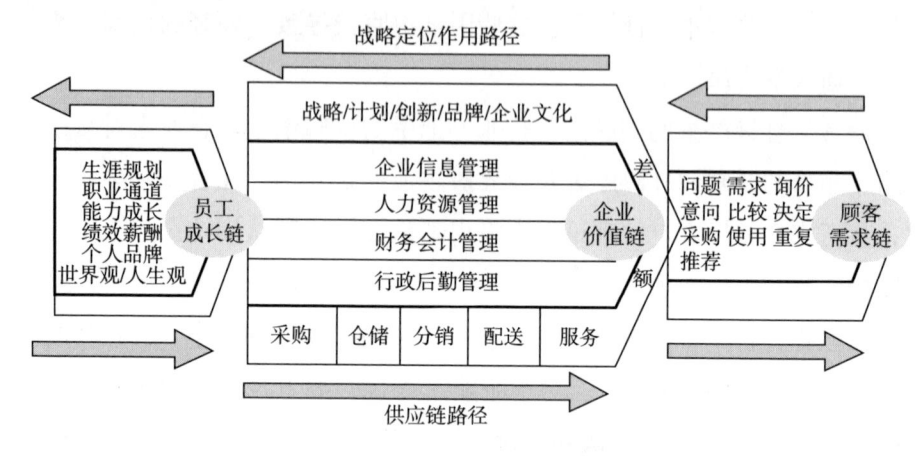

图 2-2 定位"倒逼"作用路径

定位发生作用的路径，与正常的供应链路径正好相反（见图2-2），其过程是由以自我为中心转向他向思维，从顾客端、信息接收方的心智认知和选择行为开始，对整个供、研、产、销、服等运营环节，以及人、财、物、流程、制度等内部管理进行彻底重塑、重构。而作为组织最高层领导人，企业一把手应该成为内外信息的联结者。

以正确定位为中心展开经营的企业，与之前以自我为中心经营的企业相比，通常有着彻底的思维方式上的转换。他们更加能够从市场、从顾客、从认知、从竞争的角度，考虑里里外外、方方面面的一切问题和决策。只有这样，企业才算真正走上了定位经营的理性道路。

今天的企业家已经学会了不断做加法的方式，但是我们越来越发现，能力是相对的，资源也是非常有限的，定位理论是一个先做减法、再做加法的战略方式，是应对过度竞争的不二之选。它帮助企业从极度混乱的竞争环境中，找到那个可能是唯一机会的缝隙，然后以之作为突破口，引导企业的整个运营团队，向高效率开创顾客的方向纵深推进。

三、进入心智，赢得首选

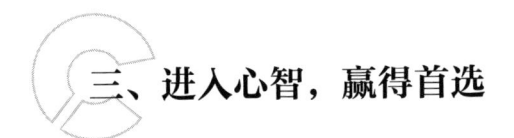

今天的商业社会，欲望已经远超需要。印度圣雄甘地曾经说过："地球所提供的，足以满足每个人的需要，但不足以填满每个人的欲望。"一方面，人们总是能体验到更新更酷的产品和服务；另一方面，不少人越来越觉得做选择很困难，而一旦错花了时间、精力和钱财，自己就陷入深深的懊恼和自责之中。

近30年来，大型KA超市、小型便利店、网上超市、网上专卖店、垂直电商平台、官方App等充斥人们的生活，流通渠道的供应不能说不充分，渠道效率不能说不高。不仅日用消费品如此，耐用品也是如此，甚至工业设备、服务业也不例外。更有甚者，原本对资源依存度很高的行业，例如房地产、区域城市规划等，也都成了需要"包装"的"商品"，以便更好地赢得顾客、民众、投资方、金融资本、高新技术等各方的青睐和优先选择。然而实际上，广告里充斥着浮夸不实的信息，媒体头条里都是花边和标题党，微信朋友圈里，每个人都企图占领群友们更多的时间。如今，要想做全国市场，原本千万级的广告费，现在非亿级不要开口。那么，最终广告效果是否也十倍地增长了呢？投过广告的企业主会说：反而急速下降了。

在选择稀少的年代，能有充分的选择机会是一种奢望。而发展至今，人们已经建立了专门的网络词条来解释选择恐惧症，又称选择困难症，就诊科室为精神科，常见的症状是"恐慌""惊慌失措""汗流浃背""无法做出选择"。当真正采购一件商品，在正式决策之前，顾客总是需要反复比较，从里到外，从行业到技术，从公司实力到售后服务，搜索一个底朝天。可是，很有可能最终还是举棋不定，甚至更加迷茫，更不知道如何选择了。人们在每天屏蔽大量信息的同时，又总是亟须一些关键信息，来支持自己做出明智的采购决策。也就是说，信息严重过载的同时，有效信息却严重不足。

今天的顾客，已经陷入太多的选择之中，以至于他们不再费力思考，甚至依靠参照别人如何决定来做出选择决策。这种状况并没有因为科技的进步而丝毫减弱，反而科技越发达，越是创造了更多的信息，加重顾客已经倍感困难的选择任务。真正的解决方案，应该在企业方，而不是顾客方。今天的企业，应该重新学习"定位"这门"如何赢得首选"的新技术，以从众多无效的运营动作中解脱出来，确保每一项运营动作都能转化成为顾客的认可，成为企业的外部成果，转化为企业的订单、利润和口碑等经营绩效。

问题的关键，是你能否赢得顾客的认知和关注，继而进入顾客的心智，得到顾客的认可。只有能够真正进入顾客心智认知，产品及品牌才最有机会成为顾客实际购买时的首选对象。只有赢得顾客的优先选择，才能兑现增长承诺，只有赢得持续选择和推荐，才能迎来可持续增长。因此，关于研究顾客如何选择，企业如何影响顾客选择的知识——定位，已经越来越成为一种商业通识。它既是顾客做出高效率正确选择的导航，也是企业配置资源、展开运营活动的方向导航。企业如何将顾客"选择的暴力"为我所用，转而变成企业发展的动力，应该是企业家的战略必修课。

定位理论指出，在全球无边界竞争时代，企业家首先要成为心智认知层面的战略家，有效界定竞争对手并精准定位，进而才能赢得顾客的优先选择。特劳特和里斯在《22条商规》一书中给出的"领先定律"告诉我们：成为第一胜过做得更好，即在潜在顾客心智中先入为主，要比让顾客相信你的产品优于该领域的首创品牌容易得多。而"心智定律"则指出：市场营销是一场争夺认知而不是产品的战争，在进入市场之前应该率先进入顾客心智。

正如"定位理论之父"特劳特所言：这是所有商学院里不曾教授的课程，也正是最怕竞争对手学会的内容。在接受中国权威媒体采访时，特劳特特别强调："我之所以来到中国，目的是把定位理论告诉中国的企业家。这些理论是美国的企业家在美国的'实验室'里，付出了上千亿乃至上万亿美元的惨痛代价所总结出来的一些经验教训。我把这些经验告诉中国的企业家，希望中国的企业家不要再在同样的问题上付出同样大的代价。"

四、定位决定营销

市场营销之父菲利普·科特勒提出，在 4Ps 开展之前，还有最重要的一步，那就是定位。在这里，可以列举几个国际品牌营销案例，进一步阐述定位对于营销的引领作用。

1. 定位影响产品

当年沃尔沃（VOLVO）做了一个明智的决定——诉求安全。这个过去的瑞典小公司，后来成为世界上最强大的汽车品牌之一（在被福特收购的时候，沃尔沃也因此卖得一个好价钱）。

2. 定位影响价格

哈根达斯（Häagen-Daz）当年在推出高价雪糕的定位上独占鳌头，而沃尔玛和美国西南航空则在低价一端亦有无限风光。

3. 定位影响销售渠道

海茵丝（Hanes）的长腿裤袜是百货店渠道的领导品牌，它推出了一款专门在超市渠道销售的长腿裤袜，取名 L'eggs（蛋），并采用蛋形纸箱包装。正是"超市出售的长腿裤袜"的定位使得 L'eggs 大获成功，后来成为全美销量最高的长腿裤袜品牌。

4. 定位影响促销

小凯撒（Little Caesars）之所以能成为比萨业中的老大，归因于它把"买一送一"的促销概念上升为定位策略。它"两份比萨一份价"的电视广告被认为是有史以来最难忘的广告之一，同时也使小凯撒成为增长最快的比萨连锁店。然而小凯撒接着放弃了这个策略，从此一蹶不振。这个例子不仅从正面展示了定位的力量，也从反面论证了定位的威力。

回顾定位理论的演进历程可以看到，它最先影响的是美国广告界，在品牌消费需求崛起的年代，为企业营销中品牌传播工作指明了新的方向。回溯20世纪50年代初的美国广告界，先由罗瑟·瑞夫斯（Rosser Reeves）提出了USP理论，要求向消费者说一个"独特的销售主张"（Unique Sales Proposition），而这个主张是竞争者所没有且无法做到的。20世纪50年代末至60年代初，随着科技进步，各种替代品和仿制品不断涌现，寻找USP开始变得越发困难。紧接着，大卫·奥格威（David Ogilvy）提出"品牌形象理论"，认为在产品功能利益点越来越小的情况下，消费者购买时看重的是实质与心理利益之和，而形象化的品牌就能带来产品和服务的心理利益。在此理论指导下，奥格威成功缔造了劳斯莱斯汽车、哈撒韦衬衫等国际知名品牌，"品牌形象理论"的旋风席卷全美。20世纪70年代，定位理论诞生，不仅以更大的创意提供了新的思路和方法，而且成为整个品牌营销活动的战略制高点，成为决定诸多策略的出发点和基本依据。

自"定位"概念诞生至特劳特先生去世的近半个世纪里，定位理论及其实践已经影响全球，成为新时期商业成功的关键。"定位"及其相关书籍之所以能风靡全球，在于它改变了人类对于"满足需求"的旧有认识，发展出了"开创顾客，创造需求，胜出竞争"的基本原则，总结出了"进入心智，赢得首选"的具体方法。

营销的责任，就是利用一个角度或者概念，继而把它发展成一个战略，发挥出它的力量。概念决定战略，战略推动概念，二者并重。如果说一个比另一个重要，那是不了解营销过程的实质，两者的配合才是营销成功的关键。定位概念是一个差异化机会，而战略赋予了一双翅膀，让企业腾飞。

与此同时，今天的竞争是在预期顾客的心智中展开，只有有了资金才能进入顾客的心智，而且进入心智之后，你也需要资金才能保持下去。缺乏资金的推动，即使是世界上最好的概念，也不能坚持多久。特劳特和里斯早就说过，拥有一个普通的创意和100万美元，与仅有一个伟大的创意相比，前者取得成功的可能性更大，没有资金作后盾的创意是毫无价值的。你必须用你的创意筹集相应的资金，而不是仅仅寻求营销上的协助。

要知道，正是金钱驱动了市场营销的运转。

特劳特反复提醒，企业应该把所有的资源放到一个战略方向上，并最大限度地利用那个概念，而不需要受经营目标的限制。为了完成虚构的销售目标而拼命努力，将鼓励经理们推动不必要的品牌延伸、举行代价高昂的促销活动以提升销量。他们趋向于追逐现有市场，而不是寻找新的机会。更糟的是，这让他们无法找到真正的问题，并直接面对问题，然后努力解决。当专注于销售目标时，往往容易错过出现在不同方向上的战略性机会。

发展至今，定位理论不仅改变了企业的营销活动，甚至使得社会生产的价值观也被重新塑造。特劳特这样描述：未来最有价值的资源不再是土地与资本，甚至也不是人力资源和知识资源，这些资源虽然并没有消失，但是其决定性地位都要让位于以品牌为代表的心智资源。没有心智资源的牵引，其他所有资源都只是成本。因此，定位已经成为企业战略的核心。然而，定位并非源自企业内部，它只能在外部竞争中找到。一旦在外部找到了能被顾客优先选择的差异化定位，它将立即被引入到企业内部，从而成为企业一致性的经营方向，它决定企业的组织结构、产品规划、运营设计，并引导企业进行内外沟通。

五、定位牵引运营

哈佛大学教授、著名战略学家迈克尔·波特提出的价值链模型（见图2-3），对描述和分析企业运营活动有很大的贡献。波特指出，企业价值增加活动分为基本活动和支持性活动，基本活动涉及企业生产、销售、进料后勤、发货后勤、售后服务等，支持性活动涉及人事、财务、计划、研究与开发、采购等，基本活动和支持性活动构成了整个企业的价值链。当然，企业价值链又是产业价值链当中的一分子。

不但生产型企业的活动可以用价值链模型来描述，研究开发型、代理

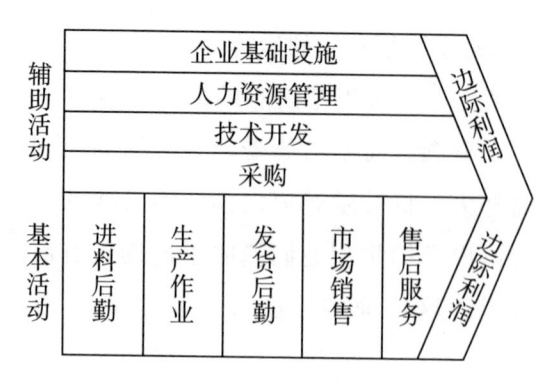

```
           ┌─────────────────────────┐
     辅    │      企业基础设施        │边
     助    │      人力资源管理        │际
     活    │        技术开发          │利
     动    │         采购            │润
           ├────┬────┬────┬────┬─────┤
     基    │进料│生产│发货│市场│售后 │边际
     本    │后勤│作业│后勤│销售│服务 │利润
     活动  │    │    │    │    │     │
           └────┴────┴────┴────┴─────┘
```

图 2-3　迈克尔·波特的企业价值链

分销型、传统服务型以及新兴互联网企业的运营活动，也同样可以用价值链模型来描述。为了方便理解，我们将波特的价值链模型稍作变形，并简化表达如下。

（1）主要运营活动。包括供应、研发、生产、营销和服务（简称：供、研、产、销、服）五项。

（2）辅助运营活动。包括人力组织、财务资金、设备及物资、运作流程、管理制度（简称：人、财、物、流程、制度）五项。

企业的运营是一条价值链的组合，仅有一个定位概念是不够的。为了完成这个过程，你必须对企业运营活动进行一系列合理重构，从而把这个概念转化成战略。什么是战略？"战略就是形成一套独具的运营活动，创建一个价值独特而有利的定位"。迈克尔·波特反复强调，"企业应将外部市场定位，引入为企业战略的核心，并以建立这一定位为最终战略目的。"战略不只是一个目标，它包含一系列协调一致的运营活动，各项活动必须紧紧围绕一个差异化定位展开。同时，战略是一个差异化的经营方向，一旦确立，就不应该随意改变。战略的目的是调动你的资源去抢占这个差异化定位（见图2-4）。"什么样的增长方式，才能维护并强化战略呢？"波特在《什么是战略》一书中倡导，"正确的增长之道，在于深化既有的战略定位，而不是拓宽定位或采取折中行为。"换言之，定位需要持续的创建，而既有定位决定了战略的发展。

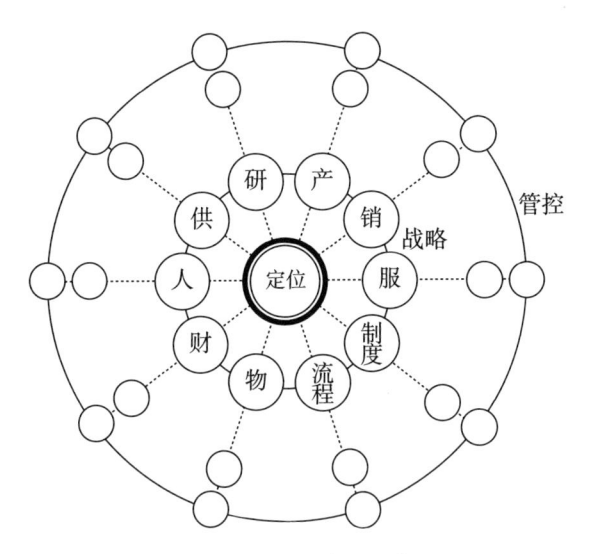

图 2-4 定位牵引运营

企业究竟应该如何设计运营活动，并确立活动的优先次序，以及如何实施改善优化呢？依迈克尔·波特所言："定位的选择，不仅决定企业将开展哪些运营活动、如何配置各项活动，而且决定各项活动之间如何关联。"企业经过多年发展以后，可能会在多项资源配置上偏离原有定位，需要进行战略定位检查，甚至重建战略定位。

以下是"二八原则"所描述的现实世界：企业80%的绩效来源于20%的运营活动（以及独特的运营配称），其余80%的运营活动对绩效影响不大（即行业通用配称），甚至是反作用（偏离定位的配称）。这一现象之所以发生，可以类比物理学的"熵增定律"。"熵"作为物质失序的单位，随着时间推移而增加。同样，企业的经营也会涣散，因此要求企业家积极扮演"房间整理人"的角色，需要每隔一段时间，就参照定位对现时的运营进行检核，以确保企业正在围绕定位展开运营活动。在为企业家最重要的职能做出界定时，彼得·德鲁克指出，企业家首先是一个内外信息的联结者，根据外部顾客的独特价值（即差异化定位）来重新组织企业内部资源和做出运营取舍，最终形成与众不同的差异化竞争优势（见图2-5）。

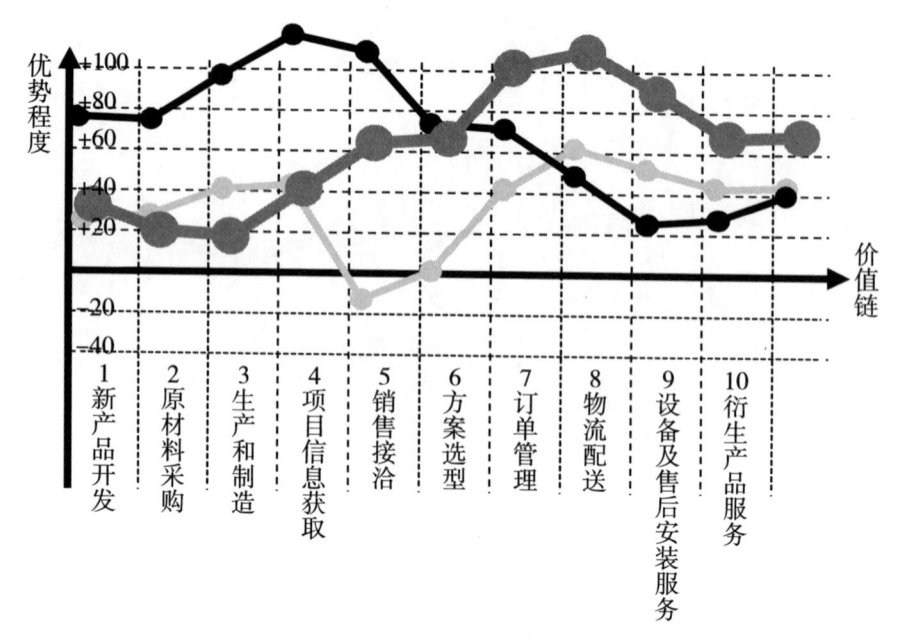

图 2-5　与众不同的运营优势

随着企业组织的发展，竞争的激烈程度更高，各个主要发达国家的生产力增速都开始减慢，并走向下坡路。德鲁克在20世纪80年代初就观察到这种趋势，并且担忧"没有什么能比生产力的降低更危险了——它必定会导致经济的萎缩，会造成通胀压力、社会冲突和相互猜疑。没有任何体制能够经受得住资本或其他关键资源的生产力的萎缩"。如何"逆转生产力的下滑趋势"，成为德鲁克最后20多年管理研究的主轴，但他最终抱憾离去，未能解决这一课题。特劳特在1969年提出定位理论，解开了德鲁克先生留下的这个管理学之谜。一切管理创新的成功与否，最终只有一个衡量标准：能否赢得市场和顾客。对于企业内部运营来说，定位最终带来两个方面必然发生根本性的转向：

（1）资源配置的方式发生逆转。从传统由内而外配置资源，转向从顾客心智出发，由外而内配置资源。

（2）衡量绩效的方式发生逆转。从传统的盈利与否，转向为占有定位与否来衡量成果绩效。因为企业的终极竞争优势，是在顾客心智中针对竞争建立起一个优势位置①。

经营绩效的提升，首先来自价值创造的过程。当定位一旦上升到战略层面，一方面从战术层面确保了现实有效性，从而在中短期找到提升绩效的最有效办法，令企业前期的创新成果在营销端得到效益回收；另一方面，由于资源聚焦所转化生成的核心能力部分也得到了提升，从而确保应对未来的确定性增强。有了明确的定位，企业组织对成果的评估也就有了一致的衡量标准，并在通用配称和特殊配称上注入绩效评价、考核和分配的流程、理念和方法，从而让最主要的贡献者获得其应得的最高价值回报。用《华为基本法》中的话说：不让雷锋吃亏。由此，价值创造的过程得以循环往复，在持续创新中不断推高和加强。

综上所述，企业只有围绕定位去配置资源，才能形成一种极富生产力的结构，环环相扣、互相加强，使竞争者的冲击不仅于我无损，可能还会有助于做大自己的定位。正如老子《道德经》结尾所言：天之道，利而不害；圣人之道，为而弗争。

六、定位铸就文化

品牌文化是产品文化和企业文化的外在呈现，并时刻体现出内外两方面的完整统一，产品创新和品牌建设的过程就是不断培育优良企业文化、克服不良文化的过程。产品文化、品牌文化和企业文化三者相互影响，互为联系，不可分割。

其中，产品是品牌的载体，产品文化是品牌文化、企业文化的基础，没有产品和产品文化，一切定位都是无本之木。在进一步细分之后发现，产品价值由内而外包含三个层次：

---

① 邓德隆，定位与创新的三重关系，2016年7月28日，邓德隆在诺贝尔集团首发全球新一代瓷砖"瓷抛砖"发布会上的演讲。

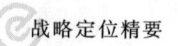

（1）内在核心部分，如品质、使用价值、性能等。

（2）外在形式部分，如外形、视觉、外观设计、包装等。

（3）涉及延伸性内容，如服务、承诺、荣誉感等。

顾客和员工对品牌的认知，是企业通过外部特征和内部经营方式呈现、表达和渗透出来的。其外部特征表现为产品信息、品牌信息、企业信息等，如产品实物、陈列、店招、徽标、广告、服饰、营业环境、宣传栏、标语口号以及生活设施、文化设施等。而经营方式是企业内部要素的集中体现，如人员素质、生产经营能力、管理水平、资本实力、产品质量等。表层认知是以深层认知为基础的，没有深层认知这个基础，表层认知就是虚假的、短暂的，不能长久地保持。

只有充分了解和认识企业的过去和现在、长处和不足、方向和目标，以及与竞争对手之间存在的差别，从文化和定位相结合的角度，才能更加理解一个公司的战略决策。成功的文化价值观形成最底层的工作和用人标准，它能激发全员工作热情，增强凝聚力和向心力，提升团队的战斗力。这种由外而内、发端于企业组织内部人心的动力源泉，将使企业组织充满朝气与活力，是竞争对手无法模仿的、最具差异化的核心竞争力之一。

当战略定位深入到产品文化、品牌文化、企业文化之中，不论对组织内部员工，还是上下游产业链成员，或者是顾客消费者，就具备了强烈的引导、约束、筛选、凝聚、激励、调适和辐射等功能。

下面以几家知名企业为例加以说明。

（一）戴尔（DELL）"直销电脑"

戴尔的成功，在于确立起"直销电脑"的定位。而其直销模式源于背后的"直销文化"，即消费者十分重视时间、便捷、可靠、专业、亲善等因素，它贯穿了企业组织内外经营活动的方方面面。

（二）IBM"服务"

IBM公司的文化传承极大程度支撑了IBM品牌重新定位为"服务"。

这要追溯到1914年老沃森的年代，当时墙上贴满了标语："时间一去永不回""没有永远静止的东西""我们永远不能自满""我们出售的是服务""公司以其人员而为人所知"等。老沃森的信条在其儿子时代更加发扬光大，小托马斯·沃森在1956年任IBM公司的总裁，老沃森规定的三条"行为准则"，由总裁至收发室，没有一个人不知晓：

1. 必须尊重个人

公司最重要的资产不是金钱或其他东西，而是员工。在IBM公司里没有自动晋升与调薪。有优异成绩的员工才能获得表扬、晋升、奖金，晋升调薪靠工作成绩而定。一位新进入公司的市场代表有可能拿的薪水比一位在公司工作多年的员工还要高。每位员工以他对公司贡献的成绩来核定薪水，绝非以资历而论，有特殊表现的员工也将得到特别的报酬。

2. 必须尽可能给予顾客最好的服务

老托马斯·沃森要使IBM的服务成为全球第一，他特别训令IBM将是一个"顾客至上"的公司，任何一举一动都以顾客需要为前提，因此在对员工做的"工作说明"中，特别提到要对顾客、未来可能的顾客都要提供最佳的服务。为了让顾客感觉自己十分重要，无论顾客有任何问题，一定要在24小时之内解决，如果不能立即解决，也会给予一个圆满的答复；如果顾客打电话要求服务，通常会在一小时之内就派人去服务。此外，IBM的专家们随时在电话旁等着提供服务或解决软件方面的问题，而且电话账单由公司支付。此外还有邮寄或专人送零件等服务，扩大了服务范围。IBM公司还要求任何一个IBM新零件，一定要比原先换下来的好，还要比市场上同级产品好。在培训及教育方面，IBM提供的培训与教育是许多公司无法比拟的。这样坚固的企业运营准则、文化价值理念，无疑为公司向服务转型奠定了坚实的根基。

3. 必须追求优异的工作表现

公司设立了满足工作要求的指数，定期抽样检查市场以设立服务的品质。而且，从公司挑选员工开始，到密集的训练课程以及后期绩效评价考核，处处都渗透着IBM是一个具有高度竞争环境的公司，处处着力培养优

35

异的人才。

毫无疑问，IBM公司任何一个行动及政策都直接受到这三条准则的影响，"沃森哲学"对公司成功所贡献的力量，比技术革新、市场销售技巧或庞大财力所贡献的力量更大。在企业运营中，任何处于主管职位的人必须彻底明白公司原则。他们必须向下属说明，而且要一再重复，使员工知道，"原则"是多么重要。在各级会议中、内部刊物中、备忘录中、集会所规定的事项中，或在私人谈话中，都可以发现"沃森哲学"贯彻其中①。

（三）百事可乐（PEPSI）"年轻一代"

对软饮料类别而言，百事可乐和可口可乐的产品味觉很难分清孰优孰劣，真正的差异化机会在预期顾客的心智认知当中。一直以来，在与可口可乐的竞争中，百事可乐一直受到持续封锁和压制，甚至屡次几近被其收购。

1983年，百事可乐公司终于找到突破口：新一代的选择。具体行动包括：从年轻人身上发现市场，把自己定位为新生代的可乐；并且邀请新生代喜欢的超级巨星作为自己的品牌代言人，把品牌通过人格化形象调动起新一代年轻人的偶像情结。百事创作了许多极富想象力的电视广告，如"鲨鱼""太空船"等，这些广告针对第二次世界大战后高峰期出生的美国青年，倡导"新鲜、刺激、独树一帜"，独特而鲜明地利用了和老一代划清界限的叛逆心理，提出"新一代"的消费品位及生活方式。第二次世界大战结束时，可口可乐与百事可乐的市场销售额之比是3.4∶1，到了1985年，这一比例已变为1.15∶1。

1994年，百事可乐投入500万美元聘请了流行乐坛的麦克尔·杰克逊拍摄广告片——此举被誉为有史以来最大手笔的广告运动。从此以后，音乐和体育双剑合璧，攻势集中而明确，紧紧围绕着"新一代"而展开。进入中国后，通过"爱拼才会赢"的主题，充分展现新一代精神，

---

① 引自《IBM企业文化》，MBA智库，2019年11月9日。作者整理删减。

代言人都是当时流行乐坛的明星。当中国人把足球当作最精彩的体育节目时，百事可乐当机立断，邀请了许多知名的足球明星为代言人，无论是贝克汉姆、罗那尔迪尼奥、亨利，还是劳尔，都让中国球迷如醉如痴。并于1998年把广告口号由"新一代的选择"进化"渴望无限（Ask for More）"。

百事选择人才有三个标准："最聪明、最诚实、最具有推动力的实干精神"，倡导"要么往上发展，要么往外走人"。公司的文化和价值观也更加适用于那些热爱挑战、富有激情、喜欢与有能力的人在一起工作的"年轻一代"[①]。

（四）沃尔沃（VOLVO）"安全"

沃尔沃集团是北欧最大的汽车企业，也是瑞典最大的工业企业集团，创立于1924年。在巨头林立的轿车市场上，沃尔沃缘何能在与宝马、奔驰的鏖战中保住自己的市场份额？在沃尔沃引以为豪的品质、安全和环保的三大核心价值中，安全是沃尔沃强调最多的。几十年前，人们还对一个汽车厂把安全放到头等位置，而对造型和操控不那么尽心的做法感到惊讶，但现代科学技术使汽车的速度越来越快，接连发生的交通惨案让人们对安全性更佳的汽车产生了憧憬，沃尔沃告诉了人们把钱花在哪里最值。沃尔沃把绝大多数经费都投入到了安全研究上，而其他厂家在这方面显然都没有沃尔沃那么用心。

在沃尔沃所有的发明中，最突出的首推1959年的三点式安全带，它被公认为是人类历史上挽救了最多生命的技术发明之一。此外，安全车厢笼架和胶合式安全挡风玻璃也是沃尔沃汽车首批重要的安全特色产品。第一个儿童专用后座的原型于1964年经过测试，1972年在沃尔沃的客车上推出。还有1991年推出的SIPS侧撞保护系统，它们都是经典的例子。多年来，沃尔沃利用从实际交通事故中掌握的第一手资料，开发研制出多种

[①] 引自《百事可乐企业文化定位》，MBA智库，2016年12月27日。作者整理删减。

安全系统，广泛应用于沃尔沃汽车、卡车和客车中。更加难能可贵的是，沃尔沃的许多安全解决方案都已成为整个汽车业的标准。

由于沃尔沃对安全性的高度信仰，他们的顾客群体也似乎受到了一定限制，尽管驾驶乐趣和动感也是沃尔沃强调的元素，但其过度突出的安全性能，还是让不少消费者忽略了它的其他优点。长期形成的口碑确实为沃尔沃打造了"世界上最安全的轿车"的品牌认知。随着消费者对安全性的重视程度越来越高，沃尔沃的销售量也开始出现强劲的增长。

"10年前在欧洲，人们对汽车安全并不十分在意，但现在恰好相反。"沃尔沃安全中心总监说，"近年来，我们将研究的重点放在了事故发生前的几秒钟内，这更有助于我们开发预防性系统，以帮助我们的用户得以避免交通事故。"沃尔沃两位创始人 Assar Gabrielsson 和 Gustaf Larson 曾说过："车是人造的。无论做任何事情，沃尔沃始终坚持一个基本原则：安全。现在是这样，以后还是这样，永远都将如此。""对沃尔沃来说，每年都是'安全年'"，这句话源于沃尔沃的一则广告。沃尔沃的安全历史显示：始终以关注人身安全为准则。[1]

（五）美国西南航空"单一经济舱"

美国西南航空公司（Southwest Airlines，NYSE：LUV）是一家总部设在达拉斯的美国航空公司。在载客量上，它是世界第三大航空公司，在美国，它的通航城市最多，与国内其他竞争对手相比，它以"廉价航空"闻名，但从1973年开始它每年都盈利。

现在，众多航空公司在低成本、低票价领域展开模仿，但在西南航空看来，有一样是这些公司无法模仿的——公司员工内心充分理解成为"低成本领袖"的重要性，理解消费者之所以选择美国西南航空公司，是因为公司持之以恒地提供他们所希望的：低票价、可靠的服务、高频度和便利

---

[1] 引自《以安全做先锋，沃尔沃谋划进入豪华车第一阵营》，MBA智库，2015年4月17日。作者整理删减。

的航班、舒适的客舱、了不起的旅行经历、一流的常旅客项目、顺利的候机楼登机流程以及友善的客户服务。

西南航空是如何做到的呢？在美国西南航空的组织文化中，"员工第一"的信念在激发员工工作积极性中起着至关重要的作用。董事长 Herb Kelleher 认为信奉"顾客第一"的企业是老板对雇员做出的最大背叛之一。公司努力强调对员工个人的认同，如将员工的名字雕刻在特别设计的波音737上，以表彰员工在西南航空的突出贡献；将员工的突出业绩刊登在公司的杂志上。通过这些具体的做法，让员工知道公司以拥有他们为荣。不仅是泛泛地强调重视员工整体，更有对每个员工个人的关注。美国西南航空认为公司所拥有的最大财富就是公司的员工和他们所创造的文化，认为人是管理中第一位的因素。

"我们宁愿让公司充满爱，而不是敬畏""这不仅仅是一项工作，而是一项事业"，这些理念和一系列行动，让员工享受快乐，成为热爱和关心工作的真正的雇员。在其员工培训中强调员工应该"承担责任、做主人翁"（Take Accountability and Ownership），"畅所欲言"（Celebrate and Let You Hair Down），在组织文化中真正引导员工形成一种主人翁意识，让其认为公司的发展也就是个人的发展，促使员工愉快地投入工作中去。

与"员工第一"价值观相适应，公司重视员工对具体问题的判断，而在管理实践上也强调员工主动、积极地寻求解决问题的对策。当中途航空公司（Midway Airlines，1991年3月25日提出破产保护，同年11月7日清盘）撤出芝加哥后，美国西南航空马上派出了一个20人的小组飞往芝加哥组建公司的相关机构。第二天，美国西南航空的航班就从重新改造后的登机门出发了，这距离中途航空公司退出不到24小时。公司的动作是如此神速，以至于新闻媒体来不及拍摄他们在新的登机门悬挂标记的场景。而此前在公司并没有总体规划来考虑改造中途航空公司的登机门，也没有经过一个专门的委员会在行动前进行可行性设计。公司希望员工不要被一堆规则束缚，而是由他们自己做出最好的判断。

此外，公司还提出了一系列口号，诸如"了解他人的工作"（Walk a

Mile in My Shoes），鼓励员工了解其他部门、员工的工作，建立共同工作、合作的意识。共同的合作促使公司的生产效率不断提高，也提高了部门间的相互协调能力。

西南航空成立之初，曾面对行业中大公司的排斥和挤压。面对外部的不利因素，围绕"单一经济舱"定位，公司在员工中激发出一种"斗士精神"（Warrior Spirit of Employees）来应对外部的威胁和挑战。在克服最初的困难之后，这种"斗士精神"继续发扬、发展，引导公司成功地面对了战争、油价攀升、"9·11"等一系列危机和挑战。

"9·11"事件之后，几乎所有的美国航空公司都陷入了困境，都大肆裁员，而美国西南航空则例外。"斗士精神"再次激发了忠诚、保障飞行以及不裁减员工的决心。许多人义务加班、将预扣税返还留给公司，还有人义务照管公司总部前的草坪。员工们再一次团结在一起，面对困难。在危机和挑战面前，凭借这种精神所激发出来的旺盛斗志，在"9·11"事件后全行业普遍亏损甚至破产的背景下，公司仍然保持了盈利的局面。[①]

七、"定位学派"的新里程碑

制定"战略"一直被视为经营管理中的"高端"任务，但毫不夸张地说，被决策困境包围的管理者们像盲人摸象一般，不断围绕战略展开摸索，试图找到解决问题的核心关键。

1990年美国著名管理学家C. K. 普拉哈拉德（Prahalad）和加里·哈默尔（Hamel）在《哈佛商业评论》上首次提出了"核心竞争力"这个概念。他们认为一个企业之所以具备强势竞争力或竞争优势，是因为其具有核心竞争力。所谓核心竞争力是指能使企业为顾客带来特别利益，使企业

[①] 引自《美国西南航空成功的秘诀——"不老的传说"》，MBA智库2016年10月21日。作者整理删减。

获取超额利润的一类独特的技能和技术。核心竞争力主要通过核心产品、核心业务、核心运营能力获得。核心竞争力的强弱决定着企业的生存和发展。但传统核心竞争力的概念有两点不足：一是过多强调技术、技能等硬技术，忽视品牌、营销、管理等软技术；二是过分强调企业自身的能力，忽视消费者的作用。

作为市场的供给方与需求方，企业与消费者信息不对称。对于广大消费者来说，对产品了解得并不多，尤其对产品背后的核心技术等并不完全了解，他们所了解的是企业的产品是什么、品质如何以及品牌所传递的信息。只有让消费者感知到并外化为具体的消费者选择理由时，核心竞争力才有意义。而最能体现和传达核心竞争力的就是品牌，它把不可感知的技术和技能变成消费者可感知的实实在在的利益。

关于战略管理学的"学派"划分，我们不能忽略亨利·明茨伯格（Honry Mintzberg）的贡献。明茨伯格是加拿大麦吉尔大学（McGill）管理学院教授，在欧洲工商管理学院（Insead）、伦敦商学院、埃克斯·马赛大学、卡内基·梅隆大学等学校担任访问学者。他所著的《管理工作的本质》，奠定了他的管理大师的地位，而他所著的《战略历程》一书，则是对一大批世界级著名战略管理学家几十年研究成果的归纳总结，是战略管理研究者的必读书。它给我们展示了半个多世纪以来战略管理学的发展历程，引领我们去体味和感悟战略思想精髓。

在《战略历程》一书中，为了帮助我们对战略这头"大象"有整体的把握，明茨伯格对战略管理思想的各方学说做了全方位的梳理和提炼，划分并定义为十大主要流派：

（1）设计学派——战略形成是一个孕育过程。

（2）计划学派——战略形成是一个程序化过程。

（3）定位学派——战略形成是一个分析过程。

（4）企业家学派——战略形成是一个构筑愿景的过程。

（5）认知学派——战略形成是一个心智过程。

（6）学习学派——战略形成是一个涌现过程。

（7）权力学派——战略形成是一个协商过程。

（8）文化学派——战略形成是一个集体思维过程。

（9）环境学派——战略形成是一个适应性过程。

（10）结构学派——战略形成是一个变革过程。

明茨伯格指出，定位学派更加注重战略的实际内容，而不是战略的形成过程。它之所以被称为定位学派，是因为它关注企业在市场中战略地位的选择。也就是说，战略就是定位，即特定产品在特定市场中的位置。把战略看作定位，包括向下看和向外看，向下看是为了找到产品与用户需求的契合点，向外看是为了寻找外部市场。

明茨伯格定义的"定位学派"认为：在一个既定行业中，只有少数的关键战略是符合要求的，这些战略能够防御现存和未来的竞争对手。企业的有效防御，意味着占据这些市场位置的企业，比行业中的其他企业能够获得更高的利润。这些利润反过来为企业提供了一个资源储存库，企业借此可以扩大经营规模，进而扩展和巩固市场地位。

《战略历程》第四章以"定位学派：战略形成是一个分析过程"为题，深度阐述了定位学派的起源和发展。明茨伯格认为，1980年是具有分水岭意义的一年，标志性事件是迈克尔·波特在这一年出版了《竞争战略》一书。正是这部书的出版带来了一系列学术活动，并很快就使得定位学派成为战略管理领域的主导学派。当然，还包括早期的军事战略研究者，几百年来一直在分析军队和地形在战争中的优势和战略部署。

特劳特先生在其《什么是战略》一书中指出："韦氏新世界词典对战略的定义：规划、指挥大型军事行动的科学，在和敌军正式交锋前部署、调动军队进入最具优势的位置。"西方军事理论之父克劳塞维兹在其不朽名著《战争论》中指出："必须在决定性地点把尽可能多的军队投入战斗，决定性地点上的兵力优势，无疑是最重要的条件。"

商战和军事战争类似，企业战略的核心在于选择决战的战场和位置。定位学派代表人物、哈佛商学院迈克尔·波特教授在《哈佛商业评论》杂志先后撰写了《塑造战略的五种力量》和《什么是战略》两篇战略学经典文献，总结了几十年来战略研究成果，清晰给出了一个明确并且被企业界和学术界最广泛接受的定义：战略就是创造一种独特而有利的定位。最高管理层的核心任务是制定战略，即：界定并传播公司独特的定位（position），进行战略取舍（trade-off），在各项运营活动之间建立配称（fit）。制定战略实际上就是针对竞争力量建立防御，或者发现行业内竞争力量最薄弱的位置，从而为企业找到定位。

定位学派保留了"战略必须超前于结构"这一观念，但在战略之上加入了另一种形式的结构，即整个产业的结构。于是，产业结构决定了企业的战略位置，而企业的战略位置又决定了企业的组织结构。而始终没有改变的是，定位学派依然把首席执行官看作主要的战略家。

在波特时代，战略跟顾客端有关，但不是唯一的入口，在特劳特和里斯时代，顾客的选择和议价能力成为至关重要的入口。在波特时代，研究顾客的力量从未提及"心智认知"，在特劳特、里斯时代，心智认知成为研究顾客的首要入口。从学理上讲，定位理论的价值就在于提出了"认知优势"这个课题。它是在波特"竞争优势"的基础上，做了进一步的推进和深化。一旦确立正确的定位，一旦具备一定的认知优势，就会为企业源源不断地带来持续的集聚效应，包括：人才、技术、资源、资本、政策、信息等，帮助企业从此找到一个一致性的经营方向，从过去资源分散、治理混乱、效率低下的恶性循环，彻底转向有序积累、效率倍增的良性循环。

八、战略定位的工作任务

战略"strategy"一词源于希腊语"strategos"，意为军事将领、地方行政长官，后来演变成军事术语，指军事将领指挥军队作战的谋略。后来，人们将"战略"一词引申到社会、政治、经济领域中来，其涵义也逐步演变成泛指统领性的、全局性的、左右胜败的谋略、方案和对策。

早在钱德勒年代，战略管理学中所阐述的企业战略是：企业根据内部形势和外部环境，构思一套系统而全面的规划，将经营理念宗旨与经营活动结合起来，以确保正确执行，并达成最终目标。而在这之后，战略管理随着"竞争"概念的引入，被适时地转向了新的篇章。自波特提出"竞争战略三部曲"之后，战略管理学术研究进入了"竞争"时代。在这一基础上，波特继续将竞争战略的关键推向核心中的核心——定位，即：战略就是创建一种独特、有利的价值定位，并据此设计出不同的运营活动。而企业战略的真正意图，是在竞争关系中具备必要的竞争优势，并在上下游产业链上获得较高的谈判地位（见图2-6）。

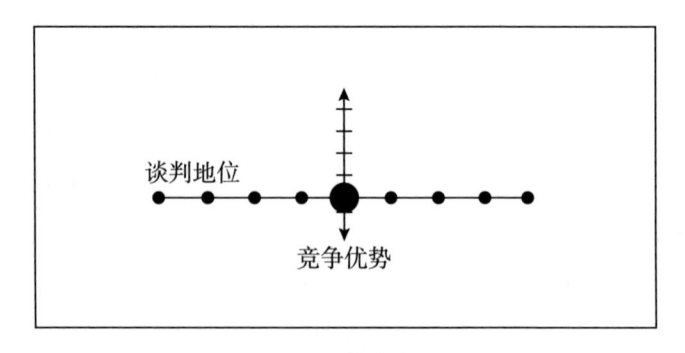

图2-6 战略意图

如何用更简洁的语言梳理战略？以下若干语句将有助于做一个概括性的总结：

（1）覆盖和压倒一切、领先与领头、是一种行为实践。
（2）做什么、怎么做、何时做。
（3）使品牌成为顾客心智中的品类代名词。
（4）如何有效运用力量。
（5）一致性的经营方向。
（6）以建立持久竞争优势为目的的一系列协调性行动。

战略定位的任务，是帮助最高管理层重构基础逻辑，确立周期，理清机会方向，明确路径，分清主次，明确节奏，准确把握转折点并走向成功，其中包含战略定位的五个要求（见图2-7）。这些工作内容，涉及企业管理中最重要的方面，也是最高管理层首要的困惑和疑虑。

```
战略定位：谈判地位 + 竞争优势 = 主导地位

        1. 战略周期
        2. 战略机会
        3. 战略路径
        4. 战略节奏
        5. 战略转折
```

图 2-7　战略定位的五个要素

在制定战略过程中，需要综合考虑的因素包括但不限于以下几点：

（1）未来核心业务应该是哪些？最佳机会在哪里？是否进入新领域？

（2）如何定位才能成为核心预期顾客的首选，占据最佳心智资源位置？

（3）定位实现的路径如何设计？如何指导战略规划？

（4）战略节奏如何控制？标志性的转折点是什么？

（5）各业务板块应该如何规划？相互之间是什么关系？资源如何分配？

（6）基于定位的愿景、使命、核心价值观是什么？

（7）如何针对定位整合外部资源，成为产业链主导者？

（8）如何围绕定位建立战略管理体系，支撑落地与执行？

……

以上种种，是企业实践中需要率先思考的问题，也是战略管理的重大议题，因此，也不同程度地属于"战略定位"所需要涉及的任务，也是将定位理论用于指导企业战略时需要关注的系列课题。

本质上说，战略是一种取舍，是在合适的时候做合适的事情，是对企业未来发展的一种设计，是一条符合逻辑的方向、道路的选择，它无法自然生成。为了这个战略选择，企业必须用超出正常资源配置的强度和执行力度，来与竞争对手展开博弈，直至最终改变现有竞争格局。

第三章

定位原理（一）认知优势

一、经营环境的变迁

在商业发展的不同时代和阶段，企业要想取得成功，都必须解决当时所面临的最主要矛盾，抓住相应的关键重点，找到最有效的方法，即正确的战略。而在每一次历史性转折过程中，企业需要适时地转换这些矛盾点和关键重点，并找到新的最有效的方法，才能成功完成战略转折。企业家想要与时俱进所面临的最大挑战，是深入洞察环境条件的变化，避免陷入刻舟求剑的思考模式之中。

（一）作坊时代——资源稀缺，生产低效

早期的商品供应，大多以简单消耗物质资源为生产过程，并以手工作坊的形式存在着（见图3-1）。这种情况下，整体产能和效率很低，供应普遍不足。当然，它只是一种存在的形式，我们并不能因此就认为这种形式一定是过于原始、落后的。事实上，直到今天，还有不少行业或多或少存在着类似的形式。例如石油、矿产、特殊农作物、定制服饰、中医，甚至儿童教育、心理咨询等。

此时，商业的主要矛盾是资源稀缺，包括在数量、质量或时间等方面要素的稀缺，而当时提高生产力最重要的事情，就是去占有任何相关稀缺资源。

图 3-1　第一阶段：作坊时代

因此，作坊时代的战略是识别并占据稀缺物质资源。

（二）生产中心时代——从手工作坊，转向大规模的工业化生产

1. 特点：需求旺盛，供应不足

早期生产能力有限，总体上商品供不应求。顾客的许多需求未能得到基本满足，在逐渐累积之后，遇到合适的机会，整个社会的消费欲望便迅速爆发（见图3-2）。于是，需求旺盛，供应不足，是这一时期商业的最显著特征。

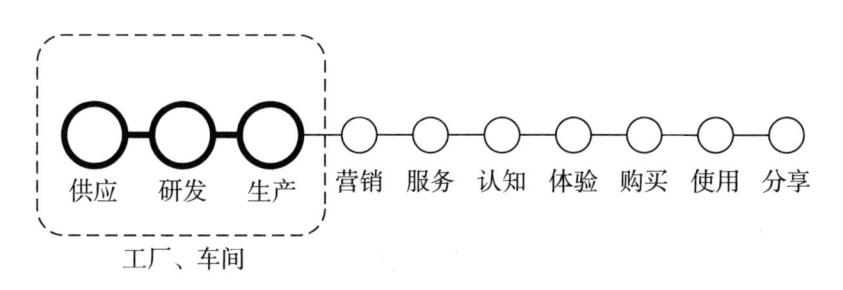

图 3-2　第二阶段：生产中心时代

2. 发展瓶颈：制造效率

工业化流水生产线的发明，对整个社会的生产力提高有着非常重要的贡献。在这个阶段，企业之间比拼的主要是工厂的制造能力和效率。企业的核心竞争力主要来自生产效率，包括生产设备、车间厂房、生产制造过程以及制造工艺、流程、制度等方面的管理创新。商业竞争完全以生产为导向。技术进步带来新的生产方式出现，产能大幅提高，商品供应逐渐丰富起来。

由于顾客需求缺口太大，此时只要有产品供应，顾客能够买得到，大家就感觉已经很好了。这时企业的主要任务是开足马力生产，多、快、好、省地制造出产品来。商业竞争主要在工厂、基地、车间等地点展开。

3. 恰当的战略：多快好省，提升产能

此时，赢得竞争的最有效途径，就是建厂房、买设备、引进技术、培训技术工人等。其间，TQC（Total Quality Control，全面质量管理）、JIT（Just in Time，准时化生产，又译作即时制精益生产）、柔性生产线、5S[①]、六西格玛[②]等管理思想和工具被迅速普及。直到今天，不少企业和行业还依然受益于这些工具和方法。中国制造的全球影响力，也得益于制造效率的极大提高与释放。

今天，这样的时代是否已经彻底过去并变得落伍了呢？未必。不论自有工厂生产，还是委托设计及加工（OEM、ODM），高效生产制造已经成为企业参与竞争的基础条件。甚至，在先进制造更为发达的欧、美、日、韩等国家或地区，或者在科技创新产品刚刚问世的早期阶段，竞争还依然在制造环节展开，竞争的地点依然还是在工厂和车间。

当然，大部分行业制造效率已经不再是最尖锐的矛盾了，甚至正是由于高水平的制造效率，直接导致了库存销售的难题。

（三）市场中心时代——从工业化生产，转向高效率市场分销

1. 特点：产能强大，市场不畅

社会生产力水平持续提高，各行各业的产能越来越强，商品供应越来越丰富，然而，新的问题出现了——库存积压。供需关系逐渐从供不应求

[①] 5S 起源于日本，是整理（Seiri）、整顿（Seition）、清扫（Seiso）、清洁（Seiketsu）和素养（Shitsuke）五个词的缩写，因日语的罗马拉拼音均以"S"开头，故简称 5S。

[②] 六西格玛是一项以数据为基础，追求几乎完美的质量管理方法。

转向供过于求。大部分企业制造能力、工厂管理、产品品质也早已不是主要矛盾（见图3-3）。原来的竞争门槛和壁垒，又一次变成了参与行业竞争的基础条件。过去依靠强大的生产制造能力成功的企业，在面临着巨大的产能过剩和激烈竞争时，明显感觉到难以适应。

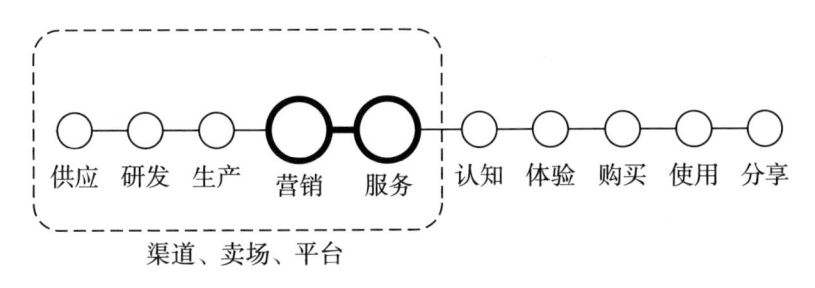

供应　研发　生产　营销　服务　认知　体验　购买　使用　分享

渠道、卖场、平台

图3-3　第三阶段：市场中心时代

究其根本原因，是顾客的大部分基本需求已经被满足了，同时顾客多样化的需求也被激发了出来。只有那些能够满足越来越多样化需求的产品才能畅销，否则就极有可能变成库存。在市场中心时代，一个企业能不能成功，主要看产品是否契合顾客不断变化的想法和要求，看能否比对手更好地满足顾客的需求。

2. 发展瓶颈：市场效率

这一时期，企业在确保高效生产制造的同时，最重要的任务是发展销售团队和经销商网络，快速地把门店、卖场开到顾客身边，把货品最快地呈现到顾客面前，同时还要配以出色的推广、导购和售后服务等，让顾客感受到愉快的购物体验。也就是在这一过程中，跨专业、跨地域的庞大组织系统随之出现，管理难度也急剧增加，整体运营效率趋向低下，"大企业病"成为时代性的难题。

与此同时，市场交易环节的效率得到极大优化，例如，从传统批发市场、商品贸易集散地、百货商店，发展为购物步行街、企业专卖店、综合超市、专业卖场，以致大量出现大型购物中心（Shopping Mall）城市综合体等。这种演进也同时在互联网、移动互联网领域发生，中国企业与国际竞争者构成同一起跑线，进而在门户、平台、垂直、社交等多种电商模式上，都出现了超越先发者、引领全球发展的成功范例。

3. 恰当的战略：渠道+推广

进入市场中心时代，只有那些能够更高效地满足顾客更多样化和更高要求的企业才能成功。各行各业都开始学习代理制、区域精耕、专卖连锁、深度营销、上下游产业整合、厂商持股、CI-VI-BI[①]及广告策划、整合营销传播、4P-4C-4S[②]、CRM[③]、数据库营销等，管理工具和实践横行于世并快速创新与迭代。还不止如此，在新一代互联网技术推动下，网络社群、社交电商等新兴业态，从根本上改变了人们的生活、工作、生产、社交、获取信息的方式。

于是，商业竞争的地点相应地发生了第二次转移——从规模化工厂制造转移到渠道、卖场、网店、平台、电商等。社会生产力的制约点主要在于市场运营效率，它要求企业比竞争对手更大地域范围、更低成本、更加迅速地把商品信息传递、呈现到顾客面前。市场运营、信息抵达和商品流通效率成为商业成功的巨大驱动力。

（四）顾客中心时代——从高效生产和流通，转向赢得顾客认知

1. 特点：供应异常丰富，顾客选择困难

随着供求关系的进一步发展，商业矛盾的中心从供应链、企业链，逐渐转向了需求链，而其中首要矛盾集中体现在：能否被顾客认知和接受（见图3-4）。

当然，原来工厂、市场的经验，那些曾经取得巨大成功的战略，包括

---

① CI-VI-BI，即企业形象识别（Corporate Identity, CI）、视觉识别（Visual Identity, VI）、行为识别（Behavior Identity）。

② 4P-4C-4S，一组营销理论。4P 指产品（Product）、价格（Price）、渠道（Place）、促销（Promotion）；4C 指顾客价值（Customer Value）、顾客满意度（Customer Satisfaction）、顾客成本（Customer Cost）、顾客方便性（Customer Convenience）；4S 指提供价值（Solution）、建立关系（Service）、传递信息（Sales Promotion）、提供支持（Support）。

③ CRM，即客户关系管理（Customer Relationship Management）。

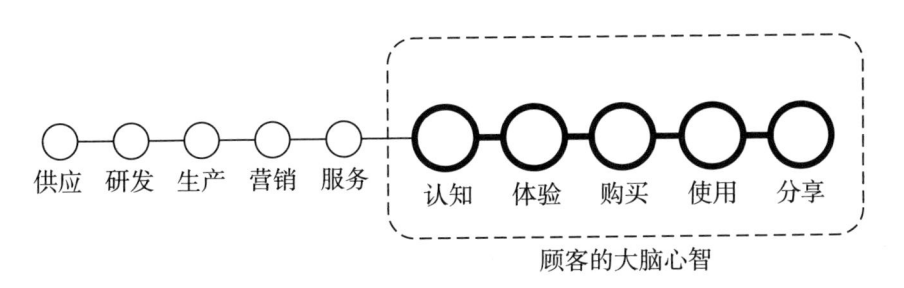

图 3-4　第四阶段：顾客中心时代

选用优质的原料、精良高效的制造能力以及领先的渠道网络、平台资源、新模式、新业态等，又变成了参与行业竞争的基本门槛。

在各种超市、卖场、网上采购商品时，我们随时都能感受到：产品供应已经远远超过了顾客的实际需求。不论是大的商品类别，还是每一个类别的具体品种，都已经丰富到可以用眼花缭乱来形容。每个商品都同样能够满足顾客的需求，它们的质量也都符合要求和标准。最为关键的是，每个厂家也都声称自己的产品非常好。

很多行业不但产品同质化，而且企业在运营上也互相学习与模仿，一切都在快速同质化，竞争力很容易就被扯平了。虽然支付能力越来越不构成问题，但过度同质化的供应以及各类技术创新，令可选择的产品和信息急速暴增，直接导致了顾客在选择时面临严重的选择困难，同时处于有效知识和信息不足的状态，以至于无法分辨真伪和主次。选谁都不够放心，怎么挑都没有安全感，最终可能选择失误、勉强对付，甚至放弃选择。

跟过去的时代相比，顾客的选择过程已经发生了很大的变化。例如，以前人们总是对每个品牌、每个产品的技术指标一项一项逐个仔细比较，今天你还愿意这么麻烦吗？不知名品牌与知名品牌相比，当然选择后者更靠谱；如果都是大品牌，质量又差不多，价格也相差不远，喜欢哪个，就买哪个。人们根本就不再想把购物搞得那么复杂。

顾客真的没有选择的逻辑吗？在这种情况下，顾客是如何做决定的呢？根据什么来判断应该买哪个或不买哪个呢？什么因素和信息可以影响人们做出不同的选择呢？影响购买的因素，往往在十分之一秒内发生作用，而且很大程度地影响着后续的认知和判断。

2. 发展瓶颈：认知效率

今天的顾客几乎没有时间，没有精力，更没有耐心去了解清楚各个品牌的全部事实，他们只会根据仅有的一点信息，就开始对很多品牌做出"定论"，并形成了好与不好、合适与不合适、喜欢与不喜欢的感觉和判断。

最终，顾客只会愿意选择那些内心感觉好、能够认同的品牌，而对于那些感觉不好、不认同的品牌，就像它们根本不存在一样视而不见。对于顾客来说，再简单不过的是，反正有那么多的产品可以选择，反正随时随地都可以买到。

商业发展到这个阶段，企业效率的真正制约点，已经远不在于工厂制造和市场流通环节，而是你的品牌被堵在了顾客心智大门之外——认知效率太低。企业应该由以满足需求为导向，彻底转向进入顾客心智认知，并最终赢得竞争为导向。好产品只是最基础的要求，但如何才能让顾客相信、认可和接受才是关键。对于很多企业家来说，这仍然是一门新功课。

3. 恰当的战略：进入心智，赢得首选

在顾客中心时代，产品选择众多，而且高度同质化，产品信息严重过载。顾客需要一些有效的信息和知识以支持购买决策，但真正能够成功进入心智的信息却非常稀少。企业要想胜出，就必须在一堆品牌里，比对手更加清晰地凸显出来，并成功进入顾客大脑心智认知。

企业的首要任务，就是找到一个能够进入心智的认知入口，从而有机会赢得顾客的接纳、认可。顾客一旦不愿意深入了解你的产品，即便再先进的技术、再高效的制造、再好的专卖店、再多的广告和网络引流，都只是事倍功半。如前所述，这标志着商业竞争的地点发生了第三次转移，从商品交易的市场，转移到了顾客的心智。

一旦成功找到清晰而准确的认知入口，企业就应该立即将其引入内部，制定和发展出一整套运营动作，以便更高效地整合技术、土地、人

才、渠道、资本、媒体等资源要素，确保在顾客头脑中成功占据某个认知中的位置。只有这样，每一项运营的改善和创新，才能及时获得外部顾客的认可和反馈，每一项内部成果，都能成功转化为外部顾客的高价值订单和口碑赞誉。如此，各项要素高效率组合，才能助力企业成为新时期的大赢家。

二、新时期战略的核心

竞争由来已久，只不过在不同阶段表现出不同的侧重点。对于传统企业家而言，这是一场熟悉而陌生的战斗，获胜的原则并没有变化，但作战的地形地貌、武器装备、弹药粮草，已经由"冷兵器"时代，进化成了"信息战"。

伴随商业世界的发展与成熟，商业竞争发生的关键地点，已经从生产中心时代的工厂车间、制造基地，转向市场中心时代的渠道通路、卖场终端，而当顾客中心时代来临，竞争地点进一步转向了顾客，即顾客的大脑心智认知（见图3-5）。

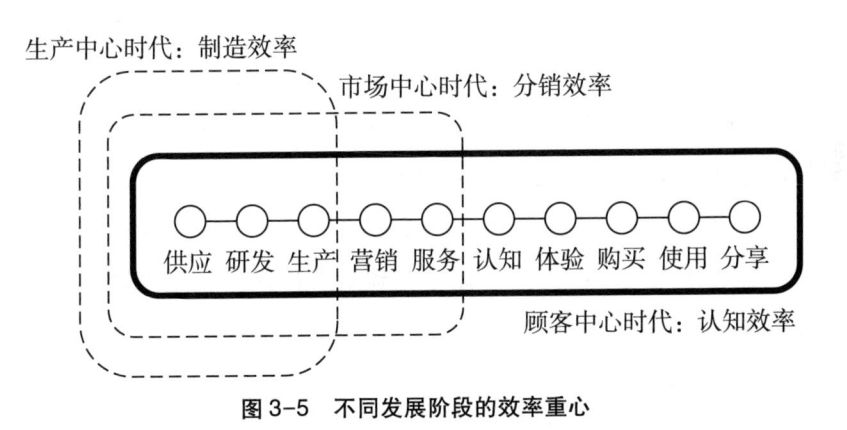

图 3-5 不同发展阶段的效率重心

如果没有如此多的竞争对手出现，任何人都很容易成为商业的大赢家。当今，横亘在企业面前最核心的难题是：在满足需求的过程中，顾客拥有了更多的选择机会。仔细观察一下就会发现，人们为了应对生活、工作中的困难，或者想要获得更多的利益，每天都必须做很多的购买选择决策，从清晨刷牙的牙刷，到坐在什么样的马桶上，从选择去什么样的公司上班，到买还是不买某一只基金，是否需要采购某一种设备、软件或培训课程等。总之，选择无处不在，困扰良多，以至成"病"。

人们不得不处理太多关于产品和服务的信息，所以针对每个类别，他们都只能分配极少的时间和精力，就必须做出决策。当然，越是重要的问题，人们愿意分配的时间和精力就越多。而真正的关键是，在海量的嘈杂信息面前，真正有助于顾客做选择决策的信息，竟然少之又少。这正是信息社会的最显著特征。如果进一步仔细观察，从顾客角度看，在每一项选择面前，人们需要完成两类前提性：

（1）品类选择：为什么选择这一类产品和服务，而不是其他？

（2）品牌选择：同一类众多供应者，为什么选择这家，而不是另外一家？

企业的任务，一方面要提高产品和服务（即以品牌为代表）在顾客心智中的重要性，以防止顾客更加倾向选择竞争对手；另一方面，要提高产品类别对于顾客生活、工作的重要性程度，以应对顾客通过其他替代方法解决问题。而企业的核心要务，就是给顾客一个强而有利的选择理由，让顾客清晰地知道应该选择自己而不是对手。一旦给到顾客这个理由，企业就具备了"赢得优先选择"的机会。这就是进入心智、建立认知的过程，也是降低认知成本、提高认知效率的关键环节。当下及未来，当"选择"成为一种"暴力"，当认知效率成为关键生产力，企业战略的核心任务，就是在顾客心智认知中植入这个强而有利的选择理由，帮助顾客简化复杂的选择决策过程。

受到顾客选择力量的影响，企业通常面临两类竞争（见图3-6）：

（1）品类内竞争。

（2）品类外竞争。

新时期企业取得商业成功的关键是：找到一个强而有利的选择理由，

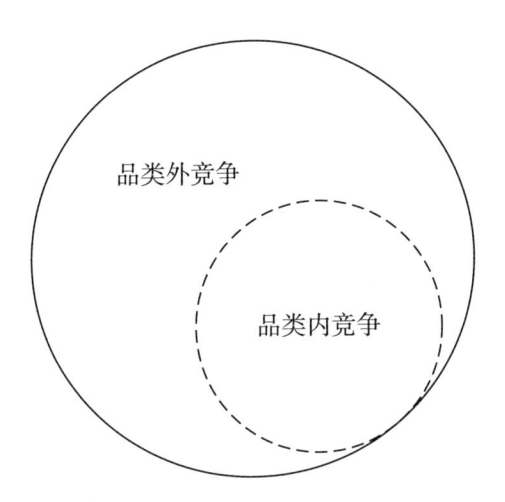

图 3-6 企业面临的品类内外部竞争

并通过一系列的运营动作，在顾客认知、体验、购买、使用、分享产品和服务的全过程中，完整地传递和兑现这个理由。定位理论创始人杰克·特劳特先生如此定义"定位"：在顾客心智中针对竞争对手建立差异化认知优势。

当今的企业家正在完成一项几乎不可能完成的使命——在顾客心智中解决竞争。若非具备极高的智慧与体能，企业家中的创业英雄恐怕一生都难以圆满收官。定位理论发现了解决竞争问题的关键，找到了竞争决战的终极战场——顾客大脑心智认知，发明了解决竞争的核心武器——认知优势，这无疑为新时期的企业家点亮了航海明灯，尽管有时若明若暗，却已然带来了希望。

三、问题越来越难解决

建立认知真的那么难吗？是的。请问：你是个好人吗？毫无疑问，绝大部分人都会给予肯定回答。然而问题并没有结束，如果让你的家族成员都认为你是好人，容易做到吗？已经不容易了。如果继续把范围扩展到全市、全省乃至全国、全球呢？那恐怕是一项难以完成的任务。

同样的问题，你相信你的产品值一个比较高的价格吗？很多企业家都会自信地给出肯定的回答，然而，要让全市、全省、全国乃至全世界都认为"它值一份比较高的价格"，就成了一个世界级难题。为此，企业、品牌、个人、国家、政府等都在投入巨资、全力以赴。而全球顶级品牌，例如，微软、苹果、可口可乐、迪斯尼、通用电气、沃伦·巴菲特等，就是这方面的杰出代表。

现在，好人肯定不止你一个，世界也已经不缺好产品，真正缺少的是让更广大受众统一认识、认可你的能力！最核心的表现就是企业的内部视角和顾客的外部视角迥然不同。

企业家总是认为：我的产品就是最好的，我的团队也是最棒的，我的品牌价值很高，只要贴上标签，什么都能大卖。而顾客却不是这样的逻辑，他们更加相信：谁是行业的领导者，谁的产品才是最好的，领导者才应该拥有最好的团队。而在品牌方面，虽然你的一种产品是最好的，但是对于你做的另一种产品，顾客不一定还认为你是最好的。如果要购买，自然会首选那个产品里的领导品牌，因为顾客相信它才是最好的。

有一种传统说法"酒香不怕巷子深"，而后来则是"酒香也怕巷子深"，这一说法曾经用来鼓动商家多打广告。今天，我们所面临的问题比之前愈发严重了：尽管有钱投广告，但信息爆炸的速度、媒体形式的分散化以及媒体单位时间的价格，彻底吞噬了广告增加的效果。目前和未来，需要掌握更高技术含量的管理方法，来面对整个商业社会的难题——认知效率。

如果认知效率无法提升，即便选用更好的原材料、付出更高昂的研发费用以及更高的生产成本，企业仍将被迫在价格上做出让步，还得继续在传播上比拼、豪赌。当付出难以得到应有的回报，企业显然陷入了一种不可持续的非良性生存状态。企业组织长期得不到利润支持，产品和服务创新难以持续，组织成员就得不到成就和激励。

也许，某些昨日的实业家现在更加醉心于资本运营、投资新项目、兼并和重组，但相信今天的投资家都很清楚，真正有价值的标的物是强势企业和品牌，这是再大规模的投资基金也梦寐以求的。而一旦投资了不具备未来认知优势的企业，又如何能够以高收益退出呢？更何况，今天的并购案例中，真正持续表现优异的企业凤毛麟角，很多都是在处理以前盲目投资、无边界扩张所带来的收尾工作。

四、认知优势

"优势"一词中，有关"势"的概念，不论在中国道家学派，还是在孙武的军事战略秘籍中，都是最重要的哲学思想之一，有着非同一般的意义。例如，老子《道德经》"道生之，德畜之，物形之，势成之"，《孙子兵法》"转圆石于千仞之山者，势也""求之于势，不责于人"等。甚至，它已经演化成为习惯用语，融入人们的日常思维中，如审时度势、大势所趋、因势利导、势在必行、势如破竹、时势造英雄等。

物理学概念中，势能是一种能量的概念，它可以释放或者转化为其他形式的能量，是一种推动能量传递的作用力，其数值的大小直接决定能量传递作用的强度，它不属于单独物体所具有，而是相互作用的物体所共有。

20世纪70年代以来，战略管理学与经济学、心理学、行为学、金融学等学科形成交叉，并因为相互融合而走上新阶段。

80年代初，迈克尔·波特"竞争战略"成为战略管理学的主流，带领管理学界开启了对竞争优势的研究，其《竞争优势》一书成为著名的"竞争三部曲"之一。竞争优势更加成为一种壁垒和门槛的代名词。他指出，拥有势能更强的一方在市场谈判中处于相对主导地位，不仅可以引导行业发展方向和顾客需求，同时还在利益分配中最有机会获得更大的份额。详细来说，当势能优势在购买者一方时，行业发展及企业经营活动都将围绕顾客需求展开，购买者的强势地位引起行业内的激烈竞争，行业平均利润开始下降，甚至边际利润趋向为零。而当供应方拥有势能优势时，它将最有机会逐步获得行业的垄断地位，在引导行业走向的同时，赚取超额利润。

波特还指出，势能优势的转移和变化，首先与供求关系状况高度相关：当产品供不应求时，卖方势能增加，买方势能降低，当产品供过于求时，则正好相反；其次，企业产品满足顾客欲望或需要的程度越高，企业的谈判势能也就越高，就拥有了对顾客的影响力，当然，人的欲望的多样性与无限性，为产品创新提供了广阔的势能空间；此外，行业市场排名靠前的企业无疑有更高的势能，而企业和品牌的知名度、公众形象、企业文化、产品价值形象乃至企业家个人的社会地位等，都是影响产业谈判地位的诸多因素。

至此可见，传统战略管理理论"竞争优势"概念体系中，可能蕴含着心理认知因素在产业中谈判势能地位的重要作用，但遗憾的是，波特及后来者从未直接提及"认知优势"这一概念，而这正是特劳特和里斯定位理论的核心观念之一。

在心理学上，认知是指人认识外界事物的过程，是个体对感觉信号接收、转换、编码、储存、提取之后，通过形成概念、知觉、判断或想象等心理活动来获取知识的过程。那么，人们的某种心理认知是否也具备一定的势能呢？对这一问题的研究和解答是特劳特和里斯的定位理论对于管理学的一大贡献。

定位理论认为，出于获得安全感的本能需要，顾客只会最有可能记住"第一"的信息，例如最大、最好、最高、最多、最快等，因为这些都是能够为人们的购买决策带来安全感的重要信息。定位理论进一步推导，凡是能够形成良好、正向认知的外部信息，都可能具备某种认知上的势能，具有牵引顾客进行信息重组、更新认知的能力，也因此具有一种心理认知上的势能。一旦在潜在顾客心理认知上构成相比竞争对手更高的势能影响力，那就构成了认知优势。

竞争优势中的势能差异，不仅决定了交易双方的利益分配，也决定了参与者的市场地位——拥有更高市场势能的一方将成为市场主导。供应方不仅可以通过评估买卖双方及竞争者势能的相对状况，以此作为决策的依据，还可以通过提高势能来增加自身的竞争优势。然而，基于顾客的有限理性决策假设，并非所有的差异化都能成为一种竞争优势，只有在差异化真正得到顾客和市场认可的情况下，才能具备认知上的某种优势，才能真正成为企业的竞争优势。一句话概括：定位就是创建认知优势。当认知优势用于战略防守时，可以阻止别人进攻或者颠覆，成为心智"护城河"；而认知优势用于战略进攻，就是帮助企业和品牌进行战略转型升级，或者拓展未知空间。

需要进一步强调的是，认知优势既是一种结果，也可以再度加以利用。实际上，具备认知优势一方的差异化，可能被顾客认为是有效的创新，从而可以引导市场潮流，甚至开辟出一个全新的市场；而认知弱势者的差异化，则往往因为被视为"怪异"或"抄袭"而得不到顾客的信任。

随着供求关系向供过于求转变，竞争优势向"五力模型"中的顾客端发生迁移；随着传统经济学"理性人"假设被心理学、行为学乃至经济学自身所修改，"满足需求"的理论也从此进化为"创造需求"理论。定位理论正是通过在顾客心智中建立认知优势，并不断开创顾客需求，从而创造市场和未来。从某种意义上可以说，"认知优势"概念令波特的"竞争优势"理论得到了与时俱进的补充。

五、认知局限

进入顾客心智，成为首选品牌，意味着需要在顾客大脑中建立强大的认知。然而，认知究竟是什么？人们的大脑心智认知是如何形成和运作的？建立认知最困难的是什么？为什么这么难？……

认知心理学发现，人们对外界信息在获得、编码、贮存、提取和使用等加工程序之后，客观现实就以形象、语义和命题等形式在大脑中记录下来。认知神经科学指出，人脑的信息加工能力是有限的，不可能在瞬间进行多种操作，为了顺利地加工大量的信息，人只能按照一定的策略在每一时刻选择特定的信息进行操作，并将整个认知过程的大量操作组织起来。而在成长过程中，每个个体都会形成习惯化的信息加工方式，这是一种认知偏好，它表现为对一定的信息加工方式的偏好。个体常常意识不到自己存在这种偏好，而且几乎每个人的认知偏好都不一样。因此我们说，每个人都在某些方面存在某种程度的认知局限。

回到顾客的采购过程，基于先有认知，后有行为，而顾客认知对于购买决策有着重要的开启意义，我们必须理解到：顾客不选择的理由，首先来自认知局限，诸如不知道有这一类东西、不了解具体是什么、分不清有什么区别、不方便获得信息、没听说过这个品牌、身边人用得少、担心有损失或被人看不起等。

（一）形成认知局限的主要原因

1. 获取信息途径有限

这导致信息量规模、角度和范围受到限制或不够完整。如地域阻隔、媒体筛选、时间不够、身体机能限制等。

2. 信息筛选能力有限

尽管少数人确实比较聪明，可以在解决问题时学习更多的知识，掌握更多的方法，甚至能同时运行更多程序，从而在认知过程中更具优势，但更多人并不具备过于常人的能力。这导致对信息的获取和筛选并不完全，甚至无法从中获得真正有效的信息。

3. 信息加工方法有限

这意味着知识和信息的传承本身可能具有不准确性，比如我们从语言中获取信息，但语言本身就具有欺骗性，同样的话语带着不同的语气、不同的表情，都可能产生不同的意思。事物虽然是客观存在的，但人们在认知时，多多少少要经过主观处理，因此人们对世界的认知必然受到大脑主观判断的影响。对于同一个词语、同一段文字、同一个符号、同一个品相、同一个包装甚至同一个实物，每个人的理解都千差万别，正如人们常说的：一千个人的心中，有一千个哈姆雷特。这意味着，即使同样的客观事实，在不同人的认知里，所呈现的景象却各有不同。究竟谁是正确的呢？谁的意见代表事实真相呢？追求绝对的唯一事实真相没有意义，站在不同的角度，拥有不同的信息源，结论自然不一样。

人们根据自己所接收的信息，并集合环境状况，建立某种认知。这其实只是建立了一种认知假设，受到认知局限的影响，这种假设极有可能是不完整的、不正确的。于是，为了得到尽可能确定的判断，人们进一步通过实践去验证此一假设，这有助于突破认知局限。

（二）实践验证存在的不足。

1. 心理预设在干扰

你越想看见什么，就越只能看见什么。无论对错，一旦建立假设，很多人往往就容易陷入"自我预设—自我强化—自我局限"的封闭加强与循环中。也许是为了弥补在尊严或利益上的安全感不足，所谓验证的过程，往往只是找出各种理由和证据来证明自己正确性的过程。正如人们常说的：你只能看到想看到的，听到自己想听到的。就算假设从客观角度来讲是错的，但人们通常死不承认，于是在这个错误的认知假设下，创造出一系列的特征、内涵，直到使之逻辑上达到自洽。

2. 机会成本无法验证

在更多情况下，人们无法也不愿意在同一时刻对多种决策假设做出无穷尽的验证，这需要花费巨大的决策成本和代价，于是只有借助过往的仅有的经验，来降低决策风险，这将很大程度上影响我们认知事物的结果。

3. 突破"认知局限"

我们应该能够理解这一点，企业内部人士的决策语境，通常与顾客的语境有着巨大的区别。在企业人眼中，与企业产品和服务相关的信息是极为熟悉和关注的，而对于顾客来说，一家企业只不过是他生活、工作中接触的信息的一小部分。这意味着，企业人士当然对自己的产品、服务以及品类具备更多地了解，而顾客却只能凭着极其有限的信息和经验做出他认为最正确的选择决策。

定位理论从一开始就指出，在这个产品和信息爆炸的时代，顾客大脑处理信息和思考的能力受到空前的挑战。不少企业只是活在自己的世界里自说自话，他们不太具备窥探顾客认知局限、潜入顾客思考语境的愿望和能力。这是"顾客视角"的根本缺失，是定位理论所竭力扭转的，也是传统战略管理理论的盲区。

综合多种实践，企业战略的意义就在于：想要收获市场成果之前，先寻求打破认知局限。

通常来说，问题和相应的对策包括但不仅限于以下方面：

（1）求不得——洞察潜在需求，提供升级产品或全新品类，以激活并满足需求

（2）不知道——告知新品类，倡导新特性，教育新知识

（3）不认识——加强传播以广泛告知品牌

（4）不看好——提供充分的信任状[①]，创造强力的热销局面

（5）不重要——加强品类和特性的重要程度，提示风险，揭示利益

（6）一般般——伺机体现品牌势能和地位

（7）不想试——降低尝新风险门槛，促成体验机会

（8）怕买错——提供真正高价值的产品和服务，树立良好的口碑传播效应

（9）分不清——鲜明呈现你的差异化特征，以显著区别于竞争对手

……

[①] 信任状，指自带信任的事物，其作用是信任的转嫁，也就是指人们对信任状的信任转嫁到商品或服务上。信任状的本质是提供信任度建立认知优势，有效消除消费顾虑。

第三章
定位原理（一）认知优势

通常，我们可以用认知效率高来描述和衡量一个事物（包括人、品牌、产品、信息等）被人们认知、认可的有效性程度。这是一门不同于工厂制造效率、市场运营效率的新课题、新学科。今天的商业世界，企业最重要的任务，也是最大的难题，就是要让产品和服务进入顾客的心智，成为顾客的首选，乃至成为更多人统一的认知，甚至成为一种不需要思考的常识：

它是最好的……

它值得这个价钱……

我会考虑首选它……

我愿意向别人分享推荐……

你当然也应该选它……

实际上，顾客整个消费、采购的过程，就是对你的产品、服务、企业建立认知的过程，最终人们会集中体现在对你的代号——品牌名、企业名的评价和口碑上。企业若想获得用户更好的口碑和认知，就应该对整个消费、采购的过程进行妥善的管理。为此，我们十分有必要重点研究，人们是如何认识世界万物的，看看人们的某一种认知是如何形成的，究竟有什么因素影响了认知的形成。只有知晓了这些原理和规律的存在，才能易于在实践中熟练地运用和把握。也正是由于已经建立了强大的认知优势，诸多品牌才获得了商业上举世瞩目的成就。

从更积极的角度而言，解决问题的责任主体，应该是在发布信息的一方——企业方，这需要企业家们细致入微地洞察人们在根据语言/符号对实物做出心理预设的过程中，确保建立良好的认知预期，也需要在接下来顾客的认识、体验、购买、使用、分享的过程中，全过程地承受顾客的质疑、验证和批判。由此，顾客就会自然而然依照前期的心理预设首选你的产品和服务。你的品牌也就毫无意外地成了顾客心智中的首选。这个帮助顾客实现自我预设、自我验证、自我强化的过程，就是企业打造强势品牌的过程。

第四章

定位原理（二）心智资源

早在20世纪80年代的美国，就有专家调研发现，虽然超市里有将近40000个货品单位（SKU），但实际上只需要150个货品单位就能满足人们的日常生活要求。这意味着，另外的39850个货品单位商品，实际上被顾客视而不见，并排除在常用选择清单之外。今日中国，这一情形正在继续上演，针对几乎每一个类别，顾客头脑里只需要一个主要的品牌，再外加一个备选，就能满足要求。实际上，顾客没有必要，也没有时间和精力记住更多。因此，对于顾客来说，除非数一数二，其他都是多余。

基于这一点，企业家最需要做的事情，就是在"核心资源清单"里加上一项——心智资源，它属于极度稀缺的资源，而且未来将越发显示出重要性和稀缺性。面对商品供应的过度充足、信息爆炸的决策环境，人们如何高效率地做出明智的选择，已经成为新时代的世纪性难题。与技术、厂房、设备、土地、销售渠道、人才、资金等生产要素相比，顾客心智认知的力量一直以来被人们深深地埋没和普遍性忽略，以至于仅有极少企业家懂得把它看作是一种关键资源加以利用。这是新时期顾客中心时代的观念空白。大部分企业家观念薄弱，亟需补课。

一、心智关闭与开启

如果不能在顾客头脑里获得一个明确的位置，企业将被顾客视为不存在。以下诸多例子都能佐证这一不争的事实。

（1）茅台。茅台品牌如日中天，却无法帮助茅台啤酒、茅台红酒实现市场突破。即使知名品牌也无法把品牌声誉随意延伸到另一个领域。在顾客头脑里的啤酒、红酒品类中，"茅台啤酒""茅台红酒"的认知度很低。

（2）霸王。霸王中药洗发水的市场影响力很强大，但是顾客对"霸王凉茶"的认知度却极低。

（3）格力。格力在空调领域拥有领先地位，但顾客对"格力手机"却认知度不高，曾经的索尼、松下、联想在手机领域的努力也都命运如此。

（4）腾讯。腾讯的声誉无法将"腾讯拍拍"打造成可以跟淘宝抗衡的电商平台。

（5）百度。百度在搜索引擎领域拥有绝对主导地位，远远超过"360搜索""有道"等众多搜索工具在顾客心中的位置。但即便如此，仍然无法改变"百度外卖"被忽视的命运。

茅台啤酒、茅台红酒、霸王凉茶、格力手机、腾讯拍拍、百度外卖……并非没有实际产品、团队和渠道，只是在潜在顾客的心智中没有占据优势位置，这就是顾客中心时代竞争地点从工厂、市场转移到顾客心智以后发生的本质性变化。

今天的企业家，习惯了观察有形世界的稀缺原材料、高技术成果、先进生产线、销售卖场门店、精英人才、资金资产实力、土地资源等这本"实物账"，却还远远没有跟上商业发展的历史脚步，对存在于顾客头脑里的心智资源这本"心理账"还远远不够精于算计。然而，中国和全球经济面临的巨大挑战之一，是产能过剩带来的同质化竞争以及新技术迭代带来的供应倍增。企业要想获得成功，必须重视这个比劳动力、土地、资本更为重要的生产要素——顾客的心智资源。如果不能在顾客心智中取得一个位置，企业即便投入再多，也终将铩羽而归。

既然心智有关闭，就应该也有开启。个人或者公司要想在生活、工作中采购商品，就必须在众多品类和品牌中做出选择。这时，顾客的心智其实是保持开放的，他最想接收到的，是那些能够帮助他清晰辨别不同竞争产品，能够降低决策风险、减少决策复杂度、消除不安全感的信息，即有效信息。这当然包括企业广告和新闻中传递出来的信息，也包括从老顾客、身边亲友、同业圈子里获得的口碑传闻，也与顾客实际中的实物体验直接相关。

当企业在合适的时间，合适的售卖地点，以合适的名字、身份和价格，提供了合适的体验，让顾客感受到良好的口碑，企业就在为顾客解决实际难题，就在为顾客创造价值。由此，销售员不再是贩卖商品、唯利是图、赚取差价，而是在帮助顾客解决实际困难的救星，自然而然，企业家也成了具有社会责任感的商界精英，甚至是使命在身的时代勇士。但凡持续成功的企业，都因为成功开启了顾客的心智大门，而在营收、市场份额、净利润、核心团队、组织文化、行业信用、企业社会形象、员工报酬与福利等诸多方面，获得了丰厚的回报。

接下来的问题是，你的产品有何与众不同？为什么顾客选择你而不是其他？顾客选择困难的时代，这一问题难以回答，又不得不回答。

在找到答案之前，企业家需要首先觉察到：赢得顾客的选择、购买、体验的行动，只是一种结果，而被潜在顾客认识、认知和接受，才是真正的起点、前提和原因。自古有言：圣人畏因，凡夫畏果。现实中，因果倒置的情况普遍存在。企业家需要保持清醒：当面对你的企业、品牌、产品和服务，潜在顾客的心智大门究竟是处于关闭还是开启，抑或空白的状态呢？

任何有形的固定资产，容易随着商业买卖而易主，而心智认知，是一项根植于每个顾客内心的资产，若想改天换地，除非彻底抹掉一代人的记忆。不过，相比固定资产的眼见为实，心智认知显得更加不好把握、难以捉摸，并且它存在于顾客心智中，而不是企业这一方。

特劳特和里斯在《22条商规》一书中的"认知定律"这样强调：商业领域并不存在客观现实性，也不存在绝对的事实，更不存在绝对意义上的最好的产品。真正存在的，只是顾客或潜在顾客心智中对品牌和品类的认知，而这种认知就是企业真正不得不面对的事实。

二、心智的基础特性：先入为主

接下来，我们将进一步深入探究顾客大脑运行的基本规律，以及厘清与战略机会之间的关系。这需要从领会定位理论系列原著中心智规律的基本含义开始。

奥地利动物学家劳伦兹（K. Z. Lorenz）研究并验证了一个十分有趣的现象：刚刚破壳而出的小鹅，会本能地跟随在它第一眼见到的动物后面。如果它第一眼见到的不是自己的母亲，而是其他活动的物体，如一条狗、一只猫或者一只玩具鹅，它也会自动地跟随在后面。更加重要的是，一旦这只小鹅形成了对某个物体的跟随反应以后，它就不可能再形成对其他物体的跟随反应了。这意味着，这种跟随反应的形成是不可逆的，也就是说，小鹅只承认第一，却无视第二。劳伦兹把动物的这种行为称为"印刻现象"（imprinting）。

自从劳伦兹在禽鸟生活行为中观察到印刻现象以来，后续研究验证了这是动物界普遍具有的一种行为方式，并被鉴定为动物学习的一种特殊形式。那么，人类是不是有所不同呢？在以人类为研究对象的行为学实验表明，印刻现象不仅存在于低等动物之中，也同样存在于人类之中，尤其是人类的婴儿时期。

更进一步，针对人类的认知进行深入研究之后，心理学家、行为学家得出这样的结论：信息呈现的顺序会对人的认知产生影响，先呈现的信息比后呈现的信息有更大的影响力。当不同的信息结合在一起的时候，人们总是倾向于重视前面的信息，而忽略后面的信息。也就是说，人对客观事物会形成最先印象，这种印象一旦形成，就会在人的头脑中占据主导地位，而且不会轻易改变。即使人们同样重视了后面的信息，也会认为后面的信息是非本质的，是偶然性的。人们习惯于按照前面的信息来解释后面的信息，即使后面的信息与前面的信息不一致，也会自然而然地服从前面的信息所形成的最初印象，并以此形成整体一致的认知，心理学家们也称之为"首因效应"。

综合而言，这个先入为主的过程，更多是人们在认知世界的过程中受到心智特性的影响，基于已有经验、知识和信息，形成了某种牢固的自我预设，然后不断强化并进一步验证这一预设，最终对自己的认知形成了一定的自我设限，亦即：认知预设—认知强化—认知局限。

三、六大心智规律

（一）大脑容量有限

据脑神经科学家统计，人类的大脑每秒钟接收 4000 亿 bit 信息，但我们日常每秒钟能够关注和处理的信息只有 2000bit。这些信息被人们极其简化地分类、编码和存储，而只有那些人们更熟悉、对人们更有利、更安全的信息，才更容易使大脑兴奋，并得到重复的关注。

我们可能以为，现在的信息已经严重超负荷了，但和未来的信息量相比，简直是小巫见大巫。数十亿美元的计算机硬件和软件投资，不但没有精简和理清信息，恰恰进一步制造了更多信息。人类大脑对于信息的处理能力的增强，远远没有跟上信息数量递增的速度。对人脑敏感性的研究发现，存在一种"感觉超载"现象，指人脑只能接受有限的感觉，如果超过某一极限，脑子就会一片空白，失去正常的功能。

（二）心智缺乏安全感

大脑总是容易感情用事，而非事事经过理智思考。通常，人们并不知道自己需要什么，往往会购买那些自认为应该拥有的东西。在某种程度上，购买者就像是随群的羊，"从众心理"发挥着重要作用。缺乏安全感是导致这种行为的主要原因。造成大脑不安全感的因素有很多，其中之一就是在进行如购买这样的基本活动时感知到各种风险。我们总结出以下 5 大感知风险：

（1）金钱风险（我买这个东西可能会损失金钱）。

（2）功能风险（所购商品也许质量欠佳或功能失灵）。

（3）生理风险（所购商品看似危险，我可能会受伤）。

（4）社会风险（朋友会如何看待我购买这个商品呢）。

（5）心理风险（购买这个商品让我内疚或丧失责任感）。

心理学家罗伯特·西奥迪诺指出，"社会认同法则（亦为社会验证法则）"具有强大的影响力。我们先弄明白别人认为什么正确，然后以此决定什么是正确的。我们在判断某种情况下的行为是否正确时，是以自己看到别人在此种情况下的行为为依据的。换句话说，我们的是非判断是由他人的是非判断决定的。按照这一原则，遵循社会通行准则可以使我们少犯错误——通常很多人都做的事情大概率是正确的。当人们举棋不定时，经常依赖他人帮助自己做决定。

（三）自动选择与简化

在信息过度传播的环境中，人们会对其接收的信息进行筛选。人们对外界信息心存戒备，这是大脑应对海量信息的自我防御机制。20 世纪 40 年代，美籍奥地利著名社会学家保罗·F. 拉扎斯菲尔德研究提出的"选择性接触理论"指出，信息选择过程至少由三道防御圈构成。

（1）选择性接触。

（2）选择性关注。

（3）选择性保留。

通过不接触、不关注、不保留三种方式，人们得以拦截多余的信息。在产品过剩、传播过度的社会中，人们唯一的自我防御机制就是极度简化信息，并且自动屏蔽过多信息，如冗余的词汇、纷繁的数据和空洞的术语等。

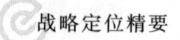

（四）厌恶混乱，分类存储

人们陷入信息记忆海洋的混沌状态之中，越来越多的人意识到必须学会简化。对付混乱的简化方法之一就是分类存储。对人、物、品牌等信息的分类，不仅是管理事务的一种便利方法，也是应对生活复杂性所必需的工具。

大脑分门别类地搜集和储存信息，我们称之为"心智阶梯"，通常包括品类心智阶梯和细分品类心智阶梯（见图4-1）。大脑的思维习惯用"这是什么产品"来开启整个产品的定位过程。因此，如果企业的产品归属类别模糊不明，那么，此类产品打动人心的希望就十分渺茫。产品说明越复杂，消费者就越难将此产品在脑海中归类。

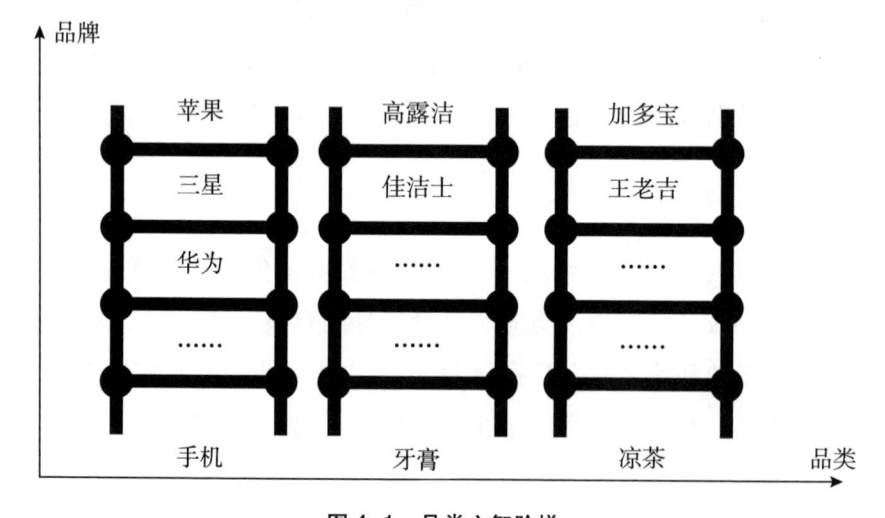

图4-1 品类心智阶梯

（五）心智抗拒改变

信息理论学家认为，人们的基础信念体系至关重要，因为信念为态度提供了认知的基础。要想改变态度，就必须改变态度赖以维系的信念，因此，我们有必要先改变一个人的观念——剔除旧有观念，或者引入新的观念。任何直接改变态度的方案执行起来都会困难重重。即使采取了如精神疗法那样复杂、精细的手段，要想改变人们的基本信念也实属不易。更何况，一些改变态度的方法对某些人有效，而对其他人未必有效。

总之，一旦消费者对某种产品形成思维定式，他们的想法就不会被轻易改变。任何试图直接改变消费者思维定式的努力都是徒劳无功的。管理学大师迈克尔·哈默曾将人们对变化的内在抵制称为：企业再造过程中最复杂、最恼人、最痛苦、最费解的部分。

（六）容易丧失焦点

大脑同一时间的处理能力极其有限，甚至经常处于"一叶障目，不见泰山"的状态。然而人们的好奇心、追求更好、不安全感以及贪婪本性之间互相促进，催生了人们不断关注新信息、新情况的欲望。信息社会的到来，信息供应量的严重过载使得顾客在每一条信息上的关注时长变得极为短暂，也令持续聚焦专注于某一条信息变得极其困难。因此，当同一个品牌名同时使用在多个产品品类上时，大脑对这个词语的理解就会混乱、模糊和扭曲，于是对该品牌的认知就会失去焦点。[1]

四、心智规律与战略机会的关系

对于心智规律，我们需要时刻加以辩证的理解和看待，正如一枚硬币的两面，心智规律中蕴藏着找到战略性机会的无限可能。

人类大脑的容量十分有限，而现实中面临信息过载，大脑已经疲于应付，所以企业仅有非常少数的机会能够进入顾客心智，这也是"数一数二"即"二元法则"之所以发生作用的根本原因。

人类的自我预设、自我强化和验证，乃至自我设限的过程形成了

---

[1] 部分引自杰克·特劳特（Jack Trout）《什么是战略》《新定位》[M]．机械工业出版社，2011。

"首因效应"。对于企业来说，可以通过控制信息的输出和呈现，对第一认知进行有序管理，并以此控制打造品牌认知的过程。若能善用"先入为主"的优先效应，将使自身品牌形成一种相对于竞争对手的天然壁垒。

人人时刻面临选择决策，但因为心智缺乏安全感，所以人们非常需要能够给予安全感的有效信息，以帮助简化选择，规避风险。基于此，企业需要审视通过传播和运营活动传递给顾客的各种信息，重新判断其真正的价值和作用。

土地、房产、厂房、设备、高新技术可以通过生意谈判而瞬间易主。而心智因为抗拒改变，并随时启动自我防御机制，所以认知一旦形成，便难以撼动。更确切地说，一旦形成某种认知，就意味着那可能是一种十分稳固的心智资源。一旦占领，必然易守难攻。

虽然心智抗拒改变，但随着新的信息添加进来，人们的认知得以更新，甚至心智可以启动转换其他角度思考。因此，在顾客心智认知中，有可能为产品和品牌同时开启多个机会窗口。毕竟，顾客需求总是会不断增长，并且向更加专业化、有针对性的方向进一步细分。企业或者在原有基础上升级进化，或者向更专业化细分，都是顺应顾客需求变化的可行方向。

心智厌恶混乱，会对信息分类存储，形成心智阶梯以简化决策。企业应该抓住机会，让自己成为整体品类或细分品类的首选品牌。

心智容易丧失焦点，聚焦之后经常自然耗散，因此不但为新一代产品信息创造得到关注的可能，也为企业实际运营提供了一定延展的空间。这使得企业可以通过一种商品进入顾客心智，而实际销售和获利则可以综合权衡相关性、便利性、附加价值等多种因素，设计相应的交易结构和行为。

定位理论的本质在于，把顾客大脑中的已有认知当成现实来接受，然后重构这些认知。因此，不要在产品之中，甚至也不要在你自己的心智中寻求解决之道，问题的解决之道存在于潜在顾客的心智中。

五、认知如何形成

人们总是天然地认为，自己是依据事实真相做出选择的，然而，需要费一点脑筋思考的是：

（1）什么是真相？什么是客观？

（2）真相只有一个，还是有很多真相？

（3）顾客看到的是什么客观真相？

（4）如果存在绝对真相，为什么不同顾客做出不同的选择？

（5）看到实物是否就是"眼见为实"，是否就意味着看到了真相？

（6）人们是凭借看到实物掌握真相，还是凭借语言文字信息就已经形成了预先的判断呢？

针对"人类认知的形成"这个最基础的话题，我们有必要参考心理学、语言学、行为学的学术研究成果。其中对定位理论两位创始人影响最深的，是通用语义学所提出的"语义三角"（Semantic triangle）（见图4-2）。

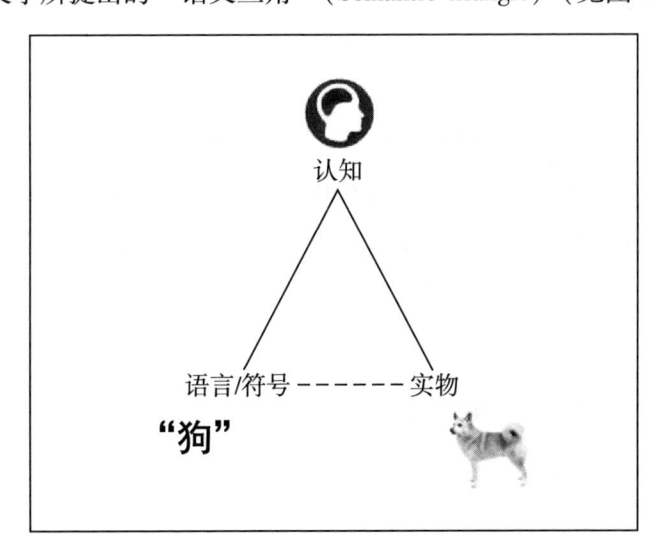

图4-2 语义三角

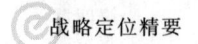

人类通过以下途径，形成对于外界事物的认知：

（1）直接接触"实物"。

（2）借助"语言/符号"。

（3）将前二者相互验证。如借助"语言/符号"建立认知，再通过"实物"体验进行实际验证，或者反过来进行。

随着商业社会供应的不断丰富、顾客购买能力不断增强，以及信息技术的不断进步，以上认知过程的重要性和优先顺序已经悄然发生变化：

（1）在商品稀缺、供不应求的时代，看不看实物，甚至实物好坏都在其次，只要有就满意了。

（2）在供应增多、选择丰富的年代，看看广告，摸摸实物，听听讲解，看看评价，才能做出正确的选择。

（3）而当人们身处信息社会的当下，信息过载是最基本的特征。相对于每一次采购都务必先到现场看到实物来说，人们总是愿意先动动手指，在手机或电脑上看看介绍和点评，查一查权威排行榜，问问亲朋好友中的经验人士。当觉得基本合适，才会愿意花费时间和精力去现场看到实物。只要与前期的采购攻略比较相符，顾客的选择将很难发生逆转性改变，因为一个前后不一致的决定，意味着他前期所收集的采购和消费知识、准则、信息都发生了严重的偏差和错误，需要推翻重来一遍，这无疑大大增加了顾客的选择成本，如果不是万不得已，顾客不愿意改变主意（见图4-3）。核心原理是，顾客已经带着前期收集信息过程中的判断标准来看待和评判后续的任何信息，如果没有颠覆性的信息出现，很难脱离已经初步

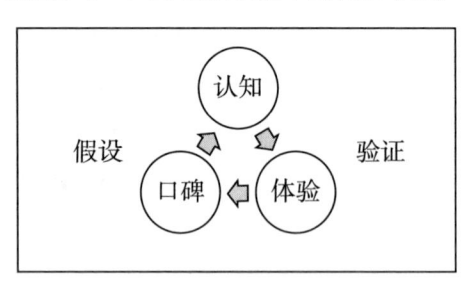

图 4-3　假设与验证

建立的信念体系，后续的工作更多是在将其不断地验证和强化。顾客只看到他想看到的，只听见他想听见的。

六、语言的预设作用

在顾客的头脑里，不会有"传播""运营"这些词汇，他们只会说：发生了什么事？看看那是什么？听听他们怎么说？听听专家们的意见等。不知大家是否发现，这些问题都是先基于语言、文字、符号等方面的接触所提出的，还没有机会接触到实物，更是在购买和使用体验之前就已经发生的事情。

即便是亲眼看到实物，对于同质化的产品，可能存在两种截然不同的结果。如果事先被告知该产品是最棒的品牌，那么顾客所看到的，也许多数都是优点，即便是缺点，也总是可以找到其积极一面，或者干脆将其视为"不重要"而忽略不计；而如果事先并不知道更多，只把它当作一件普通产品，那么顾客恐怕会从不安全感的角度提出种种不足，哪怕已经意识到自己是在"鸡蛋里挑骨头"，最终还要补充一句：我说的是事实！我们把这种具有某种先验性的信息处理机制称为"预设"。

必须补充说明的是，语言/符号与实物/体验不可割裂开来看待，我们很难说，语言/符号绝对不是实物的一部分，或者不是体验的一部分。之所以区分开来说明，是为了更加强调在信息社会中语言/符号在影响顾客选择时的重要作用。

语言/符号是新时期影响人们思想和行为的关键要素，也是企业企图进入顾客心智、影响采购选择行为的核心武器之一。关于这方面的最新理论成果，依赖于现代语言学的研究进展，尤其是符号学、语义学、语用学等细分学术领域的研究成果。如果没有这些成果，语言学无法从庞杂的哲学体系中分离出来，主流的学术界也依然在沿着哲学的领域向更加空洞和抽象的方向推进，而无法与人们的实际日常生活和工作紧密结

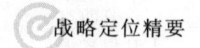

合起来。

20世纪20年代末,美国人类语言学家萨丕尔在论及语言与思维的关系时写道:"人类不仅仅生活在客观世界中,也不仅仅像一般人理解的那样生活在社会活动中,而是更大程度地生活在特定的语言之中,语言已经成为人类社会的表达媒介……我们看到、听到以及以其他方式获得的体验,大都基于我们社会的语言习惯中预设的某种解释。"[1]

萨丕尔的思想深深地影响了他的学生本杰明·李·沃尔夫,而沃尔夫则结合工作中的实际体悟,又将现代语言学研究继续深入了一步。在此略举一例,借以说明"语言/符号"对于人类思维和行动的影响:

> 1919年,沃尔夫从美国麻省理工学院毕业不久,便被哈特福德火险公司选中,参加防火工程培训,从那时起直到去世,沃尔夫在这家公司工作了22年。沃尔夫曾经最主要的工作是:协助公司视察美国东北部保险客户的防火状况,他被称为是一名最细致又最富效率的防火视察员。在此过程中,沃尔夫渐渐发现,真正导致火灾的因素,不仅仅是某种物理现象和物质环境,有时也表现为某种"语言学意义"的因素。沃尔夫发现,在被称为"汽油桶"的存放地周围,人们会格外小心翼翼,而在"空汽油桶"的存放地周围,人们则通常麻痹大意,随便吸烟或乱扔烟蒂。但是"空"汽油桶也许更加危险,因为它们含有爆炸性气体。

从客观物质角度来说,空汽油桶也是具有危险性的,但是当人们给它冠上"空"的命名,便使人感觉不到危险的存在。沃尔夫进一步分析了"空"这个词的两种含义:一是作为"不存在、虚无、否定、无生命"的同义词;二是用于分析容器内的汽油状态,而不考虑其中的气体、残液、散落的垃圾等。空汽油桶的"空"是根据第二种含义来命名的,但是这个

---

[1] 鞠方安,张丽华. 沃尔夫语言相关性思想解读 [J]. 山东外语教学, 2013 (01):37.

名称显示的意义却是第一种含义。沃尔夫进而提醒大家：语言就是这样制约人的行为，引人误入歧途的。

七、品牌是顾客选择的"常识"

所谓进入顾客心智，就是企图在某一群人中形成统一的认知，如都知道产品的名字、是什么样子、做什么用途、什么价位、什么场合使用最合适、最适合哪些人使用等。这是受众对产品、服务和企业在建立一种共识或不言而喻的常识。比如可口可乐是"正宗的可乐"，百事可乐更适合"年轻人喝"，会稍微甜一点，而零度可乐则不含糖分，更适合害怕肥胖的人饮用等。这些内容一旦进入心智，建立起某种认知，成为一种常识，人们就能迅速知道如何选择最适合自己的产品和服务，在使用之后，因为与他的期望值一致，自然也不会有任何不良的体验和感受，这就达到了认知上的强化和确认。而品牌认知效率的提高，是社会交易成本得以降低的微观实例。

之所以社会认知成本高企，认知效率低下，就是因为没有形成这种常识，而更基础的原因是，没有看到常识的真正价值。顾客中心时代，进入心智、建立认知的第一要务，或者说终极目标，就是让采购你的品牌成为一种社会常识，不需要思考，不需要劝导，更不需要调解。一旦将这种建立常识的意识和能力用到社会运行的诸多方面，将让整个社会日常运行中的选择难题大大消解，令认知成本大大降低，自然也达到了降低交易成本的目的，而品牌——这一常识认知的拥有者，就具备了无穷的价值。举个例子，一旦全社会都对某人形成"最会赚钱的人"的共识，那么，他说的关于"如何赚钱"的只言片语，都将对人们的商业行为带来巨大影响，这就是沃伦·巴菲特为什么总能够得到媒体和民众关注的核心原因。

八、常识——最坚固的心智资源

所谓常识，是指心智健全的人所应该具备的基本知识。它可以包括普遍和共同的知识、心理、心态、期望、观念、行为习惯、道德与法律等诸多内容。常识是一些已经人人皆知、不需要再教育的知识和信息。它深深地储存在每个人的大脑当中，并随时可以调用（见图4-4）。

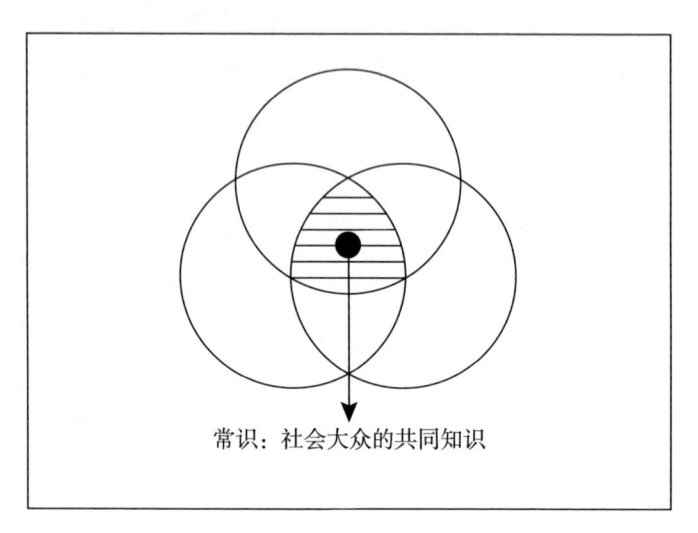

常识：社会大众的共同知识

图4-4 什么是常识

特劳特在《什么是战略》一书中曾经这样写道：常识是天生的良好判断，不受感情和智力因素的影响，不依赖特殊的技术知识。它遵循严谨的直觉逻辑，不掺杂任何感情和个人喜好。常识是所有人共有的智慧，它帮助你看到事物的本来面貌，它是被社会认可的显而易见的真理。我们身处的世界，不可能用数学公式来精确表达，人类大脑通过眼睛、耳朵和其他感官收集资讯，并交由常识来集中处理。常识是一种驾驭其他感知的超感知。

一旦你的企业、品牌、产品和服务与顾客的某一种常识发生高度关

第四章
定位原理（二）心智资源

联，就具有了"人人皆知、不需要再教育、随时可以调用"的能量，这是心智资源力量的根本来源。反过来，既然已经成为常识，"已经人人皆知、不需要再教育"，要想使之发生改变，也将是一件异常困难的事情。从这个意义上来说，心智认知中的常识就是一项更加牢靠的资源和资产。然而，大多数人感觉不到"常识"的作用，甚至因为它太过简单、太普通、太显而易见，就像人们活得好好的，很容易忽略了生命的真正基础——阳光、空气和水。

让品牌成为更多顾客大脑里的某种指导选择的常识，是品牌进入心智、赢得首选的极致状态。既然已经被固化下来，甚至已经成为常识，那就理所当然难以改变。我们把这种强有力的心智认知称为心智资源。之所以难以改变，是因为改变意味着需要建立新的认知、新的常识，这不但需要人们更新认知，增加学习负担，而且会让心智处于极度不安全的状态，人类的自我防御机制会随之启动，有选择地接受、关注和记忆，甚至直接屏蔽。

心智认知之所以难以改变，主要是难以推翻顾客经过若干年才建立起来的常识世界，而这些常识很可能是人们立足于社会的基本依靠。面对同一个事物，同一项产品、服务和企业，之所以会给出不同的看法和认知，因为不同的群体和环境下成长起来的人，长年累月之后会形成不同的常识判断体系。但不论什么样的常识体系，都难以直接推翻，因为一旦推翻，人们的心智世界将充满着不安、错乱和自我否定，更严重的可能导致精神疾病。

我们之所以如此重视常识的作用，是因为只有将战略性资源投到最坚实、最牢靠的领地上，才能在竞争中确保长期持续获胜。很多企业家因为缺乏对于"心""认知"等抽象概念的思维能力，只能停留在土地、厂房、设备、技术专利等"实物账本"上。长此以往，他们和他们的企业或将一直活在"生产中心时代""市场中心时代"，永远无法适应"顾客中心时代"的环境变迁。

相比之下，新一代创业者、管理者和企业家，对心理学、哲学、社会学、认知科学、信息科学等了解更多，将更加容易明白：已经成为常识的认知和观念，虽然难以改变，但并非完全不可调整，可以借助顾客头脑里已有的常识，更新并建立一种新的常识（见图4-5）。因此，调动常识的力量，以此调整认知，是进入潜在顾客心智、降低认知成本、提高认知效率的关键。

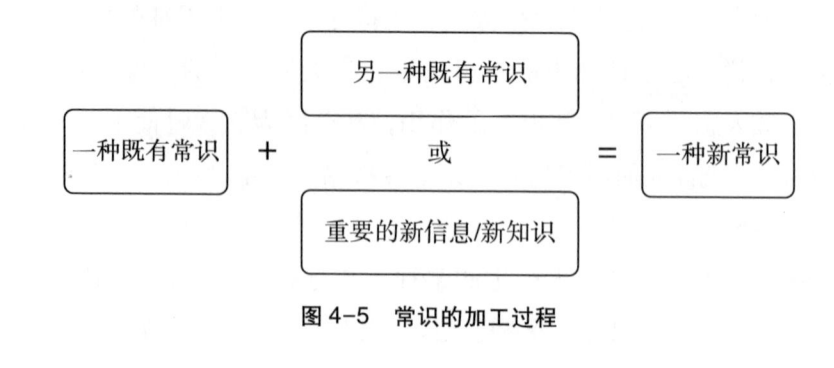

图 4-5　常识的加工过程

九、常识链——心智认知的基因图谱

在《终结营销混乱》《显而易见》《简单的力量》《什么是战略》等定位系列著作中，作者竭尽全力地阐述了常识的作用。两位创始人想要宣告的是，唯有提供顺应顾客常识的信息，才能应对顾客内心的极度不安全感。在大竞争时代，但凡取得显著成就的企业，除了经营能力是业界翘楚之外，其根源必定是因为其品牌在潜在顾客心智中持续保持首选位置。如果把这种成就比喻成"飓风"的话，我们正在探讨的话题所处的位置，就是其中的"风眼"。

接下来，我们试图解读清楚，企业是如何通过一系列的战略举措影响顾客心智认知，进而改变顾客选择行为的。这项工作犹如破解心智认知的"基因图谱"一样精微而重要。

那些已经成功进入心智赢得首选的强势品牌，意味着更多人对它所代表的产品、服务、企业已经形成了一致性的良好认知，意味着更多顾客选择它来解决生活及工作中的问题。这种决策最为简单、放心，不安全感最低，甚至满足感爆棚，以至于忍不住要跟身边人炫耀和分享。这种状态下，帮助顾客做出某种选择的统一认知，是一种选择的常识。被多数人认同的某种观点或知识是常识，而多种常识的集合，可以称为常识链。正是众多的常识和常识链，支撑人们做出选择决策并建立起行为背后的理念体系。时间积累越久，使用越频繁，记忆越深刻，观念越稳固，也意味着常识越有力量。

在定位过程中，企业所做的一切工作，目的就是"在顾客心智中针对对手建立优势位置"，而站在顾客角度来看，就是获得一个强有力的选择理由。这种选择理由就是对产品、服务、企业、品牌的某种判断和认知。当这种强有力的选择理由被尽可能多的用户甚至社会大众所接受、认可、验证并固化下来，一种常识就此形成。从此，它就成为人们生活、工作中的某种知识、信念、工具和参考标准，人们以此降低解决种种问题的决策难度。

为了方便理解，我们举例说明，比如"凉茶"这个产品的早期阶段，顾客心智中可能已经具有以下几项重要的常识：

（1）中国人多少都有点中医知识，但凡口舌生疮、长痘痘、身体不舒服，就会归结为"上火"。

（2）在广东、广西两省人的心智中，凉茶具有强大的"下火"功能。

（3）在广东、广西地区，王老吉是凉茶中的老字号，历史悠久、知名度高。

（4）不同于南方消费者认为凉茶是一种"预防上火的饮料"，北方顾客认为凉茶是隔夜茶，这也是一种常识，也正是需要企业调整和更新的常识。

十、打造品牌就是更新常识链

常识的作用近乎真理。一旦某些信息因为率先进入顾客心智，成了顾客头脑里的既有常识，顾客就如同掌握了真理一般，具有了安全感，就会在心智里筑起高高的堤坝，直到跟原有常识不相冲突的新信息出现，顾客头脑才会愿意接纳并更新这些信息，从而形成新的常识堤坝，这也是心智"护城河"这一比喻的根本由来。

顾客对自己头脑中的常识进行固守、更新、再固守、再更新的过程，与真理和谬误之间的转化过程非常相近。将真理运用于指导实践的过程，就是把主观世界与某一时空的客观世界接轨的过程。实际上，真理是动态、相对的，常识也可以增补、延展和转化。任何成功定位的过程，都是通过正确的定位，将品牌名与顾客头脑里的常识进行成功接轨的过程，而采取的方法有可能是：联结（旧观念）、增补（新信息）、延展（新范围）和转换（新角度）。只有与顾客头脑中的常识相印证、相契合、相一致，才可能开启类似联结、增补、延展和转换等过程。这样一个发现常识、借助常识、调整常识的过程，就是发现和开发心智资源的过程。

企业之所以拥有无穷的建立心智认知的机会，得益于心智规律起作用——心智容易丧失焦点，人们在弄清楚"是什么""可信吗""有什么用""谁在用"等问题的同时，也在思考"还有谁"和新的东西"是什么"。好奇心和人类的欲望时刻促使人们不断更新自己对于周遭世界的认知。人类大脑在已有的常识基础上，增加一些新的信息与知识，或者嫁接另一个常识，从而形成新的常识链，经过认真思考和实际验证之后，人们就用它来指导今后生活、工作中的选择和决策。

顾客总是基于常识做出判断和选择，因为这样最为快速、简单、更有安全感。在这个极其隐秘的思考过程中，凡是跟顾客心智中已经具备的常识相违背、不一致或者毫无关联的信息，都会带来负担和不安全感，都将无法被顾客接受，顾客心智的大门就此关闭。除非采取强烈的干预措施，使得人们觉得必须添加某种新信息，心智之门才会再度打开。而这种强烈的干预措施，就是诸如强势媒体的大声量传播、直接有效的业务运营、具有充分说服力的信任状支撑、权威人士的宣告等。心智之门一旦重新打开，顾客大脑就会进入认知更新程序，经过进一步的推动、扩散和持续固化之后，这些旧常识，加上新信息、新知识，或者另一种常识，集合起来就成为某种新常识，于是人们的认知更新过程就此大功告成。选择某个品牌的强有力的理由，以及与之相关的其他信息，就成为某种心智资源的核心组成部分。了解了这些，你就会充分理解"心智不可改变，但认知可以更新"。

让品牌成功进入顾客心智的关键诀窍，是充分意识到常识的作用，具备发现常识的能力，以及调动常识为企业所用的资源和技术，而这正是"定位"这门学科所要解决的难题。商业社会更加聪明的解决之道，是将不同群体顾客心智中最为普遍存在的常识发现和挖掘出来，并加以利用。通俗地说，成功进入心智的方法，就是把一种常识和另一种常识，或者新信息、新知识成功"焊接"起来的过程。

某种产品或服务能够成功进入顾客心智成为首选，必然是基于解决了某一顾客的难题。要在顾客心智里的常识体系中，用一种新的产品和服务对原有的解决方案进行更新、覆盖或者替代，便是新认知的形成过程，也是新常识的产生过程，更是企业打造强势品牌的过程（见图4-6）。最终结果，就是更多人对这种新的产品和服务形成了一致的良好认知。于是人们用一个名字来简化和指代企业所提供的产品和服务，这个名字，我们称它为"品牌"。

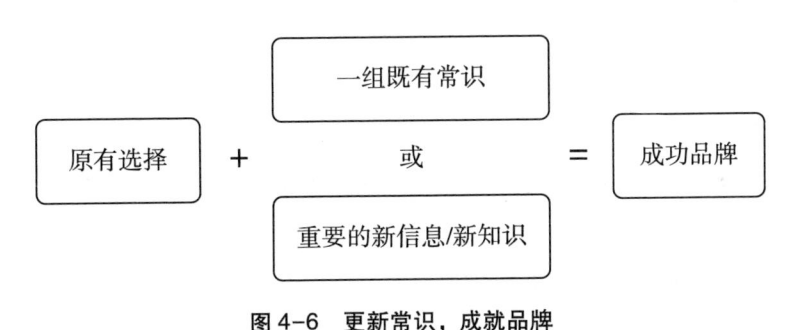

图4-6 更新常识，成就品牌

再以"凉茶"为例，王老吉品牌早期的成功在于其"焊接"了多个常识：

（1）凉茶可以"去火"（既有常识），而很多人都"怕上火"（既有常识），因此，人们需要"凉茶"（既有常识）；

（2）"可乐是最流行的饮料"（既有常识），它只是"口感清凉"，而"王老吉是凉茶"（既有常识），现在"凉茶也可以是一种饮料"（新信息），而且"凉茶才能真正预防上火"，此外，"王老吉比可乐贵近一倍"（新信息），因此，"王老吉凉茶是比可乐更清凉、更去火的饮料"（新常识）；

（3）"王老吉是凉茶"（既有常识）与"王老吉是一种很畅销的饮料"（新信息），因此，当前"流行喝凉茶饮料"（新常识）；

（4）"南方地区流行把王老吉凉茶当饮料喝"（既有常识）与"北京地区流行喝王老吉凉茶"（新信息）与"北方消费潮流看北京"（既有常识），因此，"王老吉凉茶是北方人也爱喝的饮料"（新常识），所以王老吉是"全国凉茶领导者"（新常识）。

而帮助成功"焊接"这些既有常识和新信息的"原材料"是：

（1）选择一款罐装造型作为核心品项。

（2）定价高于可乐75%。

（3）选择火锅店、川湘菜餐馆等顾客吃了容易上火的餐饮渠道集中突破。

（4）媒体广告品牌故事及广告语："怕上火，喝王老吉"。

（5）先在广东等南方区域初步建立地位，进而通过占领北京高势能市场，拓展整个北方市场。

（6）在央视广告以及餐饮店、卖场、终端等进行整合传播的大额投资等。

一旦对某种新的认知表示接受和认同的人多了，只需假以时日，这种新认知就在人们大脑里固化成了某种知识，如果没有更重要的信息介入，它将成为指导人们做出选择和判断的基本准则，这是支撑人们生活和工作的新常识。而这种已经被接纳、被确认、被验证、被固化的认知结构，就是前文多次提到的心智资源。而那些起到链接、关联等"焊接"作用的过程和动作，就是企业展开运营和传播的工作。

所谓品牌故事、广告语、宣传口号等，都是用来将一种常识与另一种常识，或者将一种常识与新信息、新知识进行"焊接"的一段语言、文字或符号。当它借助强势媒体大声量传播以及渗透、植入到大众身边的媒介时，就在顾客有机会通过"实物/体验"建立认知之前，抢先完成了"将品牌信息转变为新常识"的"预设"过程。在时间成本奇高的今天，这大大提高了心智资源的形成效率——认知效率。定位理论学习者将这一现象和过程形象地称为心智预售，以此来描述"顾客好像在购买之前就已经做好了购买决定"。

不论围绕品牌故事所做的大量传播，还是企业各项主要运营活动，只有在顾客心智中得到相互验证和加强，才有可能令品牌最终进入心智，赢得首选。这是将品牌以及选择理由当作新常识来打造的过程。最显著的商业成就，莫过于让你的品牌成为大众的心智首选，不少企业在这条道路上功勋卓著，比如苹果、微软、可口可乐等。

企业也许无法永远辉煌，而衰落的起点就源于顾客心智中的既有常识链被新信息、新知识不断拆散、重组和替换，从而形成了对新对手更有利的常识和常识链。这为后起之秀提供了更多机会，不然商业战场就铁板一块、死水一潭了。这也同时使得后进者必须不断提供更新、更好的产品和服务，并且善于调动顾客既有常识和常识链的力量为己所用，在顾客心智中，针对既有对手确立优势位置，以此引领企业对外传播和内部运营的方方面面，形成独特的运营配称和系统性竞争力。

十一、调整认知，激发需求，提高有效供给

传统战略理论并没有将"心智认知"对于赢得顾客优先选择的重要性放到首位来加以解决，这是因为当时的商业环境还远远没有发展到今天这样激烈的程度。正如特劳特先生针对20世纪70年代的美国商业环境所说：相比未来的竞争，现在的竞争仍像茶话会一样轻松。

不少企业家囿于传统供求关系"需求决定供给"观念，也受制于一大

堆容易自我设限的思维"天花板"：

（1）现在没有人做，表示可能没有需求，我进入这个市场值得吗？

（2）未来市场可能存在，但什么时候才能成形，一定会属于我吗？

（3）市场容量只有那么大，即便做到第一又如何？未来在哪里？

（4）客户决定市场，需求决定供给，市场在哪里，我们就去哪里。

时至今日，不论生产资料，还是生活资料，相当一部分已经进入完全市场竞争的阶段。当早期需求空缺已经被填补，在一方面产能严重过剩，一方面顾客需求旺盛的情况下，发现、挖掘和激发潜在需求的能力，必然成为企业战略思考的最重要的依据。

单纯依靠低价以扩大需求的年代已经远去，随着居民收入以及消费力增长，更多人想要改善原有的生活状况、提高生产效率，这意味着空白市场仍然大量存在。不仅如此，人们对更好、更新一代的产品以及更优质、高附加值的服务的期待，成为开掘不尽的财富宝藏。在这一轮新的经济增长竞赛中，只有更好地创造、开发顾客潜在需求的企业，才能成为大赢家。

更准确地说，大多数顾客对具体需要什么产品并不十分清晰，但是对自己的不满、抱怨和需要解决的问题却是毫不含糊的。非但如此，这种"问题感"一旦形成，就等于在人们心中种下了自然增长的种子，时间越久，体会越深，需求越迫切。如果一直没有出现填补这一求而不得的产品和服务，这项需求的市场空间就会被迫由替代品临时将就承接。这样一来，不但顾客的问题解决得不完美，还会带来其他连带不满，而企业远没有获得可观的市场和利润，也丧失了进一步改善和创新的机会。这种情况下，供求双方的效率都十分低下，生产力没有得到充分的解放。

顾客端的需求其实一直存在，只是以"潜在需求"的方式被抑制了下来。只有当供应方将品牌信息、产品和服务信息、企业信息充分而恰当地在顾客面前，潜在的需求才可能被激发，从而转换成明确需求，并最终成为企业的订单和绩效。至此，顾客"求而不得"的需求得到满足，企业赢得订单和尊重，组织得到成长。

越来越多的情况下，人们无法通过"实物/体验"来了解企业、产品和服务，而总是率先通过信息（语言/符号）来建立对一个实际产品、服务、企业的认知。并凭借这些认知来判断是否跟他面临的难题——需要解决的问题相对应。只有准确针对潜在顾客群体，在其大脑的心智认知中建立起能够解决某项问题的认知，才有可能激活顾客的内心欲望。而一旦认知建立失败，顾客根本没有意愿浪费时间仔细审查你的实际产品、服务和企业。不论能否解决实际问题，顾客都将把你屏蔽在其心智认知之外。顾客的潜在需求没有机会得到激活和显现，需求还是潜在的需求，顾客的难题依然是难题，供应仍是无效的供应。

例如，加多宝集团在操作王老吉凉茶品牌之初，很好地突破了顾客对于凉茶只是药饮的认知局限，建立了凉茶是"预防上火的饮料"的新认知，并进一步突破"南方人喜欢喝的饮料"的认知局限，借助"拿下北京市场"的战略举措，最终纠正了北方人认为凉茶就是"隔夜茶"的认知偏差，并以此成就了在中国市场超过可口可乐的主流饮料品牌。

再例如，在方太、老板吸油烟机仍未建立强势品牌之前，国外品牌如西门子等牢牢盘踞中国高端市场，主流价位2000~3000元，已经属奢侈消费。时隔不到10年，中国市场已经由方太、老板两大品牌占绝对主导，而且3000元以上价位的产品成为主流常识性的选择。如果进一步比较市场规模，已经超出当年好几十倍。需求从哪里来？这也是运用定位理论，通过战略行动化解顾客认知障碍，突破认知局限，打开心智大门之后的经营成果。

还有，在手机还是2G的时代，诺基亚（NOKIA）曾经以2000元以下甚至1000元以下机型为主销机型，再看今天4G/5G时代的主流手机，智能手机以3000元以上的主力价位占领了整个市场，而主销6000元的苹果iPhone则占据了高端市场。

高科技产品如此，传统产品也具备无穷创造空间。二十年前80元/斤的东阿阿胶，今天已经近3000元/斤，并且成为不少大药房的主要销售收入和利润来源。市场容量、利润空间从哪里来？是仅仅延续了原来的走势，还是发端于后来的创造？

显而易见，每一位潜在购买者在接触新品牌、新产品和服务、新企业之时，都会习惯性地"百度"一下，看看公开评论和口碑，再决定是否有必要花费时间和精力实际体验。如果企业不想在顾客早期搜集信息时就被略过和淘汰，就应该重视如何在顾客心智中建立良好认知的专业技术——定位。一旦启动心智认知，就推开了需求的大门，就有机会汇集市场的客流，为企业创造绩效。从这个角度上说，良好的认知激发了顾客的潜在需求。

总之，顾客并不知道什么样的产品和服务能够解决他的实际难题，只有当真正有效的产品和服务呈现在他面前，原本的常识判断力才实际显现出来，购买的欲望才得到实际满足，需求得以集合为市场，企业的成本最终得以转化成绩效。从这个角度说，供应决定了需求。

20世纪70年代，一个经济学流派开始兴起——供给学派。该学派更加强调经济的供给方面，认为需求会自动适应供给的变化。该学派认为，生产的增长决定于劳动力和资本等生产要素的供给和有效利用。供给学派的主要代表人物之一拉弗把供给经济学解释为："提供一套基于个人和企业刺激的分析结构。人们随着刺激而改变行为，为积极性刺激所吸引，见消极性刺激就回避，而政府在这一结构中的任务就在于使用其职能去改变刺激以影响社会行为。"

显然，定位理论已经在企业微观层面展开了深入的实践：如何通过建立良好的心智认知，进而激发顾客蓬勃的潜在需求，创造更多顾客和市场空间，从而在激烈的市场竞争中确保持久获胜。这样累积的结果是，最终实现整个社会更高程度的有效供给，促进社会生产力的良性释放。

第五章

五种典型定位方向

一、开创顾客的三个阶段

现代管理学大师彼得·德鲁克特别强调，企业存在的目的有且只有一个——开创顾客。这意味着企业需要做一些工作，将非顾客、潜在顾客转化为成交顾客。而定位就是确立有利位置，创建优势认知，是成功开创顾客的关键方法。认知影响行动，行动进一步强化认知，由小及大，周而复始，企业和品牌如雪球一样滚动成长起来。

根据顾客认知的演变过程，企业开创顾客大致经过以下三个阶段：

（一）尝新与契合

人类的好奇心导致心智容易丧失焦点，注定了新生事物必然会赢得一定的关注。由于心智缺乏安全感以及心智厌恶混乱等，只有少部分与过往常识一致的新信息才能穿透过去，注定顾客只能选择性关注、接收、记忆。

借助最佳的机会，有效地告知新信息，是打造品牌的关键点。遗憾的是，企业总想尽早形成销售，不惜夸大其词地宣传。殊不知，顾客在认知初期的心智中充满不安全感，那些过于夸张的广告说辞，勾起了人们曾经被欺骗的不良购物记忆，令顾客唯恐避之不及，也大大损耗了企业的传播投资。而那些类似具有新闻性的新知识、新信息，包括来自最前沿的技术革新、身边的消费升级的故事等信息，更符合顾客"我应该知道""应该不断提升自己""观念需要不断更新"的常识心理，相对更容易顺势进入顾客心智。因此，管理顾客的初认知是开启品牌旅程的重要课题之一。当然，顾客每天都被层出不穷的新鲜信息吸引，维持热度则是一种针对顾客心智认知的持续投资。

如果你的产品或服务确实能够解决顾客某方面的难题，总会有一部分人能够在"三分钟热度"和后期持续关注的过程中获得良好的体验，这是第一波顾客在默默沉淀、累积和转化的过程。契合需求的顾客群形成，一方面是一种对于产品和服务的有效性、契合程度的实际测试；另一方面，是对企业最初提供的信息的一个接纳、学习和重新校正认知的过程。细致洞察、准确识别和精心筛选出高势能顾客群体，并以此为源点人群进行推动和扩散，是品牌的生命起跑线，将对后期品牌腾飞起到至关重要的作用。

（二）带动与卷入

当品牌度过初认知的新鲜期，就不可避免地进入漫长的爬坡路段。此时最应该借助的力量，就是源点人群对品牌的基础认知，这也是企业在传播上需要真正加力推进的重要时期。

一方面，经过初期淘选之后，精准源点人群已经具备相对显著的高势能影响力，加力传播推广和产品体验会无形中击中更多潜在顾客，并不断扩展源点人群的波浪圈；另一方面，广告和公关的传播行为以及开店、展示等体验活动，将把认知深度持续强化，这为推动源点人群的口碑传播和主动推荐创造了良好的条件。

体验造就口碑，口碑借助源点人群的公信力，带动和卷入更多人接受新信息，建立新常识，进一步强化主动体验的意愿度。移动互联网自媒体时代，高势能源点人群"大V"的公众影响力成为新势力，而其背后的推手已经形成了完整的推广产业链。企业有必要借助这股势能，结合持续的广告投放和场景体验，加速开创顾客。

值得警惕的是，公关和广告的有效性并不能掩盖产品和服务的瑕疵和无能，恰恰相反，它们将无限度放大它们。因此，产品和服务的完善、创新和升级，是建立和巩固强势认知的基本条件。不论是新兴商业模式，如共享单车、生鲜电商，还是最为传统的牙膏牙刷、可乐、凉茶，都需要时刻关注消费需求升级、社会心理的变化，在场景适应性、使用方法、内外包装等方面累积"微创新"，甚至主动迭代。

（三）指代与裹挟

总有一部分人在选择尝试新事物上明显趋于保守，这是心智缺乏安全感的又一体现，也是值得领先品牌持续追击的巨大金矿。领先品牌应该持续借助自身地位优势，在某一品类或特性上率先抢占心智认知中的领导地位。

当建立定位取得初步成功之后，接踵而来的任务就是如何收割竞争，以巩固心智和市场地位。如果只是占据市场份额上的领先地位，只能说是一段时间的优势，不能就此断言已经全面获胜。真正的战略高地并不在市场上，而在顾客大脑中，即成为心智认知中的第一品牌。

当你成为顾客心智中某个品类的代名词，甚至人们将你的品牌名当作动词来使用，如"百度"一下关键词、把包裹"顺丰"过去、"滴滴"一个车……我们把这一现象称为指代效应。我们不太可能回到产业实物资源垄断的年代，但心智认知中的指代现象，非常显著地创造了一种心智中的认知垄断。而从中长期时间范围来观察，只需配置相应的高效运营管理系统，顾客认知中的心智份额最终将更有机会兑换为商业上的市场份额。

企业究竟能够做多大？很大程度上取决于企业家如何看待市场。无论宏观环境、产业内部因素如何变化，企业家的基本理念是带动企业拓展市场空间、引领品类拓展应用领域的最关键因素。而定位的首要任务，就是帮助品牌突破顾客端的认知局限，时刻引领顾客的选择。在顾客认知、体验、购买、使用、分享的过程中，企业的使命就是帮助顾客逐渐摆脱认知

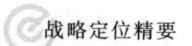

限制，突破认知瓶颈，不断更新顾客的认知空间和结构，实现从尝新与契合，到带动和卷入，乃至指代与裹挟，甚至最终达成"认知垄断"。

二、定位战略的三项研究

（一）产业链动态

商学院教科书中已经有了诸如 PEST 等产业分析的方法和工具，除此之外，企业家还需要通过自我经验、实地走访以及商业直觉去洞察未来产业走向。我们至少可以从以下四个环节入手，深入感受产业最新变化的节奏感和脚步声。

1. 上游：底层技术、基础材料、加工工艺的革新

历史上，类似蒸汽机、电力、合成材料、化工制剂、生物技术、互联网等，这些底层技术、基础材料、生产工艺的众多科学发明，虽然需要经历从发明到应用、再到产业化的漫长探索，但一旦得到应用和推广，其带来的效率提升将对整个产业链产生颠覆性影响。

2. 中游：中间组件套件及成品供应效率的显著提高

并非每种创新都能像发明者所描述的那样改天换地。从技术到成品产业化的过程中，绝大多数创新成果都无法实现其最终价值，仅有极少数可以走过完整的生命周期。不过无论如何，顾客的需求，包括明确需求和潜在需求，都是客观存在的，是否具有产业化的供应能力，就成为能否让品类价值绽放光芒的一个基础条件。无论技术如何高精尖，如果不能实现产业化、规模化的供应，必将使其应用和推广受到掣肘。

从众多环节分工合作的变化中，企业家可以观察到新事物生长和蔓延的速度，从而判断规模化、产业化应用的时间节点和更新周期，并能越来越清晰、准确地判断对顾客选择影响的广度和深度，最终决定企业调整的未来走向和战略节奏。

3. 下游：流通与消费业态变迁

顾客的选择和购买，时刻处于某种场景中。从最传统的商品批发市场、百货店，到品类专业卖场、品牌专卖店，发展到曾经是热点商圈之一的商业步行街，再到专业超市、新一代百货、商业综合体 Shopping Mall，乃至完全突破物理空间和时间局限的网络购物、社交电商直播带货等，流通业态的变迁时刻影响着顾客的生活方式、信息植入、消费习惯、购买模式和决策逻辑。

4. 终端：用户需求细分与升级

人类不断膨胀、追求完美的欲望，时刻点燃人们的购买冲动。对那些能够满足某方面更高要求的产品和解决方案，总有顾客按捺不住尝新的冲动，一旦真正契合了顾客痛点，将有机会成为持续消费的源点人群。其中，顾客需求的整体升级，将给传统领导者带来优先机会，也同时给后来者带来以"新一代"颠覆上一代的绝佳战机。同时，需求的进一步细分，也为专业品牌提供取之不竭的商业源泉……通过侧翼进攻，占领并扩大市场成果，新品牌有机会颠覆顾客的原有主流选择。

总体来说，产业的兴衰与更迭，一方面来自基础科学发展、技术进步和产品创新，另一方面来源于顾客是否愿意选择某个品类、某些品牌，其中最为关键的商业化推动力量，是领先企业的产业化、规模化、品牌化程度。从大方向来说，产业的品牌集中度越高，顾客决策就越简单，安全感也更强，认知效率更高，社会的交易成本更低，社会生产力可以得到最大程度的释放。《22 条商规》一书中的"二元法则"指出，成熟产业最终将由两个品牌主导，通常第一品牌的市场份额是排名第二的两倍。在互联网时代，借助全球资本的力量，行业更新、迭代、整合等洗牌速度愈发加快，甚至出现极致的独一无二的品牌垄断市场的局面。

实际上，企业家经常处于进退两难的境地：不变等死，变了找死。如果方向不对，企业变革越快，转型越大，死得越惨；时机太早，先行变成先烈，太晚，等到猪都飞起来了，还会有什么机会呢？变还是不变？人们总说，变化是唯一的不变。而特劳特定位理论给出提醒：难道变化是应对变化的唯一方法吗？在倒闭企业的名单里，总能看到因为盲目追逐潮流而被"拍死在沙滩上"的企业。我们的建议是：谨慎面对变化，避免追逐潮流。

企业对战略方向和推进节奏的把握，是立于不败之地的关键，也是近一个世纪以来管理学的核心研究课题之一。任何真正意义上的变化，都不是无缘无故地在一夜之间发生的，变化总有蛛丝马迹。对于某些征兆和信号，企业可以一叶知秋，组合成趋势性判断，然后果断决策。

战略定位的研究工作，就是从顾客心智认知入手，沿着产业链上下游顺藤摸瓜，贴身感知产业变化的水温和脉搏。这种"自下而上"的战略方式，将顾客"选择的暴力"转化为企业的能量补给线，成为企业家带动组织变革的主要牵引力，确保企业走在赢得顾客优先选择的正确路线上，同时也为企业变革、产业转型提供粮草弹药和长期护航。

（二）深入分析需求

无论是原始社会的物物交换，还是现今许多看不懂的商业模式，其本质都是价值的交易。真正的突破口，应该从重新梳理你的产品和服务对于顾客的价值开始。价值不足的产品和服务以及在它身上附着的衍生概念、商业模式等，最终都是镜花水月、沙地楼阁。企业要想找到在市场缝隙中的立锥之地，就要对企业的业务价值的独特性进行深入洞察，这既是必经之路，也是不二法门。

但凡谈到"价值"二字，大多是针对接收方（即顾客）而言的。任何一种产品或服务，都有可能给人们带来以下两种价值：

（1）避害：如果不及时解决某个问题，可能会带来损失和风险。

（2）趋利：想得到但又暂时没有办法获得的好处和利益。

不过，并非每种产品或服务的全部价值都已经被顾客感知到，因此企业的最终任务就是让更多的顾客能充分感受到产品和服务的价值存在，即感知价值。顾客获得的感知价值，就是顾客感受到的总价值（如产品、服务、人员、品牌形象等）与顾客感知所投入的总成本（如金钱、时间、体力、心理等）之间的差额。看清楚顾客感知价值这个源头，是抓准源点人群的根本。经过深入了解产品之后，顾客往往会做出更加理智的思考，能够留下来持续使用、购买和分享的人群，就是源点人群。这是企业产品和服务最具典型意义的研究样本，可以由此将其感知价值推广至更大的群体范围，或者当出现问题时，将他们的反馈意见作为研究改进方向的参照依据。源点人群也是帮助企业重新建立新认知、激发品牌重生活力的最初核心群体。

我们无法说尽各种业务的具体价值点，但可以通过对价值进行梳理，在方法层面做出一些指引。在创业前期构想阶段，关键内容主要存在于创始人和研发人员的头脑里，而一旦进入早期测试或试销过程，有关顾客认知的更多信息将浮出水面，也开始进入梳理业务价值的新阶段。

需要注意的是，从创造顾客、引导需求的角度而言，那些还没有发生的事情，企业很难以问卷调查的方式了解到真正有效的信息，也不应让顾客感觉自己是在被拷问，要随时注意分辨顾客是基于实情的陈述，还是在应付你的提问。为此，访谈应该在轻松、愉快、不受干扰、不加预设的状态下进行，同时也无需进行那些追求概率的市场普查。总之，这是一项融合多项技能的工作。具体做法如下：

第一，找到对产品产生了深度好感的人。其中包括那些"契合"和"尝新"顾客，有些可能已经成了你的忠实顾客。当然，如果有可能，也不要放弃去了解那些曾经消费过，但现在已经远离的顾客，对他们的研究能帮助我们感知到业务价值现阶段真正适合的范围边界。

第二，详细了解消费全过程的得失感受。不要放过任何一个环节（如认识、选择、购买、体验、分享等），除了能够用金钱、时间等数据来计算的得失，也不要忽略多种感受，如荣誉感、成就感、失落感、安全感等不能用数据直接统计的感受。

第三，总结顾客的感知价值并加以验证。对顾客提供给你的信息做出一定的归纳和整理，以便进一步核实和验证。需要注意的是，验证时所用的语言最好不要掺杂着以上用到过的专业词汇，而应该使用通俗易懂的口语和数据，并尽量使用被访者的原话。

第四，精炼出普遍满足刚性需求的部分。所谓刚性部分，就是那些顾客在反复权衡之后最基础、最保底、最急迫需要解决的难题，它们"痛点"比较准确，"痛感"比较鲜明，需求更加显性，更加便于企业响应和满足，是初期最容易收割的市场红利。当然，刚性并不意味着只是基础生理需求或安全感需求，这需要根据不同产品的具体特点而定。

正是因为能够帮助顾客解决某方面的特殊难题，满足顾客某方面需求，使得企业拥有了在某一阶段的独特性，令它有别于竞争品类或同品类竞争品牌。历史上，成功的品牌都是因为紧紧抓住了自己的独特性，并且围绕这一核心开展企业经营活动，才得以一飞冲天、一骑绝尘。

(三) 确立业务价值

企业无法完全脱离竞争来单纯谈业务（产品和服务）的存在价值。因此，我们通常结合顾客需求和竞争的双重考量，来进一步梳理清楚企业主营业务的核心价值，帮助大家找到发现差异化价值的路径。

心智规律中"先入为主"的基础特性，决定了顾客将参照已有领导者的标准来看待后来者；"心智抗拒改变"则注定了已经形成的认知局面难以直接抹杀；而"心智容量有限"意味着顾客只需要记住少数品类的少数领先品牌，其他多余的信息统统将被忽略不计。一旦"心智缺乏安全感"的防御机制启动，将彻底关闭心智窗口，除非你能与他头脑中已经具备的某种常识相连接，或者提供某些重要的新知识、新信息。总之，如果你还不是品类的领导者，将无法驱除潜在顾客心智中领导者的影子；如果你已经是所在品类的领导者，你将可能面临顾客心智中新一代产品或服务的逆袭；如果你是一个后起之秀，将不得不面对已经布局森严的品类领导者和细分领域的代表品牌。

正确的解决方法是：足够重视顾客大脑心智中已经存在某种认知的事实，而不是不管不顾，忽略它们的存在。聪明的企业家懂得根据环境的变化做出相应调整，而愚蠢的人却一意孤行，幻想环境条件能适应自己的意愿，或者等待某些称心如意的改变自然发生。

心智是行动的前哨，很大程度上决定了顾客最终如何选择。新时期的企业战略，必须首先在潜在顾客心智战场上安营扎寨，影响心智认知，才有可能影响购买决策。一旦因为不够重视这道前哨防线导致失守，等到在实际生意层面展开诸如产品战、价格战、促销战、广告战等，早已远离了《孙子兵法》中所言"先胜而后求战""不战而屈人之兵""拒敌于千里之外"的获胜方式了，这显然不是战略型企业家最明智的决策。如果你并没有足够的低成本结构性优势，却依然比拼价格战，那么距离凋零的那一天已经为时不远，因为这种行为符合大部分高价值顾客都认同的"便宜没好货"的常识。

一切不以心智认知为出发点的定位都是伪定位。把顾客心智认知作为战略要地来看待和应对竞争，是新时期定位战略的基本出发点，因此我们需要时刻关注心智中的对手。当心智对手还没来得及覆盖到某个区域时，我们还有复制跟风的机会，而一旦强势对手已经覆盖，竞争压力势必碾压式滚滚而来。

心智中的对手包括品类内和品类外的。品类内对手比较容易被发掘和研究，但也不排除时时有创新者出现；品类外对手通常包括过去早已存在的替代品类和未来的颠覆者。因此，小心看护好你的营盘，适时监控新近发生的市场得失，根据形势需要对你的业务和品牌进行重新定位，是企业战略的重点工作之一。

通常，大多数业务都具有存在价值，一个业务模式也可能具有多种价值。但真正的核心价值在哪里？应该针对竞争来确立业务的核心价值。进一步说，产品和服务的价值构成了一个企业生存的理由，即"经营之道"，它通常回答三个核心命题：

1. 从哪里来——主要的竞争对手是哪些？

每个产品类别通常有多种竞争关系。比如瓜子网的业务来源就至少存在三类竞争对手（传统线下二手车市场和车商、各种模式的网上二手车交易品牌、与瓜子网模式完全一样的直接竞争对手）。

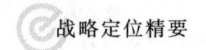

2. 因何存在——企业的独特价值是什么？

竞争对手从四面八方涌来，企业需要集中业务的焦点，即选择一个方面建立独特价值。只有精准定义了主要的竞争对象，才能回答清楚"我是谁，因何存在"。

3. 到哪里去——在哪些领域应用并领先？

生意模式的价值需要不断扩大，如何才能实现？企业最终应该成为什么类别的代表？

如果企业无法清晰回答"从哪里来""因何存在""到哪里去"这三个基本问题，不但会导致内部管理的混乱，还有可能无法辨别外部竞争，错过最佳发展机会。当面临不止一种产品可以满足顾客需求时，需要针对具体行业的特点分析和重新梳理产品线规划，需要精简品牌，打造经典品项以建立鲜明认知，而顾客需要适度多样的选择和满足多种应用场景，这就需要企业反复权衡利弊了。但有一个基本出发点，就是要以顾客心智认知为锚定，将企业长期战略与现实生意机会协调在同一个判断原则之下。

三、五种典型定位方向

（一）你可以：抢占品类"第一品牌"位置

每个企业都必然存在于一个既有品类和行业当中。企业家的忧患，相当一部分来自对既有事业未来出路的迷茫，其中包括：现有业务的未来发展方向在哪里，抵达的路径是怎样的，是否值得作为战略性产业投资，应该具备什么资源和能力储备等。不少人觉得开创一个新品类更有意义，这其实是人们的好奇心在作怪，在没有开始一段新旅程之前，人们总是对不确定性充满期待，并赋予这种高度不确定性以积极的心理预设。

心智中第一品牌的定位方向，需要具备以下条件：在所属品类或者细分品类中，率先进入潜在顾客心智认知，而且总体规模体量最大，或者产品综合性能更好。在市场调查研究中，以下指标中位列第一，就可以体现其心智认知地位的强大：

（1）在未经提示的情况下，消费者主动回忆且第一提及某品牌或产品的比例。

（2）消费者在经过提示或暗示后，能够想起并第一提及的品牌或产品的比例。

（3）指名购买率。

（4）成交率、重复购买率。

（5）满意度、主动推荐率。

（6）企业的品牌成为所属品类的指代等。

《定位》原著中屡次这样表述：抢先占据顾客心智第一位置非常不容易，但一旦成功之后，保持第一就变得容易多了。显然，这是企业最明智、最稳妥，"一夫当关，万夫莫开"的战略方向。之所以如此稳妥，是由于顾客"心智先入为主""心智缺乏安全感"以及"心智难以改变"等原因导致的。正因为先入为主，所以需要捷足先登，尽量利用好潜在顾客心智认知的空窗期；正因为缺乏安全感，所以需要通过提供信任状、传递"销量第一"的信息来赋予其安全感；正因为难以改变，顾客的心智资源才能成为一种最稳固的企业资产。

这一战略机会并非适用于任何企业，它只属于少数行业内的既有领先者，尤其是差距微弱的前三名。对于身处第一位置的品牌，需要将市场地位固化为心智地位；对于暂时未及第一的企业，最需要在排序未定之时奋力争先，创造在认知中抢先占据第一的条件。现实中，有些企业家认为，实际市场份额领先就可以停一停了，他们忽略的是，仅仅市场份额的领先，并不是新时期大赢家的充分条件。只有率先进入潜在顾客的心智认知，占领"第一品牌"强势领导地位，才能最终笃定胜局。因此，对于相差不远、仅有微弱优势的行业前三名来说，意识到心智认知是最终决胜战场是战略定位的关键。

不少产品或技术专家经常会发出这样的感慨：市场领导品牌的产品和技术一定是最好的。事实也的确如此。但在广大顾客看来，谁最有可能是产品、技术、服务等方面最好的呢？当然是领导品牌。即便一开始并不是这样，但从中长期来看，率先抢占品类第一的领导品牌，确实最有可能借助其资源优势，聘用顶尖的科学技术专家，获取最尖端的技术革新成果，改善产品设计的方方面面，培育出高素质的服务团队等。而谁将长期占据行业的市场领导地位？正是那些在顾客心智认知中难以撼动的第一品牌。

如何才能抢占"心智第一"？在此，我们提出若干要点：

1. 确保市场份额领先

首先，企业要确保市场份额已经领先，或至少位列前三且差距微弱，这是进一步建立心智认知"第一品牌"的基础。如果缺乏这个基础，在实际体验和口碑验证的过程中，顾客将得不到正向的回应，不安全感将使其选择意愿变得迟疑，甚至产生负面口碑。

要达到这一要求，在战略战术上攻城拔寨、赢得市场份额上的显著优势是必须的。为了尽快收割市场，企业必须在品类或者细分品类选择、产品线规划、价格带设计、应用领域、销售渠道、营销推广等方面做出相应的调整，为迅速占领市场设计战术组合。

2. 大力传播"第一"地位

少数企业家着急地在没有到达领先者阵营时，就在品牌宣传时说自己是品类的领导者，这显然经不住顾客的验证，是对"第一品牌"位置信息资源的一次浪费。而另一部分企业家却相反，即便已经成为行业领导者，却不愿意在宣传上直接传播"排名第一"的信息。他们认为，这样自吹自擂没有必要，实际做好就行，这是对"第一"位置信息价值的另一种浪费。谦逊的价值观值得尊敬，但他们显然没有意识到：在品牌选择如此众多，顾客关注力被严重碎片化的环境中，传播"第一"位置的信息是影响顾客选择、帮助顾客简化选择、提高决策效率、降低决策风险的最有力方法。

大部分企业家将"XX 第一""XXX 领导者""XXX 之最"等话语看成是"形容词"夸大宣传而已，极少认为它是基于揭示品牌地位信息的陈述句，这是问题的关键。请相信，为了在众多选择中最高效地做出决策，潜在顾客并不需要甚至反感夸大其词的形容词广告语，但是非常需要符合客观事实的信息"陈述句"。

企业要想不断开创新顾客，就有必要在潜在顾客愿意详细了解产品和服务之前，先想清楚以下几点：

（1）什么信息能够打消顾客的早期疑虑？

（2）什么信息能够给顾客带来安全感？

（3）什么信息可以帮助顾客辨别：哪个品牌最有深入了解的必要和价值？

（4）为了简化选择，顾客最想知道什么信息？

（5）什么信息更有利于顾客进行优先程度排序？

……

实践表明，这些就是在明确亮出"第一"位置信息之后的心智作用机制。当然，你可以采用不同的方式表达"第一"的位置信息，并且可以配上具备普遍公信力的信任状，以便以客观的事实和语气，将你在行业品类中的地位准确传达给潜在顾客。

3. 以合理高价压制对手

真正具备势能的心智中"第一品牌"，不应走低价路线，除非确实具备结构性的低成本优势，并将低价作为一种战略。

广大顾客并非消费专家，他们更加容易依靠价格来判断你的品牌档次、产品品质，甚至行业地位。有条件占据品类心智第一的品牌，应该将主推品项价格带调整到能够压制对手的位置，让顾客通过合理高于竞品的价格，建立高势能的心理预设，以便在后续体验过程中不断增加价值感，并持续强化这一心理预设，直至最终形成物超所值的心理认定。

4. 产品持续升级与迭代

品牌只是产品和服务的代号，如果产品和服务出现严重问题，品牌名称将徒有其表、毫无价值。作为领先品牌，应该更有实力将产品保持在高水准行列，并最好能够时刻保持在某方面甚至全方位的领先优势。

对产品和服务的不断升级是行业整体进化的必然需要。对产品或者包装不断加以创新，主动完成迭代，是以自我进攻展开主动防御的高明战术。与其被别人打败，不如自己将自己战胜，顺便保持压制和封杀对手。

特劳特和里斯《商战》一书中指出：自我进攻是最好的防御。与其被对手超越，不如首先实现自我超越。通过企业自我研发是方式之一，通过购买其他创新者的技术成果，则是另一种可能。在与其他创新者团队的谈判中，公司实力、资本市值和行业地位大大有利于赢得更好的谈判结果，这是成为行业品类领先者的巨大好处。携带着大品牌、大资源的综合优势，通过仿效、购买、并购、参股等方式，领导者将创新者最核心的团队、技术、新产品成果悉数纳入囊中，令其成为领导品牌的创新实验室，这也是异常出色的战略性举措。

好的产品需要好的展示和呈现。优势企业需要保持符合领导者地位的最佳产品呈现，包括展示面积、产品陈列及展示、导购及销售服务、店面门头及招牌、互联网流量入口、传播力度等，以便全方位展示产品优势和领先地位。如果你是行业领先者，你必须有一个领先品牌的样子，否则，新顾客的直观感觉不会选择立刻相信你。

5. 确保多项运营领先

"竞争战略之父"迈克尔·波特在《什么是战略》一文中，详细剖析了运营配称的主要类型和重要意义。我们认为，企业的各项运营活动都是建立认知的方法和途径，都对建立心智认知起到某种支持和帮助。为了提高运营效率，企业需要不断梳理和简化运营配称，使得在建立认知第一的道路上，以尽可能简洁的方式保持领先。

与此同时，当企业在加大广告和公关等品牌传播力度的同时，良好的运营能力可以避免顾客和市场机会被对手接盘和收割经营收入，又能作为下一期运营改善的投资而带来循环收益。在各方面的运营效率上，建立起一道道竞争壁垒——就像巴菲特提到的"护城河"，是企业螺旋式上升的结果表现。成功的企业总是一场胜仗接着一场胜仗。穷者愈穷，富者愈富。

6. 引领升级，提升品类重要性

以上做法都是为了赢得行业品类内部的竞争，而作为领先品牌，企业同时具有维护品类整体重要性的责任。一旦某个品类在潜在顾客的生产、生活中失去了重要性，其中任何品牌都将难以长久繁荣。正所谓：覆巢之下，岂有完卵？不过即便如此，总是那些在顾客心智中的领先品牌更加具有抵御恶劣环境的能力，这正是成为心智"第一"好处的再度显现。

况且，只有领先者尤其是顾客心智中的"第一品牌"，在引领品类升级上具有异常卓著的号召力。这种引领并非需要做出某种巨大让步和牺牲，而是不断将产品升级、迭代、创新、推广的自然结果。同时，在引领行业品类升级、提升品类重要性的过程中，第一品牌本身就是最大的受益者。

（二）你可以：抢占产品特性第一位置

产品特性对于战略定位具有重要意义。如果品类第一品牌的位置是从品牌的特点上建立差异性认知，那么某方面特性第一的角度，则是从产品本身寻找差异化认知优势机会。当然，一个企业在商业社会中最根本的存在价值，发源于彼得·德鲁克所说的开创顾客，发掘特性机会的本质是开发顾客的潜在需求。

1. 特性代表一种价值主张

任何事物，包括一切产品和服务、品牌、企业等，都有与其相应的价值主张。奔驰（BENZ）主张"豪华、舒适、适合乘坐"，宝马（BMW）主张"豪华但更适合驾驶"，而沃尔沃（VOLVO）则主张"没有安全，豪华只是一种无聊的奢侈"。潘婷洗发水提出"头发需要营养"的价值主张，飘柔则提出"头发一定要柔顺"，而海飞丝则要求"一定不可以有头屑"。美国西南航空主张"坐飞机就像坐大巴、火车一样轻松简单"，戴尔（DELL）主张"电脑最好是直销"，IBM从电脑硬件供应商转型为综合服务商时主张"现在需要的是服务"……

每一种价值主张都对应着顾客采购商品的其中一种选择理由——特

性，它可以用来牵引企业研发、制造及营销等工作方向，这是以特性为定位战略之所以取得成功的基础原理。

提炼特性所代表的价值主张是一回事，如何选择一个强大而有利的特性又是另外一回事。就像品类有大小、主次一样，特性的重要性也有高低之分，通常与当时历史时期的价值主张相契合，即针对顾客最显著需要解决的"痛点"或者吻合人们认同和响应的消费理念。就像一个城市商业中心区店铺的黄金位置一样，优质的特性一旦被竞争对手抢先占据，后续企业则只能退而求其次，推出能够满足部分顾客或赢得小众群体共鸣的价值主张，当然目标群体和需求也随之大大缩小了。

消费观念始终在变化，消费理念和习惯也随之而变，发现具备未来潜力的"特性"和价值主张非常重要。随着时代环境和社会理念的变化，某些价值主张具有变得更为重要的可能，比如保护动物的观念兴起，BODY-SHOP美体小铺以"从不使用动物脂肪"的价值主张被人接受；而追求简单和品质细节的生活，使得无印良品（MUJI）赢得更多时尚人士的青睐；节能环保观念和电动汽车技术相结合，把特斯拉（TESLA）纯电动汽车推向整个社会关注的聚光灯下。

正如《22条商规》"特性定律"指出的：商战是争夺认知的竞争，你要想成功，就必须具有自己独特的认知特性，并以此为中心展开一切运营活动。如果没有任何特性，那么你只能拼更低的价格。

真正需要慎重考量的是避免过早风尚化。问题是，何为一时潮流风尚化，何为长久趋势？《22条商规》"炒作定律"提醒人们：炒作就是炒作，真正的革命并不是正午的吹号游行，也不会出现在晚间六点的新闻报道中，真正的革命会在午夜悄无声息地到来。而"趋势定律"指出：如果一个正在迅速崛起的行业，具有潮流时尚的一切特征，那么你最好淡化过于追逐短期潮流与时尚的努力。通过淡化潮流时尚倾向，你就更有可能延长流行的时间，避免风尚化来得快去得也快，从而使你的特性和价值主张在顾客和行业专家的心智中更像一种长久的发展趋势。

如何判断是否存在风尚化风险呢？从了解顾客和行业专家的选择理由

入手。如果顾客是在清晰地理解了产品和服务的实际功能、效果、利益之后，做出了购买或重复购买决策，那么品牌的热销和成长就是十分安全的；如果相反，顾客是基于跟风、盲目追求潮流时尚而做出的贸然选择，或者过早吸引了过多不适宜人群的关注，那么最终都会反映在使用产品和服务之后的口碑上，就像反作用力一样反过来击垮品牌。"飓风始于青萍之末"，盲目采购必然导致负面使用体验，这正是风尚化的开始。

2. 瞄准领导者的战略性弱点

什么样的价值主张以及它所代表的特性，最有可能被企业培育、增长并成功占据呢？特劳特先生说道，将球踢进球门不是什么难事，难的是在你面前有十多个拦截的对手球员。因此，产品和服务的特性及其价值主张能否突破竞争对手的防线，关键取决于顾客大脑心智对领导者所代表的特性及其价值主张的认知。一个简单而有效的原则：不要向具有显著认知地位的特性发起直接进攻。《22条商规》中"唯一定律"告诉人们：在大多数情况下，你的竞争者只有一个容易被人攻破的薄弱环节，这个环节应该成为你全力攻击的焦点。

这唯一的薄弱环节，更多的是其强势中蕴含的对立面，即强势中的弱点，而不是一般性弱点。你真正需要重视的是那些领导者不可能、不容易占有，或者根本不看好的特性及其价值主张，即相对相反的角度。这正是《定位》一书中反复强调的领导者强势中蕴含的弱点，可以称为战略性弱点。特劳特先生说，做定位要有"对着干"的精神，但这不是与强势领导品牌发生直接正面冲突的匹夫之勇，而是找到与之相对立的竞争切入角度。

正如宝马汽车在以"终极驾驶机器"为价值主张推出BMW3系车型之前，一直跟着奔驰"豪华及乘坐舒适"的理念跑，希望以此与对手抗衡，其结果差点"缴械投降"。而在找到当时并不主流的新富裕群体的"驾驶"需求之后，就正式走上了与对手相对相反的崛起之路。同样，沃尔沃也据此原则找到了与强势对手奔驰、宝马都"相对相反"的竞争切入角度——安全，并且在安全气囊、整钢车架、三点式安全带、关注儿童乘车安全等众多环节展开技术研发、广告及公关活动，以此在激烈的豪华车市场中成功占据了一席之地。

找错弱点却针对领导者发动大规模进攻，几乎等于直接进攻，这只会提醒领导者迅速做出学习和调整，而领导者有更丰厚的资源用于众多运营弱点的补强。只有针对其强势中固有的弱点时，领导企业才无法做到这一点。硬币总有正反两面，凡事皆是对立统一的矛盾体，领导者的强势特性越明显，其蕴含的反面特性也将更突出，这正是你针对领导品牌占据"相对相反"特性的大好机会。

需要补充强调的是，不论你找到的角度如何准确、巧妙，充足的资源是与领导者正式开战的必需储备。说到底，商战是一场资源竞赛，一个天才的创意，不如一个平淡的创意外加足够充裕的储备资金。在此重温"资源定律"的提醒：商战是一场争夺顾客认知的游戏，你需要资金使自己的想法进入潜在顾客的心中，一旦进入，还需要资金使自己的想法继续留在顾客的心中。

任何新生事物要想安全、持久存活下来，在心智认知中有立锥之地，都不可避免地需要在一段短暂的时间展开游击战、侧翼战。定义现在的战役形式叫什么名字并不重要，重要的是要遵守背后的作战原则。

如果你的拓展速度不如领导者的跟进速度，而且后续资源的补充也不充裕，那最好还是换一个山头，重新寻找战机，再度发起攻势。一旦你很幸运地利用好了领导品牌给你留出的战略缺口，取得了显著的成功验证，其后的战略推进速度就成为关键，而考验内部运营能力的时刻就真正来临了。企业团队的组织化、流程化、制度化难免在与领导者全面开战的过程中一片混乱，但不要紧，只要赢得战役的胜利，总有休整改编的时间。

3. 获取"信任状"支持

要想进入顾客心智，首先就要消除顾客心智中的顾虑和不安全感，这是由心智运行规律决定的，也是制定特性战略的关键。而获取信任状的支持，是消除心智不安全感的重要方法之一。

所谓信任状，其涵盖非常广泛，其作用主要是证明你可靠、可信、值得关注。它可以是行业专家的评价和证言、行业权威机构的测评结果及奖项、权威机构统计的顾客评价和市场认可的占有率及增长数据、顾客意见领袖的消费体验意见等。

一旦有了信任状的支持，顾客就开始认为接下来有关该项产品和服务、品牌、企业的一切信息都值得给予更高的关注，而在这之前，它们只是每天千百万条信息中的一个而已，极容易被一眼略过。是否有信任状的支持，是顾客关注的真正开始和转折点，是信任状打开了顾客心智认知的开关并保持开启状态。与此同时，随着品牌影响力的扩大，特性及其价值主张被接受程度越来越高，难免夹杂着不良认知和负面反应，而获得坚实有力的信任状支持，也是阻止负面不良信息蔓延扩散的重要防火墙。

4. 领先的产品进化

一旦赢得顾客心智，产品的特性及其价值主张势必长驱直入，市场表现也将迟早收获颇丰。企业不应躺在品牌和市场成就上享受阳光，任何品类和特性的成长热销，都将带动一大群跟进者逐利而来，其中鱼龙混杂，当然也不乏真正有潜力的创新者。一旦后来者携带数倍于先发企业资源的优势进入该领域，有可能在先发者立足未稳之时便将其掀翻。因此，先发优势企业应该进一步保持产品创新、品牌传播，以促使顾客认知的持续升级进化。

正如德鲁克所言，企业的职能有且只有两项：营销和创新。在带领品类及特性不断开拓市场的过程中，将营销成果所兑换回来的营业收入、现金流、利润等，继续追加到验证成功的产品和服务创新上，是保持自身品牌领导地位的关键要素。

太多的企业在第一波的成功中过早庆祝胜利，瓜分战果，躺在已有的成果上停滞不前，或急于套现取利，或过早进行品牌延伸，导致初步成功的产业因为投资不足而被新加入的竞争者后来居上。尽管成功占领顾客心智资源的成果比固定资产买卖更加不容易撼动，但还是有很多企业因为短视、急于套现和缺乏使命感，被困死在成功的半坡并随之滚落。

特劳特和里斯《22条商规》中的"成功定律"这样提醒道：成功往

往会导致贸然延伸产品线。当一个品牌获得成功之后，公司高管容易错误地认为自己的品牌名字好是获得成功的根本原因，所以他们急切地给其他产品也都冠以同样的名称。"牺牲定律"和"延伸定律"指出：更大的网可以捕捉更多的顾客吗？事实证明，恰恰相反，多便是少。产品越多，市场越大，阵线越长，赚的钱反而越少。

在定位理论学习者中，不少人迷恋于成为品类领导者和开创新品类，而忽视了特性定位的重要战略价值。特性之所以如此重要，是因为任何"特性"的背后都潜藏着一种价值主张，而这种潜藏的价值主张正是进入顾客心智认知的最有力角度。

正如印度诗人泰戈尔曾说，世界上的一切伟大运动都与某种伟大理想有关。如果你的价值主张蕴藏着暗合时代发展主流趋势的某种伟大理想，那将预示着你的时代有可能到来。法国大文豪维克多·雨果也曾说：你可以阻挡一支入侵的军队，但你无法阻挡一种思想。一旦一种特性及其价值主张与整个社会文化心理的趋势相契合，它将有可能成为一股帮助任何品牌或品类腾飞的巨大浪潮。

（三）你可以：聚焦成为"专家"

"抢占心智第一""占据特性"都蕴含着争夺认知中"最先""最大""最强"等特点，它们能给人们最大程度地带来选择上的安全感，因此构成了进入心智的最佳切入角度，如果运用得当且长期坚持，就能在顾客心智中构筑终极"护城河"。然而，毕竟"第一"只属于少数，有些战略定位如专家认知，不见得直接表现出"第一"的所有内涵，但也能够突出某方面的独特性，因而也能为赢得顾客首选提供心智切入口，并适于某个阶段的战略设计，一旦机会成熟，企业还可以转换更好的战略轨道。

1. 专家带来安全感

当你的竞争对手都以单一品牌进行多业务经营、多元化发展和多产品线规划时，你就有了可以通过聚焦成为某方面专家的心智切入角度。专家蕴含着"XXX方面最强"的信息，而这正是大多数顾客心智中已经存在的常识——做得多不如做得精。正是基于这一常识，心智之门就此敞开，顾客开始愿意听取你的说法，你开始有机会将各种有利信息传递给顾客，继而进一步强化"专家"的品牌印记。在整个过程中，通过顾客对你保持长期关注，企业进而又有机会将与时俱进的创新成果呈现给顾客，从而获得持久的领先地位。

在家电行业早期，当大多数企业都忙于向电视、冰箱、洗衣机、空调、小家电等领域进行多元化发展时，格力聚焦为空调专家，格兰仕聚焦为微波炉专家，分别超越了各自领域的竞争对手。在男装行业，劲霸聚焦于"更好版型，更好夹克"，赢得夹克领域的专家认知，并带动裤装、衬衣等相关品项销售，而九牧王选择"西裤专家"树立良好的口碑，成为众多创富阶层男士首选。万科放弃商业连锁、仪器分销等多种业务，选择聚焦在房地产领域发展，并首创房屋工业化制造技术革新，成为房地产领域的头部品牌。

仅仅在广告中宣传"XXX专家"，并不能将你与多元化、多业务、多产品线对手的差异性塑造出来，因为人们会认为那不过是一句自吹自擂的口号而已。企业应该将"XXX专家"当作一种真实可靠的陈述性信息来对待并且坐实，为此，企业需要配合上相应的运营动作，如业务更精简、更专一，产品原理和细节更惊艳，价格略高……正是这些信息勾勒出你专业程度高于对手，让顾客在选择和比对过程中，时刻得到确认和验证。

2. 防止被领导者覆盖

企业选择聚焦"专家"的战略之前，需要慎重评估和防范风险——你的策略是否可行，是由领导者在顾客心智中的位置决定的。通常，在顾客心智中，领导者意味着各方面都是最优秀的：有最好的产品、最好的品质、最好的服务、最强的团队、最能获得外界认同……是的，领导者就是这样总是占尽一切优势。只要顾客有支付能力，选择领导品牌是最稳妥的决策。因此，一旦领导者发现你的战略意图，以其全方位的优势加以反攻、覆盖和压制，你的策略在还没来得及建立认知就前功尽弃，而你的一切努力都将可能为领导品牌做嫁衣。

定位理论强调，不要向顾客心智中的明确第一品牌发起正面进攻，这是商战最重要的法则。顾客心智具有一定的排他性，你不可能与领导者长期分享同一个心智位置。因此，聚焦专家的定位只在领导品牌持续沉迷多元化经营时才最有效。企业在一开始尚不具备充分实力的时候，应该选择领导品牌最不被看好、最难以反攻、相对非主力市场进行战略设计，展开运营活动。这更像一场游击战和侧翼战，是要懂得避其锋芒，先立足壮大自己，再图谋长治久安。如果刚开始误判形势，一不小心踏进了领导者强势反攻的火力半径范围之内，你将不得不考虑为了保存实力而重新选择定位机会。

因此，商战正如《孙子兵法》所云：知战之地，知战之日，方可千里而会战。定位战略本质上是一种更追求"不战而胜"的商战兵法，其中来源于战争经验的智慧格言，已经经过巨大的牺牲作为检验，其经验与教训完全可以帮助我们无往而不利。善用战争格言是企业家正确的战略思考方式，也能帮助企业家更好地把握战略节奏，毕竟"杀敌一千，自损八百"只是匹夫之勇。

3. 保持领先的产品进化

在顾客心理预期中，既然是"专家"，就理应懂得更多，一定要有更专业的产品和服务。仅仅号称"XXX专家"而不在产品和服务上保持领先和创新，最终结果将是顾客始终充满怀疑、担忧、害怕，显然不能将专家认知持久坐实。因此，在原材料选择、技术研发、产品设计、性能特点、制造工艺、配套服务、营销方式等方面，"聚焦专家"要求企业真正与众不同，甚至远超对手。道理很简单，如果在这些方面没有任何差异性，顾客会质疑：凭什么说你是专家呢？

产品的进化与升级永无止境，而各种新材料、新技术、新工艺、新模式可能会带来彻底的颠覆，这些并非在一夜之间发生，新事物总是需要面临重重考验，才能存活和成长。但这些变化总是有迹可循，总是从非主流行业和领域、小批量、小范围的应用开始，经过小试、中试，见到批量生产的曙光，一旦突破了量产、试销、测试等市场化考验，将会逐渐在主流行业得到推广。领先企业的跟进、参与和大力推动，将为新技术、新材料、新工艺、新模式插上腾飞的翅膀。在这个过程中，保持对以上领域持续跟踪研究，审慎观察它们的变化和进展，是企业家需要提前布局的前沿岗哨。

此外，从顾客角度来看，适度高价格是与专家地位十分吻合的必要配称，如果价格低于对手，反而让人质疑你的专家地位。从更长期可持续发展的角度来看，只有更高的利润空间才能确保企业在新技术、新材料、新设计、新模式等方面保持较高的资源投入。

4. 获取"信任状"支持

专家地位并非企业自说自话可以建立，它需要真正具备权威地位的行业组织、公众机构以及权威个人予以印证，这就使得"信任状"对于以专家为定位的品牌显得十分重要。信任状的作用，主要在于使企业的产品和服务更领先的事实在顾客认知中进一步得到巩固。

主动传播你的信任状，或是随时带着信任状出场，是专家定位品牌建立和强化认知的最有力武器。永远不要觉得自己的影响力已经足够，可以停止传播，总有后进企业想要取代你的专家地位，总有新生事物成为颠覆你的替代者。因此，在产品上确保持续创新与升级，在传播上依靠信用背书持续巩固认知，是专家定位品牌内外兼修的君子之道。

5. 扩展品项以拓宽市场应用

你可以考虑长期在一个狭窄的领域保持专家地位，也可以考虑将核心差异在品类内开发多种品项，以拓宽市场应用领域，这将有助于推动形成主流影响力的认知。例如，格力空调开发适合别墅使用的空调机组，必胜客（PIZZA HUT）专门拓展外送业务，劲霸男装可以尝试在商业综合体开店售卖等。

不过值得警惕的是，品项的扩展存在一定的应用边界，而品类内外强势领导品牌的压制，仍是制定战略时最需要考量的威胁因素。

6. 为转换战略轨道储备势能和资源

专家定位战略具有一定的适用条件，顾客心智中领导者的战略走向是最应首先考虑的因素。专家定位之所以有效，是心智领导者以单一品牌进行多业务规划、多元化发展、多系列产品，一旦领导品牌选择削减业务品类聚焦经营，或者借助已有运营优势和资源，以多品牌分别打造认知中的专业品牌，专家定位的战略将很可能无法持续实现有效差异化。

因此，选择相对狭窄的领域，以专家身份切入只是胜利的第一步，而最终颠覆和取代该领域的领导品牌地位，是顾客心智资源争夺的更大机会。重新颠覆行业格局，不但需要勇气和创新，更需要强大的资源作为后盾，还要等待领导者存在明显的战略缺陷，或者出现重大的战略失误。正如《孙子兵法》所言：不可胜在己，可胜在敌。

颠覆领导者地位异常艰难，但一旦成功之后，想要守住地位和成果，就相对容易多了。领导者在顾客心智认知中的地位，代表着持续稳固的心智资源以及相对丰厚的经营绩效，这些都是商战中极其诱人的战利品。

（四）你可以：开创一个新品类

在既有品类中，企业家应该优先考虑是否有成为品类指代者的机会，如果品类认知第一的位置已经被人占领，则可以考虑主动开创细分品类，并率先占据该细分品类心智认知第一的位置，这正是主动开创新品类的大好机会。

正如特劳特和里斯在《22条商规》一书中讲到的"专有定律"：当你的竞争对手已经在潜在顾客心智中拥有一个代名词，你若再想拥有同一个代名词，将是徒劳无益的。而"分化定律"指出：每一个品类总是始于某一个单一的品类，但在一段时间之后，这个品类开始分化成为几个小品类。总之，顾客心智认知中的品类第一，即品类指代者，是企业进入某个行业或品类的终极追求。

以全新品牌开创全新品类，并不一定就比其他机会更容易，只是你的先发优势使你最有可能成为新品类指代者，但在此过程中，品类内外的竞争者始终存在并仍将不断加入，打造强势品牌的过程依然荆棘丛生，同样需要企业团队用胆识和智慧去征服重重困难。

1. 洞察市场潜力

最让人纠结的是关于市场潜力的思考。同样面对"从零开始"的局面，过分乐观的人看到的是广阔天地，过分悲观的人看到的是孤军奋战。商业成功的不确定性确实让人着迷，而最终成功的企业和企业家如夜明珠一般稀有珍贵。

克莱顿·克里斯坦森在其《创新者的窘境》一书中这样写道：你无法计算尚未得到显著开发的市场。有些企业在进入新市场之前进行投资决策的时候，过分强调必须要有关于市场规模和财务收益量化分析的结果，这类企业在面临突破性技术创新时，更容易裹足不前或者会犯致命的错误。他们需要市场数据，而这些数据并不存在；他们需要以财务预测为依据来做出判断，而实际上收益和成本都暂时无法预知。正确开发市场的定位策略是无法预先知道的。我们既定的思维模式和已有的知识不足以支持对突破性变化进行判断，因此，要有计划地学习所需要了解的东西——即基于发现的计划（Discovery-based Planning），它时刻提醒经理人员假设预测是错误而不是正确的，而且他们过去选择的策略也可能是错误的。在这样的假设前提下进行投资和管理，就会促使经理人员制订一种计划来学习需要了解的东西，这是成功应对突破性创新更为有效的方法。

他紧接着提出：组织的潜在能力也决定了它的缺陷所在。在某些环境下构成一个组织潜能的工作程序和价值判断，将会造成它在另外一种环境下的无能。当现有组织中的工作程序和价值判断无力成功解决新的问题时，我们必须在失败和成功的过程中去创造一种新的潜能。但是，组织中的人具有相当大的可塑性，人们完全可以重新学会成就各种不同的战略意图。[1]

如何分析重大创新的市场潜力？今天已经存在的这些品类是如何形成市场规模的？是早已既定，还是企业开创出来的？如果立即取消"可乐"这个品类，恐怕今日世界会乱一阵子，那么可乐市场今日的规模是早已既

---

[1] 克莱顿·克里斯坦森. 创新者的窘境［M］. 北京：中信出版社，2014.

定的吗？如果没有王老吉、加多宝，在吃火锅、烧烤、川湘麻辣、加班熬夜、口舌生疮的时候，少了这款绝配的饮料，中国饮料市场可能还依旧被可乐、茶饮料所占据，而断然不会成就"凉茶"这个品类和"中国第一罐"地位。追溯品类早期，可乐、凉茶品类在起势之前，都是只在极小范围内存活的小众产品、弱势品类。

克里斯坦森关于创新课题的理论，是构建于现代管理学之父彼得·德鲁克的管理理论之上的新发现。德鲁克1973年在《管理：使命、责任、务实》一书中写道：即使再大的企事业机构（除了政府垄断机构外），其非顾客总大大多于顾客。很少有供给量占30%以上市场份额的机构，因此反过来，只有少数机构其非顾客小于70%的潜在市场。但是，很少有机构掌握有关非顾客的信息，甚至很少有机构知道有非顾客存在，当然就更不知道哪些人是非顾客了。而且只有极少的机构明白这些人没有成为自己顾客的原因，可是变化总是来自非顾客。

我们必须回到"供应推动需求"的基本观念。潜在顾客最初通常并不知道如何选择才能解决他们的难题，但他们内心的渴望是牵动选择神经的强大力量。一旦出现契合、哪怕相近的解决方案，他们将不顾一切地想去了解、探究和占有它，这种"信息空窗期"的出现，是企业捕捉商业机会、打造品牌的最初心智潜流。如果没有任何企业、机构呈现出这些问题的解决之道，这一难题所引发的潜在需求将始终被克制、压抑和隐藏下来。而那些成功创建新品类的企业，正是这一潜在需求的开启者。从这个意义上来说，正是供应决定了需求。

由此，诸如"市场有多大，企业的规模就能做多大""市场在哪里，我们就去哪里"这样的市场营销观念，以及潜藏在背后的学理假设"市场规模是既定的""营销就是满足顾客需求"等，都应该被远远抛弃在"供应开创需求"的观念之后了。几乎任何品类的潜在市场规模，都是由供应者开拓市场的方法和策略决定的，其中不排除运气成分等偶然因素，但真正起到决定作用的，仍然是企业主如何运用合适的战略，顺应时势，借力打力，将外界一切变化和力量作为企业和品牌发展的不竭动力。

更确切地说，今日存在和呈现出来的主流品类，都不过是由那些竞争中的胜利者所构成的品类世界，它们满足了顾客的相当一部分需求，同时也正在挖掘和拓展更广阔的欲望空间，以此进一步转化为企业和品牌的经营绩效。

2. 考量"竞争强度"

无处不在的竞争对手，是企业或品牌对接顾客需求时的层层障碍。任何时候品牌都可能存在两重竞争：品类内的直接竞争、品类外可替代方案的竞争对手。这一问题的解答从我们常问顾客"除此之外，还会选择哪些"开始。当我们更进一步追问"为什么选择"的时候，就可以精微而实际地深入了解到顾客是如何权衡各种解决方案的利弊得失的，这对了解该产品和服务的价值、采购习惯以及顾客凭借什么信息做出选择等，都有着十分显著的帮助。

3. 新产品、新品牌、新品类

几乎没有人可以在旧有产品上宣布一个新品类的诞生。企业要么以全新产品满足既有需求或新需求，要么将旧有产品以全新品牌应用于全新的领域。

无论哪一种方式，都需要启用全新的品牌名称，甚至完全独立的产品研发、生产制造和分销等组织体系。如果沿用原有品牌名进入新品类（即品牌延伸），其品牌在原有品类中的既有认知仍将成为开创新品类时的显著障碍。

而当企业把旧有产品以全新品牌应用于全新领域，尽管并没有做出产品上的根本变化，但对于新的应用领域来说，仍是全新产品和全新品牌。此时，是否有机会成为新品类，或者只是拓展了新的应用市场空间，将要视竞争者的强势与弱势的具体情况而定。

千百年来，人类的基本需求并没有本质的变化，但随着社会的进步和变迁，这些需求的表现形式、满足方式等正在不断更新和升级。因此，洞察需求的升级，是商业社会对后进企业和品牌的基本要求，也是构建未来竞争门槛的必要条件。

例如，同样是购物需求，互联网购物已经将步行街、商业综合体（SHOPPING MALL）、百货、超市等购物方式进行了升级；同样是日常一日三餐的需求，它的表现形式在部分区域已经表现为选择标准化的日常快餐，而非在家做饭、吃传统食堂或总在街边食肆对付一顿；同样是滋补市场，由于传统人参、鹿茸等药材领域品牌开创的不足，阿胶领先企业开创了全新的滋补方式；借助互联网工具和独特的运营模式，品牌商品特卖的需求被充分激发出来，也更加鲜明地替代了名品奥特莱斯（OUTLETS）方式，因此唯品会成了新品类的佼佼者。总之，企业越能深入理解顾客需求，就越有可能在满足需求的方式上做出前瞻性的创造和设计。

4. 建立良好的"初认知"

尽管有了很好的产品和服务，但如果没有很好的品类名和品牌名，新产品和服务将始终难以卓然成类，这将导致从一开始，开创新品类的战略意图就注定命运多舛。为了在潜在顾客心智中为新品类打下一个良好的基础，企业的产品、服务和品牌的初认知具有至关重要的地位，这是由心智规律中"先入为主"的基础特性所决定的。

一个新品类的诞生，毫无疑问将面临诸多质疑和挑战。这是人类的好奇心以至"心智容易丧失焦点"和"心智缺乏安全感"的效应叠加。因此，梳理并确定新产品和服务品类的共有价值，为全新品类命名，以及梳理企业新产品和服务的独特性价值，为产品和服务确立品牌名，并在此基础上，设计和建立匹配的传播途径和方式，选择具备权威公信力的资料作为信任状，开创良好体验感受效果，管理好顾客口碑传递等，都是在预期顾客心智中建立初认知的重要起点。

5. 保持热销势头

企业有必要审慎考虑初期市场铺开的范围，避免一开始就全面陷入众多竞争对手的反攻局面，也避免顾客心智逆反的阻力过强。选择竞争对手较为薄弱的区域入手，是降低掌控难度的方法之一。

时刻关注新品类、新品牌在顾客心智中的反应变化，是这一时期最为重要的"临床"测试。在储备资源相对充足的情况下，企业可以选择较能掌控的区域，以较好的初认知进入顾客关注视野，与此同时，需要快速积累稳定的产品和服务供应能力、维护品牌推广渠道等方面的运营经验。在组织不断发育的过程中，提高响应市场的速度和争夺顾客的能力，是新生事物早期必然的爬坡过程。此时的战略节奏更多是"慢慢来，快不得"，正如《孟子·尽心上》所言"其进锐者，其退速"，前进太猛，后退也会更快，此时需要从容不迫才能顺利抵达顾客心智。

一旦初步测试成功，借助小范围成功热销，就可以推及品牌具有更大范围的影响力。这是建立心智认知安全感不可忽视的节奏，也是不断吸引新顾客加入的台阶和铺路石。新品类、新品牌成功获得"热销"的信息，能够消除认知中的不安全感，能够给人"已经经过他人验证"的暗示，有着类似新知识、新事物、新趋势等一样的推动力量，同时也能将外界对尚处于摇篮中的新生事物的各种非议、质疑、否定、诋毁等负面认知荡平摧毁。因此，成功创造市场更热销并借助传播将"热销"信息广而告之，都是在新品类、新品牌认知初级阶段乘胜追击的重要方法。

6. 品类向上，品牌领先

随着新品类和新品牌的立足渐稳，使得潜在竞争者看到了较高的溢价空间和市场增长潜力。后来者极有可能以超过先发企业数倍的投资、更强大的团队组合、携带抄袭和创新进入新品类市场。

这对一个新品类的发展有着更大的推动作用，但同时对先发企业的运营能力和持续资源补给提出了更大的挑战。此时，前瞻性地融资以扩展团队、传播品牌、扩大产能、占领市场是必不可少的战略要务。容纳竞争，兼顾维护品类成长，还要保持自身的强势领先地位，是一项艰苦卓绝的任务，把握好其中的平衡，为的是尽可能避免品牌和品类陷入"来得快，去得也快"的短期风尚化。

企业要分清楚，何时必须针对品类内部收割竞争以保持领先地位，何时可以针对品类外部以共同开拓品类市场空间。这一点在媒体传播语中也会得到体现，比如"怕上火，喝王老吉"是强调做大"预防上火"的凉茶品类，兼顾确保王老吉品牌成为最大的受益者；而等到传播"正宗凉茶王老吉"，则更加着重提醒顾客在选择凉茶品牌时，最好区分清楚最正宗的是哪一个品牌。显然，这是一则针对品类内部维护竞争地位的广告。

（五）你可以："新一代"逆袭

定位于"新一代"展开逆袭攻势，是最富挑战性的成功之道，也最需要在某些方面存在坚固的支撑点，如新技术、新材料、新工艺、新设计、新模式等。这为行业后来的重大创新者提供了一条大有作为的未来之路。

正如孔子站在大河岸边感叹道：逝者如斯夫！没有人可以做到永远是"新一代"，总有"更新一代"的颠覆力量在追赶和推动，这是时代变迁的力量。你最需要做的是，借助"新一代"的有利机会，尽早成为某一新品类、某种新特性的"第一"，甚至彻底颠覆原有品类，成为新一代的行业翘楚和心智霸主。

1. "新一代"带来安全感

任何一种定位战略方向，都来源于对心智规律的灵活运用——尽管心智"先入为主"，而且"抗拒改变"，但依然容易"丧失焦点"。"新一代"逆袭之所以有效且威力强大，归根结底还是因为顾客心智中总有不安全的成分。他们认为只有选择"新一代"的产品和服务，才不容易被社会和时代抛弃，才能更有机会成为社会精英，才能彰显出自我价值。

直白地说，人们总是为得不到而烦恼，一旦费尽心机得到心仪已久的东西，又总是担忧失去，或是怀疑是否买对了，而一段时间之后，又总是担心自己落后于社会，期待着更好、更新、更超前的新事物出现。那些曾经错过时机的人们，一旦知道"新一代"已经出现，生怕再度错过机会，蜂拥而至并暗暗窃喜"幸好以前没有买"，这些都是"新一代"产品和服务的机会时刻。

并非所有人都可以标榜自己是"新一代"，因为无法回避顾客假设与验证的考验，一旦被排除在选择范围之外，一切经营活动将毫无价值，品牌地位必将如潮水般消退。再强调也不过分的是，"新一代"定位机会的支撑点，来自供应、研发、生产、营销、服务等企业价值链环节的某些重要创新，如新材料、新技术、新设计、新工艺、新模式等。

那么，是否任何创新都可以称为"新一代"呢？如果仅仅作为广告宣传语看待，当然可以！但如果作为中长期的战略方向，那就最好能经得住潜在顾客中意见领袖和专家的拷问，最好获得行业里权威专家们的青睐。一旦"新一代"机会成立，他们也是企业最应该争取的支持力量和吹鼓手。

2. 风险：领导者跟进的速度

几乎没有一种战略选择没有风险，而那些风险基本可控的战略决策，才是企业成功的机会。在心智战场上，最需要关注的风险是来自领导者的地位优势，这是一道无论如何也绕不过去的坎。正如特劳特所说，四百磅的大猩猩，想在哪儿睡就在哪儿睡。

你可以选择在领导者的非主力市场区域做测试，不过任何市场测试都是双刃剑，一旦成功，就成为领导者的重点攻击目标，而如果不成功，自己团队也很有可能就此没有了重新出发的信心。更加致命的是，如果没有品牌力量做掩护，想要获得测试上具有普遍意义的成功，可能性是极低的。更何况，不论测试结果成败如何，都无法作为下一步战略推演的依据。也就是说，对了不能证明是对的，错了也不能就此以为自己肯定是错的。

那么，这样的测试意义何在？相对而言，用市场测试考察内部运营的协同和磨合情况，倒是一种不错的前提设定。甚至应该为大规模扩张时打通内部组织、流程、制度体系做战争预演，这对后期直面领导者的反攻具有十分重要的意义。

所谓"新一代"，是明确针对旧有的"老一代"而言的。因此"新一代"定位战略注定迟早要与既有领导者正面展开竞争，最终结果大概有两种：一是被领导品牌看中而收入囊中。二是永远对抗，伺机颠覆。

前者可能为真正的创新型企业提供了一条成长之路，而后者对于那些行业排名太靠后的企业是难以选择的。无论如何，"新一代"总有心智机会，胜负还要由你与对手对抗的资源和实力来决定。

速度是任何战役推进成功与否的重要考量因素。企业家应该从战争经验和教训中受益,"新一代"定位战役一旦打响,"兵贵速,不贵久""唯快不破"是极其重要的原则。一旦领导者醒过神来,以其更有实力、更好技术、更强队伍集中压制,很有可能让你的"新一代"战略被扼杀在摇篮之中。幸好领导者更庞大的组织系统并不具备随时掉头的灵活性,或者因为其狂妄自大,并不把"新一代"放在眼里,才给后来者提供了战略缝隙。但无论如何请相信,侥幸心理始终是"新一代"的致命缺陷。

3. 持续的资源保障

任何人在以"新一代"定位向领导者发起进攻之前,都必须在资源储备上做好充足的保障,否则这场本来可以痛击领导者的战役,便成了一场打草惊蛇的赌博,不但无法达到预期效果,反而在战略战术上提醒了领导者。

《孙子兵法》中多次提醒君主"非战",孙武告诫那些帝王们,不要轻易发动战争,更不要轻言"攻城"——故不知用兵之害者,则不能尽知用兵之利也。当然,假如战争不可避免,孙武对物资准备提出郑重警告:凡用兵之法,驰车千驷,革车千乘,带甲十万,千里馈粮;则内外之费,宾客之用,胶漆之材,车甲之奉,日费千金,然后十万之师举矣。

因此,以开放的心态和更长远的眼光看待企业的未来,提前进行必要的第二轮、第三轮资本储备,辅之以核心组织团队搭建、梳理团队激励机制、设立重要外部资源的战略联盟关系等,都是企业家整合资源的重要决策。

4. 创造持续热销

对于潜在顾客来说,热销是打消不安全感的有力武器之一。人们遵循"社会认同法则":既然受到那么多人的欢迎,一定有它过人之处,更何况有那么多人已经做过"小白鼠",应该可以放心选择,退一万步说,即便受骗上当,那也有那么多人一起陪着我犯错……不少人认为,这笔账怎么算都划得来。这是否很可笑?当你是一名准顾客,你也极有可能这样想。

心理学家发现,人们经常依靠参照别人如何决策来决定自己如何选择。现代信息社会，人们学习知识、更新信息应接不暇，那些经过更多人考验之后的选择经验，实质上简化了再次从头学习的程序，可以帮助人们规避损失，减少代价。于是，人们放弃复杂的自我考量，开始参考别人如何决策来指导自己做决策。从概率角度看，遵照社会主流价值观行事，是减低生存风险的重要法则之一，这就是羊群效应的本质。

市场持续热销的信息，最好大力传播、广而告之。当然，我们说的是真正热销的事实，而不是故意捏造热销的假象，如果经不住人们的验证和检视，必然引发更强的不安全感和逆反心理。谎言不会成为真理，泡沫总有破灭的一天。

5. 何时成为主导者

"新一代"总有成为"老一代"的那一天，企业需要在这一天到来之前成为某个品类或细分品类、主要特性或者次要特性的指代性品牌。一旦做好了准备，"新一代"的侧翼战就此结束，而进攻战逐步展开。企业需要通过做强品牌，带领自己所属的品类和特性毅然决然地走向主流，更加需要引领整个品类和特性，在人们生活、生产中的地位得到真正提升。"大河有水小河满"，品类和特性的重要性、引领性越强，就越有可能成为顾客采购的主流常识性选择。

记住，没有什么品类和特性是天生就重要的，更不是一朝重要就永远重要。还记得前面章节关于"供应决定需求"的论断吗？现在存在的主流品类和特性及其价值观，都是领先企业成功开创的结果呈现，而非自然而然一直存在的。从某种角度来说，人类离开可乐品类和两大可乐品牌，地球仍然继续转动，人们真正不能离开的，其实是对主流品类和领导品牌的那一份心理依赖。

请相信，社会观念和心理需求总在不断变迁，潮流和趋势混杂而来，只要你足够敏锐，总有成为主角的那一天。机会一旦到来，你就要毫不犹豫地站上主席台，并带领品类成为新兴的重要必需品——主流品类。特劳特先生这样劝导人们：每个人都有一分钟的上台机会，一旦到来，你最好用足那60秒。

第六章

战略路径

一、顾客认知的不同阶段

从宏观来看,品类的发展总要经过从无到有、从有到优、从优至简的产业集中化过程。定位理论始终要思考和研究的是:顾客是怎么完成选择的。处于不同的阶段,顾客大脑心智有不一样的认知面貌,企业应该根据顾客相应的认知瓶颈,采取不同方法让自己在认知中胜出。

(一)"从无到有"的认知局面

大部分行业都处于产品虽然很多,但有效供应不足的局面。市场上没有认知中的明确大品牌,顾客甚至没有强烈的品牌意识。人们做出选择时总是处于知识不足、信息不足、安全感不足的状态,往往要亲自一项一项比较指标,即便勉强买了,还担心是否买错。那么,如何给顾客足够的安全感?如何应对这个时期顾客的决策困难呢?你可以抢先成为顾客心智认知中的大品牌、品类开创者、占据领导者地位、讲述自己如何热销等。

(二)"从有到优"的认知局面

产业成熟度越高,顾客心智也越趋向成熟。此时,涌现了一大堆知名品牌,行业进入和竞争门槛也更高了。企业并非没有商业机会,只是机会属于少数。要想让顾客购买决策简单一点,就应该告诉他:谁最好,或者哪方面更好、好在哪里。你可以在表明和强调自己品牌身份和地位的基础上，主动推出迭代新产品，继续讲述产品和服务的特性优势，介绍制造及分销模式的差异，还可以强调高端、正宗、历史悠久等。

（三）"从优至简"的认知局面

当产业非常成熟，顾客首选通常只有数一数二甚至独一无二的少数机会。企业如何体现出差异性？如何应对顾客决策困难？你可以鲜明强调第一品牌地位、主动升级走向更高端或者干脆主动细分品类、开创出新品类，一旦有专业细分对手进入，不排除你要精简产品单元（SKU），甚至分拆业务单元（SBU）……

企业发展的战略路径将揭示企业如何一步一步从无名小辈走向成功、构筑出一个举足轻重的商业帝国。具体操作中，它关系到如何看清楚现在所处的战略阶段，以及何时应该转换战略赛道，以便准确把握发展节奏，完成不同发展阶段的重大转折等。商战是一场跟对手争夺顾客的博弈，真正的大成就稀有难得，但风险和收益始终对等，大收益必然存在大风险。成为顾客指名购买的第一品牌或者优先选择，是一项开发心智资源的重大战略成果，而定位理论就是指导和护航的工具和技术。

二、定位战略的发展路径

（一）认知凸显

定位理论强调，认知第一胜过产品更好，而新时期战略的核心命题，就是在顾客心智中成为某一类别的代名词和指代者。

1. 心智预设

定位的工作是帮助品牌在若干竞争品类和品牌中赢得优先选择，而其关键是要给顾客一个简单有效、强而有利的选择理由：一方面，它应该有利于顾客做出对你有利的选择；另一方面，自己的产品和服务也一定要能经得住顾客的实际验证。企业需要通过有效配置资源，把这个强而有利的选择理由深深植入顾客的大脑心智认知当中，让顾客在购买行动之前就具备更倾向于自己的心理预期，即心智预设。

为了做到这一点，企业首先需要把战略观察点前置，要将关注点安放在顾客采购行为之前的一系列运作机制（心智认知）上，这样才能看到"正在发生的未来"。接下来要做的，是应该把重要的战略性资源投放在这个顾客心智认知中的趋势性机会上，而不是为了跟进市场机会、中间环节、渠道模式的变化而过度耗散。这在整体上有利于降低决策风险，大大提高投资收益的确定性。

2. 顾客认知过程中的假设与验证

大家应该有这样的体会：当听说某个品牌好，人们并不会立刻购买，总希望能够看看实物，摸一摸，闻一闻，开动一下，试用一下，找找感觉。这种体验过程是对自己之前的认知假设进行验证的过程。之后，人们对是否值得购买作出一项判断，如果时间和条件允许，也许会继续保持观察。之后的事情都是在强化自己之前的判断，尤其是那些依据可靠的信任状所建立的认知判断。相反，一旦缺少事先积极正向的信息植入和预设，人们将带着"总觉得有问题"的有色眼镜仔细挑剔审视，以防上当受骗。

企业应该事先植入积极的认知预设，同时也要照顾实际体验环节的各方面，顺应人们自我假设、自我验证、自我强化的心理循环。一旦形成判断决定下来，就成了人们今后购买决策的判断标准和基本常识。只要没有特殊新信息植入，顾客将不再花费心力更改自己的认知和判断。这就是销售过程中实际体验的重要价值和关键意义所在。企业的各项正确的运营配称动作，都将大大有利于认知地位的确立和认知优势的形成。当然，那些不正确的、起到负面作用的运营配称动作，应尽可能早日修正和剔除。

当我们观察到发生在顾客心智认知中的竞争局势与选择逻辑，任何战略决策都不再是凭空臆想，也不会用畅想愿景和喊使命口号来代替冷静的战略思考。看到业已发生的未来，就等于给企业大船装上了望远镜和导航仪，让风险变得可以被观察、提前预判和及时驾驭。那些持续成功的企业家，关键原因并非在智商情商上存在远超常人之处，而是因为他们的决策逻辑与顾客心智认知中的常识思维更加契合。只要企业的每一个动作都能获得顾客的认同，资源投入就会立竿见影。也只有发现自己的决策正在发生作用，才能笃定在关键成功要素上追加资源投入，而其他投入则应该缩减。我们的原则是：喂饱机会，饿死难题。

3. 越无知，越无畏，越贪心

需要警惕的是，初尝成功之喜的企业家往往比那些见过大风浪、有过大成就的"老江湖"更容易得意忘形，可能是人们常说的"被胜利冲昏了头脑"和"无知者无畏"二者叠加的缘故。

其中一种表现是在成功赢得市场地盘之后过早地宣告胜利，企业的成长被自己设立的"市场第一"而非"心智第一"错误的天花板所困。殊不知，市场份额的山头并不牢靠，它可能会因为其中某一场战役的成败而旗帜易主。只有将品牌推进到顾客的大脑心智认知中，成为顾客脱口而出的必然选择，才能具备更深更坚固的护城河。因此及时乘胜追击、扩大战果、纵深推进才是上上策。正如《孙子兵法》主张的：拒敌于千里之外。

此外，过早地多元出击是一种贪大求全的简单加法，更为糟糕。成功的企业家都深谙减法智慧：相比多元化分散经营，聚焦可以做得更大更强。

从顾客端的决策行为来看，企业到底做多产品更好，还是做少更好？世界前沿心理学家和管理学家、哥伦比亚大学商学院 S. T. Lee 教授（学院最高荣誉）希娜·艾扬格（Sheena Iyengar）主持了一个"果酱实验"：现场设置两个果酱摊位为实验地点，试图了解人们如何做出选择。其中 A 摊位摆有 6 种口味的果酱，而 B 摊位则摆有 24 种口味的果酱。实验结果，24 种口味的果酱摊位的确吸引了比 6 种口味果酱摊位更多的顾客，但是 6 种口味的摊位实际产生的销售额却是 24 种口味的摊位销售额的 6 倍。希娜·艾扬格于 2000 年发表了《过多选择让人失去动力》的文章。"果酱实验"颠覆了人们"选择越多消费越多"的一般常识。

从 2013 年美、日两国科技企业的经营指标比较中，也有同样的发现。美国企业倾向于聚焦经营，而日本企业几乎都是多元化。它们的总营业额相差无几，但净利润却相差甚远：9家日本企业的平均利润率仅有1.7%，而9家美国企业的平均利润率高达17%，是日本企业的10倍。值得注意的是，9家日本企业中唯一走聚焦经营路线的佳能（CANON），其利润率高达6.2%，远高于其他日本企业。

4. 愿景、使命、目标都不是定位

当然，企业不应该把命运建立在盲目设定目标数字和强大的愿景冲动上。为企业制定三年目标、五年规划并没有错，错就错在确定这些方向和目标的依据和原则是什么。

除了对自身的资源和能力情况做客观的判断之外，定位理论尤其强调，如果不是以顾客心智认知作为基础，战略规划和目标设定就是出于最高管理层的主观想象和臆断，那无异于把战略的大厦建设在松土流沙之上。因此，定位是一种让企业高层管理者时刻保持"自下而上""由外而内"思维方式的战略理论。

（二）代言品类

一旦品牌在大脑心智认知中占据有利地位，成功地在竞争中凸显之后，企业需要及时扩大认知成果。一段时间在市场份额上的垄断，不能就此断言已全面获胜。真正的战略高地不在市场上，而是在顾客头脑中。

美国在一次对1923年以来的25个领导品牌调研之后发现，50年后这些品牌中的20个仍然是第一，4个排第二，1个排第五。而且在第二次世界大战前的56年里，美国前三位的汽车公司的位置只发生了一次变化。提升自己在顾客心智中的位置可能是困难的，但是一旦做到了，留在那个新位置就相对容易了。如果你是第三、第四，那么前景就不容乐观了。长期来看，成熟的市场都是两匹马并驾齐驱的竞赛场，一方是旧有的可靠品牌；另一方是后起之秀，因此你需要尽快做到"数一数二"，甚至"独一无二"。

1. "千年老二"的战略本质

传统竞争理论认为，存在一种叫做"千年老二"的跟随者策略，不少企业家也受中国传统观念中"枪打出头鸟"的影响，觉得领导者怎么做，我就跟着怎么做，这样就不必付出过多的研发费用，不必花力气培育市场，不必担心自己的决策出错。不客气地说，这是一种早期竞争不足时代的思想遗物。这样的情况的确会出现，但它极有可能是短暂的，一方面，领导者不会坐视它的市场成果被他人窃取；另一方面，新进入者或者替代产品会快速挤占类似市场空间。

那么，我们经常提到的"市场第二"是如何生存的呢？以定位理论强调顾客认知的角度看，它们都必然是顾客心智认知中某方面的"第一"。因为无法跟显著占据全品类王者地位的品牌采取同样的策略，它们采取的是一种退而求其次的差异化商战策略。所谓的"市场第二"，只是在产业界内部或者营收总量上的综合排名，而在顾客认知中，如果不能找到独特的差异化角度，人们会认为那不过是一个备胎选择。长期下去，出于生存和发展的急迫压力，这种格局极有可能把整个行业拖向价格战。

再次重申一下：市场上的第二名，虽然不是全品类的领导品牌，但一定是某个细分领域的领导品牌，之所以能够持续排名第二，是因为它们采取不同于领导者的差异化策略——在某一方面它是最好的，因此它也将在顾客心智认知中占据一席之地。《孙子兵法》有云：昔之善战者，先为不可胜，以待敌之可胜，不可胜在己，可胜在敌。也就是说，当时机合适，领导者一旦出错，第二名将最有机会转变策略，将它所代表的特性或者细分品类的影响力和重要性更进一步凸显出来，借助原有强大的认知基础，如果运营能够跟上，可以快速蚕食和接管当今王者的市场疆土，接下来就最有希望在合适的时机宣告：我才是新的品类领导者。

正因为心智难以改变，一旦成为心智中的"指代者"品牌，将在较长时间内支撑企业的外部市场竞争力，主要体现在两方面：一是长期确保品牌处于优势认知地位，构筑防御对手进攻的"护城河"；二是为企业各个方面的创新和转型赢得更多时间。如果把握得当，心智中具备"指代效应"的品牌总是有更多的机会成为市场赢家，它们既可以通过自我攻击压制对手，也可以通过复制对手的创新成果而抵御攻击。

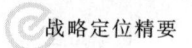

2. 局部战线根据地第一

有时候，企业的实际资源和能力暂时无法获得全局领先性优势，那么只好收窄你的主攻战线，采取"局部滚动第一"的根据地策略，即先在局部区域市场、某个细分行业领域、某个产品线成为名副其实的领导者——不但市场份额位居第一，甚至远远超过第二名，而且在该领域或者行业的普遍认知中达到和保持第一（见图6-1）。

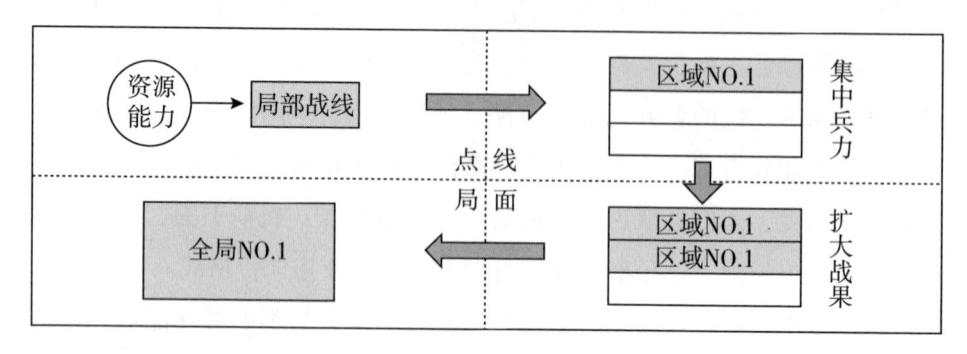

图6-1 局部第一，复制全国

借助累积起来的认知优势和市场地位，我们可以向第二批更大范围的市场区域、行业领域、产品线扩展。采用这种"因粮于敌""以战养战"的局部优先战术，只需步步为营、稳扎稳打，每一次成功都将为下一次更大范围的战役创造有利条件，几个回合就能在足够规模的范围内夺得头筹。

值得注意的是，在区域滚动第一的市场策略中，我们推崇德鲁克所主张的关于成果的要求，真正的成果包括以下三个方面：

（1）经营业绩

因为收窄了战线，有了正确的定位和相对充足的资源保障，企业在这一阶段内的客源、收入和利润变得更加具有确定性，顾客对产品和服务的满意度也将得到持续提升，商战成功也给整个团队带来信心保障，为下一阶段的腾飞奠定了坚实的基础。这验证了前期战略战术逻辑假设的实战可靠性。由此可见，业绩背后的意义远比业绩本身更为重要。

(2) 收获团队组织

企业组建起一支经过市场实战考验的队伍，这支队伍中的精英分子掌握了商战过程中习得的思考原则和行动方式，携带着某种独特的文化价值观，他们最有可能成为向后续区域或领域拓展的团队领导人，这是一种"裂变"式的组织成长模式。每一次组织的升级，都是一次对前期赖以生存的规则和文化的冲击，更是整体组织的一次涅槃重生。而强有力的顾客认知成果，是抚平组织变革创伤、荡平变革阻力、延续组织血脉的关键外部力量。尽管从战略角度更加强调"求之于势，不责于人""择人而任势"，但从运营实战角度而言，团队组织的力量也是一股不可忽视的竞争能量。

(3) 收获作战方法

一段时间内，在近似环境下形成的局部市场的有效"打法"，是一种经验性的隐性知识方法论，是通过不断试错总结出来的规律集合，它们可能对下一区域、下一领域、下一阶段更开阔"海域"的竞争提供战术方法支持。当局部战略取得成功，可能会发现更大规模侧翼战的机会，也可能转而进入局部市场进攻战。正是在这样的战略战术转换的过程中，为打一场全局范围的侧翼战或进攻战储备了资源和能力，积累了足够的优势。

3. 持续冲击品类代言人

企业发展到这个阶段，对企业伤害最深的莫过于过度多元化和品牌延伸了。在这方面，华为做了一个积极正面的示范。作为一个成立几十年的科技公司，华为一直没有停止过科技研发，即使其他企业都因为涉足房地产而赚得盆满钵满，华为也一直不忘初心，倾心研发新产品。任正非表示，华为不做房地产，要做科技研发，要做最苦的、最笨的事情。正是这种坚定的战略选择，让今天的华为能够成为全球最强大的科技企业之一。

在德鲁克多次谈到的创新与营销之间的关系中，主要包含两层意思：

(1) 如何营销好企业的主要创新成果，使之及时转化为经营绩效。

(2) 企业营销成功之后，如何强化该产品再创新的能力和动力。

如果企业具备恰当的运营接盘能力，只需稍长一点时间，顾客的心智认知优势迟早可以兑换成市场业绩增长。强大的顾客认知具备一股不可阻挡的力量，不但催生了更广阔的市场需求，还拉动企业向前滚动发展，给企业内部改善运营、组织变革、团队升级、产品研发等预留出足够宽的航道和更多时间。我们不断重申，企业最好的战略就是不断深化自己的定位，以及拓宽市场应用领域，而不是过早地分散精力转向别的航道。

成为品类代言人随之而来将带来更多战利品，一方面吸引更多潜在顾客关注品类和品牌，同时，也进一步裹挟和蚕食其他可替代品类的市场份额，突破原有品类的市场限制和认知边界，成为满足同类需求的相近品类的市场临时托管人。除非各个专业领域的对手出现，会分走一部分具有专业要求的顾客，否则，托管现象将始终优先发生在具备指代能力的品牌身上。

领导者地位最有托管他人市场的优先权。比如加多宝凉茶通过做强品牌，进入婚庆、年节礼品市场，托管其他饮料品类的市场应用；强生婴儿沐浴露延伸进入无刺激成人沐浴露市场；东阿阿胶抢占参茸虫草等名贵中药的滋补和礼品市场；唯品会继特卖之后开发出新品推广板块挤占其他电商平台正价销售……面对顾客同一个需求，有多种方法可以满足，与之相对应的，就是品类的价值所在。而任何品类的重要性并非天生具备，更不是一成不变的，而是随着领先品牌阵营的势能高低不断变化。具体可以拓宽到多大程度，完全取决于所涉及领域品牌阵营的强势程度。定位理论给出边界：不要向顾客已经具有强势领导品牌认知的领域发起直接进攻。

从这个角度来说，并非顾客的需求决定了市场供应，恰恰相反，供应再一次影响和决定了需求的被开发程度。至此，你仍然认定一个品类的市场边界是固定不变的吗？这正是企业真正意义上的开创顾客。

（三）引领升级

企业界流行一句话，企业是企业家的企业。这意味着，企业家的知识瓶颈很可能就是企业的天花板。而定位的显著功能之一，就是帮助企业家从顾客角度入手，打破自己的固有思维，不但拓宽自己的认知边界，更重要的是拓宽顾客的认知边界，从而获得一轮又一轮的增长。为此，我们一方面强调：不要在不适合的时候过分追求增长速度，同时也提醒：千万不要给自己的增长轻易设限。很多企业提前放弃了继续追击认知地位的努力，企业也就因此止步于走向真正成功的半路上。

1. 品类的壮大

相对于"行业"这一概念来说，"品类"一词更倾向于顾客经验世界的语言，它是人们对某些事物的共性认知进行归类、约定的结果。人们往往不具备行业专家那样的专业分类语言，他们通过长期对世间万物的信息进行比对和体验，将类似的东西认定为某一种类别，这样可以简化信息、节省大脑存储空间，同时也方便彼此交流。容易被人们忽视的是，领导品牌对于品类的影响力——正是领导品牌一次次变革创新和自我迭代，带领其品类不断保持在顾客生活、生产中的主流地位，我们称为"引领品类升级"。

管理大师克里斯坦森在《创新者的窘境》一书中描述：一些看似很完美的商业运作——针对主流顾客所需、盈利能力最强的产品进行精准投资和技术研发——最终却很可能毁掉一家优秀的企业。从计算机、汽车、钢铁等多个行业的创新模式来看，正是那些暂时遭到主流客户拒绝的、关键的、突破性的技术，逐渐演变成了主导新市场的破坏性创新。领先企业很可能由于过于注重顾客当下的需求，导致创新能力下降，从而无法开拓新市场，常常在不经意间与宝贵机遇失之交臂。而更灵活、更具创业精神的企业，则能立足创新，把握产业增长的下一波浪潮[1]。

人类源源不断的欲望和需求推动品类发展壮大。在某些基本属性被充分满足的情况下，其他新的属性会凸显，甚至会变得相当重要。一切产品创新和营销的行动，都是从品类覆盖的广度、应用的深度和品类的活跃度三个方面入手，提升品牌和品类的重要性。新事物诞生之初，总是充满着不确定因素，而领先品牌应该更有优势完成孵化。彼得·德鲁克说过，企业家面临的最大挑战，是在确定的现在与不确定的未来之间做出正确的判断。

总体来说，品类存在于人们固有的认知中，大多数品类在显著领先品

---

[1] 克莱顿·克里斯坦森. 创新者的窘境［M］. 北京：中信出版社，2014.

牌之前就已经存在了，很多品类长期沉寂在人们的日常生活和生产中而未被很好地商业化，因而出现"有品类，无品牌"的现象，这给企业提供了巨大的商业机会。需要指出的是，不是所有品类都能得到人们同等的对待，只有那些对于人们生活、生产更为重要的品类，才能成为主流品类。商业的机会就在于：优先让你的品牌和产品成为主流购买选择，再退而求其次考虑相对不那么主流的机会。

每当企业谈及自己的品牌时，潜在顾客总是容易摆出防御的姿态，因为他们预先就知道，人人都说自己好。很少有人对企业宣传自己是"更好的产品"感兴趣，但是当提到品类时，潜在顾客就会保持开放的心态，大家通常会对新产品感兴趣。那是因为，强势品类所代表的是针对顾客难题的一种主流解决方案，而品牌只是企业为了赚钱而做的自我推销。本质上说，顾客并不需要品牌，那为什么顾客最终还是选择某个品牌呢？因为这个品牌是那个能帮我解决问题的品类中最优选产品的代名词。

品类的变化一般诞生于三个基本环节：供应端、需求端和中间环节。来自供应端的变化源于技术创新，这是社会发生巨变的主要动因，如蒸汽机、电力、电信、互联网技术等。基于需求端的创新机会主要源于社会文明和进步对消费需求和价值观的影响，如健康、环保、天然无添加、植物草本、素食、时尚美感等。来自中间环节的创新机会，则主要基于人们对降低流通成本和提高交易效率的追求，以及技术创新带来各种新商业模式对过去成熟交易方式的重构，如商业综合体、网购海淘、微商、知识分享平台、支付宝和微信支付、社交电商直播带货等。

2. 进化与分化

品类升级通常表现为两种形态：进化和分化。当产品和品牌优化、升级到一定阶段，如果还在人们对这一品类的常识认知边界范围之内，我们称之为"进化"，当创新程度远远超出人们常识认知范围，我们称其为品类"分化"。进化有利于提升品类活跃度，为强化应用广度和深度创造条件，而分化则为创造新品类奠定基础。领先品牌的正确运营，最有可能推动品类的进化和分化，这是商业发展的源动力。

品类边界之所以能够扩展和升级，主要基于两方面：一是市场需求足够强烈；二是其供应交付能力也同时成为可能。品类扩展的速度取决于主要竞争品牌的竞争态势。定位理论提醒：只有品类阵营里的领先品牌，才更有资格和能力引领品类的发展走向，而其他非主流品牌能做的，是通过不断创新为品类扩展做各种边缘性尝试，一旦创新成功，加之营销策略得当，将极有可能挤进领先者阵营，成为引领品类的新晋力量，或者被领先者收购，进入推动品类发展的快车道。商业的本质，就是通过把握趋势，发现机会，成为潜在顾客心智认知中的品类代言人，并借助品类领先者地位主导品类发展方向。

在物理学中，熵增定律指出，封闭系统中的混乱程序总会增加。在生物学中，进化原理认为，新的物种是从单一物种分化出来的，而融合的观点将使你相信物种会不断合并，产生譬如既像猫又像狗的怪物，这显然违背了自然规律。犹如阿米巴变形虫在培养皿里分裂，商业战场可以被视为一个不断扩展的品类大海。一个品类刚出现的时候，只有单一品种，通常由一家公司主导，但随着时间推移，这个品类会进一步分化为两个或更多品类。每一个细分品类都是一个单独品种，都有其存在的理由，每一个细分品类又都有一个主导品牌，但往往并不是原来品类的领先者。分化是客观存在的，也是经营的动力。所有商品种类都会分化。事实上，商业的动力不是融合，而是分化。

那么，为什么融合还被广泛接受？特劳特直言不讳地指出，这是CEO们过分强调增长的结果："如果把我的业务与别人的业务融合，那么我就可以把两项业务加起来，实现收入倍增。"彼得·德鲁克多年前已经提出建议：集中经营是产生经济效益的关键。为了产生经济效益，管理者需要把精力集中在尽量少的经营活动上，才可能产出尽量多的收入……如今，集中经营的基本原则是我们唯一违背最多的原则……我们的座右铭似乎是：我们尽量多做一点，东方不亮西方亮嘛。

太多公司的业务杂而不精，这种模式在公司比较少、竞争不太激烈的年代也许行得通。随着社会分工的专业化趋势越来越强，品类分化现象越来越明显，深究其根本原因，是顾客需求的多样性以及对产品和品类解决问题的专业化要求越来越高。特劳特和里斯在《22 条商规》一书中的"分化定律"指出:"分化"导致了品类数量不断扩张,"融合"观念和做法的结果是越来越多的品类在不知不觉中陷入了同质化的泥潭。无论公司出于什么原因扩大产品线,都会输给通过分化而不是融合、实现精准聚焦的竞争对手。在顾客心智中,什么都做的品牌不过只是一种暂时的存在,就像有人临时占着别人的空屋子一样,等到专业竞争对手到来,"融合"型品牌早晚要被扫地出门。

最新的流行词汇"跨界""多元化",像极了一直以来争论不休的品牌延伸,而过早的跨界、多元化和品牌延伸,正好是就此断送品牌认知优势机会的主要败笔。之所以这些观点一直存在,本质上就是人们不相信商业发展的趋势是分化。人们把源于技术和应用的整体进步也看作是一种机会,而他们没有注意到,只要从略微中长期来看,这种整体性进步,改变的是整个社会发展的平均水平,它有可能成就一批创新型企业以游击战和侧翼战完成逆袭,但整体性行业进步并不归属于任一品牌独有,因此不能成为支撑某个品牌中长期发展的独特竞争优势。

企业之所以有机会通过品牌延伸实现多元产品经营,是"光环效应"的一种实际体现,也是顾客心智容易丧失焦点的缘故使然。它使部分顾客也愿意考虑选择领先品牌核心产品之外的其他边缘产品,其根源仍然是品牌在顾客心智中已经形成的强大"认知"。尽管有"光环"照耀,顾客仍有可能细致地对比产品价值的差异,并权衡购买延伸产品与单独另选专业品牌的利弊得失。当延伸产品的感知价值不足,顾客仍然会重新做出选择。一旦顾客对延伸产品的认知与其对品牌的既有认知相冲突,光环效应将瞬间失效。请记住,光环只是光环,并不能取代日月本身,没有了日月,光环终将熄灭[1]。

3. 适时开辟新赛道

"市场在哪里,我们就去哪里",这种论断听起来有道理,实际上是个陷

---

[1] 谈云海. 认知战 [M]. 北京: 煤炭工业出版社, 2017.

阱。市场从来不会自己去任何地方。正确的观念是，领导者走到哪里，市场就在哪里。如果你跟随市场，你就是跟随一个或多个市场龙头，到自己想成为市场龙头的时候却为时已晚，你已经失去了获得巨大成功的机会。

商战是一场认知之争，并不仅仅停留在产品层面。市场上存在着大量产品，但并非每个品牌都已经成功占有了顾客的大脑心智认知。直至今天，仍然有很多品类，在企业找到某种定位机会并成功进入顾客心智之前，被大多数潜在顾客完全忽视。因此，企业要敢于适时针对具备心智认知潜力的新品类和新特性创立新品牌，而不是在产品上做持续的改进。

事实上，如果行业领导者未能推出新品牌，顾客会更容易从一家公司转向另一家公司，甚至从一个品类转向另一个品类。同时，领导者也不可能用一个品牌占据一半以上的市场份额，唯一的办法就是适时推出第二品牌，但前提必须是发现了新的定位机会。我们一再强调，精准聚焦需要用不同的名称配合不同的定位机会，否则会使顾客感到迷惑，并削弱自己的商业潜力。

一个新品牌总是有很大的机会成为第一品牌的替代品，要注意的是，你必须用改进之后的产品，或是针对不同的细分市场或顾客群的产品来攻击头号产品。而且，任何一个伟大的品牌都指代着一种明确的、单一的产品。正是产品的明确性增强了品牌的力量。如果产品不明确，则会削弱品牌的力量。适度多产品组合也是允许的，但一定要在品牌成功后，而且要能确定市场上确实没有更厉害的对手。很多企业往往过分强调产品成分与功能上的微小差异，对消费者来说，过于细微而复杂的差别会导致认知困难和决策混乱。

成功的关键在于识别出最主流的竞争品类，并界定该品类对顾客的核心感知价值，然后从反面出击，建立与之相对立的新品类、新特性。这样做的好处，是使消费者在考虑主流品类时，同时也想到它的弱点和对立品类的好处，促使新品类也逐渐变成一种主流选择。

（四）多元聚焦

初看起来，多元和聚焦是两个相互矛盾的概念，而这种现象却广泛存在于现实当中，如宝洁公司（P&G）依靠旗下的飘柔、潘婷、海飞丝、伊卡璐、SK-II 等超过 30 个品牌长期占据日化、化妆品的广大市场，丰田汽车公司通过雷克萨斯、凯美瑞、皇冠、卡罗拉、普拉多等旗下品牌占据汽车市场领导地位，而阿里巴巴在开拓新业务时使用阿里巴巴、淘宝、天猫、支付宝、蚂蚁金服、菜鸟驿站等，分别成为各自领域的领先品牌……

1. 底层逻辑出错

在制定企业战略的过程中，类似扩充产品线、品牌直接延伸、盲目多元化等捷径，从企业角度来看自然成立，但从顾客角度来看，未必是最好的战略。由内而外的思维方式是通往成功的最大障碍，而转换视角、由外而内地思考则大有裨益。

长期身居高位的管理者通常认为，他们更了解事实，更清楚产品技术、功能特点、指标测试的结果，总觉得自己的产品更好，应该能获得更多的市场份额，只不过需要改变人们的一些想法而已。直接改变认知是传统"由内而外"思维方式的做法，而顺应和更新认知则是"由外而内"的战略方式，它需要改变的是公司、品牌、产品和组织，而非改变外在环境，而企业最高管理者却往往本末倒置。自恋是危险的错觉，它扰乱心智，蒙蔽思维。

特劳特在《定位》一书中直言不讳地说：大多数人的心智都不太正常，他们不完全失常，也不完全正常，而是介乎二者之间。通用语义学家解释道，精神不正常的人是那些企图使现实世界适应自己心智中想法的人。"由外而内"的战略方法不会试图去直接改变人们的心智，而是选择利用已有的认知——找到顾客心智认知基础中的一个定位角度，通过各方面的运营活动来调整和更新认知。

2. 多产品线问题何在

最常见的问题是在公司同一个品牌下面装进多个产品线。由于公司在总体上缺乏聚焦，很多产品或型号实际上被埋没了。多数情况下，最大销售占比的产品还是集中在少数品项和产品线上。

很多管理者认为，顾客总是需要更多口味、更多品种和更多选择。这些管理者的观念还停留在供应短缺、选择多是一种福利的年代。也就是说，他们还没有真正意识到顾客正时刻身处信息过载和选择困难之中。他们依然秉持这样的逻辑：因为销售量不够，所以需要更多产品线才能满足更多顾客的需要，才能保持或增加销量。这种思考逻辑的问题是，在每个领域的细分品类和品牌供应都已经越来越丰富的当下，同一个品牌推出更多的产品，就能真正满足顾客吗？

品牌是顾客心里对产品及公司的认知。如果一个品牌只有一种产品，品牌的力量就不容易被削弱，如果一个品牌有两种产品，品牌的力量就会被一分为二。从潜在顾客的角度看，真正广为人知的名字，应该处在一个定义清晰的阶梯的最高处。你无法让一个名字同时清晰代表两种不同事物。

3. 盲目多元化

更复杂、风险更大的是跨行业、跨品类的多元化扩张。企业可能有两方面的意图：一方面，为了把握更多、更大的机会，实现更大的愿景；另一方面，人们试图分散风险，以化解对未来不确定性的担忧。人们总觉得"鸡蛋不要放在一个篮子里""东方不亮西方亮"。但这种思维方式也屡遭质疑，连一个篮子都不一定能保住，怎么有能力保护多个篮子呢？

真正糟糕的是，今天企业界的多元化行为，更多的是为了保持高增长，而非规避风险。新公司增长快，高度聚焦，而一旦发展平稳，难以持续扩张后，太多的现金流使他们无所适从，于是自然走向多元化经营。企业在某方面取得成功的同时，也创造了向许多不同方向拓展业务的机会。

特劳特和里斯明确警告，多元化并购存在着"七年之痒"，只需经历六七年时间，就足以让收购方相信原来的收购是个馊主意，当然也足以让大众投资者忘掉在宣布收购时所承诺的不可思议的"协同效应"。企业真正应该做的是，通过竞争和并购加强自己在已有领域的市场占有和认知优势，并强化经营焦点，而不应该实施盲目扩张。

竞争越激烈，盲目多元化的劣势越凸显。因为精力和资源过于分散，没有哪种产品能做到极致，也没有哪个业务能创造绝对的竞争优势。原有主业停滞不前，新业务又迟迟不能实现预期。为了寻求增长，企业又不断推出新产品，进入新业务领域，进一步稀释了企业的资源，并陷入恶性循环。

此时，大多数企业总是以内部视角寻找原因，比如管理不够规范、执行力不强、团队不合作、资源投入不足、绩效考核机制不当等。即便有机会东山再起，这种内部视角的归因方式，还会继续牵引企业家再次走上多元化的老路①。

4. 品牌延伸是个陷阱

企业内部思维导致的另一个现实问题是，糟糕的短期财务观念时刻作祟，使品牌延伸成为一种潮流。当管理层憧憬着新产品、新业务时，他们很难拒绝品牌延伸的省钱优势。管理者觉得自己能搭现有知名品牌的"顺风车"，可以不劳而获。当业务多元化叠加上品牌延伸之后，品牌不再代表单一产品、单一业务、单一定位，想要跟顾客说清楚自己与对手的差异就更不容易了。

把一个知名产品的品牌用在一个新产品上，这种品牌延伸行为通常会出现"跷跷板现象"：一个上升，另一个就会下降。实际上，打入人们心智的根本不是产品，而是该产品的名字。潜在顾客是用这个品牌名字与产品特征挂钩。名字就像橡皮筋，它可以拉长，但不能超出某个极限，你把名字延伸得越长，它就会变得越脆弱。品牌延伸使品牌在人们心智里的清晰印象变得模糊，使顾客想要某产品时不能再用领导品牌来替代。

品牌延伸之所以能够继续流行，原因之一是短期内确实有一定的优势。尽管消费者未必去买，但渠道商非进货不可，所以最初的销售数字相当可观，极有可能前六个月的业绩会很好。可是，一旦没有消费者购买，渠道商不会再次下单订购，情况便急转直下。来得快，去得也快。

我们应该将短期效应与长期效应分开来看。品牌延伸的长期不利主要体现为：延伸程度越高，品牌越容易被人遗忘和忽略，因为它们就像原有品牌的卫星，在人们心目中没有自己独立的位置，它们只会让原有品牌的地位模糊不清，而结果往往是灾难性的。一个名字代表多个产品会引起混乱，缓慢而稳步地削弱领先品牌的认知地位。最终，即使企业规模巨大，也会不堪一击。此外，品牌延伸之所以祸害无穷，是因为这种隐患有时潜

---

① 谈云海．认知战［M］．煤炭工业出版社，2017．

伏好多年才会显现，是一个缓慢而不易被发现的过程。

品牌延伸还会分散企业对核心产品、核心概念的各种投资，由此带来的长期影响最终会削弱品牌，通常还会导致整个品类的消费需求下降。实际上，任何品牌延伸严重的品类都是毫无竞争力的品类。更严重的问题是，大量延伸产品的品质都差不多，人们只好更倾向于选择低价，于是价格战便成了争取市场份额的法宝。当盈利能力受到抑制，缺少对品牌的持续投入，企业必将走向平庸。随着新品类、新品牌和新消费潮流不断涌现，人们的关注力被迅速转移，消费者更难以想起那些同质化的品牌。

客观地说，品牌延伸还是有一些意义的，但是必须满足一个重要的前提：没有强劲的竞争对手来抢走你的生意。品牌延伸本身不是问题，问题的关键是：竞争者的强势加入。如果永远不出现专家型竞争对手，品牌延伸就是个好战略；如果对手强烈反击，品牌延伸则是个糟糕的战略。商战几乎每次都是这样的结局：凭借聚焦胜出的专家品牌在延伸成为通才型品牌后，又会输给新的专家型品牌。

5. 多元业务，专业品牌

在传统的商业理论中，成功的套路是生产更好的产品，而定位理论认为，成功的关键是塑造更好的认知。行业领先地位本身就是业务的一项最强大的动力，如果不出意外，销量最大的品牌更容易年复一年地保持领导地位。当然，当你问消费者为什么买销量最大的品牌，他们几乎从来不会说"因为它销量最大"，而总是说"它们产品最好"。应该这样说，占据市场领先地位是在顾客心里建立"最好产品"认知的最好办法。厂家认为好的产品会赢，顾客也认为好的产品会赢，只不过区别在于，在顾客看来，行业第一品牌的产品应该质量最好，公司团队更强，技术也最先进。今天的关键成功因素并不是工厂、产品或人才，而是在潜在顾客心智里有机会占有牢固的一席之地。市场话语权的力量不来自那些大而全的公司，而是来自拥有强大单一认知的强势品牌。

更何况，时间始终对行业领导者有利。在某个领域排名第一的总是那些被顾客认为"发明了品类"的公司，而不是实际首家制造出产品的公司。如果有一种明显更好的产品冲击市场，行业领导者常常有充足的应对时间，即便只是复制竞争对手的产品，也足以保持领先地位。领导者总能吸引更好的人才，同时在销售方面也有优先权，建设更强的分销网络也总是容易得多。

第一品牌强大之处，是有可能成为品类的代名词，它不仅代表企业的产品，还将为整个品类代言。这样一来，人们想要购买某产品时，就直接想到最具代表性的品牌了。大多数企业不愿意局限于一项业务或一个领域，而是追求尽量多的机会成为一家更大的企业。他们忽视的是，企业一旦失去焦点，专家认知、第一品牌地位就有可能让位于更强的对手。

总之，随着社会分工越来越细致，产品创新和迭代加速了专业化时代的到来。最佳商业机会属于那些懂得如何利用这些变化的企业——数一数二的专业化公司，而不是通才型企业。顾客更容易相信，只有专业化才可以确保产品品质，某个领域的第一品牌产品一定比通才产品更加可靠。

当拥有了品类领导者的认知地位之后，企业才真正具备了横向扩充业务单元的实力和资格。有别于拓宽产品应用领域的是，业务多元化最好能够使用新产品、新品牌，甚至全新的组织。这时，企业可以考虑沿着同一个产品的不同顾客群体、不同需求、不同场景横向扩展，以最大程度占据该类产品的市场和心智份额，如宝洁（P&G）公司在洗发水品类中的多元聚焦；或者可以优先考虑关联度高、互补性强的新产品类别，如东阿阿胶在阿胶块、口服液、阿胶零食等相关业务上的多元聚焦；企业还可以考虑沿着供应链向上下游纵向整合，以提高你在产业内部的谈判地位和可持续竞争力，如阿里巴巴、美的、华为等更为宏大的生态化多元聚焦。需要注意的是，企业内部资源和能力的共享不应该成为业务多元化的根本理由，仅仅出于共享的目的，很容易做成同质化企业，而在顾客心智认知中是否存在数一数二的机会才是最主要的参考标准。

竞争局势总是时刻在动态中平衡和发展的，企业不得不面对来自四面八方的竞争对手，或者来自品类内部，或者来自品类外部"跨界打劫"。如何在多个领域始终保持专业品牌和领先地位呢？唯一有效的办法就是在产品和业务多元化的同时，始终保持在顾客心智认知中做到精准聚焦，这无疑需要耗费巨大的资源能量。因此，多元聚焦是企业战略的奢侈品，美好诱人但只属于极少数人——在顾客心智中认知地位稳固的企业。

太阳的能量尽管很强大，但你可以享受几个小时的日光浴而不受伤害；激光的能量很微弱，却可以在钻石上钻孔。多元聚焦的一条最基本参照原则是，如果让公司聚焦，你会创造出强大的、主导市场的能力；如果公司失去焦点，就会失去这种能力，会在过多产品和市场上浪费过多的能量资源。要知道，战略的力量来源于聚焦，只有聚焦才能创造出相对压倒性的资源优势。这也是中国近代革命战争史"不打无准备之仗""集中优势兵力打歼灭战"等重要经验总结。

6. 聚焦是对人性贪婪的挑战

公司失去焦点似乎是一种自然现象，无须有意促成也会发生。在物理世界中，没有聚焦的状态称为"熵"，即混乱程度。鲁道夫·克劳修斯（Rudolf Clausius）的"熵"理论指出，封闭系统中的"熵"迟早会增加。

企业总是从单一产品、单一业务或局部市场开始起步，随着企业的成长和品牌影响力提升，为了抓住更多的机会，企业不断开发新产品、进入新业务、拓展新市场，于是规模随之增长。久而久之，公司变得失去焦点，由于涉足的市场太多，提供的产品或服务也太多，企业失去了方向——忘记了自己因何成功。各行业都面临竞争加剧，企业战线拉长的风险开始叠加，更大规模的投入未必能给企业带来更大的收益。与此同时，原来的使命宣言也失去了意义，公司也就此陷入平淡。纵观整个商业发展史，绝大多数企业在跟风模仿和追逐市场的潮流中彻底迷失了方向。

更顽固的观念莫过于"由内而外"的单向思维方式：只有提供全系列产品才能保持竞争力。企业最高决策层最原则性错误，就是倾向于根据"自我逻辑"而不是根据顾客心智认知中的"事实逻辑"来思考对策，而第二个致命错误，就是总倾向于从执行上而不是从战略上找原因。

对于那些已经过度多元化的企业，面临新时期竞争加剧，极有可能被迫转向聚焦经营。聚焦如此重要，却让企业异常痛苦，主要是因为砍掉已有业务造成的损失是可以预期的,而聚焦以后带来的潜在收益却是未知的。

管理层最应该做的,就是找到一项有效的策略,并将整个企业的力量聚焦于这项策略。而且每一种公司策略迟早都会受到社会巨变的侵蚀:技术转变、社会转变和潮流转变。管理的艺术就是预见这些转变,并使公司与新的未来保持一致。几乎每一家陷入困境的企业,都因为变得不够快而受到批评,但是它们的错误往往不在于转变的速度,而在于转变的方向。行业演进的根本趋势不是合并,而是分化迭代成不同的子行业、新行业,在这过程中出现各自的领先者和追随者。企业成功的关键是要感觉到市场分工即将出现,然后抢先设立一家拥有不同品牌名称、不同产品,甚至不同组织和供应链的企业,以此传递出希望植入顾客心智的那个定位概念。

聚焦是企业战略的精华,如果没有舍弃和减法,就没有真正意义上的聚焦。大部分企业正好相反,他们的大部分时间不是在打一场歼灭战,而是四处点起丛林硝烟的消耗战。等到真正的大机会出现时,企业却无法集中兵力获取胜利。减法之所以很难付诸实践,因为它有悖于人的天性——贪婪。定位理论强调,聚焦不符合企业的逻辑,但符合外部顾客的逻辑。

只有在理解了真正的问题之后,你才能着手缩小焦点。理解和正视问题是关键所在,这一过程需要客观和诚实。企业真正的任务是什么?是什么让企业在市场中停滞不前?真正的问题总是埋在顾客或潜在顾客的心智中:"为何选择你,而不是其他?"太多企业因为最高管理层的自负,或者为了维护企业的原有决策而选择了逃避这一核心问题,他们要么无法找出最重要的问题,要么无法就什么是最重要的问题达成一致。

具体的转型方式根据情况有所不同。如果时机恰当,直接砍掉不具备未来认知优势潜力的产业板块,是企业走向聚焦经营的重要风向标,也是企业内外建立新认知的大好机会。早年的王老吉凉茶、方太油烟机、东阿阿胶、万科地产等都有过这方面的成功经验。当然,这个变革和转型过程最好符合"增量原则",即锁定一个自己有相对优势并且具备未来潜力的产品和业务,开始实施资源聚焦,在取得认知上的显著成效之后,再顺势将聚焦的减法和资源的加法进行到底。①

（五）生态整合

对于"商业生态圈"概念，定位理论有着不同的理解：多数人忽略了概念提出者的话语前提——如果缺乏强势品牌企业阵营的整体引领，生态圈将是一片滩涂和沼泽地，而不是物种丰富、生命力旺盛的亚马孙热带雨林。

1. 竞合生存

詹姆斯·穆尔（James Moor）是最早提出构建"商业生态系统"的学者。1993年，穆尔在《哈佛商业评论》上发表《捕食者与猎物：竞争的新生态》一文，以自然生态的眼光审视商业生态系统中出现的问题。3年以后，他出版了《竞争的衰亡：商业生态系统时代的领导与战略》一书。

依照达尔文的自然选择理论，商业竞争似乎仅仅表现为适者生存，经济运行的过程就是驱逐弱者。穆尔借助生物学中的生态系统的独特视角来描述当今市场中的企业活动，但又不同于将生物学的原理运用于商业研究的狭隘观念。"商业生态系统"这一新概念，打破了传统的以行业划分为前提的竞争战略理论的限制，认为经济网络的运行并不都是你死我活的斗争，而是像生态系统那样，企业与其他组织之间存在共同进化关系。为了企业的生存和发展，企业彼此间应该合作，努力营造与维护一个共生的商业生态系统。进而，借助商业生态圈的整体力量，企业可以实现共生、互生和再生三个层次的作用。

所谓商业生态系统，就是由组织和个人所组成的经济联合体，其成员包括核心企业、消费者、市场中介、供应商、风险承担者等，在一定程度上还包括竞争者，这些成员之间构成价值链，不同的链条之间相互交织形成价值网，物质、能量和信息等通过价值网在联合体成员间流动和循环。

穆尔特别强调，与自然生态系统的食物链不同的是，价值链上各环节之间不是简单的吃与被吃的关系，而是价值或利益交换关系，他们之间更

---

① 谈云海. 认知战［M］. 煤炭工业出版社，2017.

像共生关系，多个共生关系形成了商业生态系统的价值网。从形式上看，穆尔的"商业生态圈"对于迈克尔·波特提出"价值链理论"做出了更宏观、更立体的思考。

长期以来，人们的内心确实形成并一直在强化一种"商场如战场"的观念，由此竞争的残酷性已经深入人心。人们更多看到，在这个没有硝烟的战场上，企业与企业之间、企业的部门之间乃至顾客、销售商之间的确存在着一系列的冲突。这导致人们更容易局限于这样的思考：在价值链模式中，价值是按链条中的不同环节进行分配的，任何一个环节的利益所得都意味着其他环节的损失，这使价值链的主导企业有动力去进行整合，将更多的业务纳入自己的掌控中。

相对而言，穆尔的商业生态圈"共同进化"概念更多关注的是：企业如何通过建设一个价值网络平台，通过平台借力、撬动圈内其他企业的能力，进而形成竞争优势。这样的思考角度极大程度地迎合了人们想要找到超越"零和博弈"获胜方法的需要，也同时为残酷而现实的商业竞争蒙上了一层温情的面纱。

不容忽视的是，穆尔"商业生态系统""共同进化"等概念的话语前提：他用生态学的隐喻解释了各种公司之间的竞合关系，比如，商用机器公司、英特尔公司、微软公司、电报电话公司和太阳微系统公司之间的合作与竞争的关系；苹果公司和坦迪公司之间为了进化而展开的竞赛；沃尔玛公司对付凯玛特百货公司的区域策略。他更关注如何在商业生态系统中共同生存与进化，而其生存和进化的最终目的，仍然是为顾客生成新的价值，改善每个公司的竞争地位。

今天的商业世界，竞争果真从此衰亡了吗？穆尔《竞争的衰亡》一书中曾经重点提及的企业，分别是芯片之王、电脑之王、软件之王、超市之王……这正是正确定位、战略聚焦的结果，也正是具备了清晰的定位，共生关系才得以长期持续成立，呈现出"仰观宇宙之大，俯察品类之胜""万类霜天竞自由"的宏阔场景。如果没有这些品牌在其预期顾客心智中成为首选，在此基础上建立起来的所谓商业生态系统，究竟是盐碱地、沼泽地，还是亚马孙热带雨林呢？

我们不否认生态协同和共生关系，但物种之间的竞争残酷性从来没有衰减，企业界应对竞争最好的方法就是勇敢面对竞争、智慧地赢得竞争，在这个过程中，成为品类的领导者和代言人，并且持续引领品类升级迭代。只有这样，才能真正具有构建商业生态圈和影响生态健康的硬核力量。在此基础上的生态圈，才是真正物种丰富、生命力旺盛的良性可持续生态系统。

2. 整合的力量：做大蛋糕，分享蛋糕

商业发展到今天，更高规格的较量在于赋能于竞争。经典战略原理与定位理论相结合，成为"新一代"战略思想，有利于把顾客的心智资源和产业资源、金融资本进行多效合一，将整个产业链从供应链到需求链的运行效率彻底打通。这样，不但短期巩固了企业的领导地位，成为整个产业链的组织者角色，而且更有机会从整体和全局的角度构建持久良性的商业生态环境。

整合的本质，是对分离状态的现状进行调整、组合和一体化，是一次对产业链进行重组和协同的过程。主导企业通过内部变革不断优化与相关企业的协同，提高整个产业链的运作效能，在释放产业价值潜力的同时，提升自身在产业链上的主导地位和竞争优势。

根据企业在产业链上所处的位置，可以有横向整合、纵向整合以及混合整合三种类型。其中，横向整合是指通过对产业链上相同类型企业的竞争约束提高行业的集中度，扩大市场势力，从而增加对市场价格的控制力，降低整体交易成本，获得更高的溢价空间。纵向整合是指产业链上的企业通过对上下游企业施加纵向约束，使之接受更加一体化或准一体化的合约关系，通过产销量或价格控制实现利润最大化。混合整合是两者的结合，是指和本产业紧密相关的企业进行一体化或是约束。

就整合的具体方法而言，可以是股权并购、拆分以及战略联盟。股权并购是指产业链上的主导企业通过股权并购或控股的方式对产业链上关键环节的企业实施控制，以构筑通畅、稳定和完整的产业链。而拆分是指将原来包括多个产业链环节的企业中的一个或多个环节从企业中剥离出去，

变企业分工为市场分工，以提高企业的核心竞争力和专业化水平。而战略联盟形式的整合，是指主导企业与产业链上关键企业结成战略联盟，以求提高整个产业链效率以及企业自身竞争优势和产业地位。

3. 丹纳赫的整合逻辑

美国丹纳赫公司（DANAHER）前身是一家上市的地产信托基金，现在已经成长为全球领先的工业及医疗设备的制造商，拥有强大的品牌及显著的市场地位，但在整体上仍然保持低调。在2016年拆分之前，丹纳赫主要包括五个业务平台：牙科、电子测量测试、生命科学与诊断、工业技术和环保技术。自1982年以来，丹纳赫在股票市场的回报远远高于故事明星苹果公司（APPLE）。业内人士这样评价：跟丹纳赫相比，苹果公司的表现有些令人失望，可以说，丹纳赫在三十年的投资回报，是苹果最狂野的梦想（Danaher's Returns Are Apple's Wildest Dreams）。

从1986年到2016年，30年间丹纳赫收购企业达400多家，通过不断地并购，营业额从1988年的7亿美金增长到2015年的206亿美金，增长近30倍，位列世界500强第149位，总市值高达600多亿美金，股东总回报在30年间有700多倍。丹纳赫为什么能够取得这么耀眼的成绩？它的方法论对我们是否具有启发意义？

一直到1992年的前十年，丹纳赫的收入仅是10亿美金，主要集中在欧美市场，新兴市场如中国、印度、巴西、俄罗斯等仅占3%，主要从事工业工具、汽车维修保养工具和一些工业防护用品的生产和销售，最为核心的是，手工具（TOOLS）部门的业务在各自的细分领域市场都能取得领导地位，而其成本可以做到低于中国国产成本。丹纳赫的精益管理能力位居全球领先，仅次于日本丰田公司。其独有的丹纳赫业务系统（DBS）是并购整合成功的保证。

总结以上可见，丹纳赫的成功可以形象地描述为，买下小池塘里的大鱼，然后再把鱼养得更肥，同时也把整个池塘做得更大。我们可以看到丹纳赫的成功逻辑，其并购整合理念在于以下几点（见图6-2）：

（1）不断寻求朝阳产业，在前一个产业走向衰退之前，开始布局下一

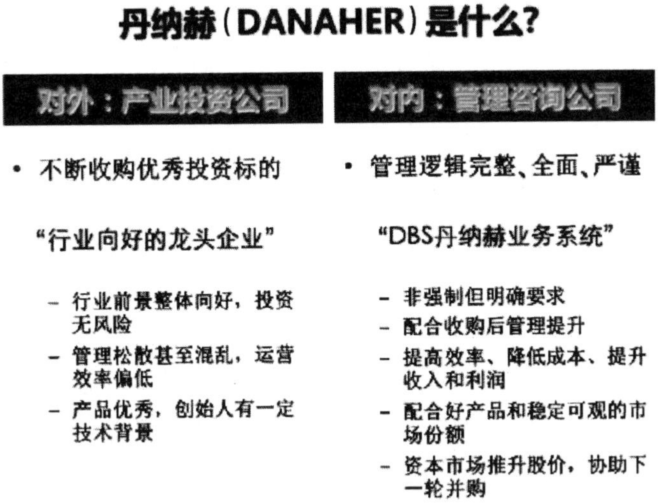

丹纳赫（DANAHER）是什么？

对外：产业投资公司

- 不断收购优秀投资标的

"行业向好的龙头企业"

- 行业前景整体向好，投资无风险
- 管理松散甚至混乱，运营效率偏低
- 产品优秀，创始人有一定技术背景

对内：管理咨询公司

- 管理逻辑完整、全面、严谨

"DBS丹纳赫业务系统"

- 非强制但明确要求
- 配合收购后管理提升
- 提高效率、降低成本、提升收入和利润
- 配合好产品和稳定可观的市场份额
- 资本市场推升股价，协助下一轮并购

图 6-2 丹纳赫的成功逻辑

轮增长。

（2）在高增长低份额、竞争相对不激烈的细分领域进行扩张，避开强大对手。

（3）挑选、跟踪、并购朝阳产业中特定细分市场/利基市场的标杆企业。

（4）利用 DBS 文化、工具与执行来提高企业的盈利能力，延缓企业发展曲线下降。

4. 产融互动

产业资源与金融资本的互动逻辑在上市公司版图中表现得淋漓尽致。和君商学院院长王明夫博士这样描述上市公司产业发展与市值增长的内在互动逻辑：上市公司的战略发展过程，实质上是产业发展曲线与市值增长曲线二条曲线相生互动的过程。企业成长过程中会经历一波又一波的产业演进，构成一条又一条持续相接的产业发展曲线。每次都是从零起步，随着企业的一步步增长，曲线越来越平缓，直到最后走向衰落。持续成功的企业是在前一轮增长走向衰退之前就着手布局下一轮的增长基础（产品、产业及其对应的资源与能力），待到前一轮增长乏力或衰退之时，新一轮增长接力或蓄势待发，或步步为营。后一轮增长站在前一轮增长积累的资源和能力基础上，将走得更高更强，如此形成增长周期的美妙接力。

与产业发展曲线相对应，市值增长曲线起初平缓，随着企业业绩不断得到验证，市值增长曲线开始逐渐变得陡峭，而且越来越陡，直至走向估值过度。而市值的陡升和高估，往往成为产业走出下一波制空力量和核心打击能力（资金、并购、平台能力、品牌、士气、人才、资源整合能力、风险承受能力等）的不二神器。

没有市值制空，往往走不出新一波的产业增长，或者走得很艰苦。反之，没有产业第二波、第三波、第四波的反复验证，也无法维持市值曲线的陡峭增长和高估值，制空终将落空。持续成功的企业，应该是产业发展和市值增长两条曲线的不离不弃、形影相随、互动相生、螺旋上升。

新技术、新经济商业潮流已然形成。移动互联网和大数据将改变一切产业。新技术创造新需求，造就新商业、新产业。当前，越来越多的上市公司开始形成并购的战略认识：甩开内涵式增长乏力的困扰和纠结，利用上市公司地位，以并购成长作为突破方向。未来以上市公司为龙头的并购和整合将成为一股商业潮流。在这个趋势下，产业集中、结构优化、规模经济和范围经济的效率提升等产业效应将日益彰显。而过程中领先的企业，将更有优势甩开竞争对手，直接登顶行业寡头和产业王者的位置。[1]

从本质上来说，产融结合、产融互动的过程是一个货币流动性转换的过程。站在融资方角度看，是通过放弃部分收益，获得流动性或者某种稀缺的能力；站在投资方来说，是通过放弃流动性，获得收益、控制权和定价权。同时，并购和整合也只是一种手段和方法，真正决定是否应该实施并购与被并购、以多少溢价来完成并购交易，还要综合考量你的技术是否在某个领域中最先进、你在顾客心目中的品牌认知是否强大、企业组织的运营能力是否具备战略大赢家的潜质……不论并购交易哪一方，正是因为占据了强大的产业链地位，才能在并购交易中具备主导权，也才能在并购之后更好地整合系统运营。

---

[1] 产融结合发展研究．王明夫：产融互动的战略思维［EB/OL］．搜狐网，2017-03-01.

5. 重视投后管理

投后管理是当资本进入企业之后，还可以使企业得到资金之外帮助的一种服务。这些服务也已经广为优秀被投企业所关注，他们会反问投资者："除了钱，你们还能带来什么？"

一般来说，如果投资是发现"璞玉"的"赌石"过程，而投后管理则如同雕刻大师通过切磋琢磨令璞玉终成大器的过程。与短期财务投资的套利思维不同，长期价值投资理念认为：相比今天的成就，企业最具投资价值的仍是未来的无限潜力。因此，随着投资理念和资本市场的成熟，投资者真正的盈利机会，必将从重视投前，开始转向对投前和投后的均衡关注。

目前，中国投资界最主要的服务依然是关系型资源服务，包括介绍银行关系、政府关系、业务关系等，当然一些特殊的上市资源也会被推介给被投资企业。投后管理的国外标杆如贝恩投资，则提供以管理提升和业务提升为核心的咨询服务。他们在出售被投资企业之前，通过拉升被投企业的业绩、管理能力和市值表现，用"增值咨询服务"方式获得超额利润。

经营是一连串战略决策的集合，关乎众多的战略转折点机会，每一次十字路口的决策都将牵引企业走向不同的生命通道。我们在战略定位的咨询实践中发现，不论早期创业投资还是中后段的投后管理，企业都应该密切关注战略决策中的转折性机会点。如：

（1）如何选择产业单元、产品品项。

（2）如何把握创新边界。

（3）如何管理业务增长节奏。

（4）如何跨区域、跨领域拓展。

（5）自我滚动发展还是再融资。

（6）是否应该及如何打压对手。

（7）何时可以推出新产品、新品牌，由谁挂帅操盘。

（8）是否应该转换品类。

（9）是否应该继续投广告。

（10）是否需要组织重大变革。

（11）是否需要联盟与并购……

中国证券市场 IPO 注册制施行之后，未来资本市场必将泥沙俱下。企业终将逐渐回归自身价值，行业顶级企业定价将远超普通企业。如果投资劣质企业，即使勉强上市，已经没有太多在赚到盆满钵满之后潇洒抽身而退的机会了。

目前的投后管理和咨询增值服务大多停留在机制调整、管理提升等方面，都是基于运营效益还有大幅提升空间的假设情况下。随着竞争环境的进一步恶化，内部运营效益挖潜改善已经越来越难。未来真正具有无限开发价值的，是外部顾客的心智资源。企业真正需要的，是根据外部顾客的心智认知——即定位机会的变化，来调整企业的内部运营配称。如果缺少外部认知优势牵引企业的创新方向，在产品、技术、价格、渠道、资本、文化等方面盲目创新，迟早将陷入规模浩大的消耗战之中。

任何战略性的投资决策，几乎都是在某个方向上的奋力一搏，从概率角度说，这无异于赌博式的押宝游戏。以定位理论指导投资的首要任务并不在于类似教科书式的"股东利益最大化""成为五百强"等那样空洞无物，而是应该更多考虑如何把握最佳商业机会——顾客心智认知中的战略定位机会。战略定位所能解决的，正是将赌博式投资的不可预测性变得可以感知，可以看见正在发生的未来——洞察在顾客心智中已经发生、必然发生的事实，并作为重大战略决策的主要依据之一。简单而言，战略定位的知识体系为投资提供了望远镜、放大镜和导航仪，有了它，哪里有冰山，哪里拥堵，便能提前发现，从而设法避开或加以利用。这是时下流行的赋能式投资的核心——知识雇用资本。

第七章

定位传播

一、重提认知效率难题

正如经济学家张五常教授所言,整个经济社会所存在的效率问题,大多是因为交易费用过高而造成的。在信息爆炸的当下,最主要的交易成本是挤占顾客有限的关注时长、挤进拥挤的头脑记忆空间的成本,即认知成本。提高认知效率,成为定位理论重点针对的课题。

随着新技术、新商业模式的不断涌现,逆向开发、仿效和复制的速度超乎想象的快。尽管实际供应很多,但顾客大脑只能记住极少数,认知时代最激烈的品牌竞争无时无刻不在顾客大脑里发生。那些没有被纳入顾客选择范围的产品、品牌和企业,成为心智认知中"多余"的部分,或者顶多是个"备胎"。它们并不能为社会创造太多的价值,反而成为无效供给。大量投资成为沉没成本,企业失去存在的意义和价值,倒闭、关门或者靠非法手段维持生存,威胁着社会基础的稳定。

顾客只能记住极少数品牌,而且只是那些能与自己大脑里既有认知相关联的信息,而对其他视而不见,我们称之为"选择的力量",特劳特先生甚至认为正是这股力量,使得企业的生存机会少之又少,从而带动商业竞争的门槛越来越高。因此,一切能够帮助产品和服务的重要信息进入顾客心智认知并持续占据重要位置的方法,就是信息超载局面下的最佳战略。定位理论就是通过提高企业与顾客之间的认知效率,降低认知成本,结合其他各个方面的综合运行成本最优，从而使社会整体交易成本得以大幅降低，生产力得到充分释放，商业得以持续进步。

二、词语是建立认知的重要工具

人类进化程度之所以优于动物界，是因为在语言功能上的优越性。语言（包括说话、文字、词语、图形等）是人类互相交流和学习的重要工具，是在社会交易过程中建立认知的重要媒介，是提高认知效率的关键途径。因此，语言学也逐渐沉淀成为一门专门的学科。

20世纪存在主义哲学的创始人及主要代表之一、德国哲学家马丁·海德格尔（Martin Heidegger, 1889-1976）这样指出：语言是人类与生俱来的，人类不可能离开语言而存在，人只能存在于语言之中，人也只有在先于自己的语言的引导下，才能理解自我和世界。也就是说，是语言预先给人们规定了视野，引导着人们的眼光，为世界赋予了意义并为世间万物命名。正是语言，使世界成其为所是，使万物成其为所是。语言对于人，就像生息于其上的大地，就像须臾不可或离的家园。因此，海德格尔说道：语言是人类存在之家。

整个社会得以正常运转，互相能够认知和了解，都是通过语言来进行的。只有驾驭语言，才能驾驭好自己和外界，才能在整个社会中游刃有余。定位理论提出很多跟认知高度有关的知识，例如认知大于事实、认知才是最重要的事实、词语是心智的等价物、一词占领心智……而定位的工作之一，就是用好每一个词语，调动人们常识逻辑的力量，降低认知成本。

在信息过载时代，顾客如何选择产品及服务？如何选择品牌？企业怎样才能在顾客的心智认知中为产品和品牌找到一个不易被摧毁的"存在之家"？要想解开这一基础性话题，企业家必须意识到语言对于打造品牌的重要意义，这是学习定位理论的必要修炼之一。

实际工作中，正如特劳特先生直截了当地指出：今天广告创意正在四处横行霸道、胡作非为。许多广告根本没有搞清楚销售的本质。它并不取决于创意、风雅或想象力，它只是关于逻辑。广告是一门涉及合理思维的规则与证明的科学。翻翻字典，逻辑的定义是：有说服力的、无法驳倒的、令人信服的、合理有效的、清晰易懂的。销售需要出色的思考或推断能力，同时也必须是显而易见的。究竟有多少让你印象深刻的合理逻辑呢？极少。严重缺乏逻辑性，正是大多数营销活动失败的症结所在。相反，一旦产品卖点合乎逻辑，你就有机会成为赢家。

更令人担忧的是，不少企业家把打造品牌看作只是市场部门、品牌部门、广告部门的事情，甚至仅仅是一句广告语，将打造品牌看作是一种宣传、传播、打广告、炒作……这显然是专业分工之后产生的一种误解。惠普电脑（HP）的创始人这样说道：营销之重，并非营销部门所能承担。由于缺乏理论作为依据，定位学习者不能辨识个中真伪，以至于转移了学习的焦点，偏离了原创的真义。

三、传播是建立认知的投资

在此，我们将一切文字、话语、图案、影像、体验等统称为语言符号，它是人们对外部世界建立认知的核心载体。人们借助语言符号展开自我思考和彼此交流，才创造了一切认知——主观和客观世界，当然，也是通过语言符号，人们进一步解释我们所创造的世界。可以说，人类生活在由语言符号所构建的心智世界中。然而，正是人们各自对语言符号的不同理解和解读，才使得每个人的思考体系和角度千差万别。本质上，每个人都生活在自己的认知世界中。正如英国著名剧作家莎士比亚所言：一千个人心中，有一千个哈姆雷特。这也正是想让产品和服务赢得广大群体的一致认可、成为一种购买常识的难处所在。

营销理论中的"品牌传播"一词，仅仅是为了方便人们理解"借助语言符号进行信息交互"而人为界定的概念。狭义的"传播"，是指一切与

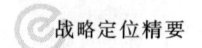

产品和品牌相关联的文字、话语、图案等语言与符号信息，广义来说，产品及服务的实物和体验本身也是建立品牌认知的重要环节，也是传播的一部分，而且是更真实、更充分的传播方式。

对于品牌传播的投资，是为产品和服务建立强大认知的最重要工具和途径，也是企业系列运营活动中至为关键的方面。在万物互联、信息碎片化时代，传播已经从单向的信息输出，发展成了形式多样、深入生活和社交的信息交互——信息影响顾客心智，顾客产生更加有效的信息。

前文"认知三角"中，新时期建立品牌认知之难，在于将语言符号与实物体验之间的"虚线"变成"实线"，即形成语言符号与实物体验二者之间的条件反射效应。比如一提到"豪华汽车"就立刻反应出"BENZ"，而一提到"驾驶"，一提到"安全"，就分别想到"BMW"和"VOLVO"，而且反过来也同样成立，一提到 BENZ、BMW、VOLVO，分别都能第一时间联想到"高档""驾驶""安全"等。正如《定位》一书中提到：心智靠词语运转，而打造品牌的目的就是——一词占领心智。

任何产品及服务，比如一支牙膏、一台汽车、一部电影、一套软件、一家学校、一项保险及金融服务乃至你我每一个个体等，都存在许多个可供建立心智认知的角度，选择某一个核心价值角度，将其打造成为更广泛的公知共识——常识，就可以最大程度简化顾客选择过程，从而赢得更多顾客优先选择，这正是传播投资的价值所在。

四、警惕滥用广告词语

广告是典型的象征符号的创造者。它最初的根本目的，是把产品、价格、优惠活动以及新技术、新发明等事项告知社会。这种告知为我们传递生活、生产所必需的知识，因此本来正是我们所需要的，也是我们很愿意接受的。广告业发展到今天，一方面我们需要借助广告语言符号的力量，但同时也应该看到广告语言滥用背后的恶果。

第七章
定位传播

日裔美籍语言学家早川一荣在其《语言学的邀请》一书中这样提醒：随着产品和信息供应的超级丰富，竞争的"魔爪"伸向了任何行业和领域，长期以来，广告早已不再是给人提供必需的知识的一种工具了，特别是在大规模的广告运动中，其主要目的已经变成尽量在读者心理造成某种自动反应。也就是说，广告创意者最希望我们能有以下举动：一跑进饮料柜前，就自动地要可口可乐；一觉得感冒不舒服，就自动地要康泰克；一想起喝白酒，就自动地想要茅台；一旦要买电动汽车，就想到特斯拉；一想到买最好的手机，就冲向苹果专卖店……一旦成功地在我们心智中产生了某种自动反应，人们就真的会认为只要一喝可口可乐，就立刻精神百倍；只要开上奔驰、宝马，自己就真的顿时有了身份和地位；用了某一款牙膏刷牙，整个人就真的找回了自信……

总之，广告已经成为一门用言辞征服我们的艺术。许多广告商宁愿人们一听到商品名字就被好的自动反应所左右，而不愿给人们思考这些商品的实际特征和真正价值的机会。广告商希望创意机构可以做到：只要一听到某个品牌的名字，就相信它所代表的产品一定是很好的。在某种程度上说，广告促进了受众对言辞和符号的极端反应。

一个普遍存在的技术问题是，广告商已经习惯用更进一步促进自动反应的方法，就是在文字上故弄玄虚，这是一种使用文字"诱捕"消费者的技术——给牌子的名字添加上健康、身份、地位、温馨、乐趣、浪漫情调、时尚时髦等人人喜爱的情感性含义，进而企图使消费者心里对产品厂家的名字（即品牌名）产生一种自动反应。在这种观念指导下，以下这些充满幻想和诗意的词语自然成了广告中最常见的标配：

你一眼就会喜欢上这种高贵气息……一支小黑瓶，一种难以抵挡的诱惑……

想要情场得意，这是一种更雅致的方法……

一口健康的呼吸，决定一个民族和时代的未来……

没有过不去的坎，只有过不完的坎……

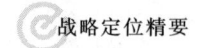

心有多野，未来就有多远，梦想激涌，每一个成就都是起点……

气质非凡，惊艳绽放……

心有翅膀，一片叶也可以如云……

发质动人，气质动心……

总之，广告具有极为普遍的影响——它不但影响我们选用什么产品，还影响到我们评价产品的标准；它既能使人们对言辞的反应变得更健全，也能使其变得更不健全。倘若为了推销产品，我们专门利用言辞的情感性含义去吸引顾客，即使我们想要推销的货品确实质优价廉，也会使产品的真正特质变得越来越模糊，甚至吸引了很多不适宜的顾客，最终必将以负面口碑反作用于品牌身上。

事实上，许多世界著名品牌都是多年认真服务和制造、小心翼翼地维持高水准的人类伟大成果。这意味着，广告至少可以达成这样的作用：一种真正好的产品，一个最好的品牌，代表着一种极大的可能——表示一种货品有极大的可能性令消费者满意。因此，让顾客注意出品"配得上它的名字"的厂家，就已经做了一件极有价值和意义的社会工作——在我们日常经验的这个小角落里，广告从业者创造了一种真理价值程度极高的语言。

因此，广告应该回归它最初的商业目的——把产品、价格、特别优惠以及新技术、新发明等事项广泛告知社会，为人们传递生活、生产所必需的知识和信息。我们真正需要的，是一种不走歪路的方法。特劳特先生多次指出：未来的广告应该像交通标识一样简单、准确，但没有诗意。这也是我们反对使用夸大其词的形容词、副词、祈使句等抽象程度极高的情感性语言，而应该让品牌信息更加具有新闻性的根本原因。

五、有效品牌故事的基本原则

人类因为错用语言而产生的歧义、误解、忽略等现象，越来越多地充斥着人们的沟通过程，对人们形成认知构成了严重障碍，造成认知效率低下，这是导致整体社会交易成本消耗的重要原因之一。

选择不同的语言内容，表达不同的角度，以此切入顾客心智认知，并选择与之相匹配的产品实物和服务体验加以重点呈现，建立和达成心智认知中某方面的最优方案，成为顾客在某方面的第一选择，这是定位战略指引下的品牌传播解决之道。角度对，语言内容对，顾客心智之门由此敞开。

无论如何，顾客为了解决某些问题，总是会花费时间和精力收集一系列信息作为做出正确购买决策的依据。人们首先借助语言符号等有选择地接收和感知产品及服务，借助网络搜索口碑评价、实物体验等来验证信息的可信度，从而再决定将自己的时间、精力、经费花在最值得的品牌上。这一时期可以称为购买决策信息的"空窗期"，是企业传达品牌信息最为高效的时间点。

企业如果恰好提供了顾客做决策所需要的信息，就刚好契合了顾客对信息的需要，从而帮助顾客简化购买选择过程并高效做出正确的购买决策。因此，品牌故事的核心作用在于：在顾客需要选择产品及服务时，给出一个强有利的选择理由，以简化顾客选择决策。

通常来说，定位广告语及品牌故事所包含的定位信息包括但不限于：品牌名、品类名、品类价值、产品价值、核心品项、信任状等内容，但不能脱离给顾客一个"强有力的选择理由"的最终效果。

在此，将实践中曾经较为成功的定位广告语及品牌故事列举如下：

王老吉凉茶：

——"怕上火，喝王老吉。王老吉凉茶。"

加多宝凉茶：

——"怕上火，现在喝加多宝。全国销量领先的红罐凉茶改名加多宝，还是原来的配方，还是熟悉的味道。怕上火，现在喝加多宝。"

安吉尔净饮水机：

——"净水器，我选择安吉尔 A6，22 年专业净饮水技术，美国原装进口陶氏滤芯，高端品质，更可信赖。安吉尔，高端净饮水专家。"

瓜子二手车直卖网：

——"瓜子二手车直卖网，没有中间商赚差价，车主多卖钱，买家少花钱。创办一年，成交量就已遥遥领先。买卖二手车，当然上瓜子。"

青花郎酒：

——"云贵高原和四川盆地接壤的赤水河畔，诞生了中国两大酱香白酒，其中一个是青花郎。青花郎，中国两大酱香白酒之一。"

我们需要意识到，每一则品牌故事都代表一组有效的定位信息，它背后都应该有一整套策略逻辑做支撑，用来帮助达成每一个阶段的战略意图，因此它不仅是一个影响顾客购买的"强有力的选择理由"，还应该契合当前品牌发展阶段的战略需要。简而言之，每一句话、每一个词语都要指向建立认知优势，赢得竞争，高效开创顾客，而不只是说一句好听的话。顾客可以从广告语及品牌故事中获得准确的购买理由信息，而对企业内部来说，它引领着整个企业经营活动的重心和方向。

我们将一则有效的品牌定位故事所应该具有的 5 条共性原则做出梳理，为撰写最佳传播内容做出一定的指引。

（一）共识原则

传达有效的定位信息的目的，是让更广大顾客做出共同的品牌选择。因此，让尽可能多的顾客达成一致共识，甚至成为一种代表明智选择的常识，是撰写品牌定位故事时需要遵循的首要原则。而要想引导潜在顾客做出共同的选择，在选择用词和表达语意上，要尽最大可能消除顾客选择过程中的不安全感，以便消减多重风险，如金钱风险、功能风险、生理风险、社会风险、心理风险等。

（二）真实原则

企业必须确保所有输出的信息都是真实可靠的，是能够经得住实物体验验证的，否则品牌并不具有心理认同上的合法性。一旦在品牌传播过程中被顾客验证为虚假信息，负面口碑将借助自媒体力量给品牌带来灭顶之灾。其中当然也包括企业所主张的任何信任状资料的权威性和真实性。

（三）语境原则

要想在潜在顾客中形成一致共识，需要基于共同的认知基础——语境，才能有沟通所必需的话语前提。在这个过程中，适度精准的顾客群体画像、对使用场景的充分理解和沉浸、对顾客全程选择逻辑的深度洞察、对顾客常用词语的特别关注等是最为关键的工作要点。只有在共同的语境下，有着共同的语义预设和蕴含，才能借助品牌定位故事语言，与顾客在符合企业定位战略的方向上达成共识。

（四）陈述优先原则

在人们通常使用的如陈述、推论、假设、祈使等句式中，只有以讲述事实、提供新信息的陈述句式更容易给顾客带来安全感、真实感和确定性。而过去传统广告语中过度使用形容词，过于婉转的诗意情感故事以及使用自我感觉良好的毫无意义的词汇，甚至更多使用判断句、假设句、祈使句、感叹句等情绪性表达方式，都将更强烈地唤醒顾客的逆反心理，不安全感、不确定性带来的防御机制骤然开启。

（五）生动化原则

生动化的语言运用，包括词语音色、音韵、节奏等方面的推敲，以及中国汉语修辞学中多种句式的选择，乃至比喻、借代、比拟、顶针、拈连等修辞格的灵活使用，将使品牌定位故事更加朗朗上口，有助于形成深刻

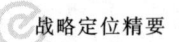

记忆，更容易口口相传。但同时需要注意的是，过度复杂的、隐晦的修辞、隐喻、语义预设与蕴含，将使定位信息难以被广大消费者关注和理解，对定位信息的准确传达构成严重障碍。

六、最基础的定位信息：名字

企业家必须极度关注产品及服务的品牌命名和所归属的品类命名，这是因为你跟顾客产生联系，首先是通过名字来实现的。一旦牵涉具体认识和选择购买某种业务（产品及服务），顾客每次都自然会想要弄清楚："你是谁？是什么？有什么用？"总之，品牌及品类名字的字面含义背后包含着顾客与企业之间言而未尽的全部信息。

因此，品牌名、品类名至关重要，它就是进入顾客心智的"钩子"，把企业的产品及服务挂在潜在顾客心智中的产品阶梯上，直接影响企业的生产力和竞争力。特劳特在《与众不同》一书中说道：名字就是最显著的差异化，是产品和顾客心智之间的第一触点。在定位时代，你能做的首要的营销决策就是给产品取个合适的名字。

这并非说企业内部运营不重要，如果将建立品牌认知比作射箭，企业的内部运营就是拉弓的力度，而品牌名则是箭头，它要能穿透信息的海洋，射入消费者心智，而名字好坏，直接决定了箭头的穿透力。企业必须为产品及服务取一个能启动定位程序的名字，一个能告诉潜在顾客该产品主要特点的名字。决定信息有效与否的，不是名字在审美意义上的好与坏，而是名字在定位意义上是否合适。坏名字是负资产，一个无力的、毫无意义的名字，难以进入人们的心智。名字不好，情况只会变得更坏；名字好，情况往往会变得更好。

品牌名与品类名，这两者共同聚成了一个信息组合——你是谁和是什么。品类名表示"是什么"，要具有通用性，并且容易被理解；品牌名解决"你是谁"，是与消费者心智接触最紧密的部分，要有一定独特性，最好还能够引发品类联想，当然不能有歧义和不良联想，或者过于抽象难以理解，而且应该简单顺口、易于记忆和传播。

《定位》一书提出忠告：品牌名应该给顾客的第一感觉就是一个特定品牌的商标，最好还能够清晰显示出最核心的定位信息。你得选择那些近乎通用，但又不十分通用的名字，应该优先选择那些容易识别和记忆的描述性词汇，尽量别用新创的、毫无意义的字眼。值得注意的是，行业内的专业术语在潜在顾客的心智中有可能毫无意义。

七、善用"信任状"

多数情况下，新的品牌以及它所代表的产品及服务，在早期推出之时总会面临认知上的信任感、安全感挑战。当品牌第一次出现在顾客面前，就会受到审视、质疑和一连串拷问：这是什么？为什么要了解它？值得我相信吗？此时品牌必须尽快让顾客获得正确的认知，化解顾客的疑问，尤其要注意防范负面反馈。这种情况下，向顾客提供强有力的信任状便成为一种有效的措施。可以说，有效的信任状是打开顾客心智大门的金钥匙。

更深层次的原因来自心智的运行规律，如："心智没有安全感"，对新事物充满猜疑，而且对新生品牌的负面信息格外敏感，担心任何选择都面临五重风险（前文提及的生理风险、财务风险、心理风险、使用风险、社会风险）；"心智先入为主"，即顾客对品牌的初认知将决定品牌的未来发展；"心智难以改变"则揭示出创建认知优势必然是一种中长期战略决策等。

在传统战略管理及品牌营销学中，"信任状"一词从未被提及，而在定位战略中则备受关注。当同质化商品充斥眼帘，或者新生事物令顾客应接不暇以至于选择困难时，如何成为心智认知中的首选呢？首先就是让顾客认为你所传递一切信息有必要听取和值得相信，于是关于"信任状"的课题开始浮出水面。

业界关于信任状的解读谬误颇多，如将热销、最受青睐、领导者、专家、传统、开创者、制造方法等统统定义并归类为信任状，混淆了"信任状"与"有提高信任度的作用"，而如果将信任状限定为"七种方法"，本身就极有可能限制了人们的思考空间。

说"信任状是塑造品牌的有力武器"是正确的，而说"信任状为顾客提供了选择品牌的理由"则值得商榷，信任状只能提供"顾客愿意接受产品和品牌信息"的理由，而"给顾客提供选择品牌的理由"则是其他定位信息的功劳。

广义而言，但凡能够给顾客带来对产品、品牌以信任度的信息和事实，都是一种有效的信任状，因此信任状被视为"品牌在消费者心智中的担保物"，它可以包括但不限于：权威第三方证明、知名人士评价、热销及顾客喜爱度、产品本身良好的体验感受、高价格、区域心智资源等。其中最容易出现的错误是，所选择的信用证的出具者只是企业本身，或者该信用状只有极少数人知道，而并不被潜在目标顾客群所广泛知晓。

一个新品牌，进入新市场，或者需要开拓新客群，首先，企业都应该尽早地使用信任状，以尽量使顾客第一次接触品牌时，就带着信任的态度去认识、体验和购买，在顾客购买和使用过程中不免萌生疑问时也能尽早消除疑虑；其次，企业应该不断升级自己的信任状；最后，出于简化信息的考量，在时间极其有限的媒体和环境下，不要同时使用两个或更多信任状，这样可以保证最高级的信任状能被鲜明认知，而在时间、场地足够充分的情况下，则可以尽量凸显最有力的若干个信任状。

信任状为顾客提供了愿意进一步接受与品牌和产品相关的信息的理由，从而吸引顾客关注和购买，协助品牌赢得顾客认知上的优先选择。需要注意的是，信任状无法取代定位信息的作用。也就是说，信任状只是保护因素，它在品牌及品类定位正确的基础上发挥护航作用。企业无法依靠信任状把一个缺乏定位的产品及服务打造成为持续成功的品牌。

参考文献

[1] 艾·里斯，杰克·特劳特．定位：争夺用户心智的战争［M］．邓德隆，火华强，译．北京：机械工业出版社，2017．

[2] 艾·里斯，杰克·特劳特．商战［M］．李正栓，李腾，译．北京：机械工业出版社，2013．

[3] 艾·里斯，杰克·特劳特．营销革命［M］．邓德隆，火华强，译．北京：机械工业出版社，2017．

[4] 艾·里斯，杰克·特劳特．22条商规［M］．寿雯，译．北京：机械工业出版社，2013．

[5] 杰克·特劳特，史蒂夫·里夫金．新定位［M］．邓德隆，火华强，译．北京：机械工业出版社，2019．

[6] 杰克·特劳特，史蒂夫·里夫金．与众不同［M］．火华强，译．北京：机械工业出版社，2011．

[7] 杰克·特劳特．大品牌大问题［M］．耿一诚，许丽萍，译．北京：机械工业出版社，2011．

[8] 杰克·特劳特．什么是战略［M］．火华强，译．北京：机械工业出版社，2011．

[9] 杰克·特劳特．重新定位［M］．邓德隆，火华强，译．北京：机械工业出版社，2017．

[10] 艾·里斯．聚焦［M］．寿雯，译．北京：机械工业出版社，2003．

［11］艾·里斯，劳拉·里斯．董事会的战争［M］．寿雯，译．北京：机械工业出版社，2013．

［12］邓德隆．2小时品牌素养［M］．北京：机械工业出版社，2009．

［13］邓德隆．新定位时代［M］．上海：上海三联书店，2022．

［14］迈克尔·波特．竞争战略［M］．陈丽芳，译．北京：中信出版社，2014．

［15］卡尔·冯·克劳塞维茨．战争论［M］．北京：解放军人民出版社，2005．

［16］李德尔·哈特．战略论：间接路线［M］．钮先钟，译．上海：上海人民出版社，2015．

［17］迈克尔·希特，杜安·爱尔兰，罗伯特·霍斯基森．战略管理：概念与案例［M］．刘刚，译．北京：中国人民大学出版社，2017．

［18］艾尔弗雷德·D.钱德勒．战略与结构［M］．北京天则经济研究所，译．昆明：云南人民出版社，2002．

［19］亨利·明茨伯格，布鲁斯·阿尔斯特兰德，约瑟夫·兰佩尔．战略历程：穿越战略管理旷野的指南［M］．魏江，译．北京：机械工业出版社，2006．

［20］亨利·明茨伯格．战略规划的兴衰［M］．张猛，钟含春，译．北京：中国市场出版社，2010．

［21］劳伦斯·弗里德曼．战略：一部历史［M］．王坚，马娟娟，译．北京：社会科学文献出版社，2016．

［22］马丁·里维斯，纳特·汉拿斯，詹美贾亚·辛哈．战略的本质：复杂商业环境中的最优战略［M］．王喆，韩阳，译．北京：中信出版社，2016．

［23］查尔斯·汉迪．第二曲线：跨越"S型曲线"的二次增长［M］．苗青，译．北京：机械工业出版社，2017．

［24］朱恒源，杨斌．战略节奏：在动荡的商业世界超越竞争［M］．北京：机械工业出版社，2018．

［25］魏炜，李飞，朱武祥．商业模式学原理［M］．北京：北京大学出版社，2020．

［26］凯文·弗莱伯格，杰姬·弗莱伯格．我为伊狂！美国西南航空为什么能成功［M］．靳怡，扈大威，译．北京：中国社会科学出版社，2005．

［27］乔蒂·郝福·吉特尔．美国西南航空案例——利用关系的力量实现优异业绩［M］．熊念恩，译．北京：中国财政经济出版社，2004．

［28］约翰·安德森．认知心理学及其启示［M］．秦裕林，译．北京：人民邮电出版社，2012．

［29］玛格丽特·马特林．认知心理学：理论、研究和应用［M］．李永娜．译．北京：机械工业出版社，2016．

［30］伯纳德·J.巴斯，尼科尔·M.盖奇．认知、大脑和意识：认知神经科学引论［M］．王兆新，库逸轩，李春霞，译．上海：上海人民出版社，2020．

［31］卡斯·桑斯坦．选择的价值［M］．贺京同等，译．北京：中信出版集团，2017．

［32］巴里·施瓦茨．无从选择［M］．凌伟文，译．北京：中国商务出版社，2005．

［33］席娜·伊加尔．选择的艺术［M］．林雅婷，译．北京：中信出版社，2011．

［34］理查德·塞勒．"错误"的行为［M］．王晋，译．北京：中信出版社，2017．

［35］丹尼尔·卡尼曼．思考，快与慢［M］．胡晓姣，李爱民，何梦莹，译．北京：中信出版社，2012．

［36］董志勇．行为经济学原理［M］．北京：北京大学出版社，2006．

［37］张五常．经济解释［M］．北京：中信出版社，2015．

［38］克莱顿·克里斯坦森．创新者的窘境：大公司面对突破性技术

时引发的失败［M］．胡建桥，译．北京：中信出版社，2014．

［39］彼得·德鲁克．成果管理（Managing for Results）［M］．北京：机械工业出版社，2009．

［40］彼得·德鲁克．管理的实践（The Practice of Management）［M］．齐若兰，译．北京：机械工业出版社，2018．

［41］彼得·德鲁克．卓有成效的管理者［M］．许是祥，译．那国毅，校．北京：机械工业出版社，2019．

［42］彼得·德鲁克．创新与企业家精神［M］．蔡文燕，译．北京：机械工业出版社，2019．

［43］彼得·德鲁克．巨变时代的管理［M］．朱雁斌，译．北京：机械工业出版社，2018．

［44］彼得·德鲁克．21世纪的管理挑战［M］．朱雁斌，译．北京：机械工业出版社，2018．

［45］克里斯蒂娜·柯利娅．3G资本帝国［M］．王仁荣，译．北京：北京联合出版公司，2017．

［46］弗朗西斯科·S.奥梅姆·德·梅洛．赋能式投资［M］．南春雨，译．北京：华夏出版社，2017．

［47］赫尔曼·西蒙．隐形冠军［M］．邓地，译．北京：经济日报出版社，2005．

［48］李衍华．逻辑·语法·修辞［M］．北京：北京大学出版社，2011．

［49］李庆荣．现代实用汉语修辞［M］．北京：北京大学出版社，2002．

［50］何向东．逻辑学教程［M］．北京：高等教育出版社，2018．

［51］爱德华·萨丕尔．语言论［M］．陆卓元，译．北京：商务印书馆，2017．

［52］爱德华·萨丕尔．萨丕尔论语言、文化与人格［M］．北京：商务印书馆，2011．

［53］查尔斯·桑德斯·皮尔斯,詹姆斯·雅各布·李斯卡. 皮尔斯：论符号［M］. 赵星植,译. 成都：四川大学出版社,2014.

［54］塞缪尔·早川,艾伦·早川. 语言学的邀请［M］. 柳之元,译. 北京：北京大学出版社,2015.

［55］林珊. 李普曼［M］. 北京：人民日报出版社,2005.

［56］沃尔特·李普曼. 舆论［M］. 常江,肖寒,译. 北京：北京大学出版社,2020.

［57］爱德华·霍尔. 无声的语言［M］. 何道宽,译. 北京：北京大学出版社,2012.

［58］谈云海. 认知战［M］. 北京：煤炭工业出版社,2017.

［59］赫克托·麦克唐纳. 后真相时代［M］. 刘清山,译. 南昌：江西人民出版社,2019.

［60］泰德·法克纳. 创造的智慧和自我超越［M］. 吴啸雷,译. 南京：凤凰出版社,2011.

［61］约翰·卡普斯. 增加19倍销售的广告创意法［M］. 孟庆姝,武齐,译. 呼和浩特：内蒙古人民出版社,2003.

［62］罗瑟·瑞夫斯. 实效的广告［M］. 张冰梅,译. 呼和浩特：内蒙古人民出版社,2002.

［63］大卫·奥格威. 奥格威谈广告［M］. 曾晶,译. 北京：机械工业出版社,2013.

［64］大卫·奥格威. 一个广告人的自白［M］. 林桦,译. 北京：中信出版社,2015.

［65］克劳德·霍普金斯. 我的广告生涯与科学的广告［M］. 邱凯生,译. 华文出版社,2010.

［66］南希·凯文德,霍华德·卡亨. 生活中的逻辑学［M］. 杨红玉,译. 北京：中国轻工出版社,2016.

［67］麦克伦尼. 简单的逻辑学［M］. 赵明燕,译. 杭州：浙江人民出版社,2013.

［68］安东尼·韦斯顿.论证是一门学问［M］.卿松竹,译.北京:新华出版社,2019.

［69］竹内薰.假设的世界［M］.曹逸冰,译.海口:南海出版公司,2017.

［70］林语堂.老子的智慧（The Wisdom of Laotse）［M］.黄嘉德,译.长沙:湖南文艺出版社,2016.

［71］孔子.论语［M］.孔祥林,译.北京:外文出版社,2009.

［72］王明夫.三度修炼（全集）［M］.北京:华夏出版社,2018.